○肖枫文选

世界社会主义
热点·焦点·难点

肖枫 著

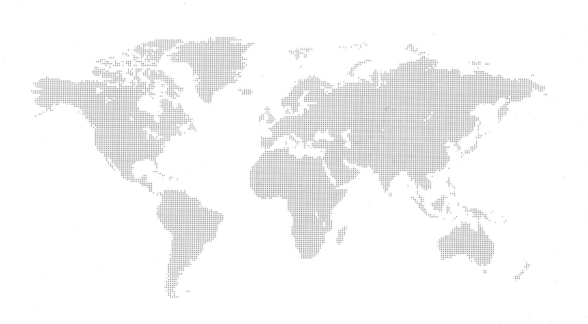

当代世界出版社

图书在版编目（CIP）数据

世界社会主义：热点·焦点·难点/肖枫著.—北京：当代世界出版社，2016.5
ISBN 978 - 7 - 5090 - 1094 - 5

Ⅰ.①世… Ⅱ.①肖… Ⅲ.①社会主义—世界—文集 Ⅳ.①D507 - 53

中国版本图书馆 CIP 数据核字（2016）第 081204 号

书　　名：世界社会主义　热点·焦点·难点
作　　者：肖枫
责任编辑：王泽军
出版发行：当代世界出版社
地　　址：北京市复兴路 4 号（100860）
网　　址：http://www.worldpress.org.cn
编务电话：（010）83907528
发行电话：（010）83908409
　　　　　（010）83908455
　　　　　（010）83908377
　　　　　（010）83908423（邮购）
　　　　　（010）83908410（传真）
经　　销：新华书店
印　　刷：北京毅峰迅捷印刷有限公司
开　　本：880 毫米 × 1230 毫米　　1/16
印　　张：47.25
字　　数：680 千字
版　　次：2016 年 5 月第 1 版
印　　次：2016 年 5 月第 1 次
书　　号：ISBN978 - 7 - 5090 - 1094 - 5
定　　价：56.00 元

2014

1954

2004

作者简历

湖南新宁学生伢　　志愿参军离开家
考入人大读马列　　工作涉及普天下
平生机遇多诱惑　　唯有求索一不二
前沿风口浪淘沙　　留得拙著任洗刷

左：《开放的世界》，辽宁人民出版社，1988年，沈阳
中：《西方发展学和拉美的发展理论》，世界知识出版社，1990年，北京
右：《当代拉丁美洲政治思潮》（主编），东方出版社，1988年，北京

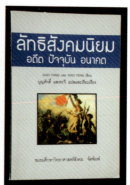

左：国家"九五"规划重点项目，由李淑铮、龚育之、高放、赵曜任顾问，肖枫任主编，中联部秘书长朱达成等50多人参与撰写工作。时任中联部部长戴秉国作序。当代世界出版社，1998年，北京

右：泰国曼谷的健心出版社于2000年3月从《社会主义向何处去》一书中，摘取"总论"部分译成泰文，作为单行本出版发行，取名《社会主义过去现在和未来》，署名作者为高放和肖枫

《社会主义·资本主义：两个主义一百年》当代世界出版社，2000年，北京。2002年获第十三届中国图书奖

《社会主义·资本主义：两个主义一百年》泰文版，泰国健心出版社，2003年，曼谷

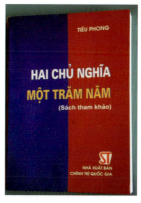

《社会主义·资本主义：两个主义一百年》越文版，越南国家政治出版社，2004年第1版，河内

《社会主义：转折与创新》，当代世界出版社，2003年，北京

《古巴社会主义》（与王志先合著），人民出版社，2004年，北京

《苏联解体我的解读》，中共中央党校出版社，2011年，北京

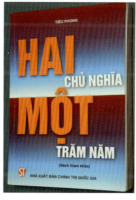

《社会主义·资本主义：两个主义一百年》越文版，越南国家政治出版社，2015年第2版，河内

　　1998 年冬季的一个周末，时任中联部部长的戴秉国冒雪赴顺义看望正在那里赶任务的研究室同志。前排自左至右为：姜述贤、肖枫、戴秉国、裴援平、张志军

　　1999 年与中国著名学者赵曜、高放教授（自左至右）在温州参加全国性学术研讨会

2000 年与俄罗斯学者斯拉文及中央编译局副局长李兴耕教授在武汉参加国际学术研讨会

2004 年与奚广庆教授（左二）、王建民教授（左一）和赵曜教授及夫人在济南参加学术会议

1998 年与学术界朋友在上海参加纪念《共产党宣言》发表 150 周年理论研讨会。自左至右为：周尚文、胡文建、顾锦屏、肖枫、李敬德

1988年作者由拉美局调往研究室，此为当年研究室同志合影，第二排右一为作者

1998年作者退休后接受返聘，与同事们议事。自左至右：姜述贤、柴尚金、肖枫、袁智兵、沈强

作者退休生活一瞥：十多年前的一个镜头。现在孙子上大学了，再也没这么乖啦！

前　言

　　这个文选性的集子，大部分是在报刊上分散发表过的文章，当然也包括部分未公开发表过的内部文稿。每篇文章都是独立成篇的，彼此间没有逻辑关系。然而它们有一个显著的共同特征，这就是所有文章几乎都是不同时期人们所关心的、有争议的热点难点问题，有的甚至至今还在争议之中。而这些问题大都属于世界社会主义领域的问题，这就是这个集子如此取名的一个重要缘由。要将这批文章编入一个集子，不得不将它们适当归类，于是全书按问题分成了九类，外加一个"附录"，共计十部分。同一类别的文章之间，按问题相近或相似进行排列。至于文章发表的时间和地点，不是在文章开头的"题注"中做了交代，就是在文后的单独加注中做了说明。

　　奉献在读者面前的这十部分，如果再简化一下，可归为三类，分别起不同的作用：一是"热点回眸探究"，二是"揭秘中联部"，三是"借花献佛"。为什么这么讲呢?

首先,从"时代·战略·形势·政策"到"社会主义与马克思主义"为止,是这个集子的主体。这是从近二十多年来在报刊上分散发表的文章中筛选出来的有关社会主义的热点、焦点和难点问题。现在将它们汇集到一起,可起"热点回眸探究"的作用,即:既可集中起来回眸研究,又可进一步探究这些问题未来发展的趋势。譬如:

——如何认识当今的时代,几十年来是有不同的看法和争论的。邓小平同志在 20 世纪 80 年代中期,提出了"和平与发展是当今世界两大问题"的论断,扭转了战争不可避免而且迫在眉睫的老观念,使全党能集中精力搞建设。90 年代针对苏东剧变后兴起的"社会主义消亡论",邓小平又指出社会主义取代资本主义的"历史发展总趋势不可逆转",坚定了搞中国特色社会主义的立场和决心。前者实际说的是"时代主题",后者实际指的是"时代本质"。将这两方面结合和统一起来,对当今时代的认识就全面而完整了,即:时代主题转换了但时代本质没有变,仍然是"由资本主义向社会主义过渡"。尽管邓小平的这些论述很明确,然而关于时代问题的争论至今仍未停息。

——什么是发展,要什么样的发展,以及如何发展,已成重要的热门话题。现在我们是以"创新、协调、绿色、开放、共享"等五大发展理念来引领中国发展的,然而 20 多年前我们对"发展"的认识、对"要什么样的发展",在观念上还是很粗浅、不全面的。

当年作者从"发展学"和"可持续发展"角度写文章，阐述这些概念的来龙去脉，提出要加强宣传力度，强调实施可持续发展的紧迫性、特殊性和综合配套性等建议，虽然粗浅但却是及时和积极的。此外，面对世界经济"全球化"中国应怎么办，也是有争议的话题。中国要不要加入 WTO，要不要融入国际经济大潮？当年有不同主张。作者在众说纷纭中明确发出过自己的声音。再者，社会主义国家在长期建设实践中的主要教训是什么，作者曾发文认为，社会主义国家的主要教训，不在这个或那个具体问题上，而在于总的指导思想上。这就是：低估了资本主义，高估了社会主义，看近了共产主义，忽视了封建主义，从而扭曲僵化了马克思主义。因此可以说，是教条主义、封建主义的特殊结合严重损害阻碍了社会主义的发展。

　　——苏联东欧发生"政治地震"，特别是苏联这个超级大国崩溃解体以来，有关研究其原因教训的著作浩如烟海，多如牛毛。关于剧变崩溃的原因，有众多的这种那种"说"。它们都有一定道理，但任何一"说"再怎么重要也不可能成"唯一"的，必须从"整体"上去把握。因此必须重视"合力论"与"重点论"相统一。作者认为，苏共是长期的"左"发展到后期的右。苏共演变具有"长期性"，但整体质变具有"快捷性"，垮起来快得很。吸取苏共的教训，就整体而言，既不能走邪路，也不能走老路，而要走新路。对马克思主义既要坚持又必须发展。此外，对如何正确评价斯大林模式，中国特色社会主义与苏联模式的关系，以及国际共运中一系列历史事件，包括"大论战"、"九评"、"一论"和"再论"等，这个集子均有文章涉及。

——资本主义与社会主义的关系有什么新变化？两个主义间仍是"不共戴天、你死我活"的关系，还是变得"弹性化"和"多样化"了呢？如何看待社会主义与资本主义之间"你中有我，我中有你"的现象，"两个主义"之间是否可以在相互作用、斗争和较量中彼此互相借鉴、学习和吸收对方有用的东西，从而取得"取长补短、求同存异、共同发展"的实际效果呢？对这些问题也长期存在不同看法，是值得继续深入研究的。

——为什么不能赞成"只有民主社会主义才能救中国"的论调？对"民主社会主义"为什么不能顶礼膜拜、照抄照搬？应如何正确地看待和对待"民主社会主义"？如何看待"国际主义"？党章为什么删除了"无产阶级国际主义"的提法？近年有人强调搞国际联合，提出要"重建第三国际"，对此究竟应怎么看？社会主义的未来发展取决于"国际联合"还是靠"成功实证"？

——如何认识中国特色社会主义的历史地位和国际方位？为什么说它是中国化的马克思主义的新发展，是扎根中国现实并与时代特征相结合的产物？为什么它在世界社会主义遭受大挫折时能开创"柳暗花明"的新局面？为什么它在社会主义"消亡论"的叫嚣声中能逆势而上成为当代世界社会主义的"中流砥柱"？

为什么它在世界资本主义日子不好过时却成为东方一道"亮丽的风景"？为什么中国特色社会主义是历史发展的必然，是具有合理性和正当性的，是我们必须理直气壮地高举的伟大旗帜？为什么说我们今天坚持和发展中国特色社会主义，就是在脚踏实地迈向共产主义？如此等等。此文选中有多篇文章从不同角度涉及或参与了这类问题的讨论。读者从中不难了解作者的基本立场、观点和态度。

总之，作者这些年可以说一直没有离开过"理论前沿"，是从"风口浪尖"上走过来的。20 多年前发表过的文章，经过这么多年"大浪淘沙"的洗刷检验，今天居然还能"拿得出手"汇成集子，这是连我自己都不敢想象的，是值得庆幸的。所以说，文选的主体部分起的是"热点回眸探索"的作用。

其次，"回忆和思考"部分，可以起到"揭秘中联部"、认识和了解中联部的作用。中联部在 1971 年公开挂牌之前，它是很神秘的。人们不仅不知道它是干什么的，甚至连名称、地址都是不公开的。它对外叫"复兴大路十八号机关"，你要找这个机关，连警察都未必能找得到。媒体公开报道其领导人的活动时，都说是"中共中央有关部门负责人"。粉碎"四人帮"之后，特别是十一届三中全会以来的 30 多年间，中联部发生了很大的变化。但是它究竟发生了哪些变化、为什么会有这些变化？回忆与思考部分的文章就此作了回答。关心社会主义前途命运的人们，通常也是关心中联部的工作的。他们从这本文选中可以拨去中联部"神秘"的面纱，深入了解"中国特色政党外交"是如何形成的，今日的中联部是如何成为中国共产党的"外交部"的。这一历史性转折的过程，恰恰是作者全程亲身经历过的，留下这些记忆性文字和思考，既是一个"老中联部人"应尽的义务，也是一个研究工作者不可回避的社会责任。

最后，讲一下"附录"。它收录了他人为我的著作所作的序言、题词和评论。这有助于从另一个角度了解我文章的观点，但更重要的还在于，这些名流大家的高论对整个学术界和广大读者是很有参考和启迪价值的。集子将其作为"附录"奉献给读者，实际可起"借花献佛"作用。譬如龚育之同志在给我《社会主义：转折与创新》一书写的"代序"中，提出"官方研究"（或内部研究）一要有"创造性"，二要"允许不同意见的争论"等意见，具有广泛的现实指导意义，已为全国多家媒体广为转载。高放教授在"序论"中提出，"只有纠'左'防右，国际共运才能转折创新"的意见，以及他对"共运三个'七十年'、两次转折创新"所做的学术考察及其真知灼见，都是很有理论和学术价值的。

赵曜教授在《苏联解体我的解读》序言中，肯定"在恩格斯论述的基础上，结合苏联实际，提出要把'合力论'和'重点论'相统一，并认为，'重点论'有两个，一个是党，一个是制度。这个观点是很有见地的"。王长江教授在《对〈苏联解体我的解读〉的解读》的评论中，提出：苏共的失败是党的问题，抑或是制度的问题？他表示"同意把党和制度作为重点。

在这两个重点中，制度有更重的分量，是重点的重点。党的问题也是在制度设计上有问题"。

李君如教授认为，"邓小平说的'四不'即'不坚持社会主义，不改革开放，不发展经济，不改善人民生活，只能是死路一条'。讲的就是导致'死路'的'合力论'。"他还提出，"'制度'和'党'是两个关键问题，'僵化'和'自由化'都会葬送社会主义、毁灭党。"

刘建飞教授在《解读苏联解体的一个公式》的书评中提出，"作者主张坚持'合力论'与'重点论'相统一，外因、内因、远因、近因相结合，紧紧抓住'党与体制'这个根本点，最后得出'合力论+重点论=内外远近因+党与体制问题'这个解读公式。用这个公式来解读苏联解体，更让人信服。"

严书翰教授在书评中肯定作者的下述观点，即："中国30多年来的体制改革，实质上是去'苏联模式'，增'中国特色'。现在中国特色社会主义全面突破和彻底超越了苏联模式，这是中国成功的秘诀。我们既要与西方模式划清界线，也要与苏联模式划清界线，这是搞中国特色的一个基本原则。"但是，他感到我在这个问题上的论述还不够，"希望作者在今后此书再版时对此要加以展开和完善"。作者最近发表的《论中国特色社会主义与斯大林模式的关系》，在很大程度上弥补了这一方面的不足。总之，著名学者的这些大方向一致，但却不尽相同的具体表述，大大丰富了人们的认识，是很有启迪和深入研究价值的。

关于这个集子，我就讲以上三点。最后我要声明一点，既然这个集子涉及的多是一些热点、焦点、难点问题，就不可能总说得那么正确和准确。因此，我还要强调过去说过的一句老话，即希望大家将这些文章当成"一家之言"，我是"欢迎九十九家批评"的。唯有如此，马克思主义理论才能发展，我们的认识才能不断有所长进。谢谢各位。

肖 枫
2016 年初春于北京

目　　录

二、什么是发展与如何发展

三、苏东剧变的原因和教训

四、冷战后社会主义的形势和趋势

五、共运历史事件与经验教训

六、政党体制与民主法治

七、社会主义与资本主义

八、社会主义与马克思主义

回忆与思考：新时期中联部的转折与创新

附　录：主要著作的序言、题词和评论

一、时代·战略·形势·政策

关于时代问题的思考

题注： 自 20 世纪 80 年代以来，时代问题就是人们关心关注的一个"热点"，也是众说纷纭争论不休的一个"焦点"，还是广泛探讨商榷切磋的一个"难点"。

当时人们对长期使用的"帝国主义和无产阶级革命的时代"的说法已产生了质疑，在 80 年代中期邓小平提出"和平与发展是当代世界两大问题"的论断之后，兴起了当今是"和平与发展的时代"等多种新说法。笔者对此都不敢苟同，遂于 1989 年秋天在新华社《国际内参》上发表了这篇《关于时代问题的思考》，以期引起有关部门对此问题的关注。后来北京出版的《理论信息报》第 228 期（1989 年 11 月 20 日）以《我们处在什么时代？》为题，详细摘发了笔者的基本观点。这就等于为时代问题的公开讨论又添了把干柴。

近年来，越来越多的同志认为，过去关于时代的定义"帝国主义和无产阶级革命的时代"不符合实际，"已经过时了"。至于目前究竟是什么时代，看法还很不一致。相当多的同志认为，现在是"和平与发展的时代"，"和平与发展"取代了"战争与革命"。但也有同志认为，这一提法没有反映出时代的"阶级内容"，而认为现在是"资本主义和社会主义共存竞争的时代"或"两种社会制度和平竞赛的时代"。现就当前的时代及其有关问题略陈管见。

一、必须先明确几个问题

我认为在分析时代问题时，先要明确以下几个问题：

首先是关于"时代"的概念问题。人们经常从不同的角度、在不同的意义上使用"时代"这个概念，如："核时代"、"信息时代"、"多极时代"、"开放时代"等，而我们这里所说的"时代"指的是人类社会发展的不同历史阶段，是对当代世界发展进程和基本趋势的最高层次的战略判断。要从这一意义上来判定现在所处的"时代"，与上述种种提法所采用的标准和依据是不同的，这就随即产生了第二个需要明确的问题。

第二，关于判定"时代"的依据和标准问题。列宁 1915 年在《打着别人的旗帜》一文中，曾经说："哪一个阶级是这个或那个时代的中心，决定着时代的主要内容、时代发展的主要方向、时代的历史背景的主要特点等等"，这是划分时代的基本依据。现在有些同志在谈论时代问题时完全不顾这一标准，有些同志则不顾新的情况简单直线式地运用这一标准。我认为，只要世界还存在阶级、阶级矛盾和阶级斗争，列宁上述标准的基本精神仍是适用的，但必须考虑世界政治、经济包括阶级斗争的新的情况，不能简单机械地搬用。所谓新情况，最主要的是资本主义虽有种种矛盾但还有相当的发展余地，社会主义虽优于资本主义但其优越性未充分发挥出来，目前社会主义在世界范围内还难以完全取代资本主义。由资本主义向社会主义和共产主义的过渡，比原来预想的要长得多、复杂得多。在这一漫长的历史发展进程中，必然要经历许多小阶段，即"大时代"中要包括若干"小时代"。这就随即产生了第三个需要明确的问题。

第三，关于"大时代"和"小时代"或"小阶段"问题。过去认为资本主义过渡到社会主义是"指日可待"的事情，因此思想认识上一直忽略这个问题。现在看来，区分"大时代"和"小时代"很有必要。其实列宁早就作了这种区分，只是未引起重视而已。列宁在《打着别人的旗帜》的文章中说："我们是生活在两个时代的交界点"，"这里谈的是历史的大时代"。接着他把从法国大革命开始的"资产阶级时代"划分为 3 个"小时代"或"小阶段"：1789—1871 年是"资产阶级上升的时代"，1871—1914 年是"资产阶级绝对统治和衰落的时代"，1914—？是"帝国主义时代，帝国主义动荡和由帝国主义引起的动荡的时代"。资本主义发展的第三个"小时代"，同时也是社会主义制度开始诞生、成长、发展的时代，因而已不完全属于"资产阶级时代"这个大时代了。按列宁当时的说法，现在是两个历史"大时代"的"交界点"，换句话说，从那时起，整个世界进入了"由资本主义向社会主义和共产主义过渡"的时代。不过，现在看来这过渡所延续的时间相当长，因此这一过渡性时代本身应看作一个"大时代"。在这一大时代中，资本主义和社会主义各自还要经历若干发展阶段，以"过渡"为中心内容的这一"大时代"，也必然要经历主题和特征不同的小阶段或小时代。我们切不要把世界历史上小时代的转换误认为是人类历史发展大时代和大方向的改变。

二、对过去的时代定义应作具体分析

对过去时代定义的具体提法和核心思想，要加以区别并作具体分析，不能笼统地一概否定，或简单地说"过时"了。

过去时代定义中的核心思想是，十月革命的胜利开辟了人类历史的新纪元。按列宁的说法，"从资本主义过渡到共产主义是一整个历史时代"，这个时代是从十月革命开始的。列宁这里讲的是"大时代"，是人类社会发展的"大方向"。过去时代的定义中无疑包含了这一核心思想，在否定过去关于时代的具体提法时，不能将这一"核心"也否定了。

现在看来，过去关于时代的提法，其过时和失误的地方主要是：

1. 对资本主义向社会主义过渡的速度估计过快，时间估计过短，曲折性认识不足。现在看来，这个历史大时代要延续很长很长的时间。

2. 过去将这一过渡的途径和方式简单地归结为"战争与革命"，加上认识上没有明确"小时代"和"大时代"的概念，于是把"战争与革命"看成是整个"大时代"的特征。因此在"和平与发展"成为时代主题的情况下导致了两难的境地：要么为坚持时代的大方向而不敢正视新的现实，要么为面对和解释新现实而脱离或忽视人类发展的大方向。

3. 对世界范围内资本主义和社会主义的力量对比和消长过程，作了脱离客观实际的判断。说十月革命"开辟"或"开始"了一个新的大时代是符合实际的，说无产阶级和社会主义"代表"了时代的大方向也是对的。至于就力量对比而言，特别是就经济实力而言，在世界范围内无产阶级和社会主义制度还不能说已占据"中心"和"决定性"的地位。总的说来，现在两种社会制度在世界范围内还处于僵持状态，胜负尚未决定，甚至还没有达到可以决一胜负的"决战"阶段。所谓资本主义走向"全面崩溃"，社会主义走向"全世界胜利"的估计更是完全脱离实际的。

4. 两种社会制度的对立和斗争虽然长期存在，但并非始终构成时代的"中心内容"或"时代的主题"。客观情况表明，世界矛盾错综复杂，两种社会制度的对立和斗争虽是客观存在，但第二次世界大战就不是由两种社会制度的矛盾引起的，战后蓬勃发展的民族解放运动主要是解决民族矛盾问题，现在世界各种政治力量出现了多极化趋势，斗争的主要内容也不完全表现为或取决于社会制度问题。总的说来，民族利益、国家利益越来越上升到突出的地位。当然社会主义和资本主义之间的矛盾和斗争有时还表现得相当尖锐，国际反动势力从来没有放弃敌视和颠覆社会主义制度的根本立场。渗透与反渗透、颠覆与反颠覆、"和平演变"与反"和平演变"的斗争是长期的。对此我们绝不能放松警惕。但尽管如此，在两种制度之间，仍然存在着竞争和斗争中共存、合作乃至某些方面相互借鉴的基本趋势。这是我们坚持对外开放政策的客观依据。因此当前影响世界全局的战略性问题，不能简单地看成是两种社会制度之间的斗争问题，而正如邓小平同志所指出的是和平与发展问题。

由此可见，就小时代而言过去关于"帝国主义和无产阶级革命的时代"的提法诚然不合适了，但也不能简单地称为"和平与发展的时代"。至于"两种社会制度和平竞赛的时代"的提法也不甚妥当，因为这会忽略世界上错综复杂的其他矛盾，冲淡"和平与发展"的主题，给人以"两大阵营"依然存在的错觉。

三、大的时代没变，但阶段性主题变了

根据以上分析，我认为十月革命开始的人类历史发展的"大时代"、"大方向"并未改变。但是从十月革命到现在，原来用"帝国主义和无产阶级革命"来概括的那种"小时代"已经结束了。世界历史已经进入了一个以和平与发展为主题的新的"小时代"。这个小时代与过去的"帝国主义与无产阶级革命的时代"并不是脱节的，它们同属于世界历史进程由资本主义向社会主义和共产主义过渡的"大时代"中的相互衔接的小阶段。在这个小时代结束之后，必然还会经历别的发展阶段或小时代，至于是什么样的小时代，目前尚难预料。

当前这个新的小时代的主题是和平与发展，换句话说，这一阶段世界人民的主要任务、主要课题以及世界范围内的主要矛盾（当然不排斥具体地区或国家在一段时间内有自己特殊的任务、课题和主要矛盾），是争取和平与促进发展，因此也可称为"争取和平促进发展的（小）时代"。这个新的小时代的到来，没有也不可能改变历史发展的大方向，它只是表明走向社会主义和共产主义的大时代，是一个复杂的、曲折的、艰巨的、长期的历史过程。由于和平与发展越来越成为关系世界全局的两大战略问题，解决这两大问题就成为推动当代历史进步的现实途径。列宁说过："劳动生产率，归根到底是保证新社会制度胜利的最重要最主要的东西。"邓小平同志也指出，要证明社会主义真正优于资本主义，最终要靠我们的发展。当前维护和平与促进发展就是为新社会制度最终战胜旧制度准备条件。这就是说，和平与发展既是人类社会发展的需要，也是社会主义事业发展的客观需

要。为什么不简单地称为"和平与发展的时代"？因为这种提法会给人一种"太平盛世"的印象，因而不符合世界现实。加上"维护"和"促进"，就意味着世界的现实还不那么和平与发展，需要通过斗争、竞争、竞赛来实现，因此在缓和的大趋势中还会有小紧张、小战争，甚至会有曲折和反复。因此说当前处于"维护和平促进发展的时代"，比较符合世界现实。

总之，大的时代（从资本主义向社会主义和共产主义过渡）没变，但时代的阶段性主题变了（由"战争与革命"变为"和平与发展"）。说现时代是"维护和平促进发展的（小）时代"未尝不可，但绝不可忘记这只是人类"从资本主义向社会主义和共产主义过渡"这个大时代中的一个小阶段。对现时代的这种认识和概括，意味着我们一方面要把握人类历史发展的总趋势，继续坚持社会主义，不要迷失大方向，以免犯右的错误；另一方面又要摆脱旧的时代观念的束缚，抓好和平与发展这个时代的主题，避免重犯"左"的错误。只有这样，我们才能更好地坚持贯彻"一个中心、两个基本点"的基本路线。

（原载新华社《国际内参》第 79 期，1989 年 10 月 15 日）

时代的主题与时代的本质

题注： 2000 年 6 月在北京举行的中越两党"社会主义的普遍性和特殊性"的理论学术研讨会上，笔者就时代问题作了发言。在阐述邓小平关于时代问题的论断时，使用了"时代主题"与"时代本质"这两个概念。参会的中央宣传部理论局的同志对笔者的发言很感兴趣，后来将这些观点摘报中央。同年 10 月中央党校《理论动态》在"新论摘要"栏目中以《时代的主题与时代的本质》为题目报道了这些观点。

时代问题是关系全局的一个大问题，是共产党人制定战略策略问题的重要依据。邓小平对时代问题的论断，是根据客观形势的发展和实际斗争的需要分步作出的。80 年代初邓小平首先阐明了"时代主题"的转换问题。他当时根据世界的新情况和新变化，首先改变了世界战争不可避免而且迫在眉睫的看法，为我党把工作中心转移到社会主义经济建设上来，提供了带全局性的战略判断。80 年代中期，他进一步提出"和平与发展"是当今世界"带全球性的两大战略问题"，为扭转传统的"战争与革命"的传统观念，认识和及时把握"和平与发展"的主题，提供了理论依据。90 年代他又说"和平与发展这两大问题，至今一个也没有解决"，这说明将邓小平上述关于"时代主题"的论断，说成是"和平发展的时代"是不合适的。邓小平是将和平与发展作为"两大问题"提出来的，而且这不是"一般问题"，是"带全球性的战略问题"，所以将其理解为"时代主题"（主要问题、主要课题、主要任务等）是合适的。

90 年代初苏东国家发生剧变，邓小平又从另一角度对时代问题提出了重要的新论断，实际上是揭示了当今"时代的本质"。他强调"社会主义经过长过程的发展后必然代替资本主义，这是社会历史发展不可逆转的总趋势"①。邓小平这里说的"历史发展总趋势"不可逆转，实际上揭示的是当今"时代的本质"，即当今的时代，本质上仍然是"由资本主义向社会主义过渡的时代"。这样，邓小平在不到10 年的时间里，既及时准确地把握了"时代主题"的转换，又深刻揭示了"时代本质"没有改变，从而对当今时代做出了完整的科学判断。如果将这两方面的判断联系起来、结合起来，人们不难得出这样的结论：大的历史时代没有改变，当今的"时代本质"仍然是"由资本主义向社会主义过渡的时代"，但时代的"阶段性主题"已不是"战争与革命"，而是"和平与发展"了。

邓小平关于当今时代的科学论断既坚持了马克思主义的基本原则，又准确地反映了当今世界的客观现实。

关于我们所处的时代，过去通常认为是"帝国主义和无产阶级革命的时代"。这一提法虽然出自斯大林《论列宁主义基础》，但不能看成是斯大林个人的独撰。他不过是将列宁 1915 年说的现在是"帝国主义发生动荡和由帝国主义引起动荡的时代"，以及 1917 年说的"帝国主义……目前所达到的资本主义发展阶段成为无产阶级社会主义革命的时代"② 这两个论断联系在一起罢了。应当说过去关于时代的这一定义，对列宁思想的概括基本上是准确的。事实上，在列宁所处的年代以及他去世后的半个世纪里，世界的现实的确如此。在不到

① 《邓小平文选》第 3 卷，人民出版社 1993 年第 1 版，第 382 - 383 页。
② 《列宁全集》第 26 卷，人民出版社 1988 年第 2 版，第 144 页；第 29 卷，人民出版社 1985 年第 2 版，第 474 页。

30 年间，世界爆发了两次大战，革命风暴此起彼伏，那称得上是"战争与革命"的年代。

但是，在 60 年代殖民体系崩溃之后，新独立的国家摆在第一位的任务是发展民族经济；发达资本主义国家通过"体制改革"缓解了"制度危机"，资本主义基本矛盾未解决，但社会矛盾有所缓解，相当长时间以来已没有直接革命形势；社会主义国家要改变落后于发达资本主义国家的状况，急需发展经济，增强综合国力。这些因素综合起来，使"和平与发展"成了世界潮流。

在这种情况下，仍把"战争与革命"视为时代主题显然不符合实际了。邓小平及时提出"和平与发展"是当代世界"真正带全球性的两大战略问题"，准确反映了当今时代的现实，是完全正确和必要的。同时，通过"历史发展总趋势不可逆转"的论断，又坚持了马克思主义关于划分时代有阶级内容和阶级标准，从而继承、丰富和发展了马克思主义时代理论。

尽人皆知，虽然人们可以从不同角度，在不同意义上使用"时代"这个概念，但共产党人为制定正确的战略策略所要明确的"时代"，指的是历史上的大时代。判定历史大时代，列宁曾提出过明确的标准，即要以"哪一个阶级是这个或那个时代的中心，决定着时代的主要内容、时代发展的主要方向、时代的历史背景的主要特点等等"① 作为依据。现在有些同志完全不顾这一标准去谈什么"时代"，也有些同志不考虑新的情况和形势，简单教条式地搬用这一标准，都是不足取的。邓小平关于"历史总趋势不可逆转"的论断，坚持了马克思主义关于划分时代的阶级标准。另一方面，从方法论上讲，列宁常常将"时代"作为"阶段"的同义语使用。他认为每一大的历史时代经历的不同发展阶段，也可看成是其中不同的（小）时代，而阶段之长短、时代之大小，又都是相对的②这一思想和方法，告诉我们：不能只讲"大时代"，而忽略若干"小时代"所形成的阶段性特征；同样不能只注重当前小时代的特征，而忽略了代表历史发展方向的大

---

① 《列宁全集》第 26 卷，人民出版社 1988 年第 2 版，第 143 页。
② 《列宁全集》第 26 卷，人民出版社 1988 年第 2 版，第 143 – 144 页。

时代。正确的方法是将二者联系起来、结合起来。

过去关于"帝国主义和无产阶级革命的时代"的定义，由于世界情况已发生了很大变化，在"提法"上虽然不恰当了，但其"核心思想"仍然有效。这就是说，我们仍处在"由资本主义向社会主义过渡"的大时代。

当前的"和平与发展"，没有脱离原来的历史大时代，而恰恰是资本主义向社会主义过渡在当前必经的阶段和客观需要。因为本世纪社会主义国家产生于经济文化较落后的国家，它们在经济上与发达资本主义国家的巨大差距，长期威胁着社会主义的巩固和发展。现在世界社会主义运动的发展，主要不是追求"面的扩大"（有更多的社会主义国家），而是要力求"质的提高"，即现有社会主义国家把自己的事情办好，用社会主义建设搞成功的实例，来证明社会主义优于资本主义，从而成为"合格的"、有吸引力的社会主义，促进世界社会主义运动的复兴和发展。因此"和平与发展"就成了当前巩固和发展社会主义、将来实现共产主义的必由之路。

（原载中共中央党校主办《理论动态》第 1507 期，2000 年 10 月 30 日）

时代主题转换与社会主义
传统战略的转变

题注： 2002 年 8 月，参加在山东泰安召开的"时代特征与世界社会主义的发展"学术讨论会，10 月下旬，参加在北京中国社科院召开的"21 世纪世界社会主义"国际学术研讨会，都做了相关内容的发言或提供了相关的论文。年末在山东大学主办的《当代世界社会主义问题》（季刊）第 4 期上发表的这篇文章，是这一时期这个问题上的一次小结。

自《共产党宣言》发表以来，社会主义就有一条明确的发展战略。但是，20 世纪 80 年代以来，这条战略在"和平与发展"取代"战争与革命"成为时代主题的新历史条件下，已发生了"历史性的转变"。虽然世界社会主义发展战略在历史上经历过多次调整和发展，但这次在时代主题转换了的历史条件下发生的战略转变，是以往任何一次调整和发展都无法比拟的。新战略是对国际共运历史经验的科学总结，是新形势"逼迫"的历史必然，是马克思主义与时俱进的理论品质的具体体现，是社会主义事业前进的客观需要。现在的问题是，社会主义的发展战略为什么发生这么大的转变？为什么说现行的社会主义发展战略是马克思主义与时俱进的新发展？这条新战略的基本特点是什么，其历史意义何在？此文就这些问题略陈管见。

一、时代"本质"未变但"主题"已转换

对"时代"的判断是最高层次的战略判断。对历史大时代的科学判定，以及对本国社会发展阶段的准确定位，历来是共产党人、社会主义者提出理论、制定发展战略和策略的基本依据。从马克思到毛泽东，社会主义的发展战略都是以他们对当时历史时代的科学判断为依据的。

20世纪后半期，特别是80年代以来，国际形势发生了很大变化。一是60年代殖民体系崩溃之后，新独立国家第一位的任务是发展民族经济；二是70年代美国从越南败退，后来亚非拉急风暴雨式的斗争转入"沉寂"阶段；三是发达资本主义国家由于通过"体制改革"缓解了"制度危机"，社会阶级矛盾有所缓和，已不具革命形势；四是社会主义国家要改变落后于发达资本主义国家的状况，急需发展经济，增强综合国力。这些因素综合起来，使"和平与发展"成了世界潮流。正是在这种情况下，深刻洞察国际形势的邓小平及时提出："现在世界上真正大的问题，带全球性的战略问题，一个是和平问题，一个是经济问题或者说发展问题。"①

邓小平提出和平与发展"两大问题"的论断之后，学术界就"时代"问题展开了热烈讨论。有人认为现在是"和平与发展"的时代，但也有不赞成这一提法的，而认为是"资本主义与社会主义共存竞争的时代"或"两种社会制度和平竞赛的时代"等。对这些意见，笔者不敢苟同，当时连续发过几篇文章。

我认为，"和平与发展的时代"的提法，会造成"历史大时代改变了"的误解，给人以"太平盛世"的印象，不符合当前世界现实。世界人民有要求"和平与发展"的愿望，但世界的现实并不尽然。"和平与发展"是要通过努力奋斗才能实现的目标，因而只能说是两

---

① 《邓小平文选》第3卷，人民出版社1993年版，第105页。

大"问题"或"主题"。至于"资本主义与社会主义共存竞争的时代"或"两种社会制度和平竞赛的时代"的提法，突出强调"两种社会制度"，忽视了世界矛盾的复杂性，会给人以"两大阵营"对垒仍左右世界的强烈印象，也是不符合世界现实的。世界矛盾多得很、大得很，两种社会制度的矛盾是世界上现存的一对矛盾，并将长期存在，但它并不是世界的主要矛盾，因为整个世界形势不是由它来支配的。冷战后，以科技为先导，以经济实力为基础，以军事实力为依托的综合国力竞争日益激烈，然而这一斗争主要不表现为两种社会制度之间的斗争。因此，不宜将世界各种复杂的矛盾和国际斗争的注意力都集中到"两种社会制度"上来。在各种意见论争激烈时，中央党校的赵曜教授等提出了"大时代"与"小时代"的观点，认为小时代的特征是"和平与发展"，但大的历史时代并未改变。这一观点获多数人赞同，使这场讨论取得了突破性进展。

在 2000 年 6 月中国和越南的学者在北京举行的"社会主义的普遍性和特殊性"理论研讨会上，笔者就时代问题作了发言，提出了有关时代问题的"十个观点"。这个发言的核心集中在两个问题上，一是研究时代问题的方法论问题，一是应如何认识和对待当今时代的问题。

从方法论上讲，我认为：

第一，要把按社会经济形态划分的"历史大时代"与其他意义上所说的"时代"区别开来。人们常常从不同角度、在不同意义上使用"时代"这个概念，如从技术和生产力的角度将其划分为石器时代、青铜时代、铁器时代、蒸汽时代、电器时代、信息时代。至于日常生活中以"时代"来表示一个不同"时期"的用法就更多了，如"青年时代"、"短缺经济时代"、"走进新时代"等等。这些说法都无可非议。但是，问题在于共产党人、社会主义者所说的"时代"，指的是人类历史上的大时代，即按"社会经济形态"所区分的时代，这是有严格的科学规定和既定标准的。

第二，判定历史大时代要坚持马克思主义的唯物史观，即"每一历史时代主要的经济生产方式和交换方式以及必然由此产生的社会结

15

构，是该时代政治的和精神的历史所赖以确立的基础，并且只有从这一基础出发，这一历史才能得到说明"①。

第三，列宁关于"时代"问题的思想和方法，仍具有指导意义。列宁常将"时代"作为"阶段"的同义语使用，认为每一大的历史时代经历的不同发展阶段，可看成是其中不同的"小"时代，而阶段之长短、时代之大小，又都是相对的。不能只讲"大时代"，而忽略若干"小时代"的阶段性特征；同样也不能只注重小时代的特征，而忽略了代表历史发展方向的大时代。正确的方法是将二者联系起来、结合起来。②

基于上述思想和方法，要全面正确地认识当今的时代，必须将"时代本质"与"时代主题"两个概念区别开来。邓小平 80 年代提出"和平与发展"是当前世界"带全球性的两大战略问题"，指的是"时代主题"已由"战争与革命"转换成"和平与发展"了；90 年代在苏东国家发生剧变时邓小平强调："社会主义经过长过程的发展后必然代替资本主义，这是社会历史发展不可逆转的总趋势"，指的是"时代本质"没有改变，仍然是"由资本主义向社会主义过渡的时代"。只有将这两个层面上的论断结合起来，才能全面认识当今的时代。这就是说："时代的本质"没有改变，但"时代的主题"已经转换了，即不是"战争与革命"，而是"和平与发展"了。

从对时代的这一基本认识出发，我们在实践中应注意把握以下几点：

一是社会主义必然取代资本主义的历史总趋势没有改变，但这是一个长期曲折的过程，必须克服急于求成的"左"的思想倾向。从世界范围看，现在还不是"社会主义时代"，这就是说，社会主义虽然代表着时代前进的大方向，但当前从力量对比看，特别是就经济实力而言，社会主义还未占据时代"中心"和"决定性"的地位。目前的世界力量对比还是"资富社贫"、"资强社弱"、"资攻社守"的态势，社会主义的战略策略都不能脱离这一客观现实。社会主义不会像

---

① 《马克思恩格斯选集》第 1 卷，人民出版社 1995 年版，第 257 页。
② 《列宁全集》第 26 卷，人民出版社 1988 年版，第 143 – 144 页。

反共反社会主义势力所希望的那样"消亡",但也不可能"速胜"。必须有子子孙孙长期奋斗的思想准备。

二是目前的"和平与发展"没有脱离原来的大时代,而恰恰是资本主义向社会主义的历史性过渡在当前条件下的必经阶段和客观需要。本世纪社会主义国家产生于经济文化较落后的国家,它们在经济上与发达资本主义国家的巨大差距,长期威胁着社会主义的巩固和发展。现在世界社会主义运动的发展,主要不是追求"面的扩大"(有更多社会主义国家),而是要力求"质的提高",即用社会主义建设搞成功的实例,来证明社会主义优于资本主义,从而成为"合格的"、有吸引力的社会主义,促进世界社会主义运动的复兴和发展。因此"和平与发展"就成了当前巩固和发展社会主义、将来实现共产主义的必由之路。

三是中国共产党人必须从时代高度上正确认识和处理好"和平与发展"的世界主题与"历史发展大趋势"的关系,将最高纲领与当前纲领结合起来。既坚持社会主义、共产主义信念不动摇,又要抓住、抓好"和平与发展"这一时代主题。讲"和平与发展"是当今时代主题时,不要忘记这只是人类从资本主义向社会主义、共产主义过渡这个大时代中的阶段性主题和特征,因此仍要把握人类历史发展的总趋势。在谈坚持社会主义方向、共产主义理想时,又要摆脱"战争与革命"年代的某些陈旧观念的束缚,把握好"和平与发展"这个时代主题和特征,抓住机遇发展自己。因为这是实现社会主义、共产主义信念和理想在当前的必由之路。

二、传统战略向新战略的历史性转变

邓小平在"时代主题"转换了的历史条件下,在建设有中国特色的社会主义的实践中,在总结国际共运历史经验教训的基础上,通过对我们党对外工作的调整,顺应并推动了国际共运中独立自主潮流的发展,从而使强调"统一性"和"国际联合"的传统战略,逐渐转变成强调"独立自主"和"民族特色"的新战略。

《共产党宣言》虽明确指出，无产阶级的斗争"首先是一国范围内的斗争"，但当时突出强调的还是其"国际性"。恩格斯曾设想："共产主义革命将不仅仅是一个国家的革命，而将在一切文明国家里，即至少在英国、美国、法国、德国同时发生。"① 1893 年他在致法国社会主义者拉法格的信中说："无产阶级的解放只能是国际的事业。如果你们想把它变成只是法国人的事业，那你们就会使它成为做不到的事了。"② 100 多年来国际共运的传统口号是"全世界无产者联合起来！"

列宁从帝国主义发展不平衡的现实出发，将"数国同时革命论"改为"一国首先革命论"，这是列宁的伟大历史功绩，否则就不会有十月革命的胜利。列宁的这一思想，对恩格斯的"数国同时革命论"来说，是一个历史性的飞跃，但这一飞跃并没有超出传统战略的范围。因为列宁仍然从无产阶级革命的"国际性"出发，强调先胜利的国家的"最后胜利"取决于世界革命高潮的到来和其他国家革命的发展。因此他主张应尽力去"发展、援助和激起世界各国的革命"。斯大林强调列宁的革命论同时也是"世界革命发展论"，先胜利的国家应成为加速世界各国无产阶级革命的"助力"、"工具"和"根据地"。中国共产党 60 年代以前实行的"支左反修"、"支援世界革命"的路线也是这一思想的延续和发展。与此相适应，党与党之间的关系非常紧密，国际活动和会议相当频繁。总之，过去国际共运的"国际性"是十分明显的。

在 20 世纪 80 年代邓小平高屋建瓴地把握了世界潮流，及时地提出"和平与发展"是当前世界"带全球性的两大战略问题"，从而扭转了"战争与革命"的传统观念，改变了世界战争不可避免且迫在眉睫的看法，为我们党改变"以阶级斗争为纲"而把工作中心转移到经济建设上来提供了带全局性的战略估计。与此同时，邓小平在回顾和总结"大论战"经验教训的基础上，调整了中国共产党的对外战略。他强调要在独立自主、完全平等、互相尊重、互不干涉内部事务党际

① 《马克思恩格斯选集》第 1 卷，人民出版社 1995 年第 2 版，第 241 页。
② 《马克思恩格斯全集》第 39 卷，人民出版社 1974 年版，第 87 页。

关系"四项原则"的基础上，同一切愿与我党交往的各国政党发展新型的党际关系，促进国家关系的发展。同时调整了中国的对外战略。1981年邓小平在会见美国客人时强调要澄清的一个观点，就是有人认为"中国政府信奉的意识形态旨在摧毁类似美国这样的政府"。邓小平郑重地指出："这样的观点至少不是八十年代的观点，也不是七十年代的观点，而是恢复了六十年代以前的观点。"① 这就是说，与六十年代以前的战略不同，中国八十年代的对外战略已经转变。同时，中国在国内搞"改革"，对外实行"开放"，使中国社会主义事业出现了新局面，形成了有中国特色的社会主义理论，标志着中国社会主义发展战略发生了历史性转变。

调整后的新战略已不再强调原来那种"国际性"、"国际联合"，不再以推动"世界革命"作为对外战略目标，而是从社会主义本来就具有的"民族性"出发，强调要"独立自主"地从本国实际情况出发，走马克思主义民族化的道路，集中精力发展自己，以社会主义的成功实例来证明社会主义的优越性，以便进一步巩固和发展社会主义事业。正如邓小平所指出的，到21世纪中叶中国真正发展起来了，不但是给占世界人口四分之三的第三世界走出了一条路，更重要的是向人类表明，社会主义优于资本主义。

中国共产党对外战略的转变，是国际共运在新形势下战略转变的缩影。其他国家共产党的发展战略也相继发生不同程度的转变，于是"转变战略"就成了国际共运中的普遍潮流。转变后的世界社会主义新战略，虽然明显地不同于传统战略，但总体说来是民族性和国际性相统一的战略。新战略是传统战略在新历史条件下的继续和发展，是马克思主义与时俱进的理论品质的具体体现，是更好地巩固和发展社会主义的战略。

三、战略转变是共运历史发展的必然结果

社会主义发展战略之所以必须转变，除"时代主题"转换的大背

---

① 《邓小平文选》第2卷，人民出版社1994年第2版，第378页。

景外，主要是因为传统战略本身在实践中遇到了不少问题，不进行调整，社会主义事业就可能被葬送。为什么这么说呢？总的说来有三个方面的问题"逼迫"传统战略不得不进行转变：一是原来对传统战略的曲解和误解必须清除，二是原来传统战略中正确的东西也必须与时俱进地发展，三是传统战略在新形势下碰到的新问题，使强调"统一性"和"国际联合"的国际共运面临着"危机"，不转变没有出路。

所谓原来曲解和误解的东西，主要集中在以下三个问题上：

第一，马克思和恩格斯虽然强调"国际联合"，但并不否定各国党的"独立自主"。他们认为这种联合应当以"独立的民族组织"为基础，"国际合作只有在平等者之间才有可能"①，"自主和独立也就包括在国际主义这一概念本身之中"②。但共产党人长期来将"国际联合"神圣化了，不同程度地忽视了独立自主、自力更生的决定性作用。国际共运的实践表明，十月革命、中国革命都不是在国际组织的指导下而是在原有的国际组织已瓦解或解散的情况下取得胜利的。历史经验说明，任何一个国家的工人运动、革命斗争虽然都离不开国际上的同情和支持，但是它首先是在一国范围内进行的运动，革命之所以能够胜利，胜利后能保住成果，自身的艰苦斗争是主要的、决定性的。正如邓小平所强调指出的："国际共运历史的根本经验教训就是，各国党要根据自己的实际，决定自己的政策，才能取得成功。"③所以强调各党"独立自主"，实际上是根据历史经验、从长期的曲解和误解的束缚中解放出来。

第二，马克思和恩格斯虽然强调"国际联合"，但认为联合的形式和方式并不是凝固不变的。他们认为，国际联合的程度、形式和活动方式，取决于形势的发展变化和客观的实际需要与可能。在巴黎公社失败之后，特别是世界工人运动蓬勃发展起来之后，恩格斯认为，"无产阶级的世界太大、太广了"④，国际运动"它那狭窄的第一个形

① 《马克思恩格斯全集》第35卷，人民出版社1971年第1版，第261页。
② 《马克思恩格斯全集》第39卷，人民出版社1974年版，第84页。
③ 《邓小平思想年谱（1975－1997）》，中央文献出版社1998年版，第245页。
④ 《马克思恩格斯全集》第33卷，人民出版社1973年版，第644页。

式即秘密同盟"和"它那广泛无比的第二个形式即公开的国际工人协会",已"成为一种桎梏了"①。因此,他反对恢复旧国际,也不主张成立新国际。他认为,任何想使国际"重新获得新生命的进一步的努力,都会是愚蠢而徒劳的"②。恩格斯主张在新形势下应寻求各国工人阶级之间联系的新形式。他说在不存在国际的"外在形式"的情况下,各国工人的团结感和为共同利益的斗争,将形成规模更大的"自发的国际","这个国际将愈来愈超过协会的任何外在形式"③。但是到80年代末,当英国工联和法国可能派等机会主义派别力图抢先召开国际代表大会,以求宣布成立新的国际并操纵其领导权的时候,为挫败他们的企图,恩格斯才改变了态度,转而指导各国社会主义工人政党中的马克思主义者筹备新的国际代表大会。恩格斯后来支持和指导成立新国际实际上是受形势所"逼"。在新组织的活动方式上,恩格斯认为不能照抄旧国际,只要采取定期召开国际代表大会这样的形式就足够了。倍倍尔同意他的看法而在回信中说:"谈不上恢复国际的问题。顶多只能够而且只允许建立一个交换意见的办事机构。"④ 因此,新的工人国际开始时既没有正式的名称,也不曾发表过成立宣言或共同纲领。恩格斯去世后,新国际才于1900年设立一个国际常设机构——社会党国际局和书记处,但这也只是作为"联络机构",而不是强有力的中央领导核心。1907年新国际自称为"第二国际",以区别于第一国际。可见,无产阶级需要国际联合,但不能将国际联合的形式绝对化、凝固化;国际联合的程度和方式,要看客观形势的需要和可能,以及对无产阶级的斗争事业是否有利。

第三,"国际主义"是国际共运的传统口号,但过去对其也存在曲解和误解。某些附加到"国际主义"名义下的错误做法更是严重损害了世界社会主义运动。对此也需要进行调整和转变。列宁对"国际主义"做过重要的论述,但对此要进行具体分析。十月革命时期,资

---

① 《马克思恩格斯全集》第21卷,人民出版社1965年版,第261页。
② 《马克思恩格斯选集》第4卷,人民出版社1995年第2版,第620页。
③ 《马克思恩格斯全集》第19卷,人民出版社1963年版,第270–271页。
④ 《恩格斯与倍倍尔通信集》,人民出版社1985年版,第423页。

本主义国家的工人运动和殖民地半殖民地的革命运动一度十分高涨。在这种形势下，列宁认为，"真正的国际主义只有一种，就是进行忘我的工作来发展本国的革命运动和革命斗争，毫无例外地支持（用宣传、同情和物质来支持）无一例外的所有国家的同样的斗争、同样的路线，而且只支持这种斗争、这种路线。"① 在"和平与发展"成为时代主题的历史条件下，不能再实行这样的"国际主义"。这不仅是因为世界不具备革命形势，而且是因为这会影响社会主义国家与其他国家的国家关系，并使受援国的国内斗争变得国际化和复杂化，反而不利于世界社会主义事业。因此决不能将列宁的论述绝对化、凝固化。实际情况是，早在列宁还健在时，由于世界革命高潮没有如期到来，他就及时调整了苏维埃国家的对外政策和策略。当时俄共党内有人主张"为了国际革命的利益，即使本国的社会主义革命失败，也要援助国际范围的社会主义革命"，列宁将其斥之为"奇谈怪论"。列宁说：这些人以为"国际革命的利益要求强行推动国际革命……这种'理论'那是完全违背马克思主义的，马克思主义从来都否认'强行推动'革命，因为革命是随着产生革命的阶级矛盾的日趋尖锐而发展起来的"。② "我们'作好可能丧失苏维埃政权的准备'，显然也不能帮助德国革命的成熟，反而会妨碍它。我们这样做只会帮助德国反动势力，为他们效劳，给德国社会主义运动造成困难。"③ 列宁后来主张"我们在国际政策上要尽可能地机动灵活"④。他还"希望同各国人民和平相处，把自己的全部力量用来进行国内建设"⑤，并认为对外援助应"量力而定"。⑥ 总之，列宁的基本思想是，执行"无产阶级国际主义"原则要看客观条件、需要和可能，否则会帮助反动派，损害革命运动的整体利益。

所谓原来正确的东西也必须与时俱进，这主要表现在"危机和战

---

① 《列宁选集》第3卷，人民出版社1995年版，第54页。
② 《列宁选集》第3卷，人民出版社1995年版，第423页。
③ 《列宁选集》第3卷，人民出版社1995年版，第424页。
④ 《列宁选集》第4卷，人民出版社1995年版，第119页。
⑤ 《列宁全集》第37卷，人民出版社1965年版，第354页。
⑥ 《列宁选集》第3卷，人民出版社1995年版，第432页。

争引起革命"的发展思路上。

传统战略的基本思路是:资本主义不可避免地会出现危机和战争,而危机和战争必然会引起革命,无产阶级应利用这一形势夺取政权。在 19 世纪,无产阶级及其政党利用危机和战争造成的形势,参与或领导了两次大行动,一次是欧洲 1848—1849 年革命,另一次是 1871 年巴黎公社革命。前一次革命是因 1847 年欧洲经济危机而触发的,但工人并未夺得政权就失败了。后一次革命是利用 1870 年普法战争造成的革命形势而爆发的,但革命政权只坚持了 72 天就失败了。

马克思恩格斯在经历这两次实践后,改变了原来"以一次简单的突然袭击来达到社会改造"的幻想,认识到实现社会主义将是长期曲折的过程,但仍然坚信"新的革命正如新的危机一样肯定会来临",仍坚持"危机和战争引起革命"的发展思路。19 世纪 90 年代,尽管当时欧洲资本主义处在和平发展时期,恩格斯仍做出这样的预言:"如果战争毕竟还是发生了,那时无庸置疑的只有一点:这场有 1500 万到 2000 万武装人员互相残杀,并且会使欧洲遭到空前未有的浩劫的战争,必定要或者是导致社会主义的迅速胜利,或者是如此强烈地震撼旧的秩序,并留下如此大片的废墟,以致于旧的资本主义社会的存在比以前更加不可能,而社会革命尽管被推迟十年或十五年,以后必然会获得更迅速和更彻底的胜利。"①

不出恩格斯预料,列宁在第一次世界大战中利用战争形成的革命危机,领导十月社会主义革命并取得了胜利。第二次世界大战后,中国革命取得了胜利,东欧和亚洲出现了一大批人民民主国家,它们后来相继走上了社会主义道路。事实一再证明了"危机和战争引起革命"的发展思路是正确的。

毛泽东继承并发展了"危机和战争引起革命"发展思路,在 50－70年代前后提出"不是战争引起革命,就是革命制止战争"的著名论断。由于毛泽东始终认为在帝国主义时代战争是不可避免的,所以他认定资本主义会迅速崩溃。1957 年他在《关于正确处理人民内

---

① 《马克思恩格斯全集》第 22 卷,人民出版社 1965 年版,第 298 页。

部矛盾的问题》中提出："第一次世界大战以后，出了一个苏联，两亿人口。第二次世界大战以后，出了个社会主义阵营，一共九亿人口。如果帝国主义者一定要发动第三次世界大战，可以断定，其结果必定又要有多少亿人口转到社会主义方面，帝国主义剩下的地盘就不多了，也有可能整个帝国主义制度全部崩溃。"①

如果世界仍然是帝国主义"战争与革命"年代那样的形势，毛泽东所预见的那种革命形势不是不可能出现的。然而，问题的关键在于，后来的世界形势和历史条件发生了很大变化。由于"和平与发展"取代"战争与革命"成为当今时代的主题，在新的历史条件下要实行世界社会主义的传统战略，面临着许多新情况和新问题。对原来的战略不进行调整和更新，不仅不能发展世界社会主义，而且会葬送已有成果。正是在这样的历史条件下，就如何巩固和发展社会主义的问题，邓小平提出了新的发展战略。

所谓传统战略面临着"危机"，这通过国际共运"大论战"已充分地表现出来了，其最好的解决办法只能是"独立自主"。

二战结束后国际形势出现了许多新问题和新情况，如战争与和平问题，核武器对战争和世界形势的影响问题，发达国家的革命道路问题，对帝国主义特别是对美国的战略策略问题，国内建设中要不要改革以及如何改革的问题等等。在这些问题上，丢掉或照搬"老祖宗"都不行。各国党处境不同、看问题的角度不同、对马克思主义的理解不同、对国际形势的分析不同，必然会在认识上出现分歧，在这种情况下要强调"思想统一"、"行动一致"已很困难，国际共运要有一条统一的"国际共运总路线"已经变得不可能了。社会主义运动发展到这一阶段，最好的解决办法不是像过去那样强调思想上的统一和行动上的一致，而应强调各党"独立自主"，各自从本国的实际情况出发，将马克思主义的基本原理同本国实际情况相结合。因此，强调"国际联合"的社会主义传统战略，发展到这个时候就必须进行调整和转变。

---

① 《毛泽东文集》第7卷，人民出版社1996年版，第238－239页。

四、转变后的新战略的基本特点

国际共运史上传统的世界社会主义发展战略，实际上是一条以"一条道路、一种模式、一个中心、一个阶段"为特征的战略。所谓"一条道路"就是武装夺取政权的道路，所谓"一种模式"就是建设社会主义的苏联模式，所谓"一个中心"就是认为社会主义似乎总要有个"头"，或至少在思想上和政治上要有条共同的"国际总路线"，所谓"一个阶段"就是忽视社会主义在不同国家发展的不同的阶段性，似乎各国都处在同一发展阶段上，都要实行大体相同的政策和措施，采取大体一致的搞法。这虽然并不是马克思主义的本意，但在长期实践中，各国共产党人大体上都是这么理解和这么做的。

转变后的世界社会主义发展战略是传统战略在新历史条件下的继续和发展，是更好地巩固和发展社会主义的战略。其基本特点是：

第一，新的战略不再是"一条道路、一种模式、一个中心、一个阶段"的战略，而是强调把马克思主义基本原理同本国实际相结合，独立自主地选择各自走向社会主义的道路，从本国实际情况出发建设各具民族特色的社会主义。

第二，新的发展战略，不再把实现社会主义、共产主义看成是"一次简单的突然袭击"，而强调巩固和发展社会主义是一个"长期曲折的历史过程"，从根本上扭转了"超越阶段、急于求成"的倾向，从而调整了过去长期脱离实际的路线、方针和政策，转而采取一切从本国实际情况出发，脚踏实地地建设社会主义的新路子。

第三，新的发展战略克服了对资本主义的片面性认识，认识到社会主义与资本主义既存在矛盾斗争的一面，又存在继承、借鉴和合作的一面，强调社会主义要实行对外开放，与资本主义既竞争又合作，确立了"利用资本主义来建设社会主义"的战略思路。

第四，新的发展战略，对社会主义国家来说，既坚持了人类社会"必将走向"共产主义的信念，又改变了靠"支援世界革命"去"推翻"现存资本主义制度的传统战略思路，而是强调社会主义国家要集中精力发展自己，靠成功的事实来证明"社会主义优于资本主义"，以促进世界社会主义的发展。

第五，新的发展战略不再强调原来那种"国际性"，也不搞原来那种"国际联合"，但并未否定社会主义事业的"国际性"。恰好相反，因为它强调对外开放，认为社会主义的发展离不开广泛的国际交流与合作，离不开广泛的国际同情和支持，从而使社会主义获得了更大的国际舞台，具有更深远的国际意义。社会主义国家在新的历史条件下，实行国际主义与爱国主义相统一的原则，实行永不称霸，广交朋友，同世界广泛友好的战略。正如邓小平所指出的，到 21 世纪中叶中国真正发展起来了，不但是给占世界人口四分之三的第三世界走出了一条路，更重要的是向人类表明：社会主义优于资本主义。

就总体而言，150 多年来的世界社会主义发展战略，是民族性与国际性相统一的战略。新战略是传统战略在新历史条件下的发展，是更好地巩固和发展社会主义的战略。

五、新战略在新世纪的新发展

江泽民同志在庆祝中国共产党成立 80 周年大会上的讲话，在全面总结我们党 80 年奋斗的基本经验，深刻地阐述了"三个代表"科学内涵的同时，明确地提出了我们党的国际战略。讲话指出：世界要和平，人民要合作，国家要发展，社会要进步，是时代的潮流。和平与发展是时代的主题。中国共产党和中国人民始终同世界上一切爱好和平与自由的人民一道，共同促进世界和平与发展的崇高事业。世界各种文明和社会制度，应长期共存，在竞争比较中取长补短，在求同存异中共同发展。我们将继续同各国人民一道，为建设一个持久和平与普遍繁荣的世界而努力。江泽民同志这番讲话，言简意赅地阐述了中国所处的国际环境、中国的国际战略目标和对外政策的宗旨。中国作为共产党领导的社会主义国家，它的国际战略实质上也是中国特色社会主义的国际战略。

江泽民同志的"七一讲话"，是社会主义发展新战略在新世纪的新发展。所谓"新发展",新在四个方面。

第一,既没丢"老祖宗",又讲了言简意赅的新话。长期以来,在什么是共产主义、如何实现共产主义,什么是社会主义、怎样建设社会主义的问题上,存在着超越阶段急于求成的倾向,以及某些不切实际的空想。这篇讲话坚定地指出:我们坚信马克思主义关于人类社会必然走向共产主义这一基本原理。但必须看到,实现共产主义是一个非常漫长的历史过程。过去,我们对这个问题的认识比较肤浅、简单。经过这么多年的实践,现在,我们对这个问题的认识要全面和深刻得多了。我国现在处于并将长期处于社会主义初级阶段。社会主义初级阶段,是整个建设有中国特色社会主义的很长历史过程中的初级阶段。这些思想为正确地制定社会主义的发展战略提供了认识依据。

第二,以广阔的"世界眼光"看待社会主义的发展。讲话不是孤立地看待社会主义的发展,而是将它在"人类文明发展"的历史长河中去谋求发展。强调不仅要深化对共产党执政的规律、对社会主义建设的规律的认识,而且要不断深化"对人类社会发展的规律的认识",这就为社会主义实行更加开放的政策,全面认识和借鉴人类社会一切先进文明成果,积极迎接经济全球化、世界多极化的新趋势,提供了更广泛的理论基础。

第三,在社会主义与资本主义的关系上提出了新思路。讲话既坚定地指出人类社会"必然走向"共产主义,又跳出了社会主义与资本主义"不共戴天"的传统思想的束缚,明确提出了"世界各种文明和社会制度"(当然也包括了社会主义和资本主义这两种不同的社会制度)"应长期共存","在竞争比较中取长补短,在求同存异中共同发展"的新思路。这就为社会主义的中国在"一球两制"将长期存在的世界上,正确处理同资本主义的"国家关系"提供了总的指导原则和方针。

第四,把社会主义的前途同人类文明、时代潮流、世界未来紧密结合在一起。强调社会主义中国没有脱离人类前途命运的特殊战略目标,中国的国际战略目标是"继续同各国人民一道,为建设一个持久和平与普遍繁荣的世界而努力"。社会主义国际战略与时代潮流、世界人民的普遍愿望的一致性和共同性，是在新的历史条件下坚持更广泛的、真正的国际主义的具体体现。这种同人类文明、时代潮流、世界未来紧密结合在一起的社会主义发展战略，反映了社会主义的发展是人类社会"自然发展"的历史过程的规律性，更有利于社会主义的巩固和发展，是社会主义发展战略在新世纪的伟大创新。

（原载《当代世界社会主义问题》（季刊）2002 年第 4 期，人大复印资料和多家杂志网站转载）

世界社会主义大战略的
几个理论问题

题注：在时代特征和历史条件发生重大变化的条件下，国际共运已经突破"统一性"和"国际联合"的传统战略，形成了强调"民族特色"和"独立自主"的新战略。这涉及有关的一系列理论和实践问题。此文原为笔者 2003 年 10 月出版的《社会主义：转折与创新》一书的前言，《科学社会主义》杂志以此为标题单独发表，随后由"马克思主义研究网"等多家网站转载。

回顾过去，社会主义已发生了历史性转折，今日的社会主义，既不是书本上那种经典的社会主义，也不是中国改革开放前那种社会主义，更不是昔日苏联土地上已经死亡的那种扭曲僵化的社会主义。展望未来，社会主义决不能停滞不前，还将继续发展创新，创新、创新、再创新。这里讲的社会主义转折与创新，实际上指的是社会主义的"大战略"。这包括社会主义的战略环境、战略实践、战略转折、战略创新、战略思维等诸方面的转折与创新。虽然自 1848 年《共产党宣言》发表以来，社会主义运动曾发生过多次战略性转折，但总体上都没有突破强调"统一性"和"国际联合"的传统战略。然而 20世纪下半叶以来，由于国际共运发生分裂，特别是由于时代特征和历史条件发生了重大变化，社会主义运动经过各党自己主动的调整与转变，在客观上已自发地形成了一条强调"民族特色"和"独立自主"的新战略。这是以往任何一次转折都无法比拟的。本文要探讨的就是这一重大的历史性转折与创新。

一、从李一氓同志的一个重要观点谈起

要对这一历史性转折与创新进行探讨，需要从整体上考察社会主义运动是怎么走过来的，现在怎么样，将向何处去。为此，需要从李一氓同志提出的一个重要思想和观点谈起。

1979 年秋天，当时在中联部主持工作的李一氓同志在中央党校做了题为《关于国际共运问题的讨论意见》的报告。在报告中，李一氓同志提出："1962 年以前，就是 60 年代初期，中苏关于国际共运总路线的大论战，特别是关于苏联问题的大论战以前，有这么一个国际共运。但是 60 年代大论战以后，再加上 60 年代后期中国"文化大革命"，这个形势就变了。现在还提国际共运，这就很难说了。我以为国际共运应该有一个共同的组织，共同的纲领，共同的目的，共同的行动，如像从前第三国际时代，或者后来以苏联为首的社会主义阵营时代。那是可以这样讲。现在两者都没有了。现在提国际共运，只能是个因袭下来的提法，真正说起来，这个国际共运是不存在的。……国际共运是有各方面内部联系的，现在这个联系没有了，用世界共运这个名词可能好一点。"

此言敏锐地抓住了世界社会主义运动发生的带全局性的大变化，真是落地有声，振聋发馈。依我的理解，一氓同志说"真正说起来，这个国际共运是不存在的"，实际上包含了两层意思。一是作为"运动"还是存在的，不过已不是原来那个样子了，所以他主张改称"世界共运"。二是这个运动曾经表现出来的那种"国际性"（有一个共同的组织，共同的纲领，共同的目的，共同的行动，如像从前第三国际时代，或者后来以苏联为首的社会主义阵营时代），是不存在了。

至于这第二层意思，初看起来似乎是完全否定了共运的"国际

性"，但实际上只否定了国际性曾经表现出来的那种形式，而非彻底否定"国际性"本身。因为在新的历史条件下，共产主义运动不再具有原来那种"国际性"，也不搞原来那种"国际联合"，但社会主义的发展是离不开世界的，它必须实行对外开放，广泛地开展国际交流和合作，需要广泛的国际同情和支持，从而使社会主义获得更大的国际舞台，具有更深远的国际意义。总的说来，一百多年来的国际共产主义运动，虽然现在与过去的强调点不同，以前强调"统一性"和"国际联合"，而现在强调"民族特色"和"独立自主"，但仍是民族性与国际性相统一的运动。

因此，我赞成一氓同志的思想和观点，但为避免误解而主张明确地提为："国际共运原来意义上的国际性已不复存在了"，在"国际性"前面加上"原来意义的"几个限定词。1989 年 5 月，我在新华社主办的《国际内参》上发表的《对国际共运形势的几点看法》，就是这么说的。随后我将此文送一氓同志征求意见。一个月后，正在病中的一氓同志给我回信说："自己觉得，虽然隔多少年了，我那些论点还是站得住脚的。特别关于共运这部分，在斯大林时代，内部也有纷争，斯大林甚至以共产国际的名义，也采取了许多尖锐措施。但这个运动还是统一的、很有声势的。现在可以说这个运动已经不存在了。内部意见分歧，互相指责，只有利害关系，没有原则关系，形成无法调解的对抗局面。比起我作那个报告的时候还更进一步。要我再说什么，我是很惶惑的了。"这说明他仍坚持原来的观点，但对我说的"共运原来意义上的'国际性'已不复存在了"也没表示不赞成。

值得注意的是，一氓同志的这一观点是在报告一开头作为对国际共运"总的看法"提出来的。他这么做的用意是很清楚的，即绝不只是想简单地改动一下提法（将"国际共运"改为"世界共运"），而实际上是要人们由此出发，对国际共运有一个"总的看法"。换句话说，他实际是提出了一个"如何认识国际共运的形势、如何认识当代世界社会主义运动"的大问题。在他看来，原来存在过的"国际共运"已不存在了，当代"世界共运"已不同于历史上的"国际共运"。这是一个很大的带全局性的变化，他称之为"总的看法"。

二、国际共运为何发生这么大的变化

有人说：这全是"大论战"惹的祸，或说这是苏共大党大国主义惹的祸。苏共搞大党大国主义是必须坚决反对的。如果我们不坚持独立自主，坚决反对苏共的指挥棒，而是跟着苏共跑，说不定现在也跟着苏联和苏共一起完蛋了。因此必须肯定，反对"老子党"我们是反对得对了的。至于意识形态争论，那是另一回事。如果中苏不吵架，社会主义阵营和国际共运不分裂，世界社会主义运动绝不会是今天这个样子。所以说，吵架和分裂的后果是非常严重的。人们谈到这段历史时不免有些惋惜或伤感，是很自然的事情。

但是换个角度思考，又怎么样？假如不吵架不分裂，社会主义就能像过去那么搞吗？世界社会主义运动就能够或应该像过去"有一个共同的组织，共同的纲领，共同的目的，共同的行动"那样发展下去吗？我以为这绝不可能。当时的情况是，由于历史条件和国际形势的变化，国际共运面临许多新情况、新问题，而各国党的认识很不统一，也很难统一，要有一条各党都赞成的"国际共运总路线"已不可能了。当然，最好的解决办法只能是"独立自主"又别吵架。然而当时的情况决定了要避免吵架也是不可能的，过去那种强调"共同规律"而忽视"民族特色"，强调"国际联合"或"协调行动"而忽视"独立自主"的国际共运，实际上已不适应社会主义发展的客观形势了。

十月革命胜利后很有声势的国际共产主义运动，经历了存在国际组织（共产国际）和国际组织解散后不定期地召开国际会议的时期。共产国际是一个高度集中的"世界共产党"，它适应不了形势需要于1943年解散了。随后在不存在国际组织的情况下，我们从共运的"国际性"出发，又主张各国共产党要有一个"头"，或一个"中心"，搞"共产主义的联合国"。中苏分歧公开化之后，"中心"不存在了，又认为还需要有条各国共产党都必须遵行的国际共运的"总路线"，以此来规范和约束各国党的行动。于是，我们党提出了不同于苏共的《关于国际共运总路线的建议》，具体阐述了"二十五条"。当时各党分歧很大，是不可能获得通过的。但回头看，即使各国共产党都同意我们的这个"建议"，国际共运又会怎样？看来，最好的结果也还是一种"齐步走"。这条"总路线"所规定的共同点越多、越具体，对各国共产党的束缚也就越大，就越是不利于各国党从本国实际出发制定适合本国情况的战略和政策。偌大的世界，100多个共产党，各国情况千差万别，怎能行得通？因此说来说去，国际共运"大论战"，只有反对"老子党"、"指挥棒"，主张"独立自主"这一条是正确的、站得住的。企图继续强调统一和一致，"就算你用的公式是马克思主义的，不同各国的实际相结合，也难免犯错误"。① 这样很难发挥民族性和多样性，是不利于各国党从本国实际情况出发将马克思主义基本原理同本国的具体实际相结合，走马克思主义民族化的发展道路的；是不利于各党选择具有本民族特色的走向社会主义、建设社会主义的道路的；从根本上讲，是违背世界社会主义事业发展的客观规律性的。

因此，发不发生吵架和分裂，过去那种国际共产主义运动都是不可能存在下去了。由此就可以说，原来那种国际共运的消失，既是国际共运"大论战"的直接后果，也是形势"逼迫"的一种历史必然，因为在新历史条件下原来那种国际共运必须实行历史性转折。共运分裂是坏事，但换个角度看，因分裂后摆脱了要求国际上"统一行动"的束缚，有利于各党独立自主，又是有100多年历史的国际共运的重大历史进步。

三、三个"七十年"与当前共运所处的历史阶段

关于社会主义运动的形势，曾是众说纷纭。20世纪80年代，有过"停滞论"、"困境论"、"危机论"、"曲折论"、"新高涨论"等说法。苏东剧变世界社会主义运动遭受严重挫折之后，除反共反社会主

---

① 《邓小平文选》第2卷，人民出版社1994年第2版，第318页。

义势力叫喊社会主义"消亡论"外，多数人持"低潮论"。但这次的低潮不会像战争与革命年代那样过一段时间就迅速转入高潮，而是相当长的历史时期。这就有一个应如何认识这次低潮形势的问题。

对形势的分析和估价，可以从当前态势和它在历史发展长河中所处的阶段两个角度去看待。低潮、高潮，通常偏重于当前态势，我认为还应同时从长期的发展趋势及其所处的历史阶段去看问题。虽然当前和今后一个相当长时期内，社会主义的形势从世界范围看仍将长期呈现低潮的特点，但因中国特色社会主义事业生机勃勃、热火朝天，从而使世界社会主义在大挫折中又出现了新局面，总体低潮的形势中又呈现出局部的复兴和高涨。这是仅仅用"低潮"难以概括的。如果说社会主义运动处于"历史性转折"时期，就比较好。这既包括"低潮"的各种特征，也包括通过改革创新而出现的部分新"高潮"的特征。这样来认识当前社会主义运动的形势，比只强调"低潮"的一面，似乎更全面、更合适些。

为什么要强调"转折"？因为转折是带全局性的总特点，形势、任务和战略都在发生转折。究竟是由什么转向什么？简单地说，社会主义运动已由过去强调"国际联合"，转向各党"独立自主"；由过去强调必须遵循"共同规律"，从而形成单一的社会主义模式，转向强调从本国实际出发，把马克思主义基本原理同本国实际相结合，从而形成各具民族特色的发展道路；由过去强调国际援助、"支援世界革命"，转向立足国内各自把本国的事情办好，以此来体现社会主义的优越性，增加社会主义在世界人民中的吸引力。这些都还只是从国际方面来说的。如果考虑到随着各国党因为在"什么是社会主义、如何建设社会主义"这个基本问题上的认识进步而采取的政策和行动，那么社会主义所发生的转折就更多了。其中最大的转折，要属从计划经济转向市场经济，由封闭半封闭转向对全世界的开放，由过去强调社会主义不同于资本主义的特殊性，转向同时还必须重视与资本主义的同一性，即要尊重社会主义不能回避和超越的、借资本主义这个"载体"而存在的人类社会发展的一般性规律，因此要学习和借鉴资本主义一切反映人类文明的成果，要利用资本主义来发展社会主义，等等。

为什么说这是"历史性转折"？因为社会主义的历史任务、发展战略已发生了转折。1987年俄国十月革命70周年时，我曾撰文提出了国际共运三个"七十年"的说法，并分析了这三个"七十年"不同的历史任务和发展战略。文章说：回顾共运的历史，从《共产党宣言》发表至今的140年中，已完成了两次飞跃。以十月革命为界，前七十年是社会主义从理论到现实运动并取得了十月革命胜利的七十年；后七十年是社会主义从一国到多国、进一步扩大社会主义阵地的七十年。现在看来，资本主义还有相当的发展余地，而社会主义国家普遍遇到不少困难，其优越性还没有充分发挥出来。在这种形势下，要像第二个七十年内那样出现大批社会主义国家是不可能的。如果说共运发展在第一个七十年里，主要靠理论上的论证来唤起群众；在第二个七十年里，主要靠向资本主义统治发起冲击，扩大世界社会主义的阵地；那么历史发展到今天，国际共运的发展将主要靠社会主义搞成功的实例来证明其确实优于资本主义。正如邓小平同志（1987年4月26日会见捷克斯洛伐克总理什特劳加尔时）所说的："现在虽说我们也在搞社会主义，但事实上不够格。只有到下个世纪中叶，达到了中等发达国家的水平，才能说真正的搞了社会主义，才能理直气壮地说社会主义优于资本主义。"① "这不但是给占世界总人口四分之三的第二世界走出了一条路，更重要的是向人类表明，社会主义是必由之路，社会主义优于资本主义。"② 对中国来说，这大体还需要七十年，是国际共运第三个七十年内的任务。总之，在目前和今后一个相当长的历史时期内，可以说"一个成功的社会主义实例，胜过一打不够格的社会主义"。这就是说，社会主义质的提高（成功的榜样）比社会主义量的增长（更多社会主义国家）对共运的发展更具有关键性。这与前两个七十年的主要任务是明显不同的，发展战略也由"外延扩大"战略转向"内涵深化"战略，所以说国际共运处于新的历史性转折时期或阶段。

---

① 《邓小平文选》第3卷，人民出版社1993年第1版，第225页。
② 《邓小平文选》第3卷，人民出版社1993年版，第225页。

四、改革创新是历史性转折的中心环节

如何才能实现这一转折，怎样转折？改革是实现转折的中心环节。社会主义只有与时俱进地通过调整、改革、创新，才能完成这一历史性转折的任务。邓小平 1977 年就曾指出："国际形势变化很大，许多老的概念、老的公式已不能反映现实，过去老的战略规定也不符合现实了。"① 于是他大声疾呼："如果现在再不进行改革，我们的现代化事业和社会主义事业就会被葬送。"② 邓小平的这些思想和主张，开创了中国社会主义改革开放的伟大历程。后来世界其他社会主义国家也陆续强调改革或革新，从而使世界社会主义运动在客观上自发主动地进入了一个历史性的转折时期。不转折不行，不改革不行。要转折和改革，就有可能转好改好，也有可能转坏改坏，总之是存在着风险的。同样是搞改革，为什么有的出现了繁荣昌盛的局面，而有的却导致了亡党亡国的灾难？抛开某些特殊原因姑且不论，主要是没能认识和把握好社会主义改革的性质。社会主义国家的改革是社会主义制度的自我完善，必须将"体制"与"基本制度"区别开来，对前者要坚决大胆地改革，对后者则必须毫不动摇地坚持。恩格斯说："所谓'社会主义社会'不是一种一成不变的东西，而应当和任何其他社会制度一样，把它看成是经常变化和改革的社会。"③ 这指的就是要改革体制而不是基本制度。邓小平更明确地强调了改革社会主义各项具体制度（即体制）的重要性。他说："我们过去发生的各种错误，固然与某些领导人的思想、作风有关，但是组织制度、工作制度方面的问题更重要，这方面的制度好可以使坏人无法任意横行，制度不好可以使好人无法充分地做好事，甚至会走向反面。"④ 如果将体制与基本制度混淆起来，不分青红皂白地把"改革"变成"改向"，变成彻底

---

① 《邓小平思想年谱》，中央文献出版社 1998 年版，第 40 页。
② 《邓小平文选》第 2 卷，人民出版社 1994 年版，第 143、150 页。
③ 《马克思恩格斯全集》第 37 卷，人民出版社 1971 年第 1 版，第 443 页。
④ 《邓小平文选》第 2 卷，人民出版社 1994 年版，第 333 页。

摧毁社会主义基本制度，就必然会带来严重灾难。实践证明，转折时期的社会主义实际上面临着三条路，或三种选择：一条是老路，那就是思想僵化，拒绝改革，因而不能从困境中摆脱出来的路。一条是邪路，那就是借口改革，彻底摧毁社会主义基本制度，将"改革"变成"改向"，从根本上否定社会主义的路。一条是新路，这就是既坚持社会主义又实行改革开放的路。我们党十一届三中全会以来，既拒绝了老路，又避免了邪路，而是选择了一条新路，从而使中国社会主义事业出现了欣欣向荣的局面。这说明，上述三条路中的前两条都是死路，只有选择既坚持社会主义又实行改革开放的新路，才是社会主义繁荣昌盛的康庄大道。因此，转折创新，就成了当代世界社会主义的主旋律。

五、理论创新：邓小平理论与"三个代表"重要思想

马克思主义是不断发展的理论，与时俱进是它的理论品质。邓小平理论是马克思主义在当代中国的新发展，它开创了社会主义的新局面，从危难中"挽救了要失事的社会主义大船"。"三个代表"重要思想在新世纪新阶段继承和发展了邓小平理论，为社会主义在新世纪乘风破浪胜利前进指明了正确的航向。

社会主义在 20 世纪有两大突破。一是突破了马克思、恩格斯关于社会主义革命必须实行国际联合，在几个国家"同时发生"、"同时胜利"的论断，20 世纪无产阶级社会主义革命是首先在俄国取得胜利的。另一突破是，社会主义不是在经济文化最发达的国家先胜利，而是恰恰相反，小农经济占优势的落后国家先于发达国家取得了革命胜利。

革命发展顺序上的这一颠倒，给 20 世纪社会主义的发展带来了一个"历史难题"，即经济文化比较落后的国家如何巩固社会主义革命的成果，如何建设和继续发展社会主义的问题。为破解这一"历史难题"，社会主义国家在 80 多年的实践中已进行了许多次探索，然而最有影响和最具代表性的是列宁、斯大林、毛泽东和邓小平所进行的

四次探索。列宁领导实行新经济政策的第一次探索，在许多方面突破了马克思恩格斯关于社会主义的设想。邓小平说列宁的新经济政策"比较好"，但可惜实施的时间不长，就被斯大林过早地结束了。斯大林在实践中迅速形成了苏联建设社会主义的模式。这一模式曾发挥过重要作用，但问题是僵化了，并从总体上成了阻碍社会主义进一步发展的障碍。毛泽东较早看到了这一模式的弊端，提出要"以苏为戒"。他强调不能照搬苏联模式，并开始了中国自己如何建设社会主义的探索。这是他的一大功劳。但是他急于求成，在实践中犯了一系列严重的"左"倾错误，偏离了自己的主观愿望。20 世纪 70 年代末以来，邓小平在继承前人成果、纠正前人错误的基础上，根据新的时代特征和中国改革的实践，大胆探索创新，创立了中国特色社会主义理论，从而形成了不同于社会主义传统模式的新体制。这种新体制，不仅使中国躲过了苏联东欧社会主义国家崩溃造成的多米诺骨牌效应，而且在世界社会主义遭受"大挫折"的形势下，在中国开创了柳暗花明的"新局面"，给社会主义带来了新希望，从危难中挽救了社会主义。

世纪之交国际形势复杂多变，世界多极化在曲折中发展，科技革命突飞猛进，经济全球化加速推进。在这样的新形势下，以江泽民同志为核心的党的第三代领导集体，站在历史发展和时代要求的高度，敏锐把握国际国内形势的发展变化，从新的世情、国情和党情出发，提出了"三个代表"重要思想。"三个代表"重要思想，顺应历史发展趋势，在邓小平理论的基础上，创造性地回答了建设什么样的党、怎样建设党的问题，进一步回答了什么是社会主义、怎样建设社会主义的问题，集中起来就是深化了对中国特色社会主义的认识，进一步继承、丰富和发展了马克思列宁主义、毛泽东思想和邓小平理论。马克思主义是与时俱进的理论，它的发展是永无止境、永无尽头的。邓小平曾指出："绝不能要求马克思为解决他去世之后上百年、几百年所产生的问题提供现成答案。列宁同样也不能承担为他去世以后五十年、一百年所产生的问题提供现成答案的任务。真正的马克思列宁主义者必须根据现在的情况，认识、继承和发展马克思列宁主义。"① 这就是说，照搬马克思、等于马克思，照搬列宁、等于列宁，都不是真正的马克思列宁主义者，只有与时俱进地发展马克思、突破马克思，发展列宁、突破列宁，才是真正的马克思列宁主义者。

胡锦涛同志在"三个代表"重要思想理论研讨会上的讲话中指出："三个代表"重要思想强调实践没有止境，创新也没有止境，党的全部理论和工作要体现时代性，把握规律性，富于创造性。他号召全党"必须坚持解放思想、实事求是、与时俱进，从理论和实践的结合上不断研究新情况、解决新问题，做到自觉地把思想认识从那些不合时宜的观念、做法和体制的束缚中解放出来，从对马克思主义的错误的和教条式的理解中解放出来，从主观主义和形而上学的桎梏中解放出来，不断有所发现、有所创造、有所前进"。②

理论创新是前提和关键，其他一切创新都是在理论创新的指导和推动下进行的，而理论创新又是以打破思想僵化解放思想为先决条件的。正因为如此，自 20 世纪 70 年代末党的十一届三中全会以来，社会主义在中国以解放思想实事求是为开端，通过改革开放、转折创新的实践，取得了理论创新、体制创新的丰硕成果，从而使社会主义获得了"制度新生"，重新焕发出了生机活力，初步显示了社会主义的优越性，给世界社会主义带来了新的希望。

六、新发展，呼唤新的哲学思维和世界眼光

恩格斯曾经说过："每一时代的理论思维，从而我们时代的理论思维，都是一种历史的产物，在不同的时代具有非常不同的形式，并因而具有非常不同的内容。"③ 共产党由在野党变成执政党，历史任务由搞革命变成搞建设，这种地位和历史任务的改变，必然要求在运用

① 《邓小平文选》第 3 卷，人民出版社 1993 年第 1 版，第 291 页。
② 胡锦涛：《在"三个代表"重要思想理论研讨会上的讲话》，人民出版社 2003 年版，第 9、27 页。
③ 《马克思恩格斯全集》第 20 卷，人民出版社 1971 年第 1 版，第 382 页。

马克思主义哲学上发生侧重点和着眼点的改变。这并不是说马克思主义哲学在基本理论和方法论上会发生什么本质变化，而只是因为马克思主义强烈的实践本性，决定了它自身一定要关注时代的主题和历史任务的转变，以不同的思路和方式来解决不同的具体问题。如果人们要将这种因使命和功能上的不同而呈现出来的差别，分别称之为"革命哲学"和"建设哲学"，那么应当看到它们在本质上是一脉相承的，即：都是历史唯物主义和辩证唯物主义。

但是，由指导革命转向指导建设，必然要求对马克思主义哲学的运用，在立足点和着重点，乃至整个哲学思维方式上，都不能不发生显著的变化。譬如，在对历史唯物主义的理解和把握上，必须由强调阶级斗争理论，转向重视生产力理论的直接应用；在对立统一规律的理解和运用上，必须由强调矛盾的斗争性，转向重视矛盾着的对立面的辩证联结和统一；在马克思主义国家学说的理解和运用上，必须从过分强调国家是实行无产阶级专政的"暴力工具"，转向重视它的经济和社会管理职能；在把握矛盾的普遍性和特殊性问题上，必须更重视矛盾的特殊性，以利于解决执政和建设中的一系列新情况和新问题；在运用唯物辩证法的同时，还要吸取新的科学成果，重视"系统思想"，为解决执政和建设的新问题，提供新的思维方式和方法。

当今是开放的世界，经济全球化在深入发展，国际竞争日趋激烈，我国又在实行改革开放，在这样的大背景下，不仅是在中央这一级，而且在省市或地区，乃至基层企业这一级的领导者，都迫切需要了解世界、认识世界，环顾全球、比较借鉴，进而考虑中国如何走向世界。总之，需要有更广阔的世界眼光。过去，人们常说领导者要"吃透两头"，即吃透马克思主义和中央精神的"上头"，并吃透中国国情和本地区本单位具体情况的"下头"，才能做好工作。现在光"吃透两头"已不够了，还要加上吃透国外或海外这一"头"，即要"吃透三头"。因此，世界眼光对于我们建设社会主义就更具普遍的重要性。

近年来，江泽民同志提出全党要立足于新的实践，把握时代的特点，"不断深化对共产党执政的规律、对社会主义建设的规律、对人类社会发展的规律的认识"① 就是要求我们有更广阔的世界眼光，不仅要研究我们党和世界其他共产党，还要研究世界其他各类政党兴衰成败的经验教训；不仅要研究中国的社会主义建设，还必须研究世界其他国家在现代化进程中的经验教训；而且必须从人类社会发展的一般规律的广度上去认识和把握。这实际上是强调要有广阔的世界眼光，在更深层次上研究在更大时空范围内起作用的、更具普遍性和长期性的规律，以便更好地推进中国特色社会主义事业的发展。人类社会发展的规律并不是脱离于具体社会制度的一种抽象存在，在当今它主要是借资本主义的政治、经济和社会制度作为"载体"而存在的。所以，要深化对人类社会发展规律的认识，就必然要从资本主义这一"载体"中去认识。对资本主义尚且要采取这种科学态度，那么对其他社会主义流派，包括对社会党的"民主社会主义"或"社会民主主义"的理论和实践，就更需要采取历史辩证的态度。从这一角度看问题，我们就可以发现许多带规律性的东西，譬如：从社会运行机制看，任何社会都既需要动力机制又需要平衡机制，既要重视效率又要注意公平，在这方面，社会主义与资本主义各有优势和劣势，资本主义的改良和社会主义的改革，实际上是在这两种机制上互相取长补短。在民主、稳定和发展的关系上，任何国家的发展都要认识和处理好民主——稳定——发展的辩证关系。一些发展中国家在现代化进程中，往往呈现独裁——民主——动乱——再独裁的"不稳定循环"。20 世纪 90 年代初西方国家在非洲掀起的"民主化"浪潮，实际上是给非洲开了一个将民主置于稳定和发展之上的错误"药方"，结果犹如打开了"潘多拉魔盒"。非洲国家领导人强调，"没有发展就没有民主"、"饿着肚子不能搞民主"，后来西方国家也不得不调整政策，重视稳定和治理问题。这充分说明民主——稳定——发展之间存在辩证统一关系，是不可分割的客观规律。在民主问题上，要认识民主的阶级性、民族性、渐进性，既不能"移花接木"，也不能"揠苗助长"，但民主作为人类政治文明的成果又具有相互借鉴性，资产阶级

---

① 江泽民：《在庆祝中国共产党成立八十周年大会上的讲话》(2001 年 7 月 1 日)，人民出版社 2001 年版，第 29 页。

民主制当中的程序制、选举制、任期制、轮换制、聘任制、罢免制、权力制衡与监督制，以及公务员制度和各种有科学性的行政管理制度等，实际上是反映人类政治文明的发展成果，是很值得社会主义借鉴的。在人与自然的关系上，社会主义与资本主义一样，也要考虑在满足当代人需要时，不危及后代人满足其需要的能力，即要走可持续发展之路。在物质文明与精神文明的关系上，任何社会都会面临一些共同性问题，也有相互借鉴性。如此等等。总之，我们要从中国的实际出发，集中精力把自己的事情办好，但必须具有广阔的世界眼光，大胆融入国际社会，既要"引进来"又要"走出去"，在世界历史的大舞台上去谋求社会主义的发展。党的十六大实现了党的指导思想的与时俱进。"三个代表"重要思想，同马克思列宁主义、毛泽东思想、邓小平理论一道，被确定为我们党必须长期坚持的指导思想。在以胡锦涛同志为总书记的党中央领导下，高举邓小平理论的伟大旗帜，全面贯彻"三个代表"重要思想，坚持解放思想、实事求是、与时俱进的思想路线，自觉坚持"三个解放出来"①，深化对"三个规律"② 的认识，全面建设小康社会的目标一定能实现，并将全面完成"三步走"的大战略目标，实现中华民族的伟大振兴。到本世纪中叶《共产党宣言》发表200周年、新中国成立100周年的时候，世界社会主义事业一定会是一番新的景象。

---

① "自觉地把思想认识从那些不合时宜的观念、做法和体制中解放出来，从对马克思主义的错误和教条式的理解中解放出来，从主观主义和形而上学的桎梏中解放出来。"

② 共产党执政的规律、社会主义建设的规律、人类社会发展的规律。

中国特色社会主义发展战略的
形成和发展

题注： 在时代主题转换的历史条件下，邓小平对国际共运中长期强调"国际联合"和"统一性"的传统发展战略实行调整和转变，从而形成了新的强调"独立自主"和"民族特色"的中国特色社会主义发展战略。进入新世纪以来，这一战略又有了重要的新发展，集中表现为：对内推动科学发展，促进社会和谐，对外实行"和谐外交"，促进世界共同发展。此文原题为《时代主题的转换与中国特色社会主义发展战略的形成和发展》，载《当代世界与社会主义》（双月刊）2007 年第 6 期。

时代问题，对马克思主义政党而言是最高层次的战略判断问题。对时代的科学认识，以及对本国社会发展阶段的准确定位，历来是共产党人提出理论、制定战略策略的基本依据。时代主题和时代特征如果发生了变化，党的历史任务和战略策略，甚至包括思维方式和相关理论，也必然要随之发生变化。因为正如恩格斯所言："每一时代的理论思维，从而我们时代的理论思维，都是一种历史的产物，在不同的时代具有非常不同的形式，并因而具有非常不同的内容。"① 中国共产党人在 20 世纪上半叶，从当时的时代特征和本国半封建半殖民地的社会性质出发，正确地提出了历史任务、革命路线和发展战略，终于取得了革命胜利。革命胜利后，党的地位由"在野"变为在全国范围内"执政"，历史任务由"革命"转向"建设"，特别是由于 20 世纪 70 年代以后，世界形势又发生了很大变化，即时代主题由"战争与革命"转变为"和平与发展"，在这种情况下，党的理论思维和战略策略，包括社会主义的整个发展战略，也必然要发生一系列新的转变。

一、时代"本质"未变，但"主题"已转换

20 世纪上半叶，世界发生了两次大战和两次大革命（俄国革命与中国革命）。二战后，亚非拉地区的民族解放运动如火如荼，继东亚和东欧的一批人民民主国家建立后，世界殖民体系在 60 年代相继崩溃。当时的世界确实处于"战争与革命"的状态。

但 20 世纪后半期，特别是 70 年代之后，世界形势发生了很大变化。一是 60 年代殖民体系崩溃之后，新独立国家第一位的任务是发展民族经济；二是 70 年代美国从越南败退，后来亚非拉急风暴雨式的斗争转入"沉寂"阶段；三是发达资本主义国家由于通过"体制改革"缓解了"制度危机"，社会阶级矛盾有所缓和，已不具革命形势；四是社会主义国家要改变落后于发达资本主义国家的状况，急需发展经济，增强综合国力。这些因素综合起来，使"和平与发展"成了世界潮流。正是在这种情况下，深刻洞察国际形势的邓小平于 1985 年高屋建瓴地提出："现在世界上真正大的问题，带全球性的战略问题，一个是和平问题，一个是经济问题或者说发展问题。"②

邓小平 80 年代从"全球性的战略问题"的角度作出的这一判断，实际上指明了当今时代的"主题"（即时代的主要问题或课题）已经

---

① 《马克思恩格斯全集》第 20 卷，人民出版社 1971 年第 1 版，第 382 页。
② 《邓小平文选》第 3 卷，人民出版社 1993 年第 1 版，第 105 页。

转换了，不是"战争与革命"而是"和平与发展"。90年代苏东发生剧变后，邓小平又从"历史发展大趋势"的角度，强调"社会主义经过长过程的发展后必然代替资本主义，这是社会历史发展不可逆转的总趋势"，这实际指的是"时代本质"没有变，社会主义的信念不可动摇。如果将邓小平这两个层面上的论断结合起来，我们对当今时代的认识就全面了，即："时代的本质"没有变，但"时代的主题"已由"战争与革命"转换成"和平与发展"了。

二、由强调"国际联合"和"统一性"，转到强调"独立自主"和"民族特色"

邓小平在时代主题已转换的历史条件下，在建设有中国特色的社会主义的实践中，在总结国际共运历史经验教训的基础上，通过对我们党对外工作的调整，顺应并推动了世界共产主义运动中独立自主潮流的发展，从而使强调"国际联合"和"统一性"的社会主义传统战略，逐渐转变成强调"独立自主"和"民族特色"的新战略。

邓小平依据对国际形势的深刻洞察，首先扭转了对"战争与革命"的传统观念，改变了世界战争不可避免而且迫在眉睫的看法，为我们党改变"以阶级斗争为纲"，把工作中心转移到经济建设上来提供了带全局性的战略估计。与此同时，邓小平在回顾和总结"大论战"经验教训的基础上，纠正了"文革"以来所执行的"外交服从革命"、"支左反修"、"打倒帝、修、反"、"支援世界革命"的对外战略，将对外工作转变到为国内建设服务、为国内社会主义现代化建设创造和平的国际环境。这一转变的公开表态见之于邓小平1981会见美国客人时的一次谈话。当时邓小平强调要澄清一个观点，就是有人认为"中国政府信奉的意识形态旨在摧毁类似美国这样的政府"。邓小平郑重地指出："这样的观点至少不是八十年代的观点，也不是七十年代的观点，而是恢复了六十年代以前的观点。"①

---

① 《邓小平文选》第2卷，人民出版社1993年第1版，第378页。

总之，与六十年代以前不同，八十年代中国的对外战略已经转变了。同时，中国在国内搞"改革"，对外实行"开放"，使中国社会主义事业出现了新局面，形成了有中国特色的社会主义理论，标志着中国社会主义发展战略发生了历史性转变。调整后的新战略已不再强调原来那种"国际性"、"国际联合"，不再以推动"世界革命"作为对外战略目标，而是从社会主义本来就具有的"民族性"出发，强调要"独立自主"地从本国实际情况出发，走马克思主义民族化的道路，集中精力发展自己，以社会主义的成功实例来证明社会主义的优越性，以便进一步巩固和发展社会主义事业。

三、中国特色社会主义发展战略的新特点

在国际共运历史上，长期实行的是一条以"一条道路、一种模式、一个中心、一个阶段"为特征的社会主义发展战略。所谓"一条道路"就是武装夺取政权的道路，所谓"一种模式"就是建设社会主义的苏联模式，所谓"一个中心"就是认为社会主义似乎总要有个"头"，或至少在思想上和政治上要有条共同的"国际总路线"，所谓"一个阶段"就是忽视社会主义在不同国家发展的不同的阶段性，似乎各国都处在同一发展阶段上，都要实行大体相同的政策和措施，采取大体一致的搞法。这虽然并不是马克思主义的本意，但在长期实践中，各国共产党人大体上都是这么理解，并且也是这么做的。转变后的社会主义发展战略与此不同，具有以下基本特点：

第一，新的战略不再是"一条道路、一种模式、一个中心、一个阶段"的战略，而是强调把马克思主义基本原理同本国实际相结合，独立自主地选择各自走向社会主义的道路，从本国实际情况出发建设各具民族特色的社会主义。

第二，新的发展战略，不再把实现社会主义、共产主义看成是"一次简单的突然袭击"，而强调巩固和发展社会主义是一个"长期曲折的历史过程"，从根本上扭转了"超越阶段、急于求成"的倾向，从而调整了过去长期脱离实际的路线、方针和政策，转而采取一

切从本国实际情况出发,脚踏实地地建设社会主义的新路子。

第三,新的发展战略克服了对资本主义的片面性认识,认识到社会主义与资本主义既存在矛盾斗争的一面,又存在继承、借鉴和合作的一面,强调社会主义要实行对外开放,与资本主义既竞争又合作,确立了"利用资本主义来建设社会主义"的战略思路。

第四,新的发展战略,对社会主义国家来说,既坚持了人类社会"必将走向"共产主义的信念,又改变了靠"支援世界革命"去"推翻"现存资本主义制度的传统战略思路,而是强调社会主义国家要集中精力发展自己,靠成功的事实来证明"社会主义优于资本主义",以促进世界社会主义的发展。

第五,新的发展战略不再强调原来那种"国际性",也不搞原来那种"国际联合",但并未否定社会主义事业的"国际性"。恰好相反,因为它强调对外开放,认为社会主义的发展离不开广泛的国际交流与合作,离不开广泛的国际同情和支持,从而使社会主义获得了更大的国际舞台,具有更深远的国际意义。社会主义国家在新的历史条件下,实行国际主义与爱国主义相统一的原则,实行永不称霸,广交朋友,同世界广泛友好的战略。正如邓小平所指出的,到 21 世纪中叶中国真正发展起来了,不但是给占世界人口四分之三的第三世界走出了一条路,更重要的是向人类表明:社会主义优于资本主义。总体而言,自《共产党宣言》发表以来的世界社会主义发展战略,是民族性与国际性相统一的战略,新战略是传统战略在新历史条件下的发展,是更好地巩固和发展社会主义的战略。

四、新世纪的新发展:对内推动"科学发展",促进社会和谐,对外实行"和谐外交",促进世界共同发展

中国社会主义发展新战略,在新世纪又有新发展。这主要表现在对内实施科学发展观,强调构建社会主义"和谐社会";对外倡导共建"和谐世界"、实行"和谐外交"新理念,维护世界和平、促进共同发展。限于文章的篇幅,这里着重谈一下对外方面的新发展。

进入新世纪以来，中国的发展迈入新阶段，国际形势又出现了新的变化，以胡锦涛总书记为核心的党中央，提出了共建"和谐世界"，突出强调"和谐外交"的新理念。2005年9月胡锦涛在联合国成立60周年大会上，发表了题为《努力建设持久和平、共同繁荣的和谐世界》的历史性讲演。随后中国领导人在国际会议和外交活动中，一再强调要与世界各国一道，携手共建"和谐世界"的外交理念。胡锦涛说："中华文明历来注重社会和谐，强调团结互助。中国人早就提出了和为贵的思想，追求天人和谐，人际和谐，身心和谐，向往人人相亲，人人平等，天下为公的理想社会。"

新世纪"和谐外交"理念的提出，是20世纪50年代"和平共处五项原则"外交思想的延伸和发展。"和谐"与"和平"虽只差一字，但含义更深刻、更丰富。"和谐"包括了"和平"的含义，更多了一层"关系"的内容和相互"协调"的职能。这就是要致力于使"相关各方"的关系，不仅限于和平共处、不发生冲突，还要争取通过"协调"来达到"和谐"的良好状态。这就是中国传统"和谐"、"和合"思想所要求的，国与国之间的和平，人与人之间的和睦，人与自然之间的和谐。

"和谐外交"理念的提出，也是90年代"韬光养晦"战略方针和融入现存国际体系的战略抉择的新体现和新发展。十多年前，邓小平深刻分析了苏东剧变后纷繁复杂的国际形势，提出了"韬光养晦"、"决不当头"，"谁也不怕、谁也不得罪"，"利用机遇，把中国发展起来"的战略方针和决策①，从而为中国赢得了战略主动和有利的国际环境。随后江泽民同志主持中央工作期间，中国又做出了加入世贸组织、汇入经济全球化浪潮、融入当今现存国际体系的重要战略抉择。十多年来的实践证明这些战略抉择对中国的发展是非常重要、完全正确的，已被中国经济高速发展的客观事实所验证。

"和谐世界"和"和谐外交"理念的提出，说明中国始终不渝地把自身的发展与人类共同进步联系在一起，既充分利用世界和平发展

---

① 《邓小平文选》第3卷，人民出版社1993年第1版，第363、358页。

带来的机遇发展自己，又以自身的发展更好地维护世界和平、促进共同发展。这一美好的理想和愿望，既是中国走和平发展道路的要求，也符合世界人民的根本利益，因而将具有很强的亲和力、吸引力和感召力。这也进一步说明，中国社会主义的发展战略是爱国主义与国际主义相结合、民族性与国际性相统一的发展战略，是社会主义传统发展战略在新世纪的新发展。

要重视把握"时代主题"与
"时代本质"的统一

题注：和平与发展是当今时代主题已获得全党共识，但是这与社会主义必将取代资本主义"历史总趋势"不可逆转是什么关系？如何全面认识和把握当今的时代？《北京日报·理论周刊》于 2015 年 7 月 27 日发表的这一观点，就是试图解决这一问题的尝试。

最近召开的中央政治局会议指出，"当前，和平与发展的时代主题没有变"。关于和平与发展是当今时代主题的科学论断，为我们党制定正确的战略策略提供了理论依据。

"时代主题"的内涵，是邓小平同志提出并界定的。他于 20 世纪 80 年代提出"和平与发展是当今世界的两大问题"，扭转了战争不可避免而且迫在眉睫的老观念，使全党能集中精力搞建设，可以说这解决了"时代主题"的问题。20 世纪 90 年代针对苏东剧变后兴起的"社会主义消亡论"，他指出：社会主义取代资本主义的"历史发展总趋势不可逆转"，坚定了搞中国特色社会主义的立场和决心，可以说这又解决了"时代本质"的问题。总之，邓小平在上世纪八九十年代根据客观形势的发展和实际斗争的需要，分步提出并解决了当今时代的这两个基本问题。根据邓小平关于时代问题的这一科学论断，我们必须从时代的高度处理好和平与发展的时代主题与历史发展大趋势的关系，重视把握"时代主题"与"时代本质"的结合和统一。

首先，和平与发展是当今的"时代主题"，这已成为我党文件的规范性提法，获得了全党的共识。邓小平首次提出此问题是在1985年。当年3月4日他在会见日本客人时是这么说的："现在世界上真正大的问题，带全球性的战略问题，一个是和平问题，一个是经济问题或者说发展问题。和平问题是东西问题，发展问题是南北问题。概括起来，就是东西南北四个字。"邓小平的这一论断提出后，学术界就有人据此提出当今是"和平与发展的时代"的说法，甚至有不少以此为标题的专著出版，这显然是有所误解。因为邓小平说"和平与发展"是当今世界"两大问题"，并未上升到"时代"。后来邓小平又强调"和平与发展这两大问题，至今一个也没有解决"，就进一步说明他认为"和平与发展"是"问题"，而绝不是指当今世界已是"和平与发展的时代"。1987年党的十三大报告说，和平与发展是当代"世界的两大问题"，1992年党的十四大报告正式提出和平与发展是当今的"时代主题"。自那时以来，和平与发展是"时代主题"已成为党的文件中的规范性提法。2012年党的十八大报告仍然说"当今世界正在发生深刻复杂变化，和平与发展仍然是时代主题"。

其次，"历史发展总趋势不可逆转"的论断，深刻地揭示了当今"时代的本质"。在"和平与发展"成为时代主题的情况下，资本主义与社会主义的"两个主义"、"两种制度"的斗争依然存在，但在时代问题中对此应如何认识和表述是值得研究的。曾有人提"社会主义和资本主义和平竞争的时代"，因为过于突出"两个主义"会给人以"两大阵营"仍左右世界的错觉而被多数学者否定了。近年又有论者提出是"社会主义与资本主义两个前途、两条道路、两种命运、两大力量生死博弈的时代"，更不会有多少人响应。世界的矛盾多得很、大得很、复杂得很，"两个主义"、"两种制度"的斗争并非总是世界范围内的"中心问题"或"主要问题"，整个世界的形势并不是由它来支配和左右的。第二次世界大战就不是由两种制度的矛盾引起的，战后高涨的民族解放运动主要是解决民族矛盾问题。冷战后世界向政治多元化、经济全球化方向发展，以科技为先导，以增强经济实力、国防实力和民族凝聚力为中心的综合国力的较量日益激烈，这一斗争主要不表现为和取决于两种社会制度之间的斗争。因此不宜将"两种制度"间的矛盾当成世界的主要矛盾来看待和处理，不能将世界各种复杂的矛盾和国际斗争都集中到"两种制度"的斗争上来。

很显然，邓小平的做法和论断是最具智慧、最具科学性的。他实事求是地肯定"和平与发展"是当今的"时代主题"，同时又将当今时代放到社会发展的历史长河中去考量（因为以和平与发展为时代主题的小时代，并未脱离人类社会历史发展的大时代，这么做是完全合适和正确的），进而指出社会主义必然取代资本主义的历史总趋势是"不可逆转的"。这深刻地揭示了时代的本质仍然是"由资本主义向社会主义过渡"，这就意味着历史发展的"大方向"、"大趋势"并没有改变。这一论断既具科学性，又富时代性；既指明了当今时代的阶级内容、时代本质，又改变了时代问题上教条僵化已经过时了的旧表述。与此同时，邓小平又强调社会主义"必然取代"资本主义，但这要在社会主义"经过长过程的发展后"，并说"道路是曲折的"。这就是说，在邓小平看来，由资本主义向社会主义过渡的"时代本质"，与和平发展的"时代主题"是密切联系而不可割裂的。现有社会主义国家只有用社会主义建设搞成功的实例来证明社会主义优于资本主义，才能促进世界社会主义运动的复兴和发展。因此"和平与发展"就成了巩固和发展社会主义、将来实现共产主义的必由之路。我们必须从时代的高度处理好和平与发展的时代主题与历史发展大趋势的关系，将这二者统一和结合起来。

（这是应《北京日报·理论周刊》要求，在《世界社会主义研究动态》（上海）2015 年第 8 期发表的《"时代主题"与"时代本质"——全面认识当今时代的两个基本问题》的基础上压缩改写的。随后，《当代世界与社会主义》（双月刊）也于 2015 年第 6 期用相同的标题转发了此文）

邓小平对马克思主义时代理论的发展

题注：邓小平创造性地从"时代主题"与"时代本质"两个角度来全面认识和把握当今的时代，既肯定当今的"时代主题"是和平与发展，又强调社会历史发展的"总趋势不可逆转"，这是对马克思主义时代理论的丰富和发展。

邓小平关于当今时代的科学论断，是包括"时代的主题"与"时代的本质"两个基本问题在内的完整体系，只有将这两方面结合和统一起来，才能全面完整地认识和把握当今的时代。正如党的十八大报告所指出的，"当今世界正在发生深刻复杂变化，和平与发展仍然是时代主题"。

全面把握邓小平时代问题论断的完整性

"时代的主题"与"时代的本质"，是 20 世纪八九十年代邓小平根据客观形势的发展和实际斗争的需要分步解决并提出来的。

20 世纪 80 年代邓小平先是提出"和平与发展是当今世界的两大问题"，扭转了战争不可避免而且迫在眉睫的老观念，使全党能集中精力搞建设。可以说这就解决了"时代的主题"问题。20世纪90年代针对苏东剧变后兴起的"社会主义消亡论"，邓小平指出社会主义取代资本主义的"历史发展总趋势不可逆转"，坚定了搞中国特色社会主义的立场和决心。这样又解决了"时代的本质"问题。将这两方面的概念结合和统一起来，邓小平关于当今时代问题的论断就全面而完整了。概而言之，就是时代的主题转换了，但时代的本质没有变，时代的主题不是"战争与革命"而是"和平与发展"了，但时代的本质仍然是"由资本主义向社会主义过渡"。

根据邓小平关于时代问题的这一科学论断，我们必须从时代的高度处理好和平与发展的时代主题与历史发展大趋势的关系。既要坚持社会主义、共产主义的理想和信念不动摇，又必须抓住、抓好"和平与发展"的时代主题。讲"和平与发展"是当今时代的主题时，决不可忽视人类历史发展的总趋势，要继续坚持社会主义，不迷失大方向。在谈坚持这些时，又要摆脱"战争与革命"年代陈旧观念的束缚，把握好"和平与发展"的时代主题和特征，抓住机遇发展自己，因为这是当前实现理想信念的必由之路。只有这样，才能更好地坚持贯彻"一个中心、两个基本点"的基本路线。

重视"时代主题"与"时代本质"的结合和统一

邓小平关于当今时代主题与时代本质的论断，已成为全面认识和把握当今时代不可分割的两个基本问题、基本概念，只有将二者结合和统一起来，才能全面认识和把握当今的时代。这两个概念的提出是有充分理由和客观依据的。

首先，和平与发展是当今的"时代主题"，这已是我们党的文件的规范性提法，获得了全党的共识。邓小平首次提出此问题是在1985年。当年3月4日他在会见日本客人时是这么说的："现在世界上真正大的问题，带全球性的战略问题，一个是和平问题，一个是经济问题或者说发展问题。和平问题是东西问题，发展问题是南北问题。概括起来，就是东西南北四个字。"邓小平的这一论断提出后，学术界就有人据此提出当今是"和平与发展的时代"的说法，甚至有不少以此为标题的专著出版，这显然有所误解。因为邓小平说"和平与发展"是当今世界"两大问题"，并未上升到"时代"。后来邓小平又强调"和平与发展这两大问题，至今一个也没有解决"，就进一步说明他认为"和平与发展"是"问题"，而绝不是指当今世界已是"和平与发展的时代"。1987 年党的十三大报告说，和平与发展是"两大主题"，1992 年党的十四大报告正式提出和平与发展是当今的"时代主题"。自那时以来，和平与发展是"时代主题"已成为党的文件中的规范性提法。2012 年党的十八大的报告仍然说"当今世界正在发生深刻复杂变化，和平与发展仍然是时代主题"。这说明，和平与发展是"时代主题"的提法已获得了全党共识。

其次，邓小平 20 世纪 90 年代初针对社会主义"消亡论"而提出的社会主义必然取代资本主义的"历史发展总趋势不可逆转"的论断，深刻地揭示了当今"时代的本质"。在"和平与发展"成为时代主题的情况下，资本主义与社会主义的"两个主义""两种制度"的斗争依然存在，但在时代问题中对此应如何认识和表述是值得研究的。曾有人提出社会主义和资本主义和平竞争的时代，因为会给人以两大阵营仍左右世界的错觉而被多数学者否定。近年又有论者提出社会主义与资本主义两个前途、两条道路、两种命运、两大力量生死博弈的时代，更不会有多少人响应。世界的矛盾多得很、大得很、复杂得很，"两个主义""两种制度"的斗争并非总是世界范围内的"中心问题"或"主要问题"，整个世界的形势并不是由它来支配和左右的。第二次世界大战就不是由两种制度的矛盾引起的，战后高涨的民族解放运动主要是解决民族矛盾问题。冷战后世界向政治多元化、经济全球化方向发展，以科技为先导，以增强经济实力、国防实力和民族凝聚力为中心的综合国力的较量日益激烈，这一斗争主要不表现为和取决于两种社会制度之间的斗争。因此不宜将"两种制度"间的矛盾当成世界的主要矛盾来看待和处理，不能将世界各种复杂的矛盾和国际斗争都集中到"两种制度"的斗争上来。

很显然，邓小平的做法和论断是极具智慧和科学性的。他实事求是地肯定"和平与发展"是当今的"时代主题",同时又将当今时代放到社会发展的历史长河中去考察,进而指出社会主义必然取代资本主义的历史总趋势是"不可逆转的"。这深刻地揭示了时代的本质仍然是"由资本主义向社会主义过渡"。这就意味着时代主题转换了,但历史发展的"大方向""大趋势"并没有改变。邓小平的这一论断既具科学性又富时代性,它既指明了当今时代的本质,又改变了时代问题上教条僵化、已经过时的旧表述。

总之,邓小平关于当今时代的科学论断,是包括"时代主题"和"时代本质"两个不可分割的基本问题、基本概念在内的,要全面认识和把握当今的时代,就必须将二者结合和统一起来。

邓小平对马克思主义时代理论的丰富和发展

与传统的马克思主义关于时代的定义不同,邓小平创造性地从"时代主题"与"时代本质"两个角度来全面认识和把握当今的时代,这是对马克思主义时代理论的丰富和发展。

邓小平既肯定当今的"时代主题"是和平与发展,又强调社会历史发展的"总趋势不可逆转",这二者为什么并不矛盾呢?因为当今以和平与发展为主题的时代,并没有脱离人类历史发展的大时代,而恰恰是资本主义向社会主义过渡在当前必经的阶段和客观需要。因为本世纪社会主义国家产生于经济文化较落后的国家,它们在经济上与发达资本主义国家的巨大差距,长期威胁着社会主义的巩固和发展。现在世界社会主义运动的发展,主要不是追求"面的扩大"(有更多社会主义国家),而是要力求"质的提高",即现有社会主义国家把自己的事情办好,用社会主义建设搞成功的实例来证明社会主义优于资本主义,从而成为"合格的"、有吸引力的社会主义,促进世界社会主义运动的复兴和发展。因此"和平与发展"就成了当前巩固和发展社会主义、将来实现共产主义的必由之路。

邓小平关于当今时代的论断,既坚持了历史大时代的马克思主义的主张,又充分肯定了当今时代的发展变化,既没丢老祖宗,又纠正了某些过时的、脱离实际的旧观念。邓小平指出："社会主义经过长过程的发展后必然代替资本主义，这是社会历史发展不可逆转的总趋势，但道路是曲折的。"这一论述既将当今世界放在人类社会历史发展的长河中去看待和把握，又实事求是地指出，这种"取代"和"过渡"不是"指日可待""急于求成"就可以实现的，而要"经历一个长过程发展后"；这种"取代"和"过渡"不会是一帆风顺直线式发展的，而是强调"道路是曲折的"；这种"取代"和"过渡"要靠"发展"，而且需要"长过程的发展"。这就意味着在和平与发展已成为"时代主题"的条件下，必须抓住机遇发展自己，以社会主义搞成功的实例来证明自己的优越性。总之，当今的和平发展是实现这种"取代"和"过渡"的必由之路。邓小平的这些论断，讲的是"时代本质"，但又不是单纯讲时代的"阶级内容"，而是与20世纪80年代强调的和平发展的"时代主题"联系起来讲的。这说明"时代本质"与"时代主题"是不可割裂和对立的，而是必须结合和统一起来的两个基本问题、基本概念。

马克思主义历来主张，共产党人必须把长远目标与当前的现实斗争结合起来。《共产党宣言》明确提出："共产党人为着工人阶级的最近目的和利益而斗争，但是他们在当前的运动中同时还坚持着运动的未来。"抓紧抓好当前阶段和平与发展的"时代主题"，是实现社会主义取代资本主义这一大目标的必然要求和必由之路。总之，邓小平关于当今时代问题的科学论断，既为我们党制定正确的战略策略提供了理论依据，又在新的历史条件下丰富和发展了马克思主义的时代理论。

（原载《学习时报》2015年9月28日，原题为《时代主题与时代本质》）

从"和平外交"到"和谐外交"

题注：2005 年 12 月温家宝总理访法期间，在巴黎综合理工大学发表了题为《尊重不同文明，共建和谐世界》的演讲。2006 年初胡锦涛主席发表《携手建设持久和平、共同繁荣的和谐世界》的新年贺词。2005 年 9 月胡锦涛主席在联合国成立 60 周年大会上发表题为《努力建设持久和平、共同繁荣的和谐世界》的讲话。这表明，中国外交长期实行的一般强调"和平"正走向突出强调"和谐"的新特征。

2005 年 9 月胡锦涛主席在联合国成立 60 周年大会上发表题为《努力建设持久和平、共同繁荣的和谐世界》的讲话以来，"和谐"一词频繁地出现在中国高层的外交活动中，它已成了反映中国外交新内涵和新特点的一个响亮的关键词。这说明，中国将始终不渝地把自身的发展与人类的共同进步紧密地联系在一起，既充分利用世界和平发展带来的机遇发展自己，又以自身的发展更好地维护世界和平、促进共同发展。中国的发展不会妨碍任何人，也不会威胁任何人，而只会有利于世界的和平稳定和共同繁荣。同时，这一切不仅反映了中国坚持走和平发展道路的决心和愿望，而且也折射出中国外交在传统

"和平外交"的基础上，已呈现出突出强调"和谐外交"理念的新内涵和新特点。

"和平外交"政策的延续和发展

新中国自成立以来一直奉行和平外交政策，而这一政策是以20世纪50年代提出并倡导的"和平共处五项原则"为基本特征的，这就是互相尊重主权和领土完整、互不侵犯、互不干涉内政、平等互利、和平共处。中国的这一政策，可以说是中国核心的外交政策，是半个多世纪以来一以贯之从未改变的。因为它已被国际关系的实践所证明是最具强大生命力的政策。这正如邓小平所说的："处理国与国之间的关系，和平共处五项原则是最好的方式。其他方式，如'大家庭'方式，'集团政治'方式，'势力范围'方式，都会带来矛盾，激化国际局势。总结国际关系的实践，最具有强大生命力的就是和平共处五项原则。"[①] 因此，中国以和平共处五项原则为基本特征的"和平外交政策"是不会改变的。

但是，这并不是说这一政策是凝固不变的，是不需要随着客观形势的发展变化而不断地丰富和发展的。恰恰相反，由于不同时期客观形势和情况不同，这一政策也需要调整和丰富，从而使其呈现出不同的重点和特点。50年代初，由于美国对新中国采取敌视、封锁、包围和军事威胁政策，新生的共和国只能实行"一边倒"，即倒向苏联的政策，这完全是为了维护国家的独立和世界的和平，其"和平外交"的本质是很清楚的。50年代后期中苏关系恶化，60年代后期苏联也对中国采取军事包围和威胁战略，国际环境迫使中国不得不把自身的"安全"和"备战"放在首位。尽管这被人攻击为"好战"，然而其"自卫"的本质和制止战争维护和平的目的是显而易见的，其集中的表现是"深挖洞、广积粮、不称霸"等战略口号。70年代中国从"三个世界"划分的战略出发，强调反对霸权主义，维护世界和平。

---

① 《邓小平文选》第3卷，人民出版社1993年第1版，第96页。

在尼克松跨洋访华改善了与中国的关系之后，中国为集中对付来自北方的威胁，曾采取了"一条线、一大片"集中反对苏联霸权主义的外交战略。80年代国际形势发生了新变化，中国调整改变了上述战略，转而强调"独立自主"，实行"独立自主的和平外交政策"。

虽然自80年代以来中国一直奉行强调"独立自主"的"和平外交政策"，但自那时以来，中国外交又分别在80年代和90年代作过两次重大的调整，现在是进入新世纪以来正在进行的第三次调整，即中国外交在传统"和平外交"的基础上，突出强调"和谐外交"理念，从而使中国外交又有了新内涵和新特点。

80年代以来中国外交的三次调整

20世纪80年代以来，中国外交已经历了两次、现正在进行第三次重要调整。

80年代的那次调整，主要是"对外战略目标"上的重大调整。党的十一届三中全会后，通过拨乱反正，中国纠正了"文革"以来所执行的"外交服从革命"、"支左反修"、"打倒帝、修、反"、"支援世界革命"的对外战略，将对外工作转变到为国内建设服务，为国内社会主义现代化建设创造和平的国际环境的轨道上来。这一转变的公开表态见之于邓小平1981会见美国客人时的一次谈话。当时邓小平强调要澄清一个观点，就是有人认为"中国政府信奉的意识形态旨在摧毁类似美国这样的政府"。邓小平郑重地指出："这样的观点至少不是八十年代的观点，也不是七十年代的观点，而是恢复了六十年代以前的观点。"① 邓小平的这段话，明确地指出中国所采取的国际战略，在80年代之后是与过去大不相同了，即中国对外战略的目标不再是"奉行旨在摧毁类似美国这样的政府"的战略了。

从去年9月美国副国务卿佐利克在美中关系全国委员会上的演讲看，美国人已经认识到"中国不同于过去的苏联"，将中国"与苏联

① 《邓小平文选》第2卷，人民出版社1993年版，第378页。

相提并论是错误的"，中国既不谋求传播"激进、反美的意识形态"，也不认为自己要跟资本主义展开"殊死搏斗"。他说："最重要的是，中国并不认为它的未来取决于推翻国际体系的根本秩序。事实上恰恰相反，中国断定，中国的成就取决于是否跟现代世界建立密切联系。"基于对中国的这一认识，佐利克提出将中国定位为是美国的"利益攸关者"。这说明，新时期中国对外战略目标的调整，已被美国人，至少是一部分理性的美国人所认识、所承认，这对我们争取一个和平的国际环境是有益的。

90年代，苏东社会主义政权崩溃后，中国外交又进行了一次调整。这主要是确立"韬光养晦"的战略方针，并作出了"融入国际体系"的战略选择。在当时"黑云压城城欲摧"的形势下，邓小平深刻分析纷繁复杂的国际形势，提出了"韬光养晦"、"决不当头"，"谁也不怕、谁也不得罪"，"利用机遇，把中国发展起来"等战略方针和国策[1]，为中国赢得了战略主动和有利的国际环境。随后在江泽民同志主持中央工作时期，中国又做出了加入世贸组织、汇入经济全球化浪潮、融入当今现存国际体系的重要战略选择。十多年来的实践证明，这一战略方针和战略选择，对中国的发展是非常重要的，是完全正确的。这已被中国经济的高速发展和世界形势的发展，证明是完全正确的。

现在是第三次调整和发展，这就是进入新世纪以来，中国的发展迈入新阶段，国际形势又出现了新的变化，中国突出强调"和谐"的外交理念。随着中国的迅速发展，中国在地区和世界事务中的影响越来越大，引起了某些势力的猜忌，各种版本的"中国威胁论"甚嚣尘上。在这样的形势下，继续坚持"韬光养晦"的方针，让世界了解中国的发展道路、发展方向，让世界认识中国的发展对世界是机遇而不是威胁，有利于化解"中国威胁论"。正是在这种形势下，中国在对外工作中将中国传统的"和谐思想"与新中国"和平外交"的传统结合起来，突出强调"和谐"的外交理念，形成了以"和谐"为总

---

① 《邓小平文选》第3卷，人民出版社1993年版，第363、358页。

特征的"和谐外交"理念。

"和谐外交"理念的新内涵和新特点

何谓"和谐外交"理念？从字面上讲，"和谐"与"和平"只有一字之差，但含义上有很大差别。"和平外交"通常指手段、方式上的和平，即非暴力、非战争解决问题的政策；而"和谐外交"包括了这层含义却又不限于这层含义，它更多了一层"关系"的内容和相互"协调"的职能，即要致力于使"相关各方"的关系，不仅限于和平共处、不发生冲突，还要争取通过"协调"来达到"和谐"的良好状态。这就是中国传统"和谐"、"和合"思想所要求的，国与国之间的和平，人与人之间的和睦，人与自然之间的和谐。

从内容上讲，中国传统的"和平外交"政策，如前所述是包含和平共处五项原则在内的；而"和谐外交"无疑是这一政策的全面升华和创新，它理所当然包括了原有内涵，同时由于它是中国传统和谐思想与现代互利共赢观念的有机结合，因而内容更丰富，立意更深远。

胡锦涛主席今年4月在美国耶鲁大学的演讲中，突出强调了中国传统的和谐思想。他说："中华文明历来注重社会和谐，强调团结互助。中国人早就提出了和为贵的思想，追求天人和谐，人际和谐，身心和谐，向往人人相亲，人人平等，天下为公的理想社会。"温家宝总理去年12月在法国的演讲中对中国传统和谐思想作了言简意赅的阐述。他说："中国自古就有以和为贵、和而不同、和实生物的思想。'以和为贵'就是说国家之间、民族之间、人与人之间要以团结互助、友好相处为最高境界；'和而不同'就是说一个国家、一个民族既能容纳不同的文明存在，又能保留自己的优秀文明传统；'和实生物'就是说只有不同文明之间相互吸收借鉴，才能文物化新，推进文明的进步。'和'是中国文化传统的基本精神，也是中华民族不懈追求的理想境界。"

中国"和谐外交"理念，是中国传统和谐思想与现代互利共赢观念的有机结合，是上述传统和谐思想与中国近年来所倡导的"新秩序观"、"新安全观"、"新发展观"、"新文明观"的有机结合，是新时期我国各项外交政策和原则的全面升华和创新。

值得强调指出的是，这一切说明，中国将始终不渝地把自身的发展与人类共同进步联系在一起，既充分利用世界和平发展带来的机遇发展自己，又以自身的发展更好地维护世界和平、促进共同发展。因此，中国的发展不会妨碍任何人，也不会威胁任何人，只会有利于世界的和平稳定、共同繁荣。中国的发展更加重视和谐，强调和谐，促进和谐。中国真诚地希望与世界各国携手共建一个持久和平、共同繁荣的和谐世界。这一美好的理想和愿望，既是中国走和平发展道路的要求，也符合世界人民的根本利益，因而将具有很强的亲和力、吸引力和感召力。

总之，"和谐外交"理念是新中国"和平外交"政策的全面升华和创新，也是邓小平"韬光养晦"战略方针的最新体现，是中国外交思想和理念具有标志性意义的新发展。

中国形象与"软实力"的提升

国家形象问题，不仅关乎国家的名誉、声望和国格，而且更重要的是，它是国家的一种"无形的资产和资源"，是一种必不可缺的"国力和实力"，是国家总体实力即"综合国力"的重要组成部分。国家"形象"这个老问题，在美国著名学者约瑟夫·奈的著作中，是被包括在国家"软实力"这个学术名词当中的。什么是"软实力"？按约瑟夫·奈的观点，任何国家都需要两种国力，即"硬国力"（硬实力）和"软国力"（软实力）。国家的军事实力是硬实力，"软实力是通过劝说和魅力而非通过威胁或军事力量来影响别国的能力"，"它主要包括文化影响、外交合作、经济互利以及在发展模式和意识形态等价值观方面对其他国家的吸引力"。

软实力是国家综合国力的基础。当一国软实力全部丧失时，无论一国的硬实力有多大，其综合实力都等于零。苏联的解体就是一个经典的例子。1991 年底，苏联军事力量仍可与美国媲美，经济实力也大于多数发达国家，然而由于其政府的内外动员能力全部丧失，因此国家解体，苏联不复存在。由此可见，国家生存、国家发展以及国家崛起都离不开"软实力"的支撑。当一国软实力丧失或被严重削弱时，无论多么强大的军事实力和经济实力都挽救不了这个国家衰败的命运。美国历来既重视"硬实力"（军事），也善于运用"软实力"。十多年前它依靠"软实力"搞垮了苏联，获得了丰厚的"和平红利"，但"9·11事件"以来只重视硬实力，严重损害了美国的形象，又尝到了轻视"软实力"的苦头。

中国的外交政策既不同于昔日在苏联，也不同于当今的美国，在世界上很有"亲和力"。因为中国历来奉行独立自主的和平外交政策，永不称霸，平等待人。国外学者评论说，中国从不像美国那样把自己的意识形态和道德观念强加于别国，不在别国强行推行自己的政治体制，提供经援从不附加任何政治条件，更不会诉诸武力解决争端。中国的软实力是以一种'润物细无声'的方式进行，而美国在利用软实力时，是一手拿诱饵，一手拿大棒的。最近美国布鲁金斯学会的一位高级研究员评论道：在外交方面，中国能够妥善处理与邻国之间的矛盾，并在朝鲜半岛核问题和伊朗核问题上扮演调解者的角色。中国善于以"和谐"和"非冲突"的方式解决国家之间的矛盾，这是美国领导人应该学习的。看来，"和谐外交"理念的提出，无论在外交哲理上还是在外交实践中，都使中国的外交增添了新内涵和新特点，必将有利于进一步提升中国在国际上的形象，有利于进一步提升中国的软实力。

（原载《当代世界》2006年第8期）

中美关系的"变"与"未变"

题注： 苏东剧变后，美国认为其主要敌人苏联消失了，在战略上借重中国的需要下降了。于是中美关系出现了动荡和颠簸。"9·11事件"后，国际恐怖主义成为美国最大现实威胁，中美关系出现了一些新变化。究竟应如何全面认识中美关系？哪些变了，哪些没变？

"9·11事件"以来，特别是去年江泽民主席访美以来，美国的对华政策出现了一些积极的变化。有人说，美国已不把中国当"敌人"，中美关系进入了一个相对平稳的发展期。但又有迹象表明，美国也未将中国当"盟友"，特别是总在台湾问题上挑战中国的核心利益，从而使中美关系难免有颠簸。究竟应如何全面认识中美关系？中美关系中哪些变了、哪些没有变？

美国对华政策的"新变化"

美国布什总统2001年上台后，视中国为"竞争对手"，把中美关系定位为"战略竞争关系"。在当年4月中美发生撞机事件后，美国更加强了支持"台独"势力的倾向，安排了陈水扁"过境"活动，加大了售台武器的力度，并逐渐提升了美台关系，甚至扬言要"协防台湾"，从而恶化了中美关系。

但是，"9·11事件"后，布什政府逐渐调整了这种恶化中美关系的倾向。当时忙于处理袭击事件的布什取消了预定的其他出访，毅然决定出席在上海举行的 APEC 首脑会议，并与江泽民主席达成了建立"建设性合作关系"的共识。去年布什总统实现访华，并先后邀请接待了胡锦涛副主席、江泽民主席访美，随后美国主流社会的对华态度出现了一些积极变化。美国明确表示"一个中国"政策不变，不支持"台湾独立"。从布什、鲍威尔到赖斯、凯利等美国高层官员，在进一步发展中美关系上普遍转趋积极。美国务院一官员还明确说，中美关系是"世界上最重要的双边关系"，并说"中国只输出计算机，不输出意识形态"。美国《新闻周刊》今年第一期发表的文章，称"中国是世界历史上发展最成功的国家之一"，"华盛顿已把中国从'敌人'的名单中划掉"。

这些情况表明，同布什刚上台时比较，美国对华政策的确发生了积极变化。看来，中美关系经过 30 年的磨合，该走向成熟了。所谓走向"成熟"，可能表现为比较有"弹性"，能对付道路上的一些颠簸，不致再像坐过山车似的忽上忽下，从而使中美关系进入一个相对平稳的发展期。果真能如此，不仅中美两国受益，也有利于亚洲和世界的稳定。这既是中美两国人民的福，也是亚洲和世界人民的福。

"共同利益" 是变化的基础

中美关系为什么会有这些变化？从中美关系的历史看，战略上的"共同利益"历来是中美关系发展的基础。中美间的共同利益，本是客观存在，问题在于能否善于和勇于"发现"。30 年前中国还在搞"文化大革命"，当时中美关系是势不两立的，谁会想到可在它们间发现共同利益，寻求到合作的机遇？尼克松的非凡之处却正在于，他从全球的战略眼光出发，认识到要对付咄咄逼人的苏联，必须拉住中国，于是"发现"了在共同对付苏联扩张上，中美间有"共同利益"，毅然决定跨洋来同中国握手，一举打破了中美关系的坚冰。

苏联解体使美国的战略对手自我崩溃了，于是美国不少人以为中美间的"共同利益"也不复存在了，转而总想找中国的茬，不断挑起麻烦和摩擦。此外，美国在旧对手消失后总在寻找新对手，一些人将崛起的中国视为"威胁"，从而使"中国威胁论"在美国泛滥起来，中美关系就更难平静了。

"9·11事件"改变了美国对战略安全形势的判断。1997年美国国防部公布的《四年期防务评估报告》，还认为"在2015年之前美国没有全球性的战略对手"，美国还有一个"机遇期"。但是2001年发生的恐怖袭击，改变了美国的这一判断。美国认为其"战略机遇期"不复存在了，国际恐怖主义已成为美国最大的现实威胁，而中国是其反恐斗争中必须联合的力量。这样，"9·11事件"帮美国"发现"了中美间新的共同利益。此外，客观现实也帮美国"发现"了中美在其他领域也存在广泛的共同利益。对美国而言，中美关系的战略性和重要性，除了中国是联合国五个常任理事国之外，第一，中国军事力量在至少15－20年间还不足以与美国抗衡，但中国是少数掌握核技术和导弹技术的国家之一，具有发展威慑美国核力量的潜力，而且在维护核不扩散、限制导弹技术扩散等方面具有重要作用；第二，中国是在东亚地区具有较大影响的国家，中美两国在维护东亚地区的和平稳定方面具有共同的战略利益；第三，作为经济快速发展的发展中国家，中国在解决世界的环境、毒品、走私、移民、能源等世界性问题方面也将起重要作用；第四，在"9·11事件"后，两国在反对国际恐怖主义的问题上找到了新的共同利益的交集点。可以说，中美虽有分歧，但存在具有长期性的安全合作、具有稳定性的区域合作、具有突发性的事态合作、具有互利性的经贸合作、具有广泛性的全球合作等等。总之，中美间的共同利益不是减少、缩小了，而是增加、扩大了，从而使中美关系开始出现了转机。

总之，美国的对华政策发生新变化，主要是因为"9·11事件"后，美国重新认识到中美间存在着广泛的"共同利益"。国际媒体认为，"美国从来没有像今天这样需要中国"。

分歧和不同利益并非注定导致"对抗"

中美间既存在共同利益，也有不同利益，既有共同点，也有分歧点。像美国与其欧洲盟国间也存在分歧一样，中国与美国在对外政策上的某些不同主张和分歧，没有更多特别的。中美间比较"特殊的分歧"，主要集中在两个问题上，一是所谓社会制度和意识形态上的差异和分歧，二是集中在台湾问题上。但这两个问题上的分歧，如能摒弃旧思维，也可找到"利益契合点"，并非注定要"对抗"。

首先，社会制度和意识形态上的差异和分歧早已"软性化"，不再是过去那种"你死我活"的关系。中国现在所搞的是中国特色社会主义，这种实行改革开放的社会主义与美国资本主义的关系，已经不是传统意义上的"谁战胜谁"的关系，也不是零和关系，而是可以互补合作，共同发展的关系，是可以双赢的关系。早在1981年邓小平就对美国人说过："中国政府信奉的意识形态旨在摧毁类似美国这样的政府"的观点，"至少不是八十年代的观点，也不是七十年代的观点，而是恢复了六十年代以前的观点"。近年来江泽民主席提出了"三个代表"重要思想，在处理不同社会制度国家的关系上，更明确提出了"世界各种文明和社会制度应长期共存，在竞争比较中取长补短，在求同存异中共同发展"的新思路，进一步发展了不同社会制度国家"和平共处"的思想。30年前，中美社会制度上那么大的分歧并未影响两国的接近，在今日发展变化了的中国面前，只要美国人能摒弃陈旧的观念和偏见，不再用老眼光看待中国，制度和意识形态上的差异和分歧就不会成为发展两国关系的障碍。

其次，台湾问题上的分歧，从长远看会给美国带来无穷的麻烦，中国尽早实现和平统一，归根到底是符合美国的根本利益的。因为美国是世界上唯一深深卷入中国内政问题的大国，从而使台湾问题成了中美关系的核心问题。但台湾问题在中美各自战略棋盘上的地位是不匀称的。台湾与大陆的统一是中国的核心利益，但"协防台湾"并不是美国的核心利益，甚至不是美国全球性的重要利益。中国越发展、越强大，中美两国的关系就越重要，对美国全球利益的影响也就越大，而台湾在美国的利益体系中的地位也就越小、越边缘化。就眼前而言，美国利用台湾问题来牵制中国，似乎可以从中渔利，但从长远看这对美国并不利，反而会带来无穷的麻烦。中国早日实现和平统一，促进中美关系更全面的发展，归根到底是符合美国的根本利益的。美国迟早不得不权衡在"协防台湾"与支持中国"和平统一"上的利弊得失。

可见，即使是在存有分歧和"不同利益"的问题上，只要摒弃旧思维，增进了解，发展互信，也不难发现利益"契合点"。处理得好，未必会发展成"对抗"。

美国对华的"两面政策"未变

客观现实表明，中美间不仅存在广泛的共同利益，而且即使是在存有分歧和不同利益的问题上也可找到利益契合点，并非注定要对抗。因此，客观地讲，中美关系进入一个相对平稳的发展期是完全可能的，完全应当的。但问题在于美国对华仍奉行"两面政策"，特别是总要在台湾问题上挑战中国的"核心利益"，从而使中美关系的平稳发展仍然具有某种"不确定性"。

近期，在美国对华政策出现积极变化的同时又传来了另一方面的信息：美国国务院抓住多年前休斯公司在与中国长城公司合作发射卫星之事算老账，指控波音公司和休斯公司"非法向中国转让了技术"，对其提出诉讼要进行惩罚。同时，美国务院还要求以色列立即停止其对中国的一切军售。另有消息说，美国将派军官小组公开参加台湾的军事演习，美台还合作监听我军情，所获情报通过卫星直接传送到美国等。

美国的这些举动是美国对华仍奉行"两面政策"的具体表现。从去年9月20日布什政府颁布的《美国国家安全战略》报告看，美国没把中国列为"敌人"，但也没把中国划为"盟友"，实际将中国置于"非敌非友"的中间地带。美国对中国的这种"定位"，使其对华政策仍具两面性，是一种"两手政策"：一方面要同中国进行建设性"合作"，另一方面又从战略上加以"防范"；一方面实行接触政策，另一方面又要推行遏制战略；一方面发展建设性合作关系，另一方面又继续制造矛盾和麻烦。合作与竞争并存，接触与遏制同在，既相互借重、相互合作，又相互制约、相互竞争，仍将是中美关系发展的重要特征。

总之，我们应看到美国对华态度的积极变化，但又必须清醒地认识到美国对华政策不是一面政策，而是"两面政策"。搞得好，中美关系可能不再坐过山车，而进入一个相对平稳发展的时期，但道路上的沟沟坎坎还不少，仍要防颠簸，特别要避免发生大的颠簸。

（原载《学习时报》2003 年 3 月 10 日，这里收录的是未编辑稿）

别把"复杂"的中美关系
看"简单"了

近期中美关系的发展态势令人关注。有人说美国正"从南北两端围堵中国",中美间一场"战略较量"在所难免。也有人说中美之间是"假朋友"关系,什么"伙伴关系"只是为"好听"。还有人说,"弱国无外交,落后要挨打",现在中国实力增强腰杆硬了,在"维(护国家主)权"问题上应"加快进度"。诸如此类的议论所涉及的问题非常复杂,是绝不可"简单化"地看待和对待的。看来,中美关系确实出现了许多新情况,双方也都在调整,整体看虽难免有曲折反复,但总的走势不是"摊牌",而是进一步"磨合"的问题。这是由中美关系的复杂性所决定的,我们决不可将"复杂"的问题看"简单"了。

一、要充分认识中美关系的"复杂性"

中美关系向来很复杂。一是演变历史复杂,二是性质定位复杂,三是当前的战略态势与发展变化复杂。决不应当采取简单的"非黑即白"的极端化的思维方式去看待。

首先,从发展历史看,中美关系虽曲折不稳,但总体是"共同利益"大于分歧,因而历经风雨而不衰。在新中国的前30年里,中美经历了由"你死我活"的"敌对关系",到一致对付"共同敌人"(苏联)的"战略合作关系"的大变化。改革开放以来的30年里,中美关系经受了"八九政治风波"和苏联解体"共同敌人"消失的考验,双边关系曾因"共同利益"变模糊而出现过动荡,但后来认识并寻找到新的"共同利益",又重新走上了新的发展轨道。与此同时,美国的对华政策也经历了由"制裁"到"接触+遏制",再到"合作+竞争"的发展变化过程。

中美建交30多年来的历史表明,中美关系能够历经风雨,迈过坎坷而发展到现在,两国之间存在"共同利益"是最根本的原因。可以说中美关系是由共同利益驱动的,只是不同时期,这种共同利益的"载体"不同而已。在冷战结束前,中美间的共同利益主要是出于对付"共同敌人"(苏联)的战略利益;"9·11事件"后主要是承担"共同使命"(反恐)的战略需要;2008年金融危机以来主要是应对全球性"共同挑战"所形成的广泛的"共同利益"。

奥巴马上台后,进一步把中美关系定为"应对共同挑战的战略伙伴关系",甚至说,"本世纪没有任何一种双边关系的重要性会超过中美关系。"但今年以来,美国在涉台、涉藏问题上损害中国核心利益,使中美关系变坏了。近来美国在黄海和南海采取了不寻常行动,又使中美关系呈现紧张气氛,发展前景令人关注。

其次是,中美关系性质难以简单"定位",各种"伙伴"的称谓是其复杂性的反映。中美关系既不能简单地说是"朋友",也不能简单地说是"敌人",所以曾有"非敌非友"的说法。后来又有"建设性战略伙伴关系"、"应对共同挑战的战略伙伴关系"等称谓,还有什么"利益攸关方"等概念。概念和说法的多样性正是中美关系复杂性的客观反映。说法不同,但核心意思是一个——"伙伴"。"伙伴"二字妙就妙在它反映的是"中性"关系:既有"合作",也有"竞争",既是"朋友",也是"对手",既不仅仅是"朋友",也不仅仅是"对手",等等。这些概念和说法的出现,首先出于两国关系的实际需要——无论是中国还是美国,都需要考虑怎么看待和对待对方的问题，而"伙伴"二字恰好适应了这一需要。近有学者说这是为"好听"，笔者不敢苟同，改用"假朋友"关系，也概括反映不出中美关系的复杂性。中美关系的不稳定，是中美关系的复杂性决定的，并且是这种复杂性的表现，而难以用"假朋友"来解释。

第三，中美关系结构复杂，其关系的广泛性既扩大了合作领域，也增加了发生矛盾和摩擦的机会。中美两国是意识形态、社会制度和价值观念不同的两个大国。两国要建立起"战略互信"并不是轻而易举的事情。邓小平1989年会见美国前总统尼克松时曾提出：考虑国与国之间的关系主要应该从国家自身的战略利益出发，着眼于自身长远的战略利益，"而不去计较历史的恩怨，不去计较社会制度和意识形态的差别"的主张。此外，中国改革开放以来的发展和变化的客观事实，缩小了美国人对中国的"认知差距"，这反映在佐立克的一次讲演中。2005年9月，时任美国副国务卿的佐利克在美中关系全国委员会上的演讲中说："中国不同于过去的苏联"，将中国"与苏联相提并论是错误的"，中国既不谋求传播"激进、反美的意识形态"，也不认为自己要跟资本主义展开"殊死搏斗"。他说："最重要的是，中国并不认为它的未来取决于推翻国际体系的根本秩序。事实上恰恰相反，中国断定，中国的成就取决于是否跟现代世界建立密切联系。"佐利克当时提出的一个新概念是"利益攸关方"，他用这个概念来解释改革开放以来中国的新变化，从理论上说明了美中关系的基础是战略上的"共同利益"。后来这一概念被美国主流社会广泛接受，中美关系算是步入了一个较稳定的发展时期。

但是，中美社会制度和意识形态上的矛盾和分歧仍是客观存在，不可能不反映到对外政策上来。这就是美国常以"人权"为借口干涉中国内政。此外，两国关系结构上的复杂性，还反映在领域的广泛性方面。中美关系包括了政治、经济、文化、军事、议会、民间往来等诸多领域和方面。在这些大的领域之下，还有许多子系统和问题。譬如在经济领域，近年有各种贸易摩擦和人民币汇率等问题，政治上有涉台、涉藏等问题，国际上有各种热点和有争议的问题等。中美关系结构上的广泛性，既为两国的全面合作提供了广阔的空间，也增加了产生矛盾和摩擦的机会。

第四，从近期中美关系的发展态势看，美对华政策存在变数，但中美关系难以全面恶化。近期美国在中国周边采取的不寻常举动，也不宜采取极端化的简单思维去看待，而要坚持具体问题具体分析。美国的这些行动，与过去的"炸馆"、"撞机"等偶然事件不同，这显然是美国有预谋的战略行动。美国的真实意图究竟是什么？除了美国中期选举挤压中美关系的临时因素外，很可能是美国确实在加速调整其对华和对东亚的战略，从而给今后中美两国的关系带来新的变数。从希拉里在河内就南海问题向中国发难、接着美军舰抵越南海港搞军演来看，美国是想挑拨相关国家与中国的关系，在中美关系上搞摩擦，以便从战略上牵制中国。但是，真如媒体所说的那样，美国意欲打造一个"亚洲版的'北约'"以围堵中国，一场中美间的"战略较量"在所难免吗？中美关系会"全面恶化"吗？

从目前情况看还不可能走到这一步。因为中美之间的战略关系至今并无实质性变化，彼此间的共同利益仍大于分歧，谁也离不开谁的相互依存性，使中美谁也没有足够大的胃口来承受全面对抗的后果。从另一方面看，即使美国决心想拉拢东亚国家搞一个"亚洲版北约"以围堵中国，客观上也难以实现。东亚各国的心态是很复杂的，有些国家想拉入美国以制衡中国，但未必愿意跟美国站在一起来围堵中国。从经济上看，东盟 10＋1、10＋3 已使彼此的经济关系非常紧密，周边国家普遍从中国的高速发展中大为受益，他们切身感受到中国的发展对他们绝不是什么"威胁"而恰恰是"机遇"，美国想挑拨离间也难以得逞。此外，美国军力虽是世界第一，但现在的世界早已不是炮舰横行、强者为王的时代了，美在南海没有一意孤行、为所欲为的空间。最后，考虑到美国中期选举的因素，近期的行动很可能主要是"鹰派"抬头的反映，选举过后，美国内部的主流意见也可能会起变化。因此笔者认为，中美关系会有摩擦和麻烦，但中美关系不可能全面恶化。

最后，中美间的利益已交织得难舍难分，美若继续恶化和损害中美关系，只会是搬起石头砸自己的脚。近有消息说，哈佛大学著名教授约瑟夫·奈日前在华盛顿接受人民网记者采访时认为：美中两国有许多共同利益，双方必须进行合作。美中两国除了成为伙伴，别无选择。两国需要的是进一步深化这种伙伴关系。美国鹰派人士应该听听这些智者之声，不要一意孤行继续恶化和损害中美关系，否则将是搬起石头砸自己的脚，最终损害的还是美国自己的利益。

二、要全面认识中国"维权"过程的"艰巨性"

中国"维（护国家主）权"的障碍主要来自美国，因为美国不仅长期插手台湾、西藏、新疆的分裂活动，最近又公然插手南海问题。所以中国"维权"问题已是中美关系中的一个重要问题。

"维权"斗争涉及国家核心利益，中国是绝不可能动摇的。但怎样"维权"又是受多方牵扯和各种条件限制的，需要认真对待的。国家实力增强后，"维权"问题的形势变得迫切而复杂了。国民网民普遍认为，过去是"弱国无外交，落后要挨打"，现在国力增强腰杆硬了，"维权"理应变得容易和顺利了，于是对美国言行的承受力与忍耐力明显减弱，急躁冒进情绪有所蔓延，认为到了与美国"讨说法"的时候了。在民意对中国外交的影响力、制约力日益增大的情况下，中国外交面临的压力空前增大了。中国在外交方面，既要积极主动地有所作为，又仍要不忘韬光养晦，仍要全面认识中国"维权"过程的艰巨性。中国发展了，国力增强了，为什么还要强调这个问题呢？

首先，中国经济发展了，GDP 总量排名跃居到世界第二，但按人均计算还不及人家的"零头"，在世界的排次仍在一百位之后，中国仍属"发展中国家"。国际上不少人热捧中国为"发达国家"，但这不是事实，中国不会被忽悠。发达国家除了人均收入这一标准外，还必须具备其他一些基本标准，如城市人口比例、中产阶层比例、稳定的生活质量、成熟的市场经济体制、完善的社会保障体系等各个方面都有要求，而中国都还相差很远。从政治学意义和历史背景上看，迄今中国是世界大国中唯一仍面临着被外来势力分裂和肢解威胁的国家，仍然明显地保留着"发展中国家"特有的受人欺负的伤痕和烙印。从发展趋势看，中国 GDP 按人均计算仍将长期落后于发达国家。因为中国现在人均 GDP 不及美国、日本的 1/10，而中国有 13 亿人口，按 GDP 的"人均量"去追赶这些发达国家，环境和资源的承受力都不许可，是不可持续的，中国决不会这么做的。所以，中国没有骄傲和翘尾巴的理由。另一方面，中国发展了也招来了别人的嫉妒、担心，甚至算计，从而给中国带来了不少负面的牵扯、压力和麻烦。现在西方对中国收起了"崩溃论"，却又大肆宣扬中国"威胁论"、"责任论"和"傲慢论"。近日中国对 GDP 总量超日本的消息反应很低调，也遭到西方媒体的"非议"，被污蔑为"哭穷"，其实中国真的不富裕，这是客观事实。这一切说明，中国发展了，国际环境反而变复杂了，并不都是顺利和有利的，我们仍然不能高枕无忧。

其次，中国实力地位的提高并不能"立竿见影"地迅速转化为对外关系中的主动权和政策杠杆。虽然中国在今年 4 月世界银行的投票权改革方案中是"大赢家"，中国在世行的投票权已迅速提高到仅次于美国和日本而位列第三，但是在外交、政治和军事领域，国家实力地位的提升决不会这么"立竿见影"。在涉及领土主权等国家核心利益的问题上，也绝不是单凭中国"国力强盛"就可迅速解决的，不能忘了舆论同情弱者，道义崇尚情理，法理看重根据，外交讲究利益，"维权"问题需要综合运用多种斗争手段和方式，这就需要经历相当的时间和过程，太着急了反而是欲速则不达。

再次，中美关系中的台湾问题，是长期的历史遗留问题，而目前中美双方的立场尖锐对立，最终解决必然要经过艰巨的谈判和斗争。自中美建交以来，美国历届政府执行的都是一种脚踩两只船的政策。一方面与中国正式建立外交关系，另一方面又继续维系和发展同台湾的所谓"实质性"关系。美方总是说，美国的政策是建立在三个联合公报和《与台湾关系法》基础上的，这种说法本身就是对中国内政的干涉。现在《与台湾关系法》确实已经成为两国发展关系的主要障碍，但美国并没有放弃其立场而改弦更张的意思。对美国来说，台湾问题具有战略意义，即使没有冲突，通过打台湾牌也是牵制中国发展的一种手段，美国是决不会轻易放弃的。对中国来说，台湾问题是国家核心利益之所在，是毫无后退余地的。这个历史遗留问题的解决还要经历艰巨的斗争。

但是，无论斗争多么艰难，无论斗争的过程还需要多长，中国坚定的立场是决不会动摇的，斗争方式必将是非常坚决的，当然我们也绝不会忽视斗争的策略和斗争的艺术。我们会永远记住邓小平那铿锵之声："中国永远不会接受别人干涉内政"，任何外国"不要指望中国会吞下损害我国利益的苦果"。

国家实力增强了，"维权"问题理应变得更容易更顺利，但现实情况表明我们仍不可忽视其艰巨性。小平同志晚年在反思中国发展道路时曾说过："过去我们讲先发展起来。现在看，发展起来以后的问题不比不发展时少。"小平同志这番话当时是就中国国内情况讲的，但现在看来，中国在国际上所遇到的情况，何尝不是也如此。

（原载《北京日报·理论周刊》2010 年 9 月 13 日，题为《不要简单化地看待复杂的中美关系》，《中国经济社会论坛》2011 年第 2 辑又以《中美关系总走势——不是"摊牌"而是"磨合"》为题再次发表）

美"重返亚洲"战略与中美关系走向

题注：对美国"重返亚洲"中国要有忧患意识，但也不值得过虑。美"重返亚洲"本质上是"战略焦虑"促生的对中国的"战略牵制"，是"以攻为守"再加几分"神经过敏"，而且是"战略预警"的因素大于现实军事部署的成分。因此中国应胸中有数，从容淡定。他挖他的战壕，我搞我的发展，不要让美国的行动搅乱了中国和平发展的大局，经济发展这个主轴决不能动摇。此文发表于《当代世界》2013 年第 1 期。

近年美国高调"重返亚洲"，中国周边热点迭出，和平发展的周边环境受到严重挑战，中美关系走向引人关注。有人认为，美国对中国已转向"战略遏制"，正在竭力"围堵"中国，中美关系正在发生转折性变化。笔者认为，中美关系很复杂，决不能将复杂的中美关系简单化。美对华"牵制"和"遏制"的一手在上升，但其"接触"、"合作"、"对话"等其他手段并未放弃。总体看，中美关系虽走到了一个岔路口，但既合作又竞争的"伙伴"关系没有改变，甚至是难以改变的。中国对此要有忧患意识并积极应对，但也不值得过虑。

美"重返亚洲"本身对中国本不是问题

奥巴马刚上台时曾提出"G2"设想，企图拉拢中国合作治理世界，但中国没有接招。2010 年中国经济总量超过日本跃居世界第二而美国经济乏力国内问题突出，在"美国衰落"、"中国将超美"的声浪刺激下，奥巴马高喊美"决不当世界老二"，接着美政府转向另一极端，提出要"重返亚洲"，加强了对中国的"牵制"和"遏制"。

美"重返亚洲"本身对中国本不是问题，因为美本来就没离开过亚洲，中国也无意将美国"挤"出亚洲。中国在亚洲地位和影响迅速上升，而美国的地位和影响却相对下降，这不是中国存心"排挤"美国，而是美国忙于在世界其他地区"当警察"，而忽略并"主动退出"亚洲的结果。中国地位和影响的上升，也不是美国忽略亚洲给中国的"恩赐"，而是中国一心一意谋发展，并带动周边国家搭上了"中国快车"，促进了该地区的稳定和繁荣，从而使东亚成为世界发展最快、最具活力的地区，因而赢得了周边国家尊重的结果。

美国要重返亚洲，笔者认为，中国会真诚欢迎，并希望美国在该地区积极发挥正面作用，促进该地区和平安定和繁荣发展；而且中国深信，中美两国在该地区与在世界其他地区一样，是可以平等互信、包容互鉴、合作共赢的。

然而从美近年"重返亚洲"的实际情况看，奥巴马政府的"重返亚洲"并没有促进亚洲的稳定，而是使该地区更加紧张和更易产生冲突了。近年中国周边热点迭出，几乎都有美国的影子。从美日、美韩同盟加强，各种名目的军演不断，到美越军事关系萌生、美菲军事关系恢复；从钓鱼岛问题到南海问题莫不如此。事实表明，美国所谓重返，搅乱了中国周边和平安定的环境，加重了中国周边环境的危险性和不确定性，给中国和平发展带来了严峻挑战，从而也给中美关系增添了变数。这不仅会严重影响中美关系走向，而且会直接关系到美"重返亚洲"战略的成败得失。

美意图不正方式不当是问题的关键

美国重返亚洲本身没问题，但为何与如何重返是关键。美想继续参与和介入亚洲是可以理解并会受到欢迎的，但美重返亚洲是为了遏制中国，并采取了不当的方式，必然会带来一系列严重问题。

近年的事态表明，美国"重返亚洲"的锋芒显然是针对中国的。所谓"重返"，也叫"战略再平衡"。美国要对谁"再平衡"？——显然是要平衡中国上升的影响力。如何"再平衡"？——主要靠军事上长期存在，政治外交上挑拨离间。为谁"再平衡"？——美公开标榜主权问题上"不持立场"，实则"拉偏架"，怂恿偏袒对方而与中国对抗。最近美参议院通过决议公然将钓鱼岛拉入《美日安保条约》适用范围，就是其自相矛盾的例证。

美国的所谓"再平衡"，自认为可赢得东亚国家普遍欢迎，但实际情况并非如此。因为中国周边国家已从中国发展中得到实惠，实践使它们明白中国的发展对它们不是威胁而是机遇，中国与它们的根本利益是一致的。因此，中国与周边国家的关系绝不是任人挑拨就会"翻盘"的。虽然个别与中国有领土争端的国家，可能对中国发展有所"防范"，但"防华不是反华"，如果要它们全面与中国对抗，也并不符合它们自身的利益，美国能钻的空子是有限的。外来的干扰一时可能造成破坏，但要中国周边国家一致对抗中国，形成对中国的包围，那是不现实的。

其次，美"重返亚洲"的方式突出的是军事。这几年美国在东亚军舰来回穿梭，与盟国军演不断，到处炫耀武力，干扰和搅乱该地区和平发展的氛围。美国在东亚的军事行动，可能使个别与中国有领土争端的国家"感到兴奋"，但大炮不能当饭吃，亚洲多数国家最关心的还是经济发展，美国靠军事重返能赢得亚洲的人心吗，人们拭目以待。

再次，美"重返亚洲"靠在东亚国家间挑拨离间、拉帮结派，这直接损害了中国的利益，也"撕裂"了东盟的团结，并使有些国家产生在中美间"选边站"的为难。特别值得注意的是，在美支持下日本全面右倾化，正加速向军国主义发展，右翼声言要"拥核"，改自卫队为国防军，成为"正常国家"。对此，美若熟视无睹，甚至加以助长，很可能会"搬起石头砸自己的脚"。

美"重返亚洲"战略推行不久，已在国内遭到严厉批评。最近一期美国《外交季刊》刊文指出，美国"重返亚洲"战略的风险是显而易见的。"美国的新政策毫无必要地加深了北京的不安全感，只会激发中国的攻击性，破坏地区稳定，并降低中美合作的可能性。正确的对华政策应在保护美国在亚太地区的利益的同时，缓和而不是刺激北京的忧虑。"文章认为"奥巴马亚洲新政毫无必要且得不偿失"。

中国要有忧患意识但也不值得过虑

美国对中国加强了"战略遏制"，并不断在中国家门口炫耀武力，对此中国必须认真对付，决不能掉以轻心。除进行必要的外交斗争，还必须增强国防实力，有相应的军事准备。中国奉行防御性国防政策，永不称霸决不扩张，但也决不能在军事威胁面前示弱，决不能在维护领土主权问题上妥协退让，否则即使中国经济总量再强大，也没有中国在世界上的地位。

同时必须考虑到美国不仅府院媒体的对华态度是不一致的，而且其内部各种势力的对华态度差别很大，美国总有一般人对华持"冷战思维"。对这般仇视中国的鹰派势力，中国必须有实力，"以硬对硬"。只有当他们认识到无法压服消灭你的时候，才会反过来愿意同你交朋友。所以中国要想让美国心甘情愿平等地与中国交朋友也是不容易的事，实际上要准备"条件"，要够"资格"才行。当然，增强国防也是中国和平发展所必需付出的"成本"，否则既无"和平"，也无"发展"可言。

另一方面，又必须从总体上看到中美关系的复杂性，决不能简单地看待和对待复杂的中美关系。美对华"牵制"和"遏制"的一手上升了，但还没到"全面遏制"并对中国实施军事包围的程度。脱离实际的过分警觉并非总是好事，总喊"狼来了"可能贻误我们难得的发展机遇。中国在"战争与和平"的估计上是有历史教训的，这值得记取。

更重要的是，国与国的关系是以国家利益为最高准则的，国家战略利益往往可超越一切价值理念上的差异和分歧。40 年前尼克松不顾与中国意识形态和社会制度上的差异而跨洋来与中国"握手"，他下飞机的第一句话就是"我是为美国的利益而来的"。20 年前苏联解体改旗易帜之后，美俄之间原有的意识形态和社会制度分歧消弭了，按说彼此关系应当没有障碍了，但美俄间仍存在国家民族利益问题。正反事实都说明，"国家民族利益"比什么都重要。

中美之间存在分歧和矛盾，有时还会发生摩擦甚至小的冲突，这应当说是难以完全避免的。但是决定中美关系基础和未来的是彼此间的"共同利益"，以及对它的认识、发现和把握。历史上没有出现过一个现存霸权国家与一个崛起大国之间有像中美之间这么难分难解的、密不可分的利益关系。有人说中美好似"连体婴儿"，谁也离不开谁，这种情况就决定了"不发生大的对抗"是双方的战略底线。这是中美关系重要的一个特点，也是一个稳定器。只要"共同利益"这一彼此合作共赢的基础仍然存在，中美既合作又竞争的"伙伴"关系就难以逆转。

总之，对美国"重返亚洲"中国要有忧患意识，但也不值得过虑。美"重返亚洲"本质上是"战略焦虑"，"以攻为守"，再加几分"神经过敏"，而且是"战略预警"的因素大于现实军事部署的成分。因此中国应胸中有数，从容淡定。他挖他的战壕，我搞我的发展，不要让美国的行动搅乱了中国和平发展的大局，经济发展这个主轴决不能动摇。

中国："发展中国家"的身份变了吗？

题注： 中国成为世界第二大经济体之后，中国的发展方位及国际身份引发了国际关注和讨论。

现在中国在世界上属什么国家？国际上众说不一，甚至连中国人自己也说不清，真是复杂到了中国人"自己不认识自己"了。这是在刚刚过去的 2009 年被美国媒体和舆论"闹"的。不管中国自己愿意不愿意，用一句流行语来说：中国是"被发达"、"被（世界）第二"了。

一、2009 年中国"被发达"、"被（世界）第二"了

去年初，布热津斯基等人在中美建交 30 周年之际提出了"两国集团"（G2）和"中美国"（Chimerica）的概念。后来被媒体热炒起来，一度"中美共治"、"中美统领世界"的议论流行起来。到了年末，在哥本哈根世界气候峰会前后，中国的"被发达"又成舆论焦点。老牌的发达国家几乎口径一致地将中国推上了"发达国家"的座椅，要求中国承担比某些发达国家还要多的排放责任和义务。此外，

一些发展中国家也有意无意地附和这种观点，对中国"发展中国家"身份似乎多少有点心存疑问了。

在国际舆论的热炒之下，我国内媒体和学者也陆续"接招"响应。一方面有主张中国慎提"发达"二字的，认为中国还难承"发达国家"和"世界第二"之重。但也有学者强调中国要"做好当'世界老二'的准备"，说什么敢做"老二"才是"成熟国家"的标志。还有人认为中国已经是"半发达国家"了。

今年初以来，奥巴马一改其访华时的"奥式微笑"，接连采取了伤害中国的举动，使中美关系出现了"倒春寒"。这就使什么"G2"之类说法，在国人看来与其说是美国人的"善意释放"，倒不如说更像是美国为中国设计的"战略陷阱"。关于这方面的问题，我们姑且留待后面去讨论。

现在的问题是，不管怎么说中国的国际地位和"发展中国家"的身份问题已提上国际舆论的议程，今后可能会不时地冒出来。对此，我们应怎么认识和看待？

二、中国"被发达"的问题本质上是中国国力增强的反映，但应警惕被"忽悠"和"捧杀"

国际媒体过去惯于唱衰中国，中国"崩溃论"甚至也不乏市场。但去年突然来个180度的大转弯，居然对中国热捧起来了。这究竟是为什么？我以为这至少有三个原因：一是与近年来的国际大环境有关，二是因为中国确实发展起来了，三是这种"美言善意"除体现美国"知华派"的好意，也包含了美国"主流派"的战略意图，甚至还隐藏着"冷战思维派"的战略陷阱。因此这种推崇和赞誉是必然的，但情况却是相当复杂的。

就国际大环境来说，中美间相互依存度已很深，可以说已是"谁也离不开谁"。国际金融危机的爆发沉重打击了美国和西方经济，然而中国却如"定海神针"，"风景这边独好"，这使美国想借重中国摆脱危机；另一方面，美国在一系列国际热点问题上陷入泥潭、"一筹莫展"，有求于中国支持和配合。虽然中美间的需求是"相互的"，但我认为近年来美国需要中国可能"更多一些"。这是中国受赞誉的国际背景。

除国际大环境外，从本质上讲，中国被推崇主要是因为中国确实发展起来了，中国的综合实力和国际地位增强了。西方对中国的赞誉和热捧，实际上是中国综合实力增强和国际地位提升的必然结果和反映。从这一意义上讲，这对中国何尝不是好事？说明中国已告别了昔日的"一穷二白"，连世界老牌发达国家也对中国刮目相看了。近代一百多年来，中国人何曾听到过这么高调的推崇和赞扬？没有。这还不是可喜可贺之事？

然而问题还有另一面。西方决不会无缘无故地赞誉中国，我们决不应忽视这其中可能隐藏着的"祸心"和"陷阱"。有人说得对，美国拍（中国的）"马屁"，原本就是为"骑马"。他们这是给中国"下套"，拉拢中国为其战略利益服务，还美其名曰盼中国做"责任大国"。当然也不能说赞誉中国的人都不安好心，那打击面也太宽了。应当说有些人还真是出于好心，但对美国的"主流派"或"冷战思维派"来说，其战略意图还是很清楚的。因此我们中国人听着这类顺耳舒服的言词时，还是多个心眼好，警惕不要被人"忽悠"了，小心别掉进人家设计的"陷阱"里。

这能有什么"陷阱"？我认为，拔高中国的"发达"程度，将中国推上与美国"平起平坐"的"世界老二"地位，对中国可能有一系列负面影响。一是拔高了中国的发展程度，将虚构出中国发展对美国的"威胁"①，令美国感到恐慌和危机，这对中美关系的健康稳定发展产生不利；二是刺激和挑拨中国与俄罗斯、欧盟的关系，使他们对中国产生嫉意和不满；三是离间中国与发展中家的传统友谊，破坏中国与他们的传统关系；四是给中国戴上"发达国家"的桂冠，逼

---

① 经济历史数据考证与分析专家麦迪森甚至预测，中国可能到 2015 年就会恢复其"头号经济体的地位"，那美国就降为"老二"了。最近奥巴马在发表国情咨文时高喊"美国不做老二"，看来除迎合民意、缓解支持率下降外，对此也有所不满。另据最近美国媒体公布的调查显示，很多美国人已将中国视为"威胁"。《华盛顿邮报》说，华盛顿似乎出现了一种"红色恐怖"。这种后果，恐怕是"G2"之类概念的提出者事先并没有想到的。

中国承担更多超出自己能力的"责任和义务"，以减轻老牌发达国家自己应尽的责任；五是给中国推上"大国"甚至是"老二"的地位，可拉拢中国为美国的战略利益服务，让中国给予美国更多的战略配合、协作和支持。总之，中国必须识破这种图谋，决不要被人忽悠，接受这种"被发达"、"被第二"的"美意"。老实讲，中国现在既不具备做"发达国家"的条件，更没有当"世界老二"的资格。

三、中国国力增强与其"发展中国家"身份没变，这是并不矛盾的两个问题，而且都是客观事实

有人说，中国在承认自己的发展成就和国家实力增强的同时，却强调自己仍然是"发展中国家"，这不是自相矛盾吗？还有人甚至说，中国一只脚站在"发达国家"的船上，另一只脚站在"发展中国家"的船上，"享受着两边的待遇，应当付双倍的工钱"。对于这类问题，我们应当怎么回答？

中国国力增强的问题，与中国"发展中国家"的身份问题，这二者虽有密切联系，但却是性质不同、划分标准不同的两个问题。它们二者并不矛盾，而是可同时兼有的。中国客观、特殊的实际情况，决定了中国一方面是世界有影响的大国，另一方面又仍然是发展中国家的成员。这种双重身份，给中国带来的不是特权，而是双重的责任、义务和权利。这是不依中国的主观愿望为转移的，而是客观的世界历史发展所形成的；也不是中国可以随心所欲地自由选择的，而是受国内外各种条件和因素制约、并由中国的基本国情决定了的。

中国的国情怎么样？在国内是长期处于"社会主义初级阶段"，以此为出发点，建设中国特色社会主义，而且要"一百年不动摇"。与此相适应，在国际上按邓小平的意思，"中国永远属于第三世界，永远不称霸，也永远不当头"，这应当说是中国在国际上长期不会改变的基本处境和基本国策。

中国发展起来了、国家实力增强了，为什么还说是"发展中国家"？从根本上讲，因为这是性质不同、标准不同的两个问题，是不

能混为一谈的。

中国的大国地位是从"总量"上看问题，是以中国的综合实力为依据和标准的。因为从国家"总面积"、"总人口"、经济"总量"等各个领域的"总体情况"看，中国都称得上是大国。现在的中国不只是"地大人多"意义上的"大国"，而是就"综合实力"而言的真正意义上的"大国"了。譬如：中国增长率世界第一，中国外汇储备世界第一，中国出口世界第一，中国是美国最大债权国，中国是世界第一汽车生产国，不久将成为世界第二大经济体，等等。如果说上世纪八九十年代美国实际上还只把中国当成东亚的"地区大国"，那么现在已不得不接受中国是"世界大国"的现实了。世界承认中国的大国地位，主要是根据中国各个方面的"总量"，这是国际上通用的判断是否"大国"的标准。从这些数据看，再加上从某些局部的领域看，譬如航天技术、生物工程等各方面的成就，中国确实称得上是真正的"大国"了。

中国发达不发达、发达程度如何，其评判标准是以"人均量"为标准的。在这里，必须运用温家宝总理那个著名的"简单而又复杂的乘除法"。温总理说：中国有13亿人口，"一个很小的问题，乘以13亿，都会变成一个大问题；一个很大的总量，除以13亿，都会变成一个小数目。"国际上通用的划分"发达国家"与"发展中国家"的标准，是以"人均量"为标准的。所以谈论中国发达不发达的问题时，不应该只看"总量"而必须看"人均量"。据国家发改委副主任张晓强的说法，现在中国按人均计算，GDP只有约3600美元，大体上只相当于世界人均GDP8000美元的44%，排位居世界100位之后。能说中国已脱离"发展中国家"行列而进入"发达国家"之列了吗？我看不能。

总之，既看"总量"，又看"人均量"，将两者结合起来，那么对中国的印象和认识应当是两个方面：一是中国的国力确实增强了、国际地位提高了；二是中国"发展中国家"的身份仍然没有变。这是互不矛盾的两个问题，都是完全符合客观事实的。

四、现在中国"发展中国家"的身份没变，
将来也很难改变

中国是发展了，但"发展中国家"的身份仍没有改变，这是因为：第一，世界公认划分"发达"与"不发达"的标准，主要是看每个国家人均 GDP 的发展水平，同时也考虑其社会其他方面的发展程度。按照这一公认的划分标准，中国仍然属于"发展中国家"的成员。世界银行把一国每年人均收入在 6000 美元以上的国家（有说 8000 美元，也有说应提高到 1 万美元）称为高收入国家，即发达国家。据统计，2008 年世界主要发达国家的人均 GDP 分别是美国 46280（美元，下同），日本 41480，德国 39710，英国 42430，法国 41200，而中国仅为 2520 美元，排名居世界第 106 位。除 GDP 指标之外，发达国家还必须具备的其他一些基本标准，如城市人口比例、中产阶层比例、稳定的生活质量、成熟的市场经济体制、完善的社会保障体系等各个方面的指标，中国也还相差很远。所以中国仍然属于"发展中国家"成员。

第二，从政治学意义和历史发展背景上看，中国和广大发展中国家都遭受过帝国主义和殖民主义的剥削和压迫，有相同的历史遭遇，是同呼吸共命运的。中国早就宣布永远属于第三世界，永不称霸，现在中国的外交政策仍以发展同发展中国家的关系为基础。这就是说中国属于发展中国家成员，是同中国与世界历史的发展相联系的。此外，迄今中国是世界所有大国中唯一仍处于分裂状态的国家，是仍然保留着受外来势力欺负的历史伤痕的国家。中国还没有最终完成近代主权国家的建设，国家仍然处于分裂状态，仍继续面临着被外来势力分裂和肢解的现实威胁。这样一个主权和领土完整仍遭受欺负和威胁的国家，经济上再怎么发达，也仍然保留着"发展中国家"的烙印。

第三，从发展趋势看，中国的"发展中国家"身份不仅现在没改变，而且今后相当长时期内也难以改变。正如中国在国内将长期处于"社会主义初级阶段"一样，中国在国际上永远不会以欧美"发达国

家"为样板和模式，去追求人均达到他们那样的物质生活，将 GDP 按"人均量"赶超老牌"发达国家"作为自己的奋斗目标。这就是说，中国从 GDP"总量"上达到"世界第一"是可能的，但即使实现了这一步，离现在"发达国家"按"人均量"计算的发展水平仍相差很远，因此中国将长期处于"发展中国家"的状态。问题还在于中国是按科学发展观的理念去求发展的，必须考虑以人为本，必须考虑可持续发展，必须考虑环境的许可和地球资源的承受力，否则对地球、对人类，当然首先是对中国，都是一场灾难。总之，13 亿人口的中国是决不会按 GDP"人均量"去追赶欧美发达国家的，因此中国将长期落后于老牌的"发达国家"，而处于"发展中国家"的行列。

五、中国没脱离"发展中国家"的行列，但可同时采用反映其新特点的一些新概念

我们在上个世纪曾广泛使用"第三世界"概念。邓小平曾反复强调，"中国永远站在第三世界一边，中国永远不称霸，中国也永远不当头。"① 现在我们早已不用"第三世界"这个概念了，而广泛采用"发展中国家"这个概念来代替。

"第三世界"这个概念，在 70 年代毛泽东提出"三个世界"划分的时候，曾是一个非常重要的概念。当我们对国际形势的分析突破了"三个世界"的划分之后，虽然"第三世界"概念所反映的客观实体——亚非拉"发展中国家"依然存在，然而继续用"第三世界"称呼这些国家，就会随之产生一些问题，譬如第一世界指谁？第二世界又指谁？所以上世纪 80 年代初，李一氓同志领导我们研究三个世界划分问题时，我们就明确主张"三个世界的划分已经过时了"，并提出要将"第三世界"改为"发展中国家"。提法上的这一变化，既继承了"第三世界"这个概念原有的精髓，同时又摆脱和抛弃了它原来已陈旧过时了的东西。这一替换应当说是很成功的。

现在"发展中国家"这个概念还在广泛使用，国际媒体和舆论不是指这个概念本身不合适，而主要是针对中国的新情况提出了质疑。我认为根据新的形势，在总体上不否定中国仍然属于"发展中国家"成员的前提下，也可以赞成使用"新兴国家"这个概念。我们有个口号叫"振兴中华"，强调要"复兴"，称中国为"新兴国家"，与"发展中国家"的意思是一样的。当然有时也可有"最大发展中国家"这个概念，"发展中国家"几个字表示其"所属国家类型"，"最大"二字反映中国实力之增强。根据国际上已广泛使用"金砖四国"来指中、俄、印、巴（西）四国，将中国称为"金砖国家（之一）"，我们也不反对。

邓小平晚年在反思中国发展道路时曾说过："过去我们讲先发展起来。现在看，发展起来以后的问题不比不发展时少。"邓小平这番话主要讲的是发展起来后中国国内的问题"不比不发展时少"，但我以为，邓小平此番话也同样适用于中国在国际上遇到的情况。目前中国在国际上所处的形势和遇到的问题，不是过去那样主要因为中国"不发展"所产生的问题，而是刚好相反，主要是因为中国"发展起来"之后所产生的新问题，而这类新问题也"不比不发展时少"。此文所谈的这些问题，大体上就是属于邓小平所说的"中国发展起来之后的问题"。对于这类问题，我们要从新的角度来重新审视研究，以求在重新研究我国的对外战略、政策和策略问题时，能够有新的思路，能够有利于开创新的局面。

（原载《北京日报·理论周刊》2010 年 5 月 10 日，这里收录的是未编辑稿）

怎样理解小平同志的
"韬光养晦"思想

"韬光养晦、有所作为"是中国现行并将长期坚持的对外战略方针，它是对 20 年前邓小平提出的"韬光养晦"等一系列重要战略思想的一种概括、浓缩和发展。在这一问题上，目前不仅有各种不同的理解和争论，而且还存在严重的误解和曲解。

一、"韬光养晦"是"权宜之计"，还是"长期战略方针"?

这是媒体上有较大争议的问题之一。有人认为，"韬光养晦、有所作为"是邓小平针对特定历史环境提出来的"局部性策略方针"，不能作为长期指导中国外交政策的战略思想。还有人认为，因为"韬光养晦容易引起误解，最好不再使用了"。也有不少人认为，中国是正在崛起的一个大国，这一思想是"邓小平在外交上给我们留下的宝贵遗产"，"至少还要管一百年"。怎么看待这些观点呢?

"韬光养晦、有所作为"等一系列思想，是邓小平在 20 世纪 80 年代末 90 年代初，在东欧剧变、社会主义阵营瓦解的"特殊时期"提出来的。当时中国面临"怎么办"、"向何处去"等尖锐问题急需回答，邓小平就此提出了一系列重要思想和对策。虽然有些是直接为应对当时的严峻形势而提出的，譬如要"冷静观察、稳住阵脚、沉着应付"等。但决不能将邓小平以其丰富的斗争经验，非凡高超的谋略艺术，而陆续提出的一系列光辉的战略思想，说成是"局部性策略方针"，只是应对特殊形势的"权宜之计"。事实完全不是这样的，譬如邓小平针对当时有人希望中国"扛旗"和"当头"，而斩钉截铁地说："我们千万不要当头，这是一个根本国策。"他还一口气讲了三个"永远"："中国永远站在第三世界一边，中国永远不称霸，中国也永远不当头。"① 既然是"国策"又是"永远"，还能是什么应急的权宜之计吗？后来邓小平又进一步提出了一些重要战略思想，即著名的"四句话 16 个字"："善于守拙、决不当头、韬光养晦、有所作为"，这更是闪烁着长期战略性光辉，具有长期战略意义。现在人们常说的"韬光养晦、有所作为"八个字，实际上是邓小平上述一系列重要战略思想的核心，是经多次归纳概括高度浓缩后的提法，这对中国显然具有长期战略性指导意义。

此外，邓小平当时所提出的各种对策，虽然以当时的国际环境为背景，但其出发点和落脚点都是着眼于中国"国内"的。他强调"埋头实干，做好一件事，我们自己的事"。又说："我们是一个大国，只要我们的领导很稳定又很坚定，那么谁也拿中国没有办法"，"谁也压不垮我们"。② 邓小平的这些思想，实际是从"总体上"回答中国在那样严峻形势下应当怎么办的问题，怎么能说这不是"全局性"的，而只是"局部性的策略"呢？因此我认为"韬光养晦、有所作为"是中国长期的战略方针，是关系中国前途命运的"大方针"，而决不能认为它是可随时改变的什么"权宜之计"。

二、国内外对"韬光养晦"有一种误解和曲解

现在国外有人对"韬光养晦"产生了一些误解和曲解。他们认为，中国外交战略有一个长远的、没有宣布的内容和目标，只是中国人觉得现在力量还不够，还不是说出和实施这一宏大战略的时候，因

---

① 《邓小平文选》第 3 卷，人民出版社 1993 年第 1 版，第 363 页。

② 《邓小平年谱 1975 – 1997》（下），中央文献出版社 2004 年第 1 版，第 1289、1287 页。

此要"韬光养晦",藏着掖着,等待时机。这种说法,将"韬光养晦"理解为如同中国历史上越王勾践实行"卧薪尝胆"的谋略一样,图谋中国强大后实行报复,这实际上将"韬光养晦"曲解了,进一步为中国"威胁论"制造"证据"和"借口",从而使人对邓小平说的"韬光养晦"产生严重误解和曲解。

另一方面,在我们国内也有人认为,"韬光养晦"是一种策略、韬略和谋略,是不能公开讲的。还有人说"既然已被人看破了",那就"该干吗就干吗",我们不要再"韬光养晦"了,用一句歌词来说就是"该出手时就出手"。这些说法,尽管各有他们自己的角度,而且大都出于对国家的关心,但这显然是对"韬光养晦"存在误解,其感情用事的某些说法只能当成在"说笑话"。笔者认为,这两种观点都是误解和曲解,在认识论上存在同一根源,那就是将"韬光养晦"与"卧薪尝胆"这两个含义不尽相同的成语混同起来、相提并论了。

首先,"韬光养晦"意即隐藏收敛锋芒,不使其外露。从邓小平当年强调的思想看,他说要"埋头实干,做好一件事,我们自己的事"。"不随便批评别人、指责别人,过头的话不要讲,过头的事不要做","别国的事情我们管不了","要坚持同所有国家都来往","我们要利用机遇,把中国发展起来,少管别人的事","我们谁也不怕,但谁也不得罪"等等,这一切都与"韬光养晦"这个成语所指的隐藏锋芒、不使外露、保持低调、悄悄发展自己的意思是相吻合的。这就是说,"韬光养晦"这个成语的本意说的就是如何"发展自己"的策略问题,而毫无发展起来后要"报复别人"的意思。

其次,正因为"韬光养晦"的目标是明明白白、清清亮亮、完全公开透明的,所以我们的报纸杂志和互联网早已公开。2004 年出版的《邓小平年谱》也公开发表了"韬光养晦"的原始出处。那是 1992 年 4 月 28 日邓小平同身边人员谈中国发展问题时讲的。他指出:"我们再韬光养晦地干些年,才能真正形成一个较大的政治力量,中国在国际上发言的分量就会不同。"[①] 此外 2006 年出版的《江泽民文选》,也使用了

[①] 《邓小平年谱(1975 – 1997 年)》(下),中央文献出版社 2004 年第 1 版,第 1346 页。

"韬光养晦"这个提法。那是在 1998 年 8 月他在第 9 次驻外使节会议的讲话中提出："要继续长期坚持冷静观察、沉着应付、绝不当头、韬光养晦、有所作为的战略方针。要韬光养晦，收敛锋芒，保存自己，徐图发展。"① 值得注意的是，江泽民后面说的这四句话，实际上是对"韬光养晦"做进一步的解释。它从"韬光养晦"开头，以"徐图发展"了结，准确说明了"韬光养晦"的含义就是"徐图发展自己的策略"，而并无别的什么意思。对此不应产生误解和曲解。

三、"韬光养晦"与"有所作为"不是对立的

有人认为"韬光养晦"与"有所作为"是相互矛盾和对立的，要坚持"韬光养晦"，就不能积极地"有所作为"；要"有所作为"，就会影响"韬光养晦"。"韬光养晦"与"有所作为"究竟是什么关系呢？

笔者认为，应当说"韬光养晦"是为了更好地"有所作为"，而积极主动地"有所作为"又要始终不忘"韬光养晦"。所以"韬光养晦"与"有所作为"既不可分割，更是不能相互对立的，而应是辩证统一的整体。

中国既要长期坚持"韬光养晦"，又要积极主动的"有所作为"，这二者是辩证的统一。首先，中国的"有所作为"是按自己基本的外交战略、外交政策来行事的，如高举和平、发展和合作的旗帜，坚持走和平发展的道路，奉行独立自主的和平外交政策，主张共建和谐世界等，这些基本的外交战略和政策，其本身就不是锋芒毕露而是谦虚谨慎的，其本身就包含着"韬光养晦"的基本精神的。因此按这些基本路线和政策去"有所作为"，其本身与"韬光养晦"就是一致的。其次，从中国的外交策略和外交风格来说，"韬光养晦"主要表现为"坚持十个'不'"的特点，即：不扛旗、不当头、不称霸、不说过头话、不做过头事、不锋芒毕露、不引火烧身、不搞对抗、谁也不怕、谁也不

---

① 《江泽民文选》第 2 卷，人民出版社 2006 年第 1 版，第 202 页。

得罪。我国在坚持"韬光养晦"的这些特征和精神的前提下，积极有为、主动有为、争取更大作为，二者是相辅相成、互不矛盾的。

当然"韬光养晦"不是目的，坚持"韬光养晦"是为了"有所作为"，因此决不能将"韬光养晦"误解为无原则的"软弱退让"。在关系国家主权、涉及国家核心利益的问题上，是不能软弱退让的。维护国家利益，特别是国家核心利益，应当说是国家对外政策的最高原则，"韬光养晦"与"有所作为"归根到底都是为此服务的，舍此目的，"韬光养晦"还有什么意义和价值？因此在涉及国家主权、国家核心利益的问题上，邓小平的态度一向是非常坚决，毫不含糊的。邓小平曾多次发出"中国永远不会接受别人干涉内政"，"不要指望中国人民吞下苦果"的铿锵之声。就在东欧动乱时他讲了那著名的"三句话"的当天（1989 年 9 月 4 日），邓小平同时又强调："要维护我们独立自主、不信邪、不怕鬼的形象。我们不能示弱。你越怕，越示弱，人家劲头就越大。并不是你软了人家就对你好一些，反倒是你软了人家看不起你。"[①] 可见，在关系国家独立主权的问题上，邓小平是主张"硬"而不是"软"的。

最近我国对一些国家严重损害中国核心利益的举动采取了强硬的应对措施，西方一些国家和媒体就宣传中国"傲慢"、"强硬"，说"中国韬光养晦时代结束了"。难道"韬光养晦"就只能"软弱退让"、"消极被动"？中国从来就没有软弱过，再穷也是穷得有骨气的。西方媒体实际误解了中国"韬光养晦"的方针，将其曲解成在涉及国家核心利益的问题上也要忍气吞声的"一味退让"。这是不可能的，这是对"韬光养晦、有所作为"方针的曲解。"韬光养晦、有所作为"是刚柔并济相得益彰的，涉及国家核心利益的问题上的强硬与"韬光养晦"并不矛盾。

四、在新形势下如何贯彻"韬光养晦"这一战略方针

"韬光养晦、有所作为"不是一成不变的，而是应与时俱进不断

---

① 《邓小平文选》第 3 卷，人民出版社 1993 年第 1 版，第 320 页。

发展和完善的。

　　所谓要长期坚持，也不一定非要用"管一百年"这类时间概念。邓小平说中国"永远不称霸"、"永远不当头"、"永远站在第三世界一边"，这就是说，即使中国强大起来之后也还要这样做，这是没有时间限制的、是要超越百年的。至于某些具体目标，并不是一成不变的，而是要与时俱进地不断丰富和发展的，譬如邓小平当时讲"要有所作为"时，主要讲了两件事，一是"反对霸权主义、强权政治，维护世界和平"；二是"积极推动建立国际政治经济新秩序"，而现在与时俱进地发展到强调高举和平、发展、合作的旗帜，共建和谐世界等新的外交理念了。

　　"韬光养晦、有所作为"的战略方针无疑必须长期坚持，特别是中国宣布的一系列"永远不"，是一定会"言必行、行必果"的。但是随着中国的发展、中国实力的增强，"中国在国际上发言的分量就会不同"，当然我们要长期坚持"韬光养晦"的战略方针，但是中国在维护国家核心利益方面的态度是一贯的，必然坚定更坚定。那些将中国维护国家核心利益的"坚定性"说成是"强硬"，将一个主权国家的合理、正常的态度说成是"傲慢"的某些西方媒体，要不要研究和反思一下什么是世界的"公道"、"公正"？总之，中国在维护国家核心利益问题上的强硬，与坚持"韬光养晦、有所作为"方针不仅不矛盾，而且是完全一致的。这是既坚持又发展"韬光养晦、有所作为"方针的具体体现。

　　　　　　　　　　　　（原载《北京日报·理论周刊》2010 年 4 月 6 日）

二、什么是发展与如何发展

发展观念上的一场革命
——"可持续发展"

题注：战后半个世纪国际学术界和国际社会通过对工业文明和现代化道路的深刻反思，在发展观念上发生了革命性变化，否定了"发展＝经济增长"和以浪费资源和牺牲环境为代价的传统发展观，确立了环境、资源、人口、经济、社会协调发展，在满足当代人需要时不危及后代人满足其需要能力的新发展观，即要走"可持续发展"之路。1992 年联合国环境与发展大会，通过了《21 世纪行动议程》和《里约宣言》等重要文件，标志着走"可持续发展"之路已获得全球共识，但这一共识得来并不容易。

我国八届人大第四次会议通过的关于国民经济和社会发展"九五"计划和 2010 年远景目标纲要，明确提出要实施"可持续发展战略"，去年江泽民主席又强调"要把实施可持续发展战略作为大事来抓"。"可持续发展"作为一种发展目标模式，已成为全球共识，我们有必要了解它的来龙去脉。

第二次世界大战结束之后，世界许多国家和地区都忙于战后的重建、恢复和发展，于是各种研究发展问题的新理论、战略方案和具体政策纷纷涌现，学术著作竞相问世，渐渐形成了一个热门科学——发展学，半个世纪以来，发展学经历了一个从"经济增长理论"到"经济发展理论"，再到"社会经济协调发展理论"，以及后来的"可持续发展理论"等几个渐进深化的过程。

一、战后头 20 年的认识："发展＝经济增长＋社会变革"

发展是从发展经济学起初开始的，然而发展经济学起初实为"增长经济学"。当时学者们还没有把"发展"与"增长"两个概念区别开来，多数学者认为"发展＝经济增长"。这种发展理论指导下的发展战略是以国内生产总值的增长为目标的。为了实现经济增长，当然还必须进行一定的社会经济改革，然而这种改革也是实现经济增长的"手段"。联合国"第一个发展十年（1960—1970 年）"开始时，秘书长吴丹概括地指出，"发展＝经济增长＋社会变革"，为一广为流行的关于发展的公式，反映出了战后头 20 余年对"发展"的理解和认识。

二、60 年代末以来的认识：增长不等于发展，发展是经济社会协调发展的系统工程

在发展＝经济增长的战略思想指导下，发展中国家学者们出现了学者们称为"有增长而无发展"或"无发展的增长"的现象。于是人们对过去的发展战略产生了怀疑，提出了批评。后来国际学术界普遍认为，不能把发展简单归结为经济增长，主张把发展与增长两个概念区别开来。认为经济增长的含义较窄，通常指纯粹意义的生产增长。而发展的含义较广，除了生产数量上的增长，还包含社会状况的改善和政治行政体制的进步；不仅要有量的增长，而且要有质的提高。发展必定有经济增长，但有经济增长并不一定有发展。此学者提出，发展除了有经济增长的目标之外，还必须注意发展的社会效果。衡量一个国家的发展程度，除经济指标之外，还应包括各项社会指标，即反映生活质量的"非经济尺度"——诸如教育、健康、住房、犯罪、社会地位变化等等。这些思想和观点在联合国会议和有关文件

中也得到了反映。1970 年 10 月 24 日，在纪念联合国宪章生效 25 周年的会议上，通过了"联合国第二个发展十年（1970—1980 年）"的国际发展战略，除经济指标外，还规定了反映社会政治状况改善的其他指标。与此同时，许多国家在制定国家计划时，不再像过去那样搞"国民经济发展计划"，而是制定"经济社会发展计划"。

三、70 年代以来的认识：当前的发展要顾及后代和未来，不能牺牲环境求发展

随着工业发展带来环境污染、生态失衡、资源匮乏等严重问题，人们越来越关心这种发展的后果，以及地球和人类的未来。从 60 年代末以来，发展学进展到把对发展现状的研究同对未来前景的预测研究结合起来，形成了发展未来学，通常就叫"未来学"。未来学综合分析经济发展与人口增长、环境污染、资源耗竭等因素之间的关系，预测今日的发展将给人类带来什么样的后果，以及为了趋利避害，对今日世界的发展应采取什么样的发展战略、配套措施和具体政策。随后在未来学中，形成了三种观点：

"零增长理论"认为，由于人口倍增引起对粮食需求的倍增，经济增长使自然资源耗竭的速度和环境污染的程度的加深也是倍增的，这样，或迟或早必然会达到"危机水平"，"世界末日"将会来临。要使世界免于崩溃，既要有零人口增长率，又要保持零经济增长率，在"零增长"的前提下建立"稳定的世界模式"。"零增长"理论在实践中是行不通的。因为对于发达国家来说，实行零经济增长，意味着永远处于"不发达"状态。他们后来的观点有所修改，即从一般地反对增长改为反对"恶性的增长"。不管怎么说，零增长理论对提醒人类重视这些问题还是有积极意义的。

"大过渡理论"认为，从工业革命算起到 22 世纪的这前后 400 年间，是工业革命扩展的过程。这 400 年间是人类的"现代化"时期，称之谓"大过渡"。大过渡理论的关键是经济增长，它认为经济增长"不是导向灾难，而是导向繁荣和富裕"。在资源和能源问题上，它认

为由于科技的进步，可以指望其供应永远是丰富的。未来大部分能源供应将来自太阳能、地热、核裂变和聚变反应堆装置这类用之不尽的能源。在粮食问题上，他认为粮食来也有多种途径，借助先进的科技，食品可以从几乎所有的有机物里提取，关于工业污染和生态平衡问题，他认为工业造成了严重污染，但恰恰正是这些工业最发达国家有能力和技术缓解和避免污染带来的灾难。

"巴里洛克模式"是70年代中期由一些拉美学者从第三世界角度提出的对世界未来发展的设想。它集中反映在阿根廷巴里洛克基金会1976年发表的一份研究报告《是灾难还是新社会?》当中。1974年美国生物学家G·哈定提出所谓"救生艇哲学"，认为在全球资源稀缺和有限的情况下，只能把一部分落水者（不发达国家）救上"救生艇"，而不能把全部落水者救上来，否则会使"救生艇"也同归于尽。巴里洛克模式就是在这种学术背景下产生的。该模式认为：环境与自然资源不会对现实社会造成"物质资源上的极限"；世界不同国家和地区可以在当前的资本、人力、土地和人口趋势等条件下，在合理的时期内达到这样的目标——满足人类的基本需求。破坏自然和人类环境的现象的确存在，但这是发达国家追求高消费和无节制的经济增长造成的。它不同意"零增长"的观点，但也不赞成不发达国家重走发达国家的老路。认为世界面临的主要问题不是物质问题，而是社会政治问题，其根源是国际间和一国内部权力不均衡而造成的剥削、压迫。世界要避免灾难，出路是建立新的全球性世界社会。

总之，未来学各派观点争论的结果，达成了这样的共识：不是不要发展，而是要什么样的发展的问题。这就为"可持续发展"概念的提出提供了认识基础。

四、80年代以来："可持续发展"概念的提出

"可持续发展"一词，是在80年代由欧洲一些发达国家首先提出来的，并且给了它10个以上的不同"定义"和"指标"。对此，发展中国家与发达国家进行了一系列对话和辩论，终于在1989年5月联合

国环境署第十五届理事会期间达成共识，并且以《环境署第十五届理事会关于"可持续发展"的声明》形式，记载了这一共识。所谓"可持续发展"，就是既满足当代人的各种需要、又保护生态环境、不对后代人的生存和发展构成危害的发展。这一共识包含了子孙后代的需要、国家主权、国际公平、自然资源、生态抗压力、环保与发展相结合等重要内容，1989 年联大期间，经过一系列南北谈判和磋商，通过了具有重大意义的联大 44/228 号决议。决议明确指出"全球环境不断恶化的主要原因，是不可持续的生产方式和消费方式，特别是发达国家的这种生产、消费方式"；指出发达国家应对全球环境恶化负主要责任；强调环境与发展不可分割。

总之，"可持续发展"指的是经济、社会的发展必须同资源开发利用和环境保护相协调，在满足当代人的需要的同时，不危及后代人满足的能力。这同那种片面强调经济发展的传统战略，忽视经济、社会、环境协调发展的做法形成了鲜明的对比。可持续发展思想符合经济、社会、环境和生态系统的内在联系和要求，是人类发展观、文明观上带革命性的进步。

五、90 年代以来："可持续发展"获得全球共识

在联合国全体成员的共同努力下，1992 年的环发大会以"可持续发展"为指导方针，最后制定并通过了《21 世纪行动议程》和《里约宣言》等重要文件。会议号召各成员国制定其本国的"可持续发展"战略与政策，并加强合作，以推动《21 世纪行动议程》的落实。

为此，联大于 1992 年底通过决议，建立了联合国"可持续发展委员会"，负责评审环发大会的后续行动等。

我国提出可持续发展战略的标志是 1992 年由国家计委等部门联合参与编制的《中国 21 世纪议程》。《议程》从我国的基本国情出发、提出了促进经济、社会、资源、环境以及人口、教育相互协调的、可持续发展的总体战略，以及相应的政策、措施方案。这个《议

程》既是对 1992 年联合国环境与发展大会的承诺，也是我国第一个系统的可持续发展战略。国家在制定"九五"计划和 2010 年远景规划时已把这个战略思想纳入其中，这将有力地促进我国国民经济实现中央所要求的两个根本性转变，促进国民经济持续、快速、健康的发展。同时，这也将是对促进有关的国际合作、促进全球"可持续发展"的一个重要贡献。

（原载《经济日报》1997 年 5 月 12 日，原标题为《"可持续发展"的来龙去脉》，其要点曾于 1996 年 6 月 13 日以《发展学与可持续发展》为题发表于《光明日报》）

对实施可持续发展战略的几点建议

题注：20 年前，在环境污染还不太严重、人们还在专注发展时，此文就"可持续发展"做起了文章，提出要弄清楚什么是发展，要什么样的发展以及如何发展，要认识中国实施"可持续发展"的紧迫性，不能走发达国家先污染后治理的老路，要重视中国实施"可持续发展"的特殊性和综合配套性。

我国国民经济和社会发展"九五"计划和 2010 年远景目标纲要，明确提出要实施"可持续发展战略"。去年江泽民总书记又强调"要把实施可发展战略当作大事来抓"。这里我想就我国实施这一战略的有关问题，谈点粗浅的看法。

一、要加大对"可持续发展"战略的宣传力度

现在神州大地无处不想"发展"，无人不谈"发展"。然而在我们的干部中并非人人都明白什么是发展、要什么样的发展以及怎么样发展。现在不少人对"可持续发展"这个概念还相当生疏，有的甚至不乏误解。如有人认为"持续的高速经济增长"就等于"可持续发

展"。其实不然。因为持续的高度经济增长，如果是依靠高投入、高消耗来支撑的，就会加剧人口、资源、经济与社会的矛盾，引起经济发展的恶性循环，这样的发展显然是不可能持续的。同时，对为什么要实施可持续发展战略，也宣传得不够，道理讲得不透。

二、要从"可持续发展"的战略高度来理解 "两个转变"，使之相互促进

不改变粗放型、外延扩大型增长方式是不可能有持续发展的。有资料表明：1953—1980 年，我国全民所有制固定资产投资增加 22 倍，但国民收入仅增加 5.1 倍。1981—1993 年，固定资产投资增加 1367.7%，国民生产总值仅增加 326.5%，实现利税仅增加 270.06%。仍坚持这种高投入低产出的路子，是不可能有持续发展的。同时我国资源相对不足也难以支撑这种高消耗的增长。有资源表明，我国钢铁、炼油、烧碱、纸、玻璃、电力等产品的能耗比国外先进水平高出 1.2 倍至 2.7 倍。能源的高消耗必然会造成环境污染的后果，而我国能源并不丰富，只有世界人均水平的 1/7，美国人均水平的 1/10。如果我国目前以煤为主的能源结构不变，消耗不减，到 2010 年，我国的煤炭需求量可能占世界总产量的 1/2，那时的污染何等严重！可见，不转变增长方式，就不可能有可持续的发展，实行"两个转变"是落实可持续发展战略的关键性措施之一。

三、要充分认识实施可持续发展战略的紧迫性

有人认为中国当前主要是经济落后，主张"先发展起来再说"，"环境保护可暂时放一放"。这种发展观念已带来了不少负面效应，在有些地方已产生了严重恶果。目前，我国大部分城市和地区的淡水资源供给正受到水质恶化和生态系统破坏的威胁；由于对森林的盲目开发，导致了林地逆转的结果；由于渔获过度，我国海域生态环境也趋于恶化。事实上，我国人均资源占有量本来就比世界水平低，加之长

期资源保护不力，实行消费资源的粗放型经济增长方式，致使一些重要的自然资源在可持续利用和保护方面面临日益严峻的挑战。据国家环保局《1993年中国环境状况公报》公布的材料：在统计的131条流经城市的河流中，严重污染的有26条，重度污染的11条，中度污染的28条。1993年全国发生工业污染事故2761起，比上年增加94起，全国草原退化、沙化、盐碱化仍呈发展趋势。草原严重退化面积9000万公顷，占可利用草原面积1/3以上，全国遭受不同程度污染的农田面积已达1000万公顷，因农耕田污染损失粮食120亿斤，去年国家环保局公布的《1995年中国环境状况公报》指出：与上年相比，以城市为中心的环境污染仍在发展，并向农村蔓延，生态破坏的范围仍在扩大，环境问题已成为制约经济发展和影响人体健康的重要因素。全国七大水系中，黄河流域、松花江流域、辽河流域水污染严重。四大海域以渤海和东海污染较重，近海海域水质恶化日趋明显。农村环境污染不容忽视，全国2/3的河流和1000多万公顷农田被污染。我们对环境问题的紧迫性一定要有充分认识，决不能走发达国家先污染后治理的老路。

四、要充分认识中国实施可持续发展的特殊性

一切事情都要从中国实际出发，实施可持续性发展战略也不例外，我国人口多，人均资源相对短缺。从我国实际出发，在实施可持续发展战略中，要特别重视一个"节"字，即重视节水、节地、节能、节材、节粮以及节约其他各种资源，大力发展低耗、高效产业。否则后果不堪设想。例如近十年来，因取水过度，黄河几乎年年断流，1996年断流更为严重，时间超过了150天，长度达1000公里以上，若不采取节水措施，黄河可能变成内陆河。从中国的实际情况出发，在消费结构上要提倡合理的消费方式，决不搞脱离生产力发展水平、浪费资源的高消费。从中国人口众多的实际出发，要继续控制人口增长，全面提高人口素质。世界人口已58亿，2025年将达87亿，2050年将达100亿以上。中国人口已将近占世界的1/4，我国经济总

量已是世界大国之一，但人均产值仅 500 美元，居世界第 99 位，不继续控制人口，就无法摆脱落后面貌。与此相关的是吃饭问题。以为"有钱不愁买不到粮食"的观念是极危险的。只要我们重视这个问题的严重性，始终不放松农业和粮食生产，中国是完全能够自己养活自己的。国外有人渲染"中国粮食危险论"是无根据的。但问题在于我们对此要充分重视，不放松警惕。

五、要重视中国实施可持续发展战略的综合配套性

可持续发展不单是个经济问题，也不单是生态环境问题，而是包括教育、科技、文化等各方面在内的社会全面发展的一个系统工程。发展经济，关键是依靠科学技术进步和提高劳动者素质，而要解决这个问题，教育发展又是根本大计。此外还有一个精神文明建设的问题，有的地区富裕了，但精神上愚昧。不盖学校盖庙宇，大修坟墓，浪费土地，破坏生态。这种"富裕的愚昧"不改变，不必说子孙后代，即使是这一代人的生存都成问题。另外，在干部的提拔、考核、任用上，也要考虑到如何有利于可持续发展。现在单纯"凭数字"、凭短期的"政绩"，而不着眼于干部是否有为子孙后代着想的长远观点，对实施可持续发展也是极为不利的。

总之，要推进可持续发展战略的实施，一定要正确把握处理好短期利益和长期利益的关系，经济核算与自然资源存量的关系，物质文明建设与精神文明建设的关系，科教兴国战略与可持续发展战略的关系，真正将其当成综合系统工程来抓。

（原载《经济日报》1997 年 3 月 2 日）

一个世界性课题：现代化过程中物质文明与精神文明的关系

社会现代化应该包物质和精神两个领域的现代化。但世界现实情况是，许多国家在物质财富激增的同时，社会风气败坏、公德意识却在下降。尽管不同性质的国家，精神文明的性质、内容和要求是不同的，而且不一定都叫"精神文明"，但是在社会现代化过程中，如何正确处理物质文明和精神文明的关系，则是一个世界性课题。

一、西方发达国家物质富足了，但"精神危机"、"道德危机"却日趋深重，引起了不少有识之士的忧虑

西方发达国家一向把自己的模式说成是"最理想"、"最先进"的，强加于发展中国家。似乎现代化就是"西方化"。近年来它们更加突出地挥动"人权"的旗帜干涉别国内政。但在严重的精神危机中他们继续这样做也不免有些心虚。美国前总统尼克松在其生前的最后著作《超越和平》中有一段惊人之语："随着冷战的结束，美国首先要解决的国内问题不是就业，不是保健，不是财政赤字，而是精神和文化的堕落。这是困扰美国的一切问题的根源。"美国众议院议长纽特·金里奇则在新作《重振美国》中指出，美国面临两大威胁，其中

一个就是文化上的，美国正在从内部腐烂，因为人们拒绝接受曾经使这个国家强大起来的价值观、传统和制度。

美国社会"精神危机"加剧的表现之一就是"传统家庭价值观受到严重破坏，美国舆论称这动摇了美国社会的基础"。克林顿在去年的《国情咨文》中讲，"家庭是美国生命力的基础。如果我们有更牢固的家庭，我们就有一个更强胜的国家。"但问题在于，美国传统家庭的削弱已到了触目惊心的程度。据社会科学家们估计，到本世纪末，每10名儿童中有4名可能是非婚母亲所生。布热津斯基无可奈何地讲，作为社会的基本单元的核心家庭的明显衰落加剧了美国社会的隐忧，极大地涣散了社会凝聚力。

美国社会"精神危机"的又一个表现是对金钱的贪欲在恶劣性蔓延。《美国新闻与世界报道》刊登文章，揭露了弥漫在美国社会生活中的拜金主义及随之而来的种种不良后果。许多美国人感到忧虑的是，对金钱的追求崇拜，已经使得诸如人与人相互尊重、工作诚实肯干、为社会无偿提供服务这样的价值传统观念显得暗淡无光，而且导致一个又一个社会问题变得日益严重。

美国社会"精神危机"的又一个表现是各种极端思潮大有强劲上升之势。据美国报刊报道，除了各种右翼民兵组织遍地出现外，新法西斯主义团体死灰复燃，反堕胎组织的成员光天化日之下枪杀堕胎医生的惨案屡屡发生。美国社会病态丛生如今已是许多美国人不得不承认的事实。一些学者和政治家不断向美国社会"预警"，大声疾呼美国的振兴尤其需要精神的振兴。

在西欧，"福利国家危机"引起了"信仰危机"和"精神道德危机"。比利时是一个经济高度发达的社会，人均国民收入高达2万多美元，平均每两个人就有一辆汽车、一部电话，平均不到两个人就有一套住房。但是，在物质财富相当充裕的背后，比利时潜伏着一些严重的危机。《自由比利时报》的社论直言不讳地指出："我们生活在50年以来最严重的道德危机之中。"这篇社论认为，"对一个公民来说，为金钱而金钱是不够的。"另一家晚报的社论写道："人道，对别人的尊重，均在人人为己的争夺中误入了歧途。金钱统率了一切。"

德国《时代》周刊最近刊登文章认为，"法国人在日常生活中虽然接受资本主义，但他们在内心深处不信任资本主义。"

马克思主义认为，任何人脱离社会就无法生存。因此任何社会都存在着如何处理个人与社会、个人利益与团队社会利益的关系问题。一个社会要正常运转并取得发展，就必须在这些利益之间进行合理调节。西方文化宣扬个人绝对自由、金钱至上的极端个人主义，迟早要引发社会危机。西方国家虽然靠各种严格的法制对个人行为进行约束，使其尽可能不损害社会利益。但在一个"金钱统率一切"的社会中，显得苍白无力。因此"精神危机"和"道德危机"的出现是带有必然性的。西方一些政府领导人和社会有识之士大声疾呼要振兴国家必先"振兴精神"，这从一个侧面证明了：即便是资本主义国家，单有丰富的物质，而精神贫乏和空虚，这个社会也是难以为继的，更谈不上现代文明的发展。

二、一些发展中国家和地区在大力发展经济的同时，在精神文化方面采取了不尽相同的方针

一些发展中国家和地区重视抵制"西方化"，终于在传统与现代、民族与外来文化之间找到了恰当的结合点，物质文明和精神文明均有明显进步。但同时因实行与此相反的方针而遭受失败者也不乏例证。东亚"四小龙"在战后初期，物质和技术基础并不好，可谓一片残破景象。但自 1960—1990 年的 30 年间一直执世界经济基础增长之牛耳，年均经济增长率高达 8% 以上。他们经济上取得成就的原因固然是多方面的，而且各有特点；但其中一个重要的共同点就是重视精神因素和发扬本民族的优秀传统，不照搬西方模式。

新加坡在经济发展过程中，对精神文明抓得很紧。新加坡前总统薛尔斯一再告诫他的人民："我们可以向西方和日本学习，我们要吸收他们的技术和工艺，但是，我们的基本价值观念，我们的人生哲学和本质，都必须保存。我们不能模仿其他民族的生活方式或一时风尚，这样做会危害我们自己。"新加坡内阁资政李光耀曾经对美国

《洛杉矶时报》记者说："你不能假设亚洲社会同西方社会一样，在东方社会里，人们要求有秩序，年轻人的头脑不受污染，人们的这种观念很强烈。"新加坡拒绝西方国家的干涉，近30年来一直推行着这样的建设方针：在技术上依赖西方国家，在精神上回归和固守东方的文化，有效地遏制了在学习与引进西方的技术和资本的过程中产生的一些负面影响，使新加坡的工业化、现代化沿着一条正确的道路发展，比较好地处理了物质文明与精神文明建设两者之间的关系。

韩国经济起飞时的总统朴正熙在其名著《我们国家的道路》中，强调社会的复兴必须培育国民的经济自主意识、"经济爱国主义"和企业精神。他说：必须使国民明了"今天个人的经济生活，在严格意义上并非是个人的，而必然是社会生活和整个国民经济的一部分"。韩国具有浓厚的儒家思想影响，与西方强调个人主义不同，他们强调"团队精神"、艰苦奋斗、勤俭节约、中庸达观和勤奋好学。美国一位东方资深记者乔恩·沃伦诺夫指出：韩国取得经济成功的真正原因，乃是它将古老的中国孔子的儒家伦理，同大战后美国援助期间引入的美国经济民主两者揉合在一起，并加以巧妙应用所致。

台湾曾有许多人把现代化等同于西方化，因此精神道德方面出现了不少问题。台湾当局公开承认台湾是一个"物质文明与精神文明失衡的社会"，即"富而不贵"的社会。台湾前"经建会"主任赵耀东曾指出，台湾现在还不配称之为"现代化的国家"，因为物质虽然丰富，但精神却极为空虚。台湾"行政院"前院长郝柏村在谈台湾建设的理念与原则时指出："我们不要只注重物质建设的扩充，而忽视了精神建设。"

拉丁美洲的智利自1984年以来，经济稳定发展，年均增长率在6.5%左右，已持续了十几年。人均国民生产总值已从1973年的1715美元，达到了1995年4700美元，被誉为"美洲狮"。智利经济腾飞的原因很多，但是重视爱国主义教育、弘扬民族文化发挥了重要作用。弗雷总统强调"民族和国家利益高于一切"，"为了祖国的利益，人们可以忍受一切委屈"。智利还提倡对低收入阶层、老人、儿童和残疾人等给予关心、帮助和支持与互助友爱精神，以利于家庭和社会的安定、团结，确保经济持续、稳定、长期增长。

三、现代世界上为数不多的几个社会主义国家，
都重视精神文明建设

这两种情况：一是朝鲜在总体上仍坚持中央计划经济体制，经济很困难，但思想政治工作抓得很紧。他们不用"精神文明建设"这一提法，而是提"进行思想和文化革命"，"使全社会革命化和工人阶级化"，占领"思想堡垒"，使"全体朝鲜人民同心同德紧密团结在党和领袖的周围，为实现朝鲜式社会主义而斗争"。二是中国、越南、古巴、老挝实行改革开放和社会主义市场经济的国家，他们的经济发展很快，精神文明也有一定的进步，然而社会上也出现了一些消极负面现象。几十年社会主义实践的正反经验证明，不搞市场经济就不能发展高度的物质文明，因而摆脱不了贫困；但发展市场经济难以避免带来一些负面影响，因而更需加强精神文明建设。对这些社会主义国家来说，现在所面临的问题，实质上是如何处理社会主义市场经济与社会主义精神文明建设的关系问题。在这方面各国有不同的提法和做法。

越南把经济现代化建设放在首位，强调推进"革新"新事业，实行"以社会主义为方向、由国家管理按市场经济运作的多种成分经济"。在对内改革对外开放中的基调是："革新不变色，融入而不融化"。经济建设已取得了很大成就，人民生活明显改善，但同时也出现了一些消极腐败现象。越共总书记杜梅强调说：在发展经济和实行改革的同时，"物质基础建设要同精神文化建设相结合"。

古巴在苏东剧变后面临生存的威胁，为摆脱危机，"拯救革命，拯救祖国，拯救社会主义成果"，改变了把市场经济看成是资本主义专有的传统观念，逐步放宽政策，实行改革开放，形势已好转。然而，随着改革开放的逐步深入，社会上出现了一些新的问题和负面消极现象。古共和政府认为，改革开放还要进行，但对消极腐败现象要采取措施治理。在加强思想政治教育工作方面，他们的基本做法是，

在坚持传统的爱国主义、社会主义教育的同时，正积极探索新时期加强思想政治工作的途径。

老挝实行"有原则的全面革新路线"，坚持以党的领导和社会主义方向为主要内容的"六项基本原则"。它是联合国公认的"最不发达国家"之一，但在实行对内改革，对外开放，放开物价，搞市场经济之后，现政局稳定，外资增加，经济发展，人民生活有改善。老挝在大力发展经济的同时，对西方"和平演变"图谋保持警惕，强调加强党和干部队伍的建设。

中国早已明确了在改革开放中要坚持物质文明和精神文明"两手抓"的方针。我们党先后通过了两个关于加强社会主义精神文明建设的决议。决议就新形势下精神文明和战略地位、战略任务、指导思想、奋斗目标和重大措施作了全面部署。江泽民总书记最近在中纪委八次全会上强调，"物质贫乏不是社会主义，精神空虚也不是社会主义，有中国特色的社会主义，不但要有高度的物质文明，而且要有高度的精神文明。"

四、在如何处理物质文明与精神文明的关系问题上，我们可以获得一些重要的启示

一是任何国家在物质和精神"两个领域"都要有一定文明程度的要求，才能实现国家的现代化并称得上"现代化国家"，二者缺一不可，尽管在"精神文明"的提法上以及具体内容和要求上，不同国家可能会有不同，甚至会截然相反，但任何国家毫无例外地都缺少不了一定的"精神支柱"和"社会公德"。社会主义国家尤其要重视这个问题，不可偏废。

二是物质文明与精神文明在发展速度上往往并不"同步"，甚至出现"逆向"发展的情况，但如果政策措施正确，也可避免或缩小反差；然而归根结底二者的关系不是相互排斥，而是可以相互促进、协调发展的。物质文明制约精神文明并为其发展提供物质基础，但同时它又不可缺少精神文明的支持、推动和保障，否则就不可能有国家的

经济发展，甚至整个社会都将陷入危机。

三是物质文明与精神文明分别属于"经济基础"与"上层建筑"两个不同的领域，彼此的作用和影响常有"滞后性"和"非直接性"，因此经济的发展不会"自动"或"立即"带来精神文明的提高和社会的全面发展，精神文明必须特别专门的加以关注，而且要有教育、法制等其他手段相配合。现在许多国家在物质财富激增的同时，社会风气败坏、公德意识下降、社会问题加深，人们说"增长不等于发展，富裕不等于幸福"就是指的这种物质与精神"脱节"并"逆向"发展的情况。我们党提出"两手抓，两手都要硬"，是符合客观规律要求的。

四是精神文明的内涵具有多样性，有些带有共同性（如公认的社会公德），但有些具有明显的阶级性、差异性；为此国家间可交流对话，但不应强加于人。在资本主义于世界范围内仍占据优势并采取攻势的形势下，社会主义国家对西方的文化渗透必须保持警惕。发展中国家可以成功的抵制西方文化渗透而保持和弘扬本民族的传统，社会主义国家有理由做得更好。

五是任何一个国家和民族，要想生存、发展和振兴，必须增强民族凝聚力，因此爱国主义、民族特点、集体主义（国外有的叫"团队精神"、"社区精神"）几乎是各国当政者和有识之士一致所倡导的，有的甚至明确主张"国家社会利益应置于个人利益之上"。（尽管在资本主义国家社会的主旋律和现实生活，平时仍是"金钱至上"）我们以马克思主义为指导的社会主义国家，应理直气壮地宣传倡导社会主义的利益观和价值观。

总之，世界各类国家在处理精神文明与物质文明关系上的实际情况和经验教训，进一步证明了我党十四届六中全会通过的《关于加强社会主义精神文明建设若干重要问题的决议》是非常必要的、极为正确的。从总体上讲，我们要使精神文明和物质文明有机地结合起来，相互促进、协调发展，坚持不懈地实行"两手抓，两手都要硬"的战略方针。

（原载《理论前沿》1997 年第 7 期）

115

世界经济"全球化"与中国的应对战略

题注： 中国于 2001 年 12 月 11 日正式加入了世界贸易组织（WTO），成为这个组织的主要贸易国之一，这是中国的一个重要战略决策。但是，在此之前的一年多时间内，关于中国加入世贸组织利弊得失的争论是非常激烈的。当时反对加入的意见和舆论还是不可忽视的。本人于 1999 年 10 月写的这篇文章，通过新华社以《参考清样》的形式，分上下两篇，直接送到了中央领导同志的案头，也印发到了各单位各部门，产生了广泛的影响。

世界经济的"全球化"，既是人类社会生产力发展的必然结果和客观要求，又是资本主义生产关系向全球扩展的产物。因而同时具有反映目前世界生产力与生产关系的两重性。作为人类社会生产力发展到现阶段的一种反映，它有符合和促进生产力发展的历史进步性；作为目前世界上占主导地位的生产方式即资本主义生产方式向全球范围的扩展，它必然有利于西方发达国家的政治经济利益，虽然也同时为发展中国家提供了发展机遇，但与发达国家相比利弊得失是不均等的，因而存在事实上的不平等、不公正性。但是，无论何种情况，也不管人们喜欢与否、承认与否，它都是世界经济不可逆转的一种必然趋势。我们只能认识它、利用它和适当防范其弊端，而无法阻止它、回避它和彻底改变它。

一、"全球化"有利于扩大开放，中国应采取积极主动参与的战略

作为符合和促进生产力发展的一种进步趋势，世界经济"全球化"为我扩大对外开放提供了更好、更有利的国际环境和条件，为我们加速发展经济提供了难得的机遇，中国在总体上应采取积极主动的参与战略。

所谓经济"全球化"，其基本标志是"信息化"、"市场化"和资本等生产要素流动的"自由化"。这一过程还刚刚开始，远未完成，但它无疑是人类社会的生产力首先是科学技术这个"第一生产力"发展到现阶段的必然产物和进一步发展的客观要求，因而具有进步的历史意义。

马克思和恩格斯在《共产党宣言》中早就预见到，由于世界市场的开拓，一切国家的生产和消费都成为世界性的了。在产业革命完成后，工业生产日益脱离了本国的原料产地和销售市场，逐步走向世界。第二次世界大战后生产的国际化又进一步向专业化和合作生产的方向发展，使世界上"万国牌"产品日益增多。

生产国际化的迅速发展，是由于许多新兴工业部门的出现，对技术的要求越来越高，一个企业、一个国家不可能在所有技术领域内都占优势，而进行跨国合作生产，可集中各个企业、各个国家的长处，提高产品的技术水平和质量。

此外，跨国合作也有利于解决巨大资金的来源和扩大销售市场。因此，几十年来跨国公司发展迅速，到1997年全球跨国公司有5.3万多家，年出口额达2万亿美元，占世界出口额的1/3。随着计算机、卫星通讯技术、全球信息网络的发展，国际资金的自由流动空前加快，现在每天有接近2万亿美元的资金跨国界流动。

总之，现在不仅仅限于生产领域的国际分工、国际合作了，而是

整个世界经济的各个领域都在迅速地走向"全球化"。这就是说,自产业革命以来的几百年间,人类社会的生产力已由生产的"社会化"发展到生产的"国际化",现在又进一步发展到世界经济的各个领域都在逐步走向"全球化"。

社会生产力的进步和飞跃,是有利于人类并造福于人类的,但是,它的每次进步和飞跃也不可避免地伴随着激烈的社会阵痛。像历史上的产业革命所形成的生产社会化,曾无情地摧毁了工厂手工业并造成大批工人失业等社会痛苦一样,现在经济"全球化"的发展,特别是金融国际化带来的动荡和风险,已不仅在一些国家的内部,而且在国际范围内使不少国家遭受了严重损害。

发展中国家的一些领导人,据此斥责这种"资本主义的全球化"是可以理解的。然而,问题不在于"全球化"是"姓资还是姓社",而在于它是现代社会生产力发展的必然结果和客观要求,是不以人们意志为转移的客观趋势,是人们没有选择余地的。在当今这个资本主义生产方式占主导的世界上,除了"资本主义的全球化"不可能有别的什么"全球化"。那么,问题最终归结到这一点上:要么不要"全球化",要么你只能接受这种"资本主义的全球化",二者必居其一。

我们决不能因为世界经济"全球化"打上了"资本主义"的烙印,并已看到了它带来了风险和弊端,而不愿意或不敢参与"全球化"。为了不失去其提供的发展机遇,我们从总体上讲应当而且必须持积极态度,当年资本主义在俄国开始发展时,民粹派看不到大机器生产的历史进步性,以伤感的情调看着田园式的自然经济遭受大机器生产的破坏给工人造成的苦难,而主张开历史倒车。列宁从马克思主义的立场出发对其进行了严肃的批判。

今天,面对经济"全球化"带来的问题和弊端,我们马克思主义者固然要认真研究并采取相应对策,但一定要站在时代发展的前列,对这种有进步意义的发展趋势,应从总体上采取肯定和积极的态度,并充分利用其提供的机遇,促进我国经济的发展。

经济全球化对我国和所有发展中国家的经济发展是有利的,这主要表现在:(1)有利于吸引外资,弥补国内建设资金的不足;(2)

有利于引进先进的技术和设备，实现技术发展的超越；（3）有利于学习先进的管理经验，培养高素质的管理人才；（4）有利于发挥比较优势，开拓国际市场。因此，我们要充分利用它带来的机遇加快发展自己。

二、"全球化"利弊并存且不均衡，
中国应采取趋利避害方针

作为资本主义生产关系在全球范围的扩展，世界经济"全球化"必然更有利于西方发达国家的政治经济利益，而发展中国家则处于不利、不平等的地位。"全球化"问题是柄"双刃剑"，它对不同国家带来的利弊得失是很不均等的。因此，我们参与"全球化"的步骤必须谨慎，总的方针要注意趋利避害，谋求最大的国家利益。

当今的世界虽然不同于殖民时代，各国是独立的主权国家，国与国的经济交往已有平等互利、相对独立的一面。但是，由于经济实力不同，发展中国家在与发达国家的交往中"胳膊拧不过大腿"，仍有不同程度地受制于、依附于发达国家的一面。

商品、技术、信息、劳动力特别是资本在全球范围内的自由流动和配置，都是按资本主义生产方式的规则和要求来实现的，因此，表面公平的原则下，掩盖着事实上的不平等、不公平。西方媒体经常宣扬，在经济"全球化"的条件下，"你中有我，我中有你"，各国相互依存度增大，大家同在一条船上，"一荣俱荣，一损俱损"。这种说法只是问题的一个方面，是不全面的。

事实上，有许多时候，情况恰恰相反。在世界上当一个或一些经济体出现麻烦或收缩时，另一个较大的经济体则会受益并产生扩张，它不必担心"全球化"条件下会出现"连锁反应"。一个或一些国家的失败，甚至会促进另一个国家的成功。美国《商业周刊》今年4月5日的一篇文章，就露骨地承认"世界的祸是美国的福"。这就说明，美国的利益与世界其他国家的利益并非总是一致的。

三、中国参与"全球化"进程应注意的几个问题

西方借经济"全球化"宣扬"一体化",实际是要搞"西方化",也就是要使世界"资本主义化"。对此我要保持警惕,不能随声附和,更不易简单笼统地提"与世界经济接轨"。世界经济完全"一体化"是不可能的。不仅社会主义国家不应该与资本主义国家"一体化",发展中国家也不可能与发达国家"一体化"。当前即使是发达国家也没有能够"一体化"。欧盟与北美的利益就不一致,分别搞了两个经济集团。近年来欧盟的经济"一体化"虽有重要进展,但离完全"一体化"还很远。

总之,世界经济"全球化"与"一体化"是不同的,如上所述,中国应采取积极主动参与的战略,在参与中注意趋利避害,并在实际工作中注意把握好一些重要原则。

1. "全球化"是一个逐步深化的过程,其实际进展速度没有西方渲染得那么快,当前"全球化"与"区域经济集团化"并行不悖,然而势头更强劲的还是"区域经济集团化"。现在世界上有140多个国家和地区参加了各种形式的区域性经济集团或经济合作组织。除北美自由贸易区、欧洲联盟和亚太经合组织等类型不同的三大区域经济合作组织之外,在亚、非、拉还有几十个大小不等的区域性经济集团。看来,"区域经济集团化"是世界经济"全球化"的准备步骤,又是"全球化"条件尚未完全成熟的表现。

因此,我当前参与"全球化"的实际步骤,应以密切关注和利用国际金融市场并防范金融风险、继续坚持和扩大"全方位"的对外开放、积极参与开放性的区域经济合作为重点。此外,世界贸易组织已有130多个成员,还有30多个国家和地区正在进行加入谈判。我早日加入该组织,对我利大于弊。

2. "全球化"是在世界仍处于"民族国家时代"的条件下形成的一种发展趋势,"主权"观念没有过时,国家民族利益仍是最高行动准则。西方媒体宣传,在经济"全球化"的条件下,"主权已弱化"、"主

权概念已过时"，对这些论调要保持清醒的头脑，并做具体分析。近年来欧洲联盟在"一体化"方面的确取得了一定进展，各国让出了自己的部分主权，同时也相应地享受了别国的部分主权。西方学者说这是"主权让渡"，实际上是"部分主权的交换"。因为这是相关国家自愿做出的决定（不同意可以不这么做，别国不能强迫）。因此，其本身就是相关国家从各自国家和民族利益出发"行使主权"的一种表现，而决不是"放弃主权"。所以，实际情况没有证明"主权弱化"、"主权过时"了，而更不能说国家主权可以"侵犯"和"干涉"了。

总之，我要警惕西方借"主权弱化"、"主权过时"之名，对发展中国家实行"侵犯主权"、"干涉主权"之实。中国在参与经济"全球化"的进程中，应毫不动摇、理直气壮地坚持和维护国家主权和民族利益的基本立场。

3. 要参与"全球化"进程，必然要与"国际惯例接轨"，但不易简单笼统地说中国经济要与"世界经济接轨"（有的方面"接"，有的方面不能"接"）。

国际交往和合作中通行的一些规则和惯例，好比体育比赛中的"游戏规则"，是应该与其"接轨"的，否则无法开展国际经济交流和合作。与打上"资本主义"烙印的外部世界打交道，不能不适应和运用其通用的一般规则和惯例，所以必须"与国际惯例接轨"。

由于我国已建立了社会主义市场经济体制，我国的经济体制与资本主义国家虽然有本质区别，但是在市场机制方面，包括市场运行规则、价格形成机制、进出口管理机制、现代企业制度等等，与资本主义市场经济体制已有同一性的内容，这就从根本上解决了与国际惯例接轨的可能性。可以说，确定建立社会主义市场体制后，我国与世界各国开展经济交流与合作，在经济领域已不存在大的障碍了，已经接上轨了。

此外，在国际经济交流和合作中，也不仅仅就是一个"接轨"的问题。因为现在通行的国际惯例和规则是在发达国家主导下，从维护和有利于它们的根本利益出发而制定的，有的是不合理、不公正的。总的说来，我国对通行的国际惯例和规则只能采取"先承认后改造"的方针，即同它接轨，照它办事，然后在条件成熟时争取联合广大发展中国家，对其中某些歧视、欺负和损害发展中国家利益的不合理、不公正的条款，进行有理、有利、有节的斗争，以便于建立公正合理的国际经济新秩序，更好地保护我国和广大发展中国家与民族的长远利益和根本利益。这是建立公正合理的国际政治经济新秩序的重要内容和基本要求，我们应不懈地为之奋斗。

至于中国经济与"世界经济接轨"问题，要做具体分析。中国经济是有中国特色的社会主义经济，本质上与世界经济不同。"世界经济"是全大概念，它包括的子项很多，中国经济与它的哪些方面接轨，哪些方面不接轨，需要具体问题具体分析，不易简单笼统地随声附和"接轨"的提法。

世界经济从大的方面讲，包括了生产力和生产关系两个方面，其中每个方面又有许多子项，生产力特别是科学技术是没有阶级性的，当然要学习和借鉴，是完全可以"接轨"的。许多管理机制、管理经验、包括现代企业制度是"中性"的，资本主义可以用，社会主义也可以用，也必须借鉴和利用，也是可以"接轨"的。

但是，其中反映资本主义制度阶级性的东西，譬如国内以私有制为主体的经济制度，对外违反平等互利原则，掠夺、欺压、剥削弱小国家和民族的政策、制度和原则，不仅不能学，而且要同它进行斗争，更谈不上同它"接轨"。从根本上讲，中国经济的发展必须从中国的实际情况出发，即使外国先进的东西，也只能借鉴，而不能照抄照搬，更不是"接轨"能解决问题的。总之，对具体问题，要进行具体分析。

（原载新华社《参考清样》第 2158 期、2159 期，1999 年 10 月 15 日，公开发表于《中国特色社会主义研究》2000 年第 2 期，《探索与决策》2000 年第 4 期转发）

关于如何认识社会主义的十个观点

邓小平同志曾说过：我们的经验教训有许多条，最重要的一条，就是要搞清楚"什么是社会主义、如何建设社会主义"①。在这里，他实际上提出了一个很重要的理念和实践问题，即：共产党人、马克思主义者树立正确的"社会主义观"，对社会主义事业的兴衰成败是至关重要的。究竟什么是社会主义、如何建设社会主义？这个问题，过去长期"没完全搞清楚"，严重束缚和误导了人们的思想，影响了社会主义建设事业的发展。自党的十一届三中全会以来，邓小平同志在总结历史经验教训的基础上，针对社会主义建设中的实际问题，对这个问题作出了全面、系统、精辟和科学的回答，从而创立了建设中国特色社会主义的理论。这里想就苏东剧变后人们对社会主义议论最多的一些热点问题，从"如何认识和理解社会主义"的角度简要谈谈以下十个观点：

一、社会主义是一场伟大的社会试验工程

社会主义是一场伟大的社会试验工程，它同任何科学试验一样是

---

① 《邓小平文选》第3卷，人民出版社1993年第1版，第116页。

不可能一次成功的，因此在实践中出现这样那样的挫折和失败是不足为奇的。列宁曾说："我们准备忍受几千个困难，准备作几千次尝试，而且，我们在作了一千次尝试以后，准备去作一千零一次尝试。"① 苏东剧变使世界社会主义事业遭受严重挫折，社会主义者应该怎么办？还是应当按列宁所说的去做："一个真正的社会主义者，在遭受严重失败的时候，既不应充好汉，也不应当悲观失望。"② 必须从认真总结这一事件中吸取必要的经验教训。

二、一种"实践模式"的失败并不能说明社会主义就不行了

苏东社会主义的崩溃不是社会主义基本制度和原则的失败，而只是社会主义一种特定的实践模式——苏联模式的失败。苏联模式作为社会主义的一种实践模式，当然体现和包含着社会主义性质的基本制度和原则，但因体制上存在严重弊端，社会主义性质的基本制度和原则不仅不能发挥作用反而被严重扭曲变形了，从而在整体上成了苏联社会主义发展的障碍。这一模式的形成有其历史合理性，并在苏联迅速由落后的农业国变成工业国以及后来打败希特勒法西斯的斗争中发挥过重要作用。但问题是后来僵化了，特别是在战后新科技革命和新的国际环境下，其负面作用越来越明显。社会主义要向前发展，必须对这一模式进行改革，从总体上突破这一僵化的模式。然而对这一模式的"改革"不是要"改向"，"突破"不是要"彻底摧毁"，正如给孩子洗完澡倒脏水时不能连孩子一起倒掉一样。中国的改革使社会主义焕发出生机活力，苏东国家的改革却导致了社会主义制度彻底崩溃的悲剧，一个重要原因是各自对原来的社会主义基本制度采取了完全不同的态度：中国是在坚持社会主义基本制度（集中表现为坚持"四项基本原则"）的前提下"彻底改革旧体制"，而苏东国家却是"彻底摧毁原来的社会主义制度"。

---

① 《列宁全集》第34卷，人民出版社1985年第2版，第379页。
② 《列宁全集》第34卷，人民出版社1985年第2版，第75页。

三、社会主义的发展是长期曲折的过程

对社会主义发展的长期曲折性、艰巨复杂性要有充分的估计，决不可急于求成。回顾近百年来社会主义实践的历史，主要的教训是对这种复杂情况估计不足，因而犯了急于求成的错误，即在总的指导思想上看近了共产主义，低估了资本主义，高估了社会主义，忽视了封建主义，从而扭曲和僵化了马克思主义。

马克思认为，社会主义社会是"刚刚从资本主义社会脱胎出来"、尚未充分发展的社会，因此不可避免地带有"旧社会的痕迹"，不可能"纯而又纯"。这说的还只是资本主义最发达的国家，至于落后国家怎么搞他当年还不可能预计到。列宁强调在落后国家搞社会主义要经历"漫长而复杂的过渡"，"资本主义社会愈不发达，所需要的过渡时间愈长"。他从俄国短暂的建设实践中已认识到不能采取"直接过渡"的办法，而必须采取"迂回过渡"的办法①，主张"利用资本主义"来建设社会主义。列宁还认为俄罗斯东部各民族共产党组织"面临着全世界共产党人所没有遇到过的一个任务"，即"不是反对资本而是反对中世纪残余。"②

邓小平总结世界社会主义的正反历史经验，强调中国社会主义的初级阶段要一百年，中国现在"虽说也在搞社会主义，但事实上不够格"，要用实践来证明社会主义的优越性，还"要用两代人、三代人、甚至四代人来实现这个目标"③，科学社会主义巨人的这些光辉思想，无不说明他们认为社会主义是一个长期、曲折和艰巨的发展过程。

四、社会主义需要不断改革

社会主义应当是不断改革的社会。恩格斯说："所谓'社会主

---

① 《列宁全集》第 42 卷，人民出版社 1987 年第 2 版，第 183、190 页。
② 《列宁全集》第 37 卷，人民出版社 1986 年第 2 版，第 323 页。
③ 《邓小平文选》第 3 卷，人民出版社 1993 年第 1 版，第 225、256 页。

义'不是一成不变的东西,而应当和任何其他社会制度一样,把它看成是经常变化和改革的社会。"① 列宁在十月革命胜利后及时地把"改革"提上了日程,并亲自领导了实行"新经济政策"这一社会主义实践中的第一次"改革",他在逝世前还提出了改革苏维埃国家机关的主张。列宁还指出如果不善于运用"改良主义的行动"(即"改革"),就"最容易为此而碰得头破血流"② 邓小平是中国社会主义改革开放的总设计师,"改革"是其文选中使用频率最高的一个词。

五、社会主义是开放的社会和思想体系

社会主义是开放的社会,它的成长和发展必须吸收借鉴庞大的资本主义文化所产生的一切人类文明成果,并要随时代的变化、科技的进步和实践的发展而不断改革、丰富和发展。列宁说:"社会主义能否实现,就取决于我们把苏维埃政权和苏维埃管理组织同资本主义最新的进步的东西结合得好坏。"③ 但是我们过去正如江泽民同志所指出的:"在过去的长时间内,我们在对待资本主义的问题上,往往只看到或更多看到的是社会主义同资本主义对立的一面,而很少看到社会主义同它还有学习、借鉴和利用的一面。这是认识上的一种片面性,这种认识上的片面性,不利于社会主义经济文化的发展和进步。"(《中国青年报》1992年5月21日)

至于社会主义思想,本来就不是一个封闭凝固的体系。马克思主义三个组成部分就有三个来源,本身就是其创始人在对资本主义社会进行科学研究的基础上,凝结成完整的新世界观与方法论,从而为工人阶级的解放斗争提供了正确的指导思想。马克思主义创立后不断继续吸取人类先进的思想和文明成果,不断走向理论发展的新境界。就当前而言,马克思主义者应本着求同存异的原则与其他左翼政党合作,批判地吸取和借鉴其他社会主义思想流派中有益的东西,进一步

---

① 《马恩全集》第37卷,人民出版社1971年第1版,第443页。
② 《列宁选集》第4卷,人民出版社1995年第3版,第612页。
③ 《列宁全集》第34卷,人民出版社1985年第2版,第170-171页。

丰富和发展马克思主义的社会主义观。

六、社会主义的一切思想和理论都要由
实践来检验、修正、丰富和发展

社会主义的各种思想或方案，都要由实践来检验、修正、丰富和发展。列宁在十月革命胜利后强调说："现在一切都在于实践，现在到了这样一个历史关头：理论在变为实践，理论由实践赋予活力，由实践来修正，由实践来检验。"[①] 马克思、恩格斯曾设想未来社会是不需要商品货币的。列宁在新经济政策时期不得不根据实践恢复和发展商品流通。斯大林承认价值规律在社会主义社会仍起作用，但否认生产资料是商品。

邓小平则深刻地指出，"计划经济不等于社会主义，资本主义也有计划；市场经济不等于资本主义，社会主义也有市场。计划和市场都是经济手段。"[②] 这就彻底改变了把市场经济与社会主义对立起来的传统观念。事实正如列宁所说的："现在必须弄清一个不容置辩的真理，这就是马克思主义者必须考虑生动的实际生活，必须考虑现实的确切事实，而不应当抱住昨天的理论不放。"[③]

七、社会主义没有统一模式，必然有自己的民族特色

列宁说过："在民主的这种或那种形式上，在无产阶级专政的这种或那种形态上，在社会生活各方面的社会主义改造的速度上，每个民族都会有自己的特点。"[④] 社会主义没有适用于世界各国的"统一模式"，各国的社会主义者必须从本国的实际情况出发，把马克思主义的基本原理同本国的具体实际相结合，探索自己实现社会主义的道

---

① 《列宁全集》第33卷，人民出版社1985年第2版，第208页。
② 《邓小平文选》第3卷，人民出版社1993年第1版，第373页。
③ 《列宁选集》第3卷，人民出版社1995年第3版，第26－27页。
④ 《列宁全集》第28卷，人民出版社1990年第2版，第163页。

路。因此社会主义必然具有民族特色，必须穿上民族服装。

八、贫穷不是社会主义，精神空虚也不是社会主义

物质贫乏不是社会主义，精神空虚也不是社会主义，社会主义必须是物质文明和精神文明双繁荣的社会。邓小平理论指出，物质文明和精神文明都搞好，才是有中国特色的社会主义。贫穷基础上的"公平乐园"无异于原始的共产主义，绝不是科学社会主义和共产主义，而反过来只重视物质而忽视精神也不是真正的社会主义。

九、社会主义应是人与自然和谐共处可持续发展的社会

社会主义必须是政治、经济、社会全面协调发展的社会，同时必须考虑环境和资源的承受限度，实现人与自然的和谐共处可持续发展。不顾自然环境和地球资源承受力的恶性发展，其后果是人类自身走向灾难和毁灭，根本谈不上任何社会主义。

十、处理好同资本主义国家的关系是长期战略性课题

在社会主义和资本主义将长期并存的历史条件下，社会主义国家全面认识和正确处理同资本主义国家（特别是发达国家）的关系，是一个长期的战略性课题，处理得好坏直接关系到社会主义的兴衰成败。由于西方坚持冷战思维的右翼顽固势力不会放弃"西化"、"分化"社会主义国家的战略图谋，处理好这一关系难度很大。但是，由于世界矛盾多得很、大得很，社会主义国家与西方发达国家虽然"道不同"，却有着若干"共同利益"，经济上又存在互补性，因此避免全面对抗，争取实现既矛盾斗争又借鉴合作的关系，是完全可能的。

（原载《当代世界与社会主义》（季刊）2000 年第 1 期，《北京日报》2004 年 1 月 19 日摘发）

社会主义国家建设指导
思想上的历史教训

题注：社会主义国家最重要的一条经验教训，就是过去长期没搞清楚"什么是社会主义、如何建设社会主义"这个基本理论问题。造成这种情况的原因不在这个或那个具体问题上，而存在于总的指导思想上没有理解和处理好社会主义与以下几个主义的关系，即：低估了资本主义，造成了总的指导思想上急于求成；高估了社会主义，导致不自觉地重新陷入乌托邦；看近了共产主义，造成建设实践中超越发展阶段；忽视了封建主义，使社会主义发生了严重扭曲；教条主义、封建主义的特殊结合害了社会主义。

20 世纪的社会主义国家，各自有许多不同的经验教训，但也确实存在一些共同的、带普遍性的经验教训。邓小平同志讲到中国的经验教训时，曾高屋建瓴地指出：我们的经验教训有许多条，"最重要的一条"就是要搞清楚"什么是社会主义、如何建设社会主义"这个基本理论问题。不仅是中国，其他社会主义国家也大体存在这种情况。因此也可以说，没完全搞清楚什么是社会主义、如何建设社会主义这个基本理论问题，是各社会主义国家共同的、最重要的一条经验教训。长期来影响共产党人搞清楚这个基本问题的思想障碍，主要不在这个或那个具体问题上，而存在于总的指导思想上，这集中反映在没有理解和处理好社会主义与以下几个主义的关系。

一、低估了资本主义，造成了总的指导思想上急于求成

马克思和恩格斯在《共产党宣言》中向世界庄严宣布，"资产阶级的灭亡和无产阶级的胜利是同样不可避免的"，这就是人们常说的"两个必然"。但是在《宣言》发表 10 年之后，即 1859 年 1 月，马克思在《〈政治经济学批判〉序言》中又明确地提出了"两个决不会"的思想。这就是："无论哪一个社会形态，在它所能容纳的全部生产力发挥出来以前，是决不会灭亡的；而新的更高的生产关系，在它的物质存在条件在旧社会的胎胞里成熟以前，是决不会出现的。"[1]

"两个决不会"与"两个必然"都是从历史唯物主义出发的，它们的统一，就构成了科学社会主义的理论核心。这就是说：社会主义取代资本主义的历史总趋势是不可改变的，但其实现的道路和过程将是一个长期曲折的过程。

然而社会主义运动的历史和实践表明，共产党人在强调"两个必然"时，往往忽视了"两个决不会"，从而低估了资本主义的发展能力，忽视了社会主义的长期曲折性，造成在社会主义建设中长期存在急于求成的倾向。革命者容易犯革命的急性病，这历来有之。恩格斯就曾经说过，在 1849 年革命失败后，一些犯革命急性病的人（"庸俗的民主派"）指望"人民"很快就会"一举彻底打倒压迫者"，他们"一天又一天地等待再次爆发革命"，而马克思恩格斯却早在 1850 年秋季就已经宣布"至少革命时期的第一阶段已告结束，而在新的世界经济危机爆发以前什么也等待不到"。然而，犯急性病的人听不进他们实事求是的判断，反而因此将马克思恩格斯"当作革命叛徒革出教门"。[2]

邓小平谈到中国的经验教训时，也一再强调"左"的危害性。他

---

① 《马克思恩格斯选集》第 2 卷，人民出版社 1995 年第 2 版，第 33 页。
② 《马克思恩格斯选集》第 4 卷，人民出版社 1995 年第 2 版，第 510 页。

说："'左'的东西在我们党的历史上可怕呀！一个好好的东西，一下子被子他搞掉了。"①

20世纪，共产党人在对资本主义发展能力的估计上，回头看长期存在着低估的倾向。列宁1916年在《帝国主义论》中认为帝国主义是"腐朽的、垂死的资本主义"，是资本主义的"最高、最后阶段"。随后又多次强调现在是"资本主义崩溃的前夜"，"资本主义崩溃的客观条件已经成熟了"。二次大战后，斯大林强调资本主义陷入了政治经济"总危机"。毛泽东在中国民主革命时期说，资本主义在苏联已进了"博物馆"，在世界其他地方也快进"博物馆了"。在60年代中国"文化大革命"时期，甚至强调现在是"帝国主义走向全面崩溃社会主义走向全世界胜利的时代"。这些认识当时似乎并非毫无根据，但回头看是脱离客观实际的。

对资本主义生命力的过低估计，必然影响到在社会主义建设中如何认识和处理同资本主义的关系。在国内建设中，由于认识上的片面性，看不到社会主义与资本主义还有继承、利用和借鉴的一面，急于迅速彻底地消灭资本主义，从而对资本主义采取了过"左"的路线和方针政策。20世纪的社会主义国家都产生于经济文化比较落后的国家，这些国家的资本主义不是多了而是少了，对这些国家来说，正确认识社会主义与资本主义的关系本是一个很重要的问题，但由于对资本主义的"左"的认识和政策，结果给社会主义事业造成了严重损害。

就中国的情况而言，在如何认识和对待资本主义以及它与社会主义有何关联的问题上，胡绳同志在《资本主义和社会主义的关系》一文有过精辟的论述。② 他认为，在20世纪前半期，中国曾有过这样三种看法：一是可以从农业国跳过资本主义（跳过工业化）直接到达社会主义，二是只有经过资本主义工业的大发展才谈得上社会主义，三是革命胜利一旦到手应立刻转变为社会主义革命。这些右的和"左"的看法都给中国革命造成过很大危害。直到抗日战争时期毛泽东提出

① 《邓小平文选》第3卷，人民出版社1993年第1版，第375页。
② 胡绳：《马克思主义与改革开放》，中国社会科学出版社2000年第1版，第152-156页。

了"新民主主义理论"，这个问题才有了透彻的解决。按照这个理论，中国民主革命的胜利还不是社会主义，因为还容许民族资本主义存在和发展，但它也不是资本主义，因为在无产阶级领导国家的情况下，社会主义经济已经存在、发展并起领导作用。抗日战争结束时，毛泽东发表《论联合政府》，继续发挥新民主主义理论，并进一步肯定资本主义发展的必要性。

但是在新中国建立后，实际上将新民主主义理论收起来了。通过批判"新民主主义万岁论"，强调从民主革命胜利后的第一年起就开始了社会主义革命的进军步伐。60年代"文化大革命"时期，把"自力更生"解释成闭关自守，于是社会主义与资本主义被绝对隔开了，并在国内将资本主义的"尾巴"也彻底消灭。我们党在社会主义与资本主义关系上的这段认识和实践，给中国社会主义的发展造成了很大危害。三中全会后，邓小平提出的新思路，在对资本主义的认识和政策上，破除了基本上没有摆脱民粹主义的种种错误认识，使人耳目一新，豁然开朗。

对胡绳同志的这些思想虽有过不同看法，但我认为他认识很深刻，是应当引起我们足够重视的。同样的教训也在越南、老挝不同程度地发生过。古巴60年代的"革命攻势"、80年代的"纠偏运动"，比中国消灭资本主义"尾巴"还要彻底。关于这些国家的情况，我们留在有关部分详细说明，这里只想强调一点，即低估资本主义，不能正确地认识和处理同资本主义的关系，这绝不是个别社会主义国家的问题，而是世界社会主义国家在建设中带普遍性的教训。

二、高估了社会主义，导致不自觉地重新陷入乌托邦

马克思主义经典作家虽然正确地预见到社会主义是"刚刚从资本主义社会中产生出来的"共产主义的低级阶段，还"不可避免地带有旧的资本主义社会的痕迹"。但是后来共产党人在实践中对这个新社会的成熟程度，总的讲来是估计过高了，总是急于过渡到共产主义。科学社会主义的创立虽然从总体上将空想社会主义变成了科学，但由

于对社会主义成熟程度估计过高，共产党人在社会主义建设中如果不从实际出发，实事求是地对待马克思主义经典作家的论述，就仍有可能重新陷入乌托邦。

马克思主义经典作家曾经预言社会主义将是无商品、无货币、无市场的"三无"社会。马克思 1875 年在《哥达纲领批判》中认为，在"刚刚从资本主义社会中产生出来的"社会主义社会里，产品不进行交换，劳动不迂回地表现为价值，按劳分配将采取"劳动券"的形式。几千年的商品、货币、市场是不可能一夜之间在社会主义社会里完全消失的。马克思对社会主义社会的成熟程度估计得太高了，看来还没有完全摆脱欧文空想社会主义的影响。恩格斯于 1872 年写的《论住宅问题》，认为社会主义不能保留私有住宅。但是科学社会主义一个重要原理是在社会主义阶段实行生产资料公有制，但消费资料应该归个人私有。个人住宅属于生活资料，理应归个人私有。恩格斯的这一主张显然也受了欧文主张搞"社会主义大公寓"、不允许私人盖房子的影响。社会主义国家不允许职工私人有住房而长期实行"福利分房"，看来与此不无关系。

事实说明，社会主义由空想变成科学是一个长期的历史过程，社会主义由思想家头脑中的理论构想到成为现实可行的社会制度，是一个要在实践中不断修正的永无完结的过程。如果认为科学社会主义的创立就意味着一劳永逸地告别了乌托邦，从而放松了对乌托邦的警惕性，或是陷入对马克思主义教条式的理解，就有可能重新陷入乌托邦，从而在实践中再次碰壁，给社会主义造成严重危害。50 年代中国搞"大跃进"、"人民公社"（实际是空想社会主义的翻版），以及某些社会主义国家至今对社会主义仍存在过于理想化的理解和做法，均说明共产党人仍要警惕乌托邦，划清科学社会主义与空想社会主义的界线。

三、看近了共产主义，造成建设实践中超越发展阶段

长期来，共产党人对实现共产主义的长期性和曲折性估计不足，

总是把社会主义看成是达到共产主义高级阶段的一个短暂的"过渡时期",不仅急于建成完全的社会主义,而且过早地提出了向共产主义过渡的口号,犯了一系列超越发展阶段的"左"的错误。

列宁在俄国十月革命胜利后,多次强调世界共产主义即将到来。1918 年说"普天同庆世界革命的第一天这个日子快要到来了",1919 年说"国际苏维埃共和国的建立已经为期不远了",1920 年他甚至预言"再过一二十年就会生活在共产主义社会里"。

斯大林 1936 年宣布苏联已建成社会主义,1939 年提出向共产主义过渡。第二次世界大战使这一过程中断了。1952 年苏共十九大又恢复向共产主义过渡的口号。1959 年赫鲁晓夫提出苏联进入了"全面展开共产主义建设"的新时期。1961 年苏共二十二大提出要用 20 年时间基本上建成共产主义社会,到 1980 年接近于实现按需分配的原则。以后的几届苏共领导人对此进行降调修正,但仍然存在对社会主义发展阶段估计过高的倾向。

中国在 1958 年搞"大跃进",刮"共产风","跑步进入共产主义"。70 年代批"八级工资制"和按劳分配。都是急于过渡到共产主义的典型例子。与此同时,在世界其他社会主义国家也不同程度存在急于求成、超越发展阶段的错误。这些脱离实际的路线和政策,欲速不达,严重影响了社会主义的发展。正如邓小平所说的:"搞革命的人最容易犯急性病。我们的用心是好的,想早一点进入共产主义。这往往使我们不能冷静地分析主客观方面的情况,从而违反客观世界发展的规律。中国过去就是犯了性急的错误。"①

四、忽视了封建主义,使社会主义发生了严重扭曲

共产党人虽然在理论上认为资本主义进步于封建主义,但在实践中对资本主义的批判远远重于对封建主义的批判,从而放松了对封建主义的警惕性,甚至把封建主义的东西当成社会主义的、马克思主义

---

① 《邓小平文选》第 3 卷,人民出版社 1993 年第 1 版,第 139－140 页。

的东西来推崇。

20 世纪的社会主义国家，产生于经济文化较落后的国家，其封建社会的遗产很厚，而资本主义现代文明的成果很少。社会主义国家经过土地改革，封建制度的经济基础被摧毁了，封建主义的政治力量也被摧毁了，但是束缚人们思想的封建主义传统，包括它的思想文化，却很少触动。封建主义的东西不仅在人民群众中甚至在革命者身上都打上了烙印。长期忽视铲除封建主义残余，使封建社会的遗物渗透到了社会主义的机体之中。在经济领域，崇尚闭关锁国、自给自足，实际上是宗法式的、农民的自然经济观念的反映。在政治上层建筑领域，列宁晚年提出的要发展党内民主和苏维埃民主、加强党内监督和工人监督的思想，长期未引起足够重视而未能完全落实，特别是如何加强党内监督和人民监督的问题，至今没有建立起有效的机制。党内家长制、一言堂以及领导职务的终身制，长期来在各国普遍盛行。党政干部中的等级观念、特权思想、腐化堕落、做官当老爷等恶习，使党严重脱离群众。这一切使社会主义发生了严重扭曲，严重损害了社会主义的形象。

在苏联，斯大林身上的不少封建主义的东西，披着社会主义、无产阶级专政的外衣，危害了社会主义，损害了社会主义的形象。在中国"文化大革命"中，许多封建主义的东西在革命口号下粉墨登场，造成了一场浩劫。现有社会主义国家中，有的封建主义影响还很明显。中国自党的十一届三中全会实行改革开放以来，在各方面都取得了重大进步，但还不能说我们肃清封建主义影响的任务已经完成了。总之，应划清封建主义与社会主义的界线，决不应忽视封建主义对社会主义的危害。

五、教条主义、封建主义的特殊结合害了社会主义

共产党人在长期反对修正主义、右倾机会主义的斗争中，不自觉地陷入了严重的教条主义。于是造成长期思想僵化，违背了一切从实际出发、实事求是这一马克思主义的基本原则。

　　教条主义最集中、最突出的表现是固守马克思主义创始人关于社会主义实行产品经济、计划经济的设想，而长期将市场经济看成是资本主义的"专利"。其实马克思主义创始人的这一设想只是从老牌较发达的资本主义国家的情况出发的，而且是在没有社会主义实践、没有完全摆脱空想社会主义者关于未来社会设想的影响下得出的。俄国十月革命胜利后的实践证明，消灭商品货币是行不通的，列宁转而实行新经济政策，"把商品交换提到首要地位，把它作为新经济政策的主要杠杆"，并决定"在若干年内长期实行"这一政策。看来，列宁已初步认识到了资本主义不发达国家实现社会主义的特殊规律，较之马恩在这个问题上的认识已有很大进步，但可惜列宁于 1924 年就逝世了。后来斯大林承认社会主义社会还存在商品生产和价值规律，但却否认生产资料是商品，并限制价值规律起作用的范围。虽然 50 年代以来，东欧的南斯拉夫、波兰、匈牙利、捷克斯洛伐克等国都有人主张社会主义计划经济与市场经济相结合，可是一直遭到苏联理论界的批判。匈牙利的改革比较大胆，也只提出计划经济为主、市场经济为辅，而不敢提计划经济与市场经济相结合。再回顾中国党在这个问题上认识不断深化的过程，最后才认识到计划和市场都是手段，社会主义也可以搞市场经济，就足见教条主义对人们思想的禁锢是多么的严重。

　　封建主义的思想影响，严重阻碍了党内民主和人民民主的发展。邓小平 1980 年在《党和国家领导制度的改革》的讲话中，就指出："旧中国留给我们的，封建专制传统比较多，民主法制传统很少。""党的一元化领导，往往因此而变成了个人领导。全国各级都不同程度地存在这个问题。""这种现象，同我国历史上封建专制主义的影响有关，也同共产国际时期实行的各国党的工作中领导者个人高度集权的传统有关。""革命队伍内的家长制作风，除了使个人高度集权以外，还使个人凌驾于组织之上，组织成为个人的工具。家长制是历史非常悠久的一种陈旧社会现象，它的影响在党的历史上产生过很大危害。"① 他强调，不彻底消灭封建专制主义影响，就根本谈不上什么党内民主，什么社会主义民主。

封建特权思想和腐败是共产党当政后最严峻的危险。封建主义加腐败，可能产生新的"权贵"，使党变质，严重脱离群众。陈云同志晚年强调执政党的党风问题是关系党的生死存亡的大问题，是千真万确的真理。其实，早在1956年11月我党八届二中全会上，毛泽东明确宣布要在全党开展一次新的整风运动时，刘少奇就在会上强调要克服部分干部在执政情况下产生的"特殊的思想，特权的思想，站上人民头上的思想，社会沙文主义的思想，脱离人民群众，主观主义跟命令主义的思想，官僚主义的思想"。鉴于波兰和匈牙利事件的教训，他特别强调"不要脱离群众"、"防止产生新的贵族阶层"的问题，认为这是执政党面临的"最严峻的考验"。他说：东欧这些国家有一个严重问题，就是"脱离了工农劳动群众"。列宁讲过帝国主义国家的工人阶级中有一部分成为"工人贵族阶层"的问题，"如果我们不注意的话"，在我们国家和党内"也可能产生一种新的贵族阶层"。毛泽东同意刘少奇的观点，强调"如果我们不搞好，不是像今天好多同志所讲的艰苦奋斗"，"我们一定会被革掉"。② 后来采取"文化大革命"的办法来解决这个问题，已被实践证明是错误的，但是执政党要克服官僚主义、特权思想、警惕腐败分子损害党的机体，避免使党脱离群众，始终是共产党成为执政党之后面临的严重考验。90年代初苏东共产党政权垮台的原因固然很多，但党内腐败，搞特权，形成了一批脱离群众的新贵族，使党丧失了群众的信任和拥护，是一个重要原因。从剧变后几年的情况看，最大的暴富者，不是黑市倒爷，也不是持不同政见者，而是过去党政干部中的领导成员，他们摇身一变成了今天俄罗斯的新权贵。可以说苏东剧变在很大程度上是这一部分人的"自我政变"。他们希望通过彻底改变社会主义制度，就可以使其昔日以不合法、不正当手段占有的财富和各种权益合法化，并可以毫

① 《邓小平文选》第3卷，人民出版社1993年第1版，第332、329－331页。
② 薄一波：《若干重大决策与事件的回顾》（下卷），中共中央党校出版社1993年第1版，第604－605页。

无顾忌地继续鲸吞社会财富,并能名正言顺地传子传孙。因此,是这一小部分人先是毁坏了党的形象,使党严重脱离群众最后遭致毁灭,后是他们自己借剧变成了"新贵"。并不是说过去许多共产党内已产生了一个新"阶级",但不可否认其中的少数干部可能成为"新权贵"。我们对此要高度警惕。

封建主义危害的严重性,对于有长期封建传统的国家来说是不言自明的。几千年的封建主义文化传统是难以在社会主义初级阶段完全消失的。民众思想上的封建文化不可怕,可怕的是封建主义在党政干部身上打上了深深的烙印,渗透到了党和国家的有机体中。这不仅阻碍了党内民主和监督机制的建立、完善和发展,而且因封建主义与官僚主义相结合,使党和国家的体制带上了封建专制主义的色彩,就会严重败坏社会主义在人们心目中的形象。这种封建主义与特权腐败的结合,使党严重脱离群众,对党和国家的危害是致命性的。

总之,教条主义阻碍了解放思想、实事求是、与时俱进、开拓创新,导致长期没完全搞清什么是社会主义、如何建设社会主义这个基本问题。封建专制主义,阻碍了党内民主和人民民主的发展,使政治体制存在严重弊端。毛泽东曾说,社会主义应当"使人可亲"①,但苏联斯大林的"大清洗"和中国的"文化大革命"严重破坏社会主义法制,却令人感到恐怖和可怕,严重损害了社会主义的形象。此外,封建特权和腐败,又使党严重脱离群众,从而动摇了共产党的生存和发展的基础,最终导致一些社会主义国家亡党亡国。所以说,是教条主义、封建主义的特殊结合害了社会主义。这一历史教训一定要记取。

(原载《北京教育学院学报·社会科学版》2004年第4期)

---

① 《毛泽东文集》第7卷,人民出版社,1999年第1版,第291页。

归根结底要以"基本理论问题"为中心

—— 《世界社会主义研究年鉴（2014）》序

题注： 这是应《世界社会主义研究年鉴》主编的邀请为其2014年版而写的"序"。作者围绕如何办好《年鉴》谈了三点意见，原文是没有标题的。邓小平同志曾指出，我们的经验教训有许多条，最重要的一条就是要搞清楚"什么是社会主义、如何建设社会主义"这个基本理论问题。从世界范围看，这不仅仅是中国的问题，而且也是国际共运，甚至是一切想搞社会主义的人们带普遍性的共同问题。这是世界社会主义运动中的基本经验、基本理论问题，当然也是办好《年鉴》的中心问题。

三年前我国第一部《世界社会主义研究年鉴》（以下简称《年鉴》）在上海问世。今年夏天本书主编约请我为今年的《年鉴》作个序。开始觉得前面有三位先生作了序，我再来写有些犯难。后想无妨谈谈自己读《年鉴》的感受、希望和建议，权当是今年我为满三岁的《年鉴》而写的序，遂后有了这些文字。

一、《年鉴》良好的开始必将是成功的一半

三年来《年鉴》成长迅速，一年一个样，越长越漂亮。《年鉴》走向社会跨进学界，令人眼前一亮，获得广泛的赞誉和好评，值得庆贺。编纂出版《世界社会主义研究年鉴》在中国是头一回，在世界恐怕也是绝无尽有的。常言道万事开头难，但良好的开始必将是成功的一半。

所谓年鉴，顾名思义应系统、全面、真实地汇集上年重要信息和文献资料，逐年编纂连续出版。作为以"世界社会主义研究"为主题的专业性年鉴，其对象实际上包括了两个"世界"性范围，一是汇集的成果和信息"来源于世界"，二是这些成果的研究对象是"世界性的"——世界社会主义。此外，除关注社会主义研究本身，还必须关注社会主义发展所依赖的国际环境和时代变化等客观条件。因此范围很广，难度很大，任务艰巨，需要耗费大量人力、物力和智力。然而尽管如此，三年来呈现在人们面前的这三本《年鉴》已经足够令人惊喜的了。

《年鉴》以国内外浩如烟海的报刊和新老媒体为来源，以重要思想库和学术机构的资讯为依托，精选了国内外对世界社会主义问题的各种研究成果和大量资讯，编纂成十多个专栏和若干附录，为读者提供了系统的有理论价值和实践意义的信息。从《年鉴》取得的这些成果看，完全可以说，它将成为以研究世界社会主义为主题的"集万卷于一书、缩一年为一瞬"的信息密集型工具书。

如果将这部《年鉴》与国内其他研究世界社会主义的出版物相比较，不难发现它有许多鲜明的特色和优势。《年鉴》以学者的"平民"身份对待读者，不以"权威"自居教训人；它以开放包容的胸怀对待不同观点的研究成果，充分展现出百家争鸣的学术氛围；它以博采众长的方式广揽国内外八方成果和信息，使年鉴内容丰富精彩纷呈；它不限于反映对中国特色社会主义的研究，还以相当的篇幅反映世界的相关变化和形势，有助于国人开阔世界视野，广泛借鉴国际经验；它反映研究世界社会主义的进展和动向，不再是出于支援"世界革命"的陈旧观念，而是为着与世界沟通交流、学习借鉴，归根结底是以推进和发展中

国特色社会主义事业为出发点和落脚点的。因此,《年鉴》的出版对推进中国特色社会主义事业具有重要现实意义和理论价值。

坦诚而言,《年鉴》的基础虽好,但仍有改进余地和发展空间。我建议《年鉴》今后应在"全"、"真"、"新"、"精"、"特"、"便"六个字上进一步再作努力。所谓"全"——指栏目框架设计齐全,编纂内容辩证全面;"真"——指反映的事实客观真实、权威可信,符合实事求是原则;"新"——指内容观点新颖,富有创意新意;"精"——指取材精选有典型性和代表性,文字浓缩精炼;"特"——指发挥自己图文并茂的特色,进一步增加可视可读性;"便"——指进一步方便读者、便于检索,让《年鉴》真正起到工具作用。另一方面,在保持"常设栏目"和工具性"附录"基本稳定的前提下,还可为当年的某些"大事、新事、特事"临时设立条目,也可根据不同年度的中心话题,形成当年的"年度主题"。不同特色的"年度主题",使每年所聚焦的问题具有历史纵深度和理论新高度,从而使《年鉴》的信息"纵向成链、横向成片",更具实用、史料和理论价值,进一步提高《年鉴》的影响力。这样,《年鉴》虽然逐年连续出版,但因每年情况各不相同各具特色,而使其常出常新。

二、《年鉴》归根结底应以"基本理论问题"为中心

"什么是社会主义、如何建设社会主义",这是改革开放初期邓小平提出必须搞清楚的"基本理论问题"。他说"我们的经验教训有许多条,最重要的一条,就是要搞清楚这个问题",并说,这是"最根本的一条经验教训"。① 这个问题为什么如此重要?

首先,这个问题是中国改革开放要回答和解决的最核心的理论和实践问题。改革开放,首先是思想上的解放。思想解放,首先要搞清楚什么是资本主义、什么是社会主义问题,而这是一个不断从主观主义和形而上学的桎梏中解放出来的过程。在"左"的思想影响下,我

---

① 《邓小平文选》第3卷,人民出版社1993年版,第116、223页。

们曾经把资本主义的范围无限扩大，用形而上学的办法解释它们的差别。比如，在农村，把农民发展家庭副业统统当成资本主义的东西，甚至如邓小平所说，"有些地方养三只鸭子就是社会主义，养五只鸭子就是资本主义，怪得很！"① 谁多养了几只鸭子，就要挨批挨斗，补割资本主义的尾巴。改革开放初期，有些地方实行包产到户、包干到户，开始也遇到思想阻力，被指责为"单干"、"复辟资本主义"，后来是农民的实践一步步地证明了这完全是一种误解和偏见，认识才逐渐扭转过来。改革开放后，允许搞个体经营并允许雇工，但是当雇工达到20人时，不少人担心会变成"资本主义"，曾引起很大的风波。1984年10月22日邓小平在中顾委会议上说："前些时候那个雇工问题，相当震动呀，大家担心得不得了。我的意见是放两年再看，那个能影响到我们的大局吗？如果你一动，群众就说政策变了，人心就不安了。你解决了一个'傻子瓜子'，会牵动人心不安，没有益处。让'傻子瓜子'经营一段，怕什么？伤害了社会主义吗？"② 后来实践证明这影响不了社会主义大局。人们的认识逐渐从禁锢的形而上学的束缚中解放出来，一步一步地将改革推向前进。

经过30多年来的实践，我们对社会主义的认识与当初比起来，可以说已是"天壤之别"。中国的改革是随我们在这个基本理论问题上的"进步"而不断"深化"的。经过改革的实践，在"什么是社会主义、如何建设社会主义"的问题上，我们已做出了完全不同于传统观念的回答，终于创立了崭新的中国特色社会主义理论、制度和道路。要继续向前发展，仍离不开继续搞清楚这个问题，因为现在遇到的许多新问题，仍与对这个老问题的认识密切相关，要在搞清这个老问题的基础上才能找到解决的办法和出路。实践在发展，人们的认识永无止境。正确的认识要经历实践——认识——再实践——再认识多次循环反复。

其次，世界社会主义的历史经验表明，这也是整个国际共运史上的普遍性经验教训。邓小平说"我们提出的课题是：什么是社会主义

① 《邓小平年谱（1975-1997）》（上），中央文献出版社2004年第1版，第261页。
② 《邓小平文选》第3卷，人民出版社1993年版，第90-91页。

和怎样建设社会主义。这个问题苏联也在研究，他们也没有解决。"①
又说："社会主义究竟是个什么样子，苏联搞了很多年，也并没有完
全搞清楚。"②。当然其他社会主义国家照搬苏联的做法，也没解决好
这个问题。长期来影响共产党人搞清楚这个问题的障碍在哪里？看来
不在这个或那个具体问题上，而在总的指导思想上。这集中表现在低
估了资本主义、高估了社会主义、看近了共产主义、忽视了封建主
义，从而扭曲和僵化了马克思主义。低估资本主义，造成对资本主义
发展潜力估计不足，将其寿命看得太短，过早否定资本主义进步的社
会作用。高估社会主义、看近共产主义，导致在建设实践中急于求成
超越发展阶段，追求"大、公、高、纯"，搞什么"割资本主义尾
巴"、"跑步进入共产主义"，违背社会发展规律，破坏社会生产力，
甚至酿成经济和社会危机。忽视封建主义，导致将封建主义的东西当
成马克思主义的东西来推崇，使社会主义发生严重扭曲。

苏东剧变后，现实社会主义国家根据本国情况进行改革，但因对
这个基本问题的理解和认识不同，各国的实际做法很不一样。当前五
个国家呈现出两大类型：在中国、越南、老挝这三个实行市场经济的
国家，经济发展快，国家实力增强，人民生活水平提高较快。朝鲜和
古巴坚持计划经济体制，没摆脱"短缺经济"的困扰，但百姓仍享受
国家提供的免费医疗、免费教育等在内的社会保障。两国物质供应都
比较紧张，人民生活比较清苦，这与他们对"什么是社会主义、如何
建设社会主义"这个基本问题的理解和认识有直接关系。朝鲜60年
代强调要为人民"住瓦房、吃大米饭、喝肉汤、穿绸缎"，没有剥削
和压迫的"社会主义"而奋斗。90年代突出强调思想教育，强调必
须占领"物质堡垒"和"思想堡垒"，而"攻占思想堡垒的斗争要走
在前面"。

古巴认为"没有计划就没有社会主义"，"市场是一个无人驾驭
的疯狂的野兽"。随着经济政策的调整，计划经济仍起主导作用，但
主张"利用市场"，"在国家的调节下，给市场机制一个空间"。古巴

① 《邓小平年谱（1975－1997）》（下），中央文献出版社2004年第1版，第1158页。
② 《邓小平文选》第3卷，人民出版社1993年版，第139页。

最大的实际是"美国威胁",在美国超半个世纪的封锁下,古巴实际长期处于"准军事状态",有限的资源离不开国家的计划,这是可以理解的客观原因。但从主观方面讲,古巴长期解决不了吃饭问题,与自己思想上追求"纯而又纯"的社会主义有直接关系。古巴更看重社会"公平"而忽视鼓励"多劳多得",分配上的"大锅饭"体制比较严重。1991年苏联解体后,古巴面临生存威胁。1992年古巴物资储备局长邵黄将军为解决物资供应紧张想出一个办法。他将物资局旁边的一块空地让几个职工承包起来种菜,其收益较高引起非议。有人不平地说"他们比部长的收入还高"。后来劳尔·卡斯特罗得知此事就说:"他们是劳动所得,有什么不可以?"在劳尔·卡斯特罗支持下,后来"城市菜园"很快就在全国城市推广,多少缓解了一点食品供应紧张。1993年古巴决心改革,逐渐恢复了农贸市场,允许个体经营,允许农民承包闲置土地,并采取发展旅游业,吸收外资等一系列古巴称之为"模式更新"的改革。但许多方面仍限制过严,如个人开餐馆,桌子不得超过多少张、雇工不得超过多少人都有规定。许多创造社会财富的源泉,其泉眼皆被封堵得无法涌流,好似抱着金饭碗守穷。这与对"什么是社会主义、如何建设社会主义"这个基本理论问题的理解和认识仍有密切关系。

第三,再扩大点说,这也是世界一切想搞社会主义的国家必须搞清楚的问题。邓小平曾经对想搞社会主义的非洲朋友说,要充分研究如何搞社会主义建设的问题。"要研究一下,为什么好多非洲国家搞社会主义越搞越穷。不能因为有社会主义的名字就光荣,就好。"[①] 这是1980年他同阿尔及利亚的客人说的。1988年他又劝莫桑比克的朋友"根据自己的条件,可否考虑现在不要急于搞社会主义"。他说:"确定走社会主义道路的方向是可以的,但首先要了解什么叫社会主义,贫穷绝不是社会主义。要讲社会主义,也只能讲符合莫桑比克实际情况的社会主义。"[②] 这说明在邓小平看来,搞社会主义不能不考虑自己国家的客观条件,条件不具备时勉强搞,搞出来的也是不够格

---

① 《邓小平文选》第2卷,人民出版社1993年版,第312-313页。
② 《邓小平文选》第3卷,人民出版社1993年版,第260-261页。

的。邓小平强调"不管你搞什么，一定要有利于发展生产力"。"贫穷绝不是社会主义"。

第四，从社会主义与资本主义相互关系的新趋势看，《年鉴》在为国内解决这个"基本理论问题"上大有可为。当前和今后相当长的历史时期内，社会主义与资本主义已不再是昔日那种"不共戴天、你死我活"的关系，而是一种虽然有本质区别、虽然存在矛盾和斗争，但总体上已是"相互借鉴、取长补短、长期共处、共同发展"的关系。在这种历史条件下，对于发达国家的科学技术如邓小平所说可以采取"拿来主义"，[①]许多反映社会化、现代化的管理经验，完全应该学习借鉴。常言道"他山之石可以攻玉"。我们可以收集反映研究资本主义国家发展经济、管理社会、治理环境等各个方面的"治国理政"经验，供国内参考借鉴。党的十八届三中全会《决定》提出："全面深化改革的总目标是完善和发展中国特色社会主义制度，推进国家治理体系和治理能力现代化"。这是中国现代化的新阶段，也是解决邓小平提出的"基本理论问题"的新阶段。《年鉴》在这方面是大有可为的。

当然，《年鉴》所反映的内容来自国内外学者或研究机构的研究成果，人家研究什么、如何研究是人家的事，对此《年鉴》编者是无能为力的。然而《年鉴》抱定什么样的编纂宗旨，以什么问题为重点或中心，从什么角度去选择来源和资讯，按什么要求去编纂，这都是《年鉴》编者可以决定的。作为一部中国人出版的《年鉴》，力图解决中国社会主义建设中急需解决的基本理论和实践问题，是理所当然的事情。虽然编者要受资讯来源及内容的局限，只能"来什么米做什么饭"，但总体而言，要让《年鉴》服务于国内需要，归根结底要落实到为解决邓小平提出的"基本理论问题"——"什么是社会主义、如何建设社会主义"上来，这既是必要的，也是可能的。

三、办好《年鉴》要继续解放思想，实事求是

办《年鉴》当然要以马克思主义为指导，但对马克思主义有个如

---

① 《邓小平年谱（1975－1997）》（上），中央文献出版社2004年第1版，第236页。

何理解的问题。1989 年 5 月 16 日邓小平会见戈尔巴乔夫时指出："多年来，存在一个对马克思主义、社会主义的理解问题。"他说过去中苏开展的那场争论，"回过头来看，双方都讲了许多空话。马克思去世以后一百多年，究竟发生了什么变化，在变化的条件下，如何认识和发展马克思主义，没有搞清楚"。接着邓小平又强调"真正的马克思列宁主义者必须根据现在的情况，认识、继承和发展马克思列宁主义"①。这就是说，对马克思主义不只是简单地"坚持"就够了、就能解决问题了，而是同时存在着如何"认识、继承和发展"这样三个方面的问题。这就意味着我们必须自觉地把思想认识从那些不合时宜的观念、做法和体制中解放出来，从对马克思主义的错误的和教条式的理解中解放出来，从主观主义和形而上学的桎梏中解放出来，一句话，要继续解放思想，实事求是，与时俱进，开拓创新。

首先，《年鉴》的主题词"世界社会主义"，遇到了要澄清概念内涵和范围的问题，这就需要解放思想。现在有两种各走极端的看法，一种是只有各国共产党信奉的"科学社会主义"才是唯一正确的社会主义，另一种是只有社会党的民主社会主义或社会民主主义才能振兴世界社会主义，甚至提出了"只有民主社会主义才能救中国"。这两种极端化的看法都是不可接受的。高放先生在创刊号序言中提出的世界社会主义有"大三家、中三家和小三家"的说法，我是赞成的。我觉得总的原则是应采用"泛社会主义"，即"广义社会主义"的概念，这就是除科学社会主义之外的其他各种社会主义流派，也都可以包括在"世界社会主义"的研究范围之内。只要是想搞社会主义的，宣称要搞社会主义的，都可以承认他们就是自称的那种"社会主义"。在这个纷繁复杂的世界上，不能搞宗派主义的小圈子，应当把朋友搞得多多的。马克思主义本身不是天上掉下来的，它有"三个来源"和"三个组成部分"。习近平同志近年讲中国特色社会主义的思想、理论和实践源头时，并不是只从《共产党宣言》发表科学社会主义创立讲起，而是一直追溯到空想社会主义，讲了差不多五百年。我

---

① 《邓小平文选》第 3 卷，人民出版社 1993 年第 1 版，第 291 页。

们的这个《年鉴》没理由只讲共产党的科学社会主义，而将其他各种名目的社会主义排斥在外。对当今世界各种社会主义流派，应采取包容开放的态度，支持世界社会主义多样性发展，这符合世界社会主义"独立自主"和"民族特色"的历史趋势，又可增加人们对社会主义的信心和底气。

第二，在社会主义与资本主义的关系上，必须从陈旧的形而上学的观念中解放出来，根据新情况提出新思路。现实情况表明，不能再用过去"你死我活、不共戴天"的绝对化的旧观念看待社会主义与资本主义的关系。"两个主义"之间虽有本质区别，虽有矛盾和斗争，但彼此也在"相互借鉴、取长补短、交流合作"。在和平与发展成为时代主题的新历史条件下，二者的关系正在向着改善、接近、合作，甚至是所谓"趋同"的方向发展。现在社会主义与资本主义之间是"你中有我，我中有你"，展望未来这种趋势还会继续发展。

第三，在社会主义取代资本主义的方式和道路的问题上，必须从"十月革命道路是放之四海而皆准的"传统观念中解放出来。中国革命与俄国十月革命采取的都是"暴力革命"的方式，但具体方式也不完全相同，十月革命是城市起义，而中国是农村包围城市。上世纪后半期"欧洲共产主义"提出了与十月革命"暴力革命"完全不同的主张，曾遭到国内有些人的批判。但邓小平却采取了开放包容的态度，在1980年提出："欧洲共产主义是对还是错，也不应该由别人来判断，不应该由别人写文章来肯定或者否定，而只能由那里的党、那里的人民，归根结底由他们的实践做出回答。人家根据自己的情况去进行探索，这不能指责。"[1] 1988年邓小平在会见外宾时又进一步提出，"我们走的是十月革命的道路，其他国家再走十月革命的道路就难了，因为条件不一样。"[2] 这说明邓小平又前进了，实际上已否定了"十月革命的道路是放之四海而皆准"的旧观念。如果邓小平健在，按这一思路走下去，一定还会提出许多新的想法和思路。

第四，要深刻理解邓小平说的"再走十月革命的道路就难了"的

_____

① 《邓小平文选》第2卷，人民出版社1994年第2版，第319页
② 《邓小平思想年谱（1975–1997年）》，中央文献出版社1998年第1版，第415页。

深远意义，顺其思路去研究，世界社会主义研究将有新局面。首先是邓小平的这一论断，意味着社会主义的发展方式将呈"多样化"的趋势。过去我们常说的社会主义最终将"取代"资本主义，这个"取代"就很有文章。很显然这种"取代"具有长期性，方式具有多样性，道路具有曲折性。就"取代"的方式来说，不外乎（资本主义）"体制内改良"和"体制外革命"这样两种方式，但在和平与发展成为时代主题的新的历史条件下，资本主义"体制外暴力革命"的方式越来越困难了。与此相反的另一种方式，即通过（资本主义）"体制内"改良、改革的方式，一点点地对资本主义进行改良，来否定资本主义的这种方式却大为增多了。这种资本主义体制内改良和改革的方式，虽然不可能"一下子"变资本主义为社会主义，但它在平时可促进社会公平、推动社会进步，促进资本主义社会中的"社会主义因素"的增长。这可以说是"社会主义必然取代资本主义"的历史总趋势，在新的历史条件下的一种表现形式和必然反映。与此相联系，我们对一切主张改良资本主义的政治主张和政治力量，决不应采取一概否定的态度。

当然，社会主义与资本主义之间的本质区别，是决不能抹杀和混淆的。政治是经济的集中体现，"两个主义"间的本质区别集中表现在政治上，即政权性质、国家性质不同。我们在与资本主义开展相互借鉴和合作的同时，必须坚持与资本主义在政治制度上的"和而不同"。决不能犯苏共改旗易帜"丢失政权"的"颠覆性错误"，这条底线一定要守住。总之，在发展变化了的历史条件下，对世界社会主义的研究必须继续解放思想，坚持实事求是、与时俱进、开拓创新。

最后，感谢《年鉴》主编聘请我为学术顾问，并约我写序。以上所言谨供参考，不当之处，敬请编者读者教正。

（原载潘世伟 徐觉哉主编：《世界社会主义研究年鉴（2014）》，上海人民出版社 2015 年第 1 版）

三、苏东剧变的原因和教训

应如何看待苏联解体？

提　要

苏联解体是多重因素综合作用的结果，应从整体上把握，统筹考虑各方面因素。现在国内已形成两大派观点，一派强调根本原因在苏共，另一派强调根本原因在体制，其实这二者都具"根本性"，并不是根本对立不可兼容的。

双方各有各的道理，但又并不完全在理。体制问题确实具有"根本性、长期性"，但它并非解体最主要的"直接原因"，称之为"深层根源"更合适。党的问题的确具有"全局性、致命性"，但对赫鲁晓夫之后的苏共领导不能笼统地"一锅煮"，含糊地归结为"苏共蜕化变质"也不符合历史事实。

邓小平是对苏联解体本质看得最透彻的人，以"南方谈话"为代表，他已将传统的"党建"思路发展成"大党建"的新思路。我们不应从"南方谈话"的理论高度再后退到"九评"的认识水平上去。

从整体上认识把握苏联解体，就应按邓小平在苏联解体后尖锐提出的那句名言行事：拒绝"邪路"，也不走"老路"，而要走一条坚持社会主义又实行改革开放，发展经济，改善人民生活的"新路"。

苏共是由长期的"左"发展到后期戈尔巴乔夫的右。从苏联解体汲取教训,对马克思主义既要强调"坚持",又必须强调"发展"。决不应忘记邓小平尖锐指出过的另一种性质的"亡党亡国",那就是:"一个党,一个国家,一个民族,如果一切从本本出发,思想僵化,迷信盛行,那它就不能前进,它的生机就停止了,就要亡党亡国。"

苏联解体快满 20 周年了,国内各种活动热络起来。当前学术界对这一问题的研究仍然是众说纷纭,然而已明显地形成了两大派观点。笔者无意介入双方的争论,但愿以一名读者的身份发表感言,以期打破"各说各话"的沉闷气氛,促双方往一块走。

最要紧的是把思想方法搞对头——从整体上把握

唯物史观认为,重大历史事变必是一种"合力"的结果。正如恩格斯所说:"有无数相互交错的力量,有无数个力的平行四边形,而由此就产生出一个总的结果,即历史事变。"像苏联解体这么重大而复杂的事变,必是多重因素综合作用的结果。因此对苏联解体的研究最要紧的是把思想方法搞对头,应按系统工程理论的要求,从整体上把握,统筹考虑各方面的因素,而不要孤立片面地抓住某一方面,犯瞎子摸象的错误。

几年前胡锦涛同志看望钱学森同志时,曾高度赞扬过他的系统工程理论。当时胡锦涛同志说:"您的系统工程理论强调,在处理复杂问题时一定要注意从整体上加以把握,统筹考虑各方面因素,这很有创见。现在我们强调科学发展,就是注重统筹兼顾,注重全面协调可持续发展。"我认为,胡锦涛同志这里讲的处理复杂问题一定要注意从整体上把握,统筹考虑各方面因素,对于我们研究苏联解体问题,同样具有重要指导意义。

人们难以否认苏联解体原因的"多重性",甚至可列举出十几种、几十种原因。诸如"戈氏葬送说"、"和平演变说"、"错误路线说"、"民族矛盾说"、"体制僵化说"、"党内危机说"、"腐败层自我政变说"、"群众抛弃说"、"经济滞后说"、"背叛马列说"、"僵化教条说"、"历史合力说"等等。我认为，只要坚持全面地而不是片面地、联系地而不是孤立地看问题，上述各种原因和因素，都有其一定的合理性，都可能是苏联解体不同侧面的原因，不应完全加以排斥和否定。但如果抓住其中某一"说"而否定其他"说"，那必然会犯片面性的错误。当然对这么多原因也不能眉毛胡子一把抓，应有主次区分。首先是就"外因"和"内因"而言，当然应肯定内因是主要的根本的，苏联是"自毁长城"，问题主要出在内部。在各种内因中，怎么区分主次，现在明显地分成了两大派，一派强调"苏联解体的根本原因在于苏共的蜕化变质"，另一派强调苏联解体的"根本原因在僵化的体制，在于斯大林模式"。

在我看来，两派各有各的道理，但又并不完全在理。双方所关注论及的问题，即党的问题和体制问题，都是具有"根本性"和"全局性"的，然而无论哪一个都不能作为"唯一"的问题孤立地存在。这两个问题因关系密切不可分割，没必要将其根本对立起来，承认一个就必须否定另一个。在一个复杂的系统中，"根本性"问题未必只能有一个，不同角度和层面，可有不同的"根本性"问题。这就是说"根本原因"具有相对性，不宜将其绝对化。如能真正坚持"合力论"，真正承认苏联解体是"多重因素"，真正从整体上把握、统筹考虑各方面因素，现在的许多分歧是完全可以通过平心静气的讨论和交流取得一致的。

体制问题虽具"根本性"，但用"深层根源"的概念更好

现在双方都将自己强调的问题称之为"根本原因"，而否定对方所强调的问题是"根本原因"，这种做法其实并无必要。因为何谓"根本原因"，内涵并不明确；究竟哪种原因是"根本原因"，也很难说得清楚。

双方都引证邓小平的论述作根据。一派说邓小平强调"中国要出问题，还是出在共产党内部"，"关键是我们共产党内部要搞好"。另

一派则说邓小平强调"制度问题更带有根本性、全局性、稳定性和长期性"。并说："我们过去发生的各种错误，固然与某些领导人的思想、作风有关，但是组织制度、工作制度方面的问题更重要。这方面的制度好可以使坏人无法任意横行，制度不好可以使好人无法充分做好事，甚至会走向反面。"所以邓小平强调要重视体制和制度问题，这"关系到党和国家是否改变颜色，必须引起全党的高度重视"。

我们要全面完整地领会邓小平的思想，应当既重视执政党问题的根本性、全局性，也决不能忽视体制和制度问题的稳定性和长期性。客观地讲，苏联的解体不能简单地归之于"领导人或领导集团"的"错误或变质"。苏共执政74年，领导人换了一茬又一茬，为什么党和国家的各种问题不仅没解决反而越来越多、越来越严重？这显然与苏联党和国家的体制制度问题关系密切。即使是因为领导人、领导集团或整个党"蜕化变质"了，这也应从体制制度上去找根源，而且党"蜕化变质"本身就是政治体制和制度问题的组成部分。正如邓小平所说的，"制度问题更带有根本性、全局性、稳定性和长期性"。因此，建议不要过分去争哪个问题是"根本原因"，还是应实事求是地进行具体分析，是什么问题就是什么问题。

体制和制度上的问题虽然具有"根本性、全局性"，但它好比人患的"慢性病"，一般不会突然致人丧命，因此将其称之为"深层根源"更合适。世界上有体制问题的国家很多，但它们不一定都迅速发生剧变。古巴和朝鲜的体制"很传统"，但他们没有发生苏联那样的事。中国的体制本是向苏联学来的，但经过30多年正确的改革已实现了腾飞和崛起。苏联体制上的问题虽然很多很严重，但如果没有其他条件和原因起作用，"解体"这样的事情不一定在当时以那样的形式发生。上世纪末国内出版过两本书，一本是宫达菲同志主编的《苏联剧变新探》，另一本是汪道涵同志题写书名的《苏联剧变深层次原因研究》，这两本书都强调斯大林模式是苏联剧变的"深层根源"。我认为，"深层根源"这一概念不同于"根本原因"的提法，在涵义上不易产生歧义，不会让人误解为"直接原因"。

苏联解体的现实过程，是苏联国内各种力量和势力（包括民主派和民族分离主义势力等），在戈尔巴乔夫错误的改革路线催生下，借助西方"和平演变"战略的推动，通过激烈的斗争和较量终于酿成历史悲剧。解体直接原因虽多，但最主要的是：戈尔巴乔夫将"改革"变成"改向"和西方的"和平演变"战略得手。

将体制和制度方面的"深层根源"与苏联解体的"直接原因"区别开来，绝不等于说它纯属"历史因素"，而在解体的实际过程中没发挥过"现实作用"。决不应当这么认为。实际情况是，当时局势那么严重，与旧体制所造成的"严重后果"是不可分割的。首先是，反社会主义势力借斯大林"大清洗"等历史问题搞"历史虚无主义"，以达到抹黑、否定和彻底摧毁社会主义制度的目的。他们利用其控制的电视台，反复播放斯大林时期"大清洗"的一些恐怖场面，对鼓动老百姓起来否定苏共、彻底摧毁社会主义制度起了"动员作用"。其次是，苏联解体首先源于信念的动摇和崩溃，而长期扭曲僵化的政治经济体制在这方面起了很坏的"促进作用"。这种体制造成经济发展滞缓，人民长期过紧日子，使百姓羡慕西方的繁荣，动摇了群众对社会主义的信心，迷信"改制"回归资本主义就可过上西方的富裕生活，这是被反社会主义势力利用的重要"心理因素"。因此，决不能否认体制和制度上的问题是关系苏联解体的"根本性、全局性"问题。

值得指出的是，"体制问题"不仅是苏联解体的深层根源，而且是社会主义国家改革的中心问题。中国社会主义体制是向苏联学的，30多年来中国的体制改革，实质上是去"苏联特色"，搞"中国特色"。现在中国特色社会主义已全面突破和彻底超越了斯大林模式，这是中国成功的秘诀，是值得庆幸的大好事。

执政党的问题具有"致命性"，但具体提法值得商榷

有论者认为苏联解体的"根本原因在执政党"，"问题出在党内"，这是正确的，符合历史事实的。因为共产党是社会主义国家的领导力量，执政党出问题，是全局性和致命性的。苏联国内的各种问

题，归根结底都可以说是由苏共造成的。因此，一定意义上可以讲，"成也在党，败也在党"，党是一切问题的总根源。

抓住苏联解体这一历史悲剧，在我们党内开展教育很有意义，但首先应尊重历史，实事求是地把历史真相搞清楚，做到"论从史出"。我们反对历史虚无主义，也不能搞历史实用主义。不能把历史当"面团"，随心所欲地根据我们"立场、观点"的需要来揉搓裁剪。目前在强调执政党问题重要性的论者中，有些具体观点和提法与历史事实出入较大。所谓"苏联解体的根本原因在苏共的蜕化变质"的观点，就是其中有代表性的观点之一。

第一，苏共的问题和错误很严重，在某些领域和方面甚至已部分地发生了质变，但就总体而言不能说苏共早已"蜕化变质"了。至少到1989年5月中苏两党关系正常化时，邓小平并没做这样的判断和结论。邓小平在与戈尔巴乔夫会谈时，只字未提"修正主义"，恰恰相反，他在谈到过去那场争论时，却明确表示："回过头来看，双方都讲了许多空话。马克思去世以后一百多年，究竟发生了什么变化，在变化的条件下，如何认识和发展马克思主义，没有搞清楚。"并且说，至于意识形态争论的那些问题，"现在我们也不认为自己当时说的都是对的。"这就等于说，当年的那场争论在性质上并不是"马克思主义与修正主义"的斗争。最近中央批准出版的《党史》第二卷，也没有肯定当年的"反修"斗争。事实上当年的"九评"，是"左"的指导思想下的产物，我们党由"反苏修"发展到在国内揪"中国的赫鲁晓夫"，后果是很严重的。我们现在从总体上不能肯定"九评"，也不能以"九评"的立场和观点去分析、评价和看待苏共的问题。否则不仅对苏共的分析会不符合实际，而且可能导致动摇或否定我党自十一届三中全会以来的改革开放的路线和实践。

第二，对赫鲁晓夫之后几任苏共领导的问题应具体分析，不能笼统地"一锅煮"，而且应明确主要问题究竟是"左"还是右，不能含糊地归结为"苏共的蜕化变质"。苏共不同时期的领导有"左"有右，但总体看还是"左"的教条主义在长期起作用。邓小平说，"社会主义究竟是什么样子，苏联搞了很多年，也并没有完全搞清楚。"

事实上苏共的指导思想长期急于求成脱离实际，超越发展阶段。斯大林 1936 年宣布已"建成了社会主义"，1939 年提出向共产主义过渡。第二次世界大战使这一过渡中断，战后的 1952 年又恢复了向共产主义过渡的口号。赫鲁晓夫 1961 年提出要在 20 年内超过美国，基本建成共产主义社会。勃列日涅夫修改了赫鲁晓夫的估计，但仍认为已处于"发达社会主义"阶段。安德罗波夫时期改为苏联处于"发达社会主义阶段的起点"。

斯大林在 20 世纪 30 年代创立了正宗的、经典的"马克思主义的社会主义模式"，这就是"社会主义 = 公有制 + 计划经济 + 无产阶级专政"。这一模式，在历史上曾发挥过重要的作用，但由于这一模式存在严重弊端，如在所有制问题上，片面强调"单一公有制"；在体制上固守僵化的"计划经济"体制，视任何市场化改革为"资本主义"；在政治上宣扬"不受任何法律约束"的专政，严重破坏了社会主义法制，从而严重阻碍了社会主义的发展。长期来由于这一扭曲僵化的社会主义体制禁锢着人们的头脑，不仅阻碍了苏联，而且阻碍了世界其他社会主义国家的发展。赫鲁晓夫上台后做了反斯大林的"秘密报告"，平反了"大清洗"时期的一些冤假错案，试图进行改革，但并未触动这一基本体制。"全民国家"、"全民党"的口号，看上去很右，但实际上是苏共超越发展阶段搞"全面建设共产主义"的"左"的指导思想的必然产物。因为很快就要超过美国建成按需分配的"共产主义"社会了，还能不是"全民国家"和"全民党"？所以"两全"口号是"左"而不是右。赫鲁晓夫之后的几任苏共领导虽然也进行了一些改革，但直到戈尔巴乔夫上台，斯大林留下来的苏联传统的社会主义体制基本上没有触动。

不仅如此，苏共还对南斯拉夫和东欧一些国家的市场化改革，横加干涉、阻挠直至镇压。甚至对中国特色社会主义所进行的改革，苏共中央机关报《真理报》1984 年 6 月 21 日仍发表文章含沙射影地进行指责。说什么中国"出现了企图从修正主义立场解释社会主义所有制问题"、"鼓吹削弱国家调节经济发展的杠杆"的现象，"扩大私人成分孕育着严重的经济、社会和意识形态后果"，"追求民族的独特性……是危险的",等等。只是到戈尔巴乔夫后期,才突然由长期思想僵化的教条主义,跳到了彻底抛弃马克思主义、向西方思想和模式顶礼膜拜的极右立场。

不应从"南方谈话"的理论高度退回到"九评"的认识水平

邓小平在"南方谈话"中是如何汲取苏联解体的教训,为中国谋划战略对策和设计前进方向的呢?通观整个"南方谈话",不难发现邓小平虽然明确指出"中国要出问题,还是出在共产党内部","关键是我们共产党内部要搞好",但是他的关注点、他谈话的中心和重点并不在意识形态和上层建筑方面,而在经济基础、改革开放、体制改革等各个方面。他沿途强调得最多的还是基本路线动摇不得,发展才是硬道理,改革开放的胆子要大些,要敢闯敢试等。在意识形态方面,邓小平强调马克思主义是科学、要坚持社会主义,但重点放在强调解放思想、开拓创新上,他谈到"左"的危害时痛心疾首,强调中国要警惕右,但主要是防止"左",市场经济不等于资本主义,不要怕资本主义的东西多了,走了资本主义道路,要以"三个有利于"作为判断是非的标准,不要争论什么姓"资"还是姓"社"的问题。

"南方谈话"的这些思想,与"九评"那个年代强调阶级斗争要"天天讲"、在意识形态上强调"反修防修"、防止"资本主义复辟"等是完全不同的。表面看,邓小平在"南方谈话"中似乎没谈党的建设问题,但其实这恰恰正是邓小平谈党建问题的一种新方式。不过他已超出"就党建谈党建"的传统思路,而是从中国共产党作为"执政党"应如何去思考自己的"执政责任"、"执政能力"问题,包括怎样治国理政、如何抓好发展这一执政兴国的第一要务等新的"执政理念",这是一种"大党建"的思路。

传统的"党建"思路,认为最关键的是指导思想上要坚持马克思主义,才能保持党不变质,党的事业才会发展。"九评"那个年代就是这种"党建"思路,现在有些论者坚持的仍是这种思路。这种传统的党建思路当然是正确的，但却是不够的、存在缺陷的。缺陷在哪？
缺陷就在没有反映出新形势下作为"执政党"的"执政理念"应当
加强和创新，特别是没有全面反映苏东剧变以来，邓小平在"党建"
思路上的创新和发展，以及进入新世纪以来我们党在"党建"方面的
新发展和新论述。现在有些论者在谈论如何从苏联解体悲剧中汲取教
训时，一味地只是从意识形态、上层建筑方面去找原因和教训（这当
然也是对的），而对经济基础和经济体制方面的问题和原因基本不予
过问，甚至对别人重视经济问题的观点采取批评和否定的态度（这显
然是不对的），总之是沿袭"九评"那个年代的思路，是与邓小平
"南方谈话"的精神背道而驰的。

应当说，邓小平是对东欧剧变、苏联解体本质看得最透彻的人，
是为中国提出了最正确最全面的战略对策的人。"南方谈话"反映了
我党在汲取苏东教训基础上的新认识，邓小平已将传统的"党建"思
路发展成"大党建"的新思路，我们决不应从这一新理论高度，后退
到"九评"的认识水平上去。

从整体上认识把握，就应拒绝"邪路"、 "老路"，而要走"新路"

邓小平在"南方谈话"中尖锐地提出："不坚持社会主义，不改
革开放，不发展经济，不改善人民生活，只能是死路一条。"这句简
短的名言，实际上指明了社会主义面临着"三条路"——邪路、老路
和新路。苏联不坚持社会主义，走的是一条"邪路"，结果亡党亡国
了；想坚持社会主义，却不改革开放、不发展经济、不改善人民生
活，继续坚持走僵化体制的"老路"，那也是一条死路；只有既坚持
社会主义又实行改革开放，发展经济，改善人民生活，才是社会主义
繁荣昌盛的"新路"。

苏共是由长期的"左"发展到后期戈尔巴乔夫的右，这是不可否
认的客观事实。当年邓小平在"南方谈话"中讲到"左"的教训和
危害时真是痛心疾首呀！我们现在谈到汲取苏联解体的历史教训时，

对马克思主义，既要强调"坚持"，也必须强调"发展"。我们决不应忘记邓小平尖锐指出过的另一种性质的"亡党亡国"，那就是："一个党，一个国家，一个民族，如果一切从本本出发，思想僵化，迷信盛行，那它就不能前进，它的生机就停止了，就要亡党亡国。"

（原载《学习时报》2011 年 6 月 27 日）

如何看待苏共变质？

提　要

苏联"直接"毁于其执政党苏共的变质和危机。变质后的苏共陷入全面而深刻的危机，思想混乱、组织涣散、派系林立、权力丧失、民众唾弃，党内上下陷入无可奈何的境地。这样的党岂能不亡。

苏共的衰亡有个长期而复杂的过程。总体看是先"左"后右，是长期的"左"发展到后期的右，最终导致苏共变质和苏联解体。苏共的蜕变也经历了从量变到质变、从部分质变到整体质变的长期发展过程。

苏共在国内建设上长期的主要问题，与其说主要是右的修正主义，不如说主要是思想僵化和"左"的教条主义。总体看还是指导思想上看近了共产主义，低估了资本主义，高估了社会主义，忽视了封建主义，从而扭曲和僵化了马克思主义。

直到戈尔巴乔夫上台时苏共"整体上"还不能说完全变质了。苏共"整体变质"发生在戈尔巴乔夫的后期，"变质"最关键的几步是在 1990 年和 1991 年迈出的。"质变"最深刻的教训在于放弃了马克思主义、一路退让到底的"极右"。

"九评"也需要接受实践检验。苏联"红旗落地"是真，但说

"被我'九评'言中"则不实。赫鲁晓夫不同于戈尔巴乔夫的"极右",不宜简单地沿用"九评"的立场观点看待他。

苏共亡党苏联解体,归根结底是苏联人的事,中国人不必越俎代庖。我们关心并研究它,主要是为吸取教训,解决中国"怎么办"的问题,将自己的事情办好。要解决"怎么办",当然先要搞懂"怎么看",这就需要研究。前些时,笔者已就如何看待"苏联解体"问题发表过一些意见,现再就"苏共变质"问题谈些个人看法。

苏联"直接"毁于其执政党——苏共的变质和危机

"无论是世界大战,还是两大阵营的军事、经济对抗,都没能摧毁和肢解这个伟大的国家。苏联是被人从内部攻破的,是被一小撮有影响的党和国家领导人葬送的,是被反对派搞垮的。"这是当过戈尔巴乔夫助手的瓦列利·博尔金在其回忆录《戈尔巴乔夫沉浮录》中提出的看法。无独有偶,前苏共中央政治局委员、政府总理伊·雷日科夫在《改革:背叛的历史》中也提出了类似观点。他说:"我认为改革被出卖了。是我们出卖的。是设想改革的人、开始改革的人、实施和埋葬了改革的那些人出卖的。我不把自己摈除于这个过程。不过幸运的是,我没有得到机会参与下葬(注:他在苏联解体前因心脏病住院了)"。不仅如此,甚至连戈尔巴乔夫本人在其回忆录中也承认:苏联"制度本身还具有稳定性,再维持几十年是可能的"。这就等于承认,如果不是因为他错误的改革(将"改革"变成"改向"),今天苏联还依然存在。此外许多人认为,叶利钦对苏联解体应承担的历史责任也是无法推卸的。

以上说法和看法是有一定道理的,但这绝不是说苏联就是被戈尔巴乔夫等几个人搞垮的。马克思主义认为,在重大历史事件中,个人特别是关键人物起着特殊的作用,但事件深层的根源还应从"总的社会状况和生活条件中去寻找"。正如恩格斯说到1848年法国革命失败的原因时所说的:革命失败的原因"不应该从几个领袖的偶然的动机、优点、缺点、错误或变节中寻找，而应该从每个经历了震动的国家的总的社会状况和生活条件中寻找"。

苏联崩溃时"总的社会状况和生活条件"是怎样的？这必然要涉及体制和制度上的长期僵化，经济上民众长期过紧日子，政治上缺乏人民要求的民主自由，思想上对社会主义的信念从动摇已发展到崩溃，再加上当时国际国内的政治生态环境和力量对比态势都在加速着苏联解体和崩溃的步伐。在这诸多的因素中，最直接、最关键、最要命的是作为执政党的苏共自身的变质和危机。

为什么一个由列宁缔造的、有93年光荣历史、有1500万党员的大党，可以任凭总书记个人一句话，说自动解散就解散了呢？按博尔金的说法，"如果不是党遇到严重困难，不是党濒临危机状态，戈尔巴乔夫未必能在这么短的时间内彻底瓦解这个有千百万人的组织"。当时苏共的危机已很深刻，这主要表现在以下三个方面。

一是党的思想和路线混乱不堪，党已丧失了精神支柱和思想凝聚力。在接受并通过了"人道的民主的社会主义"纲领之后，苏共实际上已彻底否定了马克思主义对党的指导作用。从此，党已丧失了政治敏锐性和分辨是非的能力，已没有能力把握政治局势，已无法带领群众前进了。

二是党内特权腐败积重难返，严重脱离人民群众。党的领导人丧失威信，成为民众攻击、嘲弄、唾弃的对象。剧变期间，学者搞的一个民意调查显示：认为苏共代表全体劳动人民的只占7%，认为苏共代表工人的占4%，认为苏共代表全体党员的也只占11%，而认为苏共代表党的官僚、干部和机关工作人员的占85%。对这样的党，在关键时刻，人民群众是不会为它分忧的。

三是党的组织涣散、派系林立，连解决自身矛盾的能力也已丧失。党内联邦化、派系化加速着苏共的瓦解。在全会决定放弃党的领导地位、承认多党制之后，党实际已丧失了政权，并遭到民众唾弃。加上否定民主集中制原则后，党内一方面是派系林立，正确思想占据不了优势；另一方面是个人独断专行更加厉害。戈尔巴乔夫在其回忆录中公然承认："我担任苏共总书记一职时，我拥有的权力可以和专制帝王相媲美。"据雷日科夫回忆:"党的二十八大以后,我感觉不到政治局的存在",许多重大问题都是戈氏个人决定。足见苏共党内民主早已被戈尔巴乔夫破坏殆尽。

这样的党不仅无法领导群众前进,甚至连解决自身矛盾的能力也没有了。正如瓦列利·博尔金在其回忆录中讲到苏共中央全会的印象时所描述的:"在全会会议大厅中坐着的是过去伟大时代的一些影子,他们是否感到党和国家的崩溃已近在眼前?我想,大多数人是感觉到了。但是,在现任总书记领导下,他们已无力改变任何东西了,很多人在等待他们时代的结束。"当时苏共思想混乱、组织涣散、权力丧失、民众唾弃,上下无可奈何地看着,直到戈尔巴乔夫下令解散苏共中央委员会,宣布停止各级党组织的活动。至此党员和党的各级组织仍毫无反应,已完全麻木瘫痪了。足见苏共的危机已达到何等严重的地步!

总之,苏共作为这个国家的执政党,好比是人的大脑,对国家是非常重要的。既然它已自顾不暇完全瘫痪了,靠它支撑的这个国家也就可想而知了。果然,苏共消亡没过4个月,苏联克里姆林宫的红旗就黯然落地了。至于戈尔巴乔夫本人,他在辞去苏共总书记之后仍以"苏联总统"身份奔走呼号想挽救"联盟"免于散伙,然而丧失"苏共"作依托的"苏联总统"简直分文不值,他被人骗得当猴耍,不仅一事无成,甚至被毫无尊严地扫地出门,落得个"孤家寡人"的下场。戈氏回忆录写到此情此景是很伤感的。

苏共的蜕变是个长期而复杂量变到质变的过程

有论者说,苏共垮台苏联解体的根本原因,是"从赫鲁晓夫集团到戈尔巴乔夫集团逐渐脱离、背离乃至最终背叛马克思主义、社会主义和最广大人民群众根本利益所致"。这种笼统地将赫鲁晓夫以后的几任苏共领导"一锅煮"的简单含糊的说法,至少有两点值得商榷:一是苏共的蜕变以赫鲁晓夫在苏共二十大反斯大林为"界标",似乎此前苏共都是正确的、没有蜕变的问题,而此后苏共就突然蜕变了,这种说法是否合适?二是苏共的问题是否仅仅只是"脱离、背离乃至最终背叛马克思主义"的问题，即是"右"的问题，而根本就不存在思想僵化和"左"的教条主义问题？这两方面的判断都是不符合客观实际的，也是不利于全面正确地从中汲取历史教训的。

应当说，苏共的蜕变有个长期而复杂的过程。总体而言，苏共是先"左"后右，是长期的"左"发展到后期的右，最终导致苏共变质苏联解体。同时苏共的蜕变也经历了从量变到质变、从部分质变到整体质变的长期发展过程。这一过程不是从1956年苏共二十大赫鲁晓夫反斯大林才开始的，从历史根源上讲，有些问题是不能不追溯到斯大林时期去的。

首先，苏共党内缺乏民主，盛行封建专制个人专断，领袖权力至上，并长期实行领袖终身制，这一切的根子都在斯大林，是从他开始并遗留到苏共寿终正寝为止。20世纪二三十年代，斯大林通过党内斗争和"大清洗"，不仅确立和巩固了自己在党内的地位，而且在党内形成了对他的个人迷信，并逐渐建立和形成了这一制度。据陈之骅、吴恩远、马龙闪主编的《苏联兴亡史纲》的记载，在1937、1938年"大清洗"中，当时联共（布）党中央的139名委员中，有89人被逮捕，尔后几乎全部被枪决。在党的十七大的1966名代表中，有1108名在"大清洗"期间消失。据苏联官方提供的数字，在"大清洗"高潮的1937—1938年，被逮捕的有314万多人，按反革命等罪被判刑的共有134万多人，其中被枪毙的68万多人，而属于政治迫害的至少有250万人。由此我们就不难理解，邓小平为什么在1980年强调要吸取苏联的历史教训，他说："斯大林严重破坏社会主义法制，毛泽东同志就说过，这样的事情在英、法、美这样的西方国家不可能发生。"因此强调"中国要进行党和国家领导制度的改革"，并说："这个制度问题，关系到党和国家是否改变颜色，必须引起全党的高度重视。"按邓小平的这一认识高度，严重破坏社会主义法制绝不仅仅是马克思主义者"犯错误"的问题，而是涉及"党和国家是否改变颜色"的问题。应当说，与列宁时期不同，联共（布）在斯大林时期性质实际已发生变化了。

其次，从社会主义建设的指导思想看，苏共长期存在脱离实际超越发展阶段的思想。斯大林 1936 年宣布"建成了社会主义",1939 年提出向共产主义过渡。第二次世界大战使这一过渡中断,1952 年又恢复了向共产主义过渡的口号。赫鲁晓夫更在 1961 年提出要在 20 年内超过美国,基本建成共产主义社会。勃列日涅夫修改了赫鲁晓夫的估计,但仍认为已处于"发达社会主义"阶段。此外,斯大林 20 世纪 30 年代创立的"社会主义 = 公有制 + 计划经济 + 无产阶级专政"的模式,在历史上发挥过重要的作用,但由于这一模式存在严重弊端,后来又扭曲僵化严重阻碍了社会主义的发展。赫鲁晓夫及其以后的几任苏共领导虽然也进行了一些改革,但直到戈尔巴乔夫上台,可以说斯大林留下来的这一体制基本上没有触动。

1985 年戈尔巴乔夫上台"改革",体制上思想僵化仍显而易见。1986 年苏联通过的《个体劳动法》,允许手工业、服务业从事个体经营,但仍强调"不许经商、雇工、搞非劳动收入"。甚至还规定农民在市场上贩卖的农产品须持有集体农庄的生产证明,凡不是自己生产的即可被认为犯有"投机倒把"罪。直到 1988 年苏联理论界还认为"社会主义生产的基础和实质并不是商品生产",并批判"社会主义有计划的商品经济"的提法是右的"资产阶级理论"。苏联人民长期过紧日子的根本原因,与其说是苏共"脱离、背离乃至最终背叛马克思主义",还不如说是教条主义太盛、思想太僵化、没能与时俱进地发展马克思主义。

总之,苏共在社会主义建设实践中的问题和教训很多,但总体看主要问题还在总的指导思想上。这就是看近了共产主义,低估了资本主义,高估了社会主义,忽视了封建主义,从而扭曲和僵化了马克思主义。这就是说,长期以来苏共在国内建设上的主要问题,与其说主要是右的修正主义,不如说主要是思想僵化和"左"的教条主义;与其说苏共是早就从整体上"蜕化变修"了,不如说直到戈尔巴乔夫上台时还不能说从"整体上"完全变质了。

苏共的"整体质变"发生在戈尔巴乔夫的后期

戈尔巴乔夫的改革,总体看在其开始的头三年里,还没有脱离

"完善社会主义"的目标范围。1986年2月他在苏共二十七大的政治报告中仍指出,苏共是政治先锋队,党的各级委员会是"政治领导机关",并明确提出"发展和巩固社会主义、有计划地和全面地完善社会主义,使苏联社会继续向共产主义迈进,依然是党的基本方针"。在谈到同社会民主党的关系时,戈仍坚持了共产党的原则立场。他说:"共产党人和社会民主党的分歧是深刻的,经验和成就也不相同,不可等而视之。但是,不带偏见地彼此了解对方的立场和观点……是有好处的。"

然而两年之后,即1988年6月底苏共召开了第十九次全国代表会议之后,情况就发生变化了。这次会议决定将"改革的主阵地"从经济领域转向政治领域,特别是提出"一切权力归苏维埃",要把"党的机关和国家机关的职能严格分开",从此,党的地位开始迅速发生变化,即从过去的"以党代政、党包揽一切"这个极端,走到了"放弃党对国家和社会领导"的另一个极端。特别是1990年2月苏共中央全会,决定承认多党制,并同意修改宪法第六条有关苏共领导地位的规定之后,苏共丧失了对国家和社会的领导地位,在国家政治生活中的地位和作用变成了一般群众性组织,整个局势就急转直下了。

如果说1989年是"东欧年",这一年11月柏林墙被推倒,标志着东欧社会主义政权纷纷崩溃,那么1990年是苏联改革加速"转向"和苏共加速"质变"的一年。1990年1月苏共党内开始出现有组织的反对派——"民主纲领派",他们主张根本改变苏共的性质。2月4日莫斯科发生20万人大游行,要求将多党制写进宪法,取消宪法第六条关于苏共领导地位的规定。次日开始举行的苏共中央全会,在党内党外双重压力逼迫下,会议很快就全盘接受了民主派游行中所提出的各项政治要求。紧随这次全会之后,3月召开的苏联第三次非常人代会,立即通过了取消苏共领导地位的决议,从而把党和国家分开,国家不再从属于任何政党,于是苏共不再是国家事务的决策者和领导者了。

尽人皆知,苏联虽有15个加盟共和国,但俄罗斯是其主体。1990年6月,俄罗斯联邦通过了"主权宣言",同时俄罗斯共产党也宣布成立，这实际上等于带头"独立"出来，将"苏共"和"苏联"架空了，苏联和苏共的解体就只是时间问题了。同年7月，苏共二十八大通过了《走向人道的、民主的社会主义》的纲领性声明和新党章；同时俄罗斯联邦政府又提出向市场经济过渡的激进的"500天计划"。于是，戈尔巴乔夫开始改革时所标榜的"完善社会主义"的改革目标就荡然无存了。

1991年6月，叶利钦当选俄罗斯联邦总统，加强了他与戈尔巴乔夫抗衡的地位，克里姆林宫出现了"两个主人"。后来叶利钦进一步"向苏共开刀"，于7月签署了国家机关"非党化"命令。这意味着苏共继法律上丧失了对国家机关的"领导权"之后，又进一步丧失了在国家机关中的"活动权"。虽然苏共中央政治局就此发表声明表示"谴责"，但这是无济于事的。

1991年8月19日，苏共党内试图维护苏联联盟体制、避免苏联解体的一批政治骨干发动了"8·19事件"。由副总统亚纳耶夫为首的8人组成了"紧急状态委员会"，企图取代戈尔巴乔夫使国家摆脱危机，但这一被称之为"在悬崖边上挽救苏联的最后尝试"，只存在了3天就失败了。

"8·19事件"失败后的一周之内，叶利钦宣布停止苏共在俄罗斯联邦的活动并没收其财产归国家所有。戈尔巴乔夫在8月24日宣布辞去苏共总书记职务，并"建议苏共中央自行解散"。25日苏共中央书记处发表声明，宣布"接受自动解散苏共中央的决定"。27日苏最高苏维埃通过决议停止苏共在全联盟的活动。作为执政党，成就和威信是要靠一天一天日积月累地建立起来的，但若要垮起来，一周甚至一天就够了。快得很呀！教训极其深刻。

"九评"也要接受实践检验，赫鲁晓夫不同于戈尔巴乔夫

历史研究，必须坚持将实践作为检验真理的唯一标准，与时俱进地站在时代高度去看待历史事件和过去的结论。20世纪60年代的国际共运"大论战"和我们党发表的"九评"，尽管非常具有权威性，

在历史上影响很大，但是它毕竟已过去近半个世纪了，因此必须接受实践的检验。当年的结论和看法是否站得住，一是要根据事实说话，二是要根据实践检验的结果。我们决不能简单地、不加分析地搬过来作为今天的"认识标准"。否则会颠倒黑白混淆是非。

党的十一届三中全会以来，邓小平以"回头看"的方式对"大论战"和"九评"进行了总结反思，提出了明确的新认识和基本看法。邓小平认为，"大论战"实际上包括了两个不同性质的问题，一个是党和国家关系上反对"老子党"和"指挥棒"的问题，一个是意识形态上的争论问题。在前一问题上，我们是"反对得对了的"；在后一问题上，双方都"讲了许多空话"，今后不能再搞了。这就是说，邓小平只肯定了我们反对苏共"老子党"和"指挥棒"的正确性，而对意识形态争论，其态度是基本否定的。

不仅如此，邓小平还用"回头看"的方式深刻地总结了我们党参与"大论战"的经验教训。他1983年在会见澳共马列领导人希尔时，曾深刻指出："大论战我们发表了九篇文章，这些工作我都参加了。从现在的观点看，好多观点是不对的。我们的错误不是在个别观点，个别观点上谁对谁错很难讲。应该说，我们的许多观点现在看还是很正确的。我们的真正错误是我们根据中国自己的经验和实践来论断和评价国际共运的是非，因此有些东西不符合唯物主义和辩证法的原则。"1989年5月邓小平就中苏两党关系正常化与戈尔巴乔夫举行会谈时，又明确表示："经过二十多年的实践，回过头来看，双方都讲了许多空话。马克思去世以后一百多年，究竟发生了什么变化，在变化的条件下，如何认识和发展马克思主义，没有搞清楚。"并且说，至于意识形态争论的那些问题，"现在我们也不认为自己当时说的都是对的"。这就等于说，当年的意识形态斗争，论性质并不是什么"马克思主义反对修正主义"的问题。此外，胡耀邦（时任中共中央秘书长）早在1979年第五次驻外使节会议上就提出："过去我们说苏联复辟了资本主义，社会制度变了，现在回过头来看，可能我们那个时候研究得不成熟，提出的理由不充分。这个说法必须重新考虑。我们必须把苏联统治集团奉行的政策同它的社会制度区别开来。不然我

169

们在外交政策方面和理论方面就站不住脚。"

后来，我们党通过全面的总结反思，对"三个世界划分"的理论、对"一条线、一大片"的战略都作出了重大调整。在党际关系上，我们党不再将许多共产党视作"修正主义党"，并与东欧等社会主义国家的执政党实现了党和国家关系的正常化，直至与苏共也实现了关系正常化。这一切表明，我们党从思想认识到政策实践都已否定和纠正了"九评"那种"反修"的立场和观点，与时俱进地站在新的时代高度来重新看待和对待过去的事情了。

然而在学术界和理论界，至今仍有论者实际上还是从"九评"的"反修"立场出发去思考和看待问题。1991 年克里姆林宫红旗落地后，国内就有人说这"被'九评'言中了"。其实"九评"站在坚持"以阶级斗争为纲"的立场上批判"修正主义"，对苏联和南斯拉夫当年为搞活经济所采取的一些措施进行了全面的批判，甚至把企业要注重利润，向国外学习管理经验，向国外贷款和取得援助，经理"控制"企业，企业间可以竞争，允许私人工业、商业、服务业等存在，统统斥之为"复辟资本主义"，实际上是反对社会主义进行任何改革开放。照"九评"的路线和观点去做，苏联解体的悲剧不仅不可能避免，而且还会否定我们党新时期以来的改革开放的理论和实践，从总体上是不能肯定"九评"的。因此应当说"苏联红旗落地"是真，但说它是"被'九评'言中了"则不实。

今天如何看待苏共二十大和赫鲁晓夫，不应以"九评"的立场和观点为标准，而应以客观事实为依据、以实践作为检验真理的唯一标准。实际情况很复杂，必须坚持具体问题具体分析。总而言之，赫鲁晓夫不同于戈尔巴乔夫完全抛弃马克思主义的那种"极右"，继续沿用"九评"的立场和观点，将其视为"修正主义头子"和苏共"蜕化变质的源头"，未必合适。

（原载《学习时报》2011 年 8 月 29 日、9 月 5 日）

苏联解体："进步"还是"灾难"？

题注：苏联解体是"历史灾难"这是确定无疑的。但正如恩格斯所说："没有哪一次巨大的历史灾难不是以历史的进步为补偿的。只有活动方式在改变。"多年来，俄罗斯以自己特殊的方式在治愈着苏联解体而造成的巨大伤痛。虽然道路是曲折漫长的，但俄罗斯不会因此而"永远翻不过来"，这也是肯定的。

对苏联解体的性质和后果，有人说是"进步"，有人说是"灾难"，我看还是相信俄罗斯"过来人"的亲身感受更可靠一些。俄罗斯普京 2000 年 2 月在竞选总统时引用了俄家喻户晓的一句名言："谁不对苏联解体感到惋惜，谁就没有良心；谁想回到过去的苏联，谁就没有头脑。"他后来又多次强调，苏联解体是全民族的"重大悲剧"，是 20 世纪最大的"政治灾难"。

一、剧变后果：世界社会主义与人类文明成果均受损害

对苏联解体的评估和态度，世界不同倾向的人们看法是大相径庭的。西方的鹰派和反共势力是兴高采烈、弹冠相庆的。有资料说，美

171

国为消灭苏联体制曾拨出了 1 万亿美元，苏联的顷刻崩溃岂不正合其意，美国鹰派能不高兴吗？至于对世界广大发展中国家和进步人类来说，感受就不同了，多数人不乏忧虑，因为苏联解体之后的世界，未必会比过去更稳定、更和平、更安全。近 20 年来，从巴尔干到西亚、再到北非，战事没有间断过。从朝鲜半岛到南中国海，也并不是风平浪静的。

从世界历史的角度看，苏联解体不仅世界社会主义遭受严重挫折，而且对世界进步和人类文明的发展也是不利的。20 世纪的社会主义，尽管不尽如人意，出现过各种问题，遭受过严重挫折，但完全可以说，没有社会主义就没有世界的今天，从一定意义上讲，也没有当代的资本主义。社会主义的辉煌成就是不可抹杀的，它对推动人类文明进步是功不可没的。这么说是有根据的：

一是，20 世纪社会主义的发展，维护了世界和平，极大地改变了世界的格局。在 20 世纪上半叶短短二三十年内，资本主义就使人类蒙受了两次世界大战的灾难。社会主义运动的兴起和发展，极大地鼓舞了世界被压迫民族和人民的斗争，为埋葬野蛮的殖民体系、法西斯制度发挥了巨大的作用。第二次世界大战后，在世界社会主义运动的鼓舞下，民族解放运动的浪潮一浪高过一浪，先后有 100 多个国家获得独立，使殖民主义和帝国主义经营了几个世纪的殖民体系终于彻底崩溃。人类文明和国际社会在 20 世纪的这一重大进步，是与社会主义的诞生和发展密不可分的。

二是，社会主义运动的发展逼得资本主义也必须进行改良，促进了人类文明的进步。资本主义 1929 年大危机之后，特别是二战后，逐步建立起较完备的"现代资本主义"体制，这在一定程度上是参考借鉴了苏联社会主义计划经济等做法，加强了国家对经济的干预，在市场经济这只"看不见的手"之外，增加了国家干预这只"看得见的手"，从而使自由资本主义进入了"现代资本主义"。社会主义国家为资本主义改良和自我调整提供了参照体，在工人运动推动下，资本主义普遍建立了社会福利和保障体系，从而促进了社会的进步；反过来，资本主义社会的这种进步，又为社会主义提供了参照体，社会主义又从资本主义吸收借鉴了市场经济的体制和机制。这种互鉴互动，有利于新形势下世界社会主义事业的发展和人类文明的进步。1965 年，资本主义国家在美国费城召开过一次震撼全球的"世界资本主义大会"，为了学习社会主义国家的长处，克服自身发展的困难，发表了《资本家宣言》，该宣言提出："借鉴社会主义人民当家做主的经验，实现股份制的人民资本主义；借鉴社会主义福利制度的经验，实行从生到死包下来的福利资本主义；借鉴社会主义计划经济的经验，实行国家干预的计划资本主义。"① 因此，从一定意义上讲，没有社会主义就没有现代的资本主义。

三是，苏联社会主义"建设没搞好"，不能归之于"革命不该搞"。近年来，有人把苏联解体崩溃的原因往列宁和十月革命身上推，说什么十月革命根本就不该搞，苏联社会主义是"先天不足的早产儿"，命里注定就该死。这种观点不仅否定苏共和苏联社会主义建设，而且要否定十月革命、否定整个当代社会主义的历史必然性。有人说，十月革命是"暴动"或"政变"，但又说几乎没流血，简直一无是处。我认为，不管十月革命的具体历史细节是什么样的，让历史专家去考证好了，但是无论具体细节是什么样的，它绝对影响不了人们对十月革命本身所具有的历史意义及其伟大影响的认识。因为从世界历史的全局看，十月革命才是全球近代史的终结和现代史的开端。有人将苏联建设中的所有问题，统统归到十月革命的头上，这是徒劳的。革命与建设，一码归一码，革命是革命，建设归建设。革命胜利后出现的一系列严重问题，主要是"建设没搞好"，不能归之于"革命不该搞"。

四是，苏联解体并不是社会主义的终结，中国特色社会主义开创了"柳暗花明"的新局面，又为社会主义增添了新选择、新希望。在苏联解体后曾经宣扬人类历史将以"华盛顿共识"为终结的美国日裔学者弗朗西斯·福山，在国际金融危机爆发后的 2009 年，反过来肯定"中国模式"，称"中国模式"为"负责任的权威体制"，并认为

---

① 卞洪登：《资本运营方略》，改革出版社 1997 年版，第 227 页。

这种模式"也许会超过西方模式"。此外还有不少西方学者从不同角度赞扬"中国模式"。譬如《中国统治世界》一书的作者英国学者马丁·雅克认为,"中国的制度"不会统治世界,但会"坐上世界优秀文明前列的位置"。《大趋势》的作者美国未来学者约翰·奈斯比特,2009年写了一本新书《中国大趋势》,提出中国模式的十大趋势,认为"中国在创造一种崭新的社会、经济和政治体制",它"将以难以令人置信的力量影响整个世界"。英国发展问题专家库伯·雷默认为,中国模式的总特征是"权威式的管理与市场经济体制的结合"。德国社会学家韦尔策认为,"中国模式甚至有可能成为比西方模式更具魅力的模式"。西方学者对中国模式和发展道路的赞扬,不能不说是对中国特色社会主义成就的一种肯定,这说明社会主义的处境与十年前相比是大不一样了。社会主义中国虽然还面临着许多严峻的问题,前进的道路将是艰辛曲折的,但前途是光明的。

二、"解体"与"转轨":俄罗斯人有不同感受和体验

从俄罗斯这些"过来人"的切身感受看,现在多数人对苏联的解体是"感到惋惜"的。2004年普京谈到苏联解体时,曾公开表示,"我深深地相信,苏联解体是全民族的重大悲剧"。他说解体过程中,"大多数公民一无所获",当时存在的问题"本可以在一个国家框架内在新的基础上加以解决的"。2005年,普京在发表国情咨文时又强调:"苏联解体是20世纪最大的政治灾难。"

1. 对"解体"俄罗斯人普遍感到"惋惜"

除了上层官员到下层民众表示惋惜外,俄罗斯许多著名的当事人,对国家解体也是百感交集,十分痛心的。完全可以说,苏联这个世界大国的"解体"和"崩溃",已成为俄罗斯人心中"永远的痛"。人们知道,东欧剧变与苏联解体时发生了两个重大的事件,一个是东德的"柏林墙被推倒",另一个就是苏联的"8·19事件",前者推动了东西德迅速统一,后者推动了苏联加速崩溃。但是现在人们对这两件事情的评价似乎很不一样了。对"柏林墙被推倒",德国人还是欢

庆肯定的，但是对苏联的"8·19事件"俄罗斯人却是五味俱存，态度已明显地发生了变化。

从前的主流倾向是对"8·19事件"持反对和谴责立场的人较多，并视其为"反民主的政变"，现在转向同情和支持"8·19事件"的人变多了，并且惋惜这一事件没有取得成功，否则，今天的俄罗斯完全是另外一个样子了。因此，许多人对"8·19事件"的态度，在明显地发生转变：从前叶利钦被推崇为反"政变"的"领袖"和"英雄"，他被"民主派"簇拥着站到议会大厦前的坦克上发表演讲，庆祝"民主的伟大胜利"，从此叶的地位骤然上升，迅速取代了"苏联法定总统"戈尔巴乔夫，而成为"克里姆林宫的真正的主人"。当时尽管戈尔巴乔夫还想阻止"联盟散伙"，但在叶利钦等人的密谋下，解体已在暗中谋划，并且是势不可挡了。

经过这些年的反思之后，现在俄罗斯人从切身感受中改变了"是非观念"，"好坏对错"的标准似乎在掉转过来：多数人反对并憎恨造成苏联解体的那些人，而同情和支持企图阻止苏联解体而发动"8·19事件"的人。由于这一事件当时并没能取得胜利，现在人们是"庆祝"还是应"惋惜"它的失败呢？心情是非常矛盾和复杂的。因此每年的"8·19事件"之际，变得越来越冷清了。但是俄罗斯许多著名的当事人，在媒体面前仍毫不隐讳他们对国家解体的痛心和惋惜的态度，观点是非常明确的。例如：

时任苏联国防部副部长兼陆军总司令的瓦连尼科夫，如今仍是活跃在政坛的国家杜马议员，他说：苏联如果还没有解体，"那么这将是一个非常美好的国家！我不排除国家将会转向资本主义——两者之间并不妨碍。我们的错误只在于白白地流血了。我上过三次法庭，每次都被判无罪。我并不后悔，戈尔巴乔夫才应该感到后悔，他当时在克里姆林宫清楚地知道，阴谋家们都集中在别洛韦日森林，当时就应该将这些叛徒抓起来。"

1991年担任苏联国防部长、现任俄国防部顾问的亚佐夫说："如果苏联不解体，苏联将是一个非常强大的国家。我的遗憾只在于，国家灭亡了，只剩下断壁残垣。"

1991 年担任苏共领导人的舍宁认为：苏联如果还没有解体，"国家将不会出现妓女和贪污腐败，也不会有贫穷和战争。遗憾的是，我们当时没有采取更坚决、更强硬的手段。我们有可能以付出极大的牺牲来挽救国家，但我们却没有做到这一点，而由于我们失败所付出的代价却是无法估量的。"

1991 年担任苏联国防委员会副主席的巴克拉诺夫指出：如果苏联还没有解体，"国家就不会失去 1 亿同胞，南西伯利亚也不会划归哈萨克斯坦，克里米亚半岛的黑海沿岸仍将属于我们。我们的国家也绝对不会（像现在这样）成为能源的附庸国。我的遗憾在于，像戈尔巴乔夫、谢瓦尔德纳泽、雅科夫列夫这样的叛徒竟然能够篡夺苏共中央政治局的权力。我真后悔当时没打破他们的脸。"

戈尔巴乔夫本人在回忆录中也对苏联的解体深感后悔，但是失去苏共作依托的"苏联总统"已是"孤家寡人"，无力阻止叶利钦他们在"别洛韦日森林"策划的分裂阴谋，所以戈尔巴乔夫也不得不承认其"改革是失败的"。

另据报道，甚至连苏联解体的直接策划人——俄罗斯首任总统叶利钦，2006 年 12 月 7 日曾特地就苏联解体、独联体成立 15 周年回答《俄罗斯报》记者的提问，也公然承认，他本人"也在某种程度上怀念苏联"。但是他接着强调的是苏联不得不解体的各种"客观原因"，以及辩解说成立"独联体"是不得已的"办法"。[①]

2. 对"转轨"俄罗斯人的体验不尽相同

前面我们概述了俄罗斯人对"解体"的感受和体验，但人们对"转轨"的感受和体验是不尽相同的。值得注意的是，俄罗斯人将苏联"解体"与所谓"转轨"（即"放弃斯大林体制"）是区别开来的。对前者表示"惋惜和后悔"并不意味着希望回到斯大林时代去过原来那种生活。

俄罗斯人由于对国家从原来的世界强国，跌落成现在的世界二三

---

① 据《人民日报》驻俄罗斯特约记者韩庵、穆二青和《环球时报》记者张楠伊 2006 年 12 月 8 日的报道。

流国家，许多人有"失落感"。如果至今苏联还没有解体的话，大多数俄罗斯人是决不会赞成解体了，这就是说，20年前苏联解体这种事是不会再发生了。所以苏联解体带有很大偶然性，是当时那种特定情况、特定条件下的产物，离开了当时那些具体条件，苏联解体不了。

但是，苏联作为大国的"解体"，与它究竟采取什么样的政治经济体制和制度，是两个不同的问题。就后一问题来说，即所谓放弃"斯大林体制"问题来说，多数俄罗斯人并不一定后悔，也就是说他们并不希望回到斯大林时代去过原来那种生活。千万不能将这两个问题混淆起来，以为俄罗斯人多数不赞成苏联解体，就是仍然主张或希望过从前那种"社会主义"生活。这完全是不同的两回事。

在一般俄罗斯民众的眼里，斯大林实际上是强国、公正、秩序的象征，但斯大林在内政上却仍然是"暴君"和"独裁"的形象，人们肯定其前面那些正面的形象，却仍然难以消除其后面这些负面的形象。俄罗斯民众，大多数是从"强国主义"、"民族主义"的视角肯定和评价斯大林的，而不是以马克思列宁主义、科学社会主义为标准来评价他的。斯大林模式最大的问题是对人权的践踏，这与社会主义的宗旨、目标、原则是绝对背道而驰的。重评斯大林、肯定斯大林，虽然反映出俄罗斯人的怀旧心情，但并不意味着俄罗斯人愿意恢复苏联的经济和社会政治制度。经过十几年的社会转型，俄罗斯市场经济体制和民主政治框架基本确立，任何走"回头路"的尝试在俄罗斯都是不可能的，在当前的"梅普时代"甚至今后时期，俄罗斯不会倒退到斯大林时代去。对此应当有基本认识和估计。

俄《真理报》2004年刊登了俄共主席根·久加诺夫为纪念斯大林诞辰125周年撰写的文章，曾经提出，我们必须牢记，苏联的遗产应该成为坚定地向前奋进的基础，但"决不是要重复老的、已经走过的道路"。久加诺夫算是俄罗斯思想比较守旧的政治人物，在苏联解体20周年之际，俄共召开的十四大上，他对解体原因和教训的反思仍然缺乏深度，还不能正视历史，但是他也强调"决不重复老的、已经走过的道路"。

普京更强调，"谁想回到过去的苏联，谁就没有头脑。"历史是不能假设的，过去的事情是无法再挽回了。已经解体的苏联要重新走回头路，简单地恢复到从前的苏联是绝对不可能的事。但是俄罗斯人今后还要往前走，历史还要向前发展，前途会怎么样呢？看来，俄罗斯人以及曾在苏联生活过的国家和民族，在新的条件下也许会在一定条件下探索出新的联合的办法和道路，但现在对此谁也说不清。

三、前途选择："特殊道路"与"脱意识形态思考"

关于俄罗斯的前途现在有好几种说法，俄罗斯共产党还在争取社会主义的前途。1995 年 12 月在俄罗斯第二届杜马选举中俄共曾在总共 450 个席位中取得 157 席，占 34.88%，成为俄议会第一大党。在 1996 年 6 月举行的总统选举中久加诺夫得票 31.92%，仅比叶利钦（34.96%）差 3 个百分点，在 7 月举行的第二轮选举中输给了叶利钦。这是剧变后俄罗斯共产党最辉煌的时期。现在俄议会中虽仍维持第二大党的位置，但与第一大党统一俄罗斯党相差很悬殊，与第三、四大党议席非常接近。俄共党员人数锐减，曾有党员 50 万，现减为 15.4 万，而且党员老化，平均年龄达 58 岁。在此情况下，现在俄罗斯国内关于国家前途选择的看法，比较流行的说法大体上有这样两种：一种叫走"特殊道路"（既不是资本主义，也不是社会主义），一种叫"脱意识形态思考"（国家的道路和前途）。

1. 走"特殊道路"？

苏联解体后，俄罗斯不可能再回到"斯大林模式"上去了，这是肯定无疑的，但这决不能简单地理解为俄罗斯就此完全"抛弃了社会主义"而选择走西方"资本主义道路"了。决不要在"斯大林模式"与"社会主义"之间画等号，似乎只要是反对、抛弃了"斯大林模式"，就等于是反对和抛弃了"社会主义"，这种逻辑是非常荒谬的。看来，俄罗斯人现在越来越多地主张走俄罗斯的（非资非社的）"特殊道路"。

据俄罗斯一个学术机构——列瓦达中心所作的一次调查说，现在俄罗斯人对西方的态度发生了变化，主张不要照抄西方，而要走俄罗斯"特殊道路"的人越来越多。这个调查是 2007 年作的，调查说六年来，不认同西方价值观的俄罗斯人显著增多，赞同"特殊的俄罗斯之路"的人所占份额由 53% 上升至 74%。作为对比，在 2001 年 3 月的民调中，对于"您希望俄罗斯成为怎样的国家"一题，人数最多的受访者（34%）回答说"就像西方那样"，拥有市场经济、私人财产、民主制度等，只有 27% 的受访者希望俄罗斯成为独特体制的国家。

根据这次调查，大多数国民（74%）认为，俄罗斯是拥有独特发展道路的"欧亚国家"。一位受访者的话反映了这部分人的心声："俄罗斯有必要成为欧亚的一部分而趋之若鹜吗？为何要拼命挤进那个总是躲避和害怕我们的家庭呢？"

调查显示，按照"西方原则"运转的世界上，大多数俄罗斯人觉得阴险，怀有敌意。42% 的人把西方国家看作俄罗斯的伙伴，"如在打击犯罪、恐怖主义，防御生态灾难领域"。但 46% 的人视西方为"俄罗斯的敌人，总想借俄罗斯解决自身问题，然后适时损害俄罗斯的利益"。

不过，俄罗斯人对欧盟的态度远比对美国好，虽然 20% 的人只是因为欧盟可以在国际舞台上制衡美国才喜欢它。总体上，对欧盟抱有好感的人占 65%。36% 的人认为美国是俄罗斯的主要对手。对美国持积极态度的人则占 52%，其中大城市居民所占比重较大。

最近，俄罗斯人对独联体命运的看法也产生转变。前苏联共和国一体化的支持者明显少于"俄罗斯不干涉邻国内政"的支持者（60%）。32% 的人坚决主张采取对抗别国在前苏联地区影响力的政策，还有 1/3 的人认为必须通过让未获承认的共和国加入俄罗斯来解决它们的问题。

列瓦达中心负责人列夫·古德科夫表示，俄罗斯人对"特殊道路"的青睐，首先是"俄罗斯日益增长的民族孤立主义的证明"，"同时还体现出对外部世界的恐惧，在获得外界认同方面的受挫感以及自卑情结"。他认为，"人们希望重现苏联昔日在世界上的辉煌"。此外，还可以发现某种规律：对西方的高度好感与某种距离感、排斥感并存。古德科夫说：现在"主张走'特殊道路'的俄罗斯人通常并不清楚这条路到底是什么样子"。

2. "脱意识形态思考"？

人们总是习惯于从俄罗斯未来走"社会主义"还是走"资本主义"道路的角度去看待俄罗斯的前途和未来。但实际上还有一种"脱意识形态思考"前途问题的倾向。最近《环球时报》的记者们就从这一角度报道和看待俄罗斯，给人印象是新颖的，而且讲得也很有些道理。看来俄罗斯已经挣脱了思考国家道路的意识形态角度，"主义"的探讨在这个国家失去市场，"脱意识形态思考"俄罗斯的道路和前途问题，已成为一种值得注意的新倾向。推动这一倾向发展的原因和理由是很充分的。

俄罗斯真是世界上很独特的一个国家，它既不"西方"也不"东方"，甚至很难定义它是"发达国家"还是"发展中国家"。《环球时报》文章说，"在中国，人们经常拿过去的苏联做尺子去衡量"，一些人试图证明"苏联解体是俄罗斯永难摆脱的灾难"，还有一些人想证明相反的结论："苏联解体是对俄罗斯的真正解放"。但如果从这样的视角看俄罗斯，完全不得要领。真实情形是，这个资源丰富得难以想象的国家，这种丰富可以帮它度过"任何灾难"。① 我认为苏联解体的性质和后果，不是"进步"，而是"灾难"，这一点是肯定无疑的，理由已在前面陈述过了。但《环球时报》文章所提供的新视角也是正确有新意的，你不能不分青红皂白在什么情况、什么问题上都要去问个姓"社"姓"资"，似乎苏联解体之后就"永世不得翻身"了，永远地灾难下去了，绝对不能这么看问题。

苏联解体是历史灾难这没有错，但正如恩格斯所说的："没有哪一次巨大的历史灾难不是以历史的进步为补偿的。只有活动方式在改变。"② 从历史的长河看，苏联这场剧变只是一个短短的插曲，经过这场"政治地震"，历史经历了曲折，人民经受了锻炼，社会终将会向

---

① 《环球时报》报赴俄罗斯特派记者胡锡进、何申权报道：《脱意识形态看俄罗斯》，第2560期，2011年10月15日。
② 《马克思恩格斯全集》第39卷，人民出版社1974年第1版，第149页。

着更健康的方向发展，但道路将是曲折漫长的。

俄罗斯的家底比中国厚实得多，资源丰富是俄罗斯的本色。苏联时代商品匮乏是出了名的，今天回过头去看，当时什么都买不到令人难以理解。今天的俄罗斯是典型的资源性国家，这一点甚至比苏联时期更突出。苏联时期大量生产自己的汽车，如今苏联的消费工业被打得七零八落，"伏尔加"、"拉达"已在莫斯科、圣彼得堡街头很难见到。在莫斯科的大商店里，卖的都是西方名牌，俄罗斯消费工业退化由此可见一斑。俄罗斯的重工业也不及苏联全盛时期，苏联重工业和军事工业的战略使命是与美国全面竞争，它的工艺虽然粗糙，但自成一体功能全面，总量也在那里摆着。今天的俄罗斯不再具有全面与美国抗衡的雄心，重工业的有所萎缩也是必然的。

但俄罗斯的能源工业却不断繁荣，达到历史巅峰。俄罗斯2010年石油出口收入达到1290亿美元，天然气出口收入达到435亿美元，大大超过苏联时代。苏联解体前的20世纪80年代后期，石油一桶只卖十几美元。俄罗斯的国家福利，基本上依靠卖能源及其他资源。俄罗斯联邦政府的预算，包括对民众的福利预算，依据的是本财政年度的国际油价。比如，2010年度的国家预算，是以油价80美元一桶为标准制定的。换句话说，国际油价越高，俄罗斯政府和老百姓的日子就越好过。西方一直有一种说法，苏联就是上世纪80年代的超低油价搞垮的。西方分析人士宣称，如果再来一个超低油价周期，那么当前的俄罗斯也将垮掉。然而这种预期被认为是少数西方人的一厢情愿，当前世界的主流分析认为，超低油价的时代不可能再回来了。

俄罗斯的其他资源也丰富得令全世界羡慕。在乌拉尔山以东1200多万平方公里的土地上，只生活着3000多万人。这是什么概念？这就是说，在比中国全国领土总面积还多出近300万平方公里的土地上，只有大体相当于中国黑龙江省一个省的人口，而那里不仅覆盖着一望无际的原始森林，还蕴藏了俄罗斯的绝大部分石油和天然气资源。俄罗斯政府一直强调调整经济结构，加强制造业在俄罗斯经济中的分量，改变出口资源进口消费品的"不合理结构"，但这种调整基本上见不到什么效果，分析人士认为，因为这种调整缺少现实的动力。

《环球时报》文章说，俄罗斯可以因"万事不求人"而带来了对外的"强硬"，这也是有几分道理的。有人说，"俄罗斯是可以不进口任何东西就能生存的大国"，这使它可以"万事不求人"，而万事不求人又造成它的外交强硬，因此俄罗斯从来就没有真正对外开放过，也因此从来就没有真正穷过，也没真正现代化过。地大物博本身就是俄罗斯的力量，这种力量帮俄罗斯在历史上击败了拿破仑，也击败了希特勒，它还帮助俄罗斯基本治愈了苏联解体这一巨大的内伤。

苏联的最后几年和解体后的最初几年，莫斯科在外交上很软弱，祈求西方援助。而转眼之间，俄罗斯成了外汇储备大国，又开始向世界"翘鼻子"了。向外卖资源，它价比三家，态度强硬。在对东欧卖天然气方面，因为价格原因，或者政治原因，俄罗斯都敢突然断气，冻东欧国家几天。在政治上，俄罗斯也一点不含糊。它教训格鲁吉亚，打了就打了，西方爱说什么说什么。普京批评美国，经常使用令西方吃惊的措辞。它的军力大大下降，但把旧航母、旧战略轰炸机修葺一新，不断出入西方国家的"敏感区"。在北极问题上，俄的姿态很突出。跟英国、美国打"间谍战"，它都不含糊。俄罗斯尤其把日本当成一个软柿子，不断捏来捏去。俄领导人登南千岛群岛，战略轰炸机围着日本绕圈，都像是有意做出来的。

《环球时报》文章认为，俄罗斯或许会成为"大一号的加拿大"，但我总觉得俄罗斯仍有自己的特色，特别是在政治体制上不可能照抄西方。资源型国家未必都是穷国，比如加拿大、澳大利亚都属资源型国家，但经济及文化很发达。有人认为，俄罗斯如果发展顺利，或许有机会成为"大号的"加拿大和澳大利亚。但这只是一种推测，加拿大和澳大利亚都是欧洲移民建立的国家，而俄罗斯文化"土生土长"，它不断影响周边，反过来也受周边各种影响。这个国家虽然建立了民选制度，但它对西方民主的接受并不完全，集权主义至今在俄罗斯有广泛影响。各种因素在这个国家竞争。它有了政党竞争和一人一票，但权威彻底分散化在这个国家并没有发生，普京和梅德韦杰夫的合作、特别是普京获得的权威，在地道的西方政治条件下几乎是不可能的。

　　俄罗斯显然已经挣脱了思考国家道路的意识形态角度，"主义"的探讨在这个国家没有市场，普京的权威，军事工业受重视，强硬外交，选举中统一俄罗斯党一党独大，这些都似乎围绕着它是一个地广人稀却又民族复杂的大国，保持统一和守护资源都有一定难度展开的，民主政治同俄罗斯的文化传统，以及它的现实需求很复杂地搅在一起，某种妥协是必然的。四年前普京离开克里姆林宫时，很多分析认为他很可能四年后重新回来。不久前普京宣布参加俄罗斯总统2012年的选举，这意味着未来十几年，普京路线将继续主导俄罗斯。那么普京路线是否会得到历史的肯定，围绕它形成俄罗斯相对稳定的国家发展道路呢？这个问题将是未来国际政治中最有吸引力的悬念之一。

　　我认为，实践证明，传统的斯大林社会主义模式（即苏联搞社会主义的那套具体方法）是失败的、走不通的，俄罗斯绝不可能再走回头路。但是新的"社会主义出路"在哪里？又很渺茫。因此，目前对俄罗斯来说，挣脱意识形态束缚，别管它什么"主义"，首要的是从俄罗斯的实际出发，把俄罗斯振兴起来，重振大国雄风，让百姓过上有尊严的好日子，这是目前俄罗斯人所期盼的事情。因此近年来，什么"特殊道路"、"脱意识形态思考"俄罗斯前途的倾向时兴起来，这是合乎逻辑的事情。俄罗斯靠的是极丰富的资源支撑国家的发展，"万事不求人"带来了俄罗斯的特立独行的强硬。由于普京采取既不同于激进派的自由主义，又不同于传统僵化的社会主义，而强调要振兴俄罗斯，从而形成了在西方民主基础上有俄罗斯特色的"新权威主义"，加上国际原油价格的飙升，俄罗斯国力大增，已基本治愈了解体崩溃后造成的巨大伤害。

　　因此我认为，苏联解体的确给俄罗斯人带来了"灾难"，这是不可否认的事实，但是决不能总以为俄罗斯仍在"灾难"之中。当然要磨平思想上的伤痕是困难的，恢复昔日的大国雄风也不是简单的事情。但俄罗斯决不会因苏联解体而"永世不得翻身"。

　　（原载于洪君主编：《当代世界研究报告（2011－2012）》，党建读物出版社2012年第一版）

苏联解体的历史审视与现实启示
——接受上海《党史与党建》特约记者的采访

题注： 体制问题不仅是苏联解体的深层根源，而且是社会主义国家改革的中心问题。中国社会主义体制是向苏联学的，30 多年来中国的体制改革，实质上是去"苏联特色"，增"中国特色"。现在中国特色社会主义全面突破和彻底超越了斯大林模式，这是中国成功的秘诀，是值得庆幸的大好事。我们既要与西方模式划清界限，也要与苏联模式划清界限，这是搞中国特色的一个基本原则。

记者： 苏联解体已经 20 年了。国内关于苏联解体原因的研究，一种观点说根本原因在苏共的蜕化变质，另一种观点说根本原因在体制，在苏联或斯大林模式。究竟该怎么认识这个问题？

肖枫： 唯物史观认为，重大历史事变必是一种"合力"的结果。正如恩格斯所说："有无数相互交错的力量，有无数个力的平行四边形，而由此就产生出一个总的结果，即历史事变。"像苏联解体这么重大而复杂的事变，必是多重因素综合作用的结果。

自 1991 年以来，人们不否认苏联解体原因的"多重性"，有人甚至列举出十几种、几十种原因，诸如"戈氏葬送说"、"和平演变说"、"错误路线说"、"民族矛盾说"、"体制僵化说"、"党内危机说"、"腐败层自我政变说"、"群众抛弃说"、"经济滞后说"、"背叛马列说"、"僵化教条说"、"历史合力说"等等。我认为，只要坚持全面地而不是片面地、联系地而不是孤立地看问题，上述各种原因和因素，都有其一定的合理性，都可能是苏联解体不同侧面的原因，不应完全加以排斥和否定。但如果抓住其中某一"说"而否定其他"说"，那必然会犯片面性的错误。当然对这么多原因也不能眉毛胡子一把抓，应有主次区分。首先是就"外因"和"内因"而言，当然应肯定内因是主要的根本的，苏联是"自毁长城"，问题主要出在内部。在各种内因中，怎么区分主次，现在明显地分成了两种观点，一种强调"苏联解体的根本原因在于苏共的蜕化变质"，另一种强调苏联解体的"根本原因在僵化的体制，在于斯大林模式"。在我看来，这两种观点各有各的道理，但又并不完全在理。双方所关注论及的问题，即党的问题和体制问题，都是具有"根本性"和"全局性"的，然而无论哪一个都不能作为"唯一"的问题孤立地存在。这两个问题因关系密切不可分割，没必要将其根本对立起来，承认一个就必须否定另一个。在一个复杂的系统中，"根本性"问题未必只能有一个，不同角度和层面，可有不同的"根本性"问题。这就是说"根本原因"具有相对性，不宜将其绝对化。

记者：那么，如何从整体上统筹把握苏联解体的原因呢？

肖枫：现在，有一种倾向值得注意，即双方都强调自己观点的正确性而否定对方。这种做法其实并不可取。因为何谓根本原因，内涵并不明确。双方都引证邓小平的论述作根据。一方说邓小平强调"中国要出问题，还是出在共产党内部"，"关键是我们共产党内部要搞好"；但另一方说邓小平明确讲过："我们过去发生的各种错误，固然与某些领导人的思想、作风有关，但是组织制度、工作制度方面的问题更重要。这方面的制度好可以使坏人无法任意横行，制度不好可以使好人无法充分做好事，甚至会走向反面。"所以他强调"制度问题更带有根本性、全局性、稳定性和长期性"，并强调制度问题"关系到党和国家是否改变颜色，必须引起全党的高度重视"。

从苏联解体的过程看，有许多复杂的因素和力量在发挥作用，其中直接起主要作用的是戈尔巴乔夫推行错误的改革路线。加上当时有苏联国内外加速剧变的"政治气候",各种复杂力量的激烈较量,终于导致了苏联解体的结局。关于苏联解体最主要的"直接原因",我曾用"西方'和平演变'得手和戈尔巴乔夫将'改革'变成'改向'是苏联解体的两个主要的'直接原因'"来概括。现在看来,这句话虽简单了一些,但明确好记,也未尝不可。

当然,强调在苏联解体的现实过程中,起主要作用的是"直接因素",并不否认体制方面"深层根源"也起过重要的现实作用。我们要完整、全面地领会邓小平的思想,既要重视党建问题的根本性,也决不能忽视体制和制度问题的全局性、稳定性和长期性。苏共执政74年,领导人换了一茬又一茬,为什么党和国家的各种问题不仅没解决反而越来越多、越来越严重?这显然与苏联党和国家的体制制度有密切关系。即使是苏共本身的问题,也应当说是苏联整个制度,特别是政治制度的组成部分。因此,不能否认体制制度问题是关系苏联解体的根本性、全局性的问题。

需要指出的是,体制问题不仅是苏联解体的深层根源,而且是社会主义国家改革的中心问题。中国社会主义体制是向苏联学的,30多年来中国的体制改革,实质上是去"苏联特色",增"中国特色"。现在中国特色社会主义全面突破和彻底超越了斯大林模式,这是中国成功的秘诀,是值得庆幸的大好事。我们既要与西方模式划清界限,也要与苏联模式划清界限,这是搞中国特色的一个基本原则。

记者:怎么理解和看待有论者提出的苏联解体"问题出在党内"的论断?

肖枫:应该说,这个论断是符合历史事实的。因为共产党是社会主义国家的领导力量,执政党出问题,是全局性的,甚至是致命性的。苏联国内的各种问题,归根结底都可以说是由苏共造成的。因此,一定意义上可以说,"成也在党,败也在党",党是一切问题的总根源。

抓住苏联解体这一历史悲剧,从居安思危的角度汲取教训开展党内教育,这是一个有意义的好主意。但是要正确地发挥教育作用,首先要尊重历史，实事求是地把历史真相搞清楚，做到论从史出。我们反对历史虚无主义，也不能搞历史实用主义，不能把历史当面团，随心所欲地根据我们的所谓立场、观点的需要来揉搓裁剪。这样做是不应该的，也是会影响说服力的。目前在强调执政党问题重要性的论者中，有些具体观点和提法与历史实际出入较大，所谓"苏联解体的根本原因在苏共的蜕化变质"的观点，就是其中有代表性的观点之一。

第一，苏共的问题和错误很严重，在某些领域和方面甚至已部分地发生了质变，但就总体而言不能说苏共早已"蜕化变质"了。至少到 1989 年 5 月中苏两党关系正常化时，邓小平并没做这样的判断和结论。邓小平在与戈尔巴乔夫会谈时，只字未提"修正主义"，恰恰相反，他在谈到过去那场争论时，却明确表示："回过头来看，双方都讲了许多空话。马克思去世以后一百多年，究竟发生了什么变化，在变化的条件下，如何认识和发展马克思主义，没有搞清楚。"并且说，至于意识形态争论的那些问题，"现在我们也不认为自己当时说的都是对的。"这就等于说，当年的那场争论在性质上并不是什么"马克思主义与修正主义"的斗争。

第二，对赫鲁晓夫之后几任苏共领导的问题应具体分析，不能笼统地"一锅煮"，而且应明确主要问题究竟是"左"还是右，不能含糊地归结为"苏共的蜕化变质"。有论者说，苏联解体的根本原因在于"从赫鲁晓夫集团到戈尔巴乔夫集团逐渐脱离、背离乃至最终背叛马克思主义、社会主义和最广大人民群众根本利益"，这种含含糊糊一锅煮的提法没有实际意义。苏共不同时期的领导有"左"有右，但总体看还是"左"的教条主义在长期起作用。邓小平说，"社会主义究竟是什么样子，苏联搞了很多年，也并没有完全搞清楚。"事实上苏共的指导思想长期急于求成脱离实际，超越发展阶段。斯大林 1936 年宣布已"建成了社会主义"，1939 年提出向共产主义过渡。第二次世界大战使这一过渡中断，战后的 1952 年又恢复了向共产主义过渡的口号。赫鲁晓夫 1961 年提出要在 20 年内超过美国，基本建成共产主义社会。勃列日涅夫修改了赫鲁晓夫的估计，但仍认为已处于"发达社会主义"阶段。安德罗波夫时期改为苏联处于"发达社会主义阶段的起点"。斯大林在上世纪 30 年代创立了正宗的、经典的"马克思主义的社会主义模式",这就是"社会主义＝公有制＋计划经济＋无产阶级专政"。这一模式,在所有制问题上,片面强调"单一公有制";在体制上固守僵化的"计划经济"体制,视任何市场化改革为"资本主义";在政治上宣扬"不受任何法律约束"的专政,严重破坏了社会主义法制。这种扭曲僵化的社会主义体制,长期禁锢着人们的头脑,不仅阻碍了苏联,而且阻碍了世界其他社会主义国家的发展。赫鲁晓夫上台后做了反斯大林的"秘密报告",平反了"大清洗"时期的一些冤假错案,试图进行改革,但并未触动这一基本体制。"全民国家"、"全民党"的口号,看上去很右,但实际上是苏共超越发展阶段搞"全面建设共产主义"的"左"的指导思想的必然产物。赫鲁晓夫之后的几任苏共领导虽然也进行了一些改革,但直到戈尔巴乔夫上台,斯大林留下来的苏联传统的社会主义体制基本上没有触动。只是到戈尔巴乔夫后期,才突然由长期思想僵化的教条主义,跳到了彻底抛弃马克思主义、向西方思想和模式顶礼膜拜的极右立场。

记者: 在对苏联解体的性质和后果问题的评价上,有人认为是"进步",有人认为是"灾难"。该如何深入地认识这个问题?

肖枫: 我认为,苏联解体究竟是"进步"还是"灾难",不妨先听听俄罗斯这些有亲身感受的"过来人"自己是怎么说的。普京 2000 年 2 月在竞选俄罗斯总统时引用了俄家喻户晓的一句名言说:"谁不对苏联解体感到惋惜,谁就没有良心;谁想回到过去的苏联,谁就没有头脑。"他后来又多次强调,苏联解体是全民族的"重大悲剧",是 20 世纪最大的"政治灾难。"2005 年 4 月 25 日,作为总统的普京在"国情咨文"中再次强调:"应当承认苏联解体是 20 世纪地缘政治上最大的灾难,对俄罗斯人民来说这是一个悲剧。我们数以千万计的同胞流落在俄罗斯土地之外,苏联解体就像流行病一样波及俄罗斯自身。人们的积蓄化为乌有,曾经的信仰不复存在,许多部门机构或被解散或是匆忙地进行了改革,而国家的完整因恐怖主义的影响和随后的妥协而遭受损害。要知道,所有这些都是在经济急剧下滑、金融动荡和社会瘫痪的背景下发生的。"令人惊奇的是,苏联解体的两位重要的当事人戈尔巴乔夫和叶利钦对苏联解体也曾表示过"惋惜"。

戈尔巴乔夫早就在回忆录中对苏联的解体"深感后悔",并不得不承认自己的"改革是失败的"。另据报道,甚至连苏联解体的直接策划人——俄罗斯首任总统叶利钦,2006 年 12 月 7 日也曾特地就苏联解体、独联体成立 15 周年回答《俄罗斯报》记者的提问,他也公然承认,他本人"也在某种程度上怀念苏联"。但是他接着强调的是苏联不得不解体的各种"客观原因",以及辩解说成立"独联体"是不得已的"办法"等。但现在要走回头路也不可能了。历史既不能假设,也不能后悔。对苏联解体,与其说俄罗斯人是"兴高采烈"的,不如说是"无可奈何"的。所以吸取苏联解体的教训,遇到关系国家前途命运的大事时,一定要冷静,千万不要冲动行事。

从世界历史的角度来看,苏联解体不仅世界社会主义遭受严重挫折,而且对世界进步和人类文明的发展也是不利的。对苏联解体评价和感受,世界上不同倾向的人们的看法历来就是大相径庭的。20 世纪的社会主义,尽管不尽如人意,出现过各种问题,遭受过严重挫折,但完全可以说,没有社会主义就没有世界的今天,从一定意义上讲,也没有当代的资本主义。社会主义的辉煌成就是不可抹杀的,它对推动人类文明进步是功不可没的。这具体表现在:

其一,20 世纪社会主义的发展,维护了世界和平,极大地改变了世界的格局。在 20 世纪上半叶短短二三十年内,资本主义就使人类蒙受了两次世界大战的灾难。社会主义运动的兴起和发展,极大地鼓舞了世界被压迫民族和人民的斗争,为埋葬野蛮的殖民体系、法西斯制度发挥了巨大的作用。第二次世界大战后,在世界社会主义运动的鼓舞下,民族解放运动的浪潮一浪高过一浪,先后有 100 多个国家获得独立,使殖民主义和帝国主义经营了几个世纪的殖民体系终于彻底崩溃。人类文明和国际社会在 20 世纪的这一重大进步,是与社会主义的诞生和发展密不可分的。

其二,社会主义运动的发展逼得资本主义也必须进行改良,促进了人类文明的进步。资本主义 1929 年大危机之后,特别是二战后,逐步建立起较完备的"现代资本主义"体制，这在一定程度上是参考借鉴了苏联社会主义计划经济等做法，加强了国家对经济的干预，在市场经济这只"看不见的手"之外，增加了国家干预这只"看得见的手"，从而使自由资本主义进入了"现代资本主义"。社会主义国家为资本主义改良和自我调整提供了参照体，在工人运动推动下，资本主义普遍建立了社会福利和保障体系，从而促进了社会的进步；反过来，资本主义社会的这种进步，又为社会主义提供了参照体，社会主义又从资本主义吸收借鉴了市场经济的体制和机制。这种互鉴互动，有利于新形势下世界社会主义事业的发展和人类文明的进步。1965年，资本主义国家在美国费城召开过一次震撼全球的"世界资本主义大会"，为了学习社会主义国家的长处，克服自身发展的困难，发表了《资本家宣言》。该宣言提出："借鉴社会主义人民当家做主的经验，实现股份制的人民资本主义；借鉴社会主义福利制度的经验，实行从生到死包下来的福利资本主义；借鉴社会主义计划经济的经验，实行国家干预的计划资本主义。"因此，从一定意义上讲，没有社会主义就没有现代的资本主义。

其三，苏联社会主义"建设没搞好"，不能归之于"革命不该搞"。近年来，有人把苏联解体崩溃的原因往列宁和十月革命身上推，说什么十月革命根本就不该搞，苏联社会主义是"先天不足的早产儿"，命里注定就该死。这种观点不仅否定苏共和苏联社会主义建设，而且要否定十月革命、否定整个当代社会主义的历史必然性。有人说，十月革命是"暴动"或"政变"，但又说几乎没流血，还有人说这是"人类文明的歧路"，简直一无是处。我认为，不管十月革命的具体历史细节是什么样的，让历史专家去考证好了，但是无论具体细节是什么样的，它绝对影响不了人们对十月革命本身所具有的历史意义及其伟大影响的认识。因为从世界历史的全局看，十月革命才是全球近代史的终结和现代史的开端。有人将苏联建设中的所有问题，统统归到"十月革命"的头上，这是徒劳的。革命是革命，建设归建设。革命胜利后出现的一系列严重问题，主要是"建设没搞好"，不能归之于"革命不该搞"。

其四，苏联解体并不是社会主义的终结，中国特色社会主义开创了"柳暗花明"的新局面，为社会主义增添了新选择、新希望。在苏联解体后曾经宣扬人类历史将以"华盛顿共识"为终结的美国日裔学者弗朗西斯·福山，在国际金融危机爆发后的 2009 年，反过来肯定"中国模式"，称中国模式为"负责任的权威体制"，并认为这种模式"也许会超过西方模式"。此外还有不少西方学者从不同角度赞扬"中国模式"。譬如《中国统治世界》一书的作者英国学者马丁·雅克认为，"中国的制度"不会统治世界，但会"坐上世界优秀文明前列的位置"。《大趋势》的作者、美国未来学者约翰·奈斯比特，2009年写了一本新书《中国大趋势》，提出中国模式的十大趋势，认为"中国在创造一种崭新的社会、经济和政治体制"，它"将以难以令人置信的力量影响整个世界"。英国发展问题专家库伯·雷默认为，中国模式的总特征是"权威式的管理与市场经济体制的结合"。德国社会学家韦尔策认为，"中国模式甚至有可能成为比西方模式更具魅力的模式"。西方学者对中国模式和发展道路的赞扬，不能不说是对中国特色社会主义成就的一种肯定，这说明社会主义的处境与十年前相比是大不一样了。社会主义中国虽然还面临着许多严峻的问题，前进的道路将是艰辛曲折的，但前途是光明的。

总之，苏联解体无疑是 20 世纪的一场巨大的"历史灾难"。但正如恩格斯所说："没有哪一次巨大的历史灾难不是以历史的进步为补偿的。只有活动方式在改变。"多年来，俄罗斯以自己特殊的方式在治愈着苏联解体而造成的巨大伤痛。因此，虽然道路是曲折漫长的，但俄罗斯不会因此而"永远走不出灾难"。

记者： 其实，我们研究苏联解体，更多的是为了从中吸取教训，获得启示，以便更好地坚持和完善中国特色社会主义。那么，从建设中国特色社会主义的角度看，我们从苏联解体中可以获得哪些教训和启示？

肖枫： 的确，中国关心并研究苏联解体，主要是为了从中吸取教训，变他人之教训为我之财富，以解决中国自己"怎么办"的问题。邓小平是对苏联解体本质看得最透彻的人。他在苏联解体还不满一个月的时候，发表了"南方谈话"，在吸取苏联教训的基础上，为中国特色社会主义指明了前进的方向。我认为以下几点是很值得记取的：

第一，否定了苏联体制的核心——计划经济体制，为中国特色社会主义指明了方向，奠定了理论基石。苏联解体不是社会主义基本制度的失败，而是苏联社会主义体制，即斯大林搞社会主义的那种体制和办法的失败。邓小平在南方谈话中指出："计划经济不等于社会主义，资本主义也有计划；市场经济不等于资本主义，社会主义也有市场。计划和市场都是经济手段。"这就从思想理论上摧毁了苏联体制的核心——计划经济体制，为中国特色社会主义指明了方向，奠定了理论基石。

第二，吸取苏联解体的教训，强化了"执政党"的理念和责任，将传统的"党建"思路发展成"大党建"的新思路。邓小平明确指出"中国要出问题，还是出在共产党内部"，"关键是我们共产党内部要搞好"，但是他整个"南方谈话"的关注点、中心和重点却并不在意识形态和上层建筑方面，而在经济基础、改革开放、体制改革等各方面。他沿途强调得最多的还是基本路线动摇不得，发展才是硬道理，改革开放的胆子要大些，要敢闯敢试等。这一切表面看来似乎与他强调"中国要出问题，还是出在共产党内部"、要重视党建的思想是相矛盾的，然而实际上是完全一致的。因为邓小平已超越了传统党建的思路，从"执政党"的理念和责任出发，思考的是如何才能更好地执政兴国、如何才能得到人民的信任和拥护。吸取苏共社会主义建设搞了几十年人民仍"长期过紧日子"的教训，强调"发展才是硬道理"，"人民，是看实践。人民一看，还是社会主义好，还是改革开放好，我们的事业就会万古长青！"这是超越了"就党建谈党建"的一种"大党建"的新思路。

第三，从整体上认识和把握苏联解体的教训，指明社会主义面临着"三条路"。邓小平尖锐地提出："不坚持社会主义，不改革开放，不发展经济，不改善人民生活，只能是死路一条。"这句简短的名言，实际上指明了社会主义面临着"三条路"——邪路、老路和新路。苏联不坚持社会主义，走的是一条"邪路"，结果亡党亡国了；想坚持社会主义，却不改革开放、不发展经济、不改善人民生活，继续坚持走僵化体制的"老路"，那也是一条死路；只有既坚持社会主义又实行改革开放，发展经济，改善人民生活，才是社会主义繁荣昌盛的"新路"。

第四，强调"右可以葬送社会主义，'左'也可以葬送社会主义"。苏联解体的直接原因显然是右葬送的，但邓小平却强调"左"也可以葬送社会主义，并且一讲到"左"的教训和危害时痛心疾首！强调中国要警惕右，但主要是防止"左"。这显然提醒全党不要忘记苏共长期"左"的教条僵化。因此汲取苏联解体的历史教训，对马克思主义，既要强调"坚持"，也必须强调"发展"。我们决不应忘记邓小平尖锐指出过的另一种性质（僵化）的"亡党亡国"，那就是："一个党，一个国家，一个民族，如果一切从本本出发，思想僵化，迷信盛行，那它就不能前进，它的生机就停止了，就要亡党亡国。"

（原载上海《党史与党建》2012 年第 1 期）

要从整体上把握苏联兴亡的经验教训

——读高放先生著《苏联兴亡通鉴》有感

最近，我拜读了一向尊称其为老师的著名国际共运史大家高放先生的大作《苏联兴亡通鉴》（以下简称《通鉴》）。这部长达 60 万字的专著是高老师跟踪研究长达 60 年的学术成果，其时间跨度很大，涉及问题广泛，读后感受良多。但限于篇幅，这里仅就其方法论上的问题谈一些感想。

《通鉴》在研究方法上主要坚持两点：一是强调实事求是、论从史出；二是强调要用"系统论"的方法，从整体上把握苏联兴亡的经验教训。作者指出，对苏联剧变的复杂原因，要"全面地而不是片面地、联系地而不是孤立地、发展地而不是静止地、重点地而不是平均地用系统论来进行分析"。

20 世纪 90 年代初苏联解体不久，作者在一次全国性学术会议上曾做了题为《苏联东欧剧变原因探究》的专题报告，强调苏东剧变原因的复杂性，认为这是多重因素和条件综合作用的结果，并高屋建瓴地就苏东剧变的原因做了"6 对 12 点、各有重点"的精彩分析和概括。这就是：（1）外因与内因，内因为主；（2）远因与近因，近因为主；（3）客观原因与主观原因，主观原因为主；（4）微观原因与宏观原因，宏观为主；（5）下层原因与上层原因，上层为主；（6）浅层原因与深层原因，深层为主。随后，作者又将这些原因归纳为"近因"和"远因"两大类：所谓"近因"，也就是"直接原因"，是苏共"使改革改变方向，由社会主义急剧转变到资本主义"，"引进西方的议会制和多党制，造成政局动乱，进而发生剧变"；所谓"远因"，指的是"历史原因"，苏共执政 74 年，约有 60 年之久都是推行封闭僵化的过"左"路线，只有 1921—1929 年这 9 年奉行新经济政策是正确的，其间也还有局部"左"的错误，如 1925 年前后党内斗争过火，1928 年对粮食收购危机的处理不当。从 1929 年起斯大林转向推行"左"的路线，虽然在实践中也取得了不少成绩，但是付出了沉重代价。1953年斯大林逝世之后，赫鲁晓夫虽然在对内对外政策方面作了局部调整，但是主导面依然是"左"。赫鲁晓夫搞"全民党"、"全民国家"是要在 20 年内赶超美国，实现共产主义，这是"左"不是右。20 世纪 80 年代中期，戈尔巴乔夫上台的前两年依然是"左"。只是到 1987年底抛出《改革与新思维》，尤其是 1988 年 6 月，苏共第十九次代表会议之后接受"人道的民主的社会主义"思想路线，引进西方的议会制和多党制，才全面转向右。这些精练的概括，是符合苏联历史事实的，也是符合"论从史出"的史论原则的。

《通鉴》中的这些观点虽是 20 多年前提出的，但至今仍有重要现实意义。纵观近年来国内对苏联解体问题的研究，对什么是"根本原因"存在两种截然不同的看法。一种看法强调苏共垮台、苏联解体的"根本原因"不在斯大林模式（即苏联模式），而在于自赫鲁晓夫反斯大林以来直到戈尔巴乔夫的各任领导集团逐渐背叛马克思主义和社会主义；另一种看法则强调高度集中封闭僵化的苏联模式，即苏联体制长期不改革是导致苏联解体的"根本原因"。这两种观点本是可兼容并蓄的，但相当长时间以来，却各执一端，相互对立。原因就在于缺乏系统论思想，未能统筹考虑各方面的因素，从整体上去加以把握。

近年来，我出版的《苏联解体我的解读》，与《通鉴》所主张的"系统论"方法是一致和相通的。这表现在：一是强调必须坚持"论从史出"的原则。对苏联解体的研究，虽然政治性很强，但它首先是

"史论"而不是"政论",不能脱离历史事实去空发议论,更不能按自己"立场、观点"的需要去对历史事实进行裁剪。二是强调苏联解体是多重因素综合作用的结果,要坚持"合力论"与"重点论"相统一的原则。对苏联解体的研究应按系统论的要求,从整体上把握,统筹考虑各方面的因素,而不要孤立片面地抓住某一方面,犯瞎子摸象的错误。

此外,我还强调了两点:一是关于苏联解体原因的分析,概括出一个公式:合力论+重点论=内外远近因+党与体制问题。这个公式的意思是:苏联解体的原因,要坚持"合力论"与"重点论"相统一;而"合力论"与"重点论"相统一,就是指"内、外、远、近"因素的综合作用,加上"党"与"体制"这两个重点。"党"与"体制"(或制度)这两方面密切不可分割。在一个复杂的系统中,"根本性"问题未必只能有一个,不同角度和层面可有不同的"根本性"问题。二是将中国应吸取的教训,从整体上概括为既不能走"邪路",也不能走"老路",而要走"新路"。苏共是长期的"左"发展到后期的右。苏共演变具有"长期性",但整体质变具有"快捷性",垮起来快得很。吸取苏共的教训,就整体而言,既不能走邪路,也不能走老路,而要走新路。对马克思主义既要"坚持",又必须强调"发展"。党的十八大报告强调:我们要坚定不移高举中国特色社会主义伟大旗帜,既不走封闭僵化的老路,也不走改旗易帜的邪路。这既是我们党长期探索的根本经验的总结,也是吸取包括苏联兴亡经验教训在内的国际共产主义运动历史经验教训的结果。

总之,高放先生这部著作对苏联兴衰的研究贵在方法论上运用了"论从史出、整体把握"。我与他在方法论上是一致和相通的,因此我们有许多共同的看法和语言,并使我们的研究走到了一起。

(原载《北京日报·理论周刊》2014 年 3 月 17 日)

变人之教训为我之财富：
十议中国怎么办

苏联剧变牵动中国人的心，它的解体令不少中国人惋惜。但尘埃落定之后冷静下来思索，作为"局外人"的中国人，虽无"过来人"那份真切感受，却不乏"旁观者清"的智慧。我们完全可以超然洒脱而从容地研究一些问题，以便从中吸取教训，达到变人之教训为我之财富，将中国自己的事情办得更好的目的。前面我们实际上已经谈到了应吸取的教训问题，书尾来专谈此问题，角度自然有所不同，这主要是从宏观上谈一些属于全局性的经验教训，是一些更宏观、更深层、更理论性的问题。

一、"丢了政权"为最大教训，搞社会主义
不能不要"政治前提"

苏共最大、最根本性的教训是什么？我认为是"丢了政权"。政权一丢，什么都谈不上了。搞社会主义必须要掌握政权，要有这一"政治前提"，这历来是马克思主义的一条基本原理。

马克思主义的科学社会主义与其他形形色色的社会主义最大、最本质的区别在哪里？就在于"要不要政权"。一切主张改良的各种

"社会主义"，都是不要政权的，而主张就在资本主义"体制"范围内进行改良，来实现所谓"社会主义"。但信奉马克思主义的共产党人却不同，他们按《共产党宣言》所明确指出的那一原则行事，即：共产党人的最近目的是"使无产阶级形成为阶级，推翻资产阶级的统治，由无产阶级夺取政权"①。这就是信奉马克思主义的共产党人不同于其他社会主义者的地方。马克思主义认为，只有"推翻资产阶级的统治，由无产阶级夺取政权"才谈得上搞社会主义的。换句话说，搞社会主义必须有这个"政治前提"。究竟应当如何取得政权，是采取暴力还是和平的方式，因历史条件不同和各国具体情况有别，是可以有不同的选择的，但是必须"要有政权"在这一点上马克思主义从来是毫不含糊的，没有讨论余地的。因此可以说，要不要政权这个"政治前提"，历来是马克思主义的科学社会主义与其他一切社会主义的最大最本质的区别之所在。

戈尔巴乔夫自上台搞"改革"以来，常挂在嘴边的一句话，就是列宁说的"我们对社会主义的整个看法根本改变了"。近年来他在接受《独立报》记者采访时，又强调列宁晚年所说的"我们对社会主义的整个看法根本改变了"这一观点。但是，列宁这句名言的真实意义究竟在哪里？实际情况并非戈尔巴乔夫所理解和宣传的那样。

列宁的这句话是在 1923 年 1 月写的《论合作社》一文中说的。列宁说欧文那些旧日的合作社工作者，不要阶级斗争、不要工人阶级夺取政权、推翻剥削者阶级的统治这样的"根本问题"，而梦想通过发展合作社来改造现代社会，以实现社会主义，列宁说他们只是"幻想"。但是在十月革命后，在国家政权掌握在工人阶级的手里的情况下，列宁说："现在我们有理由说，对我们来说，合作社的发展也就等于（只有上述一点'小小的'例外）社会主义的发展，与此同时我们不得不承认我们对社会主义的整个看法根本改变了。"② 由此可见，列宁的这句话是有上下文、有前因后果的，而戈尔巴乔夫经常引的只是这句话中的后半截。戈尔巴乔夫引用此语时，恰恰忽略了列宁

① 《马克思恩格斯选集》第 1 卷，人民出版社 1995 年第 2 版，第 285 页。
② 《列宁选集》第 4 卷，人民出版社 1995 年第 3 版，第 773 页。

此话是有"政治前提"的，这就是苏维埃政权已经掌握在工人阶级手里。列宁指的是在具备了这一"政治前提"的条件下，对如何搞社会主义的看法与十月革命前相比是"整个看法根本改变"。至于就搞社会主义必须要有"政治前提"、必须要有"苏维埃政权"这一点，列宁是"没有丝毫改变"的。正是因为戈尔巴乔夫忽视了这一"政治前提"，在改革中忽略了"政权问题"的重要性，七改八改把政权给改丢了，导致苏共犯了无法挽回的历史性错误——"丢了政权"，结果社会主义的一切都谈不上了。这一历史教训是非常深刻的，必须记取的。

我们知道，列宁是非常重视"苏维埃政权"这一政治前提的。他曾提出了一系列"苏维埃政权＋X"的公式，如"苏维埃政权＋全国电气化＝共产主义"，"苏维埃政权＋普鲁士的铁路秩序＋美国的技术和托拉斯组织＋美国的国民教育等等等等＋＋＝总和＝社会主义"，等等。所有这些公式都是以"苏维埃政权"为"主项"和"主体"的。在列宁看来，"苏维埃政权"是至关重要的前提：没有"苏维埃政权"什么都谈不上，但只要政权掌握在工人阶级手里，对资本主义社会的许多东西都可以大胆地采取"拿来主义"，让资本主义社会中的有益的东西来为社会主义服务。列宁 1918 年在《苏维埃政权的当前任务》中进一步明确地提出："社会主义能否实现，就取决于我们把苏维埃政权和苏维埃管理组织同资本主义最新的进步的东西结合得好坏。"[①]

邓小平是很重视国家"政权"问题的，他之所以强调改革开放"胆子要大一些"，不要怕"走资本主义道路"，一个重要理由和根据，就是"政权在我们手里"，"我们有强大的国家机器"。这里可以举两个例子。

一个是 20 世纪 80 年代的事。津巴布韦总理穆加贝的思想是比较激进的，他 1981 年访华时，邓小平会见他，他直率地认为中国正在搞"非毛化"。邓小平给他作了耐心的解释，告诉他中国搞的不是

---

① 《列宁选集》第 3 卷，人民出版社 1995 年版，第 492 页。

"非毛化",而是实事求是地评价毛主席,并指出中国还将继续坚持四项基本原则,沿着社会主义道路前进。但是穆加贝还是担心中国会走上资本主义道路。1985 年穆加贝再次来访时,8 月 28 日邓小平在人民大会堂会见他。据当时的英文翻译张维为回忆说,邓小平这次谈话中有一段话给我留下了特别深刻的印象:尽管邓小平又一再耐心解释,穆加贝还是有些不放心,于是邓小平把自己的烟蒂在烟缸里掐灭,习惯性地用食指点着前方,用浓浓的四川口音说了这么一句话:"我们还有强大的国家机器。"他说得很响,很清楚。然后又说:"一旦发生偏离这个、这个社会主义方向的情况,我们的这个国家机器就会出面干预,把它纠正过来。"邓小平接着说:"开放政策是有风险的,会带来一些资本主义腐朽的东西。但是,我们的这个政策、社会主义的政策、我们的国家机器是有力量的,是能够去克服这些东西的。所以呀,事情并不那么可怕。"这又一次证明"政权是丢不得的",搞社会主义不能不要这一"政治前提"。

另一个是 20 世纪 90 年代"南方谈话"中的事。邓小平 1992 年在"南方谈话"中也强调,不要怕"资本主义的东西多了",要"大胆地闯"。为什么,因为"政权在我们手里","错了,纠正,关了就是了"。① 可见,邓小平也是很重视"政权在我们手里"的这一马克思主义的基本问题的。让我们好好领会一下先辈们的这一重要思想,深深地记住苏共丢失政权这一深刻的教训吧!

二、必须把握改革的"主导权",处理好改革、发展和稳定的辩证关系

社会主义改革既然是以社会主义的"自我完善"为目标的,是执政党自己发动的一场改革,执政党就必须始终把握好改革的"主导权",就必须处理好改革、发展和稳定的辩证关系,否则就可能使局势失控,达不到原定的愿望和目的。

---

① 《邓小平文选》第 3 卷,人民出版社 1993 年第 1 版,第 373 页。

苏共丧失对改革的"主导权"之后，于是随波逐流被形势推着走，结果造成局势失控。吸取苏共的这一教训，社会主义国家的执政党在改革中必须善于处理好改革、发展和稳定的辩证关系，让它们相互促进，而不是互相掣肘、越改越坏、恶性循环。

苏共的教训表明，戈尔巴乔夫将"民主化"、"公开性"和"多元化"推到极端化之后，完全不顾列宁"真理向前多跨了一小步就会成为谬误"的教导，使民主化、公开性泛滥成灾，造成无政府主义盛行，社会动荡失控，最终导致苏共瓦解、国家解体的后果。中国《环球人物》2006 年第 5 期有记者访问过戈尔巴乔夫，他曾痛心疾首地吐露"肺腑之言"。他说："我深深体会到，改革时期，加强党对国家和改革进程的领导，是所有问题的重中之重。在这里，我想通过我们的惨痛失误来提醒中国朋友：如果党失去对社会和改革的领导，就会出现混乱，那将是非常危险的。"他说，他的问题是后来局势完全失控，连他自己的安全都无法保障了。戈尔巴乔夫说，他所谈的一切"都是肺腑之言，是多年来对往事的严肃思考"。如果戈尔巴乔夫真有这样的认识，那就说明戈尔巴乔夫真是"有所反思和长进了"。

当时法国《费加罗报》就评论说，戈尔巴乔夫开辟的"通往民主的道路"是一条"通往动乱的道路"，"戈尔巴乔夫迫使他的党选择了自杀"。美国布热津斯基在《新闻周刊》上发表文章说：苏联境内各种组织正在"纷纷应运而生"，苏共影响力迅速下降，5 至 10 年内苏联将不复存在。结果事态的发展比布热津斯基的推测还要快，两年时间苏联就不复存在了。《巴黎日报》刊载苏联问题专家弗朗索瓦兹·汤姆的文章认为，"苏联自我毁灭是直接由戈尔巴乔夫导演的"，所谓戈尔巴乔夫时代就是"打一场消耗战的时代"，"它首先消耗苏联的财力，然后消耗苏联制度本身"。当时国际媒体的观察和评论是多么的深刻呀！

三、以人为本，民生为大，决不可违背客观经济规律

苏共因客观和主观各种原因，长期把工作中心放在"阶级斗争"

上，致使老百姓长期过紧日子，从而动摇了对社会主义的信念。吸取苏共的这一深刻教训，执政党一定要重视经济和民生问题，这是客观经济规律的要求，决不能脱离客观实际，从意识形态出发搞唯心论。

苏联本来是地大物博资源非常丰富的国家，可是革命胜利几十年了，仍然解决不了人民的基本生活问题，老百姓长期过紧日子，这是不可思议的。这其中很重要的一个原因是执政党的工作中心长期放在抓阶级斗争上。回顾苏联的历史，我们可以发现，苏共几十年绝大多数年份都是以搞阶级斗争为主的。50年代以前，除了苏德战争外，苏共工作的重心很大程度上是放在搞"国内阶级斗争"上，包括多次的"大清洗"运动，斯大林著名的一句话是"革命越胜利，阶级斗争越尖锐"。50年代以后，则是放在"国际阶级斗争"上，即与美国争夺世界霸权上。如果说，在斯大林时期，作为处在世界帝国主义包围中的唯一社会主义国家，增强国防是防御侵略，保卫无产阶级胜利果实的需要，是客观形势逼迫的，不得已而为之的事情。那么，到了勃列日涅夫时期，性质便发生了根本性变化。这时苏联的核弹头由原来只及美国的1/3发展到超过美国50%，在世界设有40个军事基地，采取的是进攻性的战略，已变成了在世界争夺霸权了。由此而造成的苏联产业结构和经济结构失调，让苏联人不得不长期过紧日子，责任应当说完全是苏共主观上的错误造成的。

民生问题即发展经济、改善人民生活的问题，是我们从苏联解体的教训中应吸取的重要教训之一，是决不应当被忽视和否定的。有些论者偏于从意识形态、上层建筑领域找问题或原因，往往对经济基础方面的问题或原因重视不够，这是不应当的。他们有的甚至诘问：亚洲社会主义国家和古巴的经济不比苏联东欧国家好，但却没有发生苏联东欧那样的事，怎能用经济原因来解释苏东剧变呢？这显然是混淆了剧变的"深层根源"与"直接原因"这两个不同的概念，苏联解体的直接原因当然是戈尔巴乔夫的错误改革路线造成的，但经济方面的深层根源也是绝对不可忽视的。

波兰是在大选中第一个由非共产党人获胜领导的东欧国家政府。波兰的剧变始于团结工会东山再起。而团结工会的应运而生及其发展都利用了波兰经济困难和群众的不满。波兰统一工人党就是因经济问题下台、分裂和消失的。人们还记得 1989 年 11 月柏林墙倒塌的情景。民德总人口为 1670 万，但 19 日警方签发的私人旅游签证竟高达 1000 多万，批准长期移居国外的申请近 2 万。人们潮水般涌向西柏林，柏林墙很快就被挤塌了。为什么当时有那么多东德人往西德跑，改革开放前的中国深圳的农民也往香港跑，古巴人则往美国佛罗里达跑，现在的朝鲜仍然有不少"脱北者"。这究竟是为什么？对此，邓小平早就看透了问题的本质。在苏联解体前，1990 年 3 月，邓小平就强调"世界上一些国家发生问题，从根本上说，都是因为经济上不去……长期过紧日子"。"加强思想政治工作，讲艰苦奋斗，都很必要，但只靠这些也还是不够。最根本的因素，还是经济增长速度，而且要体现在人民的生活逐步地好起来。人民看到稳定带来的实在的好处，看到现行制度、政策的好处，这样才能真正稳定下来。不论国际大气候怎样变化，只要我们争得了这一条，就稳如泰山。"苏联解体后不到一个月，即 1992 年 1 月，邓小平在"南方谈话"中，又反复强调经济建设这个中心"动摇不得"，发展才是硬道理，要加快发展，改善人民生活。他说，"如果没有改革开放的成果，'六·四'这个关我们闯不过。""人民，是看实践。人民一看，还是社会主义好，我们的事业就会万古长青！"

必须重视群众的物质利益，这实际上是关系到坚持唯物论，还是搞唯心论的大原则问题。唯物主义者不能不重视群众的实际利益。马克思说："人们奋斗所争取的一切，都同他们的利益有关。"① 他和恩格斯在合著的《神圣家族》中又说："'思想'一旦离开了'利益'，就一定会使自己出丑。"② 列宁在苏维埃政权的初步实践中，"发现"并强调了"物质利益原则"，于是对先前否定物质利益原则、否定商品货币关系的观念发生了重要变化，从而提出要实行新经济政策。在战时共产主义时期，苏维埃政权是依靠"热情"来完成产品的生产，是靠"国家直接下命令"、按所谓"共产主义原则"来进行生产和分

---

① 《马克思恩格斯全集》第 1 卷，人民出版社 1956 年版，第 82 页。
② 《马克思恩格斯全集》第 2 卷，人民出版社 1956 年版，第 103 页。

配的。结果造成了严重的政治经济危机，威胁着苏维埃政权的生存。列宁后来明确表示这么做是"我们错了"。从 1921 年开始列宁实行新经济政策。所谓新经济政策，实质上就是要承认"个人利益"原则，并实行"同个人利益相结合"，这应当说是新经济政策与战时共产主义的根本区别之所在，也是反映列宁晚年对社会主义认识发生了根本性改变的标志。这些政策措施之所以迅速有效，原因就在于它反映了不依人们意志为转移的客观经济规律，即社会主义不能完全否定个人利益，必须承认它，实行"同个人利益相结合和个人负责的原则"，"必须把国民经济的一切大部门建立在同个人利益的结合上面"。"由于不善于实行这个原则，我们每走一步都吃到苦头。"①列宁实际已认识到一定阶段"市场"、"货币"的不可避免性，他说"现在我们发现了私人利益即私人买卖的利益与国家对这种利益的检查监督相结合的合适程度，发现了私人利益服从共同利益的合适程度，而这是过去许许多多社会主义者碰到的绊脚石"。列宁这里说的"许许多多社会主义者碰到的绊脚石"，实际上就是指"市场"、"货币"这类问题。②

　　列宁逝世之后的几十年来，社会主义国家建设的实践，一再证明了这一原则所体现的客观规律性和不可抗拒性。凡是忽视这一原则、不善于实行这一原则，"每走一步都吃苦头"。只有承认和实行这一原则，社会主义才"柳暗花明"。社会主义通过改革，一实行"市场经济"，原来的"短缺经济"、"票证经济"现象就一扫而光了；一实行"承包制"，让收益好坏同劳动者的个人利益挂起钩来，无论是在中国还是在越南，其农业生产就迅速改变了面貌。这一切的奥秘在哪里呢？让我们听听邓小平的解释吧："革命精神是非常宝贵的，没有革命精神就没有革命行动。但是，革命是在物质利益的基础上产生的，如果只讲牺牲精神，不讲物质利益，那就是唯心论。"③

　　中国共产党作为一个泱泱大国的执政党，要得到 13 亿多民众真心实意的拥护，任何时候都不应忽视民生问题、经济问题。邓小平之

① 《列宁全集》第 42 卷，人民出版社 1987 年 10 月第 2 版，第 191 页。
② 《列宁全集》第 43 卷，人民出版社 1987 年 10 月第 2 版，第 362 页。
③ 《邓小平文选》第 2 卷，人民出版社 1994 年第 2 版，第 146 页。

后的几任党中央领导，都强调"发展是执政兴国的第一要务"，这是马克思主义唯物史观的生动体现，也是吸取苏联解体教训，继承和发展邓小平"发展才是硬道理"等一系列思想的体现。

四、苏共对外教训：走样的"国际主义"　　与地道的"霸权主义"

苏共的对外战略从目标到方针政策，长期存在一系列问题，这既有主观与客观、理论与实践，也有历史与现实等多方面的原因，值得全面认真地研究。总体而言，苏联对外战略的教训，在于走样的"国际主义"与地道的"霸权主义"。吸取苏联的教训，中国奉行独立自主的和平外交政策，走和平崛起的发展道路，为争取实现和谐世界而努力。

马克思主义者对无产阶级革命事业的国际性有个认识变化的过程。列宁十月革命前后的思想是有很大转变的，即由与帝国主义"不能和平共处"，转变为"社会主义的发展离不开与资本主义世界的联系"，社会主义苏联必须与资本主义"和平共处"。这是一个重大的战略认识和转变。

十月革命胜利初期，列宁坚持将俄国革命的命运与世界革命的发展联系在一起，强调"我们的事业是国际的事业，因此在一切国家（包括最富有和最文明的国家）的革命还没有完成以前，我们的胜利只是一半，也许一半还不到"[1]。于是他把希望寄托在世界革命的爆发上，认为："没有国际上世界革命的支持，无产阶级革命是不可能取得胜利的。……要么是资本主义比较发达的其他国家立刻爆发或至少很快爆发革命，要么是我们灭亡。"[2] 并且在 1919 年 3 月成立了共产国际，以推动世界革命。在这一思想指导下，苏维埃俄国的外交战略的重点是"唤起世界革命"。

然而世界革命高潮并未如期到来，怎么办？列宁根据 1920 年初

---

① 《列宁全集》第 40 卷，人民出版社 1986 年第 2 版，第 3 页。
② 《列宁全集》第 42 卷，人民出版社 1987 年第 2 版，第 40 页。

世界形势发生的重大变化，提出了新的战略思想。列宁虽然认为社会主义与资本主义国家之间的矛盾仍是"你死我活"的，但已出现了"僵持局面"和"互有需要"的另一面。这就是，一方面帝国主义已经没有足够的力量用武力来消灭苏维埃俄国，而且为了恢复在一次大战中被破坏了的世界经济，他们需要利用俄国的市场和原料；另一方面，处于资本主义包围之中的苏维埃俄国也没有能力用军事力量同资本主义世界进行决战，而且随着工作中心由军事斗争转向经济建设，苏维埃国家也需要利用外国资本和技术以及和平的国际条件。

在这种情况下，列宁提出了与资本主义世界"和平共处"的思想，并论证了这一思想的客观基础是"世界共同的经济关系"。他说："有一种力量胜过任何一个跟我们敌对的政府或阶级的愿望、意志和决定，这种力量就是世界共同的经济关系。正是这种关系迫使他们走上这条同我们往来的道路。"① 因此列宁宣布苏维埃愿"同各国人民和平共居"。他通过答美国世界新闻社驻柏林记者问，广泛阐述了苏维埃政权的对外政策，包括"愿意同各国有生意往来"，"在一定条件下甚至愿意实行租让"，"请美国资本家不要触犯我们。我们是不会触犯他们的"等。②

另一方面，列宁强调"和平共处"也是社会主义国家生存的需要。他说："社会主义共和国不同世界发生联系是不能生存下去的，在目前情况下应当把自己的生存同资本主义的关系联系起来。"③ 从当时的时代背景出发，列宁提出与资本主义和平共处，虽然主要是为了解决处于资本主义包围中的社会主义的生存问题，为首先胜利的这个社会主义国家进行社会主义建设争取最起码的外部条件，但同时也已经包含了要利用资本主义国家的资金、技术和一切进步的东西来为社会主义服务的思想，如果用现代语言来表达，就是"对外开放"的思想。列宁强调"社会主义能否实现，就取决于我们把苏维埃政权和苏维埃管理组织同资本主义最新的进步的东西结合得好坏。"

---

① 《列宁全集》第 2 版第 42 卷，人民出版社 1987 年第 2 版，第 332 页。
② 《列宁全集》第 38 卷，人民出版社 1986 年第 2 版，第 158－160 页。
③ 《列宁全集》第 41 卷，人民出版社 1986 年第 2 版，第 167 页。

　　基于对国际形势的上述分析，加上实行"新经济政策"后国内出现工农联盟巩固的形势，列宁认为苏维埃有了一国建设社会主义"所必需的一切"。1923 年他在《论合作社》中明确指出："国家支配着一切大的生产资料，无产阶级掌握着国家政权，这种无产阶级和千百万小农及极小农结成了联盟，这种无产阶级对农民的领导得到了保证，如此等等——难道这不是我们所需要的一切"吗？他强调："这还不是建成社会主义社会，但这已是建成社会主义社会所必需而且足够的一切。"[①]

　　但必须指出的是，列宁虽然有一国能自力更生地"建设"甚至能"建成"社会主义的思想，但是他从无产阶级事业的"国际性"出发，仍然认为"最终"的胜利取决于世界革命的到来。这与当时的时代特征是"战争与革命"，以及社会主义国家与外部世界的关系展露得尚不充分，而列宁领导社会主义建设的时间毕竟很短暂有密切关系。

　　在这里我们必须重视胡乔木同志 1980 年提出的一个重要理论观点。他强调指出："列宁建立了一个集中制的共产国际，这是一个非常严重的原则错误。这种组织永远不能搞。从这里就可以产生社会帝国主义。在列宁的好些著作里都有这样的观点，尽管一方面关于要尊重民族特点讲了很多，可是另一方面，每个党采取的任何一个策略步骤是正确还是错误，又都要由共产国际的领导人来判断，这就是把人的智慧上帝化了，不是经过集体的讨论来判断，而是由个人的智慧来判断。所以，毛泽东思想在这方面，是对列宁、斯大林的共产国际的一个否定。不承认共产国际的集中制，不承认这种集中制是正确的。这当然不是说一个党对另一个党的建议不可能正确，而是说采取这种作决议的形式，就不能不使事情走上了绝路。第一国际在当时那种条件下，它集中不起来，但是也有一些倾向。到了共产国际，它有了政权，列宁提出全世界都要建立苏维埃，斯大林同托洛茨基争论中国在什么时候应当建立苏维埃，这种做法是很坏的，中国革命怎么能靠莫

---

　　① 《列宁全集》第 43 卷，人民出版社 1987 年第 2 版，第 362 页。

斯科来做决定呢?"

胡乔木同志认为,"共产国际犯了两方面的错误:一、对第二国际没有留一点余地,把它说成是反革命,是社会帝国主义,列宁这个判断也是不正确的,把社会民主党完全等同于帝国主义,结果弄到现在共产党同社会民主党很难合作。这么大的问题这么简单地处理,留下后遗症是不小的。二、建立了一个集中制的共产国际,这可以说是列宁关于共产党建党思想的扩大。"①

我认为胡乔木同志提出的观点是正确的。19世纪马克思恩格斯建立的第一、第二国际,各党是独立自主的,彼此之间是平等的关系,但是集中制的共产国际却完全不同,各国的党是这个"世界共产党"的支部,要服从共产国际中央,这除了不利于世界革命事业的发展之外,对苏联来说其重要作用就是让共产国际为自己的对外战略和政策服务,助长其大党大国沙文主义。斯大林说"否认共产国际的领导权利,因而也否定它的干预权利,那就是为共产主义的敌人效劳"。他还发明了一个公式:国际主义=捍卫苏联。他说:"谁决心绝对地、毫不动摇地、无条件捍卫苏联,谁就是国际主义者。"② 许多党照他的要求提出"捍卫苏联"的口号,结果严重脱离本国群众,败坏了"国际主义"的声誉,也损害了这些党的发展。在反法西斯战争后期斯大林感到共产国际的存在妨碍了苏联与同盟国的合作关系,才于1943年主动宣布将"共产国际"解散。可见苏共推行的这种"国际主义",实际上早已走样了。

第二次世界大战结束后,斯大林又提出了世界社会主义与资本主义"两个平行市场"和理论,这等于从主观方面将自己封闭起来,其后果是不利于社会主义国家的发展的。

当时斯大林认为,第二次世界大战及其经济影响在经济方面的最重要结果便是"统一的无所不包的世界市场的瓦解"。他说社会主义阵营和资本主义阵营"两个对立阵营的存在所造成的经济结果,就是

---

① 《胡乔木谈中共党史》第81-84页,人民出版社出版,1999年9月第1版。
② 《斯大林全集》第7卷,人民出版社1956年第1版,第58页;《斯大林全集》第10卷,人民出版社1954年第1版,第47页。

统一的无所不包的世界市场瓦解了，因而现在就有了两个平行的也是互相对立的世界市场"。① 斯大林要求社会主义各国抱成一团，搞一个社会主义世界市场与资本主义世界市场相对立。同时他认为战后资本主义已不可能发展得比以前更迅速，主要资本主义国家之间争夺市场的斗争必然使它们之间的战争成为不可避免。但事实上战后资本主义国家正是依靠国家调节的市场竞争掀起了新科技革命，迎来了经济迅速发展的黄金时期，资本主义世界市场反而更加扩大、更加繁荣了；而社会主义世界市场，由于理论上和实践上的限制以及大国主义的作祟，反而难以发育健全。而且由于自我封闭，未能充分吸收、利用资本主义的先进成果，社会主义国家在经济建设方面反而落后了，逐步扩大了同资本主义国家的差距。这一段历史教训也是值得记取的。

苏联在赫鲁晓夫时期对外提出"三和"路线，并在国内相应进行一些改革，但不久在 1964 年被勃列日涅夫取代下台了。勃列日涅夫时期提出社会主义"大家庭论"和"有限主权论"等理论，进一步将苏联东欧国家与西方资本主义体系割裂对立起来，实践证明这是不利于社会主义的发展的。

勃列日涅夫时期对外采取军事扩张与美国争霸的进攻战略给苏联造成的损害尤其巨大。苏联大力发展核武器，其核弹头由原来只及美国的 1/3 发展到超过美国 50%。陆海空军由原来的防御体系变为在世界范围内的进攻体系。为了谋取世界霸权，70 年代苏联每年向第三世界国家提供军事援助和经济援助达 5000 亿卢布，在国外建立军事基地 40 多个，成为地道的军事超级大国。苏联长期维持一种备战型经济，在国民生产总值只有美国一半多一点的情况下，军事开支竟与美国不相上下。美国的财政赤字、投资不足可以通过吸收其他西方国家的资金得到缓解，而苏联却只能靠压缩企业技术改造投资和降低居民消费水平来解决。1965 年至 1981 年苏联军费增长了 3.75 倍，已占到苏联财政支出的 1/3。由于把发展军事工业放在压倒一切的位置，因此，以市场经济标准来看，苏联经济结构的扭曲程度是任何一个国家

① 《斯大林文选》，人民出版社 1962 年版，第 593－594 页。

都不能与之相比的。

重工业尤其是军事工业产品中的很大部分，例如数千枚核弹头，沉淀和消耗了大量经济资源和潜力。而过于沉重的军备负担和对外援助，又使生产性投入减少，有关人民生活的农业、轻工业发展缓慢。在苏联 70 多年间，轻工业在全部工业中的比重长期维持在 25% 左右的低水平，达到 30% 以上仅有 3 年，造成消费品长期处于短缺状态，以致于经常爆发抢购商品的"面包荒"、"肥皂荒"、"香烟荒"、"药品荒"等等。因此，虽然苏联的政治经济学教科书中说，社会主义基本经济规律是保证最大限度地满足人民群众日益增长的物质文化需要，但在实际社会生活中，却是要求人们放弃对高水平物质生活的向往，为增强国家的力量，实际上是军事实力做出贡献，甚至把人民提高生活水平的愿望当作"追求资产阶级生活方式"加以批判。这样的对外战略和政策在国内产生的负面影响是非常严重的，不改革是绝对难以维持，而改革不当也没有好的结果。

五、民主自由要发扬，但集中和权威绝不可一概否定

苏联从改革一开始，就高唱民主自由，似乎就只要"民主"不要"集中"、只要"自由"不要必要的"权威"了，甚至还要一概否定任何"专政"和"暴力"。这其实是脱离现实世界的幻想，是根本行不通的、不符合实际的空想。

别的不说，就拿改革的旗手叶利钦来说，他就是自己打自己嘴巴的两面派——1991 年"8·19 事件"时他跳到议会大厦前面的坦克上高喊反对"暴力"要民主自由，但是两年之后，1993 年 10 月俄罗斯"议府之争"时，就是他以总统身份下令"炮轰白宫"这座俄罗斯议会大厦，以武力来解决他同议会之间的纷争，造成死 142 人、伤 600 余人的惨痛结局。叶利钦是绝对反对武力的吗？不是！在此问题上西方实行的也是双重标准，因为他们是无论如何都要支持叶利钦的，所以叶利钦能平静地渡过那场危机。现在在利比亚、叙利亚、埃及什么"民主"、"自由"、"人权"都不是以和平、非暴力实现的，而是与飞

机大炮同行的。是与非、正义与非正义，都是以西方和某些人的利益为标准的。回顾苏联解体这20年，剧变并不完全是和平非流血的，通观苏联解体前后的现实，好听的虽然是民主自由，但管用的还是需要一定的集中和权威，否则俄罗斯由乱到治、实现振兴是一句空话。看来，现在俄罗斯民众越来越成熟了，他们知道该怎么做。

戈尔巴乔夫改革中，针对民主缺失、独裁专制横行，特别是针对苏联历史上斯大林时期遗留下来的大批冤假错案，强调"民主化"、"公开性"是顺乎民心的。但问题在于戈尔巴乔夫将其推向了极端化，造成无政府主义泛滥，局势失控，不仅社会动荡，连党、政府、议会都四分五裂了，不仅改革无法进行，连生产、生活和经济秩序都乱套了。这个社会还怎么前进？

任何社会不可能只讲民主而不要集中，也不可能只讲自由而一概否定权威和服从。任何现代国家的权力都是集中的。权力集中本身是中性的，就是说权力集中并不是一个"坏"的价值判断，单凭它无法衡量一个政治制度的好坏。民主国家的权力也是集中的。例如美国。美国是典型的民主国家，但其总统具有至高无上的权力，很多学者称其为帝王般的权力。就权力集中来说，本身也不全是坏事。这要看一是权力是如何集中的，就是说是以什么方式集中的。二是权力集中如何维持。三是权力集中的目标是干什么的。斯大林模式的主要弊端其实并不在于"集中"，并不在于集中程度的高低和多寡，而在于以"计划经济"为核心、以单一公有制为基础建立起来的那种僵化的体制和框架存在严重问题。如果单纯就"集中"而言，这恰巧是社会主义"可集中力量办大事"的优越性的一种表现。这就是中国常说的"举国体制"的作用。这，我们不能否定，还要坚持和发扬。

美国政治学者亨廷顿在《变革社会中的政治秩序》一书中，就不发达国家的政治发展问题提出了自己的主张和看法。他认为，几十年来，一些不发达国家由于过早模仿西方的现代民主，造成社会动荡、战乱频仍、腐败现象严重，反而延缓了现代化的进程。所以，"对于发展中国家而言，首要的问题不是自由，而是建立一个合法的公共秩序。"亨廷顿甚至还提出一句名言："人当然可以有秩序而无自由，但不能有自由而无秩序。"亨廷顿的主张有人赞成，有人反对，但我一直是持赞成的态度。我除了赞成亨廷顿的观点，还非常赞成英国发展学者安德鲁·韦伯斯特在他的《发展社会学》一书中所说的，"看来，第三世界国家无论沿着社会主义方向还是沿着资本主义方向发展，都必须建立一个有粘合力的、有权威的政府。第三世界国家在政治上的软弱常常导致经济危机。"

进入新世纪普京在俄罗斯上台掌权时，他的方针看来与戈尔巴乔夫、叶利钦改革时期的方针是不一样的，甚至可说是"反其道而行之"的。普京大力纠正过去的偏向，相对强调"集中"和"权威"的作用。普京该强硬时就强硬（如对车臣），该出手时就出手（如对格鲁吉亚），该惩处的就惩处（如对石油寡头霍多尔科夫斯基），该纠偏的就纠偏（如对全盘否定历史的"数典忘祖"行为），他不失"强人"风范，而俄罗斯民众偏偏欢迎这样的强人，这是为什么？值得深思。因为俄罗斯自戈尔巴乔夫改革以来，国家地位一落千丈，民众有失落感，呼唤集中、权威，希望有强人出来治理。2000年12月，俄国家杜马根据普京的提议通过有关法律，规定用苏联国歌旋律作为俄罗斯的国歌，并用红旗作为俄军军旗。当时，普京的主张遭到右翼势力及前任总统叶利钦的强烈反对。叶利钦批评说，老国歌只代表官僚权力的苏共党代会，年轻一代人不会喜欢，总统不应该盲目崇尚民意。但普京强调，苏联国歌曲调激昂，振奋人心，否定苏联时期的一切象征性标志从原则上讲是错误的，否定历史会使整个民族"数典忘祖"。普京如果不采取这些措施，就无法让俄罗斯"由乱到治"，走上"复兴"之路。他正是由于这样做了，政绩突出，威信很高，不仅得到多数民众的拥护，而且被国内最大的政党"统一俄罗斯"视为"精神领袖"。现在还有可能于2012年重新当选为俄罗斯总统。这一切再次证明，民主与集中不能偏废，权威与必要的专政和暴力也不能一概否定。

前面我们讲过，科学社会主义与其他社会主义的本质区别就在于"要不要政权"。只要仍坚持科学社会主义，就不能把政权当儿戏，不能将千百万革命先烈流血牺牲换来的政权，随随便便地弄丢了。相反，我们应当千方百计地保住政权，这应是毋庸置疑的。为了保住政权，有时难以完全避免使用"暴力"。邓小平说"依靠无产阶级专政保卫社会主义制度，这是马克思主义的一个基本观点。马克思说过，阶级斗争学说不是他的发明，真正的发明是关于无产阶级专政的理论。……对人民实行民主，对敌人实行专政，这就是人民民主专政。运用人民民主专政的力量，巩固人民的政权，是正义的事情，没有什么输理的地方。"① 请记住邓小平这里强调的是："没有什么理亏的地方！"而现在我们的理论界为获取掌声只喜欢讲"民主"（这当然需要，我们不仅讲得不够，而且主要是做得不够、不好），而不敢讲"专政"了，似乎这是"输理了"、"理亏了"，其实这完全是糊涂观念。我们一定要实实在在地发扬党内民主、人民民主，健全法制，反对腐败，惩治那般祸国殃民的败类，但是该运用专政手段时绝对不能手软。

事实上，当今世界"暴力"、"专政"无所不在。我们不喜欢、不希望是一回事，但现实世界决不以我们主观上喜欢不喜欢为转移的。对"暴力"还是要看怎么用、为什么用、对谁使用，西方常常是双重标准的，他用就有理，你用就无理。必须具体分析，不能全听他们的。前面说到叶利钦也是两面派。再看看近年来北非西亚的形势，对西方那些说教应当有清醒的认识了，决不能不分青红皂白稀里糊涂地过日子。

六、资本主义不可不借鉴，但顶礼膜拜要不得

苏联东欧剧变时，许多人认为只要放弃社会主义制度，回归西方的资本主义制度，就可以迅速过上西方"天堂"般的生活了。但严峻的现实说明，事情并不是想象的那样。苏联解体后，俄罗斯不可能再回到"斯大林模式"上去了，但俄罗斯人对西方的态度也发生了很大变化。他们并不那么喜欢西方，西方也并不那么喜欢俄罗斯。越来越

---

① 《邓小平文选》第3卷，人民出版社1993年第1版，第379页。

多的俄罗斯人主张不要照抄西方，而要走俄罗斯"特殊道路"。据调查，大多数国民（74%）认为，俄罗斯是拥有独特发展道路的"欧亚国家"。

有人说，社会主义与资本主义，一个体现平等，一个体现效率，把两者结合起来才是一个文明、富裕、和谐的社会。这种说法是有几分道理的。社会民主党人认为，他们开创的民主社会主义道路，概括来讲是：三权分立的民主政治、混合所有制经济、社会市场机制和福利保障制度这样"四大法宝"，这被认为是成功地实现了资本主义制度与社会主义制度的对接，即相对富裕，又相对公平的制度。虽然西欧和北欧并不像他们描绘得那样如"人间天堂"，值得我们顶礼膜拜，但是适当参考借鉴他们的有些做法，对我们是有益的。

社会主义与资本主义作为两种不同的社会制度和国家政权的形式和形态。如果考察它们几十年、上百年的相互关系，可以发现它们曾经是"你死我活、不共戴天"的敌对关系，但在和平与发展成为时代主题的新历史条件下，虽仍然存在分歧和矛盾，但总体看正在向着改善、接近、合作、相互借鉴，甚至是所谓"趋同"的方向发展。对于这"两个主义"如此广泛而复杂的关系，要简单笼统地给其做个总体定位是非常困难的。我认为在经济方面、在如何处理社会经济问题方面来考察，就应当说它们之间确实存在相互借鉴取长补短的关系。当然这只是它们间的"一种"关系和定位，而决非"唯一的"、更不是"全面的"关系和定位。

首先必须指出，资本主义自1929年大危机之后，特别是二战后，逐步建立起较完备的现代资本主义体制，是参考借鉴了苏联社会主义计划经济等做法的。在1929年大危机爆发之前，社会主义的苏联已于1928年开始实行第一个五年计划，这立即引起西方经济学家的密切关注。1929年美国经济学会主席、新古典经济学派理论家弗·曼·泰勒（1855—1932）就发表了《社会主义国家生产指南》一文，提出了"指导性计划"的新概念，强调资本主义国家如果采用"指导性计划"来对市场经济加以宏观调控会大有好处。垄断资本与国家政权相结合之后，国家作为"总资本家"，对整个国家的政治、经济、社会、文化等各个方面全面地进行调控和干预，从而使资本主义的体制发生了很大变化。二战后，西方资本主义国家在工人运动高涨的形势逼迫下，借助经济稳定发展的有利条件，借鉴甚至超越了苏联社会保障的某些做法，普遍进行了较深入的调整和改革，后来不断将这些改革成果法制化、制度化，从而使资本主义形成了一套比较齐全、比较成熟的现代资本主义新体制。这一体制虽然在各国不尽相同，因而形成了什么"莱茵模式"、"盎格鲁撒克逊模式"、"北欧模式"、"日本模式"等各种说法，但它们有些大体相同的特点。如：

第一，扩大了资产阶级国家的社会管理职能，使政府获得"超阶级"的"裁判员"身份。这首先表现为在经济领域，告别了纯粹依靠市场机制自我调节的年代，增加了国家的宏观干预和调控。国家自诞生以来就有两种职能，一是阶级压迫职能，二是社会管理职能。为了完成其阶级压迫或称政治统治的职能，国家需要表现为"一种凌驾于社会之上的力量"，负责把各种利益集团的冲突保持在有"秩序"的范围之内。这正如恩格斯所说的：国家的"政治统治到处都是以执行某种社会职能为基础，而且政治统治只有在它执行了它的这种社会职能时才能持续下去"。在资本主义先前的各阶段，国家只限于维护资本主义生产方式的"共同的外部条件"，不介入经济，扮演"守夜人"的角色，但在大危机之后，虽然不同国家、不同时期的强调面和着力点不尽相同，所采取的具体方式和形式也不尽相同，但总体讲都实行"市场机制与国家调控相结合"的原则。这就是说，在"市场"这只看不见的手之外，又增加了"国家干预"这只看得见的手。也就是说"现代资本主义"是两只手，不再是过去的一只手。

第二，在社会层面，建立了标准参差不齐但比较完备的社会福利保障体系。国家通过税收等再分配制度，使垄断资本家的相当大的一部分利润脱离了垄断资本家的直接掌握而转到国家手里，从而使政府有条件建立起社会保障体系和福利制度，一定程度上调节了收入分配不公。这虽然没有从根本上消除贫富两极分化，但使贫困线以下者获得基本生活保障，从而缓解了社会阶级矛盾。

西方理论家认为，一个社会要顺利发展，必须有两个机制，一个是"动力机制"，一个是"平衡机制"。没有前一机制，社会缺少活力，不能前进。没有后一机制，社会不能稳定，也不能顺利前进。实行市场机制，解决了社会前进的动力问题；但如果没有平衡机制，不为市场机制条件下的"失败者"和"弱者"提供必要的生活保障，就没有社会的稳定，社会也不能顺利发展。西方资本主义国家利用了战后稳定发展的有利条件，逐步建立起社会保障体系，这对资本主义的稳定发展起了重要作用。当然，有些国家的福利制度做得过头了，也带来了一定负面影响，这是另一层面的问题。

第三，在政治领域，扩大了资产阶级民主，健全了资本主义法律体系。这既满足民众的民主要求，又约束某些过激的、不利于社会的行为；将社会各种利益集团间的冲突和斗争纳入法制轨道，使社会实现所谓"既自由又有序"的状态；资产阶级民主自由，使社会不满在平时有发泄渠道，不至于积攒到矛盾总爆发的程度，实际上起到了政治"减压阀"的作用。还为社会不满提供通畅的发泄渠道，以免酿成"火山"式总爆发的形势。

第四，在文化意识形态层面，其主流是有利于资本主义社会的稳定发展的。如：倡导个人自由、个人奋斗，结果的成败在个人，不至于怨政府和社会；发达的宗教信仰，客观上充当着社会"心理医生"，公民个人的失意从上帝那里求得了精神解脱；"因果报应"的宗教信念，有利于强化道德自律，加上严格的法律惩罚，从软硬两方面净化社会心态、规范社会秩序；倡导民族传统文化，并使其与现代文明结合，从而形成了适应科技进步和时代发展要求的现代企业精神、经营思想和社会理念，创造着适应现代化发展要求的文化要素与精神氛围。

资本主义由于发生了上述变化，从而使当代资本主义不再是文学名著《悲惨世界》所描述的那种状况，而变得比较"文明"、有点"人情味"的现代资本主义。虽然资本主义社会两极分化依然严重，但就多数人来说，已不是"活不下去"的问题，而是活得"好一点差一点"的问题，因此资本主义相当长时间以来已不具备直接革命的形势。

其次，我们必须承认，中国特色社会主义之所以取得如此大的成就，与我们实行对外开放，重视借鉴和学习资本主义一切先进的东西是密不可分的。具体如何学习借鉴的东西多如牛毛，就不必说了。这里只讲实行"社会主义市场经济"这一事关全局的大事。社会主义过去长期实行"计划经济"，因而总离不了"短缺"和"票证"，因为参考借鉴了资本主义"市场经济"的实践经验，才有了现在繁荣的市场。邓小平说，"计划多一点还是市场多一点，不是社会主义与资本主义的本质区别"，"计划和市场都是经济手段"。这正是从近100多年来资本主义几轮大调整的"基本经验"中总结概括出来的。因为从19世纪后期算起的100多年间，资本主义所经历的几轮大的调整和变革，都是把"市场"和"计划"当成"手段"来运用的，都是在"市场调节"多一点，还是"国家干预"多一点之间，调来调去的。看来这对社会主义经济也带有规律性，社会主义国家也会碰到同样的问题。请看资本主义以下历史事实：

第一轮：19世纪后期的那一轮调整，是从反对垄断保护自由竞争为主轴的。资产阶级国家当时已认识到垄断对国家和社会的危害，国家开始运用立法来限制垄断。1890年美国联邦政府通过了第一个反垄断法《谢尔曼法》就是例证。此后垄断与反垄断的斗争并未停止，反垄断法也不断完善。但资本主义的垄断总是与资本主义的竞争并存的。垄断有排除竞争的倾向，但它还有加剧竞争的倾向。因此，到20世纪头一二十年，这一轮的调整变革虽然总体上已使资本主义发展到了垄断阶段，但市场竞争也得到了充分发展，市场这只"看不见的手"可不受国家这个"守夜人"的干扰而充分地发挥着作用。这埋下了1929年大危机的根子。

第二轮：1929年大危机之后的那轮调整变革，是以罗斯福"新政"为标志和主要成果的。其最显著的特点是加强政府对经济的干预，政府对经济进行计划调控，从而使资本主义在市场这只"看不见的手"之外，又增加了国家干预这只"看得见的手"。罗斯福政府扩大投资，大规模地兴建医院、学校、图书馆，大规模兴建基础设施，修高速公路、建防洪水坝，以及其他公众设施，总之是运用财政手段刺激经济发展，扩大就业机会。经过罗斯福的这番调整，美国经济果然收到了加速经济复苏的效果。不仅是美国，其他资本主义国家，如德国、英国等也相继采取类似措施。1936年英国经济学家凯恩斯从理论上总结了资本主义国家"反危机"措施的经验，被称之为凯恩斯主义。

第三轮：20世纪七八十年代开始的那一轮调整变革，应算作是第三轮调整变革。这轮调整变革，首先是从理论上的调整和转变开始的。二战后一直被西方国家奉为现代资本主义的"指导理论"的凯恩斯主义，在1970年代的"滞胀"面前却失灵了，从而遭到严厉的批评。取其代之而起的是"新保守主义"、"新自由主义"的各种思潮和学派，转而强调减少国家干预、提倡自由放任、更多地发挥市场机制的作用。与此同时，政府的政策也开始调整和转变。如果说50年前，罗斯福攻击"垄断"，颂扬"政府"，寄希望于国家对经济的干预；那么50年后，当里根总统上台时，却把矛头指向"政府"。他说："在当前的危机中，政府不解决问题，问题就在政府自己。"于是里根政府转而主张放松政府对经济的管制，更多地发挥市场自我调节的作用。1979年上台的英国保守党人撒切尔夫人也提出了大体相同的政策主张。1990年代各式各样的"第三条道路"，大体上也没有超出"新自由主义"的调整变革的方向。

第四轮：2008年开始的新一轮调整变革，看来其特点和调整的方向恰好与上一轮是反向而行的。强调不能放任市场的自发作用，而要适当加强政府对经济的干预。因而引来了"美国也在搞社会主义"的议论。国家干预的作用得到强调，但市场的作用也不可能被否定的，总体而言还是在"市场调节"和"国家干预"之间调来调去的问题。但究竟怎么调整。还值得继续研究观察。

资本主义总是在市场调节与国家干预之间调来调去，始终不放弃任何一手，这是值得社会主义参考借鉴的。什么是"社会主义市场经济"？按江泽民同志当年的解释，那就是同时运用市场与计划这样两手的经济，也可称之为"有计划的市场经济"。他是这么说的："有计划的商品经济也就是有计划的市场经济，社会主义经济从一开始就是有计划的，这在人们的脑子里和认识上一直是很清楚的，不能因为提法中不出现'有计划'三个字，就发生了是不是取消了计划性的问题。"我们现在强调市场经济，但不是不用国家计划这一手。如果说过去完全迷信计划是极端，那么现在反过来，如果完全迷信市场也是一种极端，要不得。我认为，既然当代资本主义的实践也提醒我们，任何时候都不要忘了市场调节与国家干预这么"两手"，那么我们社会主义国家是取资本主义之"长"（市场经济）来补我之"短"（国家计划之弊），就一定会做得更好的。

但是，资本主义制度并不是值得社会主义顶礼膜拜的"人间天堂"，自金融危机爆发以来，资本主义制度暴露出来的问题很多。如拿西方吹嘘的"民主体制"来说，其暴露的内在缺陷和弊端就多得很。

西方自由竞选轮流执政的政治制度，有其好的可供借鉴的因素，但其弊端和缺陷也是非常明显的。看似很"民主"的多党选举，实际上最后变成一种取悦选民的"政策性买票"交易，只要可以讨好选民，对政党的选举有利，就实行什么政策，根本不考虑什么科学依据和客观实际可能。当前的金融和经济危机，可以说与西方政治制度关系极为密切，是其弊端和缺陷的必然结果和大暴露。

西方的政治制度，造成选民一味地要求少缴税又能多享受公共福利，而政治家"对支持者的回报"就是尽其所能地扩大公共支出又避免加重选民负担。双方共同的理性都落脚于"取其需而不担其责"，政府举债支出便成为满足选民需求、延续政治家前途的必由之路。西方的选举政治俨然堕落为一种"避难"政治，选民躲避增加税赋之难，政治家躲避遭选民抛弃之难。

对政治家来说，"政治性赤字"意味着财源广进又不惹恼选民；对选民来说，"政治性赤字"意味着更多的福利又无须给政治家缴更多的税。在这个各取所需式的"馅饼"下面隐藏着"温水煮青蛙"式的社会灾难。结果是：美国从 1960—2009 年的 50 年间，仅有1969、1999 和 2000 三个财政年度的财政是盈余的，其余 47 年均为财政赤字。同时美国从 1960 年发行 60 亿美元左右的国债到 2009 年发行约 1.4 万亿美元的国债，50 年间年发行国债的规模扩张了 240 倍。

西方轮流执政的政治制度，造成上台者没有长远打算，只顾眼前而不管长远，从而使"赤字财政"、"借债成瘾"、"寅吃卯粮"难以避免。与此同时，美国继续大力增加军费开支，靠"美军"来维持"美元"的霸主地位，从而形成了"一低、四高"的局面，即：低税收、高消费、高军费、高赤字、高外债。这些国家，借债不是度日、也不仅仅是建设，而是享乐。美国最富有，但赤字最多、债务规模最大，希腊、冰岛等国债务风险突出，但公民却依然低储蓄、高消费，要挟政府继续推行高福利政策。冰岛，因长期超前消费的生活方式和银行无度贷款，积累了的债务占到国内生产总值将近 300% 左右，人均负债 1.8 万美元。当债务危机来临之时，国家不能依靠本国公民自救，只能哀求他国伸出援手，国民精神空虚了，国家成了"空壳"，政治家成了"孤家寡人"。现在西方的金融危机、债务危机，实际上是西方政治制度危机的反映，西方这种制度性危机，如何才能走出恶性循环，令西方和整个世界忧虑。

社会主义国家不搞多党竞选轮流执政，执政党有长远规划和打算，这是社会主义政治制度优越性的体现。但是，从世界潮流和历史趋势看，西方政治制度中所包含的某些政治文明的成果，如权力必须制衡、行为必须接受监督、竞争促进进步、垄断导致腐败等政治文明成果，对社会主义国家也是具有参考借鉴意义的。社会主义国家应根据自己的特性，有选择地借鉴，而不可能一概视其为资本主义的东西而加以排斥。中国不搞多党轮流执政，但一定要把中国共产党领导的多党合作制搞好，发扬党内民主、党际民主和人民民主，社会主义政治体制改革还远未完成，我们要本着积极稳妥的原则，保持一种"闯关"的劲头，搞好政治体制改革。

七、人类政治文明成果要借鉴，但照搬西方体制不是出路

苏东剧变时，放弃当时本国社会主义的政党制度而实行西方的多党制，是一种普遍的潮流。结果大多放弃宪法中有关共产党领导地位

的规定，原来执政的共产党在那种形势下没法不下台，现在实际情况如何？可以说一言难尽。就俄罗斯的情况来说，看来也不可能完全照抄西方的做法，会有自己的特点。在 2008 年俄罗斯议会的选举中，从得票率看，普京的统一俄罗斯党为 63.3%，久加诺夫的俄罗斯共产党 11.5%，日里诺夫斯基的自由民主党 10.33%，公正俄罗斯 7.08%；在议会总数 450 席中，各党所取得的席位，依次分别为 315 席、57 席、40 席和 38 席。普京的统一俄罗斯党的"一党独大"的局面已经形成。西方不欣赏俄罗斯的政治民主制度，而且不乏攻击之词。但俄罗斯一定会有自己的政治特色。看来，普京采取的既不同于激进派的自由主义，特别不赞成他们彻底否定俄罗斯的历史传统的做法，但又坚决谴责斯大林时期专制僵化非人道的那种社会主义模式。普京突出强调要发扬俄罗斯的民族传统，热切希望振兴俄罗斯，因此可以说，俄罗斯在西方民主的基础上正在形成一种"有俄罗斯特色的新权威主义"体制。

中国作为社会主义国家是决不会搞西方三权分立、多党轮流执政那一套的。但中国会借鉴世界一切政治文明成果，包括发达资本主义国家的在内。党的十六大报告指出，发展社会主义民主政治，建设社会主义政治文明，"要坚持从我国国情出发，总结自己的实践经验，同时借鉴人类政治文明的有益成果，绝不照搬西方政治制度模式"。社会主义政治文明建设是一个不断地积累、创新、发展、完善的过程。在这一过程中，不仅需要总结自身的实践经验和理论成果，而且需要借鉴人类政治文明的积极成果。没有吸收和借鉴，就谈不上积累和创新，发展和完善就失去了基础。

巴黎公社的委员会制、苏维埃制、人民代表大会制等这些社会主义民主的基本制度，都不同程度地改造和吸收了西方议会民主制的某些积极的因素。列宁指出：苏维埃政权作为新型国家机构，就在于"它能够把议会制的长处和直接民主制的长处结合起来，就是说，把立法的职能和执法的职能在选出的人民代表身上结合起来"。①

①《列宁选集》，第 3 卷，人民出版社 1995 年版，第 296 页。

借鉴资本主义政治文明的前提是对它进行深入研究，并通过科学研究对其中的精华和糟粕作出实事求是的鉴别、评价。借鉴不是照抄照搬而是取其精华，去其糟粕，有分析、有鉴别、有批判地消化吸收，为我所用。要防止简单地否定一切或肯定一切的思想方法。例如，在认识资本主义民主政治的问题上，长期存在两个误区：一是不加分析地、简单地把资本主义民主政治看作是虚伪的、腐朽的、没落的。只承认资本主义物质文明、工业文明的先进性，否认资本主义民主政治的历史进步性。二是认为社会主义民主政治与资本主义民主政治泾渭分明，水火不容，是取代和被取代的关系。结论是，资本主义民主政治没有借鉴之处，也根本不可能借鉴。事实上，人类政治文明的发展具有两重属性。一方面，人类政治文明的发展总是与不同历史时期的不同社会形态、国家制度、民族特点相结合，难免不同程度地被打上那个社会和国家统治阶级意志的烙印，表现出鲜明的阶级性和意识形态特征，具有历史的阶段性。资本主义民主政治也不例外，从本质上讲它是维护资产阶级政治统治和根本利益的。另一方面，人类政治文明又是由不同时代、不同民族的人民共同创造、共同发展的，具有历史的延续性、内在的逻辑性和共通性，很难说是某一种社会形态、某一个国家所特有的。资本主义政治文明作为人类政治文明的重要组成部分和近代政治文明的标志，也包含、传承和发展了人类以往的政治文明成果。尽管资本主义民主政治存在局限性和弊端，但是，相对奴隶社会和封建社会政治文明来说，它更具有进步性和合理性。政治文明是不断发展的。新的政治文明对于旧的政治文明，应吸取其合理的成果，而去其糟粕。当前，有效借鉴资本主义政治文明的关键在于，通过深入研究，科学地分析其可资借鉴、吸纳的内容。

西方政治文明包含一些反映民主政治普遍规律的原则和精神，比如，"主权在民"的原则和权力制约的理论。资本主义国家的政治体制，像"三权分立"制度，本质上是资产阶级的政治统治形式，但其中也蕴涵着权力的必要分工和权力制约的合理因素。分工和制约是克服权力过分集中，防止权力滥用的必要和普遍的手段。我们决不能照搬"三权分立"的模式，但可以借鉴它所包含的分工和制约的合理精神。因为社会主义国家也同样需要分工、需要对权力监督和制约。

有些资本主义可以利用、社会主义也可以利用的具体的政治制度、体制和机制，更是值得探寻的。社会主义和资本主义属于不同性质的社会制度，但都建立在社会化大生产和现代物质文明的基础之上，都反对封建专制制度，实行共和国体制，都运用现代化手段管理国家，都主张民主政治（尽管民主的理念不同）。作为人类政治文明成果的一些合理的制度、体制、机制和经验，资本主义可以利用，社会主义也可以利用。如第一，宏观经济调控、行政管理及社会公共事务管理方面的方式、方法和经验。第二，民主政治的某些具体制度：普选制度、代议制度、政党制度、监督制度、公务员制度、人权的保障制度、退休制度，等等。第三，依法治国的经验。"法治"是资产阶级在反对封建社会"人治"的斗争中提出来的，虽然体现了资产阶级的意志，但同时也包含着法治文明的合理内核。一切以法律为准绳、法律面前人人平等、司法独立、罪刑法定等原则和精神都是法治的共性，是任何国家厉行法治所必须遵守的。实行法治是人类文明进步的重要标志，是国家长治久安的根本保障。联系苏联的肃反扩大化和中国的"文化大革命"，邓小平曾强调指出："为了保障人民民主，必须加强法制。必须使民主制度化、法律化，使这种制度和法律不因领导人的改变而改变，不因领导人的看法和注意力的改变而改变。"①第四，民主政治的运行机制。西方民主政治，按照程序运作，形成了一套十分复杂而又精致的运行机制，包括参与机制、竞争机制、制衡机制、监督机制、法治机制，等等。要实现社会主义民主政治的制度化、规范化和程序化，也有必要借鉴西方政治运行方面的这些具体的有效率的机制。

这里还需要强调指出的是，中国特色的政党制度与政治制度，也是既不同于"苏联的一党制"，也不同于"西方的多党制"，而是"中国共产党领导的多党合作与政治协商制度"，这是一种"独具特色的多党制"。今年春天人代会上吴邦国委员长宣布"中国不搞多党

---

① 《邓小平文选》第 2 卷，人民出版社 1994 年第 2 版，第 146 页。

轮流执政"之后，有媒体将其错误地解读为"中国不搞多党制"。我曾经在《学习时报》上发文指出了这一错误，并提出了中国是"独具特色的多党制"的概念，有关论述这里不谈了。① 但我要强调一点，毛泽东和邓小平都讲过中国是"多党制"这个话的，中国人千万不要自己戴上"一党制"的帽子，中国还有八个民主党派嘛，中国是不同于前苏联的"一党制"的。

毛泽东早在 1956 年《论十大关系》中就明确提出："究竟是一个党好，还是几个党好？现在看来，恐怕是几个党好。不但过去如此，而且将来也可以如此，就是长期共存，互相监督。""在这一点上，我们和苏联不同。"②

邓小平关于中国多党制的话是 1980 年在《目前的形势和任务》中说的。他说："我们国家也是多党，但是，中国的其他党，是在承认共产党领导这个前提下面，服务于社会主义事业的。我们全国人民有共同的根本利益和崇高理想，即建设和发展社会主义，并在最后实现共产主义，所以我们能够在共产党的领导下团结一致。我们党同其他几个党长期共存，互相监督，这个方针要坚持下来。但是，中国由共产党领导，中国的社会主义现代化建设事业由共产党领导，这个原则是不能动摇的；动摇了中国就要倒退到分裂和混乱，就不可能实现现代化。"③ 邓小平明确强调"中国共产党领导""这个原则是不能动摇的"，"从根本上说，没有党的领导，就没有现在中国的一切"。同时又强调"为了坚持党的领导，必须努力改善党的领导"，并强调了"党离不开人民，人民也离不开党，这不是任何力量所能改变的"。

这说明中国既不同于苏联的一党制，也不同于西方的多党制，而是一种独具特色的多党制。

最近（即 2011 年 9 月）温家宝总理在出席夏季达沃斯论坛年会的企业家对话交流时，就中国政治体制改革又谈了五点看法，是很有新意的，是与苏联模式或斯大林模式完全不一样的。这五点是：

---

① 肖枫：《中国实行的是独具特色的多党制》，载《学习时报》2011 年 5 月 2 日。
② 《毛泽东文集》第 7 卷，人民出版社 1999 年第 1 版，第 34 页。
③ 《邓小平文选》第 2 卷，人民出版社 1994 年第 2 版，第 266、267、268 页。

第一，坚持依法治国。一个执政党最重要的任务就是要依照宪法和法律办事，并且严格在宪法和法律范围内活动，这就需要改变以党代政，把权力绝对化和权力过分集中的现象。为此，必须改革党和国家的领导制度。"这个任务是小平先生在30年以前就提出来的，我认为在今天尤为紧迫。"

第二，要推进社会公平正义。这就需要通过改革发展经济，并且改变收入分配不公和差距过大的现象，让人民群众都过上有尊严的生活，都能够享受改革和建设的成果。社会公平直接关系我们政权是否真正为人民服务，也关系到经济的可持续发展和社会的和谐稳定。为此，要重视做好两方面的工作：一要采取措施，加快提高中低收入者的收入，同时要调节高收入阶层的收入；二要建立和完善社会保障制度，包括失业、养老、医疗等社会保障，使之成为整个社会保障体系。

第三，维护司法公正。保证检察机关和司法机关应有的独立性，不受任何社会团体、社会组织和个人的干涉。司法公正体现社会的公平正义，我们必须始终坚持这个方向。

第四，保障人民的民主权利。要切实保障宪法规定的公民的民主权利和民主权益，其中最主要的是选举权、知情权、监督权和参与权。要扩大民主形式，要巩固村民自治，在扩大民主这个问题上可以先从党内做起，由党内逐步扩大到党外，这样比较稳妥，也比较现实。

第五，要坚决反对腐败。当前反腐败重点可以做以下工作。一是反对职务侵占。严禁领导干部利用手中的权力插手招投标活动，牟取私利，这要成为经济上反腐败的一项重要任务。二是逐步推进财产申报制和公示制。三是公开财政中的"三公"经费。

温家宝强调，上述五项工作当中，最为重要的，也是难点和重点，那就是有序地扩大民主，毫不动摇地推进社会公平正义，坚决反腐败。如果这样做下去，我们就会使人心平静下来，使每个人都有安全感，使弱势群体得到帮助，使大家对国家的未来充满信心。

八、对西方的西化、分化和演变要高度警惕，
但从本质看这是国家软实力竞争问题

西方对苏联东欧的剧变并不是袖手旁观的，而是加紧进行渗透和演变工作的。有关情况前面也谈过了，现在我们要进一步深入讨论如何看待和对待这个问题。中国要吸取苏联解体的教训，千万不要做苏联人那种令人惋惜的"蠢事"，不要因一时冲动留下无法纠正、无法弥补的"永恒的伤痛"。

现在中国形势比较好，是真正发展起来了，但是发展起来之后又有发展了的问题，国际环境并非都是顺利和有利的。小平同志晚年在反思中国发展道路时曾说过："过去我们讲先发展起来。现在看，发展起来以后的问题不比不发展时少。"小平同志这番话当时是就中国国内情况讲的，但现在看来，中国在国际上所遇到的情况，何尝不是也如此呢。近年的事态表明，中国发展了招来了别人的嫉妒、担心，甚至算计，从而给中国带来了不少负面的牵扯、压力和麻烦。现在西方对中国收起了"崩溃论"，却又大肆宣扬中国"威胁论"、"责任论"和"傲慢论"。这说明，中国发展了，国际环境却变得更复杂了。在国际竞争激烈的国际环境中，中国还面对猖狂的"台独"、"藏独"、"疆独"势力，谁也不能保证我国不会成为第二个苏联，要真是到了那一步，悔之晚唉。退一步讲，即是像泰国那样的民主也够中国呛的。

中国的政治体制改革必须往前走，但改革不能没有共产党的领导，不能削弱国家政权的力量。罗马不是一天建成的，我国的政治体制改革要一步一步地来，一定要积极稳妥地进行。中国要继续深化改革，必须加大反腐败的力度，着力解决贫富差距拉大和分配不公等各种问题，要解决的问题是很多的。弄得不好，再回到"文革"时代去，中国再继续折腾，这不仅中国经受不起，中国绝大多数人也不赞成，希望稳定这是大局。接受苏联解体的教训，中国要认真对付西方的思想渗透，既要学习借鉴西方的文明成果，包括政治文明的成果，但是一个重

要的原则是，"中国不能乱"，"中国不能再折腾"，这也是中国大多数百姓的心声。

在如何面对西方"西化"、"分化"的问题上，中国既不能放松警惕，也要采取开放态度，重视吸取人类先进的文明成果，包括资本主义的政治文明的成果。首先是，虽然西方对中国"西化分化"、"和平演变"战略是不会放弃的，但也不必草木皆兵。搞不搞"和平演变"在西方，然而变不变则在我们自己，在我们内部。只要我们自己的工作做得好，内部搞得好，西方奈何不了我们。其次是，要讲究开放性和科学性。马克思恩格斯曾批判过资产阶级"自由、平等、博爱"的虚伪性，但并没有否定这些概念的本身，我们应把这些旗帜拿在自己手里，不要视为"资产阶级的专利"。社会主义如果将自由、民主、人权、博爱、人道、公平、公正、和平、和谐、幸福等人类普遍追求的价值理念统统否定了，那只会将社会主义搞得面目可憎，很不得人心。社会主义者必须承认和接受人类普遍追求的这类价值理念和概念，并在必要时对某些概念赋予自己的理解和解释，但决不应绝对笼统地一概反对"普世价值"。我们可以反对有人将西方三权分立、多党轮流执政那套做法说成就是"普世价值"，我们可以不承认这套具体做法是"普世性"的、同样适用于中国，但是我们决不能因此而反对任何"普世价值"的存在。实际上，在当今全球化的时代，人类面临大量的共同问题，有许多共同的利益、共同的追求是不能反对和否定的，面对西方与我们的思想文化斗争，靠彻底否定"普世价值"解决不了问题。

反"和平演变"问题，本质上是国家"软实力"的竞争问题。美国在历史上曾抵挡不过苏联"共产主义"渗透而惊恐过，它花了很大力气来对付社会主义的吸引力和影响力。20世纪60年代，美国经济大发展，但也引出众多社会问题，如大规模的黑人民权运动，反对侵略越战的运动和青年造反活动等。青年人还搞起反主流文化活动，一些人搞恐怖活动，号召进行城市游击战。当时美国的日子也不好过，但经过70年代国内政治经济体制改革，逐渐转危为安了，并转而向苏联等社会主义国家发动攻势。到了80年代末，美国等西方国家对苏联东欧社会主义的思想攻势大大加强。他们常挥舞"两把刀子",即"人权"和"民主",以此向社会主义国家发动"和平演变"攻势,并且取得了使苏联东欧社会主义国家崩溃的"大胜利"。

如何看待西方国家的"和平演变"? 从本质上看,这是国家软实力竞争问题。什么是"软实力"? 按约瑟夫·奈的观点,任何国家都需要两种国力,即"硬国力"(硬实力)和"软国力"(软实力)。国家的军事实力是硬实力,"软实力是通过劝说和魅力而非通过威胁或军事力量来影响别国的能力","它主要包括文化影响、外交合作、经济互利以及在发展模式和意识形态等价值观方面对其他国家的吸引力"。

软实力是国家综合国力的基础。当一国软实力全部丧失时,无论一国的硬实力有多大,其综合实力都等于零。苏联的解体就是一个经典的例子。1991 年底,苏联军事力量仍可与美国媲美,经济实力也大于多数发达国家,然而由于其政府的内外动员能力全部丧失,因此国家解体,苏联不复存在。由此可见,国家生存、国家发展以及国家崛起都离不开软实力的支撑。当一国软实力丧失或被严重削弱时,无论多么强大的军事实力和经济实力都挽救不了这个国家衰败的命运。

从苏联解体中吸取反"和平演变"的教训,必须转变角度,从国家软实力竞争的角度去综合考虑问题。中国要对付西方的"西化"、"分化"和"演变",单纯抓人权、民主这类意识形态斗争问题是不够的,采用笼统地否定一切"普世价值"的态度和斗争方式也是荒唐无力的。我国已加入世界人权公约,在人权等问题上我们与西方国家存在分歧这是正常的事情,我们的态度是主张"对话",而不是"对抗"。我国不时同美国等西方国家开展"人权对话",如果我们从根本上就否定人权、民主、自由等概念的"普世性",与人家还有什么共同语言,还怎么与人家对话? 我们还是要在发展国家硬实力的同时,必须大力增强自己的"软实力",包括"文化力量"和"人文力量",即增强中国的吸引力,改善中国的形象,增大我们的国际话语权,光靠与西方意识形态上硬顶,解决不了问题。

九、党离不开人民，归根结底"最终选择权"在人民

苏联东欧剧变的一个共同特点是，原来社会主义国家的宪法都规定了，共产党或共产党性质的政党是国家的领导力量，即法定的"执政党"，而"民主化"浪潮中反对派集中攻击的就是这一条，要求取消或废除这一条。凡是废除了这一条的国家，经过或不经过选举，最终结局都是共产党被迫下台丧失了政权。这究竟是为什么，共产党应当怎么办？

邓小平在"南方谈话"中强调共产党的权利是人民给的，共产党能否长期执政，归根结底，最终决定权在人民。所以邓小平强调，"人民，是看实践。人民一看，还是社会主义好，我们的事业就会万古长青！"我们必须记住和明确这条真理。所以遇事都要考虑老百姓满意不满意、老百姓答应不答应。

如何才能做到这一点呢？从理论上讲，马克思主义历来强调不能放弃"专政"手段。邓小平说"依靠无产阶级专政保卫社会主义制度，这是马克思主义的一个基本观点"。"对人民实行民主，对敌人实行专政，这就是人民民主专政。运用人民民主专政的力量，巩固人民的政权，是正义的事情，没有什么输理的地方。"[①] 邓小平早就明确指出："在整个改革开放的过程中，必须始终注意坚持四项基本原则。"这其中就包括了人民民主专政。事实上当今世界，"暴力"、"专政"无所不在，就看怎么用、为什么用、对谁使用？西方常常是双重标准的，他用就有理，你用就无理，我们不能听他那一套。

当然，共产党人必须严肃认真地对待这个问题，决不能将宪法和法律的有关规定当儿戏。吴邦国在今年的"人大会"上讲了"决不搞多党轮流执政"等几项庄严的宣誓，充分体现了我们在这些原则问题上的坚定立场。

但是这决不意味着我们就光靠专政手段行事，首先靠的是代表人

---

① 《邓小平文选》第3卷，人民出版社1993年第1版，第379页。

民利益，得到人民拥护才行得通。革命胜利前毛泽东在回答黄炎培先生关于如何跳出"历史周期率"的问题时，毛泽东就满怀信心地回答道："我们已经找到了一条新路，我们能够跳出'历史周期率'的支配。这条新路，就是民主。只有让人民来监督政府，政府才不敢松懈；只有人人起来负责，才不会人亡政息。"① 出路在于民主——这是毛泽东当年的回答。但是革命胜利后中国所实行的"民主"，不必说遭到西方和敌对势力的攻击，就是我们广大干部和人民群众，对它也不是很满意的。相当多的人认为，我们的民主很大程度上是在"走形式"，人大"橡皮图章"的印象还没有完全扭转，还没有真正发挥好民主监督的作用。

社会主义民主要保障党对政权的领导，而不是反对和摆脱这种领导，这是重要原则。但是"在实施民主政治中保证党对政权的领导"，这是邓小平说过的一句话。② 邓小平还批评了"以党治国"的思想，认为这是国民党恶劣影响在我们党内的反映。表明在党领导的根据地里，我们也不赞成"以党治国"的提法和做法。龚育之同志曾于2003年写过一篇文章透露一个重要历史情况。他说刘少奇在关于第一个宪法的报告中，提出"现在的选举制度是要逐步加以改进的，在条件具备以后就要实行完全的普遍、平等、直接和秘密投票的制度"。"八十年代邓小平同志也讲过直选问题，说：现在条件不成熟，大陆在下个世纪，经过半个世纪以后，可以普遍实行直接选举。"③ 这就是说，中国将来也是要"普遍实行直接选举"的，现在只是时间条件还不成熟的问题。

因此，共产党作为执政党要靠"老百姓真心实意地拥护"才是可靠的。这就是说，我们实现这一条不能单纯靠宪法规定，而是要靠合情、合理、合法，要让民众真心实意地拥护共产党，在任何情况下都"海枯石烂不变心"地拥护共产党，这就不是简单的事情了。这就是邓小平强调归根结底"最终选择权在人民"手里这一重要思想的深刻

---

① 《毛泽东年谱》中卷，人民出版社1993年第1版，第610页。
② 《邓小平文选》第一卷，人民出版社1989年第1版，第21页。
③ 龚育之：《人权问题：历史和现实》，载《学习时报》2003年1月27日。

含义之所在。

怎么做到这一点？这就要看共产党为了谁、依靠谁、支持谁，是不是真正立党为公，执政为民，权为民所用，情为民所系，利为民所谋了。还要看共产党的执政能力如何，是不是善于治国理政。总之，必须加强"执政党"的观念和理念。作为执政党首要的任务是让老百姓安居乐业过好日子，要重视民生和福利，让人民生活越来越幸福。所以，进入新世纪以来，我们党强调要加强执政能力建设，抓好"发展"这一"执政兴国的第一要务"，强调要学习践行"科学发展观"，这一切反映了我们"党建观念"在转变。这就是苏联解体后邓小平在"南方谈话"中重点不谈上层建筑和意识形态问题，而是大谈经济发展问题、大谈改革开放动摇不得的重要原因。因为他的思路变了："人民，是看实践。人民一看，还是社会主义好，还是改革开放好，我们的事业就会万古长青！"① 这就是说共产党"最终"还要接受人民的选择。你搞得不好，人民不选你，你就得下台。历史趋势是要走向自由选举的，我们必须记住和明白这条真理。

十、搞"中国特色"就要去"苏联特色"，既同苏联"切割"，又不"照抄"西方，这就是中国自己选择的路

中国不是前苏联，中国在斯大林问题上是非常主动的。中国革命和建设本来都是独立自主的，历史上是抵制斯大林的错误又没全盘否定过斯大林，中国早就提出"以苏为戒"，探索走自己的路，"斯大林主义"帽子扣不到我们头上。中国早已同斯大林进行了"切割"，因此不要人家一批斯大林，就如同毛泽东当年批评的那样"如丧考妣"。自己总是不自在，自己自觉不自觉地与斯大林"捆绑"在一起，这不是马克思主义者坚定性的表现，而是愚蠢的左派幼稚病的反映。在斯大林问题上我们的原则性应当很清楚，中国特色的总原则，就是同苏联切割，又不照抄西方。所谓搞"中国特色"就是要去

---

① 《邓小平文选》第 3 卷，人民出版社 1993 年第 1 版，第 381 页。

"苏联特色"。

有人强调中国特色社会主义与苏联斯大林社会主义的"共同性"、"一致性",强调前者是后者的"沿袭",这种说法是荒唐的。我们应把社会主义"一般原则"（共性）与搞社会主义的"具体办法"（模式）区别开来。斯大林在苏联搞社会主义的那套方法即"斯大林模式",只是斯大林理解的社会主义"一般原则"在苏联的具体运用（而且还有严重的扭曲和曲解）,不能当成是科学社会主义的"正宗"、"经典"或"样板"。虽然中国在没有经验的情况下,向苏联学习过并深受其害,但觉悟之后从上世纪 50 年代起就提出"以苏为戒",决心探索走自己的路了。时至今日已过去半个世纪了,中国特色社会主义已蒸蒸日上闯出了一片崭新的天地了,此时仍说中国是"斯大林模式的沿袭",岂不是笑话! 如果说中国某些来自马克思主义的基本原理,与斯大林模式有某些相近之处,这也绝不是因为"沿袭"了斯大林模式,而是因为坚持了马克思主义的"结果"。中国人学习马克思主义难道离不了苏联斯大林这个"二传手",没有这个道理! 总之,中国必须解放思想,把腰板挺直了,从与斯大林的"捆绑"中解放出来。不要像毛泽东批评过的那样,"一反斯大林就如丧考妣"[1],也没必要为斯大林的错误辩护。斯大林是斯大林,中国是中国。

另一方面,中国对西方吹嘘的那一套也决不照抄照搬。譬如西方的"民主体制"在金融危机中已暴露其内在缺陷和弊端,我们更不可能照搬。

西方自由竞选轮流执政的政治制度,看似很"民主",实际上已变成一种取悦选民的"政策性买票"交易,只要可以讨好选民,对政党的选举有利,就实行什么政策,根本不考虑什么科学依据和客观实际可能。当前的金融和经济危机,可以说与西方政治制度关系极为密切,是其弊端和缺陷的必然结果和大暴露。

西方的政治制度,造成选民一味地要求少缴税又能多享受公共福

---

[1] 吴冷西:《十年论战——1956-1966 中苏关系回忆录》（上）,中央文献出版社 1999 年第 1 版,第 15 页。

利，而政治家"对支持者的回报"就是尽其所能地扩大公共支出又避免加重选民负担。双方共同的理性都落脚于"取其需而不担其责"，政府举债支出便成为满足选民需求、延续政治家前途的必由之路。西方的选举政治俨然堕落为一种"避难"政治，选民躲避增加税赋之难，政治家躲避遭选民抛弃之难。

对政治家来说，"政治性赤字"意味着财源广进又不惹恼选民；对选民来说，"政治性赤字"意味着更多的福利又无须给政治家缴更多的税。西方轮流执政的政治制度，造成上台者没有长远打算，只顾眼前而不管长远，从而使"赤字财政"、"借债成瘾"、"寅吃卯粮"难以避免。现在西方的金融危机、债务危机，实际上是西方政治制度危机的反映，西方这种制度性危机，如何才能走出恶性循环，令西方和整个世界忧虑。

总体讲来，改革开放30年来的实践表明，中国在经济崛起的同时，政治民主和法制建设也取得了显著成就。中国彻底否定了"文化大革命"，清算了极左思潮和流毒，也清除了斯大林模式的后遗症和影响，建立起有中国特色的民主政治体系。中国共产党作为中国的执政党，其本身已发生了很大变化，取得了非常大的进步。中共思想解放、与时俱进、开放开明，重视自身的学习和执政能力的提高，中央政治局集体学习邀请专家主讲已成惯例，在世界上还有第二个政党这么做吗？事实说明，中国不同于苏联，中共也不同于苏共，今天的中国也不同于昨天的中国，而且每天都在继续发展变化，只要是不抱偏见都是可以看得见的。

（原载《苏联解体我的解读》第三编第三章　中共中央党校出版社　2011年版，收入文选有增改）

四、冷战后社会主义的形势和趋势

世界社会主义运动的
"大挫折" 与 "新局面"

题注： 针对"社会主义崩溃论"，此文依据世纪之交的形势，提出由苏东剧变引发的"震荡期"已基本结束，社会主义又出现了"新局面"。未来社会主义运动将呈现许多新特点，"一球两制"将是相当长的历史现象。

科学社会主义是一场伟大的社会试验工程，它同任何科学试验一样是不可能一次成功的，必然要经历无数次失败和挫折，才能一步一步地到达成功的彼岸。在世纪之交来回顾世界社会主义运动，可以说它既取得了辉煌成就，也遭受了严重的失败和挫折，社会主义道路曲折，但前途光明。

在 20 世纪上半叶，社会主义由苏联一国发展到欧、亚、拉美 15 国（一度达 16 国），极大地改变了世界的面貌；然而到 80 年代末 90 年代初因苏联东欧社会主义国家发生剧变，社会主义遭受了空前严重的挫折。自那时以来，人们对社会主义的前途产生了种种困惑或忧虑。冷战后社会主义的前途究竟怎样？它将向何处去？要回答这么重大的问题，需要有百倍于此的篇幅，这里简要谈谈个人的一些看法。

一、由苏东剧变引发的"震荡期"已基本结束，世界社会主义、共产主义运动将转入在困难中探索前进谋求发展的阶段

苏东剧变是多重因素综合作用的结果。西方"和平演变"得手和苏东国家的"改革"变成"改向"是两个直接原因，执政党陷入深刻危机和经济长期没搞好是两个深层根源，背离和抛弃马克思主义是一个根本的教训。苏东剧变虽曾给世界共运带来巨大震荡，但世界共运没有消亡，也绝不会消亡，近年来已出现了一些积极而重要的变化。当前世界社会主义、共产主义运动总体态势是：由苏东剧变所引发的"震荡期"已基本结束，世界共运将进入在困难中探索前进谋求发展的阶段。与剧变时期比较，这一阶段的特点是：全面低潮中有局部复兴，大挫折中有小的发展，外延缩小的同时有内涵的深化和质量上的提高。世界社会主义、共产主义运动的复兴是必然的，但它是一个长期曲折的过程。

二、世界现有的几个社会主义国家，其多数对社会主义的认识已不同程度地发生了若干重大转变，从而不同程度地突破了传统的"苏联模式"，给社会主义带来了新希望

苏东剧变不是社会主义根本制度的失败，而只是社会主义实践中一种具体模式（即苏联模式）的失败。现在多数社会主义国家通过改革开放，已不同程度地突破了传统的"苏联模式"，从而在什么是社会主义、如何建设社会主义这个基本理论问题上，已不同程度地发生了一些重大转变：一是社会主义、共产主义在实现的时间上"由近变远"、"由短变长"了；二是对社会主义发展阶段的认识更符合实际，"由高变低"、"由虚变实"了；三是指导思想和发展模式上摆脱了"统一模式"，强调从本国实际出发，探索适合本国民族特色的社会主义发展道路；四是对社会主义本质的认识深化了，懂得贫穷不是社会主义，必须解放生产力，发展生产力，大力发展经济，改善人民生

活，最终达到共同富裕；五是不同程度地认识到社会主义与市场经济之间的关系不是对立的。有的已明确提出要建立社会主义市场经济体制（中国、越南等），有的仍坚持计划经济体制但也主张要"利用市场"（古巴）；六是不搞西方式的多党制，但强调要发扬社会主义民主，健全社会主义法制，建设社会主义法治国家，人权状况获得空前进步；七是摆脱了资本主义和社会主义"两个平行市场"的观念束缚，懂得了社会主义不能"关门"搞建设，在"一球两制"将长期存在的情况下，要科学认识当代资本主义，妥善处理同外部世界、特别是同发达资本主义国家的关系，既要对内改革，又要对外开放。如此等等。总之，一种不同于"苏联模式"的社会主义新体制正在逐步形成。

三、未来世界社会主义、共产主义运动的发展将
呈现出与过去年代很不相同的特点

冷战后的世界社会主义、共产主义运动必将继续向前发展，但会呈现出与过去战争与革命的年代很不相同的一些特点：

1. 未来社会主义的发展不会是过去那种"一条道路、一种模式、一个中心、一个阶段"的发展，而将进一步走多样化、各具特色、丰富多彩的具有本国民族特色的发展道路。

2. 未来世界社会主义、共产主义运动的发展，至少在相当长时期内难以出现过去那种轰轰烈烈的革命运动。

3. 未来世界社会主义、共产主义运动的发展，在相当长时期内主要不是表现在社会主义国家"数量"的增加，而主要表现在"点"的繁荣和"质"的提高，即中国等现存的社会主义国家把自己的事情办好，用自己成功的实例来证明社会主义优于资本主义，以推动社会主义在世界范围的复兴。

4. 共产党和社会党这两大类政党有可能结束过去的"长期对抗"的情况，从各自需要出发，求同存异，谋求合作，实行"大左翼"不拘形式的联合。当然不排除曲折和反复。

5. 冷战结束后，资本主义国家，主要是西方发达资本主义国家与社会主义国家的关系，由过去"不共戴天"进入一个既有矛盾和斗争，又可以相互借鉴和合作的新阶段。

四、社会主义国家全面认识和正确处理好同资本主义国家的关系，是一个长期的战略性问题

1. "一球两制"是相当长的历史阶段，可能要经历若干世纪。社会主义"速胜论"与资本主义全面"崩溃论"都是缺乏根据的。因此，社会主义国家如何看待和处理同资本主义国家的关系，特别是同西方发达国家的关系，就是一个长期的战略性问题，其处理的好坏，直接关系社会主义的兴衰成败、生死存亡。

2. 世界格局进一步向"多极化"方向发展，社会主义与资本主义之间的矛盾虽仍然是世界上一对基本矛盾，但它不是主要矛盾，整个世界形势的发展变化不是由它来支配和左右的。世界矛盾多得很，大得很。美国与欧洲国家虽然"道相同"，然而"利益不尽相同"。社会主义国家与西方国家虽然"道不同"，但不同国家却有不同的"共同利益"。社会主义国家仍有很大的回旋余地，不大可能出现西方联合起来一致对付所有社会主义国家的局面。

3. 西方"西化"、"分化"社会主义国家的战略目标没有改变，也绝不会放弃。但是，搞不搞"和平演变"在西方，变与不变在社会主义国家自己，在社会主义国家内部。国内"反演变"需要加强意识形态工作，加强思想教育；而在对外工作中则不能突出强调意识形态差异，不能以意识形态、社会制度论亲疏，否则就正中国际上坚持冷战思维者之下怀。我们在国际交往中应主张"社会制度和意识形态的差别，不应成为发展国家关系的障碍"，"考虑国与国之间的关系主要应该从国家自身的战略利益出发，不去计较社会制度和意识形态的差别"。一定要把"反演变"与一般的"国际交往"这两个不同性质的问题区别开来，分别对待。

4. 社会主义国家与资本主义国家除了矛盾的一面，也还有相互借鉴

与合作的一面。社会主义对资本主义既有否定也有借鉴和利用，因此离不开同资本主义国家的合作。英国一个哲人说过，国际上"没有永恒的敌人，只有永恒的利益"。现在的世界上不仅可以如是说，而且因为经济全球化深入发展，国际关系错综复杂，国与国相互依存度增大，还可以说：国际上既无纯粹的朋友，也无纯粹的敌人或对手，在这个问题上是朋友，在别的问题上可能是对手，往往既是朋友又是对手。因此，为了巩固、完善和发展社会主义制度，社会主义国家必须全面地认识和处理好同资本主义国家特别是同发达资本主义国家既矛盾斗争，又借鉴和合作的关系，二者不可偏废。

五、社会主义道路曲折，但前途光明

和平与发展是当代世界的两大课题。在新的历史条件下，社会主义经过长过程的发展后，必将取代资本主义。人类历史发展的这一总趋势是不可逆转的，当然道路是曲折的。

回顾 20 世纪这 100 年，可以说世界社会主义运动有四件大事：基本发生在上半世纪的有两件，即俄国十月革命和中国革命等一批国家的胜利，下半叶的两件，即苏东剧变造成的"大挫折"和中国等国实行改革开放出现的"新局面"。前两件大事使社会主义由涓涓细流发展成波涛汹涌的洪流，使人们对社会主义前途充满了希望。后两件大事产生了不同的结果：苏东剧变造成的"大挫折"使人们对世界社会主义的前途命运产生了某种困惑和忧虑，而中国特色社会主义事业在 1992 年邓小平南方谈话后进入了新阶段，开创了新局面，给社会主义带来了新希望。正如埃菲社等国际媒体所说的：建设有中国特色的社会主义理论与实践，"造就了 20 世纪最壮观的经济奇迹"，"显示了社会主义的生命力"，在世界社会主义运动陷入低潮的趋势中，"挽救了要失事的社会主义大船"。

站在世纪之交来展望世界社会主义运动的前景，可以说苏东剧变造成的"大挫折"已永远地留在了 20 世纪，中国等国家开创的"新局面"将会在 21 世纪变成繁花似锦的春天。苏东社会主义国家的

"大挫折"只意味着过去，中国等国家的"新局面"却代表着未来。死亡了的是僵化的一种社会主义的旧模式（体制），新生的是科学社会主义的一片新绿洲。改革给社会主义的大船装上了新马力，开放将社会主义的大船引向了广袤无际的大洋。尽管航程上布满暗礁险滩，有创造性发展了的马克思主义领航，社会主义的大船定能驶达人类美好明天的彼岸。沉舟侧畔千帆过，病树前头万木春！

（原载《当代世界》1999 年第 11 期）

如何认识社会主义发展的历史进程

题注： 这篇文章站在新世纪的门槛上，回首百年历程。重点分析了东欧剧变苏联解体以来世界社会主义运动遭受严重挫折的形势，明确提出了一些重要观点：

一是，社会主义国家的诞生是历史发展的必然。20世纪社会主义的崛起，推动了世界历史的发展和人类文明的进步，也迫使资本主义不得不对野蛮的资本主义制度进行改良，极大地改变了世界的面貌。完全可以说，没有社会主义绝不会有世界的今天。

二是，苏联东欧社会主义政权的崩溃，不是社会主义基本制度和原则的失败，而只是社会主义的一种特定模式即苏联模式的失败；同时也是这些国家的执政党错误地对待（先是不改革，后是彻底摧毁）这一模式所造成的悲剧。

三是，苏东剧变告诉人们，当代社会主义面临三种选择，或称三条路，这就是：坚持僵化的苏联模式不改革，那是一条绝路；放弃社会主义基本原则胡改瞎改，也是一条绝路；只有既坚持社会主义基本原则，又实行改革开放，才是社会主义繁荣昌盛的光明大道。

四是，展望未来，社会主义前途光明。文章结尾说：站在世纪之交来回顾和展望世界社会主义运动，可以说苏东剧变造成的"大挫折"已永远地留在了 20 世纪。死亡的只是僵化的一种社会主义的旧模式（体制），而新生的是科学社会主义的一片新绿洲。改革给社会主义的大船增加了新动力，开放将社会主义的大船引向广袤无际的大洋。尽管航程上布满暗礁险滩，有创造性发展了的马克思主义领航，社会主义的大船定能驶达人类美好的彼岸。

当年《人民日报·理论版》（2000 年 8 月 10 日）以几乎整篇的篇幅发表的这篇文章，传播范围很广，影响很大。文章的观点引发了学术界的广泛关注，并为当时的主流舆论所普遍接受，而且即使是从今天来看，其基本观点仍然是正确的、站得住脚的。

20 世纪是社会主义由科学理论变成现实的社会制度、取得辉煌成就又遭受严重挫折的世纪。站在新世纪的门槛上，回首百年历程，人们为社会主义运动从涓涓细流发展成波涛汹涌的洪流，极大地改变了世界面貌，推动了世界历史的进程和人类文明的进步而感到欢欣鼓舞；也为世纪末期国际风云突变，世界社会主义运动遭受严重挫折而深感震惊和困惑。现实向人们提出了一个重要问题，究竟应如何认识社会主义发展的历史进程。

社会主义国家的诞生是历史发展的必然

150 多年前，马克思主义诞生，社会主义由空想变为科学。马克思、恩格斯运用辩证唯物主义和历史唯物主义，在深刻分析人类社会特别是资本主义社会基本矛盾的基础上，揭示了人类社会发展的规律，指出封建社会代替奴隶社会，资本主义代替封建主义，社会主义经历一个长过程发展后必然代替资本主义，这是社会历史发展不可逆转的总趋势。进入 20 世纪后，1917 年爆发了俄国十月革命、建立了第一个社会主义国家，人类历史从此掀开了崭新的一页。到 20 世纪中叶，社会主义运动在世界范围蓬勃发展，一大批社会主义国家先后建立。

20 世纪的社会主义国家都是在经济文化比较落后的国家建立的，

因而不可避免地带有不发达的特征，在相当长时间内还不可能是"够格的"、理想的社会主义。这就带来了一个问题，即社会主义国家从无到有、从一国发展到多国，是不是"搞早了"？

毫无疑问，搞社会主义需要有一定的社会物质文化前提。但是对于"社会主义革命"，即取得政权为社会主义改造和建设创造政治前提来说，对物质文化前提的要求是有相当大的弹性的。因为革命虽然也必须有一定的经济文化发展水平作为前提，但这个"一定的"经济文化发展水平并无绝对的数量标准，而且革命并不是一个纯粹的经济过程，它在很大程度上取决于其他社会政治条件，即以是否存在"革命危机"为转移。

19世纪，马克思、恩格斯根据历史发展的一般规律，曾设想无产阶级社会主义革命将首先在先进国家发生，但他们并不否定在特殊条件下也可能在不发达国家发生。马克思说过，由于同工业比较发达的国家进行广泛国际交往所引起的竞争，就足以使工业较不发达的国家内产生生产力和交往形式之间类似的矛盾，而没有必要等这种矛盾在这个国家中发展到极端的地步。恩格斯也说："假如我们不得不等到资本主义生产到处都发展到底以后，等到最后一个小手工业者和最后一个小农都变成资本主义大生产的牺牲品以后，再来实现这个改造，那对我们可就太糟了。"马克思、恩格斯的思想很明确，落后国家也可能和可以发生工人革命，在革命条件成熟时，不应放弃机会而去等待资本主义的"成熟发展"。

第一次世界大战期间，俄国就出现了这种特殊情况。当时俄国的资本主义发展虽然还不充分，但社会矛盾十分尖锐，革命的客观条件已经成熟。在这种情况下，无产阶级政党是否要顾虑"经济文化发展水平不足"而放弃领导革命呢？列宁说："既然建立社会主义需要有一定的文化水平（虽然谁也说不出这个一定的'文化水平'究竟是什么样的，因为这在各个西欧国家都是不同的），我们为什么不能首先用革命手段取得达到这个一定水平的前提，然后在工农政权和苏维埃制度的基础上赶上别国人民呢？"列宁抓住革命机遇，毅然决然地领导了十月革命，并取得了胜利。后来，处于资本主义国家包围之中的世界第一个社会主义国家，虽然处境很困难，但在短短十多年间就迅速由落后的农业国发展成为先进的工业国，从而为打败法西斯奠定了物质基础。事实证明，列宁的选择是正确的。

至于中国革命，它是深刻的民族矛盾和阶级矛盾的产物。当时中华民族处在生死存亡的关头，劳苦大众连起码的生存都没有保障，所以不得不起来革命。中国共产党人搞武装斗争，也是国民党的屠刀政策逼出来的。毛泽东在新中国成立后曾对外国朋友说："1921年，中国成立共产党，我就变成共产党员了。那时候，我们也没有准备打仗。我是一个知识分子，当一个小学教员，也没学过军事，怎么知道打仗呢？就是由于国民党搞白色恐怖，把工会、农会都打掉了，把五万共产党员杀了一大批，抓了一大批，我们才拿起枪来，上山打游击。"这就把事情说得很清楚了。

从世界范围看，在本世纪前半个多世纪里，社会主义运动波涛汹涌，如火如荼，这是资本主义体系内部固有矛盾发展的必然产物。当时由于资本主义使本国劳动人民长期处于凄风苦雨之中，还发生了一次世界性大危机（1929—1933年）、两次世界大战，给世界人民带来了空前严重的大灾难，结果资本主义威信扫地。二战结束后有一批人民民主国家选择了社会主义道路，使世界社会主义由苏联一国发展到欧亚多国。此外，资本主义国家的工人运动也十分高涨。亚非拉蓬勃发展的民族解放运动一直延续到60年代，最终摧毁了帝国主义的殖民体系，形成了"第三世界"。新独立的国家中有不少选择了"非资本主义道路"，出现了各种牌号的"社会主义"。这绝不是偶然的。

社会主义改变了世界

20世纪社会主义的崛起，开创了人类历史的新时代，推动了世界历史的发展和人类文明的进步，极大地改变了世界的面貌。完全可以说，没有社会主义绝不会有世界的今天。

首先，社会主义在探索建立一种崭新的社会制度方面取得了巨大成就，积累了宝贵的经验。自科学社会主义诞生以来，特别是出现了社会主义国家之后，社会主义的理论和实践在探索一种不同于剥削制度的新社会制度，即能够保证全体人民的政治平等和当家做主，消灭人剥削人的制度，消除贫富两极分化，建立新型的思想道德文化等方面，取得了巨大的进步。社会主义国家一切权力属于人民，人民真正当家做主，保证全体人民的政治平等。共产党代表最广大人民的利益，领导和支持人民掌握管理国家的权力，实行民主选举、民主决策，依靠群众实行民主管理和民主监督，保障人民依法享有广泛的权利和自由，尊重和保障人权；社会主义国家坚持以社会主义公有制作为经济制度的基础，逐步消灭人剥削人的制度；社会主义国家解放和发展生产力，满足人民日益增长的物质文化需要，并努力消除贫富两极分化，最终实现共同富裕；社会主义国家倡导社会主义精神文明，发展社会主义文化，建立新型的思想道德，着力提高全体人民的思想道德素质和科学文化水平，促进人的全面发展；等等。社会主义在实践中尽管发生过失误，有些方面还存在缺陷，但已经显示出其无比的优越性。江泽民同志指出："实践证明，社会主义是指引世界上处于剥削制度压迫之下的无产阶级和劳动人民改变自己命运、获得社会解放、建设幸福生活的正确道路。"

其次，社会主义使人类逐步摆脱了"战争怪圈"，维护了世界和平。进入 20 世纪后，帝国主义强国间的矛盾空前尖锐，它们在相互关系的调节上已黔驴技穷，彼此都竭力想以残酷的战争压倒和征服对方，以独霸和统治世界。于是在短短二三十年内，就使人类蒙受了两次世界大战的灾难。社会主义国家的诞生和崛起，使人类逐渐摆脱了这种"战争怪圈"。1917 年俄国十月革命胜利后，苏维埃政权随即宣布退出肮脏的战争，并颁布了《和平法令》，呼吁无条件签订和约，加速了第一次世界大战的结束。在二战中，社会主义的苏联充当了世界反法西斯战争的主力军，对打败法西斯作出了不可磨灭的贡献。战后，美国在世界各地到处驻军，拼凑军事集团，并挥舞手中的核武器相威胁，使世界面临新的世界大战的威胁。50 年代苏联人造卫星上天，六七十年代中国两弹一星试验成功，才使世界有了抗衡战争的力量。可以说，没有社会主义国家和世界爱好和平的力量与帝国主义战争势力进行不懈的斗争，没有殖民地、半殖民地人民在社会主义影响下的觉醒和斗争，第三次世界大战可能早已降临到世界人民的头上。冷战结束后，没有中国等社会主义国家与国际上一切主持正义的国家和爱好和平的人民一道，反对"单极世界"，倡导建立国际政治经济新秩序，而任凭霸权主义横行，就绝不会有今后世界的和平与安宁。

第三，社会主义为埋葬野蛮的殖民体系发挥了巨大作用。殖民主义、帝国主义长期奴役、掠夺、压迫和剥削世界弱小国家和民族，将世界瓜分完毕，建立了野蛮的殖民体系；而社会主义国家支持、鼓舞民族解放斗争，对埋葬世界殖民体系发挥了巨大作用。十月革命的胜利增强了广大殖民地、半殖民地人民反抗殖民压迫的信心，并给他们提供了进行解放斗争的思想武器。在社会主义的影响下，特别是第二次世界大战后，民族解放运动的浪潮一浪高过一浪，先后有一百多个国家获得独立，使殖民主义和帝国主义经营了几个世纪的殖民体系终于彻底崩溃。人类文明和国际社会在 20 世纪的这一重大进步，是与社会主义的诞生和发展密不可分的。

第四，社会主义为推动历史进步和人类文明的发展作出了贡献。资本主义虽然视社会主义为对立面，但事实上，没有社会主义，就没有今日改良了的资本主义。1929 年爆发的世界性大危机，宣告资本主义传统的市场自我调节理论失灵，必须寻找新的出路。苏联刚建立的社会主义计划经济体制客观上为资本主义提供了参照体，使资本主义从这一新体制中获得了延缓衰老之术。这就是在不根本触动资本主义私有制的前提下，在坚持市场机制的基础上，加强国家的干预和调控。二战后，国家干预、计划调控的做法普遍为资本主义国家采用，从而为战后资本主义的发展奠定了体制基础。同时，世界社会主义运动的蓬勃发展，迫使资产阶级不得不对野蛮的资本主义制度进行改良，从而逐步建立起现代资本主义国家的福利制度和社会保障体系，换来了资本主义发展所需要的相对稳定的社会环境。

东欧剧变、苏联解体说明了什么

80 年代末 90 年代初，东欧剧变、苏联解体，世界社会主义运动遭受重大挫折。为什么一大批社会主义国家像多米诺骨牌一样顷刻间就垮掉了？人们难免产生疑问和困惑。应当说，苏东社会主义国家的产生是历史的必然，而后来的垮台则是完全有可能避免的。但可以避免的事情居然发生了，其中的缘由必不一般，因而很值得研究和总结。无怪乎有人将其作为"20世纪的历史之谜"加以研究。

恩格斯说过，重大历史事件都是一种"合力"的结果。苏东剧变这一震惊世界的重大事件，绝不是某一两个因素所致。实际上，它是这些国家长期积累的各种矛盾和危机，在新的条件和环境下恶性发展和总爆发的结果，是多重因素综合作用的结果。在诸多的因素中，西方的"和平演变"得手和这些国家内部把"改革"变成"改向"是两个重要的直接原因；政治经济体制僵化造成经济发展缓慢和执政党严重脱离群众是两个深层次根源；指导思想上背离和抛弃马克思主义是一个根本教训。

苏东社会主义的崩溃不是社会主义基本制度和原则的失败，而只是社会主义的一种特定模式即苏联模式的失败；同时也是这些国家的执政党错误地对待（先是不改革，后是彻底摧毁）这一模式所造成的悲剧。苏联模式是斯大林基本上按照马克思主义经典作家关于未来社会的设想建立起来的，由于当时的历史局限，加上第一个社会主义国家经验不足，以及理解上的教条主义和主观片面性，因而对科学社会主义产生了许多曲解。这一模式在性质上是社会主义的，但却是一种严重扭曲和僵化了的社会主义模式。当然，苏联模式的形成有其历史合理性，这一模式在苏联迅速由落后的农业国变成工业国以及打败希特勒法西斯的斗争中发挥过重要作用，但后来却僵化了，在整体上已成了苏联社会主义发展的障碍。特别是在战后新科技革命迅猛发展的新国际环境下，其负面作用越来越明显，因而必须进行全面改革，否则社会主义是没有希望的。另一方面，因为这一模式在本质上是社会主义的，对其"改革"不能变成"改向"，对其"突破"不能变成"彻底摧毁"。苏东国家的改革导致了社会主义制度彻底崩溃的悲剧，一个重要原因是他们把"改革"变成了"改向"，即"彻底摧毁原来的社会主义制度"。

苏东剧变的原因和教训可列数许多条，但最终都可归到"执政党自身的问题"这一条上。因为社会主义国家是共产党领导的，党是国家和社会的领导和指挥中心。党出了问题，就好比人的大脑出了问题，那是致命性的。邓小平说："中国要出问题，还是出在共产党内部。""说到底，关键是我们共产党内部要搞好。"这也是他总结苏共垮台的教训得出来的结论。最近，江泽民同志强调治国必先治党，治党务必从严，并提出了"三个代表"的重要思想，从根本上回答了我们要建设一个什么样的党和怎么样建设党的问题。这既是对马列主义、毛泽东思想、邓小平理论的继承和发展，也是吸取苏东剧变经验教训的结晶。

苏东剧变告诉人们，当代社会主义面临三种选择，或称三条路，这就是：坚持僵化的苏联模式不改革，那是一条绝路；放弃社会主义基本原则胡改瞎改，也是一条绝路；只有既坚持社会主义基本原则，又实行改革开放，才是社会主义繁荣昌盛的光明大道。这就是邓小平尖锐地指出过的："不坚持社会主义，不改革开放，不发展经济，不改善人民生活，只能是死路一条。"

苏东社会主义的垮台，不能否定社会主义产生和发展的历史必然性，但却说明了社会主义发展的长期曲折性。过去人们对此是认识不足的。一般地说，任何新生事物的产生和发展都不可能是一帆风顺的，必然要有一个曲折的发展过程，社会主义也不能例外。资本主义在其成长和发展的几百年中，经过多次封建王朝复辟，最后才得以确立。而社会主义从世界第一个社会主义国家诞生算起，还只有八十多年的历史，从世界历史进程看，社会主义的历史还是短暂的，总的说来还处在实践和发展的初期，出现这样或那样的挫折甚至失败是不足为奇的。社会主义之所以是一个长期曲折的发展过程，还有以下具体原因：

第一，社会主义是一场伟大的社会试验工程，它同任何科学试验一样是不可能一次成功的。社会主义是前无古人的崭新事业，列宁曾把它比喻为攀登一座未经勘察、人迹未到的高山。他说要"准备忍受几千个困难，准备作几千次尝试，而且，我们在作了一千次尝试以后，准备去作一千零一次尝试"。因此，人们对社会主义发展规律的认识，需要经历实践——认识——再实践——再认识，多次循环往复的过程，在这个过程中就可能发生这样那样的失误以至挫折。

从本世纪社会主义建设八十多年的实践来看，共产党人最主要的经验教训是什么？邓小平的回答是：什么是社会主义，如何建设社会主义，没完全搞清楚。他说："我们的经验教训有许多条，最重要的一条，就是要搞清楚这个问题。"为什么长期没有完全搞清楚这个问题？从思想认识上找原因，就是对发展社会主义和实现共产主义的"长期曲折性"认识不足，总是急于求成，结果欲速而不达。邓小平说："搞革命的人最容易犯急性病。我们的用心是好的，想早一点进入共产主义。这往往使我们不能冷静地分析主客观方面的情况，从而违反客观世界发展的规律。"实践使共产党人的认识更符合客观实际了，对社会主义发展的长期曲折性认识更清醒了。苏东剧变的发生，将会进一步加深人们对社会主义长期性曲折性的认识。

第二，20 世纪的社会主义国家，都产生于经济文化比较落后的国家，这给社会主义者出了一道"历史难题"，即经济文化比较落后的国家如何巩固社会主义革命的成果，如何建设和继续发展社会主义。这就如列宁在十月革命胜利后多次指出的，经济文化比较落后的国家搞社会主义，与西方发达国家"开始困难，继续比较容易"相反，是"开始容易，继续比较困难"。难就难在：一是客观国际环境严峻。经济文化落后的社会主义国家将长期处在实力强大的资本主义汪洋大海之中，始终面临着被资本主义国家扼杀、遏制、演变的威胁。二是经济上的强烈反差使社会主义国家面临严重挑战。社会主义国家因基础差、起点低，要在经济上赶上资本主义发达国家，体现出社会主义优于资本主义，需要经历很长的历史过程。三是缺乏足够的理论准备和实践经验。马克思主义经典作家关于未来社会的设想是就发达国家讲的，落后国家如何搞社会主义既无足够理论准备又无实践经验。因此，社会主义国家要彻底改变落后的面貌，在建立社会主义基本制度以后需要经历一个漫长的发展过程，其前进途中也不可避免地会遇到许多难以预料的困难与风险，不会是一帆风顺的。

第三，20 世纪末期世界社会主义运动遭受了大挫折，再造辉煌、重振雄风需要比较长的时间。从国际共运的发展史看，在《共产党宣言》发表至今的 150 多年时间里，以俄国十月革命为界，分为两个阶段。前一阶段的近 70 年，是社会主义从理论到实践，创立了第一个社会主义国家的 70 年；十月革命胜利后的 80 多年，是社会主义的实践从一国扩大到多国又遭到挫折的 80 多年。从现在至 21 世纪中叶即中国达到中等发达国家水平的这段时间里，世界社会主义国家"面"的扩大和"量"的增长可能性不大。虽然现在世界社会主义国家的数量减少了，但如果能把自己的事情办好，实现了繁荣富强，成为"合格的"社会主义，必将大大改善社会主义的形象，增加社会主义的吸引力，进一步推动世界社会主义运动的发展。正如邓小平所说：把中国的社会主义建设好，"这不但是给占世界总人口四分之三的第三世界走出了一条路，更重要的是向人类表明，社会主义是必由之路，社会主义优于资本主义"。

第四，世界发生了大转折，给社会主义带来了新的机遇和挑战。在和平与发展成为时代主题的当今世界，科技进步日新月异，经济全球化进程加快发展，世界多极化趋势不可逆转，以经济力、科技力、军事力、凝聚力为主要内容的综合国力的竞争日益激烈。资本主义虽然矛盾重重，但在新百年之内不发生特殊事件是不会崩溃的；社会主义不会消亡，但也不可能速胜；因此"一球两制"将是相当长时期的历史现象。在这种情况下，社会主义国家面临着"两大战略课题"，这就是：在国内，要抓住经济建设这个中心不动摇，把社会主义建设搞好，以事实来证明社会主义优于资本主义，从根本上铲除对社会主义搞"和平演变"的土壤；在国际上，要全面认识和正确处理好同资本主义国家特别是同发达国家既矛盾斗争又借鉴合作的关系，要善于利用资本主义来建设社会主义。这两大战略问题处理的好坏，直接关系社会主义的兴衰成败。

社会主义前途光明

社会主义作为现实的社会制度还只有 80 多年的历史，从世界历史发展的长河看是非常短暂的，总的说来社会主义的实践还处在初始阶段。尽管如此，社会主义制度的诞生和发展已经显示出强大的生命力。展望未来，社会主义前途光明。

从客观国际大环境看，世界矛盾多得很、大得很，在通常情况下不大可能出现西方联合起来一致对付社会主义国家的局面。冷战结束后世界向多极化方向发展，社会主义与资本主义之间的矛盾虽仍是世界的一对基本矛盾，但它不是世界的主要矛盾，整个世界形势的发展变化不是由它来支配和左右的。美国与欧洲国家虽然"道相同"，但"利益不尽相同"。社会主义国家与西方国家虽然"道不同"，但与不同国家却有不同的"共同利益"。现在经济全球化在深入发展，国际关系错综复杂，国与国相互依存度增大。当然，西方"西化"、"分化"社会主义国家的战略图谋没有改变，也绝不会放弃，对此绝不可掉以轻心。但是，搞不搞"和平演变"在西方，变与不变在社会主义国家自己，在社会主义国家内部。只要社会主义国家把国内工作做好，国际反共势力奈何不了我们。此外，社会主义国家与资本主义国家除了矛盾的一面，也还有相互借鉴与合作的一面。为了巩固、完善和发展社会主义制度，社会主义国家必须全面地认识和处理好同资本主义国家特别是同发达资本主义国家既矛盾斗争、又借鉴与合作的关系，坚持以"两手对两手"。

从社会主义与资本主义的力量对比态势看，虽然目前总体上是"资富社穷"、"资强社弱"、"资攻社守"，但从长远趋势看将会起变化。过去一讲到社会主义与资本主义的优劣，人们通常是将社会主义与"发达的"资本主义比，而将广大发展中国家的那种资本主义排除在外。尼加拉瓜有位叫卡德纳尔的神父提供了一个看待这个问题的新视角。1994 年他在墨西哥《美洲纪事》杂志上撰文说："新闻界得意洋洋地在全世界宣布社会主义的失败，但是他们不提资本主义的更大的失败。资本主义只在世界 10% 或 20% 的人口中取得了成功。对于第三世界，对于占人口大多数的穷人来说，资本主义是灾难性的，而资本主义的失败先于社会主义的失败。"即使是将社会主义国家同发达的资本主义国家比较，尽管社会主义国家原来的基础差、起点低，加上过去有严重失误，导致社会主义的优越性未能充分发挥出来，但从总体看、从长远的发展趋势看，由于资本主义制度所固有的矛盾依然存在，不可能有本质的改变，而社会主义在经受严重曲折后从中吸取了教训，向着更加健康的方向发展，实力逐步增强，双方的力量对比将会不断发生变化，社会主义必定最终取代资本主义。

从社会主义的主观方面看，已经出现了"柳暗花明"的新局面，在什么是社会主义、如何建设社会主义这个基本问题上，发生了一些重大转变：一是社会主义、共产主义在实现的时间上"由近变远"、"由短变长"了；二是对社会主义发展阶段的认识更符合实际，"由高变低"、"由虚变实"了；三是指导思想和发展道路摆脱了"统一模式"，而强调从本国实际出发，探索适合本国民族特色的社会主义发展道路；四是对社会主义本质的认识深化了，懂得贫穷不是社会主义，必须解放生产力，发展生产力，大力发展经济，改善人民生活，最终达到共同富裕；五是认识到社会主义与市场经济之间的关系不是对立的；六是不搞西方式的多党制，但强调要发扬社会主义民主，健全社会主义法制，建设社会主义法治国家；七是摆脱了资本主义和社会主义"两个平行市场"的束缚，懂得了社会主义不能"关门"搞建设，在"一球两制"现象将长期存在的情况下，要科学认识当代资本主义，妥善处理同外部世界，特别是同发达资本主义国家的关系，既要对内改革，又要对外开放；如此等等。这种实行改革开放的社会主义是富有生命力的。占世界人口五分之一的中国二十多年来的建设有中国特色社会主义的成功实践，已充分证明了这一点。

社会主义的中国已经走过了五十年的历程。在社会主义制度全面确立后，既取得过辉煌成就，也走过一些弯路，甚至遭受过像"文化大革命"那样的巨大挫折。党的十一届三中全会以后，中国共产党人正确地总结历史经验，把马克思主义与中国国情相结合，实现了第二次飞跃，产生了当代中国的马克思主义——邓小平理论。在这个科学理论指导下，制定了党的"一个中心、两个基本点"的基本路线，开辟了建设有中国特色社会主义的康庄大道。二十多年来，社会主义中国经受住了来自政治领域、经济领域和自然界的各种风险的严峻考验，社会生产力得到极大解放和发展，综合国力迅速增强，人民生活水平不断提高。亿万中国人民更加坚信只有社会主义才能救中国，才能发展中国，更加坚定了走建设有中国特色社会主义道路的决心和信心。正如江泽民同志指出的："中国的社会主义不仅继续存在，而且通过改革发展得更好了。"社会主义中国取得的举世瞩目的伟大成就，体现了社会主义的巨大优越性，展现出社会主义的勃勃生机。

站在世纪之交来回顾和展望世界社会主义运动，可以说苏东剧变造成的"大挫折"已永远地留在了 20 世纪。死亡的只是僵化的一种社会主义的旧模式（体制），而新生的是科学社会主义的一片新绿洲。改革给社会主义的大船增加了新动力，开放将社会主义的大船引向广袤无际的大洋。尽管航程上布满暗礁险滩，有创造性发展了的马克思主义领航，社会主义的大船定能驶达人类美好的彼岸。

社会主义百年实践的
粗略回顾与前瞻

题注： 此文在世纪之交通过内部渠道上报中央，获得好评。后《马克思主义研究》杂志作为"百年反思"的开篇文章，发表在2000年第2期。但两个月后，该杂志第3期摘发了《中流》月刊讨论吴冷西《十年论战》座谈会发言的综述，并加"按语"予以推崇。这次座谈会高度肯定和赞赏"大论战"与"九评"的观点，与邓小平的论述是完全不同的。读者如有兴趣了解问题的症结，无妨读读此文选第五部分的《中苏论战：吴冷西的"述而不作"与邓小平的"回头看"》一文。

20世纪是社会主义从理论到实践的一百年。1917年俄国十月革命的胜利，标志着社会主义有史以来第一次变成了现实的社会制度。本20世纪中期，社会主义由一国发展到多国，形成了强大的社会主义阵营，极大地改变了世界的面貌。到20世纪末，苏联东欧发生剧变，世界社会主义遭受了空前严重的挫折，但中国等社会主义国家实行改革开放，使社会主义有了新的发展。在新千年来临之际，回顾社会主义这一百年的实践，展望其在未来新百年的前景，可以说是：成就辉煌，教训深刻，道路曲折，前途光明。

一、"今天只能根据经验来谈论社会主义"

社会主义作为社会思潮，远的不算，从 1516 年英国莫尔的《乌托邦》算起有近五百年的历史了。社会主义作为科学理论，从马克思主义将空想社会主义变为科学算起，也有一个半世纪的历史了。但是社会主义作为现实的社会制度，从世界上第一个社会主义国家诞生算起，还只有 80 余年的历史。这近百年社会主义实践的历史，要比过去数百年的历史珍贵得多，重要得多。因为正如列宁在十月革命胜利后所强调的："现在一切都在于实践，现在到了这样一个历史关头：理论在变为实践，理论由实践赋予活力，由实践来修正，由实践来检验。"① "对俄国来说，根据书本争论社会主义纲领的时代已经过去了，我深信已经一去不复返了。今天只能根据经验来谈论社会主义。"② 根据经验来谈论社会主义，就必须对近百年社会主义国家建设社会主义的实践，认真地进行总结和反思。

二、20 世纪社会主义运动的"四件大事"

回顾 20 世纪这一百年，可以说世界社会主义运动发生了四件大事。这就是基本发生在上半世纪的有两件：一件是俄国十月革命的胜利，另一件是第二次世界大战结束后中国革命的胜利和一批人民民主国家的建立；发生在下半世纪的两件：一件是苏联东欧国家发生剧变，使世界社会主义遭受了空前严重的"大挫折"，另一件是中国等社会主义国家实行改革开放，使社会主义出现了"新局面"。

前两件大事使社会主义由涓涓的细流发展成波涛汹涌的洪流，极大地改变了世界的面貌。蒸蒸日上的社会主义事业，使人们对社会主义的前途充满了希望。下半世纪的两件大事产生了完全不同的结果：苏东剧变造成的"大挫折"使人们对世界社会主义的前途和命运产生

---

① 《列宁全集》第 33 卷，人民出版社 1985 年第 2 版，第 208 页。
② 《列宁全集》第 34 卷，人民出版社 1985 年第 2 版，第 466 页。

了某种困惑和忧虑，而中国特色社会主义事业在 1992 年邓小平南方谈话后进入了新阶段，开创了新局面，又给社会主义带来了新的希望。埃菲社等国际媒体评论说：建设有中国特色的社会主义理论与实践，"造就了 20 世纪最壮观的经济奇迹"，显示了社会主义的生命力，在世界社会主义运动陷入低潮的趋势中，"挽救了要失事的社会主义大船"。可以说 20 世纪下个半世纪的这两件事是"一忧一喜"。

面对世纪之交社会主义"大挫折"和"新局面"同时并存的形势，我们应当像列宁所说的那样："一个真正的社会主义者，在遭受严重失败的时候，既不应充好汉，也不应当悲观失望。"① 因此，我们只有从认真总结这一事件中吸取必要的经验教训。究竟应如何看待苏东剧变以及未来世界社会主义运动的形势呢？

首先，社会主义是一场伟大的社会试验工程，它同任何科学试验一样是不可能一次成功的，因此在实践中出现这样那样的挫折和失败是不足为奇的。社会主义是前无古人的崭新事业，列宁曾把它比喻为攀登一座未经勘察、人迹未到的高山。他说要"准备忍受几千个困难，准备作几千次尝试，而且，我们在作了一千次尝试以后，准备去作一千零一次尝试"②。真正的社会主义者决不能因为苏东剧变使世界社会主义事业遭受严重挫折而悲观失望。

其次，苏东社会主义的崩溃不是社会主义基本制度和原则的失败，而只是社会主义一种特定的实践模式——苏联模式的失败。所谓"苏联模式"，指的是苏联社会主义基本制度所采取的"管理体制和运作机制"，即通常所说的"体制"。苏联模式作为社会主义的一种实践模式，当然体现和包含着社会主义性质的基本制度和原则，但因体制上存在严重弊端，社会主义性质的基本制度和原则不仅不能发挥作用反而被严重扭曲和变形了，从而在整体上成了苏联社会主义发展的障碍。社会主义要继续向前发展，不对这一模式进行改革，不从总体上突破这一僵化的模式，是没有希望的。尽管这一模式的形成有其历史合理性，但并不乏局限性。虽然它在苏联迅速由落后的农业国变

---

① 《列宁全集》第 34 卷，人民出版社 1985 年第 2 版，第 75 页。
② 《列宁全集》第 34 卷，人民出版社 1985 年第 2 版，第 379 页。

成工业国以及后来打败希特勒法西斯的斗争中发挥过重要作用，但后来越来越僵化，特别是在战后新科技革命和新的国际环境下，其负面作用越来越明显。因此，苏联模式必须改革。但对这一模式的"改革"不是要"改向"，对其"突破"不是要"彻底摧毁"。正如给孩子洗完澡倒脏水时不能连孩子一起倒掉一样。中国的改革使社会主义焕发出生机活力，苏东国家的改革却导致了社会主义制度彻底崩溃的悲剧，一个重要原因是各自对原来的社会主义基本制度采取了完全不同的态度：中国是在坚持社会主义基本制度（集中表现为坚持"四项基本原则"）的前提下"彻底改革旧体制"，而苏东国家的"改革"变成"改向"，即"彻底摧毁原来的社会主义制度"。

第三，苏东剧变后世界社会主义的前途仍然光明，一个重要原因，是现在世界上的社会主义国家的多数都实行改革开放，已不同程度地突破了传统的"苏联模式"，从而使社会主义焕发出生机活力，出现了"柳暗花明"的形势。社会主义如果还是旧模式，如果还是过去那种凭票证、排长队的"短缺经济"，那情况就非常严峻、希望不大了。邓小平就曾说过，如果不实行改革开放，中国连1989年那场风波都过不去。可见现在多数社会主义国家与过去的情况不同了。世界现有的多数社会主义国家，在什么是社会主义、如何建设社会主义这个基本理论问题上，已不同程度地发生了一些重大转变：一是社会主义、共产主义在实现的时间上"由近变远"、"由短变长"了；二是对社会主义发展阶段的认识更符合实际，"由高变低"、"由虚变实"了；三是指导思想和发展模式上摆脱了"统一模式"，而强调从本国实际出发，探索适合本国民族特色的社会主义发展道路；四是对社会主义本质的认识深化了，懂得贫穷不是社会主义，必须解放生产力，发展生产力，大力发展经济，改善人民生活，最终达到共同富裕；五是不同程度地认识到社会主义与市场经济之间的关系不是对立的。有的已明确提出要建立社会主义市场经济体制（中国、越南等），有的仍坚持计划经济体制但也主张要"利用市场"（古巴）；六是不搞西方式的多党制，但强调要发扬社会主义民主，健全社会主义法制，建设社会主义法治国家，人权状况获得空前进步；七是摆脱了资本主义和社会主义"两个平行市场"的束缚，懂得了社会主义不能"关门"搞建设，在"一球两制"现象将长期存在的情况下，要科学认识当代资本主义，妥善处理同外部世界、特别是同发达资本主义国家的关系，既要对内改革，又要对外开放。如此等等。总之，一种不同于"苏联模式"的社会主义新体制正在逐步形成。实践证明，这种实行改革开放的社会主义是富有生命力的，是优越于资本主义的。因此我们完全有理由对社会主义的前途充满信心。

三、两件影响很大的"不小的事"

50年代后期至60年代中期的国际共运"大论战"以及随后十年中国发生的"文化大革命"，是有深远影响的重大历史事件。但是，它们与前面提到的四件大事比较又相对小一些，故称之为"不小的事"。这两件事的背景、起因和责任姑且不谈，但论后果都是非常严重的。

关于"文化大革命"，我们党1981年6月在十一届六中全会上通过的《关于建国以来党的若干历史问题的决议》，已经作了结论。决议认为"文化大革命"的主要论点既不符合马克思列宁主义，也不符合中国实际，使党、国家和人民遭到建国以来最严重的挫折和损失，是一次全局性的、长时间的"左"倾严重错误。这场浩劫不仅严重阻碍了中国经济的发展，损害和歪曲了社会主义的形象，而且在国际共运中造成了很坏的影响。

至于国际共运"大论战"，我们党虽然没有作过正式决议，但从邓小平的有关思想和论述看，应当说基本观点是相当明确的。这就是"大论战"实际上包括了两个不同性质的问题，一个是党和国家关系上反对"老子党"和"指挥棒"的问题，一个是意识形态上的争论问题。在前一问题上，总的说来我们是对的。对后一问题，邓小平则基本持否定态度。

首先，中国共产党反对苏共的大党、大国沙文主义，维护自己的独立和尊严，总的说来是正确的、必要的。邓小平1989年在会见戈尔巴乔夫，谈到中苏关系恶化的原因时说："真正的实质问题是不平等，中国人感到受屈辱。"① 苏共长期以"老子党"自居，干涉、欺负，甚至控制别国党的做法是必须反对的。至于方式方法不一定都合适，也不排除判断上有失误以及某些偶然的、情绪化的因素起了作用。站在苏共一边的党就不去说了，就连赞成我党观点的越南党和朝鲜党也并不都赞成中国党的某些作法。胡志明就曾对中国党采取的方法提过意见。他打比方说，"请人抽烟是把烟递过去，而不是把烟丢过去，递过去人家就接受了，丢过去人家就说你太不礼貌，接受不了。"金日成也不赞成论战式做法，认为《两论（无产阶级专政的历史经验）》比《列宁主义万岁》三篇文章写得好。当然，事情是错综复杂的，当时有各种复杂因素在起作用，历史只能按其自身的逻辑发展。

其次，对意识形态争论问题，邓小平基本采取否定态度。这表现在以下几个方面：（1）就争论的是非而言，他认为"双方都讲了许多空话"，究竟什么是马克思主义、如何认识和发展马克思主义并没有搞清楚。他说："回过头来看，双方都讲了许多空话。马克思去世以后一百多年，究竟发生了什么变化，在变化的条件下，如何认识和发展马克思主义，没有搞清楚。"因此，邓小平多次表示：意识形态争论的那些问题，我们并不认为"我们当时说的都是对的。"② （2）彻底否定了"论战"这种方式，认为"一个党评论外国兄弟党的是非，往往根据的是已有的公式或者某些定型的方案，事实证明是行不通的"。"各国党的国内方针、路线是对还是错，应当由本国党和本国人民去判断"，"即使错了，也要由他们自己总结经验，重新探索嘛！"这就是说，他从总结"大论战"的教训中实际上提出了一个今后"不搞争论"的重要原则。（3）全面总结了我党在处理党际关系上的经验教训，明确提出"我们在处理党与党之间的关系时，总的来说是清醒的。但是回过头看看，我们过去也并不都是对的"③。他还说：

---

① 《邓小平文选》第 3 卷，人民出版社 1993 年第 1 版，第 294－295 页。

② 《邓小平文选》第 3 卷，人民出版社 1993 年第 1 版，第 291 页、第 294 页。

③ 《邓小平文选》第 2 卷，人民出版社 1993 年第 1 版，第 318－319 页。

"我们的错误不在个别问题上，个别问题上谁对谁错很难讲。我们的真正错误是根据中国自己的经验和实践来论断和评价国际共运的是非，因此有些东西不符合唯物主义和唯物辩证法的原则。主要是这个问题。"① (4) 为消除"大论战"的影响，恢复与其他党的关系提出了正确的方针和原则。邓小平与许多参与论战的共产党领导人进行过交谈，提出"过去的争论一风吹"、"向前看"、"结束过去，开辟未来"的主张，并提出了党与党之间应当独立自主、完全平等，"我们反对人家对我们发号施令，我们也决不能对人家发号施令"。② 遵循邓小平的这些思想，胡耀邦 1980 年提出党与党关系"独立自主、完全平等、互相尊重、互不干涉内部事务"四项原则。1982 年党的十二大将这四项原则正式写入政治报告和党章。1987 年党的十三大，又把这些原则扩大到适用于同"其他政党"的关系。

总之，这两件"不小的事"对中国和世界社会主义事业的发展都产生了深远影响，后果是非常严重的。但是，中国共产党人已从中吸取了教训，纠正了"左倾"错误，调整了自己的路线和方针政策，使中国社会主义事业重新走上了健康发展的轨道。因此，一方面可以说，要是不发生这两件事，世界社会主义运动可能不会是今天这个样子；同时也可以说，没有这两件事，我们对许多问题的认识绝不会有今天这么深刻。从这一意义上讲，坏事已变成了好事。

四、一个"历史难题"上的"四次探索"

社会主义在 20 世纪的实践中有"两大突破"，一是突破了马克思、恩格斯关于社会主义革命必须实行国际联合，在几个国家"同时发生"、"同时胜利"的论断。本世纪的实践证明，由于帝国主义政治经济发展不平衡，无产阶级社会主义革命可以在帝国主义统治最薄弱的环节和国家首先"单独"取得胜利，而不是"同时胜利"。另一突破是，社会主义不是在经济文化最发达的国家先胜利，而是恰恰相

---

① 《邓小平思想年谱（1975－1997）》，中央文献出版社 1998 年第 1 版，第 272 页。
② 《邓小平文选》第 2 卷，人民出版社 1993 年第 1 版，第 319 页。

反，小农经济占优势的落后国家先于发达国家取得了革命胜利。

革命发展顺序上的这一颠倒，给 20 世纪社会主义的发展带来了一个"历史难题"，即经济文化比较落后的国家如何巩固社会主义革命的成果，如何建设和继续发展社会主义。革命如果是在发达国家先取得胜利，那么社会主义事业的发展会比现在顺利得多。可是本世纪相继建立的社会主义国家都是经济文化比较落后的国家。这就如列宁在十月革命胜利后多次指出的，经济文化比较落后的国家搞社会主义，与西方发达国家"开始困难，继续比较容易"相反，是"开始容易，继续比较困难。"①

落后国家搞社会主义"继续比较困难"，难就难在：第一，客观国际环境严峻。如果世界革命不迅速到来，其他国家不接着爆发革命，经济文化落后的社会主义国家将长期处在实力强大的资本主义国家的包围之中，始终面临着被资本主义国家扼杀、遏制、演变的威胁。第二，经济上的强烈反差使社会主义国家面临严重挑战。社会主义国家因基础差、起点低，要在经济上赶上资本主义发达国家，体现出社会主义优于资本主义，需要经历很长的历史过程。第三，主观上缺乏经验所造成的困难。由于建设社会主义是前无古人的崭新事业，需要经历长期曲折的探索过程，而"什么是社会主义、如何建设社会主义"是要经过反复实践才能逐步解决的，不可能一次解决，不可能一帆风顺。

为破解这一"历史难题"，在社会主义近百年的实践中进行了许多次探索，然而最有影响和最具代表性的是列宁、斯大林、毛泽东和邓小平所进行的四次探索。列宁领导实行"新经济政策"的第一次探索，在许多方面突破了马克思恩格斯关于社会主义的设想，具有划时代的历史意义，但因列宁不久就去世了，实践经验不算丰富，那次探索的伟大意义，主要是思想理论上的。他当时提出的许多具体政策，以及他关于建设社会主义的构想，虽然至今仍有现实意义，但是特别值得重视的还是他关于"建设社会主义的思路"。他的主要思路有两

---

① 《列宁全集》第 34 卷，人民出版社 1985 年第 2 版，第 343 页。

条：一是在小农经济占优势的国家里过渡到社会主义，不能"直接过渡"，而只能"迂回过渡"；二是要"利用资本主义建设社会主义"。①列宁去世后，斯大林过早地结束了新经济政策，迅速形成了斯大林或称苏联建设社会主义的"模式"。这一模式在苏联早期由落后的农业国迅速发展成工业国，以及在第二次世界大战中打败法西斯的斗争中，曾发挥过重要作用，但问题是后来僵化了。特别是在后来新科技革命的形势下，这一模式在总体上变成了阻碍社会主义发展的障碍。毛泽东最早看到了这一模式的弊端，提出要"以苏为戒"，不能照搬苏联模式，并开始了中国自己如何建设社会主义的探索，这是他的一大功劳。但是他在实践中急于求成，犯了一系列严重的"左倾"错误，偏离了自己的主观愿望。最后是邓小平在继承前人成果、纠正前人错误的基础上，根据新的时代特征和中国改革的实践，大胆探索创新，创立了"建设有中国特色社会主义理论"，从此中国社会主义建设发展比较迅速，终于从危难中拯救了社会主义。

回头看，在前三次探索中，带普遍性的教训和失误，看来不在这个或那个具体问题上，而是在总的指导思想上。这就是看近了共产主义，低估了资本主义，高估了社会主义，忽视了封建主义，从而扭曲和僵化了马克思主义，即因为脱离了客观实际，主观上是想坚持和捍卫马克思主义，而实际上则是不自觉地违反了马克思主义。正如邓小平同志所说的："搞革命的人最容易犯急性病。我们的用心是好的，想早一点进入共产主义。这往往使我们不能冷静地分析主客观方面的情况，从而违反客观世界发展的规律。中国过去就是犯了性急的错误。"② 列宁"新经济政策"的思路比较切合实际，他认为这"不是权宜之计"，主张"认真地和长期地"实行这一政策，但是他说的这个"长期"也并不算长。当年苏维埃主管经济工作的奥新斯基估计新经济政策"要实行25年"，列宁就认为他"多少有点悲观"，③ 言下

---

① 《列宁全集》第42卷，人民出版社1987年版，第190页；第41卷，人民出版社1986年版第217页。

② 《邓小平文选》第3卷，人民出版社1993年第1版，第139－140页。

③ 《列宁全集》第41卷，人民出版社1986年第2版，第324页。

之意是估计的时间长了。只有邓小平同志在总结世界社会主义运动正反经验教训的基础上，真正认识到了社会主义发展的"长期曲折性"。他强调我们还处在"社会主义初级阶段"，而这个阶段需要"一百年"。他还说，"巩固和发展社会主义制度，还需要一个很长的历史阶段，需要我们几代人、十几代人，甚至几十代人坚持不懈地努力奋斗，决不能掉以轻心。"① 毛泽东同志在民主革命时期曾号召全党发扬"愚公移山"精神去推翻三座大山，邓小平同志在社会主义建设时期实际上号召我们为巩固和发展社会主义要"子子孙孙"地奋斗下去，决不要掉以轻心。这有利于避免重犯急于求成的错误。

社会主义"历史难题"的破解，归根结底主要应解决好两大问题：一个是在国内建设中，如何认识与如何建设社会主义的问题；另一个是对外关系上如何正确处理同帝国主义、发达资本主义国家的关系问题。前面集中谈了在第一个问题上的经验教训，其实在后一问题上的经验教训也是不可忽视的。

社会主义国家与资本主义国家之间是既矛盾斗争，又相互借鉴和合作的对立统一的关系。忽视了任何一面都是不行的。总的说来，过去社会主义在实践中，比较重视同帝国主义的斗争，这是完全正确的、必要的，而且是不可避免的。今后还需要有继续进行这种不可避免的斗争的准备。但是，过去社会主义国家忽视与资本主义借鉴合作一面，忽视利用资本主义来建设社会主义，则是不正确的，非常有害的。造成这种情况的原因是错综复杂的。除了帝国主义、发达资本主义国家长期对社会主义国家实行敌视、封锁政策，根本不具备借鉴合作的客观条件外，从社会主义国家方面看，对资本主义的认识有脱离实际的片面性，以及僵化的思想观念和极左政策，也是一个重要原因。

从列宁到毛泽东都存在看近了共产主义、低估了资本主义的倾向，长期实行支持世界革命的路线。列宁在 1918 年说"普天同庆世界革命的第一天这个日子快要到来了"，1919 年说"国际苏维埃共和

---

① 《邓小平文选》第 3 卷，人民出版社 1993 年第 1 版，第 379 – 380 页。

国的建立已经为期不远了",1920 年他甚至预言"再过 10—20 年就会生活在共产主义社会里"。① 因此,他把苏维埃政权的巩固寄托在推进世界革命上。后来革命形势没有如期到来,列宁更强调"我们在国际政策上要尽可能地机动灵活","同各国人民和平共处,把自己的全部力量用来进行国内建设",并认为对外援助应"量力而定"② 列宁逝世后,斯大林、毛泽东都坚持马克思主义这一传统的理论观点,即无产阶级革命具有"国际性",先胜利的国家要支援世界革命。但是在和平与发展成为当今世界主题的条件下,在各国的党独立自主地从事本国民族特色社会主义建设的情况下,是否还要实行这一方针呢?70 年代末以来,邓小平同志根据国际形势的新变化,在总结国际共运正反经验教训的基础上,调整了过去支援"世界革命"的对外战略。1981 年邓小平在会见美国客人时强调要澄清的一个观点,就是有人认为"中国政府信奉的意识形态旨在摧毁类似美国这样的政府"。邓小平郑重地指出:"这样的观点至少不是八十年代的观点,也不是七十年代的观点,而是恢复了六十年代以前的观点。"③ 这说明中国已调整了过去长期实行的"支援世界革命"的战略。这就从根本上拔掉了帝国主义势力挑拨中国与非社会主义国家的关系、进行反共反社会主义宣传的借口,为中国特色社会主义处理好国际环境提供了一个全新的框架。

至于同资本主义国家相互借鉴和合作的问题,过去在认识上也存在片面性。列宁对此是相当重视的,他曾强调:"有人在这里说,不向资产阶级学习也能够实现社会主义,我认为,这是中非洲居民的心理。我们不能设想,除了建立在庞大的资本主义文化所获得的一切经验教训的基础上的社会主义,还有别的什么社会主义。"④ 但是除了帝国主义、发达资本主义国家敌视和封锁社会主义国家的客观原因外,

① 《列宁全集》第 35 卷,人民出版社 1985 年版,第 132 页、503 页;第 39 卷,人民出版社 1986 年版,第 311 页。

② 《列宁全集》第 38 卷,人民出版社 1986 年版,第 277 页;第 37 卷,第 354 页;第 33 卷,人民出版社 1985 年版,第 420 页。

③ 《邓小平文选》第 2 卷,人民出版社 1994 年第 2 版,第 378 页。

④ 《列宁全集》第 34 卷,人民出版社 1985 年第 2 版,第 252 页。

共产党人提出的一些不适当的理论和政策，也影响了交流与合作关系的发展。譬如列宁逝世后，斯大林过早地结束了"新经济政策"，停止了对西方开放的政策，二战后又提出所谓社会主义与资本主义"两个平行市场"的理论。苏共后来的领导人强调开展经互会内部的"国际分工"，中国批"洋奴哲学"、片面地把"自力更生"解释为"万事不求人"，实际是搞自我封闭，不同程度地把社会主义经济与世界市场隔绝和割裂开来，阻碍了社会主义的发展。邓小平同志认为当今世界是开放的世界，"关起门来搞建设是不行的"①，他提出要长期实行对外开放，为中国社会主义经济的发展找到了正确的发展道路。

邓小平曾说："社会主义究竟是个什么样子，苏联搞了很多年，也并没有完全搞清楚。可能列宁的思想比较好，搞了个新经济政策，但是后来苏联的模式僵化了。"②可见，邓小平很赞赏列宁的"新经济政策"，他接受了列宁"利用资本主义建设社会主义"的思想，在新的历史条件下，加以发挥和创新，形成了全新的社会主义改革开放的思想，创立了有中国特色的社会主义理论，把社会主义理论推进到了一个新境界。

五、"一球两制"条件下的"两大战略问题"

资本主义不是人间"天堂"，但它在世界上还不会迅速崩溃，社会主义不会像国际反共势力所希望的那样迅速灭亡，但也不可能速胜。因此，社会主义与资本主义两种社会制度将要在世界上长期共处相当长的历史时期，"一球两制"将是相当长的历史现象。邓小平同志指出："社会主义经历一个长过程发展后必然代替资本主义。这是社会历史发展不可逆转的总趋势，但道路是曲折的。"③这就是说，世界范围内资强社弱、北攻南守的总态势，在相当长时期内不可能改变。我们在总的指导思想上，要明确做"坚定"而"清醒"的共产

---

① 《邓小平文选》第 3 卷，人民出版社 1993 年第 1 版，第 64 页
② 《邓小平文选》第 3 卷。人民出版社 1993 年第 1 版，第 139 页。
③ 《邓小平文选》第 3 卷，人民出版社 1993 年第 1 版，第 382 – 383 页。

主义者。

在"一球两制"条件下，社会主义将面临"两大战略问题"：一是在国内，要抓住经济建设这个中心不动摇，把社会主义建设搞好，以事实来证明社会主义优于资本主义；二是在国际上，要全面认识和正确处理好同资本主义国家特别是同发达国家既矛盾斗争又借鉴合作的关系，要善于利用资本主义来建设社会主义。这两大战略问题处理的好坏，直接关系社会主义的兴衰成败。

首先，未来世界社会主义、共产主义运动的发展，在相当长时期内主要不是表现在社会主义国家"数量"的增加，而主要表现在"点"的繁荣和"质"的提高，即中国等现存的社会主义国家把自己的事情办好，用自己成功的实例来证明社会主义优于资本主义，以推动社会主义在世界范围的复兴。

从共运发展的历史长河看，在《共产党宣言》发表至今的 150 年间，以俄国十月革命为界，分为两个阶段。前一阶段的近 70 年，是从社会主义理论到实践，创立了第一个社会主义国家的 70 年；十月革命胜利后的 80 年，是社会主义的实践从一国扩大到多国又遭到挫折的 80 年。从现在至下世纪中叶即中国达到中等发达国家水平的这段时间里，世界社会主义国家"面"的扩大和"量"的增长可能性不大，主要靠社会主义搞成功的实例来证明社会主义优于资本主义。

列宁说社会主义是榜样的力量，又说："劳动生产率，归根到底是使新社会制度取得胜利的最重要最主要的东西。"[①] 邓小平强调："人民，是看实践。人民一看，还是社会主义好，还是改革开放好，我们的事业就会万古长青！"[②] 苏东剧变前，社会主义国家的数量不少，有 15 个国家，但是由于这些国家起点低（都是比较落后的国家），加上没有经验，出现了许多失误和严重问题，使社会主义的形象受损，声望下降。现在世界社会主义国家的数量减少了，但如果把自己的事情办好，实现了繁荣富强，成为"合格的"社会主义，必将大大改善社会主义的形象，增加社会主义的吸引力，进一步推动世界

---

① 《列宁选集》第 4 卷，人民出版社 1995 年第 3 版，第 16 页。
② 《邓小平文选》第 3 卷，人民出版社 1993 年第 1 版，第 381 页。

社会主义运动的发展。正如邓小平所说："我们坚持社会主义，要建设对资本主义具有优越性的社会主义，首先必须摆脱贫困。现在虽说我们也在搞社会主义，但事实上不够格。只有到了下世纪中叶，达到了中等发达国家的水平，才能说真的搞了社会主义，才能理直气壮地说社会主义优于资本主义。""这不但是给占世界总人口四分之三的第三世界走出了一条路，更重要的是向人类表明，社会主义是必由之路，社会主义优于资本主义。"① 可以预期，到 21 世纪中叶，中国达到中等发达国家水平，其他社会主义国家也发展起来了，世界社会主义共产主义运动一定会是一番新的景象。

其次"一球两制"是相当长的历史阶段，正确认识和处理好同资本主义国家，特别是同发达资本主义国家既矛盾斗争又借鉴合作的关系，善于利用资本主义来建设社会主义，将是另一个长期性战略问题。在这个问题上，从主观方面讲，自党的十一届三中全会以来，随着改革开放实践的深入发展，我们从思想认识到实践中的路线和方针政策，都是逐渐明确了，没有什么障碍；从客观条件看，尽管世界社会主义运动处于低潮，但对我们有利的条件存在着，机遇存在着，只要我们善于利用、善于把握，是完全有可能解决好这一战略问题的。

冷战结束后世界向"多极化"方向发展，社会主义与资本主义之间的矛盾虽仍然是世界上一对基本矛盾，但它不是世界的主要矛盾，整个世界形势的发展变化不是由它来支配和左右的。世界矛盾多得很，大得很。美国与欧洲国家虽然"道相同"，然而"利益不尽相同"。社会主义国家与西方国家虽然"道不同"，但与不同国家却有不同的"共同利益"。社会主义国家仍有很大的回旋余地，不大可能出现西方联合起来一致对付社会主义中国的局面。

另一方面，西方"西化"、"分化"社会主义国家的战略目标没有改变，也绝不会放弃。对此决不可掉以轻心。但是，搞不搞"和平演变"在西方，变与不变在社会主义国家自己，在社会主义国家内部。只要社会主义国家把国内工作做好，国际反共势力奈何不了我

---

① 《邓小平文选》第 3 卷，人民出版社 1993 年第 1 版，第 225 页。

们。国内"反演变"需要加强意识形态工作，加强思想教育；而在对外工作中则不能突出强调意识形态差异，不能以意识形态、社会制度论亲疏，否则就正中国际上坚持冷战思维者之下怀。我们在国际交往中应主张"社会制度和意识形态的差别，不应成为发展国家关系的障碍"，"考虑国与国之间的关系主要应该从国家自身的战略利益出发，不去计较社会制度和意识形态的差别"。一定要把"反演变"与一般的"国际交往"这两个不同性质的问题区别开来，分别对待。

此外，社会主义国家与资本主义国家除了矛盾的一面，也还有相互借鉴与合作的一面。社会主义对资本主义既有否定也有借鉴和利用，因此离不开同资本主义国家的合作，要善于利用资本主义来建设社会主义。现在经济全球化在深入发展，国际关系错综复杂，国与国相互依存度增大，可以说国际上既无纯粹的朋友，也无纯粹的敌人或对手，在这个问题上是朋友，在别的问题上可能是对手，往往既是朋友又是对手。因此，为了巩固、完善和发展社会主义制度，社会主义国家必须全面地认识和处理好同资本主义国家特别是同发达资本主义国家既矛盾斗争，又借鉴和合作的关系，坚持以"两手对两手"。

站在世纪之交来回顾和展望世界社会主义运动，可以说苏东剧变造成的"大挫折"已永远地留在了 20 世纪，中国等国家开创的"新局面"将会在 21 世纪变成繁花似锦的春天。苏东社会主义国家的"大挫折"只意味着过去，中国等国家的"新局面"却代表着未来。死亡了的是僵化的一种社会主义的旧模式（体制），新生的是科学社会主义的一片新绿洲。改革给社会主义的大船装上了新马力，开放将社会主义的大船引向了广袤无际的大洋。尽管航程上布满暗礁险滩，有创造性发展了的马克思主义领航，社会主义的大船定能驶达人类美好明天的彼岸。沉舟侧畔千帆过，病树前头万木春。社会主义道路曲折但前途光明。

20 世纪社会主义的历史命运

　　站在新世纪的门槛上，回首百年历程，有人把人类社会发生的种种灾祸的根源，一股脑扣到了社会主义头上，说什么社会主义的崛起是"20 世纪最大的不幸"，攻击十月革命犯了"原罪"，断言"共产主义已走到了尽头"，宣称"21 世纪将是资本主义的一统天下"。还有些同情或信仰社会主义的人，虽不赞成上述观点，但却认为社会主义是"早产儿"、"搞早了"，并对社会主义的未来感到困惑和迷茫。这就向我们提出了一个值得讨论和回答的问题：社会主义的历史命运究竟怎样？

一、没有社会主义就没有世界的今天

　　社会主义的崛起，究竟是"20 世纪最大的不幸"，还是 20 世纪世界和人类的"大幸"？这是关系到社会主义在本世纪的历史地位和命运的大问题。抛弃对社会主义虚无主义否定一切的态度，尊重百年的历史事实，就不能不承认：社会主义推动了世界历史的发展和人类文明的进步，极大地改变了世界的面貌。20 世纪社会主义的崛起是世界和人类的"大幸"，没有社会主义绝不会有世界的今天。社会主义的历史地位是不可抹杀的。

首先，进入 20 世纪后，资本帝国主义强国间的矛盾空前尖锐，它们在相互关系的调节上已黔驴技穷，彼此都竭力想以残酷的战争压倒和镇服对方，以期独霸和统治世界。于是在短短二三十年内，就使人类蒙受了两次世界大战的灾难。由于社会主义国家的诞生和崛起，才使人类摆脱这种"战争怪圈"。一定意义上讲，没有社会主义就没有今日世界和平与发展的局面。

1917 年俄国十月革命胜利后，苏维埃政权随即宣布退出肮脏的战争，并颁布了《和平法令》，呼吁无条件签订和约，加速了第一次世界大战的结束。在二战中，社会主义的苏联充当了世界反法西斯战争的主力军，对打败法西斯作出了不可磨灭的贡献。战后，美国在世界到处驻军，拼凑军事集团，建立了数百个军事基地，并以手中挥舞的核武器相威胁，使世界面临新的世界大战的威胁。50 年代苏联人造卫星上天，六七年代中国两弹一星试验成功，才使世界有了抗衡战争的力量。可以说，没有社会主义国家和世界爱好和平的力量与帝国主义战争势力进行不懈的斗争，没有殖民地、半殖民地人民在社会主义的影响下的觉悟和斗争，第三次世界大战可能早已降临到世界人民的头上了。总之，没有社会主义力量的崛起和发展，人类所遭受的战争灾难绝不止已有的两次，今日的世界还不知会是什么样子。冷战结束后，没有中国等社会主义国家与国际上一切主持正义的国家和爱好和平的人民一道，反对"单极世界"，倡导建立国际政治经济新秩序，而任凭霸权主义横行，绝不会有今后世界的和平与安宁。

其次，殖民主义、帝国主义长期奴役、掠夺、压迫和剥削世界弱小国家和民族，将世界瓜分完毕，建立了野蛮的殖民体系；而社会主义国家支持鼓舞民族解放斗争，对埋葬世界殖民体系发挥了巨大作用。十月革命的胜利增强了广大殖民地、半殖民地人民反抗殖民压迫的信心，并给他们提供了进行解放斗争的思想武器。在社会主义的影响下，特别是第二次世界大战后，民族解放运动的浪潮一浪高过一浪，先后有 100 多个国家获得独立，使殖民主义和帝国主义经营了几个世纪的殖民体系终于彻底崩溃。人类文明和国际社会在 20 世纪的这一重大进步，是与社会主义的诞生和发展密不可分的。

再次，资本主义虽然视社会主义为对立面，但事实上没有社会主义，就没有今日发达国家改良了的资本主义。1929年爆发的世界性大危机，宣告资本主义传统的市场自我调节理论失灵，必须寻找新的出路。苏联刚建立的社会主义计划经济体制客观上为资本主义提供了参照体，使资本主义从这一新体制中获得了延缓衰老之术。在大危机爆发前，社会主义的苏联已于1928年开始实行第一个五年计划，这立即引起西方经济学家的密切关注。1929年美国经济学会主席、新古典经济学派理论家弗·曼·泰勒（1855—1932）就发表了《社会主义国家生产指南》一文，提出了"指导性计划"的新概念，强调资本主义国家如果采用"指导性计划"来对市场经济加以宏观调控会大有好处。1929年美国经济危机深重时刻，民主党领袖罗斯福就任总统后，采纳了由国家干预、政府进行调控的建议，开始实行"新政"，从而使资本主义在市场这只"看不见的手"之外，又增加了国家干预这只"看得见的手"，果然收到了加速经济复苏的效果。稍后，即1936年英国经济学家约·梅·凯恩斯（1883—1946）发表代表作《就业、利息和货币通论》，才从理论上总结了资本主义国家"反危机"措施的经验，提出了适应国家垄断资本主义需要的基本理论。这就是在不触动资本主义私有制的前提下，在坚持市场经济机制的基础上，加强国家的干预和调控。二战后，国家干预、计划调控的做法普遍为资本主义国家采用，从而为战后资本主义的发展奠定了体制基础。

同时，世界社会主义运动的蓬勃发展，迫使资产阶级不得不对工人阶级作出让步。按资产阶级自己的说法，"红色瘟疫"不是阿司匹林之类的药物可以医治的，拿出一点钱来施舍工人，搞改良才是最好的"药方"，才可以避免上"断头台"。由此，现代资本主义制度，通过税收制度等改良措施，使相当大一部分利润脱离了垄断资本家的直接掌握，转到了国家手里，逐步建立起一套福利制度和社会保障制度，缓解了社会阶级矛盾，从而为资本主义的发展提供了比较稳定的社会环境。这样，就使昔日野蛮的资本主义变成了现代资本主义。从一定意义上讲，没有马克思主义对资本主义的研究和批判，从而为其找到了"病根";没有社会主义计划体制对资本主义的启发;没有资本主义国家工人斗争所形成的强大社会压力,就没有资本主义今天的体制,就没有资本主义国家人民今天所享受的社会福利。近10年来,因社会主义遭受挫折,发达资本主义国家出现了"资强劳弱"的力量对比,于是资方大砍福利,向职工既得的斗争成果开刀。这就从反面证明,没有社会主义在本世纪的发展,绝不可能有资本主义国家人民今天的福利和生活状况的改善。

总之,社会主义在20世纪开创了人类历史的新时代,战胜了穷凶极恶的法西斯主义,抗衡战争势力,维护了世界的和平,推动了民族解放运动的发展,埋葬了野蛮的殖民体系,并迫使资本主义进行调整和改良,从而对人类进步和世界文明作出了不可磨灭的贡献。没有社会主义就没有世界的今天。

二、社会主义国家的诞生是历史发展的必然产物

20世纪的社会主义国家产生于经济文化比较落后的国家,因而不可避免地带有不发达的特征,在相当长时期内还不可能是"够格的"、理想的社会主义。于是有人说社会主义是"早产儿"、"搞早了",十月革命是"原罪","本来就不该搞"。

搞社会主义,毫无疑问需要以一定社会物质文化的发展为前提,但"革命"与"建设"对这一前提的要求是不同的。对于搞社会主义"建设"来说,这一前提至关重要。没有高度发达的物质文化条件,是不可能"建成"社会主义的,否则将是"蹩脚的"、"不够格的"社会主义。在不具备这一条件的情况下,急于宣布"建成了"社会主义,并急于向共产主义过渡,那的确是"搞早了"。共产党人过去在这个问题上的教训是很深刻的。但是对于"革命",即取得政权为社会主义改造和建设创造政治前提来说,对这一物质文化发展前提的要求是不同的,是有相当伸缩性的。因为"革命"虽然也必需有一定经济文化发展水平作为前提。但这个"一定"经济文化发展水平无绝对标准,而且革命并不是一个纯粹的经济过程,它在很大程度上

要取决于其他社会政治条件，即是否存在"革命危机"。否则经济文化发展水平即使再怎么高，也不可能爆发革命，譬如今日的发达资本主义国家。

上个世纪，马克思恩格斯根据历史的发展的一般规律，曾设想无产阶级社会主义革命将首先在先进国家发生，但他们并不否定在特殊条件下也可能在不发达国家发生。马克思说过，由于同工业比较发达的国家进行了广泛国际交往所引起的竞争，就足以使工业较不发达的国家内产生生产力和交往形式之间类似的矛盾，而没有必要等这种矛盾在这个国家中发展到极端的地步。恩格斯也说："假如我们不得不等到资本主义生产到处都发展到底以后，到最后一个小手工业者和最后一个小农都变成资本主义大生产的牺牲品以后再来实现这个改造，那对我们可就太糟了。"① 马克思恩格斯的思想很明确，落后国家也可能和可以发生工人革命，在革命条件成熟时，不应放弃机遇去等待资本主义的"成熟发展"。

第一次世界大战中的俄国出现了这种特殊情况。俄国的资本主义发展虽然还不充分，但社会矛盾十分尖锐，革命的客观条件已经成熟。在这种情况下，无产阶级政党是否要顾虑"经济文化发展水平不足"而放弃领导革命呢？列宁说："既然建立社会主义需要有一定的文化水平（虽然谁也说不出这个一定的'文化水平'究竟是什么样的，因为这在各西欧国家都是不同的），我们为什么不能首先用革命手段取得达到一定水平的前提，然后在工农政权和苏维埃制度的基础上追上别国的人民呢？"② 列宁抓住革命机遇，毅然决然地领导了十月革命，并取得了胜利。后来，处于资本主义国家包围之中的世界第一个社会主义国家，虽然处境很困难，但在短短十多年间就迅速由落后的农业国跃升为世界第二工业国，从而为打败法西斯奠定了物质基础。事实证明，列宁的选择是正确的。

至于中国革命，它是深刻的民族矛盾和阶级矛盾的产物。当时中华民族处在生死存亡的关头，劳苦大众过着牛马般的生活，连起码的

---

① 《马克思恩格斯选集》第4卷，人民出版社1995年版，第500页。
② 《列宁选集》新版第4卷，人民出版社1995年第3版，第777页。

生存都没有保障，所以不得不起来革命。中国共产党人搞武装斗争，也是国民党的屠刀政策逼出来的。毛泽东在新中国成立后曾对外国朋友说："1921年，中国成立共产党，我就变成共产党员了。那时候，我们也没有准备打仗。我是一个知识分子，当一个小学教员，也没有学过军事，怎么知道打仗呢？就是由于国民党搞白色恐怖，把工会、农会都打掉了，把五万共产党员杀了一大批，抓了一大批，我们才拿起枪来，上山打游击。"这就把事情说得很清楚了。

从世界范围看，20世纪前半个多世纪里，社会主义由涓涓细流发展成波涛汹涌的洪流，并不是共产党人随心所欲地制造出来的，而是资本主义体系内部矛盾发展的必然产物。当时由于资本主义使本国劳动人民长期处于腥风血雨之中，还发生了一次世界性大危机（1929-1933）、两次世界大战，给世界人民带来了空前严重的大灾难，结果资本主义因此威信扫地。二战结束后，一批人民民主国家选择了社会主义道路，使世界社会主义由苏联一国发展到欧亚多国。当时社会主义国家东起长白山脉，西至易北河畔，北起北地群岛。南至湄公河流，在地理上连成一片，后又扩展到拉美的古巴。那时社会主义国家的领土面积占世界陆地面积1/4以上，人口约占世界总人口的1/3，工业产值约占世界的2/5，国民收入约占世界的1/3。1957年苏联人造卫星又先于美国上了天，毛泽东据此形象地说当时的形势是"东风压倒西风"。此外，资本主义国家的工人运动十分高涨，法共、意共在战后初期曾对本国资产阶级的统治形成威胁。亚非拉蓬勃发展的民族解放运动一直延续到60年代，最终摧毁了帝国主义的殖民体系，形成了"第三世界"。当时资本主义成了"臭狗屎"，而社会主义却是"香饽饽"，新独立的国家不少选择了"非资本主义道路"，出现了各种旗号的"社会主义"。这绝不是偶然的。

有人说，社会主义既然是历史发展的必然产物，为什么苏联等一大批社会主义国家却像多米诺骨牌一样顷刻就倒塌了呢？应当说，苏东社会主义国家的产生是必然的，而后来的垮台却不是必然的。因为如果搞得好，这种情况是完全可以避免的。

苏东社会主义的崩溃不是社会主义基本制度和原则的失败，而是社会主义一种特定的实践模式——"苏联模式"的失败。所谓"苏联模式",指的是苏联社会主义基本制度所采取的"管理体制和运作机制",即通常所说的"体制"。苏联模式作为社会主义的一种实践模式,当然体现和包含着社会主义性质的基本制度和原则,但因体制上存在严重弊端,社会主义性质的基本制度和原则不仅不能发挥作用,反而被严重扭曲和变形了,从而在整体上成了苏联社会主义发展的障碍。社会主义要继续向前发展,不对这一模式进行改革,不从总体突破这一僵化的模式,是没有希望的。尽管这一模式的形成有其历史的合理性,但并不乏局限性;虽然它在苏联迅速由落后的农业国变成工业国,以及后来打败希特勒法西斯的斗争中发挥过重要作用,但后来越来越僵化,特别是在战后新科技革命和新的国际环境下,其负面作用越来越明显。因此,苏联模式必须改革。但对这一模式的"改革"不是要"改向",对其"突破"不是要"彻底摧毁"。正如给孩子洗完澡倒脏水时不能连孩子一起倒掉一样。中国的改革使社会主义焕发出生机与活力,苏东国家的改革却导致了社会主义制度彻底崩溃的悲剧,一个重要原因是各自对原来的社会主义基本制度采取了完全不同的态度:中国是在坚持社会主义基本制度(集中表现为坚持"四项基本原则")的前提下"彻底改革旧体制",而苏东国家的"改革"变成"改向",即"彻底摧毁原来的社会主义制度"。

苏联东欧剧变的教训说明,当代社会主义面临三种选择,或称三条路,其中两条是绝路,只有一条是活路。这就是:坚持僵化的"苏联模式"不改革,那是一条绝路;放弃社会主义基本原则的胡改瞎改,也是一条绝路;只有既坚持社会主义基本原则,又实行改革开放,才是社会主义繁荣昌盛的光明大道。这就是邓小平尖锐指出过的:"不坚持社会主义,不改革开放,不发展经济,不改善人民生活,只能是死路一条。"苏联东欧国家的垮台,就垮在先是长期不改革,后是放弃社会主义基本原则胡改瞎改,使"改革"变成了"改向",前后两种选择都是绝路所致。因此,苏东社会主义的垮台并不能证明社会主义没有前途,必然失败。

三、社会主义的发展是长期曲折的过程

苏联等一批社会主义的垮台，虽然不能否定社会主义产生和发展的历史必然性，但却有力地证明了社会主义发展的长期曲折性。而过去人们对此是认识不足的。

一般地说，任何新生事物的产生和发展都不可能是一帆风顺的，必然要有一个曲折的发展过程，社会主义也不能例外。资本主义在其成长和发展的几百年中，经过多次封建王朝复辟，最后才得以确立。而社会主义从世界第一个社会主义国家的诞生算起，也只有80多年的历史，出现这样或那样的挫折和失败是不足为奇的。此外社会主义之所以是一个长期曲折的发展过程，还有以下具体原因：

第一，社会主义是一场伟大的社会试验工程，它同任何科学试验一样，是不可能一次成功的。社会主义是前无古人的崭新事业，列宁曾把它比喻为攀登一座未经勘察、人迹未到的高山。他说要"准备忍受几千个困难，准备作几千次尝试，而且，我们在作了一千次尝试以后，准备去作一千零一次尝试。"[①] 搞社会主义，还有比一般自然科学试验更困难的地方，这就如同科学泰斗爱因斯坦在《为什么需要社会主义》一文中所说的：经济和社会领域中一般规律的发现是困难的，观察到的现象"常常受难以单独估计的许多因素的影响"。因此人们对社会主义发展规律的认识，更需要经历实践——认识——再实践——再认识，多次循环反复的过程。自然科学的试验要在试验室的单纯环境中以较短的时间反复试验多次，而社会试验环境不可能那么单纯可靠，而且费时长、代价高、损失大。所以社会主义必然是一个长期曲折的发展过程。

如果将20世纪社会主义建设80多年的实践看成是一场"试验"，那么社会主义者最主要的经验教训是什么呢？邓小平提供的回答是：什么是社会主义，如何建设社会主义，没完全搞清楚。他说，"我们

---

① 《列宁全集》第34卷，人民出版社1995年第2版，第379页。

经验教训有许多条，最重要的一条，就是要搞清楚这个问题。"① 为什么长期没完全搞清楚这个问题？从思想认识上找原因，就是对社会主义和实现共产主义的"长期曲折性"认识不足，总想急于求成，结果欲速不达。邓小平说："搞革命的人最容易犯急性病。我们的用心是好的，想早一点进入共产主义。这往往使我们不能冷静地分析主客观方面的情况，从而违反客观世界发展的规律。"②

从苏联的情况看，斯大林 1936 年就宣布建成了社会主义，1939 年提出向共产主义过渡。二战中断了这一进程，1952 年苏共十九大又恢复了向共产主义过渡的口号。赫鲁晓夫时期，继续坚持向共产主义过渡，1961 年苏共二十二大提出"全面建设共产主义"，要求在 20 年内超过美国，基本建成共产主义，实现按需分配。勃列日涅夫后来又高喊建设"发达社会主义"。总之，几十年间，苏联的前进目标虽然一任比一任下降，但总体上仍然存在脱离实际、急于求成的"左"的倾向。在这一思想指导下，经济体制上长期坚持高度集中、僵化的计划体制，所有制是纯而又纯的单一公有制，严重束缚了生产的发展。政治体制上存在严重的封建主义影响，个人迷信，个人专断盛行，缺乏党内民主和监督，甚至严重破坏社会主义法制，极大地损害了社会主义形象。邓小平同志说："斯大林严重破坏社会主义法制，毛泽东同志就说过，这样的事件在英、法、美这样的西方国家不可能发生。"③ 西方国家不可能发生的事件，却可以在社会主义的苏联频繁发生，足见问题的严重性。

中国过去也犯了急于求成的错误。1958 年搞"大跃进"、"跑步进入共产主义"，以后又批"资产阶级法权"（批按劳分配、八级工资制、商品、货币），在生产关系上追求大、公、纯、高，严重束缚了生产力的发展。党的十一届三中全会提出解放思想实事求是的思想路线后，急于求成的"左"的错误才得以纠正。邓小平在总结世界社会主义运动正反两方面经验的基础上，很强调社会主义发展的"长期

---

① 《邓小平文选》第 3 卷，人民出版社 1993 年第 1 版，第 116 页。
② 《邓小平文选》第 3 卷，人民出版社 1993 年第 1 版，第 139－140 页。
③ 《邓小平文选》第 2 卷，人民出版社 1994 年第 2 版，第 333 页。

曲折性"。他说，我们还处在"社会主义初级阶段"，而这个阶段需要"一百年"。他还说"巩固和发展社会主义制度，还需要一个很长的历史阶段，需要我们几代人、十几代人，甚至几十代人坚持不懈地努力奋斗，决不能掉以轻心。"[①] 这就比较彻底地纠正了急于求成的倾向。与此同时，近 20 年来其他社会主义国家大多也提高了对社会主义长期曲折性的认识，调整对社会主义发展阶段的认识。越南认为还处在"向社会主义过渡的初级阶段"。老挝认为目前的任务是巩固和发展人民民主制度，为将来向社会主义过渡准备条件。

总之，实践使共产党人的认识更符合实际了，对社会主义的发展的长期曲折性的认识更清楚了。苏东剧变的发生，将会进一步加深人们对社会主义长期曲折性的认识。

第二，20 世纪的社会主义国家，都产生于经济文化比较落后的国家，这给社会主义者出了道"历史难题"。马克思恩格斯在上世纪曾设想最发达的国家先取得革命的胜利，可是本世纪的实践是，小农经济占优势的落后国家先于发达国家取得了革命胜利。革命如果是在发达国家先取得胜利，那么社会主义事业的发展会比现在顺利得多。革命发展顺序上的这一颠倒，给 20 世纪社会主义的发展带来了一个"历史难题"，即经济文化比较落后的国家如何巩固社会主义革命的成果，如何建设和继续发展社会主义。这就如列宁在十月革命胜利后多次指出的，经济文化比较落后的国家搞社会主义，与西方发达国家"开始困难，继续比较容易"相反，是"开始容易，继续比较困难。"[②] 落后国家搞社会主义"继续比较困难"，难就难在：一是客观国际环境严峻。经济文化落后的社会主义国家将长期处在实力强大的资本主义国家的包围之中，始终面临着资本主义国家扼杀、遏制、演变的威胁。二是经济上的强烈反差使社会主义国家面临严重挑战。社会主义国家因基础差、起点低，要在经济上赶上资本主义发达国家，体现出社会主义优于资本主义，需要经历很长的历史过程。

第三，20 世纪末期世界社会主义运动遭受了大挫折，再造辉煌、

---

① 《邓小平文选》第 3 卷，人民出版社 1993 年第 1 版，第 379 - 380 页。
② 《列宁全集》第 34 卷，人民出版社 1995 年第 2 版，第 343 页。

重振雄风需要比较长的时间。世界社会主义运动的振兴是确定无疑的，但目前还处于低潮，要研究和总结昔日的经验教训，并在实践中而不是理论上实现振兴，将是一个长期曲折过程。

从共运发展的历史长河看，在《共产党宣言》发表至今的150年间，以俄国十月革命为界，分为两个阶段。前一阶段的近70年，是社会主义理论到实践，创立了第一个社会主义国家的70年；十月革命胜后的80多年，是社会主义的实践从一国扩大到多国又遭到挫折的80多年。从现在至下世纪中叶，即中国达到中等发达国家水平的这段时间里，世界社会主义国家"面"的扩大和"量"的增长或能性不大，主要靠社会主义搞成功的实例来证明社会主义优于资本主义。列宁说社会主义是榜样的力量，又说："劳动生产率，归根到底是使新社会制度取得胜利的最重要最主要的东西。"① 现在世界社会主义国家的数量减少了，但如果能把自己的事情办好，实现了繁荣昌盛，成为"合格的"社会主义，必将大大改善社会主义的形象，增加社会主义的吸引力，进一步推动世界社会主义运动的发展。正如邓小平所说："我们坚持社会主义，要建设对资本主义具有优越性的社会主义，首先必须摆脱贫困。现在虽说我们也在搞社会主义，但事实上不够格。只有到了下世纪中叶，达到了中等发达国家水平，才能说真正搞了社会主义，才能理直气壮地说社会主义优于资本主义。""这不但是给占世界总人口四分之三的第三世界走出了一条路，更重要的是向人类表明，社会主义是必由之路，社会主义优于资本主义。"② 可以预期，到下个世纪中叶，中国达到中等发达国家水平，其他社会主义国家也发展起来了，世界社会主义、共产主义运动一定会是一番新的景象。

第四，世界发生了大转折，给社会主义带来了新的机遇和挑战。社会主义在"一球两制"的条件下面临"两大战略课题"，要解决好这些课题需要经历一个长期曲折的过程。

在和平与发展成为时代主题的当今世界，科技进步日新月异，经

① 《列宁选集》第4卷，人民出版社1995年第3版，第16页。
② 《邓小平文选》第3卷，人民出版社1993年第1版，第225页。

济全球化进程加快发展，世界多极化趋势不可逆转，以经济力、科技力、军事力、凝聚力为主要内容的综合国力的竞争日益激烈。这给中国等社会主义国家既带来了机遇，又带来了挑战。同时，资本主义虽然矛盾重重，但在新百年之内不发生特殊事件是不会崩溃的；社会主义不会消亡，但也不可能速胜。因此"一球两制"将是相当长的历史现象。正如邓小平所指出的："社会主义经历一个长过程发展后必然代替资本主义。这是社会历史发展不可逆转的总趋势，但道路是曲折的。"在这种情况下，社会主义国家面临着"两大战略课题"，这就是：在国内，要抓住经济建设这个中心不动摇，把社会主义建设搞好，以事实来证明社会主义优于资本主义；在国际上，要全面认识和正确处理好同资本主义国家，特别是同发达国家既矛盾斗争又借鉴合作的关系，在善于利用资本主义来建设社会主义。这两大战略问题处理得好坏，直接关系到社会主义的兴衰成败。而这些问题的解决将是一个长期曲折的过程。

四、社会主义的前途光明

从社会主义主观和客观两方面看，其前途都是光明的。

首先，从客观国际大环境看，世界矛盾多得很、大得很，社会主义国家仍有很大的回旋余地，不大可能出现西方联合起来，一致对付社会主义国家的局面。

冷战结束后世界向"多极化"方向发展，社会主义与资本主义之间的矛盾虽然仍是世界上一对基本矛盾，但它不是世界的主要矛盾，整个世界形势的发展变化不是由它来支配和左右的。美国与欧洲国家虽然"道相同"，然而"利益不尽相同"。社会主义国家与西方国家虽然"道不同"，但与不同国家却有不同"共同利益"。现在经济全球化在深入发展，国际关系错综复杂，国与国相互依存度增大，可以说国际上既无纯粹的朋友，也无纯粹的敌人或对手，在这个问题上是朋友，在别的问题上可能是对手，往往既是朋友又是对手。西方"西化"、"分化"社会主义国家的战略目标没有改变，也不会放弃。对此决不可掉以轻心。但是,搞不搞"和平演变"在西方,变与不变在社会主义国家自己,在社会主义国家内部。只要社会主义国家把国内工作做好,国际反共势力奈何不了我们。此外,社会主义国家与资本主义国家除了矛盾的一面,也还有相互借鉴与合作的一面。社会主义对资本主义既有否定也有借鉴和利用,因此离不开同资本主义国家的合作,要善于利用资本主义来建设社会主义。因此,为了巩固、完善和发展社会主义制度,社会主义国家必须全面地认识和处理好同资本主义国家特别是同发达资本主义国家既矛盾斗争,又借鉴合作的关系,坚持以"两手对两手"。

其次,从社会主义与资本主义的对比态势看,虽然目前总体上是"资强社弱"、"资攻社守",但长远趋势看将会起变化。一讲到社会主义与资本主义的优劣,人们通常是将社会主义与"发达的"资本主义比,而将广大发展中国家的那种资本主义排除在外。尼加拉瓜有位叫卡德纳尔的神父提供了一个看待这个问题的新角度。1994年他在墨西哥《美洲纪事》杂志上撰文说:"新闻界得意洋洋地在全世界宣布社会主义的失败,但是他们不提资本主义的更大的失败。资本主义只在世界10%或20%的人口中取得了成功。对于第三世界,对于占人口大多数的穷人来说,资本主义是灾难性的,而资本主义的失败先于社会主义的失败。"即将是将社会主义国家同发达的资本主义国家比较,尽管社会主义国家原来的基础差、起点低,加上过去有严重失误,导致社会主义的优越性未能充分发挥出来,但从总体上看、从长远的发展趋势看,也不能说社会主义不如资本主义。俄国十月革命胜利后,迅速由农业国变为工业国,成为打败法西斯的主力军,第一个将人造卫星送上了天,跻身于世界强国之列,不是实行社会主义制度,是达不到这一步的。苏联解体后,俄罗斯地位的衰落,从反面说明昔日的社会主义制度并非一无是处。中国近20年实行改革开放以来所取得的成就是举世公认的,已显示出了社会主义的生命力。按照现在的势头发展下去,再过50年、100年,那种讥笑社会主义不如资本主义的论调就不会有多少市场了。

再次,资本主义并非"天堂",人们在继续研究和探讨社会主义的未来。事实说明，只要还存在资本主义制度，社会主义就永远有自己存在的土壤。因为人们总希望有一个比现在的资本主义更理想的社会。资本主义固有的矛盾没有解决，又出现了新的矛盾。除周期性经济危机外，又出现结构性危机、体制性危机、国际债务危机、国际金融危机、福利国家危机、生态危机，以及各种社会危机、思想文化领域的各种病态和危机等，这已经引起不少有识之士的忧虑。冷战后，资本主义国家的共产党人和左翼力量并没有放弃对社会主义、共产主义理想的探索。各种不同政治倾向的学者和人士仍在研究和预测社会主义的未来，这表明社会主义仍是人类社会发展的一个现实问题。西欧的社会主义者1990年创办了《未来的社会主义》国际论坛。美国纽约《每月评论》社1990年出版的文集认为，"社会主义制度第一批斗争由于种种原因没有获得成功，但历史不会倒退，它将宣告社会主义——不论以什么名义——在资本主义存在的时候不会灭亡。"法国《当代马克思》杂志1993年以"社会主义的新模式"为总题目，发表美、英、法等国学者论述社会主义问题的文章。该杂志编辑部评论说："如果因为苏联'共产主义'体系的失败而将社会主义弃之如敝屣，那就是只见树木，不见森林。目前社会主义还是一小片树林，但却充满生机。"

值得注意的是，目前尽管世界社会主义运动处于低潮，但资本主义国家中对马克思主义、社会主义的理论研究并不是低潮。马克思主义仍然活在人们的心里。《共产党宣言》销售量进入英国1996年畅销书行列，据说148年前的这本经典著作如此红火，是因为不少英国人觉得资本主义并不如想象的好，因此想看一看另一方面的理论。1998年《共产党宣言》发表150周年时，资本主义不少国家的左翼人士举行一系列纪念活动。《华盛顿邮报》发表纪念马克思的长篇文章。自1995年以来，在发达资本主义国家的心脏地区巴黎、纽约、伦敦等地，数千人参加的研究社会主义、马克思主义的国际讨论会，已举行了6次。小型讨论会更不计其数。去年由英国广播公司（BBC）发起在国际互联网上评选"千年最伟大、最有影响的思想家"的活动中，马克思排名第一，被选为"千年伟人"。可见马克思的确活在人们的心里。这证明邓小平在苏东剧变时的预言："不要认为马克思主义就消失了，没用了，失败了。哪有这回事！"是千真万确的。

最后，从社会主义力量的主观方面看，近20年来大多数社会主义国家实行改革开放，不同程度地突破了"苏联模式"，给社会主义带来了"柳暗花明"的新局面。现在多数社会主义国家在什么是社会主义、如何建设社会主义这个基本问题上，已不同程度地发生了一些重大转变：一是社会主义、共产主义在实现的时间上"由近变远"、"由短变长"了；二是对社会主义发展阶段的认识更符合实际，"由高变低"、"由虚变实"了；三是指导思想和发展模式上摆脱了"统一模式"，而强调从本国实际出发，探索适合本国实际民族特色的社会主义发展道路；四是对社会主义的本质的认识深化了，懂得贫穷不是社会主义，必须解放生产力，发展生产力，大力发展经济，改善人民生活，最终达共同富裕；五是不同程度地认识到社会主义与市场经济之间的关系不是对立的。有的已明确提出要建立社会主义市场经济体制（中国、越南等），有的仍坚持计划经济体制，但也主张要"利用市场"（古巴）；六是不搞西方式的多党制，但强调要发扬社会主义民主，健全社会主义法制，建设社会主义法治国家；七是摆脱了资本主义和社会主义"两个平行市场"的束缚，懂得了社会主义不能"关门"搞建设，在"一球两制"现象将长期存在的情况下，要科学认识当代资本主义，妥善处理同外部世界、特别是同发达资本主义国家的关系，既要对内改革，又要对外开放。如此等等。总之，一种不同于"苏联模式"的社会主义新体制正在逐步形成。实践证明，这种实行改革开放的社会主义是富有生命力的，是优越于资本主义的。因此我们完全有理由对社会主义的前途充满信心。

站在世纪之交来回顾和展望世界社会主义运动，可以说苏东剧变造成的"大挫折"已永远地留在20世纪，中国等国家开创的"新局面"将会在21世纪变成繁花似锦的春天。苏东社会主义国家的"大挫折"只意味着过去，中国等国家的"新局面"却代表着未来。死亡了的是僵化的一种社会主义旧模式（体制），新生的是科学社会主义的一片新绿洲。改革给社会主义的大船装上了新马力，开放将社会主义的大船引向了广袤无际的大洋。尽管航程上布满暗礁险滩，有创造性发展了的马克思主义领航，社会主义的大船定能驶达人类美好明天的彼岸。沉舟侧畔千帆过，病树前头万木春。社会主义道路曲折，但前途光明。

（原载《理论前沿》（半月刊）2000 年第 17、18 期，原题为《20世纪社会主义的历史地位和命运》，中国社科院世界社会主义研究中心作为专题报告收入《世界社会主义研究动态》2002 年 6 月 1 日）

社会主义国家的不同选择与不同命运

苏联解体成为俄罗斯全民族难以抚平的历史伤痛

近年来，俄罗斯总统普京多次对苏联历史作出客观公正的评价，这是多数俄罗斯人心声的一种反映。2000 年 2 月，普京在竞选总统时引用了俄家喻户晓的一句名言："谁不对苏联解体感到惋惜，谁就没有良心；谁想回到过去的苏联，谁就没有头脑。"普京还强调，否定苏联时期的一切象征性标志，从原则上讲是错误的，因为否定历史会使整个民族"数典忘祖"。根据普京的提议，2000 年俄国家杜马选用苏联国歌作为俄国歌，用红旗作为俄军军旗。2004 年普京公开表示，"我深深地相信，苏联解体是全民族的重大悲剧"，其间"大多数公民一无所获"，当时存在的问题"本可以在一个国家框架内在新的基础上加以解决"。2005 年，普京在发表国情咨文时也指出："苏联解体是 20 世纪最大的政治灾难。"

事实说明，现在多数俄罗斯人虽然未必想退回到旧体制，再去过原苏联那种生活，但是如果苏联还没有解体，按俄罗斯人今天的感情和认识，"苏联解体"这种事情恐怕不会再发生了。

此外据报道，苏联解体的当事人戈尔巴乔夫，在 2006 年接受《环球人物》记者专访时，从反思历史中承认了自己的"惨痛失误"。他说："我深深体会到，改革时期，加强党对国家和改革进程的领导，是所有问题的重中之重。在这里，我想通过我们的惨痛失误来提醒中国朋友：如果党失去对社会和改革的领导，就会出现混乱，那将是非常危险的。"去年苏联解体、独联体成立 15 周年时，苏联解体的直接策划人——俄罗斯首任总统叶利钦在回答《俄罗斯报》记者的提问时，承认他本人也在某种程度上怀念苏联。

现存社会主义国家陆续走上了改革开放道路

首先，亚洲的中国、朝鲜、越南和老挝，以及拉丁美洲的古巴，在坚持社会主义原则和方向的问题上毫不含糊、毫不动摇。当时中国顶住压力，坚持"一个中心、两个基本点"毫不动摇。

越南受苏东剧变的冲击，虽然国内一度出现了思想混乱，但是 1990 年越共中央的两次全会，明确决定要与苏联"改革"的路子划清界线：一是提出越南革新必须遵循坚持社会主义目标和理想等"五项原则"，坚决反对多党制、多元化和极端民主化；二是采取断然的组织措施，撤销了鼓吹资产阶级自由化、主张效法苏东"改革"路子的中央政治局委员陈春柏的一切职务，保证越南从 1986 年开始的"革新开放"能沿着社会主义的正确方向前进。

老挝人民革命党认为，苏联东欧国家的改革必将葬送社会主义，决不能学他们，1989 年 10 月党的中央全会明确提出要坚持社会主义、坚持马克思列宁主义、坚持党的领导等"六项原则"，拒绝走放弃社会主义的邪路。

朝鲜劳动党认为，苏联东欧国家放弃了革命原则，已经"和平演变"到了资本主义，朝鲜要"坚持革命原则，更高地举起社会主义的旗帜"，并于 1992 年 4 月发表了《维护和发展社会主义的平壤宣言》。

古巴当时的形势非常严峻。一方面因为苏东国家剧变后与古巴的经济联系几乎完全中断，特别是因为古巴缺乏燃料和食品，面临着断炊的生存威胁。另一方面，美国趁机对古巴加大压力，煽动古巴在美国的流亡分子组织"还乡团"，企图"返回哈瓦那过（1990 年的）圣诞节"。在这种形势下，古巴喊出了"誓死捍卫社会主义"的誓言。卡斯特罗回应道："古巴宁可沉入大海，也决不改变航向，任凭它惊涛骇浪。"

其次，这些国家加快了改革开放的步伐，或是陆续走上了改革开放之路。中国 70 年代末已经实行改革开放，在 1992 年初邓小平"南方谈话"之后，进一步加快了改革开放的步伐，从而使中国特色社会主义进入了一个崭新的发展阶段。

越南加快了自 80 年代中期就开始的"革新开放"的步伐。经过近 20 年的探索和实践，现已基本完成了从传统计划经济向市场经济的转变，经济发展迅速，去年人均 GDP 已达到 650 美元。贫困人口由 10 年前占人口总数的 58% 下降到现在的 22%，被联合国列为扶贫成效显著的国家。现在越南人生活挺不错，全国有 1700 万辆摩托车，平均每个家庭都有一辆。

老挝是联合国承认的世界上最不发达的国家之一，1986 年确立了"革新开放"方针，1991 年明确老挝还不具备搞"社会主义"的物质条件。目前是建设、巩固和发展"人民民主制度"，要以经济建设为中心，致力于使农村脱贫、使国家摆脱不发达状态，从而加快了革新开放的步伐。由于基础差，现在人民生活水平还不高，但 20 年来老挝人均 GDP 已由 203 美元增加到 2005 年的 438 美元，年平均增长率 6%，人民生活有很大改善。

古巴于 1993 年 7 月 26 日郑重宣布实行居民持有美元合法化等重大改革措施，随后实行了允许个体经营、开放自由市场、划小农业生产单位、实行财税改革等一系列新政策和措施，迅速收到了缓解外汇紧张、调动了农民生产积极性、活跃了城乡经济、改善了食品供应状况等效果。实行改革之后的第二年，古巴经济就止跌回升，10 余年来古巴经济逐步恢复，2005 年实现了 11.8% 的经济增长率，政府大幅度增加了职工的工资和退休金，使占全国人口 45% 的人受益。古巴终于度过了"和平时期的最困难阶段"，现在形势越来越好。

朝鲜认为，社会主义只能是"计划经济"，搞"市场经济"会复活资本主义。但是金正日 2000 年 5 月访问北京后，目睹中国改革开放以来的发展变化，对中国的成就表示了肯定和赞叹。2001 年初，金正日发表了"朝鲜 21 世纪任务"的元旦讲话，强调要"以新观念解决所有问题"，要求全体人民进行大胆"变革"和"新思考"，谋求最大经济"实利"，这表明朝鲜也决定要"改革"。2002 年 7 月朝鲜从调物价、涨工资开始，开启了以渐进、稳妥的方式进行的"经济改革"。

至此，现存社会主义国家可以说都走上了既坚持社会主义又实行改革开放的"新路"。

社会主义国家的改革开放面临四大问题

如何给社会主义正确"定位"的问题。现在各社会主义国家对什么是社会主义的认识还是很不一样的。譬如中国、越南和老挝已明确认识到过去犯了脱离实际的严重错误，从而调整了对社会主义的"定位"，将实现完全成熟的社会主义的时间拉长了。中国认为，相当长时间内处于"社会主义初级阶段"。越共认为，越南处于"向社会主义过渡阶段"。老挝认为将来前进的方向是"社会主义"，但现在的任务是建设、巩固和发展"人民民主制度"，因此已于 1993 年将国徽中的五角星与镰刀斧头图案修改成老挝民族的象征——塔銮佛塔。

经济体制改革的目标模式问题。中国、越南、老挝的认识比较相似，都主张要建立"市场经济体制"，但各自在提法上也有所差别。中国主张建立"社会主义市场经济"体制，越南的提法是建立"以社会主义为定向的、由国家管理的、多种成分的市场经济"。老挝提出建立"受国家管理的市场经济体制"。古巴强调坚持"计划经济体制"，但要"充分利用市场"。朝鲜 2002 年 7 月开始的"经济改革"，西方一些媒体称为"市场经济改革"或是要"建立市场经济的机制"，可是朝鲜有关官员却对此予以否定，说这些说法是"片面的、不正确的"。按朝鲜官员的解释，这是"在坚持计划经济的前提下，按照现实情况不断加强和完善对经济的管理",目前的改革措施是要"纠正社会主义经济管理体制中的一部分不合理成分",如工资福利等方面的平均主义,经济工作中不注重"实利"等问题,而不是要改变原来的"计划经济"体制。虽然朝鲜自改革以来,更重视发挥市场作用,在农业和工业中实行了一些注重"实利"原则的改革,但这一切都是在"计划经济"体制内实行的改革。这种改革虽然使朝鲜经济有所好转,但粮食、化肥等许多生活和生产物资还需国际援助,总体而言离结束"票证经济"和"短缺经济"的历史尚远。

公平与效益的关系问题。没有"公平"谈不上社会主义,没有"效益"也没有社会主义。中国、越南、老挝这三个实行市场经济改革的国家,引进了竞争机制,打破了长期存在的平均主义,经济获得迅猛发展,一扫过去的"票证经济"、"短缺经济"痼疾,市场呈现空前繁荣,国家面貌发生了很大变化,人民生活上了几个台阶,社会主义事业获得了前所未有的繁荣。但是在老问题解决之后,又出现了新的问题,即居民收入差距、地区贫富差距拉大了,社会公平、社会和谐的问题尖锐起来,这个问题在中国显得更突出一些。

但是仍坚持"计划经济"体制的古巴和朝鲜却是另一种情况:它们的经济虽有发展然而在总体上仍未摆脱"票证经济"、"短缺经济"的困扰,居民的生活仍很清苦,然而其体现社会公平的福利制度和社会保障机制,没有太大变化,这对社会稳定起着很重要的作用。朝鲜几十年来一直坚持实行免费义务教育和全民免费医疗制度。朝鲜人从出生到大学毕业,医疗、教育费用都由国家承担,看病住院不花钱。这些制度虽然给国家财政带来沉重负担,即使是在近年来国家经济非常困难的情况下也始终没有改变。古巴长期实行全民免费医疗、免费教育等社会保障和福利制度。每个古巴人一年可免费享受两次全面体检。百姓生病,从挂号到诊治,从手术到住院,一律享受免费待遇。不仅如此,病人住院期间的饮食和生活必需品也由医院免费提供,甚至连需要陪住的家属的伙食费也是由国家负担的。尽管目前古巴的工资不高,但古巴老百姓的生活有保障,生活成本并不高:孩子从上幼儿园到大学毕业完全不用交学费,政府对一些基本消费品予以高额补贴，公共事业（水、电、煤气、通信、公交等）收费也很低。古巴距美国近在咫尺，遭受美国孤立和封锁已长达 40 余年，然而古巴社会主义红旗不倒，仍傲然屹立在美国鼻子底下，这同古巴一直坚持实行这些社会保障制度，老百姓从社会主义制度中确实获得了实惠不无关系。

相互影响或借鉴的问题。有人说金正日访华"取了中国经"回国搞改革，这种说法是不合适的，应当说"借鉴"是有的，但事实上朝鲜的改革也不同于中国。还有人说越南改革学中国，从越南的改革可见"中国改革的影子"。这也只能说是一种"借鉴"，而不是照抄照搬，越南强调的是从越南的实际出发，建设越南式的社会主义。同样道理，中国难道就不需要借鉴别国改革的经验？现在人们议论较多的是越南政治体制改革的某些新举措。比较引人注意、谈得比较多的是，今年 6 月越南国家主席、政府总理、国会主席三巨头，在三天之内就彻底换人了，其速度之快，透明度之高，都是很能吸引人们眼球的。越南三巨头为什么同时换了？其具体情况要研究，不能泛泛地借鉴。近年来越共在发挥党内民主、加强党内监督体制方面所采取的有些举措，包括在中央全会上实行质询制度，在中央委员和重要领导职务的选举中实行差额选举和信息公开化等，是值得深入研究和借鉴的。当然，这绝不意味着要照抄照搬，中国仍然要从中国的实际出发，推进中国的各项改革，包括政治体制改革。

（原载香港《紫荆》杂志 2006 年第 11 期，《当代世界与社会主义》（双月刊）于 2007 年第 3 期全文转发）

关于古巴社会主义革命
与建设问题的对话
——接受《当代世界与社会主义》
杂志记者季正矩的采访

原杂志编者按：古巴这个西半球唯一的社会主义国家，在美国长期的封锁和打压下，在苏联东欧剧变的严重冲击下，仍坚持社会主义毫不动摇。古巴在极其困难和复杂的特殊环境中探索社会主义建设的规律，近十年来又实行"稳步的改革开放"。古巴所走过的曲折道路及其各种经验，极大地丰富了世界社会主义运动的实践，对于深入研究和探索在新的历史条件下"如何巩固和发展社会主义"这一主题具有重要的现实意义。最近，研究世界社会主义运动的著名专家肖枫先生与曾在中国驻古巴使馆工作过的王志先参赞合作完成的《古巴社会主义》一书，已由人民出版社出版。该书从古巴革命写到当前的改革，时间跨度长达半个世纪，是一本全面而简明地介绍古巴社会主义的历史、理论和实践的著作。古巴驻华大使阿鲁菲为该书题词，使馆还为该书的首发举行了招待会。为此，本刊记者特地采访了肖枫先生，与其就古巴社会主义的有关问题展开了广泛而深入的对话。

记者：古巴是拉丁美洲国家中第一个与中国建交的国家，中国人对古巴还是比较熟悉的。特别是 1959 年 1 月 1 日古巴革命胜利之后，为保卫革命成果，古巴人民不得不与美国进行针锋相对的斗争，那时中国的报刊上经常有古巴的消息。可是，古巴当时所进行的还是反帝反独裁的民族民主革命，并没有搞社会主义，而且革命的领导力量，特别是其领袖菲德尔·卡斯特罗本人还不是马克思主义者。然而，后来随着革命的深入发展，古巴终于宣布要进行"社会主义革命"。对于这一过程及其发展，中国的读者并不很清楚。您能否讲讲：古巴是在什么情况下，如何通过独特的道路走向社会主义的？

一、古巴走向社会主义的独特道路

肖枫：的确，古巴这个国家，对中国读者来说并不陌生。古巴是位于加勒比海西北部的一个岛国，美国的佛罗里达半岛像大象的鼻子从北面伸向古巴，距它仅 90 海里。古巴全国的领土面积为 11 万多平方公里，人口 1100 多万。如果与中国最大的台湾岛做一比较，它的面积大体上相当于台湾的三倍，而人口却不及台湾的一半。古巴这个面积不大人口不多的国家，在半个世纪前，没有发生革命的时候，世界上没有多少人知道它，那时它在世界上的影响和地位是不高的。可是，自从那场革命并取得胜利以来的近半个世纪里，古巴对世界格局和国际形势的影响却不小。尽人皆知，古巴早已是发展中国家里的体育强国，奥运会所得奖牌超过了许多发达国家。古巴在文化、教育、卫生领域的成就也早就得到联合国有关机构的称赞。现在世界上与古巴有同样领土面积和人口的国家中，有哪个国家能比得上古巴的影响力和国际地位？我想只少是不多的。古巴之所以有这么大的变化，就是因为古巴发生了一场真正的革命，卡斯特罗领导古巴人民选择了社会主义道路。所以要了解和认识古巴，就一定要了解和认识古巴革命、古巴社会主义。

古巴与原东欧社会主义国家不同，它是通过自身艰苦的武装斗争而取得胜利的。革命者先在山区建立游击根据地，将反独裁的斗争与农民争取土地的斗争结合起来，因而得到农民的拥护，力量壮大后再向城市发展，最后进军首都哈瓦那，夺取了全国政权，取得了革命的最后胜利。就这一点而言，它有些类似于中国革命。但是古巴革命的主要领导力量——卡斯特罗领导的"七·二六运动",一开始并不信奉马克思主义,而是高举反独裁争民主的旗帜,搞激进的民族民主革命。革命胜利后,随着革命的深入发展,在美国企图颠覆古巴革命政权的"逼迫"下,同时又得到社会主义国家的支援,古巴革命领导者从实际斗争中认识并接受了马克思主义,才最终走上了社会主义道路。就这一点而言它又不同于中国革命。古巴走向社会主义的这条特殊道路,使美国开始在摸不清底细的情况下未加干预,从而使革命较顺利地取得了胜利。正如卡斯特罗后来所说的:"如果在起义斗争时期提出搞社会主义,人民还不会理解,帝国主义就会对我国直接进行军事干涉。"那就不会有古巴革命的胜利,不会有古巴社会主义。

记者:古巴走向社会主义的道路,的确很"独特",既不同于苏联东欧国家,也不同于中国。我想,如果是在今天的国际条件下,古巴革命未必能取得胜利。您能否再向读者进一步讲讲,古巴当时走向社会主义的特殊条件和原因呢?

肖枫:按卡斯特罗的说法,古巴革命是第二次世界大战结束14年之后"在两极世界中的一个特殊的历史巧合"。他说,古巴革命是从本国实际情况出发,独立进行并取得胜利的,但是它利用了当时有利的国际形势。卡斯特罗说:"那时我们既不认识一个苏联人,也没有从苏联人那里得到一颗子弹来进行我们的斗争和我们的革命,革命胜利之后在政治上我们也没有向任何人讨主意,从来没有任何人企图这样做过,因为我们都很不喜欢这样。""当然,那个时候,还有另一个强有力的一极,我们把锚抛向那个正是从一项伟大的社会革命中产生的一极(社会主义),面对我们面前的那只庞然大物(美国),这一极对我们是非常有用的。"1999年2月他在访问委内瑞拉时的一次讲演中说,"假如古巴革命是在像当前这样的一个时刻获得胜利的话,那是不能维持下来的。"

当时古巴为什么要选择社会主义道路呢?简单地说,是美国"逼迫"古巴选择了社会主义道路。当时的情况是,古巴革命为实现自己的理想和目标,政府实施了一系列改革,如土地改革、城市改革、扫盲运动和国有化运动等,这使古巴的面貌发生了很大变化。但是这些改革影响了美国在古巴的利益，使美国人无法"容忍"。随着古巴革命的深入发展，美国对古巴采取了敌视和颠覆的政策。在外交方面，美国竭力通过美洲国家组织孤立古巴，进行"集体干涉"。同时美国在经济上对古巴施加压力，取消了进口古巴糖的定额，停止对古巴的一切援助，并对古巴实行全面禁运。1961 年 1 月，美国正式宣布与古巴断绝外交关系。接着，美国总统于 1961 年 2 月批准了通过雇佣军武装入侵古巴的计划，并于同年 4 月 17 日实施了该计划。当时美国组织了 1500 多名雇佣军，在美国飞机和军舰的掩护下，公然对古巴进行武装侵略，企图以武力颠覆和扼杀古巴革命政权。面对美国的威胁和侵略，卡斯特罗亲临一线指挥战斗，经过 72 小时的激战，全歼入侵者，使美国的计划未能得逞。

严峻的形势使古巴领导人不得不认真思考古巴怎么办？革命向何处去？屈服于美国的压力，那意味着革命的失败，古巴就将"继续处在帝国主义的统治、剥削和欺凌之下"；但是要将一场真正的革命进行下去，不选择社会主义，不把古巴革命航船的"锚"抛向社会主义一方也不行。因此，古巴不选择社会主义，别无他途。所以说，是美国的颠覆行径"逼迫"古巴选择了社会主义。事实正是，就在美国雇佣军入侵时，以卡斯特罗为首的核心领导做出了决定，选择了将革命从民族民主革命转变为社会主义革命的正确道路。卡斯特罗在群众集会上庄严高呼"社会主义革命万岁！"同年 5 月 1 日，卡斯特罗宣布古巴是社会主义国家。后来卡斯特罗在古巴共产党"一大"的报告中又指出："在英勇的反帝斗争中，古巴革命进入社会主义阶段。"

所以归结起来，促进古巴向社会主义转变的条件和原因，主要有以下三条：

1. 古巴革命深入发展的必然结果。古巴革命胜利后，民主改革不断深入，工人的生活水平有了明显提高，贫苦农民分得了土地。工农大众积极拥护革命政府的改革措施，使革命不断深入发展。1960 年 10 月 15 日，卡斯特罗宣布："革命的第一阶段已告完成，革命现在进入第二阶段"，"革命政府在 20 个月中已完成了蒙卡达纲领"。半年后，卡斯特罗又宣布古巴革命是一场社会主义革命。正如卡斯特罗所说的："通过革命本身，我们首先积累了大量的经验；通过革命本身，我们自己日益革命化；通过革命本身，我们已愈来愈革命化。""是革命的规律使我们树立了社会主义的信仰。"

2. 美国对古巴的敌视政策"逼迫"古巴别无选择。随着古巴革命的深入发展，美国对古巴变本加厉地采取敌视颠覆政策。美国派飞机轰炸古巴城乡，并收买特务炸毁军火库，策动和唆使古巴反革命分子进行破坏和颠覆活动。是美国这个反面教员使古巴接受了马克思列宁主义，走上了社会主义道路。正如卡斯特罗所说的："当生活教给我们的经验愈多，当我们不是从口头上，而是从我们人民血肉所付的代价中对帝国主义的本性了解得愈透彻，当我们不得不更好地对付这一帝国主义，当我们更多地了解到这一帝国主义在全世界所执行的政策……这一切首先更促使我们在感情上成为一个马克思主义者，使我们更加认清和发现马克思主义理论所包含的真理。"

3. 社会主义国家对古巴的支援是重要国际条件。在美国企图扼杀古巴革命时，古巴得到了社会主义国家及时的援助。1960年2月，苏联答应向古巴提供1亿美元的贷款，并在5年内每年购买100万吨古巴糖。同年7月，苏联开始将武器运往古巴。1960年7月，中国同古巴签订贸易协定。9月28日，古巴宣布同中国建交。11月，中古两国签订了经济技术合作协定，规定中国向古巴提供6000万美元的无息贷款。

二、古巴选择社会主义道路后的深刻变化

记者：一个国家是不是社会主义国家，不能光凭它自己的口头宣布。古巴后来的事态发展，有哪些事情能证明古巴的确走上了社会主义道路呢？

肖枫：古巴宣布转入社会主义革命之后，加速推进各项社会经济改革。通过一系列改革，古巴在社会政治经济各方面均发生了一系列深刻的变化：

1. 实现了革命力量的大联合，最后建立了古巴共产党。在粉碎雇佣军入侵三个月之后，即1961年7月，古巴三个主要革命组织

"七·二六运动"、"人民社会党"和"三·一三革命指导委员会"合并成立"古巴革命统一组织"。1962 年古巴革命统一组织改名为"古巴社会主义革命统一党"。在此基础上，1965 年 10 月 3 日建立"古巴共产党"，由卡斯特罗担任党的第一书记。

2. 进一步深化社会经济改革，消灭私有制，建立社会主义生产关系。在第一次土改的基础上，1963 年进行第二次土改，消灭了农村中的大庄园制和富农经济，使国有土地（主要是国有农场和甘蔗农场）占 70%，小农和合作社的土地占 30%。1963 年完成了土地改革和外国企业国有化，实现了"土地的、反帝的、人民民主革命"阶段的基本目标，并迅速建立起国有为主的生产资料公有制体系。

3. 开展"革命攻势"，进一步消灭城市中剩余的私有制。1968 年 3 月，古巴政府发动所谓"革命攻势"，接管了几乎所有的私人小企业、手工作坊、零售商业和小服务业。① 这样，除农村的部分小农之外，残余的私人经济统统被消灭，实现了彻底的生产资料公有化、国有化。在此基础上，开始了"全面建设社会主义"的历史阶段。

4. 扩大免费的社会服务范围，建立全面的社会保障体系。古巴于 1963 年 4 月颁布了第一部社会保障法，即第 1100 号法，后来又进一步扩大了免费的社会服务和社会保险范围，从而使所有劳动者享有社会保险，建立了使全体人民享受免费医疗和免费教育的社会保障和福利制度。

5. 与帝国主义进行针锋相对的斗争，支持、支援别国人民的革命和反帝斗争。面对美国策动"集体制裁"和颠覆古巴革命政权的活动，古巴针锋相对地自 20 世纪 60 年代中期起积极向拉美和第三世界其他国家推广其武装斗争的经验。面对 1964 年美国策动美洲国家外长会议对古巴实行"集体制裁"，古巴通过了《圣地亚哥宣言》，针锋相对地宣布："如不停止从美国领土和加勒比地区其他国家对古巴进行的海盗攻击，如不停止训练对古巴革命进行破坏活动的雇佣军，

---

① 至于在"革命攻势"中将大批小企业转入国家手中的问题，卡斯特罗后来曾做过说明。他说，"这一措施不一定就是这一时期社会主义建设的原则问题"，但是由于当时古巴"处在帝国主义的严密的经济封锁的具体条件下，需要最有效地使用人力物力，再加上一部分城市资本家采取的消极政治行动阻碍了革命发展"，所以才这么做的。

如不停止对古巴领土派遣特务、运送武器和炸药，古巴人民将认为有同那些干涉我国内部事务的国家一样的权利，尽一切可能来支援这些国家的革命运动。"1975 年美洲国家组织取消了对古巴的制裁，拉丁美洲不少国家同古巴恢复或建立了外交关系，古巴也相继调整了对外政策，包括从非洲安哥拉撤军等。后来随着世界形势的发展变化，古巴进一步调整了自己的对外政策。①

6. 加入苏联东欧国家的"经互会"，参与同它们在经济上的国际分工。1972 年古巴加入经济互助委员会，确定了依靠苏联、东欧"社会主义大家庭"的一体化来建设社会主义的战略方针，并同苏联签订了到 1980 年的长期经济协定。自那时起至 80 年代末，古巴同苏联东欧社会主义国家的关系很密切。卡斯特罗等古巴领导人多次表示，古巴对外政策的基础是"与苏联牢不可破的历史性结盟"，强调和苏联社会主义国家的关系"高度优先，特别重要"。

以上这些变化，使古巴在国际上被公认为一个社会主义国家。

三、古巴社会主义特殊的内外环境

记者：古巴离美国很近，内外环境非常特殊，在这样特殊复杂的条件下搞社会主义，确实很不容易。我注意到《古巴社会主义》有一章专写古巴"社会主义特殊的内外环境"。您能说说为什么要做这样的安排吗？

肖枫：社会主义是前无古人的事业。搞社会主义就是在创造历史。人们如何搞社会主义、如何创造历史呢？按马克思的说法，"人们自己创造自己的历史，但是他们并不是随心所欲地创造，并不是在他们自己选定的条件下创造，而是在直接碰到的、既定的、从过去承

---

① 古巴调整了对外政策，但没有放弃国际主义原则和精神，但在实行的方式上已有很大变化，即由过去支持别国人民的反帝革命斗争转向现在派医生和教师去帮助第三世界国家完成人道主义任务，并在国内成立了"拉丁美洲医学院"，为拉丁美洲青年提供免费的学习条件等。卡斯特罗说，"我们的同胞能够大批大批地去，或准备大批大批地去这些地方的时候，就说明觉悟和声援别人的国际主义思想在古巴已经是很普遍的了。"

继下来的条件下创造。"① 这就是说，搞社会主义、创造历史是有"条件"的，必须正确地认识自己所处的客观历史条件和环境，所处的"历史方位"和"基本国情"。一句话，搞社会主义一定要"从本国的实际出发"。同样，要研究和了解古巴社会主义，也必须了解其内外环境。

古巴与其他社会主义国家相比较，其所处的国内外环境是非常特殊的。古巴的地理位置离美国仅 90 海里，可以说是处于美国的鼻子底下，美国对古巴的巨大影响和控制力，对古巴是极其不利的。从国内经济结构看，古巴是生产蔗糖的单一经济国家，其他各种物资大都要靠从国外进口，因此对外依赖程度非常高。加上美国对古巴长期采取孤立、封锁和颠覆政策，要保卫古巴革命成果推进社会主义事业，离不了社会主义国家的外来援助。然而过去，苏联对古巴的援助又具有"两重性"，对古巴有利也有弊。因为苏联的援助解决了古巴的需要，当然对古巴"有利"；但因苏联归根到底是从自身战略利益出发的，其援助实际上也有"利用"古巴以对抗美国的一面，从而恶化了古巴的国际环境，对古巴又非常"有害"。此外，古巴在 40 年来的社会主义建设中已建立了一套全民免费医疗、免费受教育等社会保障和福利体系。这体现了"社会公正"和社会主义制度的"优越性"，是古巴引以为自豪的社会主义成就，也是古巴具有吸引力和凝聚力，能够在严峻形势下傲然屹重要原因之一。然而这一社会保障和福利体系也具有超越了古巴现有的经济发展水平和国家财政的承受能力，不利于激励劳动者生产积极性的一面。这种过高的福利实际上已成为古巴改革的"双刃剑"，增加了其改革的难度和艰巨性。总之，古巴经济对外的依赖程度很高、美国对古巴的长期孤立和封锁、苏联对古巴的援助及其"两重性"、古巴自己建立的过高的福利这面"双刃剑"，这一切构成了古巴社会主义特殊的内外环境。如果说搞社会主义一定要"从本国实际出发"，这一切就是古巴"最大的实际"。这是无法回避、无法选择的，必须正确认识和对待的客观现实。

---

① 《马克思恩格斯选集》第 1 卷，人民出版社 1995 年第 2 版，第 585 页。

总之，古巴社会主义特殊的内外环境，"特"就特在：世界上没有哪一个社会主义国家像古巴这样，单一经济结构这么严重，对外依赖程度这么深；没有哪一个社会主义国家离美国这么近，几十年来遭受如此严重的孤立、封锁和颠覆的威胁；没有哪一个社会主义国家对苏联援助的依赖这么深，并由此而受到的负面影响有如此之大；没有哪一个社会主义国家社会保障的负担超过自身经济发展水平这么多。古巴的社会主义和当前的改革，不能不考虑这一现实情况。这就使古巴社会主义、古巴的改革，必然会有自己不同于别国的许多特点。40多年来古巴社会主义就是在这样复杂特殊的内外环境中前进的。我们研究古巴社会主义，要认识和理解古巴社会主义，断然不能脱离古巴这些特殊的客观环境和历史条件。

四、"古巴奇迹"的奥秘在哪里？

记者：尽管古巴的内外环境很特殊和复杂，但40多年来古巴在社会主义建设中仍然取得了很大成就。然而到过古巴的人说，现在古巴经济上仍很困难，居民的生活必需品仍要凭证定量供应，人民的生活仍比较清苦。但古巴人的理想信念很坚定，人们不乏"革命激情"。美国对古巴的封锁虽然已长达40多年了，可是古巴打而不倒、压而不垮，这种近乎神奇的力量来自哪里？十年前苏联东欧的社会主义政权像雪崩式地倒塌时，古巴的形势要比它们严峻得多，西方曾预言这种"多米诺骨牌效应"很快会传到古巴。然而十多年过去了，古巴却依然屹立在加勒比海上，这种"古巴奇迹"的奥秘又在哪里呢？

肖枫：美国始终没有放弃孤立、封锁和颠覆古巴社会主义政权的企图。苏联东欧剧变时，美国加大了对古巴的压力，企图"以压促变"。1990年3月，美国在迈阿密设立"马蒂电视台"，加强对古巴的颠覆性宣传。流亡于美国迈阿密的反古巴分子，招兵买马，组织"还乡团"，扬言要在1990年打回哈瓦那"过圣诞节"。1992年老布什在《迈阿密先驱报》上发表文章，公然声称美国政府的目标是"结束"卡斯特罗政权。众议员托里切利说："我们高兴地看到，俄国已停止了对古巴的援助。卡斯特罗快完蛋了。我们必须加强对古巴的封锁。"他提出的加强对古巴的贸易禁运和经济封锁，企图从经济上扼杀古巴的所谓"托里切利法案"，很快就被众议院通过了。但是美国的这些伎俩都未能使古巴屈服。1994年夏天美国在古巴又煽动"筏民潮"，纵容煽动古巴人外逃，企图沿用鼓动东德居民外逃而推倒柏林墙的"经验"来搞垮古巴，结果卡斯特罗亲临骚乱现场，事件迅速得以平息。接着古巴政府宣布，如果美国继续鼓励、纵容非法移民，古巴将"不再成为美国边疆的卫士"，不再阻挠想去美国的古巴人乘船筏去美国。随后哈瓦那湾附近像不散的庙会一样人山人海，公开用各种能找到的材料制作木筏、橡皮筏，驶离古巴海岸前往美国。短短一个多月时间内，大约有3.4万人渡海。汹涌的移民潮给美国政治、经济和社会造成强大的冲击，特别使佛罗里达州政府和当地居民感到惴惴不安。美国政府自食其果，自找麻烦，背上了沉重的包袱，不得不改弦易辙，转而与古巴谈判。一个月后在纽约达成有秩序合法地移民的协议。结果美国企图以煽动移民潮来搞垮古巴的阴谋，最后以搬起石头砸自己的脚而告结束。总之，美国千方百计想尽一切办法来搞垮古巴都未能成功。这究竟是什么原因呢？简而言之是古巴不同于苏联东欧国家。它的领袖和党的干部是密切联系群众，受群众拥护的；党的领导坚持马克思主义理论和社会主义方向不动摇，立场坚定、抉择正确、措施得力，并且随形势的变化，勇敢地实行"稳步的改革开放"。再具体点说，有以下几方面的条件和原因。

1. 古巴坚持马克思主义，没有像东欧国家那样跟着苏联搞戈尔巴乔夫式的"改革"。早在苏东剧变前，卡斯特罗强调："我们将继续寻找自己的道路，自己的办法。"在戈尔巴乔夫吹嘘其"改革"时，卡斯特罗就明确说不能学他那一套。当外国记者问他对苏联"改革"如何看待时，他诙谐地回答："'彼雷斯特洛依卡'（俄语，意即戈尔巴乔夫的'改革'）是他人的妻子，我无意干涉他人的婚事。"他还较早地预见到苏联将要"解体"，号召古巴人民做好准备。1989年他在"七·二六讲话"中说："我们应该警告帝国主义不要幻想一旦社会主义大家庭瓦解，古巴革命会停止抵抗……即使有一天我们一觉醒来得知苏联发生内战或者苏联解体，即使在这种情况下，古巴和古巴革命仍将继续斗争，继续抵抗到底！"

2. 苏联东欧剧变后，古巴立场坚定，强调"誓死捍卫马克思列宁主义"、"誓死捍卫社会主义"。古巴把坚持社会主义同维护国家主权、独立、人民自决和反对帝国主义的斗争紧密地联系起来，并作为古巴革命的成果和目标来捍卫。国外的压力越大，国内的凝聚力反而越强。卡斯特罗说："革命永远不会放弃自己的原则，永远不会放弃我国人民斗争换来的成果，永远不会放弃自己的理想和目标，决不屈服于帝国主义。主权是不能出卖和拿来谈判的，革命决不放弃建设由我们人民自己选择的社会、经济和政治制度的权利。"

3. 积极开展"全方位"的外交活动，在反封锁中扩大自己的国际空间，获得了广泛的国际同情和支持。在 1994－1995 年，卡斯特罗先后出访 13 次，其中 9 次是访问拉美国家，古巴还以创始国身份加入了地区一体化组织加勒比国家联盟，签署了拉美禁核条约，并同近 10 个拉美国家签订了双边合作扫毒协定。古巴同拉美国家的贸易额从 1989 年占其外贸总额 6% 提高到 37%。古巴在加强同拉美国家关系的同时，积极开展同西欧国家和加拿大的交往与合作，通过推行经济外交来加大反封锁斗争的力度。1995 年卡斯特罗首次访问了法国。随后，西班牙、加拿大、英国和法国企业家也纷纷在古巴旅游、矿业、石油、烟草和糖业方面进行投资。1995 年 12 月卡斯特罗访问中国和越南，进一步发展了古中、古越关系。为了打破封锁，古巴还发展了同美国企业、新闻、宗教界人士和旅美侨民的关系和联系。古巴的斗争赢得了国际社会越来越广泛的同情和支持。1992 年，当联合国大会首次就要求美国结束对古巴封锁的决议进行表决时，只有 59 国投赞成票，而在 1993 年、1994 年、1995 年和 1996 年联合国大会再次表决时，投赞成票的国家增至 88 个、101 个、117 个和 138 个。2004 年联合国大会第 13 次表决要求美国取消对古巴禁运的决议时，以 179 票赞成、4 票反对、1 票弃权获得通过。这一决议虽不具有法律效力，但投票结果表明全世界都反对美国对古巴实施的长期贸易禁运。在不结盟国家首脑会议、伊比利亚美洲首脑会议、美洲国家组织大会等国际或地区会议上都发出了"要古巴,不要封锁"的正义呼声。

4. 借鉴国际正反经验,推行"稳步的改革开放"。1993 年卡斯特罗在"七·二六讲话"中郑重宣布古巴要"改革"。他说:"为了拯救祖国、革命和社会主义成果,我们准备做一切必须做的事情。""古巴党和政府面临着革命崩溃的抉择,与其自我灭亡,不如冒改革风险。"古巴 1993 年开始改革,次年经济就停止下滑,开始了恢复性增长。

除上述正确的抉择和措施之外,古巴打而不倒、压而不垮,还有以下深层原因:

1. 古巴革命胜利以来,特别是选择社会主义以来,已取得了很大成就,绝大多数古巴人得到了实惠,他们是受益者、拥护者。古巴革命是一场真正的革命,它为古巴争得了独立、主权和尊严,在经济和社会领域,特别是在教育、医疗卫生和住房等方面,给人民带来了实惠,具有深厚的群众基础。

2. 古巴共产党及其领袖卡斯特罗始终保持了同人民群众的密切联系,使党和政府具有强大的凝聚力和号召力。古巴的领导干部不搞特权,住房、供应和老百姓一样。他们生活在群众之中,其家属受到群众监督。古巴上下级之间、干群之间的关系相当平等、融洽。对干部的经济问题,惩处十分严厉,毫不留情。领导干部能与群众经常对话和直接沟通。遇有大事,卡斯特罗就通过电视、广播向群众做宣传、解释和动员工作,缩短了领导与群众的距离。

3. 卡斯特罗等领导人为理想和民众而献身的人格魅力和道义力量,在关键时刻能发挥关键作用。卡斯特罗等领导人出身于庄园主家庭,他们抛弃较富裕的生活投身革命,为民众利益不惜牺牲一切,其巨大的人格魅力和道义力量,对民众具有很强的说服力和号召力。1959 年土改时,卡斯特罗带头把自己家族的 13000 公顷土地全部无条件地分给无地和少地的农民。劳尔·卡斯特罗的夫人比尔玛·埃斯平是富裕的资产阶级家庭,她家的房子在革命时期掩护地下活动,胜利后交给了政府,现为一生产出口服装的车间。古巴不少领导人不仅抛弃优厚的生活为革命做出了牺牲,还不同程度地献出过家庭财产。他们是为理想奋斗的，因而赢得群众尊敬和拥护。卡斯特罗本人为政清廉，生活俭朴，不图奢华，不搞特殊化，与平民百姓没有两样。卡斯特罗除了出国访问和出席国际会议换上西装外，平时总是军装不离身。几十年来，哪里最危险、最困难，他就出现在哪里。在诸如戒烟、献血等具体事情上，他也带头示范。由此形成了他巨大的人格魅力和道义力量，在关键时刻能发挥关键作用。在 1994 年美国煽动移民风潮和政治骚乱时，卡斯特罗只带了少数警卫赶到现场。当示威者发现卡斯特罗来了时，原来用石头砸玻璃的那些人，不由自主地扔掉了自己手里的石头，转而鼓起掌来，局势迅速得到控制。

最后，在政治和社会方面古巴有自己的特点和优势。简而言之：一是领导坚强，二是群众基础好，三是精神支柱稳固，四是靠改革提供了起码的物质保障，五是组织健全严密。古巴人民有严密的组织，而反对派未能形成气候。古巴工、青、妇、保卫革命委员会等组织很健全、很有效。保卫革命委员会有 700 万会员，中央工会有 300 万会员，共青联有 50 万成员，妇联有 360 万成员，可以说古巴 1100 万人是通过不同的团体组织起来了的。反古分子多集中在美国，在国内的反对派虽搞过一些骚乱，但没有群众基础，形不成气候。

五、古巴改革的特点和发展趋势怎样？

记者：古巴从 1993 年开始搞改革，至今有十年了，其改革有什么特点，今后的发展趋势怎样？

肖枫：古巴所处的特殊形势，使古巴在处理改革与稳定的关系上，必须把"稳定"放在"第一位"。卡斯特罗反复强调，古巴是个小国，又处于美国身旁，经不起动荡和折腾，任何改革开放必须审慎地、有秩序、有控制地进行。所以古巴改革的最大特点是必须稳妥地进行，因而可称之为"稳步的改革开放"。自 1993 年古巴宣布搞改革以来，古巴在生产、流通、经济和社会生活各方面已进行了一系列改革，但总体说来，古巴的改革没有也不打算突破"计划经济"体制，其改革的总原则是："既要充分利用市场，但又要坚持计划经济"。

　　古巴之所以如此重视和坚持"计划经济"，一方面是因为其所处的特殊环境，客观上有强调"计划"的必要性。因为古巴革命胜利40年来，一直面临美国的敌视和威胁，实际上长期处于"准军事状态"。在这种特殊条件下，国家通过"计划"来使用有限的财力、物力和人力，具有"动员力大"、"对困难承受力强"的优点，有利于战胜困难，稳定社会。但同时也与古巴主观上对"什么是社会主义、如何建设社会主义"这个基本理论问题的认识密切相关。古巴认为，"没有计划就没有也不可能有社会主义"，而"市场是一个无人能驾驭的疯狂的野兽"，它造成了"人类最自私、最不平等、最残酷无情的社会制度"，甚至认为，搞市场经济会引起贫富分化，会造成一个"充当帝国主义颠覆社会主义第五纵队"的新的富人阶级，破坏人民的团结和社会的稳定。所以，古巴至今仍然强调要坚持"计划经济"。

　　尽管如此，古巴10多年来的改革已取得了重要进展。现在古巴所发生的变化，同1993年改革之前相比，仍然是具有"革命性"的。政府放宽了对个体经营的限制，开放了农贸市场及工业、手工业品市场。不仅农民集市贸易活跃起来，而且出现了家庭小餐馆和出租车等过去曾被禁止的经营活动。居民外汇增多后，国家又开设了使用外汇购物的商店，甚至在全国实行"货币双轨制"，使本国货币（比索）与美元在国内市场同时流通，这一切在改革之前的古巴是难以想象的。1994年，古巴又陆续采取建立税收制度、改革价格体系、取消部分免费项目、减少国家补贴等一系列经济改革措施。在农村实行划小生产和经营单位，以调动劳动者的生产积极性，在城市对国有企业、银行体制也进行了改革。1995年古巴颁布了新的外国投资法，1996宣布建立自由区和工业开发区，以进一步吸引外资。迄今，古巴与世界许多国家签署了62个促进和保护投资的协定和7个避免双重征税的协定。在旅游、生物技术、通讯、能源等32个行业已建有407家合资企业。在古巴投资的有46个国家，其中主要是欧盟国家。

　　实行改革后的第二年，古巴经济就开始止跌回升，逐步走上了恢复性增长的道路。1994年以来，古巴经济一直保持增长势头。1994年古巴国民生产总值取得0.7%的恢复性增长，1995年的增幅为

2.5%，1996 年 7.8%，1997 年 2.5%，1998 年 1.2%，1999 年
6.2%，2000 年 5.6%，2001 年 3%，2002 年 2.5%，2003 年 2.6%。
目前古巴经济已恢复到 1989 年国内生产总值 90% 的水平，外贸出口
收入回升至 40 亿美元（80 年代每年为 80 亿美元）。

古巴改革虽然取得了重大成就，但仍面临不少问题和困难。由经
济结构和体制造成的问题，如糖业产量下降、基础服务业形势严峻、
外债形势严峻，这些问题都不是在短期内可以解决的。此外，改革也
带来了一些新问题，如社会出现了一些丑恶现象、有无外汇收入的居
民间生活上出现较大差距、部分居民中出现了一些"社会情绪"等，
新老问题纠缠在一起，使困难变得比较严峻。

总的说来，古巴社会主义还将在探索中前进。古巴改革的深入发
展，看来面临着如何处理好以下几大关系：

一是计划与市场的关系。搞社会主义不能没有计划，也不能没有
市场，计划和市场都是"手段"。究竟如何处理好计划与市场之间的
关系，仍是古巴今后改革和经济建设中的一个重要课题。

二是公平与效益的关系。没有"公平"谈不上社会主义，没有
"效益"也没有社会主义。社会主义者总是希望能实现最大的公平与
最高的效益相结合、相统一的。然而在建设实践和现实生活中，这二
者是常有矛盾的。究竟如何处理好这二者间的关系，历来是个难度很
大的实际问题，古巴在这个问题显得较为紧迫。目前古巴社会的主流
意识是：社会主义＝社会公平＝共同富裕，并且将"共同富裕"实际
上理解为"齐步富裕"，而不是看成是一个逐步实现的"过程"。不
少人在见到别人收入大大高于自己的时候，心理就不大平衡。因此党
和政府从考虑社会稳定和团结出发，在政策上必然会更趋谨慎。正如
卡斯特罗 1999 年 2 月 3 日在委内瑞拉中央大学讲演中强调的："现
在，我们比以往任何时候都必须把我们所有的东西最可能平均地分给
大家。"这就是说，古巴更突出强调的还是"公平"。

此外，古巴的全民免费医疗、免费教育等社会保障和福利体系，
尽管超出了国家财政的承受能力，并存在种种弊端，但是因为它是古
巴社会主义的重要成果，是稳定社会和增强内部凝聚力的重要条件，

是绝不会轻意改变的。卡斯特罗强调："不止一个人曾经说，古巴把贫困社会化了。我们回答他们说：'是的，把贫困社会化总比少数人分享有限的财富要好，这少数人掠夺一切，而其他的人却一无所有'。"同时，社会福利"上去容易下来难"的"钢性"，也决定了对此进行改革必须考虑到民众的承受程度和对社会稳定的影响。这是古巴与亚洲社会主义国家不同的一个重要特点，所以古巴改革的步伐不能太急、太快。总之，如何处理好公平与效益之间的关系问题，将是古巴改革中的一大难点。

三是改革与稳定的关系。古巴面临的内外形势很严峻，特别是离始终不放松孤立、封锁、颠覆古巴的超级大国美国近在咫尺，古巴不得不将"稳定"放在首位。但不改革又没有出路，也难以实现真正的稳定，所以又不得不改。这就使古巴面临两难处境：不改革不行，改革太快了也不行。看来，问题的关键就在于如何从古巴的实际出发，把握好改革的力度与稳定所要求的民众承受力之间的最合适的"度"。

四是美国封锁与取消封锁的关系。美国对古巴的封锁已持续40多年了，这对古巴的损害和威胁是非常大的。看来，美国的封锁政策还会继续下去。但是如果美国改变策略，放松对古巴的封锁，古巴是否就可以太平无事了呢？问题并非那么简单。对古巴来说，美国继续封锁与取消封锁，各有各的问题和难处。如果美国取消或部分放松封锁，在新形势下的另一种形式的挑战，即"和平演变"的挑战，并不亚于美国封锁时期。看来，古巴对美国始终要有两手准备。

五是"坚持理想信念"与"如何实现理想信念"的关系。古巴面对强大的敌人无所畏惧、压而不垮，靠的就是理想信念和革命精神。现在古巴共产党强调要持久地开展"思想战"，这对古巴战胜特殊困难无疑是极为重要的。但是，"坚持理想信念"与"如何实现理想信念"是两个不尽相同的问题。理想信念要坚定，但如何实现理想信念，特别是党的具体政策和策略又必须从实际出发，这二者不是矛盾的而是辩证的统一，如何处理好这二者的关系仍将是古巴面临的一个重要课题。

卡斯特罗早在1975年12月召开的古巴共产党"一大"上就强调

指出：革命者"如果没有一点幻想，没有一点乌托邦，也就没有革命者了。……但是，革命者也应当是现实主义者，应该按历史规律和社会规律办事，应该在政治科学和带有普遍性的经验这个取之不尽的宝库中吸取指导革命所必需的知识。此外，革命者也应当善于在实际中学习，在现实生活中学习。"过去古巴革命和建设几十年的实际已经说明，古巴是善于从实际中学习，善于在现实生活中学习的。有理由相信，今后古巴在进一步探索社会主义建设规律、探索社会主义改革开放规律的征途中，一定会一如既往地从实际中学习，在现实生活中学习，尽可能按历史规律和社会规律办事，将古巴特色社会主义事业继续不断地推向前进。

（原载《当代世界与社会主义》（双月刊）2005 年第 1 期，此文中的小标题是新加的）

五、共运历史事件与经验教训

应如何看待十月革命？

俄国 1917 年爆发的十月革命，是 20 世纪划时代的伟大事件。这场革命使世界有了现实社会主义国家，社会主义终于由理论变成了现实，整个世界历史和世界格局也因此而发生了深刻变化。这场革命对中国的影响是很深很大的。孙中山曾提出"以俄为师"。毛泽东曾说"中国人找到马克思主义，是经过俄国人介绍的"，"十月革命的一声炮响，给我们送来了马克思列宁主义"。[①] 但是苏联解体崩溃以来，十月革命已成了一些人攻击和咒骂的对象。什么十月革命"几乎没有流血"，不是革命而是"政变"，是"人类文明的歧路"，是"背离马克思主义的"，是"根本不该搞的"等不一而足。今天，我们究竟应如何看待和对待十月革命道路呢？

十月革命是"几乎不流血的革命"？

有论者说，过去上了电影《列宁在十月》的当、上了《联共党史》的当，说什么俄历 1917 年 10 月 25 日（公历 11 月 7 日）攻打冬

宫时，"没有遭遇到什么抵抗"，"几乎是没有怎么流血"就夺取了政权。照这些论者的说法，十月革命似乎应当说是"和平非暴力"的了。这难道符合历史真相，能反映十月革命的本质吗？

十月革命，作为一场社会革命，它不可能也没有完全照革命领袖或某些杰出领导人的预先安排发展，这是完全可以理解的。"阿芙乐尔"号巡洋舰是如何开炮、在什么时候开炮、开的是什么炮，以及它实际起了多大作用，这些历史细节影响不了这本质上是一场"武装起义"的客观事实。这场革命是靠工农兵的同心协力和武装奋斗才取得胜利的。

攻打冬宫的事实真相和具体细节需要研究，但依据局部的细节将整个十月革命说成是"几乎不流血的革命"，是"和平非暴力的"革命，是不正确的。攻打冬宫，即使比较顺利，即使电影《列宁在十月》经过艺术加工的激战场面与事实真相确有出入，但是这场占领冬宫夺取政权的起义，只是革命的"开始"，而绝不是夺取和建立革命政权的"全过程"及其"最后完成"。临时政府被推翻之后，在一举打掉敌人的指挥部之后，新生的政权进行了长达多年的内战，而且是在有14个帝国主义国家武装干涉的情况下进行的，经历了殊死的搏斗，才使苏维埃政权避免被掐死在摇篮里的命运。这既是"夺取政权"的过程，也是发展和巩固革命的过程，是十月革命的"全过程"，是整个革命不可分割的"组成部分"。如果不能在这场残酷的斗争中取胜，无产阶级革命分子的下场只能是巴黎公社那样的下场。因此就整个十月革命过程而言，这是一场充满暴力和艰苦卓绝斗争的过程，这是毫无疑义的，决不能说十月革命是一场"几乎没有流血"的革命。

十月革命"搞早了"、"搞糟了"？

有论者说，当时俄罗斯是一个经济文化较落后的国家，它与列宁在《帝国主义论》中说的"资本主义最高阶段"不沾边，与"最后的、寄生的、腐朽的资本主义"不靠谱。马克思主义历来认为社会主义革命是需要以一定资本主义生产力的发展为前提的，而俄国根本不具备这样的条件，所以是"搞早了"、"搞糟了"，"完全背离了马克思主义"。

马克思主义确实认为社会主义革命需要以资本主义的一定发展为基础，但它并没有说资本主义发展到什么程度才能革命。恩格斯倒是曾经这样说过："假如我们不得不等到资本主义生产到处都发展到底以后，等到最后一个小手工业者和最后一个小农都变成资本主义大生产的牺牲品以后，再来实现这个改造，那时我们可就太糟了。"① 列宁根据马克思主义的这一原则，曾批驳过第二国际机会主义者所谓"俄国生产力还没有发展到可以实行社会主义的高度"的论点。他指出："既然毫无出路的处境十倍地增强了工农的力量，使我们能够用与西欧其他一切国家不同的方法来创造发展文明的根本前提，那又该怎么办呢？""既然建立社会主义需要有一定的文化水平（虽然谁也说不出这个一定的'文化水平'究竟是什么样的，因为这在各个西欧国家都是不同的），我们为什么不能首先用革命的手段取得达到这个一定水平的前提，然后在工农政权和苏维埃制度的基础上追上别国的人民呢？"② 列宁的这种"逆向操作"，从理论和实践上讲都是可能的，这是列宁在新的历史条件下对马克思主义的发展。现在有人因此而攻击列宁"违背和篡改马克思主义"是不正确的。革命不是纯经济自然演进的过程，而是由多种复杂的社会政治矛盾综合作用的结果。十月革命时期的国内外历史条件，使俄国已具备了革命条件，列宁的决断是正确的，这已经被历史事实所证明了。

至于革命后如何建设社会主义的问题，这是马克思主义没有预见到的新课题。历史经验证明，像俄国这样的经济文化落后国家，不是根本不能搞社会主义，而是应如何搞社会主义的问题。这是新生政权面临的一个历史难题，需要进行完全不同于发达国家的新探索。后来的实践证明，经济文化落后的国家，在建设社会主义时要经历若干过渡阶段，不能急于求成直接过渡，而且难以超越社会化大生产和经济现代化的一般性规律，要补社会化大生产发展不足之课，首要任务是

---

① 《马克思恩格斯选集》第4卷，人民出版社1995年第2版，第500页。
② 《列宁选集》第4卷，人民出版社1995年第3版，第691页。

实现工业化和经济社会化、市场化和现代化。列宁在经过短暂的新经济政策的实践之后说"我们对社会主义的整个看法根本改变了"①。邓小平肯定列宁新经济政策的思路"比较好"。中国20世纪80年代以来的改革，与列宁当年的思路是相当一致的，并取得了辉煌成就。中国特色社会主义取得的成就，也证明了十月革命的道路、列宁晚年对社会主义的再认识，以及他的"新经济政策"的思路是正确的、走得通的。不能将苏联崩溃解体的原因归之于十月革命"搞早了"、"不该搞"。革命是革命，建设归建设。革命胜利后出现的一系列严重问题，主要是"建设没搞好"，不能归之于"革命不该搞"、"搞糟了"。

是"人类文明的歧路"，还是"世界文明的一大进步"？

有论者说十月革命造成了"许多恶果"，甚至说什么"没有十月革命，没有苏联，就不会有希特勒的上台，当然也就不会有第二次世界大战"，说什么十月革命"妨碍和阻滞生产力发展"、"政治上实行专制和残暴统治"、"扼杀科学文化，败坏道德风习"，"是人类文明史上的歧路"，简直一无是处，罪恶滔天。十月革命究竟是人类文明的歧路，还是改变了世界面貌，推动了世界的进步呢？

必须承认，在动荡变化的20世纪这100年当中，没有任何一个事件对世界的影响有十月革命这么大。从世界历史的整体看，只有十月革命才是全球近代史的终结，现代史的开端。直到苏联解体前，在20世纪的世界历史的天空中，最夺目的旗帜是从十月革命的炮声中升起来的。这就是说，无论人们的主观愿望和看法如何，十月革命对于20世纪乃至人类历史所具有的划时代意义，都是不可否定的。

过去100年的历史表明，十月革命改变了整个世界。社会主义国家的兴起，其伟大的历史意义还在于它的榜样力量、道义力量，它使全世界人民看到了光明，看到了希望。在社会主义国家的大力支持和促进下，亚、非、拉美民族民主解放运动蓬勃发展，沉重地打击和瓦解了帝

① 《列宁选集》第4卷，人民出版社1995年第3版，第773页。

国主义的殖民体系。打破了帝国主义一统天下的格局，并且使帝国主义的政治、经济、军事力量和意识形态受到沉重打击和削弱，大大缩小了他们的势力范围。相继有 100 多个殖民地国家获得了民族独立和解放，成为当今世界不容忽视的重要政治力量。20 世纪的历史发展表明，社会主义国家的诞生，鼓舞了世界进步运动的发展，逼迫资本主义国家不得不改良，改变了世界的格局，极大地改变了世界的面貌。如果没有十月革命，如果世界仍然是资本主义的一统天下，世界的面貌是不可想象的。

总之，十月革命改变了世界历史的进程，开辟了人类社会发展的新世纪。不管人们对十月革命的主观态度如何，是赞成还是反对，是肯定还是否定，从整个世界历史发展的整体看，世界近代史到此结束了，而世界现代史是从十月革命才开始的。这是已载入了史册，谁也无法否认的历史事实。这就是说无论人们对十月革命是拥护还是反对，都没有人能否认十月革命对于 20 世纪乃至人类命运所具有的划时代意义。十月革命的伟大历史意义是不能否定的。想要搞清十月革命的历史真相是无可非议的，但借此否定其伟大的历史意义是不可以的。这是两个不同性质的问题，是不应该混淆的。

苏联改旗易帜 20 多年了，岁月仍难以抹去十月革命在俄罗斯的历史印迹。1996 年俄罗斯总统叶利钦将"十月革命日"更名为"和谐和解日"，以抹掉这个革命节日的社会主义内涵。但俄罗斯人忘不了十月革命，每年仍自发地庆祝这个日子。2005 年俄罗斯总统普京为凝聚人心重振民族精神，于 6 月 21 日修订了联邦法律，将"和谐和解日"改为"莫斯科红场军事阅兵日"，以庆祝这个日子。这就是说，在俄罗斯人的感情上，"11 月 7 日"，是作为"十月革命纪念日"和"俄罗斯人无畏迎战法西斯纪念日"而"杂糅"在一起的一个"永远的节日"。虽然苏联早已解体、苏共早已消亡，但仍难以抹去十月革命在俄罗斯的历史印迹。这就是十月革命不能否定的有力证明之一。

十月革命道路不能否定，但决不可凝固绝对化

十月革命所开辟的社会主义道路，可称之为"十月革命道路"。

关于这条道路的基本经验，我们党在 20 世纪 50 年代发表的《一论》、《再论》（无产阶级专政的历史经验）等历史文献中，已作过科学的分析和全面评价。在当时动荡的国际共运局势中，驳斥了否定十月革命道路、否定苏联革命和建设基本经验的修正主义观点，起到了"定海神针"的作用。这些历史文献科学地将十月革命道路区分为具有普遍意义的成功经验、不具普遍意义的经验，以及错误和失败的经验这样三大类。不必说第二和第三类经验是不可盲目仿效的，即使就第一类成功的基本经验而言，也是不能照抄照搬的。譬如十月革命采取城市起义方式，而中国革命走的是农村包围城市的道路。在社会主义建设中，中国曾经学苏联，但毛泽东早就发现苏联建设中的问题，而提出要"以苏为戒"，探索中国自己建设社会主义的道路。20 世纪 80 年代以来，邓小平强调改革，实际上是以苏联模式为改革对象的。现在终于建立起中国特色社会主义新体制，这是马克思主义科学社会主义在中国的新发展，也是十月革命道路在中国的继续、发展和创新。

至于当今条件下，应如何看待和对待"十月革命道路"，1988 年邓小平就明确地提出："我们怎么搞社会主义和共产主义呢？现在的情况和过去大不一样了。我们走的是十月革命的道路，其他国家再走十月革命的道路就难了，因为条件不一样。"① 邓小平这里的意思是很清楚的，"十月革命道路"也要与时俱进，决不可将其凝固和绝对化。马克思、恩格斯在《共产党宣言》1872 年德文版序言中曾经说过，"这个《宣言》中所阐述的一般原理整个说来直到现在还是完全正确的"，但"这些原理的实际运用，正如《宣言》中所说的，随时随地都要以当时的历史条件为转移"②。对《宣言》的基本原理尚且应当如此，对十月革命道路的经验更没有理由要将其凝固和绝对化。

（原载《世界社会主义研究动态》（上海）2015 年第 10 期，原用标题为《十月革命道路，不能否定也不可僵化》）

---

① 《邓小平思想年谱（1975 – 1997）》，中央文献出版社，1998 年 11 月第 1 版，第 415 页。
② 《马克思恩格斯选集》第 1 卷，人民出版社 1995 年第 2 版，第 248 页。

列宁晚年对社会主义的再认识

—— 解读 "我们对社会主义的整个看法根本改变了"

题注： 邓小平同志很重视列宁晚年建设社会主义的思路。他对苏联几十年社会主义建设的实践肯定得并不多，指出，"社会主义究竟是什么样子，苏联搞了很多年，也并没有完全搞清楚"，唯一明确加以肯定是列宁晚年的 "思路"，说 "可能列宁的思路比较好，搞了个新经济政策，但是后来苏联的模式僵化了"。因此，加强对列宁晚年 "社会主义观" 的研究，特别是他关于认识社会主义的 "方法" 和建设社会主义的 "思路"，对我国社会主义建设具有重要的现实意义。

列宁晚年对社会主义的认识发生了重大变化，用他在《论合作社》中的一句话来概括，就是 "我们对社会主义的整个看法根本改变了"。①那么，列宁晚年对社会主义的看法有哪些根本改变？如何结合社会主义建设的成败得失来认识列宁晚年的这个重要思想？

---

① 《列宁全集》第 43 卷，人民出版社，1987 年第 2 版，第 367 页。

列宁晚年对社会主义的认识，有哪些"根本改变"

列宁晚年有了建设社会主义的实践，这是列宁对社会主义有新认识的根本原因。关于列宁对社会主义的整个看法"根本改变了"，国内学者作过全面深入的研究。我这里再作些补充。

1. 在国内建设实践中，列宁"发现"并强调了"物质利益原则"，从而改变了先前否定物质利益原则、否定商品货币和市场的传统观念，并相应地采取了一系列新的政策和措施。

承认"个人利益"原则，并实行"同个人利益相结合"，实际上是新经济政策与战时共产主义的根本区别之所在，是反映列宁晚年对社会主义认识发生根本改变的极重要的方面。在战时共产主义时期，苏维埃政权是完全否定这一原则的，那时经济任务是依靠"热情"来完成，产品的生产和分配按共产主义原则靠"国家直接下命令"的办法来实行。结果造成了严重的政治经济危机，威胁着苏维埃政权的生存。列宁后来明确表示这么做是"我们错了"。从 1921 年开始列宁实行新经济政策，采取了一系列新政策和措施，如：用粮食税代替余粮征集制，对工业企业重新实行非国有化，承认商品货币作用，大力发展商业，实行租让制，同资本主义国家开展经济交往，等等。这些政策措施之所以迅速有效，原因就在于它反映了不依人们意志为转移的客观规律的要求，即社会主义不能完全否定个人利益，必须承认它，实行"同个人利益相结合"的原则，并把握好"私人利益服从共同利益的合适程度"。

列宁对"物质利益原则"（或"同个人利益相结合"原则）的"发现"具有非常重要的理论和实际意义。他说，"由于不善于实行这个原则，我们每走一步都吃到苦头"[1]，这是"许许多多社会主义者碰到的绊脚石"[2]。列宁逝世之后的几十年来社会主义国家建设的实践，一再证明了这一原则所体现的客观规律性和不可抗拒性。凡是忽

---

[1] 《列宁全集》第 42 卷，人民出版社 1987 年第 2 版，第 191 页。
[2] 《列宁全集》第 43 卷，人民出版社 1987 年第 2 版，第 362 页。

视这一原则、不善于实行这一原则，"每走一步都吃苦头"。只有承认和实行这一原则，社会主义才"柳暗花明"。社会主义通过改革，一实行"市场经济"，原来的"短缺经济"、"票证经济"现象就一扫而光了；一实行"承包制"，让收益好坏同劳动者的个人利益挂起钩来，无论是在中国还是在越南，其农业生产就迅速改变了面貌。

2. 列宁调整了"唤起世界革命"的对外战略，提出了与资本主义国家"和平共处"的思想，以及"与世界相联系"的思路，为苏维埃俄国的一国建设社会主义创造了最起码的国际条件。

列宁从帝国主义政治经济发展不平衡规律出发，将多国"同时革命"论变为"一国首先革命"论，终于有了"十月革命"的胜利。但是这个先胜利的国家能否单独建设社会主义？对此，列宁的思想不是凝固不变的，而是根据客观形势不断调整和发展的。

胜利初期，列宁仍坚持将俄国革命的命运与世界革命的发展联系在一起，强调"我们的事业是国际的事业，因此在一切国家（包括最富有和最文明的国家）的革命还没有完成以前，我们的胜利只是一半，也许一半还不到"[1]。于是他把希望寄托在世界革命的爆发上，认为"没有国际上世界革命的支持，无产阶级革命是不可能取得胜利的"，"要么是资本主义比较发达的其他国家立刻爆发或至少很快爆发革命，要么是我们灭亡"[2]。

然而世界革命高潮并未如期到来，怎么办？列宁根据 1920 年初世界形势发生的重大变化，又提出了新的战略思想。列宁虽然认为社会主义与资本主义国家之间的矛盾仍是"你死我活"的，但已出现了"僵持局面"和"互有需要"的另一面。这就是，一方面帝国主义已经没有足够的力量用武力来消灭苏维埃俄国，而且为了恢复在一次大战中被破坏了的世界经济，他们需要利用俄国的市场和原料；另一方面，处于资本主义包围之中的苏维埃俄国也没有能力用军事力量同资本主义世界进行决战，而且随着工作中心由军事斗争转向经济建设，苏维埃国家也需要利用外国资本和技术以及和平的国际条件。

---

[1] 《列宁全集》第 40 卷，人民出版社 1986 年第 2 版，第 3 页。
[2] 《列宁全集》第 42 卷，人民出版社 1986 年第 2 版，第 40 页。

在这种情况下，列宁提出了与资本主义世界"和平共处"的思想，并论证了这一思想的客观基础是"世界共同的经济关系"；强调"和平共处"也是社会主义国家生存的需要。他说："社会主义共和国不同世界发生联系是不能生存下去的，在目前情况下应当把自己的生存同资本主义的关系联系起来。"①

从当时的时代背景出发，列宁提出与资本主义"和平共处"，虽然主要是为了解决处于资本主义包围中的社会主义的生存问题，为首先胜利的这个社会主义国家进行社会主义建设争取最起码的外部条件，但也已经包含了要利用资本主义国家的资金、技术和一切进步的东西来为社会主义服务的思想，如果用现代语言来表达，就是"对外开放"的思想。列宁强调"社会主义能否实现，就取决于我们把苏维埃政权和苏维埃管理组织同资本主义最新的进步的东西结合得好坏"。

列宁晚年对搞社会主义要有一个"政治前提"，
没有丝毫改变

在解读列宁"对社会主义的整个看法根本改变了"这句名言时，必须指出列宁此言是有一个"政治前提"的，这就是苏维埃政权已经掌握在工人阶级手里。他指的是在具备这一政治前提的条件下，对如何搞社会主义的看法根本改变了。在《论合作社》中，列宁已明确指出："不进行争取国家政权的阶级斗争，社会主义就不能实现"。并且说，除了这一点"小小的"例外，"现在我们有理由说，对我们来说，合作社的发展也就等于社会主义的发展，与此同时我们不得不承认我们对社会主义的整个看法根本改变了"。②

在社会主义改革开放时期，人们比较注意列宁说的"根本改变"方面的内容是很自然的，但苏东社会主义政权崩溃的历史悲剧也说明，这一"政治前提"是千万忽视不得的。当年戈尔巴乔夫在苏联推

---

① 《列宁全集》第41卷，人民出版社1986年第2版，第167页。
② 《列宁全集》第43卷，人民出版社1987年第2版，第367页。

行所谓"改革"，只强调列宁说的"我们对社会主义的整个看法根本改变了"，却完全忽视"国家政权掌握在无产阶级手里"这一"政治前提"的重要性。结果大搞所谓"民主化"、"公开性"，造成局势失控，改来改去把国家政权改丢了，共产党解散下了台，社会主义制度彻底崩溃。没有了社会主义性质的政权这一"政治前提"，还谈什么社会主义？苏东改革的深刻教训必须记取。

我们现在既重视列宁晚年社会主义思想中"根本改变"了的方面，又很重视列宁对巩固和完善苏维埃政权重要性的高度关注。在实践中，我们强调加强执政党建设，改善党的领导，提高执政能力和执政水平，落实以人为本的科学发展观，构建和谐社会，这一切都体现了对列宁这一思想的重视。

另一方面，列宁重视苏维埃政权的思想，还有另一层意思，即"只要政权掌握在工人阶级手里，对资本主义社会的许多东西可以大胆地采取'拿来主义'"。正因为如此，在列宁的名言中出现了许多"苏维埃政权 + X"的公式，如"苏维埃政权 + 全国电气化 = 共产主义"。这也说明，在坚持工人阶级掌握国家政权的前提下，许多资本主义社会的东西都可以拿来为社会主义服务。

小平同志很重视列宁晚年的建设社会主义的"思路"

列宁晚年在领导苏维埃社会主义建设的实践中，既不囿于前人的"本本"和"原理"，也不拘泥于自己既往的"结论"，而是一再强调"根据书本争论社会主义纲领的时代已经一去不复返了"，"现在一切都在于实践，现在已经到了这样一个历史关头：理论在变为实践，理论由实践赋予活力，由实践来修正，由实践来检验。"他根据新的实践，与时俱进，不断修正先前的看法。

小平同志很重视列宁晚年建设社会主义的思路。他对苏联几十年社会主义建设的实践肯定得并不多，指出，"社会主义究竟是什么样子，苏联搞了很多年，也并没有完全搞清楚"，唯一明确加以肯定的是列宁晚年的"思路"，说"可能列宁的思路比较好，搞了个新经济政策，但是后来苏联的模式僵化了"。因此，加强对列宁晚年"社会主义观"的研究，特别是他关于认识社会主义的"方法"和建设社会主义的"思路"，对我们社会主义建设仍具有重要的现实意义。

（原载《当代世界与社会主义》（双月刊）2006 年第 6 期，《北京日报·理论周刊》2007 年 1 月 29 日发表标题为《"我们对社会主义的整个看法根本改变了"——谈列宁晚年的一个重要思想》；上海《党史与党建》2007 年 2 月号以《重温列宁晚年对社会主义认识的"根本改变"》为题发表，各自标题不同强调的内容也略有不同）

斯大林问题之我见

在苏东剧变时期，西方和俄罗斯的反社会主义势力为达到彻底摧毁社会主义制度的目的，曾对苏联、苏共和斯大林采取全盘否定的"历史虚无主义"态度。但是，近年来俄罗斯又兴起了一股怀念斯大林，转而肯定斯大林在反法西斯战争中历史功绩的倾向。这种历史的回归是必然会发生的事。与此同时，近年来我们国内也有学者借这股回归之风，提出了要全面正确地评价斯大林，其中有的学者对斯大林该否定的也不敢否定，甚至认为"斯大林模式"也提不得。

全盘否定斯大林、彻底摧毁斯大林模式，当然是错误的。但中国的情况与西方和俄罗斯不同，我们的主流舆论从未全盘否定过斯大林，倒是需要重视对斯大林搞个人专断、破坏法制，严重损害社会主义形象的严重性和危害性认识不足的问题。如果轻视斯大林对社会主义形象的损害，低估了斯大林"后遗症"，是达不到全面正确评价斯大林的目的的，而且也不利于推进中国特色社会主义事业，不利于改善和维护中国社会主义形象。现将我在斯大林问题上的一孔之见略陈于下，求教于各位。

1. 应将斯大林的一生和"斯大林模式"区别开来

对斯大林的一生，到什么时候都应当基本肯定；但对"斯大林模式"，即他搞社会主义的那套办法和体制，从现在的角度看应基本否定。有人担心基本否定斯大林模式会导致否定斯大林，这是没有必要的。即使是彻底否定斯大林模式，也不等于否定斯大林，好比我们否定"文化大革命"不等于否定毛泽东一样。斯大林的错误不管多么严重，仍不愧为马克思主义者、坚定的革命者、忠诚的社会主义者和真诚的反帝反殖主义者。别的不说，单是凭斯大林领导苏联人民打败了希特勒法西斯，将落后的农业国变成工业国，成为能与美国相抗衡的强国，就不可能、也不应该否定斯大林。

2. 斯大林模式是一种扭曲僵化的社会主义实践模式

这种模式在历史上发挥过重要作用并取得了巨大成就，但在当今的条件下必须"全面突破"（不是"全盘否定"）"彻底改革"（不是"彻底摧毁"）。斯大林模式之所以在性质上是"社会主义的"，主要表现在它是坚持社会主义方向和坚持共产党的领导的，因此不能"全盘否定"、"彻底摧毁"。苏联之所以出现解体的悲剧，问题就出在将"改革"变成"改向"，变成了彻底摧毁原来的社会主义制度。但是对这种扭曲僵化的模式不"全面突破"、"彻底改革"，社会主义是没有出路的。只要不是彻底摧毁，即连这一模式中体现社会主义性质和方向的东西也全盘否定，对斯大林搞社会主义的那种搞法，否定得越彻底越好。因为即使在苏联是成功的，也未必适合别国，无论如何不能将其视为世界社会主义的"统一模式"，否则就不会有各具民族特色的社会主义。从这一意义上讲，今天对斯大林模式应"基本否定"。

3. 现在的问题不在"斯大林模式"的提法本身，而在于"如何对待"这一模式的问题

苏联搞社会主义的那套体制，虽然几十年间有不小变化，但基本框架还是斯大林时代沿袭下来的。苏联建设中的成功经验和历史教训，都与斯大林时期形成的体制或模式密不可分的。对这一模式，虽然也有"高度集中、集权的模式"或"计划经济体制"等提法，但这些突出强调某一方面的提法，都不如"苏联模式"或"斯大林模式"的提法更能全面地反映他们搞社会主义的那一整套办法和体制。而且"模式"本身是个中性词，并无褒贬之分。邓小平就说过，"世界上的问题不可能都用一个模式解决"，"中国有中国自己的模式"。他还说："社会主义究竟是个什么样子，苏联搞了很多年，也并没有完全搞清楚。可能列宁的思路比较好，搞了个新经济政策，但是后来苏联的模式僵化了。"① 邓小平这里用的是"苏联模式"，因为他是将列宁时期的新经济政策也考虑在内的，实际说的是"整个"苏联时期。如果单指以斯大林时期所形成的那套体制为主要特征的"模式"，称其为"斯大林模式"也未尝不可。问题不在"斯大林模式"的提法本身，而在于如何对待这一模式。

4. 不能低估斯大林给社会主义形象造成的损害，即不能轻视斯大林"后遗症"

斯大林和斯大林模式，在西方和苏联东欧乃至世界上的形象不怎么好，这固然与反社会主义势力的污蔑和攻击有密切关系，但也不能完全看成是由他们的恶意污蔑和攻击造成的。斯大林在"无产阶级专政"的口号下，确实严重损害了社会主义形象，败坏了无产阶级专政的声誉。对于这一点，我们应毫不含糊地承认。邓小平同志就曾指出："斯大林严重破坏社会主义法制，毛泽东同志就说过，这样的事情在英、法、美这样的西方国家不可能发生。"② 这说明斯大林在破坏法制方面的问题是相当严重的，是应当引以为戒的，不可轻视的。

5. 我们既要同西方的模式划清界线，也要同斯大林模式划清界线

前者涉及不同社会制度问题，后者属于不同体制问题，但都是很重要的问题。现在西方有人将朝鲜称为"斯大林主义"的最后堡垒，也还有人仍将中国列入"斯大林主义"国家之列。这当然是恶意攻击和污蔑。然而我们要驳斥和消除这种攻击，不对斯大林的错误采取明朗的态度，就不利于维护和改善中国特色社会主义的形象。譬如我们不搞西方的多党制，但也不是苏联那种一党制，而是共产党领导的多党合作制。毛泽东早在1956年《论十大关系》中就提出："究竟是一个党好，还是几个党好？现在看来，恐怕是几个党好。"③ 这就是说，

---

① 《邓小平文选》第3卷，人民出版社1993年第1版，第261、139页。
② 《邓小平文选》第2卷，人民出版社1994年第2版，第333页。
③ 《毛泽东文集》第7卷，人民出版社1999年第1版，第34页，第291页。

我们也是一种多党制，而不是苏联的那种一党制，但又不是西方的多党制，而是中国共产党领导的多党合作制。我们既同西方划清界线，也同斯大林模式划清了界线。这才是符合实际的。

6. 要全面认识和正确估价斯大林，就应依据档案材料和历史事实修正先前的某些看法

我们的认识不能总停留于 50 年前的水平，将 20 世纪 30 年代的"大清洗"视为"肃反扩大化"。要认真研究一下当时杀的究竟有多少"反革命"？后来哪些人平反了？根据档案材料和客观事实，作出实事求是的评价。至于有学者提出对斯大林究竟应"三七开"还是"六四开"的问题，我认为虽然过去有过"三七开"的估计，但现在没必要再去做这种量化式的"掂量"，有个基本估计就够了。我们对斯大林的"基本肯定"中包含着否定，对斯大林模式的"基本否定"中也包含着肯定。既不是全盘肯定，也不是全盘否定。至于肯定和否定各占几成，没必要过细地"量化"。

7. 要重视从理论上分析和认识斯大林在无产阶级专政口号下破坏社会主义法制的历史教训

首先，要重新研究和认识"无产阶级专政的实质"问题。列宁是很强调无产阶级专政的，他说过，必须采取严酷无情和迅速坚决的暴力手段来镇压剥削者的反抗。"谁不了解这一点，谁就不是革命者，就应该取消他的无产阶级领袖或顾问的资格"。但是他同时又强调，"无产阶级专政的实质不仅在于暴力，而且主要不在于暴力。它的主要实质在于劳动者的先进部队、先锋队、唯一领导者即无产阶级的组织性和纪律性。"① 这实际上就是强调，社会主义要讲法制、讲纪律、讲秩序。

其次，要重视无产阶级当政掌权之后如何发挥好国家的"社会管理"职能的问题。过去总强调国家是阶级统治和压迫的工具，强调国家暴力的一面，这是不全面的。马克思主义认为，国家自诞生以来就有两种职能，一是阶级压迫职能，二是社会管理职能。恩格斯说：国

---

① 《列宁选集》第 3 卷，人民出版社 1995 年第 3 版，第 835 页。

家的"政治统治到处都是以执行某种社会职能为基础，而且政治统治只有在它执行了它的这种社会职能时才能持续下去"①。无产阶级在取得政权之后，要维持和巩固自己的政治统治，除了必要的暴力和强制手段外，更主要的、大量的是发挥好国家的"社会管理职能"，执政党要提高自己的执政能力和执政水平。只有这样，才能巩固自己的执政地位。

8. 要吸取斯大林的历史教训，大力改善社会主义的形象，增强社会主义的吸引力和影响力

社会主义应"使人可亲"，而不能让人感觉恐怖和可怕。毛泽东同志在 1957 年"反右"之前，曾在一份讲话提纲中明确提出：社会主义中国应"使人可亲"。② 可是后来的政治运动却大大偏离了这一思想，不是使人可亲，而是"使人可怕"。现在我们要重视发挥这一思想，大力改善社会主义的形象。前些年，江泽民同志提出要"以德治国"、"依法治国"，建设社会主义法治国家；党的十六大又提出要发扬社会主义民主，建设社会主义"政治文明"；近年来以胡锦涛为总书记的党中央强调要"提高执政能力"，构建"社会主义和谐社会"，这一切都是吸取了世界社会主义运动的历史经验的，很有现实针对性的；这既有别于西方模式，也有别于苏联斯大林模式，对巩固和发展中国特色社会主义事业是大有好处的。

（《学习时报》2005 年 4 月 18 日刊发此文"六点"；《报刊文摘》5 月 6 日摘发《学习时报》上的"三点"；《北京日报·理论周刊》10 月 10 日发此"八点"；《新华文摘》2005 年第 24 期、人大复印资料《世界社会主义运动》2006 年第 1 期全文转发）

---

① 《马克思恩格斯全集》第 20 卷，人民出版社 1971 年第 1 版，第 195 页。
② 《毛泽东文集》第 7 卷，人民出版社 1999 年第 1 版，第 291 页。

坚持对 "苏联模式" 的科学定位

近年来，关于 "苏联模式" 的议论有不少，还出现了一些与邓小平的论述相去甚远的看法和说法。因此，对 "苏联模式" 的科学定位仍然有现实性。

虽然早在 20 多年前 "苏联模式" 就已随苏联的崩溃彻底退出历史舞台了，但是这一模式曾作为社会主义的标准模式，在战后随世界社会主义由一国发展到多国而扩展到了世界，影响是非常深远的。中国也曾搬用过这一模式。

自 20 世纪 80 年代始，在邓小平一系列论述引领下，"苏联模式"即 "斯大林模式" 的提法已被广泛采用。然而中国使用这些概念时，在含义和用法上与西方和苏联剧变时期是很不相同的，中国有自己不同的特点和具体内涵。中国使用的 "苏联模式" 即 "斯大林模式"概念，指的是苏联社会主义的 "具体体制"，意为苏联搞社会主义的"搞法"。中国对 "苏联模式" 的评价是很负面的，但并不否定苏联要搞社会主义的目标是正确的、符合历史趋势的。实际上中国的态度有两层意思：苏联搞社会主义的搞法不行，但苏联要搞社会主义本身没错。总体看，中国使用 "苏联模式" 这一概念的含义和用意有以下几点值得注意。

第一，邓小平是将社会主义"基本制度"与"具体体制"区别开来的，主张坚持前者（集中体现在坚持"四项基本原则"上），彻底地改革后者（经济体制和其他方面的体制机制）；不能因体制出了问题而否定制度本身，也不能为坚持制度而拒不改革具体体制。上世纪80年代初，有些青年因社会主义具体做法上出了问题而怀疑社会主义制度，邓小平明确提出："社会主义制度并不等于建设社会主义的具体做法。"他强调要教育青年不要因"具体做法"上的问题而怀疑"社会主义制度"。随后在中国改革进程中，邓小平进一步明确提出："社会主义基本制度确立以后，还要从根本上改变束缚生产力发展的经济体制，建立起充满生机和活力的社会主义经济体制。"邓小平认为，社会主义基本制度确立以后，还存在着"如何搞社会主义"、采用什么"体制"的问题。这就意味着"基本制度"是搞社会主义的"前提"，非常重要，但还需要有合适的"具体体制"才能发挥出社会主义的优越性，所以体制改革是关系社会主义前途命运的大问题。

"基本制度"与"具体体制"是属于两个不同范畴的概念。对于具体体制范畴内的问题，邓小平主张坚决、彻底、大胆地改；对属于"基本制度"范畴内的问题，邓小平一再强调要"坚持"（坚持"四项基本原则"，最重要的是坚持党的领导和社会主义道路这两条），当然这方面也存在需要"改革和完善"的问题，但与具体体制"可彻底推翻重来"是属于不同性质的问题。

第二，邓小平明确提出了"苏联搞社会主义的模式"这样一个概念，为"苏联模式"的含义定了位。邓小平谈到"苏联模式"时常用一个"搞"字，显示他所说的"苏联模式"指的是苏联搞社会主义的"搞法"，即"具体体制"，是不包括苏联社会主义"基本制度"在内的。1988年邓小平对一位非洲客人说：我们过去照搬苏联搞社会主义的模式（请注意这个"搞"字——引者注），带来很多问题。我们很早就发现了，但没有解决好。我们现在要解决好这个问题，我们要建设的是具有中国自己特色的社会主义。在邓小平看来，苏联搞社会主义没错，但他们那种搞法不行，要坚持和发展社会主义，不改革这种模式是没有出路的。

第三，邓小平对苏联模式的评价并不高，唯一明确肯定的是列宁"新经济政策"的思路。他说"社会主义究竟是个什么样子，苏联搞了很多年，也并没有完全搞清楚。可能列宁的思路比较好，搞了个新经济政策，但是后来苏联的模式僵化了"。邓小平谈到"苏联模式"时常用的是"落后的"、"不成功的"、"僵化的"等负面词语，这表明他对"苏联模式"在当今时代条件下的作用，总体上是否定的。

第四，邓小平认为，中国改革所要解决的是"从苏联搬过来的"、"长期没解决好"的问题，"苏联模式"实际上是中国体制改革的"对象"。邓小平说，"我们国家的体制，包括机构体制等，基本上是从苏联来的，是一种落后的东西。""我是主张改革的。不改革就没有出路，旧的那一套经过几十年的实践证明是不成功的。过去我们搬用别国的模式，结果阻碍了生产力的发展，在思想上导致僵化，妨碍人民和基层积极性的发挥。"中国改革的实质，就是去"苏联模式"、增"中国特色"，既同苏联"切割"、又不"照抄"西方。按邓小平的说法，就是用具有"中国自己特色"的办法，解决"从苏联搬过来的"、"长期没解决好"的问题。

邓小平所讲的"苏联模式"，其基本思想是："模式"就是"体制"；"苏联模式"就是列宁逝世后斯大林在社会主义建设中形成的高度集中的经济政治体制，通俗地说，也就是斯大林"搞社会主义的那种搞法"。如果从结构上看，"苏联模式"是苏联在社会主义"基本制度"确立以后，所选择的搞社会主义的一种"具体体制"，它与基本制度一起共同构成整个苏联社会主义制度。因此，"基本制度"是处于具体体制（即"模式"）之外而非"模式"之中的，但它是搞社会主义的"前提条件"，如果它被否定和动摇了，整个社会主义大厦就会垮掉了。

邓小平关于"苏联模式"的上述论述和思想，为中国的改革指明了方向，具有非常重要的现实指导意义和理论意义。"苏联模式"是苏联人将马克思主义"苏联化"而可能有的多种方案之一。在前无古人经验的历史条件下，这种模式能搞到那个样子、取得那么大成就，应当说很不易了。然而这决不能成为至今仍要坚决捍卫这一模式的理由，更不应将其当成"放之四海而皆准"的社会主义"样板"去推广。即使是成功的，也要适合不同国家的具体情况，更何况"苏联模式"并不成功。因此，中国改革以"苏联模式"为对象而强调"中国特色"是完全正确的。

习近平同志在2013年1月5日发表的讲话，从世界社会主义思想发展的源头讲起，深刻阐明了中国特色社会主义的理论渊源和历史渊源，对完善和发展中国特色社会主义具有重要指导意义。他讲到"苏联模式"时言简意赅地指出："第四个时间段，苏联模式逐步形成。列宁逝世以后，斯大林在领导苏联社会主义建设中，逐步形成了实行单一生产资料公有制和指令性计划经济、权力高度集中的经济政治体制。苏联模式在特定的历史条件下促进了苏联经济社会快速发展，也为苏联军民夺取反法西斯战争胜利发挥了重要作用。但由于不尊重经济规律等，随着时间推移，其弊端日益暴露，成为经济社会发展的严重体制障碍。"这是习近平对"苏联模式"所作出的科学定位。对学术界来说，这意味着在对"苏联模式"的认识和评价上，又重新回到邓小平的论述上来了，是辩证式的前进和发展。今天，学习习近平同志的讲话、重温邓小平同志的论述，对澄清近十多年来在"苏联模式"、"斯大林模式"问题上的理论混乱是很有现实指导意义的。

（原载《北京日报·理论周刊》2014年8月11日）

为什么党章不再使用
"无产阶级国际主义"的提法？

"无产阶级国际主义"是国际共运中的一个传统口号，我们党的党章过去对此是有明确表述的。但是1992年党的十四大修改过的党章，已经不再使用"无产阶级国际主义"这个提法了。对此，不断有同志提出疑问：这究竟是怎么回事，我们对此应如何理解和解释？虽然中央对此没有做出正式的说明，但作为在中央对外的职能部门工作的一名研究人员，对此是不能置若罔闻，不闻不问的。现根据个人的研究和探讨，对此做如下说明。要声明的是，这纯属个人的理解和认识，不代表任何组织的意见，仅供各方参考。

一、"无产阶级国际主义"的涵义被扭曲了

马克思和恩格斯没有使用过"无产阶级国际主义"这个概念，通常只提"国际主义"。但是他们所讲的"国际主义"，其阶级性是十分明确的。这集中体现在"全世界无产者，联合起来！"的著名口号之中。马、恩提出这个口号的前提是"无产阶级的解放只能是国际的事业"。恩格斯1847年在《共产主义原理》中说："共产主义革命将不仅是一个国家的革命，而将在一切文明国家里，即至少在英国、美

国、法国、德国同时发生。"这一论断被后来的革命实践和列宁的论证否定了。无产阶级革命可以单独在一国胜利，而不是在数国同时发生、同时胜利。因此，马、恩原来设想的那种无产阶级革命的"国际性"早已不存在了。

马、恩提出的"国际主义"，其思想核心是无产阶级的"国际联合"。他们虽然很强调这种联合的必要性，但又明确指出这只是"无产阶级获得解放的首要条件之一"，既不是唯一条件，也不是全部条件，更不是"目的"本身。而且这种联合应当以独立的民族组织为基础，"国际合作只有在平等者之间才有可能"，"自主和独立也就包括在国际主义这一概念本身之中"。至于国际联合的程度、范围和形式，在马、恩看来并不是固定不变的，一切取决于形势的变化和客观的实际需要与可能。国际联合究竟怎么提法和怎么做法，要考虑对整个无产阶级的斗争事业是否有利。19世纪马、恩的确领导建立过一些国际组织，如开始建立的"共产主义者同盟"和后来的"国际工人协会"（即第一国际）。但在巴黎公社失败之后，特别是世界工人运动蓬勃发展起来之后，恩格斯就认为，"无产阶级世界太大、太广了"，统一的国际组织难以应对越来越复杂的问题，旧的组织形式就"成为一种桎梏了"。因此他反对恢复旧国际，也不主张成立新国际。如硬要坚持那样做，"都会是愚蠢而徒劳的"，"在目前（1889年——引者注）搞这些组织，既没有可能也没有用处"。共运历史也表明，不存在国际组织的时期，较之有国际组织的时期为长，而且俄国革命、中国革命等都是在大部分时间没有国际组织的情况下取得胜利的。这就是说，无产阶级国际联合的程度和方式，要看客观形势的需要和可能，以及对整个无产阶级斗争事业是否有利。

列宁提出了"无产阶级国际主义"的概念，以及"全世界无产者和被压迫民族联合起来!"的著名口号。列宁在不同情况下对无产阶级国际主义的内容，做过一些具体解释。其中，最著名的论述有两条。第一条是1917年在《无产阶级在我国革命中的任务》中讲的："真正的国际主义只有一种，就是进行忘我的工作来发展本国的革命运动和革命斗争，毫无例外地支持（用宣传、同情和物质来支持）所有国家的同样的斗争、同样的路线，而且只支持这种斗争和这种路线。"第二条是 1920 年在《民族和殖民地问题提纲初稿》中讲的："无产阶级的国际主义，第一，要求一个国家的无产阶级斗争的利益服从全世界范围的无产阶级斗争的利益；第二，要求正在战胜资产阶级的民族，有能力和决心去为推翻国际资本而承担最大的民族牺牲。"列宁的这些解释和论述，长期以来在国际共运中，特别是通过中苏"大论战"和"文化大革命"，已人为地"绝对化"和"神圣化"了。似乎这是真假马克思主义的"试金石"，不管客观条件和需要如何，不这样做就是"大逆不道"，就是"背叛"。其实，这是一种误解。

首先，对列宁关于无产阶级国际主义的上述解释，应作具体的历史分析。在十月革命胜利之后，世界资本主义国家的工人运动和殖民地半殖民地的革命运动曾经出现了高涨的形势。列宁的上述思想同他当时对世界革命形势过于乐观的估计是分不开的，他当时认为"资本主义崩溃的客观条件已经成熟"，"国际苏维埃共和国的建立已经为期不远了"，"全世界范围内的胜利已近在咫尺，伸手可得"等等。所以他在 1919 年成立"共产国际"，想以此来推动"世界革命"的发展，并想将其作为国际苏维埃共和国的"前阶"。但是后来形势的发展证明，世界革命并没有如期到来。列宁随即对苏维埃政权的国内外政策又进行了调整。

其次，列宁关于"无产阶级国际主义"还有另外一些解释，长期以来被忽视了。这就是，执行无产阶级国际主义义务要看客观条件、需要和可能，否则会帮助反动派，损害革命运动的整体利益。1918 年在俄共党内有人主张"为了国际革命的利益，即使本国的社会主义革命失败，也要援助国际范围的社会主义革命"。列宁将其斥之为"奇谈怪论"。列宁说：这些人以为"国际革命的利益要求强行推动国际革命……这类'理论'是完全违背马克思主义的，马克思主义始终否认'强行推动'革命，因为革命的发展要看产生革命的阶级矛盾的尖锐程度如何"。"我们'即使丧失苏维埃政权'，显然也不能帮助德国革命的成熟，反而会妨碍它。我们这样做却会帮助德国反动势力，被他们所利用，给德国社会主义运动造成困难。"列宁还主张"我们在国际政策上要尽可能地随机应变"。他还"希望同各国人民和平共处，把自己的全部力量用在进行国内建设"，并认为对外援助应"量力而定"。在新生的苏维埃政权内外环境十分困难的情况下，列宁提出了带方向性的思想："既然没有力量，就得屈从"，但要"坚持不懈地养精蓄锐，准备重新奋起"。

总之，我们对列宁关于"无产阶级国际主义"的解释和论述，应以全面的、历史的、发展的观点去看待，不能采取简单化、绝对化、凝固化的观点对待它。

斯大林基本上继承并发展了列宁支持"世界革命"的思想。他援助过一些国家的革命和建设，但是他把无产阶级国际主义与捍卫苏联等同起来了。他说："谁决心绝对地、毫不动摇地、无条件地捍卫苏联，谁就是国际主义者。"许多党照他的要求提出"捍卫苏联"的口号，结果严重脱离本国实际，也损害了这些党的发展。他还在"无产阶级国际主义"的旗号下推行大国沙文主义，搞世界革命中心，曾以"共产国际"的名义，后来又以九国"情报局"的名义公开领导、干预，甚至控制其他国家的党。他说："否认共产国际的领导权利，因而也否认它的干预权利，那就是为共产主义的敌人效劳。"勃列日涅夫则提出了"有限主权论"，"国际专政论"，把无产阶级国际主义变成了"霸权主义"、"大国沙文主义"和"干涉别国内政"的代名词。其所作所为既败坏了无产阶级国际主义的声誉，又进一步损害了整个世界无产阶级的事业。

通过上述历史的回顾不难看出，"无产阶级国际主义"概念有一个发展和变化的过程。即使某些在当时历史条件下是正确的解释，由于历史条件的变化也已过时了。至于附加到"国际主义"名义下的错误观点和做法，更需要清理和破除。因此，在当前情况下，继续沿用"无产阶级国际主义"的提法，极易产生歧义和误解，不利于我们党争取一个有利的国际环境。

二、"无产阶级国际主义"在实践中的教训是沉痛的

共产主义运动一百多年来的实践证明，虽然任何一个国家的工人

运动、革命斗争都离不开国际上的同情和支持，但是，首先它是在一国范围内进行的，一些国家的革命能否胜利，胜利后能否保住成果，主要的、决定性的因素还是这些国家的党和人民。

在过去的实践中，由于对国际主义原则的理解和执行不当，造成极为沉痛的教训。共产主义者同盟、第一国际、第二国际前期，在传播马克思主义、组织工人运动、促进无产阶级政党建立、交流无产阶级斗争经验等方面曾起了不同程度的积极作用。但是，由于国际形势和工人运动的不断发展变化，这些国际组织往往难以适应各国工人运动的实际发展，甚至成了束缚各国革命运动发展的"桎梏"。后来不是因内部分歧而瓦解，就是因形势所迫而自动宣布解散。

第三国际初期曾推动和帮助许多国家建立了共产党的组织，但是它实行高度集中的组织原则，各党只是第三国际的支部，俄国党则依据自己的特殊地位，强令第三国际的其他成员党执行脱离本国实际的错误路线，严重损害了世界革命事业。第三国际在中国的"左"倾错误路线，几乎断送了中国革命。第二次世界大战后建立的九国"情报局"，完全变成贯彻苏共一党意志的工具，它开除南共联盟，同时在其他党内清洗大大小小的"铁托分子"，造成极严重的后果，后来也被迫于1956年解散。历史证明，社会主义国家的建立，恰恰都是在没有什么国际组织的条件下实现的。在断断续续存在国际组织的110多年间，由于指导思想和组织上越来越背离各党独立自主、完全平等的原则，其消极作用是越往后越严重。

列宁逝世之后苏共的"大国、大党主义"，是借"国际主义"旗号推行的。社会主义国家的建立，出现了如何处理党的关系和国家关系的新问题，苏共总是要求外国党服从其外交斗争的需要，名曰服从共运"整体利益"，实际上常常用来为其"民族利己主义"的目的服务。斯大林对其他国家的党内事务进行粗暴的干涉。勃列日涅夫赤裸裸地武装干涉别国。这些错误做法，对国际共运危害极大，也败坏了国际主义的声誉。

在履行"国际主义"义务的过程中，不切实际的对外援助收到的却是恶果。新中国成立后，我们为履行国际主义义务，对有些国家和政党的革命与建设曾给予援助。有些援助对于打击帝国主义的势力，扩大我国在世界上的影响起了积极的作用，但有些援助和做法不但影响了我们同周边国家的关系，而且还使我们背上了包袱，甚至出现"斗米养仇人"的现象。总之，真诚的国际援助有时却养懒了别人，穷了我们自己，助长一些党的依赖思想，使他们严重脱离本国实际，这是许多国家的共产党长期发展不起来的一个重要原因。

三、"无产阶级国际主义"已不适应新情况

第二次世界大战结束以来，特别是近年来，国际形势发生了巨大变化。当前国际共运处于低潮，和平与发展成为时代的两大主题，第二次世界大战后新的科学技术革命，使发达国家的产业结构发生了重大变化，传统产业大量萎缩，新兴产业兴起。与此相联系，工人阶级的结构也出现了相应的变化，蓝领工人减少，白领工人不断增长。工人阶级的结构变化，使当代工人阶级的意识和价值观念也发生了重大变化。现在发达国家的工人对于通过传统的暴力的斗争方式来改变自身地位的热情和决心已有下降，普遍希望在维护现有利益的前提下，通过改良措施改善自身的地位。在这种情况下，想用"无产阶级国际主义"来团结和组织当代的工人运动已变得异常困难，同时也不利于更广泛地团结各阶层的人民群众。

从60年代开始，"无产阶级国际主义"遭到了许多党的抵制和批判。1968年苏联等五个华约成员国在履行"无产阶级国际主义"义务的名义下出兵占领捷克斯洛伐克，引起许多国家的共产党的抗议和谴责。1969年勃列日涅夫在共产党和工人党国际会议上又用"无产阶级国际主义"这个口号压其他国家的党支持苏联占领捷克斯洛伐克。欧洲一些共产党针对苏共借"无产阶级国际主义"搞大党沙文主义，干涉别党事务和别国内政的行径，提出要用"新国际主义"概念代替"无产阶级国际主义"。他们认为无产阶级国际主义的概念在共运的历史上被歪曲和滥用，给社会主义事业造成过灾难性的后果。现时代的国际团结已超出无产阶级的范围，无产阶级国际主义限制了同

一切民族民主和进步力量实行联盟的可能性。

自 1989 年以来，由于东欧剧变、苏联解体，国际共运处于非常困难的时期。现在仍提"无产阶级国际主义"的党几乎没有了，即使还提"国际主义"的党也有自己新的解释。近年来，许多国家共产党改名易帜，放弃马克思主义，不再提国际主义。在坚持不改变名称的非执政的共产党当中，对国际主义的态度也存在着重大差异。日、葡、法等国的共产党，在支持国际主义立场的同时，强调要体现国际主义的广泛性，认为阶级的范畴过于狭隘。他们一般主张"国际团结"，在国内主张加强左翼力量的联合。亚、非、拉地区的共产党，多数仍坚持国际主义立场，但有些党带有强烈的怀旧情绪，希望社会主义国家恢复过去那种"传统的国际主义援助"。在执政的共产党当中，朝鲜劳动党在 1992 年 4 月修改的宪法中，已删除了"无产阶级国际主义"的条文。古巴共产党一向强调"国际主义"，但近年也不再强调了。越南共产党提"爱国主义与国际主义相结合"，并将其作为立国的"五项原则"之一，其中前四项与我们的"四项基本原则"大体相似。老挝人民革命党提"六项原则"，前五项与越南共产党大体相同。只是多了一项"坚持民主集中制"。

总之，在我们党十四大召开之前，世界上仍坚持"无产阶级国际主义"提法的党基本上只有我们一家了。根据上述回顾和当前国际形势的变化，我们认为，十四大党章不再使用"无产阶级国际主义"的提法，既有利于我国争取一个有利的国际环境，也有利于促进各国党独立自主的发展。我们的体会，不再使用"无产阶级国际主义"这一提法，不等于我们不再尽国际主义义务。我们党仍明确宣布，在国际事务中，要反对霸权主义和强权政治，维护世界和平，促进人类进步。中国共产党领导十多亿人民坚持建设有中国特色的社会主义，把中国的事情办好，这本身就是对人类进步事业的一大贡献。

（原载中组部党建研究所：《党建研究内参》1993 年第 3 期，原用标题《为什么十四大党章不再使用"无产阶级国际主义"的提法》）

要全面冷静地分析和
看待"斯大林热"

题注：20 多年前苏联的"历史虚无主义"掀起"全盘否定"斯大林的恶浪，搞垮了苏联，这一历史教训值得记取。但新世纪俄罗斯兴起的"斯大林热"既含有纠正"历史虚无主义"的进步性，又不乏值得警惕的另一种极端化的倾向，在思想理论上是混乱的。中国应全面冷静地分析和看待"斯大林热"，决不可盲目地随声附和。对中国来说，必须全面吸取苏联"左"右两方面的教训，既要重视其改旗易帜导致亡党亡国的右的教训，又必须重视吸取其历史上破坏社会主义法制、宣扬"法律虚无主义"的沉痛教训，这对中国当前贯彻落实"四个全面"的战略布局，推进中国特色社会主义法治国家建设是具有重要借鉴意义的。

1924 年列宁逝世后，斯大林在领导苏联社会主义建设中形成的一套经济政治体制，通称为"斯大林模式"。斯大林之后的苏联领导人有过一些调整和改革，但总体而言，谁也没能从根本上触动过这一模式，以致到 1991 年苏联解体消亡时，这一模式的基本原则和总体框架仍可以说是"原模原样"的。因此，在苏联长期起作用的就是"斯大林模式"，人们谈及"苏联模式"实则就是指"斯大林模式"，或曰"斯大林—苏联模式"。

斯大林模式已随苏联的消亡而退出了历史舞台,但其影响尚未消失,人们对这一模式功过是非的议论还没有停息。二战后它曾作为"正宗的"社会主义模式,被扩展和搬用到了世界其他社会主义国家,影响非常深远。中国也曾搬用过这一模式,直到改革开放新时期才得以全面进行改革。冷静分析和看待斯大林和斯大林模式,全面认识斯大林模式与中国改革发展关系,绝不是单纯的历史问题,而是关系中国社会主义现实和未来发展的重要理论问题。

一、相关概念的来源和演变

"斯大林主义"、"斯大林模式"和"苏联模式"等概念,开始是西方用来否定斯大林、否定苏联社会主义制度的贬义词。斯大林主义,常被作为"极权主义"、"独裁暴政"的同义词。作为"红色法西斯主义"的代名词在 20 世纪 30 年代就出现了,在 1945 年后的美国使用尤其普遍。这些概念,虽然彼此间有些差别,但西方对此并不重视,他们要突出的是这些概念的共同点,这就是:它们不仅仅否定斯大林个人,而是将斯大林与苏联的社会主义制度、苏联的历史,以及苏共的全部实践联系在一起,作为一个"整体"而全盘予以否定的。当然斯大林主义出现得更早,而作为"模式"的两个概念要靠后多了。

苏联官方过去长期不使用"斯大林主义"这个概念,但到了戈尔巴乔夫"改革"时期,苏联媒体频繁使用"斯大林主义"、"斯大林模式"等概念,用来全盘否定苏联社会主义制度。在含义和用法上与西方没什么区别,都是将斯大林与苏联的社会主义制度、苏联的历史和苏共的实践捆绑在一起的,全盘彻底予以否定,而且在含义上是非常极端、恶劣和恶毒的。譬如:在论及斯大林本人时,含有"恶魔"、"罪魁"、"法西斯"之意;在论及苏联国家社会时,含有"高度独裁的专制国家"、"红色法西斯国家"之意;在论及苏联社会主义制度时,又是"兵营式社会主义"、"极权制社会主义"的同义语。他们以此达到其全盘否定斯大林、抹黑苏联社会主义制度、彻底否定苏联历史和苏共实践的政治目的。这与西方的含义和用法就基本一致起来了，没有什么区别。总之，这些概念在苏联崩溃中作为"历史虚无主义"常用的口号，对否定苏共、否定苏联社会主义制度是起过恶劣作用的。

在这个问题上，中国与西方以及苏联的反社会主义势力是完全不同的。中国从不赞成并明确反对使用"斯大林主义"这类概念。人们记得，1956 年南斯拉夫领导人铁托在普拉发表演讲，提出要反对"斯大林主义"、"把斯大林分子赶下台"，中共继发表《一论》（无产阶级专政的历史经验）之后，又发表了《再论》，严正地表明了自己的立场。文章明确提出不赞成并反对这些概念，严肃地指出马克思列宁主义者必须对否定斯大林、否定苏联社会主义制度、否定十月革命道路的图谋持坚定的反对立场。这在当年动荡的国际共运形势中起到了"定海神针"的作用，大大提高了中共的国际威望。值得指出的是，在"肯定和维护"斯大林、十月革命道路和苏联社会主义"基本制度"的同时，《一论》、《再论》对苏联搞社会主义的"具体做法"（即后来所称的"模式"）并未表示"肯定和推崇"，而是明确指出具体经济制度和政治制度上存在的某些缺陷，"仍然需要及时地调整"，别的国家"不应该原样照抄"更谈不上要用评价斯大林本人的所谓"三七开"原则去评价苏联的"具体体制"（事实上当时还没用"斯大林模式"这类概念）。

不仅如此，毛泽东还进一步提出要"从中吸取教益"的问题。就在《一论》发表的前一天（1956 年 4 月 4 日）晚上，毛泽东在召集讨论修改稿的最后一次会议上，强调中国应"从中吸取教益"。他说："最重要的是要独立思考，把马列主义的基本原理同中国革命和建设的具体实际相结合。"他说，中国在民主革命时期完成了"第一次结合"，在当前的社会主义建设中必须完成"第二次结合"。他主张中国在社会主义建设方面要考虑"不用或者少用苏联的拐杖"，"不要像第一个五年计划那样搬苏联的一套"，而要"努力找到中国建设社会主义的具体道路"。这实际上就是强调我们应探索中国自己建设社会主义的"具体做法"、"具体体制"。在当月下旬召开的中央政治局扩大会议上，毛泽东作了《论十大关系》的讲话，又明确提出要"以苏为戒"，不要再走苏联"走过的弯路"，要重视农业和轻工业，并提出了与苏联做法不同的"农、轻、重"的发展顺序问题。

20世纪80年代中国进入改革开放新时期之后，在邓小平改革思想的引领下，中国广泛采用"斯大林模式"和"苏联模式"等概念，然而在含义和用法上与西方是完全不同的。如前所言，西方和剧变中的苏联人是把斯大林的错误、苏联实践中各种问题，不分青红皂白地与苏联社会主义基本制度"捆绑"在一起而予以全盘彻底的否定，然而中国却完全不同。中国使用"斯大林模式"这一概念，指的是苏联社会主义的"具体体制"，即苏联搞社会主义的具体"搞法"，是将其与社会主义"基本制度"严格区别开来的。中国认为苏联搞社会主义的搞法不行，但苏联搞社会主义本身没错。原来的搞法不行，完全可以改革、更换，而坚持社会主义的方向和基本制度是决不能动摇和否定的。

为什么中国与西方有如此大的区别？邓小平又是如何从理论上进行论证的？

一是明确"苏联模式"就是指苏联搞社会主义的"搞法"，并提出了"苏联搞社会主义的模式"这一概念（请注意其中的"搞"字），这是对苏联模式所作的科学定位。1988年邓小平对一位非洲客人说："我们过去照搬苏联搞社会主义的模式，带来很多问题。我们很早就发现了，但没有解决好。我们现在要解决好这个问题，我们要建设的是具有中国自己特色的社会主义。"[1] 邓小平还指出，"社会主义基本制度确立以后，还要从根本上改变束缚生产力发展的经济体制，建立起充满生机和活力的社会主义经济体制"[2]。这就是说，社会主义"基本制度"是处于"模式"之外的搞社会主义的"前提"。"苏联模式"指的就是苏联搞社会主义的"搞法"即"具体体制"，是不把苏联社会主义"基本制度"包括在内的。

二是明确"基本制度"与"具体体制"属于两个不同的范畴，应采取不同的对待方式。所谓"基本制度"，集中体现为"四项基本原则"（其中最主要的是"党的领导"和"社会主义方向"这两条）。[3]

---

① 《邓小平文选》第3卷，人民出版社，1993年第1版，第261页。
② 《邓小平文选》第3卷，人民出版社，1993年第1版，第370页。
③ 《邓小平文选》第3卷，人民出版社1993年第1版，第321页。

对于这方面的问题，邓小平一再强调要"坚持"，虽然在这方面也需要"改革和完善"，但是与具体体制方面的问题"可彻底推翻重来"是不同的。对属于"具体体制"方面的问题，包括经济政治体制和其他方面的体制机制问题，邓小平主张要"彻底改革"。

三是斯大林模式在历史上发挥过重要作用，但决不可将其绝对化、凝固化、神圣化和僵化，而要与时俱进地进行新的改革。新时期邓小平对苏联模式的评价，总的说来并不高，唯一明确肯定的是列宁"新经济政策"的思路。他说，"社会主义究竟是个什么样子，苏联搞了很多年，也并没有完全搞清楚。可能列宁的思路比较好，搞了个新经济政策，但是后来苏联的模式僵化了。"[1] 邓小平谈到苏联模式时常用的是"落后的"、"不成功的"、"僵化的"等负面词语，这表明他对苏联模式在当今时代条件下的作用，总体上是否定的，主张要彻底改革。

四是正确地看待和对待中国改革与苏联模式的关系。邓小平认为，中国改革所要解决的是"从苏联搬过来的"、"长期没解决好"的问题，"苏联模式"实际上是中国体制改革的"对象"。他说，"我们国家的体制，包括机构体制等，基本上是从苏联来的，是一种落后的东西"[2]。"旧的那一套经过几十年的实践证明是不成功的。过去我们搬用别国的模式，结果阻碍了生产力的发展，在思想上导致僵化，妨碍人民和基层积极性的发挥。"[3] 因此，中国改革的实质就是去"苏联模式"、增"中国特色"。按邓小平的说法，就是用具有"中国自己特色"的办法，解决"从苏联搬过来的"、"长期没解决好"的问题。"我们既不能照搬西方资本主义国家的做法，也不能照搬其他社会主义国家的做法，更不能丢掉我们制度的优越性。"[4]

但是，近十年来，国内学术界出现了一股将苏联模式即斯大林模式与苏联社会主义制度和实践完全"同一化"和"同质化"的倾向。这些学者对苏联模式进行"理论加工"，将其外延"扩大"到包括苏联整

---

① 《邓小平文选》第3卷，人民出版社1993年第1版，第139页。
② 《邓小平思想年谱（1975–1997）》，中央文献出版社1998年第1版，第77页。
③ 《邓小平文选》第3卷，人民出版社，1993年第1版第237页。
④ 《邓小平文选》第3卷，人民出版社1993年第1版，第256页。

个社会主义制度，甚至包括苏联历史、苏共实践，以至苏联的发展战略、具体方针政策等都在内的"包罗万象的筐"。这样一来，他们在立场和结论上虽然与西方和苏联剧变时的"历史虚无主义"是完全不同的，但在方法论上却是一模一样的。"历史虚无主义"者将苏联模式与整个苏联社会主义基本制度"捆绑"在一起予以全盘否定，而这般学者却通过这种将斯大林模式与苏联社会主义制度和实践"同一化"和"同质化"的做法，使苏联模式变成"褒义和神圣"得谁也碰不得的东西，更谈不上要对其进行改革了。这种倾向所造成的理论混乱和认识误区危害很大，是必须认真加以清理的。

2013 年习近平同志在"1·5 讲话"中，明确指出，"邓小平同志讲的苏联模式是指列宁逝世以后，斯大林在领导苏联社会主义建设中逐步形成的高度集中的经济政治体制"。这一言简意赅的论断，是对苏联模式的科学定位。这意味着，一是所谓"模式"就是指"体制"，二是所谓"苏联模式"指的是列宁逝世以后，斯大林在领导苏联社会主义建设中逐步形成的"高度集中的经济政治体制"，也就是邓小平所说的斯大林搞社会主义的那套"搞法"。深入学习领会习近平同志的讲话精神、重温邓小平同志的相关论述，对全面认识斯大林模式具有重要指导意义。我们必须按邓小平的论述和习近平讲话的精神，坚持对斯大林模式或苏联模式的科学定位，全面正确的认识和运用这一概念，正确地对待斯大林问题。

二、不能将"斯大林模式"当作"筐"

进入新世纪以来，俄罗斯兴起了"重评斯大林热"。2000 年 2 月普京在竞选总统时的一句名言是"谁不对苏联解体感到惋惜，谁就没有良心；谁想回到过去的苏联，谁就没有头脑"，这集中反映了当时俄罗斯人的复杂心境。与剧变时相比，俄罗斯人增加了对旧苏联、特别是对斯大林的怀念。这对中国学术界产生了不小的影响，一阵"重评斯大林"的浪潮也在中国悄然兴起。但这两股浪潮的性质和社会作用是不尽相同的。

　　苏联在剧变中因为盛行"历史虚无主义"，反对派对苏联和苏共极尽抹黑全盘否定之能事，结果苏联被搞垮了。后来俄罗斯人经过反思，出现了"怀念斯大林"和"重评斯大林"的浪潮，这是对"历史虚无主义"搞过头的一种"反弹"，是具有进步的历史意义的。

　　然而中国的情况却与苏联、俄罗斯的情况不尽相同。中国的主流舆论从未全盘否定过斯大林，倒是存在着对斯大林问题严重性、危害性和后遗症认识不足的问题。在大批档案材料曝光之后，历史真相日益清晰的情况下，中国本可以采取超然超脱的态度，在继续反对全盘否定斯大林的同时，更重视对斯大林错误的批判和揭露，以便于从中吸取教训，将中国特色社会主义搞得更好。但在当时的"重评热"中有的学者不是从中国的实际情况出发，沿着这一方向前进的，而是恰恰相反，朝着颂扬斯大林、为斯大林错误辩护、肯定苏联模式的方向偏移。这是不应该的，对中国改革及中国在国际上的形象都是极为不利的。

　　在斯大林问题上，正确的态度应当是，既不能全盘否定斯大林，又必须看到斯大林确有严重错误，无论如何是不能为其错误进行辩护的。然而当时学术界确实出现了一些为斯大林的错误甚至是罪行进行辩护的"丑事"，其影响是很坏的。在斯大林于肃反中错杀的人数问题上，也有人说没有几千万，而只有 377 万，这似乎就可减轻问题的严重性了。其实 377 万，这个数字难道还少吗？要知道这里面包括了多少精英和无辜者，连同其家属和受牵连者又是多少呢？另据可查材料，苏共十七大的 1966 名代表中，有 1108 人在"大清洗"期间消失；苏共十七大选出 139 名中央委员中，有 83 人被逮捕，尔后几乎全部被枪决。[①]对于这方面的问题，我们过去总是以一句"肃反扩大化"就轻描淡写地对付了，在大批档案材料曝光之后，这样做就显然很不够了。我们的认识总不能停留于半个世纪前的认识水平上，要不要实事求是地进行调整呢？1980年邓小平在中央政治局扩大会议上就说过："斯大林严重破坏社会主义法制，毛泽东同志就说过，这样的事件在英、法、美这样的西方国家不可能发生。他虽然认识到这一点，但是由于没有在实际上解决领导体制

---

　　① 陈之骅、吴恩远、马龙闪主编：《苏联兴亡史纲》，中国社会科学出版社 2004 年版，第 244 页。

问题以及其他原因，仍然导致了'文化大革命'的十年浩劫。这个教训是极其深刻的。"① 这说明邓小平是比"肃反扩大化"的结论大大前进了。总之，我们应理直气壮地同斯大林进行切割，吸取其严重的历史教训。这样才能真正推进法制改革、推进依法治国，推进国家治理体系现代化和治理能力现代化。否则只会是帮倒忙。

此外，在"重评"潮影响下，学术界有的人不顾、不提邓小平当年的论述了，逐渐偏离正道而向"左"偏转，他们按照自己的理解来对苏联模式进行"理论加工"，说什么苏联模式"本身"包括了基本制度和具体体制"两大层次"，将邓小平早已排除在"模式"之外的"基本制度"，又塞到"苏联模式"当中去。有论者说，斯大林模式就是苏联"一整套社会主义制度"，是"苏联建设社会主义的实践"，也是"苏联建设社会主义的方式和道路"，它不仅包括了苏联社会主义的"基本制度"和"具体体制"、"运行机制"，还包括苏联的"社会经济发展战略"和"具体的方针政策"。总之，苏联模式被变成了一个"包罗万象的筐"。有人强调"如何评价斯大林模式，绝不仅仅是学术问题，而是关系到共产党和社会主义的前途命运的重大原则问题"。这样一来，谁要批评和否定苏联模式，谁就是否定苏联社会主义制度，就是与"国内外敌对势力"站在了一起。在这样的氛围下还谈什么对苏联模式进行改革？这股浪潮造成了对邓小平关于苏联模式一系列正确论述的否定，其作用显然是倒退的、消极的。在这股浪潮影响下，出现肯定和颂扬斯大林模式、甚至否定改革开放的论调，都是毫不奇怪的。

三、"模式"的历史作用不能成为拒绝改革的理由

斯大林模式是 20 世纪二三十年代苏联特殊历史条件的产物，是在资本主义包围、时刻面临战争威胁的非正常环境中建立的建设社会主义的经济政治体制。本质上这是一种"求生存"、"争安全"的体制，是一种"动员型的国家政治体制"。在当时的历史条件下，斯大林模式不

---

① 《邓小平文选》第 2 卷，人民出版社 1994 年版，第 333 页。

是唯一的、最好的，但却是适时、可行和有效的。它虽然发生过严重问题和错误，但却使苏联以令人难以置信的速度，走完了欧美国家通常需要几十年、甚至上百年才能走完的工业化路程，为战胜法西斯打下了物质基础，发挥了不可否认的历史作用。这是必须予以肯定的。

但是这一模式绝不是正常和平条件下建设社会主义的好办法，其建设思路脱离实际有违客观经济规律，在对"什么是社会主义、如何建设社会主义"这个基本理论问题的认识和回答上，对马克思主义不乏教条主义的理解和扭曲。因此，其历史局限性和严重弊端是显而易见的，加上后来严重僵化，成了社会主义进一步发展的体制障碍。在时代发展，世情、国情变化的条件下，斯大林模式必须及时彻底地改革。这是必然的、不可阻挡的，否则只有被淘汰，为历史所抛弃。

斯大林模式的"历史作用"与"现实作用"是必须区别对待的。不能因其历史上发挥过重要作用而看不到它现在的消极作用，决不能将其历史上曾经发挥过的重要作用，作为今天拒绝和阻碍改革的理由。中国对斯大林模式不搞历史虚无主义的全盘否定，承认和肯定它在历史上取得的成就，但决不将此作为拒绝当今必须改革的理由。对于剧变中的苏联人以及新世纪的俄罗斯人对斯大林问题的认识，应进行具体分析，而决不应盲目地随声附和。剧变中苏联人将苏联社会主义建设中的各种问题"归罪于"社会主义"基本制度"，采取历史虚无主义态度而予以"全盘否定"，对此进行否定和批判是完全正确的。但是进入新世纪以来，俄罗斯人兴起了对斯大林的"重评潮"，这固然是对历史虚无主义的反弹，包含着值得肯定的历史进步，但是它也不乏理论混乱。近年来有转向"全盘肯定"斯大林的另一种极端的倾向，甚至出现了为斯大林错误辩护，主张"重回斯大林模式"之类似是而非的论调。对此应冷静地进行具体分析，而决不应盲目地"认同"和随声附和。其实在俄罗斯，普京的"谁不对苏联解体感到惋惜，谁就没有良心；谁想回到过去的苏联，谁就没有头脑"这句名言代表性可能更大些。俄罗斯人怀念苏联和斯大林是合理的、必然的，但想"重回"斯大林模式，"重拾"斯大林当年搞社会主义的那种搞法，是不现实的。总之，对"斯大林热"也要冷静地分析和看待。

四、中国已扬弃并超越了"斯大林模式"

有人说对斯大林模式"否定不得",这种似是而非的观点是不正确的,不符合客观事实的。实际情况是,虽然苏联与中国搞的都是社会主义,在社会主义基本制度方面是一致的,但是在具体体制方面,中国经过近30多年来的改革,已解决了"从苏联搬过来的""长期没解决好"的问题,现已扬弃并超越了斯大林模式。中国这30多年来的改革实质上就是要"革除苏联模式",这个改革绝不是对原有模式的"修修补补",而是体制上的一场革命,是模式的彻底转换,用邓小平的说法"改革是中国的第二次革命"。经过一系列深刻的改革,中国在"什么是社会主义、如何建设社会主义"这个基本理论问题上,作出了与"苏联模式"完全不同的创造性回答,一个不同于苏联模式的中国特色社会主义新体制已基本形成。1992年邓小平在南方谈话中曾提出,"恐怕再有30年的时间,我们才会在各方面形成一整套更加成熟、更加定型的制度。"现在已过去20多年,离邓小平所预计的这个期限不远了,不能再将中国特色社会主义模式仍然归属于斯大林模式的旧范畴。

现在国内外存在两种不赞成"中国已扬弃并超越了斯大林模式"的观点,他们认为中国仍然"没有跳出"或者"仍应归属于"斯大林模式。一种主要是西方学者或按西方标准看问题的人,他们认为中国仍然坚持共产党的领导,不搞西方的"三权分立、多党竞选、轮流执政"那一套,因而认为中国"仍未跳出"斯大林模式。他们是把这些属于社会主义基本制度方面的问题,都归属于"模式"这个概念当中的,只要中国仍坚持社会主义基本制度,他们就认为"仍未跳出"斯大林模式。另一种是近10年来中国学界有些人的观点,他们将斯大林模式与苏联社会主义制度和实践完全"同一化"或"同质化",使苏联模式变成了包括苏联整个社会主义制度,甚至包括苏联历史、苏共实践,以至苏联的发展战略、具体方针政策等都在内的"包罗万象的筐"。于是苏联模式成了"褒义和神圣"得谁也碰不得的东西,当然否定不得;即使要对其进行改革,也是"有限的",

他们提出对苏联模式要实行"三七开",即只能改革其中的"三"。因此他们认为,今天的中国理所当然地"仍应属于"斯大林模式的范畴。上述这两种完全不同政治倾向的观点,却在方法和结论上如此一致,很值得深思。

五、吸取苏联"左"右两方面的历史教训,全面推进中国特色社会主义法治国家建设

对斯大林模式的认识和反思,绝不只是单纯的历史问题,而是关系中国社会主义现实和未来的重要理论问题。全面认识斯大林模式及其历史教训,旨在变他人的教训为我之财富,加深对中国改革和发展任务的理解和认识。十八大以来我们党提出的"国家治理体系和治理能力现代化"和"全面推进依法治国"的新任务,是继提出工业、农业、国防和科技四个现代化之后的"第五个现代化",也是社会主义发展史上的一个新课题。马克思、恩格斯没有遇到全面治理一个社会主义国家的实践,列宁在俄国十月革命后不久就过世了,没来得及深入探索这个问题。斯大林在其领导苏联社会主义建设的实践中,既取得了一些成就,但也出现了严重的错误,反思苏联的历史经验和教训,对于完成和落实当前的任务,显然是很有借鉴意义的。

1. 全面吸取苏共"左"右两方面的教训。谈到吸取苏共的教训,人们往往想到其亡党亡国时"右的教训"。其实苏共执政74年,由兴到衰走过了一条曲折之路,苏共是长期的"左"发展到后期的右。苏共演变具有"长期性",但整体质变具有"快捷性",垮起来快得很。要全面吸取其历史教训,既要重视其后期放弃共产党领导、走改旗易帜邪路、导致亡党亡国的"右的教训",又要重视其历史上搞阶级斗争扩大化、思想僵化、长期不思改革的"左的错误"。斯大林在上世纪30年代开展的"大清洗"运动,使用专政手段解决党内意见分歧,导致严重破坏法制,大量无辜者被镇压,至今仍是俄罗斯人无法回避的一个沉重"历史包袱"。认真清理这方面的问题,与其划清界线和切割,对于全面推进中国依法治国事业具有重要意义。

2. "专政"问题上的理论混乱必须清理。斯大林 1924 年在《论列宁主义的基础》中对"无产阶级专政"做过"定义"式的解释。他说："无产阶级专政就是无产阶级对资产阶级的统治，它不受法律限制，凭借暴力，得到被剥削的劳动群众的同情和拥护。"① 斯大林在其他场合也强调了无产阶级专政是"不受法律约束的"，这是对列宁关于无产阶级专政理论的曲解。

列宁在 1918 年写的《无产阶级革命和叛徒考茨基》中的确说过，无产阶级专政是"不受任何法律约束的政权"②，但这里所说的"法律"指的是资产阶级的法律，因为无产阶级的法律还没有制定出来，而要革命不破坏资产阶级的国家机器，不打破资产阶级的法律限制，无产阶级的胜利是不可能的。至于在无产阶级政权已经稳固的情况下，如果还说无产阶级专政不受法律限制，这显然是错误的。列宁在十月革命胜利后，亲自起草并颁布了一系列新的苏维埃法令就是佐证。他指出："假使我们拒绝用法令指明道路，那我们就会是社会主义的叛徒③，并强调苏维埃机关人员必须极严格地接受法律的制约。要不，"极小的违法行为，极小的破坏苏维埃秩序的行为，都是劳动者的敌人立刻可以利用的漏洞"④。1921 年实行新经济政策之后，列宁又提出了加强"革命法制"的任务。他说"我们当前的任务是发展民事流转，这是新经济政策的要求，而这样就要求加强革命法制"⑤。1922 年春天撤销了"全俄肃反委员会"（即"契卡"），成立隶属于内部人民委员部的"国家政治保安总局"，规定它不再享有定罪权，所有案件都交由法院处理。随后还通过了旨在加强法制的其他法律，如民法、土地法、劳动法、刑法等⑥。总之，在列宁看来，社会主义是离不开社会主义法制的。因此，应当全面地理解和完整地把

---

① 《斯大林选集》上卷，人民出版社 1979 年出版，第 219 页。
② 《列宁全集》，第 35 卷，人民出版社 1985 年版，第 237 页；第 39 卷，人民出版社 1986 年版，第 380 页。
③ 《列宁全集》第 36 卷，人民出版社 1985 年版，第 188 页。
④ 《列宁全集》第 37 卷，人民出版社 1986 年版，第 149 页。
⑤ 《列宁全集》第 42 卷，人民出版社 1987 年版，第 353 页。
⑥ 陆南泉、黄宗良等主编：《苏联真相》（上），新华出版社 2010 年版，第 403 页。

握列宁关于无产阶级专政与社会主义法制之间关系的思想，绝不能将二者割裂开来或对立起来。泛泛地从广义上宣称"无产阶级专政"就是"不受任何法律约束"的，这是完全错误的、违反列宁本意的。

3. "法律虚无主义"的影响必须清除。斯大林时期苏联虽然颁布了宪法和各种法律，但在"大清洗"运动开始时，却任意进行面目全非的"修改"，使苏联一些法律"名存实亡"。1934年12月1日（即基洛夫被害的当天），斯大林授意以苏联中央执行委员会和人民委员会的名义，通过了对"现行刑事诉讼法典"的修改决议。该决议写道："对各加盟共和国现行刑事诉讼法典在侦察和审理恐怖组织和对苏维埃政权工作人员进行恐怖活动有关事宜进行如下修改：（1）有关这些案件的侦察工作不超过10天。（2）控告结论在正式开庭前一昼夜交给被告。（3）原告、被告双方都不参加审判。（4）不接受判决上诉书和赦免请求书。（5）极刑判决被宣布后立即执行。"依据上述决议，12月1日正在各级法院审理的数十起所谓反革命罪行的案件，被急急忙忙地交给最高法院军事委员会审理。几乎所有被告人都于1934年12月5日的秘密会议上判处枪决，立即执行。与此同时，公然鼓吹"法律虚无主义"，为"大清洗"运动"开路护航"。1937年苏联总检察长维辛斯基在一次讲话中说："大家应该记住斯大林同志的话：在一个社会的生活中，总有这样的时刻，即法律成为过时的东西而应当撇到一边。"[①] 他还提出法官可以自由解释法律，可以用强制手段办案等等理论。这导致法律虚无主义迅速泛滥。

当时"法律虚无主义"之所以能迅速泛滥，与当时的时代特点也有密切关系。不少学者都在著作中谈到：俄国社会民主主义者是把"维护革命的利益"放在法律和民主传统概念之上，放在道德标准之上的；当时人们处在"战争与革命"时代的狂热中，"革命利益高于一切"是当时的信条，主张为了革命需要可以"不受法律约束"；几乎所有的共产党员都认为，"需要有一个特殊的法律以外的工具来保卫革命"；老一辈布尔什维克近卫军的信念是"建立无产阶级社会的

---

① 卢之超主编：《关于斯大林问题的再认识》，社会科学文献出版社1994年版，第40－41页。

利益高于一切，革命本身就是命令和法律"。① 这些思想和情绪是老布尔什维克对斯大林滥用权力表现出容忍的重要原因。

4. "安保"机关凌驾于党和法律之上的教训值得吸取。苏联的国家安全机关在十月革命胜利后就成立了，开始叫全俄肃反委员会，它在苏维埃政权建立之初有效地镇压了反革命，为新生政权的巩固作出了重要贡献。以后几经改组改名，到二次大战后，称国家安全部。30年代，在斯大林阶级斗争越来越尖锐、强化国家暴力镇压职能的思想指导下，该机构被赋予了特权的地位，得到了畸形的、恶性的发展。它拥有受斯大林一人控制的从中央到地方甚至基层的一整套庞大的、自成系统的机构，凌驾于党和国家之上，不受党和国家机关（包括法院和检察长）的监督，不受法律制约，可以逮捕包括党中央委员和地方党委书记在内的任何党政领导干部，并包揽了从逮捕、侦查、审判、监禁到处决的整个司法程序，拥有种种重要特权，严重破坏了社会主义法制，使大批老一代的革命家、党和国家的重要领导人，文化界人士和普通的共产党和人民群众蒙受不白之冤，给社会主义的苏联造成大批冤假错案。这是斯大林政治体制中最严重的弊病。

5. 要提高对"大清洗"后患的认识层级。"大清洗"运动，并不是联共（布）中央集体决策发动的运动，既没有通过中央全会，也没有通过政治局讨论，只是由斯大林为首的少数几个政治局委员和书记（莫洛托夫、卡冈诺维奇和日丹诺夫等）指挥进行的。它将对斯大林的"个人崇拜"推至顶峰，使其成了被置于党和国家之上的特殊的"神"，反过来进一步巩固了斯大林的个人集权，助长了他的独断专行。在运动中，作为党的最高执行机关的党中央委员会不仅没有发挥应有的作用，而且多数中央委员成为"大清洗"的对象。1934年"十七大"选出的139名中央委员和候补中央委员中有98人被处死，占总数的70%。作为党中央最高决策机构的政治局也失去作用。②"十七大"选出的15名政治局委员和候补委员中，"大清洗"前有两

① 中国社科院学者文选：《刘克明集》，中国社会科学出版社1999年版，第223页。
② 陈之骅、吴恩远、马龙闪主编：《苏联兴亡史纲》，中国社会科学出版社，2004年版，第244页。

人被暗害，"大清洗"中5人被处死和被迫自杀，1人被开除出政治局，只剩下7人，还不到原有成员的一半（46·7%）。① "大清洗"：涉及党和国家主要领导人的4个重大案件，不仅没按正常法律程序审理，也没有经过政治局集体讨论。斯大林之所以能严重破坏法制，除了因为个人崇拜盛行、民主集中制遭受破坏之外，当时苏联政治体制、党政领导体制、安保体制以及监督机制的缺失，也是非常重要的原因。特别是缺乏有效的权力制衡和制约，缺乏权威性的监督机构和机制，以及有效制止和纠正的机构和力量。所以，应该充分估计"大清洗"运动中错误的严重性和由此产生的消极影响的深远性，对此决不能停留于半个多世纪前的"肃反扩大化"的结论性认识上，邓小平已将其提高到"严重破坏社会主义法制"的高度："斯大林严重破坏社会主义法制，毛泽东同志就说过，这样的事件在英、法、美这样的西方国家不可能发生。"我们应实事求是地分析研究，认真总结吸取教训，提高对它的认识层级。

6. 全面把握好中国依法治国的国际方位。国家治理体系和治理能力要实现现代化，离不开"依法治国"这条路。当今世界各国所谓"依法治国"之路是各不相同的，中国必须从本国实际出发，走自己独具特色的道路。中国的"依法治国"还要准确选取国际方位，既与苏联模式切割，又不搞西方的"宪政"。

如前所述，斯大林破坏法制的情况是非常严重的，其历史教训必须吸取。我们现在提出要全面推进依法治国，建设中国特色社会主义法治体系，建设中国特色社会主义法治国家，就是要理直气壮地同苏联模式划清界线。另一方面，"依法"首先是"依宪"但决不搞西方"宪政"。依法治国重在"依宪治国"，宪法是一国法律的"母法"和根本大法，是法之统帅，是整个法律体系获得权威与效力的最终源泉。坚持依法治国首先要坚持依宪治国，坚持依法执政首先要坚持依宪执政。要坚持共产党的领导，党的领导和社会主义法治是一致的。社会主义法治必须坚持党的领导，党的领导必须依靠社会主义法治。

① 佟宝昌：《"大清洗"运动的性质和根源》，参见《关于斯大林问题的再认识》一书第39页。

必须坚持党领导立法、保证执法、支持司法、带头守法。任何组织和个人都必须尊重宪法法律权威，都必须在宪法法律范围内活动。党要坚持依法治国、依法执政，自觉地在宪法法律范围内活动，党员干部要提高法治思维和依法办事能力，不得违法行使权力，更不能以言代法、以权压法、徇私枉法。为了维护宪法权威，必须将宪法从"纸面上的宪法"变成"行动中的宪法"。但是，我们却绝不搞西方那种轮流执政、三权分立的"宪政民主"，而是要走中国特色社会主义依法治国之路，这就是中国选择的依法治国的国际方位。这正如邓小平所指出的："我们既不能照搬西方资本主义国家的做法，也不能照搬其他社会主义国家的做法，更不能丢掉我们制度的优越性。"①

（原载《中共宁波市委党校学报》2015 年第 4 期、《上海思想界》2015 年第 10 期，收入文选时将其与《科学社会主义》2014 年第 2 期上发表的《不要把苏联模式当作"筐"》进行了整合删改）

---

① 《邓小平文选》第 3 卷，人民出版社 1993 年第 1 版，第 256 页。

论中国特色社会主义与斯大林模式

题注：苏联斯大林模式曾被视为"正宗的"社会主义模式，中国也曾照搬过这一模式。20 世纪 50 年代中期中国开始探索自己的道路，80 年代着手改革开放。现在，僵化的苏联模式已经死亡，蓬勃崛起的中国特色社会主义已经"扬弃并超越"了苏联模式。中国特色社会主义的新体制，是科学社会主义在中国的新发展，是社会主义发展史上的一个新阶段。

斯大林模式已随苏联的消亡而退出了历史舞台，但人们对这一模式功过是非的议论尚未停息。二战后它曾作为"正宗的"社会主义模式，被扩展和搬用到了世界其他社会主义国家，影响非常深远。中国也曾搬用过这一模式，直到改革开放新时期才得以全面进行改革。冷静分析和看待斯大林和斯大林模式，全面认识斯大林模式及其与中国特色社会主义的关系，绝不是单纯的历史问题，而是关系中国社会主义现实和未来发展的重要理论问题。

一、相关概念的缘起和演变

1924年列宁逝世后，斯大林在领导苏联社会主义建设中形成的一套经济政治体制，通称之为"斯大林模式"。斯大林之后的苏联领导人有过一些调整和改革，但总体而言，谁也没有从根本上触动过这一模式，直到1991年苏联解体消亡时，这一模式的基本原则和总体框架仍可以说是原模原样的。因此，在苏联长期起作用的就是"斯大林模式"，人们说的"苏联模式"实际上主要是指"斯大林模式"，或曰"斯大林—苏联模式"。

斯大林主义、斯大林模式这些概念最初是西方用来否定斯大林、否定苏联社会主义制度的用语，含有"极权主义"、"独裁暴政"、"红色法西斯主义"之类贬义。苏联官方过去长期不使用"斯大林主义"这类概念，但到了戈尔巴乔夫"改革"时期，苏联媒体和舆论频繁地使用这类概念。他们大多作为"兵营式社会主义"、"极权制社会主义"之类代名词，以达到其全盘否定斯大林、抹黑苏联社会主义制度、彻底否定苏联历史和苏共实践的政治目的。这与西方的含义和用法已没有什么区别。

中国从不赞成并明确反对使用"斯大林主义"这类概念。人们记得，1956年南斯拉夫领导人铁托在西部海滨城市普拉发表演讲，提出要反对"斯大林主义"、"把斯大林分子赶下台"，他还说"问题不仅仅是个人崇拜，问题是使得个人崇拜得以产生的制度"。中共继发表《一论》（无产阶级专政的历史经验）之后，又发表了《再论》，严正地表明了自己的立场。文章明确提出不赞成并反对这些概念，严肃地指出马克思列宁主义者必须对否定斯大林、否定苏联社会主义制度、否定十月革命道路的图谋持坚定的反对立场。这在当年动荡的国际共运形势中起到了"定海神针"的作用，大大提高了中共的国际威望。值得指出的是，在肯定和维护斯大林、十月革命道路和苏联社会主义基本制度的同时，《一论》、《再论》对苏联搞社会主义的"具体做法"（即后来所称的"模式"），并未予以推崇，而是明确指出苏联具体经济制度和政治制度上存在的某些缺陷"仍然需要及时地调整",别的国家"不应该原样照抄",更谈不上要用评价斯大林个人的所谓"三七开"原则去评价苏联的"具体体制"(事实上当时还没用"斯大林模式"这类概念)。

不仅如此,毛泽东还进一步提出中国要"从中吸取教益"的问题。就在《一论》发表的前一天(1956年4月4日)晚上,毛泽东在召集讨论修改稿的最后一次会议上,强调中国应"从中吸取教益"。他说:"最重要的是要独立思考,把马列主义的基本原理同中国革命和建设的具体实际相结合。"他说,中国在民主革命时期完成了"第一次结合",在当前的社会主义建设中必须完成"第二次结合"。他主张中国在社会主义建设方面要考虑"不用或者少用苏联的拐杖","不要像第一个五年计划那样搬苏联的一套",而要"努力找到中国建设社会主义的具体道路"。这实际上就是强调我们应探索中国自己建设社会主义的"具体做法"、"具体体制"。在当月下旬召开的中共中央政治局扩大会议上,毛泽东作了《论十大关系》的讲话,又明确提出要"以苏为戒",不要再走苏联"走过的弯路",要重视农业和轻工业,并提出了与苏联做法不同的"农、轻、重"的发展顺序问题。①

20世纪80年代中国进入改革开放新时期之后,在邓小平改革思想引领下,中国广泛采用"斯大林模式"和"苏联模式"等概念,然而在含义和用法上与西方是完全不同的。如前所言,西方和剧变中的苏联人是把斯大林的错误、苏联实践中各种问题,不分青红皂白地与苏联社会主义基本制度"捆绑"在一起而予以全盘彻底否定的,然而中国却完全不同。中国使用"斯大林模式"这一概念,指的是苏联社会主义的"具体体制",即苏联搞社会主义的具体"搞法",是将其与社会主义"基本制度"严格区别开来的。中国认为苏联搞社会主义的搞法不行,但苏联搞社会主义本身没错。原来的搞法不行,完全可以改革、更换,而坚持社会主义的方向和基本制度是决不能动摇和

---

① 《毛泽东年谱(1949-1976)》,第2卷,中央文献出版社2013年第1版,第557页。

否定的。对此，邓小平当年是如何从理论上进行阐述和论证的呢？

一是明确"苏联模式"就是指苏联搞社会主义的"具体体制"，并提出了"苏联搞社会主义的模式"这一概念，这是对苏联模式所作的科学定位。1988 年邓小平对一位非洲客人说："我们过去照搬苏联搞社会主义的模式，带来很多问题。我们很早就发现了，但没有解决好。我们现在要解决好这个问题，我们要建设的是具有中国自己特色的社会主义。"① 这就是说，我们搞中国特色社会主义，就是要解决"过去照搬苏联搞社会主义的模式"带来的、没解决好的问题；所谓"苏联模式"实际上就是指苏联搞社会主义的"搞法"，也就是苏联社会主义的"具体体制"。

二是明确区分"基本制度"与"具体体制"属于两个不同的范畴，并提出要采取不同的对待方式，对前者要"坚持"，对后者要"改革"。邓小平明确提出，"社会主义制度并不等于建设社会主义的具体做法。"② 他强调"社会主义基本制度确立以后，还要从根本上改变束缚生产力发展的经济体制，建立起充满生机和活力的社会主义经济体制"③。这就是说，基本制度固然是搞社会主义的"前提"，但在它"确立以后"，如果没有"充满生机和活力的"具体体制，社会主义制度的优越性仍然发挥不出来。所以他强调要全面彻底地进行体制改革，他说"改革是中国的第二次革命"④。至于在"基本制度"方面，邓小平很强调要坚持"四项基本原则"，并且说"四个坚持集中表现在党的领导"⑤，"党的领导是不能动摇的，但党要善于领导"⑥。当然基本制度也需要"改革和完善"，然而这与具体体制方面"可彻底推翻重来"的做法是完全不同性质的问题。

三是改革开放新时期邓小平对苏联模式的评价，总体说来并不高，唯一明确肯定的是列宁"新经济政策"的思路。他说："社会主

---

① 《邓小平文选》第 3 卷，人民出版社 1993 年第 1 版，第 261 页。
② 《邓小平文选》第 2 卷，人民出版社 1994 年第 2 版，第 250 页。
③ 《邓小平文选》第 3 卷，人民出版社 1993 年第 1 版，第 370 页。
④ 《邓小平文选》第 3 卷，人民出版社 1993 年第 1 版，第 113 页。
⑤ 《邓小平年谱（1975－1997）》（下），中央文献出版社 2014 年第 1 版，第 1363 页
⑥ 《邓小平文选》第 3 卷，人民出版社 1993 年第 1 版，第 177 页。

义究竟是个什么样子，苏联搞了很多年，也并没有完全搞清楚。可能列宁的思路比较好，搞了个新经济政策，但是后来苏联的模式僵化了。"① 关于中国与苏联模式的关系，邓小平强调，"从总的状况来说，我们国家的体制，包括机构体制等，基本上是从苏联来的，是一种落后的东西"、"有好多体制问题要重新考虑"②。"旧的那一套经过几十年的实践证明是不成功的。"③ 因此，中国的改革在实质上就是去"苏联模式"、增"中国特色"。按邓小平的说法，就是用具有"中国自己特色"的办法，解决"从苏联搬过来的"、"没解决好"的问题。

习近平同志在 2013 年 "1·5 讲话" 中，明确指出，"邓小平同志讲的苏联模式是指列宁逝世以后，斯大林在领导苏联社会主义建设中逐步形成的高度集中的经济政治体制。" 这一言简意赅的论断，是对苏联模式的科学定位。这意味着，一是所谓 "模式" 就是指 "体制"，二是所谓 "苏联模式" 指的是列宁逝世以后，斯大林在领导苏联社会主义建设中逐步形成的 "高度集中的经济政治体制"，也就是邓小平所说的斯大林搞社会主义的 "搞法"。深入学习领会习近平同志的讲话精神、重温邓小平同志的相关论述，对全面认识斯大林模式及其与中国特色社会主义的关系是具有重要指导意义的。

二、斯大林模式兴衰的客观历程

苏联在其存在的 74 年里，先于 1918 年实行 "战时共产主义"，1921 年被列宁否定后转而实行 "新经济政策"。1924 年列宁逝世后，斯大林于 1929 年结束新经济政策，开始全面形成 "斯大林模式"。这一模式后来在长达 60 多年的时间里，经历了形成、发展、僵化到衰亡的曲折历程。

1. 斯大林模式产生的历史背景

斯大林模式是 20 世纪二三十年代苏联特殊历史条件的产物，是

---

① 《邓小平文选》第 3 卷，人民出版社 1993 年第 1 版，第 139 页。
② 《邓小平思想年谱（1975－1997）》，中央文献出版社 1998 年第 1 版，第 77 页。
③ 《邓小平文选》第 3 卷，人民出版社 1993 年第 1 版，第 237 页。

在资本主义包围、时刻面临战争威胁的环境中，建立起来的一种排斥市场、实行统一计划、由国家直接管理、高度集中的经济政治体制。它产生的历史条件：一是国际形势险恶。苏维埃政权刚建立，帝国主义就策动了 14 国武装干涉，并支持俄国国内的反革命势力展开国内战争，妄图把年轻的苏维埃政权扼杀在摇篮里。这一图谋被挫败后，苏联仍处于帝国主义包围之中，形势依然极为严峻。尤其是 1933 年希特勒上台以后，法西斯势力日益猖獗，其进攻矛头显然是指向苏联的。面对这种形势，尽快实现工业化，尤其是尽快发展重工业是刻不容缓的事情。二是国内经济遗产落后。苏俄是经济文化落后的农业国。1922 年苏联成立时，国内工业生产极其落后，到 1928 年工业产值还不及德国的一半，美国的 1/8。在这种形势下，斯大林认为把苏联从落后的农业国转变为强大的工业国是迫切任务。三是新经济政策面临新的矛盾。新经济政策与"战时共产主义"用强制性经济统制手段来管理经济的做法不同，它是利用市场和货币关系来发展社会主义经济，允许多种所有制形式存在，甚至着手向外资开放。新经济政策实行不久就见到了成果，但 1925 年斯大林提出实行国家"工业化"，要首先发展重工业，随后又提出实现农业集体化和实行国家计划。"工业化"、"集体化"、"计划化"这三大决定和措施的实行，与新经济政策产生了尖锐的矛盾。

2. 斯大林模式随党内斗争而形成

新经济政策与党和国家面临的新任务发生了尖锐矛盾。究竟采取什么样的思路和模式，这与党内斗争的结局是密切联系在一起的。

随着斯大林在党内地位的提升和巩固，他的思想和主张在党内逐渐占据统治地位，斯大林模式也随之得以形成和发展。斯大林先后击败了托洛茨基、季诺维也夫、布哈林等"反对派"，在党内取得了统治地位，斯大林模式也因此而得以迅速发展。

在先后击败了托洛茨基、季诺维也夫和加米涅夫之后，斯大林全面地提出了自己建设社会主义的理论主张。这大体包括这样几点：一是苏联可以单独建成社会主义；二是要实行经济管理计划化；三是要优先发展重工业；四是要高积累高投资，也就是要求轻工业和农业为重工业的发展作出牺牲，这与第三点是紧密联系的。在 1927 年 12 月的联共（布）十五大上，斯大林的这些主张获得通过，反对派被清除出党。

随后党内斗争围绕对"新经济政策"的态度，在斯大林与布哈林之间展开。布哈林认为新经济政策应是国家"严肃而长期"的政策，其"实质"在于保存和发展市场关系，强调市场对苏联社会主义建设的重要意义。他指出，这样才能保证把"个人的、集体的、群众性的、社会的和国家的积极性巧妙地组织起来"，"最大限度地动员为社会主义工作的各种经济因素"。他反对斯大林过分"挖取"农民、牺牲农业来发展工业的做法，认为这严重违背新经济政策和客观经济规律，必然造成农村经济衰退，最终会减少国家的积累和对工业的投资，从而减慢重工业的发展速度。布哈林的主张虽然在经济上更具合理性，但不如斯大林的主张更适应当时紧迫的历史任务的需要。当时苏联的燃眉之急是"争生存、求安全"，整个国家和社会的紧迫任务是尽快工业化，特别是尽快地建立起必不可少的国防工业。斯大林的主张虽然不符合经济发展的客观规律，但他那种可将整个国家和社会资源与力量集中运用到解决国家最紧迫的任务上来的"高度集中的动员型政治经济体制"，显然更能适应当时历史任务的需要。同时，由于斯大林通过一系列的党内斗争已经大权在握，因此布哈林的主张敌不过斯大林而被否定了。在 1929 年 4 月的中央全会上，布哈林与其支持者被开除出政治局，新经济政策被宣告结束。1929 年 12 月 27 日斯大林明确宣布："我们所以采取新经济政策，就是因为它为社会主义事业服务。当它不再为社会主义事业服务的时候，就让新经济政策见鬼去！"[①]

3. 斯大林模式全面确立及其特征

1929 年底正式宣布结束新经济政策之后，斯大林模式得以全面推进加快发展。在 1930—1932 年间又进行了信贷改革、税制改革和工

---

① 《斯大林全集》第 12 卷，第 151 页，人民出版社 1955 年出版。"让新经济政策见鬼去"原译为"我们就把它抛开"。这里采用的是郑异凡的新译法。参见郑异凡著：《布哈林论稿》，中央编译出版社 1997 年版，第 410 页，。

资改革，管理经济的方式由市场调节完全转为行政指令。与此同时，进一步采取行政手段来大规模强制性地推行农业集体化，到 1932 年通过了第一个《农业劳动组合章程》，标志着包括农业在内的苏联整个经济都已完全纳入了国家计划的范围，高度集中的计划经济体制已基本形成。此后，1936 年宪法以法律形式巩固了高度集权的政治经济体制。特别是经过 1937—1938 年的"大清洗"运动的高潮，斯大林在党内地位空前加强，他的至高无上的绝对权威得以确立，党内对其迷信也空前发展，这一模式的政治体制也得以确立。1939 年召开的联共（布）十八大，进一步巩固并加强了斯大林在全党的统治地位，斯大林模式进一步得到巩固和发展。

斯大林模式的特征最主要的有：一是在经济发展方面，实行单一的生产资料公有制，强调一大二公，纯而又纯。国家不仅是经济建设的强有力推动者，而且实行中央领导下的部门垂直管理，直接对经济实行高度集中的计划管理，国家机关成了经济管理的主体。企业从属于国家机关，没有独立的权力、责任和利益，而只是国家计划的执行者，其产、供、销均由国家包干，盈亏由国家承担。二是在发展战略方面，坚持优先发展重工业的发展战略，牺牲轻工业和农业以保证重工业发展的高速度。这导致农业和轻工业长期落后，民众生活必需品缺乏，人民长期过紧日子。三是在政治体制上，权力高度集中于中央，中央又集中于高层少数人，最后又集中于斯大林个人。民主集中制的原则遭破坏，社会主义民主和党内民主徒具虚名，甚至还严重破坏社会主义法制。这无疑挫伤了党内干部和普通民众的积极性和创造性，使苏联的社会主义建设丧失了集思广益的机会。四是形成了高度集中的思想文化体制。斯大林时期实行高度集中的思想文化管理体制，领袖言论成为真理与错误的唯一标准，舆论高度一律，盛行对领袖的个人崇拜，限制个人自由和独立思考，压制文化的自由健康发展，甚至连自然科学方面的学术民主也遭干预和破坏。

习近平 2013 年在"1·5 讲话"中，对斯大林模式的主要特征作过这样的归纳和阐述："在所有制上实行单一的生产资料公有制，在经济体制上实行自上而下的指令性计划经济，在发展战略上以重工业为重点追求外延式粗放增长，片面强调阶级斗争和无产阶级专政，忽视社会主义民主法制建设。在政治上具有权力过分集中、党政不分、终身制、家长制、个人崇拜，等等。"从上述情况看，苏联到上世纪30年代末已具备了这些"主要特征"，因此可以说到那时斯大林模式已全面形成和确立起来了。

斯大林模式在当时的历史条件下，并不是唯一和最好的，但却是适时和有效的。社会主义究竟怎么搞，当时苏联可以有几种不同的选择，譬如继续坚持新经济政策就是一种思路，这是列宁探索在经济文化落后国家如何建设社会主义的一种创新性的思路。其要点主要有：（1）必须从实际出发。"对俄国来说，根据书本争论社会主义纲领的时代也已经过去了，我深信已经一去不复返了。今天只能根据经验来谈论社会主义。"①（2）不能"直接过渡到共产主义"而要"迂回过渡"。要"把国民经济的一切大部门建立在同个人利益的结合上面"，"靠个人利益、靠同个人利益结合"②，即按客观经济规律办事。（3）在坚持"苏维埃政权"的前提下，"乐于吸取外国的好东西"，"把苏维埃政权和苏维埃管理组织同资本主义最新的进步的东西结合"③，"利用资本主义建设社会主义"④。列宁生前说新经济政策不是"权宜之计"，是"必须认真长期实行的政策"⑤。邓小平在新的历史条件下，也曾明确肯定列宁"新经济政策的思路比较好"。

在如何建设社会主义的问题上，斯大林的思路与列宁的思路是无法比拟的。斯大林所追求的是"社会主义低标准的简单发展"，他看重生产关系的变革、公有制的建立和发展，而不在乎生产力发展水平的高低。1936年斯大林宣布已建成社会主义时，苏联人均工业产值和国民收入远比美、英、法、德等资本主义国家为低，人民的生活还很穷困。这自然是一种低标准的、不够格的社会主义。尽管如此，因为当时苏联处于资本主义包围之中，时刻面临战争威胁，迅速实现国家

---

① 《列宁全集》第 34 卷，人民出版社 1985 年版，第 466 页。
② 《列宁全集》第 42 卷，人民出版社 1987 年版，第 176、190、191 页。
③ 《列宁全集》第 34 卷，人民出版社 1985 年版，第 520、170 页。
④ 《列宁全集》第 41 卷，人民出版社 1986 年版，第 217 页。
⑤ 《列宁全集》第 41 卷，人民出版社 1986 年版，第 327、335 页。

工业化,特别是尽快解决国家安全的紧迫需要,已成全党全民迫在眉睫的第一任务。斯大林这种从"应急性思路"出发提出的"战时动员型模式",可以说是迫于形势和任务急需的一种"无可奈何的选择"。后来的实践也证明,这种选择是有效的、发挥了积极的历史作用。

4. 斯大林模式的历史作用

斯大林模式虽然发生过不少严重问题和错误,特别是在农业集体化运动中出现了不少过火行为,引起了农民的反抗,导致农民破坏劳动工具、宰杀牲畜等行为的发生,严重破坏了农业生产力,这是苏联农业长期滞后发展的一个重要原因。但是在工业尤其是重工业方面的成就是非常突出的。到 1937 年,第二个五年计划的任务基本完成之后,工业总产值和国民收入都取得了很大增长。1940 年的工业总产值比 1913 年增加 6 倍多,超过法、英、德跃居欧洲第一位,世界第二位。苏联只用了不到三个"五年计划"的时间,使苏联以令人难以置信的速度,走完了欧美国家通常需要几十年、甚至上百年才能走完的工业化路程,为战胜法西斯打下了物质基础,发挥了不可否定的历史作用。

随后,苏联在四五十年代取得了举世瞩目的成就,彰显了斯大林模式的历史作用。这表现在:一是作为史无前例的"社会主义制度"低标准地建立起来了。虽然错误和问题不少,但其国家计划、普遍就业和一定程度的社会保障等做法,与当时资本主义世界危机深重、大批工人失业现象形成强烈反差,吸引着进步人类的目光。二是在特定的历史时期推动和促进了苏联社会生产力的发展,确保了重工业特别是国防工业的优先发展,为反法西斯战争的胜利提供了强有力的物质保障。三是在战时显示出巨大的动员力和组织效率,它不仅使苏联在战争开始后迅速把国家纳入战时轨道,并且为赢得战争的最后胜利提供了有力的组织保障。苏德战争爆发后,苏联党和政府紧急动员,仅用 8 天时间就征集了 530 万人入伍,到 1941 年末就新组建了 400 多个师。① 这是苏联获得第二次世界大战胜利的重要条件之一。四是苏联不仅在反法西斯战争中充当了主力军，而且在战后经济迅速恢复，并在原子弹、氢弹等尖端技术上迅速赶上美国，并于 1957 年第一个将人造地球卫星送上了天。同时在国际国内多重因素的综合作用下，终于使战后世界社会主义运动出现了大发展的形势，而苏联成为世界社会主义阵营的头头。

上述成就的取得是"整个苏联社会主义制度"优越性的具体体现。当然，这其中包括了"斯大林模式"的作用，然而绝不应将这一切仅仅看成是斯大林模式这种"具体体制"的作用。譬如"优先发展重工业"这一关键性的发展战略，如果没有苏联社会主义"基本制度"产生出来的"能够集中力量办大事"的"制度优势"，是决不可能在那么短时间内完成的。因此与其说这是出于斯大林搞社会主义模式的"神奇功效"，还不如说这主要靠的是苏联社会主义的"制度支撑"，是苏联整个社会主义"制度优势"的体现。社会主义基本制度是决不可否定和动摇的，但如何搞社会主义的具体方法和具体体制，是必须与时俱进地进行改革的。苏联后来出问题，就出在：该坚持的（基本制度）没有坚持，该改革的（具体体制）又没有改革。

5. 斯大林模式的僵化和消亡

历史上发挥过重要作用的斯大林模式，后来为什么失去活力，变成了束缚和阻碍生产力发展的桎梏？究其原因，从根本上说，是因为这个模式是在"战争与革命"年代形成的适应于备战要求的、并适合于工业化初期阶段的模式。随着时代的变迁和历史条件的变化，与战争和备战相适应的发展战略和体制的积极作用逐步耗尽，随着苏联国家经济水平的提高，粗放发展以及与之相对应的体制的潜力也逐步耗尽，这一模式的弊端也就愈来愈清楚地暴露出来了，成为一种低效益、高成本、高浪费的过时的体制。另外，苏共指导思想上长期急于求成、脱离实际、超越发展阶段，是斯大林模式僵化的重要思想根源。斯大林 1936 年宣布已"建成了社会主义"，1939 年提出"向共

---

① 刘克明、金挥编：《苏联政治经济体制七十年》中国社会科学出版社 1990 年版，第 401 页。

产主义过渡"。第二次世界大战中断了这一过渡,战后的 1952 年又恢复了"向共产主义过渡"的口号。1959 年赫鲁晓夫宣布苏联进入"全面开展共产主义建设时期",1961 年他又提出要在 20 年内"基本建成共产主义",人均产值要超过美国。勃列日涅夫修改了赫鲁晓夫的估计,但仍认为已处于"发达社会主义"阶段。安德罗波夫时期又改为苏联处于"发达社会主义阶段的起点"。这说明苏共思想上长期受"左"的影响。①

在特殊条件下形成的斯大林模式,本不是适应于任何环境、任何时候、任何国家的普遍适用的模式,但是苏共长期思想僵化,将对马克思主义教条化的理解当成社会主义的"固有规律"和"本质特征"来固守,并将一些思想理论观点绝对化和神圣化。特别是在后来时代发展科技革命的新情况下,苏联仍不思改革,并走上了与美国争夺世界霸权的道路,同美国大搞军备竞赛,超出了国防安全需要和国家可承受的能力,使本已畸形僵化的模式变成了严重的体制障碍。结果如邓小平所说,"社会主义究竟是什么样子,苏联搞了很多年,也并没有完全搞清楚。"② 终于在 1991 年随苏联的崩溃解体而彻底消亡了。

三、如何全面评价斯大林模式

要全面评价斯大林模式,一要客观历史地分析和看待它产生的历史条件和曾经发挥过的历史作用,不搞历史虚无主义的全盘否定;二要发展地看待和评价它在当今条件下的消极阻碍作用,大胆彻底地对其进行改革。至于如何才能全面评价斯大林模式,从"方法论"上讲,对于容易产生认识混乱的一些问题必须明确以下原则:

一是要坚持邓小平对苏联模式的科学定位,明确概念的内涵和外延。所谓苏联模式,实际上是苏联斯大林时期形成的建设社会主义的经济政治"体制",属于"如何搞社会主义"的范畴,也就是指如何搞社会主义的"搞法"。正如习近平所指出的:"邓小平同志讲的苏

---

① 中国社会科学院学者文选:《刘克明集》中国社会科学出版社 1999 年版,第 105 页。
② 《邓小平文选》第 3 卷,人民出版社 1993 年第 1 版,第 139 页。

联模式，是指列宁逝世以后斯大林在领导苏联社会主义中逐步形成的高度集中的经济政治体制。"

二是要明确中国使用相关概念的含义和用法完全不同于西方。西方和剧变中的苏联人不分青红皂白地将苏联的各种问题统统"归罪于"苏联社会主义"基本制度"，以达到全盘否定社会主义，抹黑和推翻苏联社会主义制度的目的。而中国使用"斯大林模式"这一概念，是将其与社会主义"基本制度"严格区别开来的"具体体制"，认为苏联搞社会主义的搞法不行，但搞社会主义本身没错。原来的搞法不行，完全可以改革、更换掉，而坚持社会主义的方向和基本制度是决不能动摇和否定的。

三是对社会主义"基本制度"要坚持，对"具体体制"要改革。基本制度是搞社会主义的政治前提，具体体制则属于"如何搞社会主义"的范畴，二者属于不同层次和性质的问题，决不要采取"一锅煮"的办法，将其混淆起来。否则既不利于进行体制改革，也不利于坚持基本制度。

四是既要区别对待社会主义"基本制度"与"具体体制"，又不忽视它们的密切联系和不同作用。社会主义基本制度是决定社会性质、发展方向和发展道路的根本性制度，而具体体制即如何搞社会主义的模式，是以基本制度为前提、为依托、为基础的。应将社会主义的"制度优势"与"模式作用"区别开来，决不能将"制度优势"误认作"模式的功效"而拒绝改革体制。

五是要对"斯大林"与"斯大林模式"分别评价。这是既有联系又有区别的两个问题，不能混淆。对斯大林应基本肯定，但对斯大林模式在新的历史条件下应基本否定。有人担心基本否定斯大林模式会导致否定斯大林，这是不必要的，因为否定斯大林模式这种社会主义的搞法，决不等于否定斯大林的一切。斯大林领导苏联打败了法西斯、将落后的农业国变成工业国，其历史功绩是永远否定不了的。

六是要把"斯大林模式"与"斯大林时期"、"斯大林式的社会主义"、"苏联社会主义的制度和实践"等概念区分开来。后面这些概念虽然与前者有密切联系，但在外延上要比前者大得多。斯大林模式在当今条件下是必须否定、彻底改革的，但决不能说整个斯大林时期"一无是处"。苏联社会主义制度虽然是扭曲僵化和不够格的，但决不能说它根本就"不是社会主义"，甚至说十月革命后的苏联就根本没存在过社会主义制度。

七是不要凝固僵化地对待我们党过去对斯大林问题所作的评价。我党历史上曾对斯大林的功过作过"三七开"的掂量，对苏联 30 年代的"大清洗"有过"肃反扩大化"的认识结论，但随着历史档案材料的公布和事实真相大白于天下，今天决不应不顾客观事实而原封不动地固守半个世纪前的认识和结论。总体而言，对这个俄罗斯人"沉痛的历史包袱"，我们对其严重性的认识是很不足的。事实上改革开放以来邓小平已有不少新的认识和看法，与过去相比是大大前进了。

八是要对斯大林模式的"历史作用"与"现实作用"分别评价。不能因其历史上发挥过重要作用而看不到它现在的消极作用，也不能因它今天的阻碍作用而否定它在历史上曾经发挥过的重要作用。中国对斯大林模式不搞历史虚无主义的全盘否定，承认和肯定它在历史上取得的成就，但决不将此作为拒绝当今必须改革的理由。

九是要警惕对斯大林"全盘否定"转向"全盘肯定"。对于剧变中的苏联人以及新世纪的俄罗斯人对斯大林问题的认识，应进行具体分析，而决不应盲目地随声附和。剧变中苏联人将苏联社会主义建设中的各种问题"归罪于"社会主义"基本制度"，采取历史虚无主义态度而予以"全盘否定"，对此进行否定和批判是完全正确的。但是进入新世纪以来，俄罗斯人兴起了对斯大林的"重评潮"，这固然是对历史虚无主义的反弹，包含着值得肯定的历史进步，但是它也不乏理论混乱。近年来有转向"全盘肯定"斯大林的另一种极端的倾向，甚至出现了为斯大林错误辩护，主张"重回斯大林模式"之类似是而非的论调。对此应冷静地进行具体分析，而决不应盲目地"认同"和随声附和。其实，在俄罗斯，普京的"谁不对苏联解体感到惋惜，谁就没有良心；谁想回到过去的苏联，谁就没有头脑"这句名言代表性可能更大些。俄罗斯人怀念苏联和斯大林是合理的、必然的，但想"重回"斯大林模式，"重拾"斯大林当年搞社会主义的那种搞法，是不现实的。总之，对"斯大林热"也要冷静地分析和看待。

十是对集中、权威、专断、专政、崇拜等概念不可简单地一概否定。民主是社会主义的生命，没有民主就没有社会主义，这是不言而喻的。但是，这决不意味着社会主义就可以不要集中、不要权威，就可以对专断、专政和崇拜等"不好听"或"令人难堪"（恩格斯）的概念一概予以否定。这些概念实际上直接涉及的是社会主义"基本制度"而非纯粹的"具体体制"问题，是不可以简单地一概否定的。

"个人崇拜"，这是斯大林或斯大林模式中的一个严重错误和问题。我们党的《一论》、《再论》以及党的八大的主要文件，对此是明确加以否定和反对的。毛泽东曾亲笔写道："斯大林在他一生的后期，愈陷愈深地欣赏个人崇拜，违反党的民主集中制，违反集体领导和个人负责相结合的制度，因而发生了一些重大的错误"，并强调我们党应从中吸取教训，还提出了一个重要思想，就是"要用制度来保证集体领导的实施和防止个人崇拜的出现"，[①] 可惜后来我们党在相当长的时间内并没有真正建立起这样一种制度并付诸实践，以致重犯了个人崇拜的错误，并导致"文化大革命"全局性错误的发生。

毛泽东在"文化大革命"中曾与来访的埃德加·斯诺进行了多次谈话，在这些谈话中毛泽东在"个人崇拜"问题上的观点可以包括以下几个不同的层次。一是毛泽东是"反对个人崇拜"的，这必须明确不能含糊；他说"要人们克服三千年的崇拜皇帝的传统习惯是困难的"，意为这非个人所能左右得了的。二是毛泽东又明确肯定"总要有点个人崇拜"，这也就是说个人崇拜有其一定作用和道理。毛泽东承认"那个时候（1965年）需要有更多一些的个人崇拜"，而"现在（1970年）没有这种必要了，个人崇拜要降温"。三是多次表示对搞个人崇拜的做法"很讨嫌"。强调"个人崇拜搞过火了"，所谓四个伟大"很讨嫌"，总有一天要统统去掉，只剩下一个"导师"，就是"教员"。四是明确表达了自己对"崇拜"这个概念很宽泛的含义和用法。他说："人需要崇拜，也需要崇拜人"，"总要有人受崇拜，也

---

① 《毛泽东传（1949-1976）》（上），中央文献出版社2003年第1版，第501、503页。

总要有人崇拜别人"。"你们美国每个州长、每个总统、每个部长没有一批人崇拜他怎么混得下去呢？他问斯诺，你的文章、你的书写出来没有人读你就高兴啦？总要有点个人崇拜，你也有嘛。"①

可见，毛泽东对"崇拜"这个概念的理解是很宽泛的，有些类似于威信、威望、权威，甚至有受人拥护和尊敬、很有人缘之类意思。这与现代青年人流行的"粉丝"、"偶像"和"追星族"现象没有什么区别，与社会生活中人们敬重德高望重的长者也很相近。从这一逻辑出发，国家政治生活中需要有"崇高威望和权威的政治领袖"就是毫无疑义的事。如果借反"个人崇拜"，把这些符合常识、非常普通的道理都统统颠覆了、反掉了，那是不应该的。看来，这就是毛泽东认为"总要有点个人崇拜"的理由。当然应当指出，毛泽东对斯大林搞个人崇拜的严重后果和危害性的认识是很不足的，这是他重犯同一错误并酿成"十年动乱"的重要认识根源。

其实，除了"个人崇拜"问题，对于"集中"、"专断"、"权威"等相关概念也不可简单化地一概否定。这首先要从方法论上重视列宁的这句名言，即"真理向前多跨一步就会变成谬误"②。这些概念存在着一个如何把握好正确的"度"的问题，一旦"过了头"，它们就是起负面作用的"弊端"或"弊病"，但如果能把握好合适的"度"，却可能是社会主义"优势"或"优越性"的体现。

譬如拿"集中"这个概念来说，如果是"过度集中"那就是"弊端"或"弊病"，但如果"集中"是适度和必要的，它不仅不是"问题"，反而是社会主义特有的"优势"。邓小平就一再强调"党的领导是个优越性"③，社会主义有"能够集中力量办大事的优势"④，"社会主义国家有个最大的优越性，就是干一件事情，一下决心，一

---

① ［美］埃德加·斯诺著：《漫长的革命》，贺和风译，东方出版社 2005 年 11 月出版，第 160、66、161、66、17、161、162 页。

② 列宁的原话是"只要再多走一小步，看来像是同一方向多走了一小步，真理就会变成错误"，见《列宁选集》第 4 卷，人民出版社 1995 年版，第 211 页。

③ 《邓小平年谱（1975－1997）》（下），中央文献出版社 2004 年版，第 1363 页。

④ 《邓小平文选》第 3 卷，人民出版社 1993 年第 1 版，第 377 页。

做出决议，就立即执行，不受牵扯"①。人们常说的"举国体制"、"集中力量办大事"就是社会主义这种特有的优势的体现。当然集中必须以民主为前提，专断要以集体讨论为基础，权力的集中还需要有相应的制约、制衡和监督机制，以防止其出现其他弊病，这正是我们改革中正要解决的问题。

又譬如"权威"、"专断"（"专断的权威"），也不能一概地反对和否定。恩格斯早在《论权威》中就淋漓尽致地批评了形形色色反权威主义者的"荒谬"，而强调"权威"和"服从"都是现代大工业和现代文明的要求，是不可否定的。②邓小平也明确提出"没有权威不行"，"特别是有困难的时候，没有中央、国务院这个权威，不可能解决问题。有了这个权威，困难时也能做大事"③。当然"权威"，特别是"个人权威"也有它带来的其他问题，为此就必须强调"集体领导"，要树立"集体权威"。

"领袖专政"，曾经是遭到列宁驳斥的共产主义运动中"左派"幼稚病的一种"标新立异"的提法。他们将群众、阶级、政党和领袖的关系割裂和对立起来，提出什么"领袖专政"还是群众专政、阶级专政、党的专政的问题，被列宁斥之为"'左的'孩子气"。列宁正确地指出：群众是划分为阶级的，阶级是由政党来领导的，而"政党通常是由最有威信、最有影响、最有经验、被选出担任最重要职务而称之为领袖的人们所组成的比较稳定的集团来主持的"。④列宁所阐述的这些马克思主义原则至今仍具有很重要的现实理论意义。

总之，斯大林大搞个人崇拜、个人迷信，严重破坏法制，造成大批冤假错案，是违反马克思主义基本原则的，是必须坚决予以反对和从中吸取教训的。但是，批判斯大林的相关错误，决不意味着要一概否定集中、权威、专断和专政。在新历史条件下必须扬弃和否定斯大林模式，但不必担心这会否定必要的集中、权威、专断和专政，因为

① 《邓小平文选》第 3 卷，人民出版社 1993 年第 1 版，第 240 页。
② 《马克思恩格斯选集》第 3 卷，人民出版社 1995 年第 2 版，第 225、226 页。
③ 《邓小平文选》第 3 卷，人民出版社 1993 年第 1 版，第 312、319 页。
④ 《列宁文选》第 4 卷，人民出版社 1995 年第 3 版，第 151 页。

从根本上讲，这直接涉及的是社会主义的"基本制度"，而决非纯粹的"具体体制"，是不应当被一概否定的。

四、中国已全面扬弃并超越了斯大林模式

有人说对斯大林模式"否定不得"，这种似是而非的观点是不正确的。实际情况是，中国的改革实质上就是要"革除苏联模式"。中国的改革绝不是对原有模式"修修补补"，而是体制上的一场革命，是模式的彻底转换，用邓小平的说法"改革是中国的第二次革命"。经过一系列深刻的改革，中国在"什么是社会主义、如何建设社会主义"这个基本理论问题上，已作出了与"苏联模式"完全不同的创造性回答，一个不同于苏联模式的中国特色社会主义新体制已基本形成。1992年邓小平在南方谈话中曾提出，"恐怕再有30年的时间，我们才会在各方面形成一整套更加成熟、更加定型的制度"①。现在已过去20多年，离邓小平所预计的这个期限不远了，不能再将中国特色社会主义模式仍然归属于斯大林模式的旧范畴。

之所以说中国已全面扬弃并超越了斯大林模式，主要根据有：一是完整地提出了"社会主义本质"理论，彻底否定了"斯大林模式"那种脱离生产力发展水平而单凭生产关系来谈论社会主义的观念，明确"贫穷不是社会主义"，社会主义的中心任务是发展生产力，"发展才是硬道理"；二是明确了社会主义发展的长期曲折性，认识到中国将长期处于"社会主义初级阶段"，彻底纠正了急于求成、超越发展阶段的思想，改变了追求生产资料公有制单一化的"左"的倾向，树立起公有制为主体多种所有制形式共同发展的基本经济制度；三是明确了计划和市场都是手段，不是社会主义与资本主义的本质区别，彻底否定了"计划经济体制"这一斯大林模式的核心和基础，建立起社会主义市场经济的新体系；四是在政治体制方面进行了一系列改革，不仅纠正了中国前30年的错误，而且形成了与斯大林政治体制

① 《邓小平文选》第3卷，人民出版社1993年第1版，第372页。

不同的新体制，告别了那种权力过分集中、终身制、家长制、个人专断、个人崇拜等弊病丛生政治体制。我们不搞斯大林那种"不受法律约束的"无产阶级专政，而强调依法治国建设中国特色社会主义法治国家。不搞共产党一党执政，而实行多党合作政治协商，将选举民主与协商民主结合起来，把执政党依法执政与参政党依法参政结合起来，完善中国特色的政党政治。不搞苏联和中国"文革"时期那种"法律虚无主义"，而是把发展民主与健全法制结合起来，强调民主制度化、法律化，坚持依法治国。强调进一步把党内民主与人民民主结合起来，以党内民主带动人民民主；把党内监督、行政监督、法律监督与公民直接监督结合起来，完善公民有序的政治参与形式，实现坚持党的领导、人民当家做主、依法治国有机统一等等。

现在国内外存在两种不赞成"中国已扬弃并超越了斯大林模式"的观点，他们认为中国仍然"没有跳出"或者"仍应归属于"斯大林模式。一种主要是西方学者或按西方标准看问题的人，他们认为中国仍然坚持共产党的领导，不搞西方的"三权分立、多党竞选、轮流执政"那一套，因而认为中国"仍未跳出"斯大林模式，因为他们是把这些社会主义基本制度方面的问题，归属于"模式"这个概念当中的。另一种是近10年来中国学界有些人的观点，他们将斯大林模式与苏联社会主义制度和实践完全"同一化"或"同质化"，使苏联模式变成了包括苏联整个社会主义制度的"包罗万象的筐"，提出对苏联模式要实行"三七开"，即只能改革其中的"三"。因此他们认为，今天的中国理所当然地"仍应属于"斯大林模式的范畴。[1] 上述这两种完全不同政治倾向的观点，却在方法和结论上如此一致，很值得深思。

总之，半个多世纪以来，中国在与苏联斯大林模式的关系上经历了三种状况。20世纪50年代是"一个主义、两种模式"，[2] 即都属于"科学社会主义"，但在如何搞社会主义的方式上，已开始探索不同于苏联的新道路。80年代中国开始改革，实际上是要"革除苏联模式"，闯出一条中国特色社会主义的新路，即"改革与创新"并举。

---

[1] 周新城著：《必须科学地评价苏联社会主义模式》，载《百年潮》2011年第12期。

[2] 黄宗良著：《从苏联模式到中国道路》北京大学出版社2014年版，第25页。

现在进入新世纪已有 15 个年头，中国特色社会主义与昔日苏联模式不再是同一主义（科学社会主义）这棵大树上的"平行分权"，而是全面的"扬弃并超越"了斯大林模式，一种不同于苏联模式的中国特色社会主义新体制已全面形成。僵化的苏联模式已经退出了历史舞台，而蓬勃崛起的中国特色社会主义新模式却为科学社会主义开辟了一片新绿洲。这是科学社会主义理论上的一次新飞跃，社会主义发展史上的一个新阶段。

（原载《科学社会主义》（双月刊）2015 年第 5 期）

中苏论战：吴冷西"述而不作"
与邓小平"回头看"
——接受上海《党史与党建》的专访

记者：中苏论战是 20 世纪五六十年代国际共运中的一个重大事件，对中苏关系及世界格局均产生了深刻影响。自 20 世纪 90 年代以来，随着有关档案的解密，关于中苏论战的专题研究颇受关注，并出现了一些有价值的成果。我们注意到，在这方面既有一些亲历者的珍贵回忆，也有一些学者的学术专著和论文，总体看学界的共识是在逐渐增多的。然而在对"九评"的认识和评价上，分歧仍然很大。您认为究竟应当如何正确看待中苏论战和"九评"？

肖枫：1956 年苏共二十大后，中苏两党在国际共产主义运动的路线和策略等问题上的分歧逐渐明朗和激化，后来发展到公开论战，双方唇枪舌剑一直持续到 60 年代中期，长达 10 年，史称"十年论战"。1963 年 6 月苏共中央发表了《给苏联各级党组织和全体共产党员的公开信》，进一步将中苏分歧推向扩大化和公开化。为对此进行反击，中共中央从 1963 年 9 月至 1964 年 7 月，以《人民日报》和《红旗》杂志编辑部的名义，相继发表了 9 篇评论苏共中央公开信的文章，激烈批判以苏联赫鲁晓夫为代表的"现代修正主义"，史称"九评"。

对于这场已过去半个多世纪的斗争，老同志难以忘怀，新同志又想探索究竟，于是它至今仍是人们热议的话题之一。但是包括党员干部和学术界的学者在内，对这一事件的评价和看法，仍是众说纷纭、莫衷一是，分歧是非常大的，甚至不乏南辕北辙根本对立的意见。为什么会有这么大的分歧？我认为许多分歧是由方法论上的问题引起的。所以要想对这一历史事件获得正确的认识，最要紧的是先把思想方法搞对头。

记者：为什么说最要紧的是方法论上的问题，你能进一步谈谈这个问题吗？

肖枫：好的。在如何认识中苏论战和评价"九评"的问题上，现在影响最大的方法有两种：一种是吴冷西在其《十年论战》中所使用的所谓"述而不作"的方法；另一种就是邓小平新时期以来常用的朴素地称作"回头看"的方法。实际上，这是完全不同的两种方法。简单地说，前者（"述而不作"）是站在当年"反修"认识的立场上，以当年的认识和观点，评价当年的那一历史事件。尽管所使用的观点在当年是很有权威非常正确的，但简单地沿用至今天来当作认识标准，是不科学的。后者（"回头看"）是改革开放新时期以来，邓小平常用的以实践的检验为依据，站在今天的时代高度，运用今天发展了的观点去重新认识和评价当年的事情，这实际上是历史唯物主义的方法，是一种最科学的认识方法。人们用这两种不同的方法去认识和评价"九评"，结论是完全不同的。要想获得正确的认识，首先要把这两种方法的区别搞清楚，自觉地选择科学、正确的认识方法。

记者：那么，"述而不作"方法的特点是什么？它对认识、评价中苏论战和"九评"产生了怎样的影响？

肖枫：1999 年，吴冷西出版了《十年论战》，这是目前国内有关此问题的史料最权威、最详细的著作，无疑这是本很有价值的好书。人们从中可获得第一手的珍贵史料和丰富的历史知识，但若想从中获得对这一历史事件正确的认识和评价是不大可能的。

作者在此书末尾说，他写此书的目的是"本着述而不作的初衷，披露笔者十年间亲身见闻所及，为有志于研究中苏关系史者提供第一手材料"。应当说这一目的是达到了，而且是很出色地完成了，从史料角度看这的确是本难得的好书。但是，这部书的优点与缺陷都是与其采取的"述而不作"的方法紧密联系在一起的。"述而不作"强调"原原本本"地讲述当年的事情，让读者能"原汁原味"地了解当年的斗争情况甚至某些细节，因而很引人入胜。作者为达到向"有志于研究中苏关系史者提供第一手材料"的目的，这未尝不是一种好方法。然而，叙述历史也有个用什么角度、立场和观点去叙述的问题，因此"述而不作"本身也是一种"作"。只不过是站在"当年"反修的观点和立场上，仍按"当年"的认识和观点去看待"当年"的问题而已。所以，作者以非常赞赏和肯定的笔墨描述当年的事情，而只字不提邓小平以"回头看"的方式所提出的新思想、新观点和新认识，因此，读者可从此书获得珍贵史料和丰富的历史知识，但难以获得今天对这一历史事件的正确认识和评价。

记者： 邓小平采用的"回头看"的方法，为什么说是历史唯物主义的科学方法呢？

肖枫： 邓小平的所谓"回头看"的方法，指的是改革开放新时期以来，他常以"回过头来看"的方式，总结我们党历史经验教训的方法。这种方法坚持实践是检验真理的唯一标准，强调以实践检验的结果为依据，站在今天的时代高度，运用今天发展了的观点去重新认识和评价当年的事情，实际上这是历史唯物主义的方法，是一种科学的认识方法。邓小平以这种方法，深刻总结了我们党在这场论战中的经验教训，指出哪些做对了，哪些做错了，今后应怎么做，为新时期我们党处理相关问题提供了明确的指导思想。要想对半个世纪前的这些历史事件获得正确认识，一定要重视邓小平"回头看"的方法与吴冷西"述而不作"的原则区别。自觉地放弃形而上学方法，而选择历史唯物主义的科学方法。

20世纪90年代初苏联剧变时，国内有人主张肯定"九评"，强烈要求我们党"不要再沉默了"，应撰写"九评"式的文章公开批判戈尔巴乔夫。当时中央领导要求中联部尽快就此拿出意见和看法。我当时任中联部研究室副主任，分管国际共运和理论研究工作，直接参与了相关报告的起草工作。我们当时就是以邓小平新时期提出的思想和原则为指导，以《关于如何看待"九评"和国际共运大论战问题》

为主题，直接向中央领导报送了这份报告。这份报告的基本思想是，认为反对"老子党"我们是对的，但不能肯定"九评"，决不能再搞意识形态争论。随后，中央迅速采纳了中联部的这一意见。

记者：您说的这件事情，很多人是不知道的。您能具体谈谈当时中央为何关注对"九评"的评价问题吗？

肖枫：苏联剧变时，党中央突然提出如何看待和对待"九评"的问题，这是我们没有想到的。中央是在什么时候、什么情况下要中联部就此提出意见和看法的呢？根据我的工作笔记的记载，中联部直接报给中央的这份专题报告，落款时间是"1991 年 9 月 17 日"，这时苏联发生"8·19 事件"（1991 年）之后还不到一个月。为什么这一事件后，中央特别关注对"九评"的评价问题呢？

"8·19 事件"是以苏联副总统亚纳耶夫为首的一部分人发动的，企图以强制手段阻止苏联解体的一次尝试，但只有 72 小时就彻底失败了。事后，苏联解体过程加速，叶利钦乘机牢牢控制了主动权。他抓住地方，架空中央，抓住军队，取得主动。8 月 23 日叶利钦利用其"俄罗斯总统"的身份宣布"停止俄罗斯共产党的活动"。8 月 24 日戈尔巴乔夫辞去了"苏共总书记"的职务，并宣布"解散苏共中央"。8 月 29 日苏联最高苏维埃正式通过决议，停止苏共在苏维埃全境的活动。短短几天时间，一个有 93 年历史、执政 74 年、拥有 1600 万党员的苏联共产党被彻底摧毁了。苏共消亡后不足四个月，当年 12 月 25 日克里姆林宫红旗落地，苏联这个世界第一的社会主义国家彻底消亡了。

"8·19 事件"对中国造成了怎样的冲击？时任中联部部长的朱良后来在其撰写的《对外工作回忆与思考》一书中说："8·19 事件"给中国共产党人造成了极大冲击。当时很多党员、干部、人民群众特别是老同志非常悲痛、义愤，对国际共产主义运动前途十分担忧。有的同志认为我们党不能沉默了。理论界、学术界有的人认为：是修正主义导致苏联的剧变，提出要肯定 20 世纪 60 年代反修大论战时发表的"九评"。还有人认为要组织人写出类似"九评"这样的大批判文章，公开批判"新思维"和"人道的民主的社会主义"。读读朱良的这段回忆，不难了解当时中央为什么急于要中联部就此问题向中央报送看法和意见，那是因为当时国内形势有此需要。

中联部这份报告上呈得及时，并迅速得到了中央的肯定，但对其作用不宜过于夸大。因为早在1990年3月3日，邓小平同几位中央负责同志谈话时就已明确指出："不管苏联怎么变化，我们都要同它在和平共处五项原则的基础上从容地发展关系，包括政治关系，不搞意识形态的争论。"外界对此不清楚，但我们中联部人是清楚的。这就是说，不同苏联搞意识形态争论是中央早在一年多前就已确定了的，并不是中联部这份材料上呈之后才决定的。

最近，笔者与中联部当年的部领导朱良、李淑铮、李北海等同志就此问题进行了回忆和沟通。我们一致认为，中联部这份报告的意见能迅速被中央接受，并不是因为中联部有什么高招、我们有多高明，而是因为中联部利用了"近水楼台"的优势，认真学习和运用了当时尚未公开发表、外界尚不知晓的邓小平的谈话。邓小平同外宾的谈话，内容非常丰富、思想非常深刻，这些思想和原则是保证报告方向正确、观点鲜明的根本条件，是迅速得到中央肯定的重要原因。这份报告上送之后，中央再也没有向中联部询问过"九评"问题，国内也没再搞当年那种论战，一切发展都如上述比较平稳，这是中央接受中联部报告所提意见的实际证据。

记者：当年中联部报告提出这些看法和意见的主要根据和考虑是什么呢？您能否具体做些说明？

肖枫：邓小平是中苏论战的重要亲历者。照邓小平自己的说法，他是那场争论的"当事人之一，扮演了不是无足轻重的角色"。毫无疑问，无论从哪个角度来说，邓小平都是最有权威的，我们的报告当然要以邓小平新时期所提出的新思想、新观点为指导。

经过20多年的实践检验，邓小平在大论战和"九评"问题上的基本思想和观点是非常明确的。这就是："大论战"实际上包括了两个不同性质的问题，一个是党和国家关系上反对"老子党"和"指挥棒"的问题，一个是意识形态上的争论问题，即"九评"所争论的什么是马克思主义、什么是修正主义的这类问题。邓小平认为，在前一问题上我们是对的；在后一问题，即意识形态争论的问题上，"双方都讲了许多空话"，今后不能再搞了。这就为我们从总体上把握大论战和"九评"问题提供了基本的思想依据。

此外，我们党在1981年十一届六中全会通过的《关于建国以来党的若干历史问题的决议》，对中苏论战也有一些很有分量的看法和评价，这也是我们必须遵循的重要依据。历史决议对我们党反对苏共大党大国沙文主义做出了肯定的评价。另一方面，历史决议又对中苏论战和"九评"对我党错误地估计国内阶级斗争形势最终导致发动"文化大革命"的全局性错误做出了否定的评价。这些都是我们写报告时的依据。

就反对苏共大党、大国沙文主义的问题来说，必须肯定这是正确的、非常必要的，对国际共运独立自主发展是有积极意义的。用邓小平的话来说，"我们反对'老子党'，这一点我们是反对得对了。"在国际共运统一的国际组织解散之后，各国党都是独立平等的，不能允许"老子党"存在。然而苏共利用其威望沿袭了共产国际时期的某些做法，干涉别国党的内政已成习惯，中国党也深受其害。正如邓小平所言，"在斯大林时期，中国党在一些关键问题上没有听他的话，才取得了中国革命的胜利。"革命胜利后，苏联仍没有放弃控制中国的企图，赫鲁晓夫后又将意识形态分歧扩大到国家关系层面，并污蔑中国"像公鸡一样好斗"、"想用武力去试试资本主义的稳固性"，影射毛泽东是"一双破套鞋"，讥笑中国人穷得"没有裤子穿"等，极大地伤害了中国的民族感情。1989年5月16日邓小平在与戈尔巴乔夫举行"结束过去，开辟未来"的会谈中强调，中苏关系恶化"真正的实质问题是不平等，中国人感到受屈辱"，但他同时又指出"这不是指意识形态争论的那些问题，这方面现在我们也不认为自己当时说的都是对的"。很显然，邓小平是将"党和国家关系"问题，与"意识形态争论"的问题严格区别开来的。

必须指出，当年毛泽东在反对赫鲁晓夫大国沙文主义的斗争中，以大无畏精神顶住巨大压力，维护了国家主权、民族尊严和党的尊严，是值得我们自豪的。人们透过毛泽东气吞山河的言辞，看到了他在外来欺负面前，那种威武不屈的民族英雄主义气概。几十年过去了，人们仍然敬重毛泽东这种精神，是完全正当的。毛泽东这种不信邪、不怕压、不可欺、不可辱的民族精神，永远值得继承和发扬。

但是必须强调指出的是，充分肯定反对苏共"老子党"和"指挥棒"的正确性和必要性，决不意味着要对意识形态争论本身持肯定态度、对"九评"和论战这种方式持肯定态度。"老子党"过去、现在和将来都必须反对，但意识形态争论是不能再搞了。邓小平已将这两个问题严格区别开来了，我们今天在认识和看待这些历史问题时，不能再把它们又混淆起来。

记者： 改革开放新时期以来，特别是在20世纪90年代初苏联剧变期间，从我们党在对待"九评"问题上的立场和方针看，我们可以得出怎样的历史启示？

肖枫： 戈尔巴乔夫推行错误的改革路线，给苏联东欧带来了灾难，而且给我国坚持社会主义造成了严重冲击。我们听任不管，会直接影响和威胁中国的安全和稳定。我们若要管，却又管不了，因为如何改革这是苏联的内政问题。中联部的报告根据邓小平的思想原则，采取将对外方针与对内方针区别开来的做法，终于妥善地解决了这一难题。

对外要遵守党际关系"四项原则"，不干涉苏共的内部事务，不能再像"九评"时期那样开展对戈尔巴乔夫的批判，不再搞意识形态争论。但是对外不搞公开论战，决不等于我们赞成或支持戈尔巴乔夫的错误路线和做法，更不等于中国的改革要仿效苏联，而是恰好相反，我们要坚持社会主义不动摇，必须同戈尔巴乔夫的思想路线划清界线。早在1989年9月邓小平就提出要"冷静观察、沉着应付、韬光养晦、决不当头"。他当时说"少管别人的事"，"别国的社会制度如何我们管不了"，我们要"埋头实干，做好一件事，我们自己的事"。因此，我们对内要教育党员和人民划清科学社会主义与"人道的民主社会主义"的界线，要认真划清社会主义与资本主义、马克思主义与反马克思主义、科学社会主义与民主社会主义的界线，警惕和抵制西方国家的"和平演变"；与此同时又不要因此而干扰和动摇了经济建设这个中心，要继续坚持改革开放，尽快使中国发展起来。

对外不再像当年发表"九评"文章那样公开批判戈尔巴乔夫，避免了 20 世纪 60 年代的中苏论战的重演。对内坚持社会主义与戈尔巴乔夫错误路线划清界限，避免了苏联东欧的悲剧在中国重演。正是由于有邓小平这样的战略抉择，使社会主义在苏东剧变遭受严重挫折的情况下，却在中国出现了"柳暗花明"的新局面，从而使社会主义呈现出"大挫折"与"新局面"同时并存的态势。国际媒体普遍评论说，邓小平"挽救了要失事的社会主义大船"。

记者：其实，怎样看待意识形态问题上的争论，是评价"九评"的一个核心问题。在这个问题上，邓小平曾指出："双方都讲了许多空话"。那么，怎么理解这句话的深刻含义？

肖枫：邓小平在肯定反对"老子党"的正确性的同时，对意识形态争论问题是持否定态度的。虽然 20 世纪 60 年代国内外形势和主客观的历史条件，决定了中苏间的意识形态争论问题是难以避免的，但今天回过头来看，应当说压根就不该搞，对谁都没有好处。这是新时期邓小平所一再强调的。具体来说：

其一，就意识形态争论的性质而言，邓小平认为"双方都讲了许多空话"，"马克思去世以后一百多年，究竟发生了什么变化，在变化的条件下，如何认识和发展马克思主义，没有搞清楚。"既然对世界的变化没有搞清楚，在变化的条件下如何认识和发展马克思主义也没有搞清楚，就不能笼统地说那场论战的性质是什么"马克思主义反对修正主义"的问题了。所以邓小平在会见戈尔巴乔夫时强调说："经过二十多年的实践，回头来看，双方都讲了许多空话。""真正的马克思列宁主义者必须根据现在的情况，认识、继承和发展马克思列宁主义。"值得注意的是，"九评"当年只是一味地引马克思、恩格斯、列宁的语录、只强调"捍卫"问题，而邓小平则不同，他强调的是"必须根据现在的情况"，"认识、继承和发展"马克思列宁主义。

其二，邓小平彻底否定了"论战"这种方式，提出了今后"不搞争论"的重要原则。1980 年 5 月 31 日邓小平同中央负责工作人员谈话时指出："一个党评论外国兄弟党的是非，往往根据的是已有的公式或者某些定型的方案，事实证明这是行不通的"，"就算你用的公式是马克思主义的，不同各国的实际相结合，也难免犯错误。"他强调："各国党的国内方针、路线是对还是错，应该由本国党和本国人民去判断。最了解那个国家情况的，毕竟还是本国的同志。""即使错了，也要由他们自己总结经验，重新探索嘛！"这就从实践和理论的高度，也就是从根本上否定了党与党之间搞论战的正当性、可行性和必要性。

其三，邓小平深刻地指出我们党在大论战中的"真正错误"在于"根据中国自己的经验和实践来论断和评价国际共运的是非，因此有些东西不符合唯物主义和辩证法的原则"。1983 年 11 月 6 日邓小平会见澳大利亚共产党（马列）主席希尔和夫人，谈到"九评"时说："大论战我们发表了九篇文章，这些工作我都参加了。从现在的观点看，好多观点是不对的。我们的错误不是在个别观点，个别观点上谁对谁错很难讲。应该说，我们的许多观点现在看还是正确的。我们的真正错误是我们根据中国自己的经验和实践来论断和评价国际共运的是非，因此有些东西不符合唯物主义和辩证法的原则。主要是这个问题。"邓小平这一谈话非常透彻和彻底，意思是说我们的错误不在个别观点、个别问题，而是因为思想方法错了，这是带全局性、根本性的，所以也可说"从根上"就错了。

记者："九评"的核心思想是"反对现代修正主义"。对此，我们今天该怎样认识这个"反修"性质的定位呢？

肖枫：从我们党新时期对外交往的实际工作来看，事实上早已否定了论战的"反修"性质了。我们党曾经同世界上 89 个共产党有党际交往关系，"大论战"中将大多数党视为"修正主义党"而与之断绝交往，到"文革"结束时就剩下不足 10 个了。

粉碎"四人帮"之后，特别是党的十一届三中全会后，党的对外工作通过拨乱反正，本着实事求是、一切从实际出发的要求，开始纠正"文革"包括"大论战"时期的"左"的错误，实际上已开始否定"大论战"和"九评"的错误结论和做法了。1977 年我党决定邀请南斯拉夫领导人铁托访华，恢复两党关系，称铁托为"同志"。随后华国锋回访，并派各种考察团组去南斯拉夫考察。接着将国外大批称之为"修正主义的"党改叫为"老党"并逐渐恢复关系，还进一步与社会党发展关系。80 年代改变"一条线"战略，认为东欧也是"社会主义国家"并逐步恢复党的关系，直至 1989 年 5 月中苏两大党也通过高层会谈实现了关系正常化，并互称"同志"。这一切表明，我们党对外的实际工作，早已抛弃了"九评"的"反修"性质的结论，不再把当年的那场斗争当成是"反对现代修正主义"的斗争看待了。

（原载上海《党史与党建》2013 年第 11 期，原标题为《如何认识中苏论战与"九评"问题》）

如何看待中苏论战与"九评"问题

20世纪50年代中期至60年代中期的十年间，中苏之间发生了一场"大论战"，其中在1963年至1964年论战高潮期间，我们党相继发表了九篇评论"苏共中央公开信"的文章，史称"九评"。今天要正确认识和评价已过去半个世纪的这一大事件，最要紧的是先要把思想方法搞对头。在这方面邓小平为我们树立了典范。改革开放的新时期以来，邓小平采用一种朴素地叫作"回头看"的方法，即以实践的检验为依据，站在今天的时代高度，运用今天发展了的观点去重新认识和评价当年的事情，这实际上是历史唯物主义的科学方法。邓小平以这种方法，深刻总结了这场论战的经验教训，为我们党处理相关问题提供了明确的指导思想。

苏联1991年"8·19事件"后，苏共在几天时间内就彻底崩溃了。国内不少人出于义愤，要求公开刊文批判戈尔巴乔夫，认为"九评"是正确的，强烈要求肯定"九评"。当时党中央要求中联部尽快就此拿出意见和看法。笔者时任中联部研究室副主任，分管国际共运和理论研究工作，直接参与了相关报告的起草工作。中联部当时就是以邓小平新时期的这些思想和原则为指导，以《关于如何看待"九评"和国际共运大论战问题》为主题，直接向中央领导报送了报告。

这份报告的基本思想是，认为我们反对"老子党"是对的，但不能肯定"九评"，决不能再搞意识形态争论。随后中央迅速采纳了中联部的意见。当年中联部提出这些看法和意见的主要根据和考虑是什么呢？现据相关同志的回忆和个人的理解做些阐明。

反对"老子党"，"我们是反对得对了"

邓小平在如何对待这场"大论战"问题上的基本思想和观点是非常明确的。这就是："大论战"实际上包括了两个不同性质的问题，一个是党和国家关系上反对"老子党"和"指挥棒"的问题；一个是意识形态上的争论问题，即"九评"所争论的什么是马克思主义、什么是修正主义等这类问题。邓小平认为，在前一问题上我们是对的；在后一问题，即意识形态争论的问题上，"双方都讲了许多空话"，今后不能再搞了。

必须充分肯定反对苏共大党、大国沙文主义是正确的、非常必要的，对国际共运独立自主发展是有积极意义的。苏共推行"老子党""指挥棒"，仍想控制中国，后又将意识形态分歧扩大到国家关系层面，还出言不逊，伤害了中国的民族感情。1989年5月16日邓小平在与戈尔巴乔夫举行"结束过去，开辟未来"的会谈中强调，中苏关系恶化"真正的实质问题是不平等，中国人感到受屈辱"，但他同时又指出，"这不是指意识形态争论的那些问题，这方面现在我们也不认为自己当时说的都是对的"。很显然，邓小平是将"党和国家关系"问题，与"意识形态争论"的问题严格区别开来的。

在反对赫鲁晓夫大国沙文主义的斗争中，人们透过当年毛泽东气吞山河的激烈言词，看到的是他在外来欺负面前，威武不屈的民族英雄主义气概，这是值得肯定和自豪的。但这决不意味着要对意识形态争论本身持肯定态度。

意识形态争论，"双方都讲了许多空话"

虽然20世纪60年代国内外形势和主客观的历史条件，决定了中苏间的意识形态争论问题是难以避免的，但今天回过头来看，应当说压根就不该搞，对谁都没有好处。这是新时期邓小平所一再强调的。这体现在：

就意识形态争论的性质而言，邓小平认为"双方都讲了许多空话"，"马克思去世以后一百多年，究竟发生了什么变化，在变化的条件下，如何认识和发展马克思主义，没有搞清楚"。既然对世界的变化没有搞清楚，在变化的条件下如何认识和发展马克思主义也没有搞清楚，就很难说那场论战的性质是什么"马克思主义反对修正主义"的问题了。所以邓小平在会见戈尔巴乔夫时强调说："真正的马克思列宁主义者必须根据现在的情况，认识、继承和发展马克思列宁主义。"

邓小平彻底否定了"论战"这种方式，提出了今后"不搞争论"的重要原则。1980 年 5 月 31 日邓小平同中央负责工作人员谈话时指出，"一个党评论外国兄弟党的是非，往往根据的是已有的公式或者某些定型的方案，事实证明这是行不通的。"他强调："各国党的国内方针、路线是对还是错，应该由本国党和本国人民去判断。最了解那个国家情况的，毕竟还是本国的同志。""即使错了，也要由他们自己总结经验，重新探索嘛！"这就从实践和理论的高度，彻底否定了以"论战"形式解决党际间分歧的正当性、可行性和必要性。

邓小平深刻地指出我们党在大论战中的"真正错误"在于"根据中国自己的经验和实践来论断和评价国际共运的是非，因此有些东西不符合唯物主义和辩证法的原则。"1983 年 11 月 6 日邓小平在会见澳大利亚共产党（马列）主席希尔和夫人，谈到"九评"时说："大论战我们发表了九篇文章，这些工作我都参加了。从现在的观点看，好多观点是不对的。我们的错误不是在个别观点，个别观点上谁对谁错很难讲。应该说，我们的许多观点现在看还是正确的。我们的真正错误是我们根据中国自己的经验和实践来论断和评价国际共运的是非，因此有些东西不符合唯物主义和辩证法的原则。主要是这个问题。"邓小平这一谈话非常透彻和彻底，意思是说我们的错误不在个别观点、个别问题，而是思想方法错了，因而是带全局性和根本性的。这是真正的历史唯物主义的态度。

党的对外工作早已否定了论战的"反修"性质

我们党曾经同世界上 89 个共产党有党际交往关系,"大论战"中将大多数党视为"修正主义的党"而与之断绝交往,到"文革"结束时剩下不足 10 个。党的十一届三中全会后,党的对外工作通过拨乱反正,本着解放思想、实事求是、一切从实际出发的要求,开始纠正"文化大革命"包括"大论战"时期的"左"的错误。1977 年我党决定邀请南斯拉夫铁托访华,恢复两党关系,称铁托为"同志"。随后华国锋回访,考察团组去南考察。接着将国外大批称之为"修正主义的"党改叫"老党"并逐渐恢复党际关系。20 世纪 80 年代改变"一条线"战略,我们认为东欧也是"社会主义国家"并恢复党的关系,直至 1989 年 5 月中苏两大党也通过高层会谈实现了关系正常化,并互称"同志"。这一切表明,我们党对外的实际工作,早已抛弃了"大论战"的错误做法和"九评"中的错误结论,不再把当年那场论战视为"反对现代修正主义"的斗争了。

新历史条件下不能肯定"九评",但它并非一无是处

邓小平早就指出,"从 1957 年开始我们的主要错误是'左','文化大革命'是极左"。我们对国际共运的政策是"左"的,大论战总的指导思想也是"左"的,"从现在的观点看,好多观点是不对的"。在新的历史条件下,就总体而言我们不能肯定"九评"。

肯定"九评"会动摇我党否定"文革"的正确结论,不利于党内思想统一和安定团结。我党《关于建国以来党的若干历史问题的决议》在谈到"文化大革命"发生的原因时指出,在中苏论战等的影响下,我们在国内进行了反修防修运动,使阶级斗争扩大化的迷雾日益深入到党内。由于在论战中对社会主义和修正主义做出了一些"左"的错误判断,再用这些判断来观察和分析我们党内和国内的形

势,从而提出了"无产阶级专政下继续革命"的错误理论,由批国外的赫鲁晓夫发展到"揪中国的赫鲁晓夫",从而给党和国家带来严重的灾难。在"文革"中许多当作资本主义或修正主义来批判的东西,其中有的直接来自"九评"的一些结论,有的是从这些结论推衍出来的。因此肯定"九评",就会动摇我党否定"文革"的正确结论,不利于党内思想统一和安定团结。

肯定"九评"不利于坚持改革开放,与党的基本路线相背离。"九评"对苏联和南斯拉夫当时为搞活经济所采取的一些措施,进行了全面的批判,甚至把企业要注重利润,向国外学习管理经验,向国外贷款和取得援助,经理"控制"企业,企业间可以竞争,允许私人工业、商业、服务业等存在,等等,统统斥之为"复辟资本主义"。"九评"实际上是反对社会主义的任何改革开放。如果肯定"九评"的上述观点并进行争论,就会不利于现行的改革开放政策,有可能引起思想混乱。这与党的"一个中心、两个基本点"的总路线是相背离的。

肯定"九评"与当前国际形势相悖,不符合我国现行的对外政策。"九评"是在当时国内外特定的环境中写成的,已不符合当前我们所处的国内外形势,许多思想和观点是与我党十一届三中全会以来的路线和政策相左的。"九评"所强调的是战争不可避免,似乎世界大战很快就会打起来,这是不符合当今时代主题和目前国际形势的。"九评"强调必须坚持无产阶级国际主义,打倒帝、修、反,支援世界革命等,也是不符合我们现行的对外政策的。若肯定"九评",同我国家关系要遵循和平共处五项原则、党际关系要遵循"四项原则"都是不相符合的。

当然,所谓不能肯定"九评"是就整体而言的,并不是说"九评"一无是处。"九评"批判苏联大党大国沙文主义,强调共产党和社会主义国家之间要坚持独立自主、完全平等,反对"老子党"和"指挥棒",仍然是对的,至今具有积极意义。"九评"批判赫鲁晓夫完全否定社会主义社会存在阶级斗争,批判他取消无产阶级专政,强调要防止帝国主义搞"和平演变"等观点,仍然是站得住脚的。但问题在于，当时论战总的指导思想是"左"的，是站在社会主义必须坚持"以阶级斗争为纲"的立场去批判"修正主义"的，所以即使是正确的观点也不能同我们今天的认识相提并论。

对外不搞争论，但对内必须"划清思想界线"

戈尔巴乔夫推行错误的改革路线，给苏联东欧带来了灾难，而且给我国坚持社会主义造成了严重冲击。我们如果听任不管，会直接影响和威胁中国。我们如果要管，却又管不了，因为如何改革这是苏联的内政问题。报告根据邓小平思想采取内外有别的做法，终于妥善地解决了这一难题。

对外要遵守党际关系"四项原则"，不干涉苏共的内部事务，不能再像"九评"时期那样开展对戈尔巴乔夫的批判，再搞意识形态争论。早在1990年3月3日，邓小平同几位中央负责同志谈话时曾明确指出，"不管苏联怎么变化，我们都要同它在和平共处五项原则的基础上从容地发展关系，包括政治关系，不搞意识形态的争论。"

但是对外不搞公开论战，决不等于我们赞成或支持戈尔巴乔夫的错误路线和做法，更不等于中国的改革要仿效苏联，而是恰好相反，我们要坚持社会主义不动摇，必须同戈尔巴乔夫的思想路线划清界限。邓小平强调，"只要中国社会主义红旗不倒，社会主义在世界上将始终站得住。"他强调：对内要教育党员和人民划清科学社会主义与"人道的民主社会主义"的界线，要认真划清社会主义与资本主义、马克思主义与反马克思主义、科学社会主义与民主社会主义的界线，警惕和抵制西方国家的"和平演变"；与此同时又不要因此而干扰和动摇了经济建设这个中心，要继续坚持改革开放，尽快使中国发展起来。

对外不再像当年发表"九评"文章那样公开批判戈尔巴乔夫，避免了20世纪60年代的"大论战"的重演。对内与戈尔巴乔夫错误路线划清界限，避免了苏联东欧的悲剧在中国重演。这样就使世界社会主义运动，虽然在苏联东欧发生了"大挫折"，但在中国却开创了

"新局面"。国际媒体普遍评论说，邓小平"挽救了要失事的社会主义大船"。

中联部的这份报告在苏联"8·19事件"后不足一个月的9月17日就上报给中央了，不久就获得了中央领导的肯定。

（原载《学习时报》2013年10月28日）

共运论战：从"争论一万年"
到"不搞争论"

题注： 在中苏论战中，毛泽东曾强调要"争论一万年"，并说"笔墨官司死不了人"，"天塌不下来"，"鱼儿照样游"，"女人照样生孩子"，不用担心。他用这种"毛式幽默"的语言表达了要同苏共争论到底的决心和气概。实质上是认为你苏共"拉屎到我头上，我要回敬"，不能"你说停就停"。他之所以如是说，还与当时对国际共运形势的估计过于乐观，而对实际存在着一股"害怕分裂"、"要求团结"的愿望认识和估计不足有密切关系。新时期，邓小平总结了历史经验教训，得出了"不争论"的原则和结论，为新时期党的对外工作的调整和发展提供了实践依据和理论基础。

在 20 世纪 60 年代的中苏论战中，毛泽东曾提出要与苏共"争论一万年"的著名论断。1965 年 2 月他在同苏联部长会议主席柯西金会见后，减了一千年。1970 年 6 月他会见罗共中央常设主席团委员波德纳拉希时，又减少了一千年。1971 年 6 月罗共总书记齐奥塞斯库来访时还想让毛主席减少，主席说："一年也不减了！我们不多不少，八千年（伸出八个手指）。大家听着啊，不减了！"

当年毛泽东是怎么谈论这个问题的

我党从 1963 年开始发表《九评》的论战文章之后，赫鲁晓夫迫于内外压力，在当年东德党代会上提出要"停止公开论战"。赫鲁晓夫的这一口号，至少在客观上符合了许多党希望团结、担心分裂的愿望，包括了越南、古巴等支持我党立场和观点的一些党在内。而我们党认为，论战是苏共挑起来的，不能"你说停就停"。许多骂过我们的党不收回对我党的攻击，要求停止论战是不公正的。因此我们坚持要论战到底，决不停止争论。为表示我党的坚定立场，毛主席多次谈到争论要长期坚持下去，开始说要搞"十年到十五年"，后来增加到"一万年"。

1964 年 1 月 17 日，毛泽东会见斯特朗、柯弗兰、艾德乐、艾泼斯坦、李敦白时说："停止争论不是一边说了就算，而必须达成双方都能接受的公平协议。双方不止是两个党，而是几十个国家的党。因此，很难停下来，我们要做十年到十五年的计划。十五年就是三个五年计划。"

1964 年 3 月 23 日，毛泽东会见日共政治局委员、中央书记袴田里见时说："我同罗马尼亚同志说要两个五年计划。恐怕还要更多时间。我们过去打了二十五年武仗，现在打文仗，打笔墨官司，恐怕也需要二十五年。"

1964 年 11 月 14 日，毛泽东会见拉美九党代表团时进一步提出要争论"一万年"。他说："修正主义者批评我们那么多，难道我们不能批评他们吗？看来十年是批评不完的，至少二十年、三十年，或者要一百年。索性把问题讲彻底一点，要一万年。"

毛泽东为什么在 1964 年 11 月提出要同苏共"争论一万年"呢？看来这与当时我党对国际共运形势的估计过于乐观，而对国际共运中实际存在着一股"害怕分裂"、"要求团结"的愿望认识和估计不足有密切关系。当时我们还只发表了九篇文章，赫鲁晓夫就于当年 10 月被赶下了台，因此认为形势对我有利。毛泽东 1963 年 5 月 22 日在会见新西兰共产党总书记威尔科克斯时曾经说过："修正主义有三怕：

一怕帝国主义,二怕广大群众,三怕我们'教条主义',就是怕革命党,怕'教条主义的广播'。"他认为,继续论战下去,修正主义就会彻底完蛋。

后来毛泽东怎样减少"两千年"

1965 年 2 月 11 日,毛泽东会见苏联部长会议主席柯西金的时候,说:"停止公开论战,我就不赞成。晓得哪一年才停止呀?我们跟罗马尼亚讲二十五年,因为有许多问题大概要用公开论战的方式来搞清楚。后来有人说不行,要停止公开论战,还不能支持所谓派别活动。我们就提高了价钱,我说,要一万年,看来少了不行。"柯西金笑了笑说:"这是有益处的谈话。我同意你的意见,就是我们应该常常见见面。有些问题可以提前解决,用不了一万年。"毛主席说:"可以,减少一点也可以。"柯西金接着说:"让我们来减少吧。"主席说:"减少一千年,就是九千年,这是最大的让步,减少了一千年嘛。"柯西金说:"然后剩下来的那几千年去掉三个零,按个位数的算法。这样的话,一切事情都好起来了。让我们为这个而奋斗吧。"

1970 年 6 月 11 日,毛泽东会见罗共中央常设主席团委员波德纳拉希时说:"柯西金也来过这里。他提出停止公开论战。我说不行,停止可以,一万年以后,一万年以内不能停止。他说太长了。我说,你是十月革命第一个社会主义国家的领导人,看在这个面子上,我让步,减少一千年。你看这个让步多大呀。"波德纳拉希说:"是不是你可以作个让步,再减少一千年,争论八千年?"毛主席说:"那是相当危险呀。"波德纳拉希说:"鼓舞他的士气。那里有些人是需要鼓舞的。"毛主席说:"好,为了罗马尼亚,减少一千年。"波德纳拉希说:"谢谢你。我可以转告柯西金吗?"毛主席说:"可以。"

1971 年 6 月 3 日,毛泽东会见罗共总书记、国务委员会主席齐奥塞斯库时说:"柯西金来一趟,(公开争论)减少了一千年;你们罗马尼亚波德纳拉希来一下,减少一千年。我说:哎呀!一下就减少两千年,再减非常危险噢!现在不过剩下八千年了。"齐奥塞斯库说:

"还可以减少一些吧？"毛主席说："一年也不减了！你拉屎到我头上，我要回敬！小国不在内，一句话不讲，可以。大国啊，不买它的账！谁人做说客也劝不动我们，越说关系越不好！……我们不多不少，八千年（伸出八个手指）。大家听着啊，不减了！"

在对待为中苏争论当"说客"的问题上，毛泽东对越南和罗马尼亚比较体谅和宽容。上述情况表明，对罗马尼亚毛泽东是很"给面子"的。此外，1961 年 11 月 14 日，毛泽东会见越南胡志明时，胡说："我们一些党中，有担忧的情绪。我相信，正如毛泽东同志说过的，天不会塌下来。但是，我们几个小党参加二十二大的代表，在交谈中有这样的意见：目前这种情况长期拖延下去，各党在国内方面和国际方面，处境都有困难。不知道有没有什么方法可以逐步解决问题，搞好团结。"毛泽东也只是说"没有困难。天不会塌下来。怎样解决，你都没有办法，我有什么办法"，而没有什么责备。但是，对古巴的卡斯特罗，即 1964 年拉美九党代表团的访华，毛泽东的态度是过于苛刻了一些，后来中古关系的恶化，看来主要源于这里。对此，将另文说明。

认识上的新飞跃：从毛泽东到邓小平

毛泽东说要同苏共"争论一万年"，这种"毛式幽默"的核心是"你拉屎到我头上，我要回敬"。正如后来，即 1989 年邓小平在同戈尔巴乔夫会谈时所指出的：中苏关系恶化"真正的实质问题是不平等，中国人感到受屈辱"。至于"一万年"，"文仗死不了人"，"天塌不下来，鱼儿照样游，女人照样生孩子"等，都是他幽默地表达自己不信邪、不怕压的决心和气概的一种方式。我们要理解毛泽东的语言幽默，不可责难。问题不在用语，而在论战本身及对形势的估计有问题。

新时期邓小平以"回头看"的方式对这场"大论战"作出了一系列正确的判断。他认为，"马克思去世以后一百多年，究竟发生了什么变化，在变化的条件下，如何认识和发展马克思主义，没有搞清楚"，"双方都讲了许多空话"。"一个党评论外国兄弟党的是非，往往根据的是已有的公式或者某些定型的方案，事实证明是行不通的。"从而得出了今后"不争论"的重要结论和原则。

从毛泽东"争论一万年"到邓小平"不争论"，反映了我们党对国际共运和党际关系问题在认识上已发生了质的飞跃。这为我们党在新的历史条件下大幅度地调整对外关系，发展新型党际关系提供了宝贵的实践依据和理论基础。

（原载中联部史料组：《中共对外关系史料》第 9 期，2004 年 12 月 31 日）

六、政党体制与民主法治

世界不存在统一适用于 各国的"民主模式"

民主制度的发展历史表明，民主首先是具有阶级性的，即不同阶级有不同性质的民主制度。同时，民主也具有民族性、多样性和渐进性。民主制度的这些性质和特点，使世界根本不可能存在着统一的、供各国通用的"民主模式"。

一、一切民主制度都必然具有本国本民族的特点

当代世界各国的民主制度异常纷繁复杂，在不同国家和民族中是各不相同的。不同性质的国家固然有不同性质的民主制度，但即使是性质相同的民主制度，由于国家历史传统、民族特征、宗教影响、经济发展水平等主客观条件上的种种差异，也必然会带有各自国家和民族的特点。譬如在发达资本主义国家：英国和日本实行的是君主立宪的"内阁制"，美国和法国等实行的是"共和制"，瑞士实行的是"委员会制"。美国和法国虽同属共和制，但美国实行的是总统制共和国体制，法国在1958年之前是议会制共和国体制，其后又改成兼具议会制和总统制特征的"半总统制"。至于100多个发展中国家的政治体制，更是五花八门、色色俱全，其民主政治的体制和形式各不相

同。当然，社会主义国家的民主制度与资本主义国家的民主制度存在着本质上的区别，但各个社会主义国家之间，在民主的具体制度和体制上同样也存在很大差异。

世界各国现行的政治体制及其形式肯定还需要变革、完善和发展。但无论如何，世界近 200 个国家的政治制度和形式绝对不可能、也不应该变得一模一样，都实行西方认为最理想的民主模式。邓小平同志在谈到民主选举的形式时曾明确指出："有些事情，在某些国家能实行的，不一定在其他国家也能实行。我们一定要切合实际，要根据自己的特点来决定自己的制度和管理方式。"他在会见美国前总统卡特时又说："人们往往把民主同美国联系起来，认为美国的制度是最理想的民主制度。我们不能搬你们的。"①

中国和外国的著名资产阶级民主主义思想家都认为，不存在可供各国通用的最好、最理想的民主制度。我国民主革命的先驱孙中山曾说过，中国几千年以来社会上的民情风土习惯，和欧美的大不相同。中国的社会既然是和欧美的不同，所以管理社会的政治自然也是和欧美不同，"不能完全仿效欧美"②。提倡"天赋人权"和"自由、平等、博爱"的法国大革命的思想界先驱卢梭，在其《社会契约论》一书中就说过：一切良好的政治制度"在各个国度都应该按照当地的形势以及居民的性格这两者所产生的种种对比关系而加以修改；应该正是根据这种种对比关系来给每个民族都确定一种特殊的制度体系，这种制度体系尽管其本身或许并不是最好的，然而对于推行它的国家来说则应该是最好的"。他还引用另一位思想家布拉马奇的话明确指出："每一种好政府并不是同等地适用于一切民族。在这一点上，必须顾及各个民族的气质和特征以及国家的大小。"③ 实际上，美国的民主政体没有照搬英国的，而英国的政体也无法照搬美国的。尽管美国曾是英国的殖民地，当时也有人试图按照英国的模式来为美国制定宪法和建立议会制政体，但是实际上美国最后没有照搬英国的模式，而

① 《邓小平文选》第 3 卷，人民出版社 1993 年第 1 版，第 221、244 页。
② 《孙中山选集》，人民出版社 1981 年版，第 763 页。
③ 卢梭：《社会契约论》，商务印书馆 1980 年版，第 70、87 页。

选择了总统制的新政体。英国的君主立宪制虽然已显得很不合时代潮流，但英国保留君主自然有其历史原因和民族感情上的因素。英国人需要君主，因为英国君主曾建立一个强大的帝国。迄今为止，英国国民仍沉湎于这种昔日的光荣感之中，君主是维持国人尊严的一种需要。日本人虽然在天皇发动的"圣战"中遭受了巨大的牺牲、痛苦和战败的惩罚，但多数日本人目前还需要天皇作为其民族统一的象征。这些情况，足以说明各国的政治体制、民主政治不能不考虑本国特点和本民族的情感，因而不能照搬别国的模式。

世界落后国家是否可以照搬发达国家的民主制度呢？亚非拉地区的许多革命家、政治家的回答也是否定的。早在 19 个世纪，拉丁美洲民族独立运动的领袖西蒙·玻利瓦尔，在领导拉美国家推翻西班牙的殖民统治之后，曾就建立什么样的政治体制问题指出："永远不要忘记，一个政府的优越性不在于它的理论，不在于它的形式，也不在于它的机构，而在于它适合于所在国家的性质和特点。"① 近年来，东南亚一些国家公开抵制西方的说教和政治模式，坚持按本国实际情况行事，保持了社会政治稳定，经济获得了较快发展。而非洲国家在西方大国诱压兼施掀起来的"民主化浪潮"冲击下，53 个国家中已有 40 多个被迫仓促地实行或宣布将要实行"多党制"，结果造成社会动荡和无政府主义泛滥，甚至引发了种族冲突和内战，搞得许多国家财殚力竭、民不安生。近年来，非洲一些国家的领导人强调"民主同贫困难以相处"，"饿着肚子不能搞民主"，"没有发展就没有民主"。正反经验教训说明，发展中国家是需要民主的，但各国民主制度及其形式，只有在适合于它生长的季节和气候条件下，并且是地地道道地从本国的土壤中生长出来的，还要由本国人民去浇灌和培育，才能成活和枝繁叶茂。任何"移花接木"和"揠苗助长"的做法都会脱离本国国情和实际，必然会事与愿违。

---

① 《玻利瓦尔文选》，中国社会科学院出版社 1983 年版，第 80—89 页。

二、各国民主制度在实践中的多样性

民主的形式和方式首先受制于民主的阶级性，即不同阶级的民主必然会采用符合各自阶级利益的民主形式和方式。同时，民主制度的具体形式和方式在实践过程中也会因各国具体情况的不同以及主客观条件的变化，而呈现出多样性。

第一，"三权分立"的原则，在实践中已有不少变通，致使"三权"分得不那么清晰了。然而各国的具体形式、方式和办法是多种多样的。资产阶级的思想先驱者当初设计的民主制度，力图严格贯彻立法、司法、行政"三权分立"的原则，目的是为了使这三大权力能互相制约、互相监督，避免专权。但长期实践证明，"三权分立"原则的流弊不少。西方国家虽未放弃"三权分立"原则，但也并未将其"神圣化"和"绝对化"。它们依据各自的情况，特别是战后以来形势变化很快的现实要求，已普遍对"三权"的具体分配办法做了调整。具体表现在：（1）许多国家采用"委托立法"的制度，使议会实际已不是唯一的立法机关了。譬如英、德、法等国的议会，往往只制定法律的一般原则，对法律条文的特定内容不作详细规定，而委托行政机关另行制定具有法律效力的法规、命令、细则等具体措施。因为面对日益尖锐复杂的社会经济立法，一般议员缺乏专业知识，难以充分研究或作出正确判断。而行政机关集中了大量专家和专业人员，完全可以胜任此任。美国议会则通过大量单独法案，在国防、外交、科技方面授权总统去独立发布命令和某些法规。委托立法制度，实际上使行政机关得到了立法的权力，而削弱了议会的权力。以英国为例，战后"委托立法"的文件数量，通常比议会每年所通过的法案数量高出数十倍。1970—1975 年，英国议会通过法律 148 件，而"委托立法"的文件却将近一万件。（2）一些国家的政府绕过议会，在国际上签订"行政协定"，同样具有国际法的约束力，扩大了政府的权力，实际使政府也有一定立法权。英国政府可以完全不经议会的同意和赞成，而以英王名义批准条约，有时甚至事先不通知议会，待条约签妥之后，再补行通知议会，北大西洋公约的签订便是一例。新西兰、孟加拉、斐济等国对外的一切条约，不必由议会批准，而由政府首脑负责全权签订。美国宪法规定，缔结条约的权力属于总统和参议院，但总统缔结的条约须经参议院 2/3 多数批准才能生效。为了减少参议院的牵制，美国总统用签订"行政协定"来代替国际条约，这样就绕过了国会的监督，以便"快刀斩乱麻"地处理紧急的国际事务。如《大西洋宪章》、《雅尔塔协定》、《波茨坦宣言》等一系列协定，都是采取这种办法。美国总统越来越多地用"行政协定"取代国际条约，不仅仅是由于行政协定具有国际条约一样的重要性和相同的国际法约束力，更主要的原因是国际形势和经济变动越来越快，如果不提高行政机关的临机制宜权力，美国超级大国的地位和利益很难保住。这从一个方面说明时代的发展要求提高效率，已经与资产阶级议会制拖拉扯皮的体制日益发生矛盾。

第二，如何从制度上规范议会与政府之间的关系，始终是西方民主制度中的一大难题，对此各国的具体制度和规定是不尽相同的，并根据实际情况不断调整变化。法国从 1875 年起实行议会制共和政体。由于议会倒阁的权力过大，致使政局很不稳定。在 1945—1958 年的 13 年间，法国共换了 20 多届政府，每届政府平均寿命只有半年，最长者只有一年多。戴高乐曾严厉谴责这种议会制的"动荡、软弱和无能"。1958 年他提出的第五共和国宪法获得通过，大幅度地削减了议会的权力，扩大和加强了总统的行政权力。在国民议会同政府发生冲突时，总统有解散议会的权力。议会虽拥有对政府不信任迫使政府下台的权力，但程序十分复杂。这种政体兼具议会制和总统制的特征，有人称之为"半总统制"。这一改变对保持法国政局的稳定起到了一定的作用。各国在实践中形成不同的具体的民主制度和规定，都有其一定的原因和条件，脱离这些体制所在国家的具体情况，很难抽象地评价其好坏优劣。

第三，在选举的方式、方法上，各国的具体规定和制度更是多种多样，并非清一色的"直接选举"。早年，卢梭曾主张"国民主权论"，认为"主权不能出让，也不能由别人代表。……不能由议员作最后的决定，不是由国民亲自批准的决定是无效的……以为英国（代议制起源国—引者注）人是自由的，那是很大的误解。他们在选举时是自由的，一旦议员选举结束，他们又成为奴隶，是什么也不是的奴隶。"① 按照他的理论，只有"直接选举"、"全民直接投票表决"才是最民主自由的、有效的。这种理想主义的理论，在实践中没有过。西方国家普遍实行的是"代议制民主"，即由国民选举议员，再由议员代行立法权和选举行政官员的权利，这种制度也称为"间接的民主制"。只是在特别重大的问题上，有些国家才运用"直接民主制"，实行全民投票表决。譬如像修改宪法的问题，许多国家由议会讨论表决就可以通过生效，而瑞士、法国等一些国家则必须由全民投票表决。实行君主内阁制的国家，国家元首（君主）是世袭的，不是民选的；行政首脑（总理、首相）由议会多数党的领袖担任。实行总统制的国家，例如美国，总统既不是由国会选举产生，也不是由普选产生，而是由选民选出的选举人投票选举产生，这是一种间接选举。美国民主本身也有多种方式，间接选举与直接选举并存，允许多元化的组合，而不是清一色的直接选举。

第四，政府及其官员，以及议长和法官的产生方式，各国的具体做法也是多种多样的。美国政府的成员不由议会选举产生，而由总统直接任免，向总统负责，不向国会负责。现在大多数西方国家的法官并非由选举产生，而是由国家元首、政府首脑或司法部长任命。各国议长的产生方法、任期、职权也各不相同。奥地利的议长由九个州任命的成员按字母顺序轮流担任。加拿大的参议长由总督根据总理的建议任命。泰国、西班牙的议长由国家元首任命。英国众议长形式上由众议员选出，实际上事先已由多数党内定，在议长选举前，多数党领袖与反对党领袖协商，争取其同意，选举只是履行形式上的手续。有些国家，上议院的议长不由议员出任，而由特定的官员出任。例如，美国和阿根廷参议院议长、印度联邦院的议长，都由本国的副总统兼任。英国上议院议长由司法大臣兼任。这种设计是从稳定政局出发

---

① 史深良：《西方政制纵横谈》，香港三联出版社 1990 年版，第 107 页。

的，使政府对上议院的活动能施加足够的影响。德国基本法规定，联邦政府总理由总统提名，经联邦议院选举产生。通常，总统是在同联邦议院中各政党协商之后，提名多数党的领袖为总理候选人，再由联邦议院不经辩论就投票选举，获得有效票中过半数者当选。这实际上采取了协商与选举相结合的方式。总之，西方政府元首、议长、法官的产生方式和办法是多种形式并存，是多元化的组合，形式和办法是多样性的。

三、一切国家的民主政治都有一个渐进的发展过程

第一，拿民主政治的重要标准之一选举制度来说，资本主义国家都经历了一个漫长的发展过程。（1）选举权是逐步扩大的。在英国，早期对选民财产资格限制很严，只有少数富人才享有选举权。1711年，法律规定下议院的财产资格是：郡议员土地收入每年须在 600 镑以上，市镇议员必须有不动产收入 300 镑以上。这样，不仅无产阶级、甚至连中小资产阶级都被拒之于议会大门之外。到 18 世纪中期，英国 700 万人口中，仅有 15 万人有选举权。1832 年的选举改革降低了选民财产资格的限制，增加了选民 20 万人，使选民由占人口总数的 1.5% 增加到 4.7%。到 1984 年，英国受到俄国十月革命的冲击，对劳动阶层作了让步，将选民财产资格进一步降低，英国妇女第一次"有条件地"获得选举权，其条件包括：凡大学毕业，超过 30 岁的妇女，拥有一定土地收入或物业，或其丈夫拥有此种资格的 30 岁以上妇女，才有选举权。直到 1928 年，妇女才取得了同男子一样的选举权。（2）选举制度也是不断变革的。英国最初的选举是采用公开选举的形式，直到 1972 年才改为秘密投票的办法。1883 年公布取缔选举舞弊法，规定了选举费用限额和选举舞弊的处罚。1948 年，英国废除了营业处所、伦敦市和大学选区的复票选举制度，实行"一人一票、一票一价"的原则。英国从工业革命开始，资产阶级要求普选权直到实现"一人一票"，这段民主进程共走了 200 多年。美国民主化的进程也是缓慢的，开始也有性别、财产资格限制，另外还加上了肤色种

族限制。美国妇女到本世纪 20 年代初才享有选举权。废除对黑人参加选举的实际限制拖的时间就更长，到本世纪 60 年代末和 70 年代初，由于黑人运动、学生运动和反越战运动高涨，美国政府才废除了变相剥夺黑人选举权的"人头税"、"文化测验"等限制选举权的条件。1971 年通过修改宪法的有关条款，规定选民年龄为 18 岁，仅此一条，选民增加 1050 万人。1787—1971 年，美国民主选举走了近 200 年的道路，才形成今天这种情况。

第二，就资产阶级议会制本身来说，也经历过二三百年的不断变革，才比较定型。英国是议会制度的创始国，1688 年后建立的君主立宪政体，使代表封建贵族利益的国王的权力受到了一定限制。随着资本主义的发展，到 18 世纪初、中叶，议会的权力极大，国王的权力进一步削弱，国王选举内阁必须考虑议会的意见，否则内阁就得辞职。可是到了 1784 年，小庇特内阁在下院反对的情况下不仅没有辞职，反而把下院解散了。以后才逐渐演变到内阁如得不到下院的信任，必须总辞职或解散下院，但不得两次解散议会。法国自 1789 年资产阶级革命后，经历了五个共和国和两个帝国时代，直到第三共和国时期的 1875 年，才真正确定了议会制的共和政体，以后又反复进行修改和完善。总的看来，西方议会制长期围绕议会的权限、议会与政府之间的关系，反反复复，斗来斗去，"三权"之间关系始终不易理顺。二战之后，西方各国考虑德、意、日等法西斯国家行政专横的教训，普遍加强和扩大了议会的地位和权力，以限制政府的权力。但在加强议会权力之后，又在一些国家导致议会权力过大而经常倒阁，致使许多国家政局不稳，政府更迭频繁。随着战后科技的进步，经济的迅猛增长，以及世界经济一体化的发展，国际政治经济交往扩大，为适应世界形势瞬息万变的需要，各国普遍加强了行政机关的权力，以便使政府能果断决策和具有灵活快速的反应能力，从而相继削弱了议会的权力，以减轻议会拖拉扯皮效率低下的流弊。这些情况说明，尽管议会制已有数百年的发展历史，但立法、司法、行政"三权"之间的关系，至今还谈不上已经完全理顺了、完善了。

第三，再就总统制国家的总统任期问题来说，也是在实践中不断健全和完善的。最初，实行总统制的国家只有任期时间的限制，一般为 4 年、5 年和 6 年；后来，各国在实践中发现，仅有任期年限还不够，必须规定"不得连任"的限制。例如，墨西哥以前的宪法只规定总统任期 4 年，没有限届的规定，结果出现了波菲里奥·迪亚斯连续当了六届总统，最后经过人民起义才将其赶下台的不正常现象。为此，墨西哥在 1917 年修改宪法时改为，总统任期 6 年，但绝不得连任。美国在二次大战前后，也出现富兰克林·罗斯福连任四届总统的情况，1951 年宪法修正案便规定，"任何人不得任总统之职两届以上"。现在，世界上许多国家都作出了总统"不得连任"的规定，或对连任的届数作了限制。

各国的民主制度具有阶级性、民族性、多样性和渐进性，但它们又不是绝对对立、毫无联系的，而是可以相互借鉴的。战后以来，资产阶级议会民主制已自觉不自觉地意识到权力过于分散对资产阶级不利，特别是与科技经济高速发展、国际形势瞬息万变的时代要求不相适应，正在向着扩大行政权力的方向发展。这实际上是他们借鉴学习社会主义国家的政治体制具有决策迅速果断、行动一致有力的优点的一种反映。西方人并未因此而认为是违背了资产阶级的"民主"、和"三权分立"的原则。另一方面，社会主义事实上也并不拒绝资产阶级民主制当中那些反映人类社会先进文明成果的东西，如选举制、任期制、轮换制、聘任制，以及公务员制度和各种有科学性的行政管理制度等。社会主义国家依据本国具体情况，有分析地借鉴吸收其有益的成分，可以为更好地坚持和完善社会主义的民主政治制度服务。社会主义国家不必担心自己的政治制度因此而变成了资本主义的政治制度。我们的态度应当是：坚决反对西方大国在民主问题上的霸权主义和强加于人的做法，但并不反对和拒绝西方民主制度、行政管理制度中具有一定科学性的人类文明成果。

（原载中央党校主办：《理论动态》1173 期，1994 年 12 月 15 日；《民主》月刊 1995 年第 2 期发表）

非洲 "民主化浪潮" 纵横谈

一、打开了 "潘多拉魔盒"

非洲许多国家在独立初期曾按宗主国的模式实行过多党制，在实践中碰壁后，不久就改为 "一党制" 或 "无党制"。但是 80 年代末 90 年代初，随着国际风云变幻，在西方大国的诱压推动下，"多党民主" 的浪潮又迅速席卷了非洲大陆。非洲现有 53 个国家中有 40 多个已先后被迫实行或宣布将实行多党制。这是非洲政党政治制度重大变化。

西方曾把多党民主吹得天花乱坠，似乎一旦把 "多党制"、"无党制" 改为 "多党民主"、"多党竞选"，非洲的各种弊端就可以迎刃而解了。然而，近五年来的事实有力证明，多党民主给非洲带来的不是福祉，而是深重的灾难。有些非洲人把多党民主竞选比喻成希腊神话中的 "潘多拉魔盒"。这个魔盒一旦打开，盒里装着的党派角斗、部族仇杀、地方割据、盗匪横行、兵变丛生等各种灾难和祸患，就迅速飞向整个非洲大陆。

众所周知，非洲拥有丰富矿产和人力资源，存在巨大发展潜力。然而，非洲又是现在世界上最穷困的大陆。它人口占世界十分之一，而收入却只占全球的 1%。在全世界最不发达的 41 个国家中,非洲占 29 个。有 15 个国家严重缺粮,约有 2200 万人急待粮援。分布各地的难民总计达 600 万,为世界难民总数的一半。据联合国负责非洲事务的官员估计,非洲生活在贫困线以下的人口已从 1985 年的 1.05 亿增至 1990 年的 2.16 亿。文盲约占总人口的 80~90%。此外,非洲还是一个多部族的大陆,影响较大的部族有 1000 多个,有的分布在好几个不同的国家,形成你中有我、我中有你的混居局面。

当然,现在要对非洲"民主化浪潮"作出全面评估为时尚早。总的说来,西方多党民主加重了非洲的政治危机、经济危机、社会危机,甚至引发武装冲突、种族仇杀、全面内战。位于非洲中部的扎伊尔,1990 年宣布实行多党制之后,国内出现近 300 个政党,更换过 9 届政府 7 位总理,现在仍是两个议会、两个政府的局面。去年初甚至发生部分军人明火执仗,持枪进城行动,大批商店被洗劫一空。就是长期政局相对稳定、经济增长较快的国家,在"多党民主"浪潮冲击下,近年来也发生大规模的罢工游行、抗议示威等反政府活动,社会骚动,乃至发生流血冲突。如东非的肯尼亚,进入 90 年代以来政局严重动荡,1990 年 7 月爆发独立以来罕见的全国骚乱,西非的科特迪瓦经济发展算是不错的,自 1990 年起反政府运动连续不断,1992 年 2 月首都阿比让大规模的游行升级为暴力冲突。多哥首都洛美的银行、商店、企业、机关、学校关停数月,全国经济活动陷于瘫痪。

非洲还是世界热点较集中的地区。据去年的统计,全世界 25 个热点地区中,非洲占了 19 个。今年以来,有些热点问题基本解决或有所降温,但新的问题和热点又不断涌现。位于非洲之角的索马里遭受天灾和战乱双重苦难,死于饥饿的人近 35 万,全国 700 万人口中有三分之一面临饥饿威胁。卢旺达大选后,今年因种族矛盾爆发内战。几个月来,仅逃到乌干达的难民就达 25 万之多,引起国际社会严重关注。

纵观非洲形势,整个大陆继续被部族冲突和政府动乱所折磨,而冲突和动乱又加剧了非洲人的贫穷。尽管非洲"多党民主"浪潮的高峰已过,动乱中出现局部和缓,但新问题、新热点层出不穷,特别是社会秩序普遍恶化,政治势力之间的权力之争愈演愈烈,有的国家权力结构仍陷于瘫痪。"多党民主"实际上给多数非洲国家带来的是一场灾难。

二、没有发展就没有民主

几年前"多党民主"大潮刚来临时，西方人和一些非洲人都拍手叫好，然而，近五年的客观现实使许多人对此有了新的体验和认识。

近年来非洲国家的一些领导人公开批评"多党民主"搞得他们的国家财殚力竭、民不安生。他们强调"民主同贫困难以相处"，"饿着肚子不能搞民主"，"没有发展就没有民主"。今年（1994年）6月中旬在突尼斯首都举行的非洲统一组织第30届首脑会议强调，没有和平与稳定，就谈不上经济发展，而没有经济的发展，和平与稳定则无根本保障。"保障和平稳定"、"促进经济发展"成了这次会议的主题。

几年前曾经为非洲"多党民主"浪潮推波助澜、拍手叫好的美、英、法等国的报刊也开始改变腔调。《纽约时报》说："民主给刚果带来了混乱"。它转述一些非洲人的话说："当初，好像是勇敢地一跃（指实行多党制），便进入了一个政治和经济自由的新时期，如今却只有忧愁和失望"，"民主选举是这个国家所曾发生的最坏的事情"。英国《独立报》说："非洲多党选举可能会出现解决多少问题就引起多少问题的局面"，"多党民主带来了分裂"，"非洲的大选几乎没有产生什么成功的新政府"。法新社报导说：整个非洲"继续被部族冲突和政治动乱所折磨，而冲突和动乱又加剧了非洲人的贫穷"。

实践证明把"民主"置于"稳定和发展"之上是"开错了药方"。英国社会学家安德鲁·韦伯斯特早在《发展社会学》一书中就认为："看来，第三世界国家无论沿着社会主义方向还是沿着资本主义方向，都必须建立一个有粘合力的、有权威的政府。第三世界国家在政治上的软弱常常导致经济危机。"美国《华尔街报》曾发表一位学者的文章，他通过对世界101个国家"民主与发展"相互关系的考察，认为"扩大政治自由很可能是随着繁荣而来，而不是先于繁荣出现"。香港《远东经济评论》今年3月发表的一篇文章，引用著名经济学家弗雷德曼的名著《资本主义与自由》一书中的观点，认为"把政治自由化放在首位将使经济发展变得更加困难"。

民主问题是极为复杂的问题。任何国家无权按自己的价值观念，将自己认为最理想的民主模式强加于人。这不是我们今天的新发明，法国大革命的思想先驱者卢梭在《社会契约论》一书中说：每个民族都应根据自己的情况"确定一种特殊的制度体系，这种制度体系尽管其本身或许并不是最好的，然而对于推行它的国家来说则应该是最好的"。他还转引另一位思想家布拉马奇的话："每一种好政府并不是同等地适宜于一切民族。在这一点上，必须顾及各个民族的气质和特点以及国家的大小。"卢梭等人还强调过民主的"渐进性"，要注意实行民主的必要条件、考虑居民的接受和"消化能力"，不能超前强制地推行民主。他们说：民主自由是一种可口的、但难于消化的食品。虚弱的公民如果不具备消化能力，民主自由如果突如其来而且过分，也会致人死命。

非洲国家需要民主，而且必然会逐步出现多种多样的民主制度和民主形式。但只有在适合于它生长的季节和气候条件下，并且是地地道道地从非洲的土壤中长出来的，还要由非洲人自己去浇灌和培育，才能成活和枝繁叶茂。任何人想"移花接木"，或是想"揠苗助长"，不是无知就是罪过。

三、由"奖赏民主"趋向"奖赏治理"

面对非洲"多党民主"进程中出现的问题，西方大国担心"非洲大乱"，造成更多难民潮，直接威胁西方的安全及其全球战略利益。与几年前不同，现在西方对非洲"多党民主"已改变腔调，逐步调整政策。虽然西方大国推动非洲多党民主的基本政策没有完全放弃，但调门显然已降低了，政策重点也有变化。

西方大国对非洲"多党民主"的政策及其调整幅度不完全一样。法国调整得比较早、幅度也比较大。去年9月以来，法国政府从总统、总理到有关部长，都明确发表讲话，强调法国今后对非洲的政策将遵循"信任、稳定、成果、严格"的原则，继续援助非洲和稳定非洲政局。法国逐步放弃了"援助与民主变革挂钩"的对非政策，一些官员强调

"只有政治稳定和社会安定，才能有持久的经济增长"。他们对非洲国家由"奖赏民主"转向"奖赏治理"。法国前总理希拉克直截了当地说："当前非洲的主要问题是发展经济。"英国则主张对非洲国家采取"现实态度"，"考虑现实需要"；以经济援助带动国内产品出口是其对非政策基本点。德国、日本、意大利和比利时在向非洲提供援助的具体行动上均放松了条件。唯有美国对非洲推行"民主化"的政策最为坚决和严厉，然而在重重挫折后对非洲民主化进程不顺利的国家，态度也在逐渐变软。为自身利益，美国也不希望非洲出现大乱，涌现难民潮。去年美国总统特使访问扎伊尔时重申，"扎伊尔政治僵局仍需用政治办法解决"。索马里和平遥遥无期，也使美国丧失信心，最近有迹象表明它想打退堂鼓，已迁移驻索马里联络处，撤走了一些军事装备。

总的看来，西方大国对非推行西方多党民主的政策虽未完全放弃，但他们似乎已认识到，非洲出现大乱对他们自身不利，舆论开始转向重视非洲的"治理"。几年前西方把"多党民主"吹得神乎其神，如今他们犹如从腾云驾雾般的睡梦中苏醒过来，回到了现实大地，揉揉睡意浓浓的双眼，以便能看清和正视非洲的现实。这也是他们害怕非洲"潘多拉魔盒"效应的一种反应。

正是由于西方大国对非政策有所调整，今年上半年以来非洲除热点地区外，在比较多的国家，形势开始出现比前几年较为缓和的倾向。但"魔盒"既已打开，"灾祸"不那么容易收回。所以非洲地区的政治形势，虽在动乱中出现局部和缓，但新问题、新热点迭起，这是不足为奇的。

（原载《光明日报》1994 年 10 月 2、3、4 日）

社会主义国家政党体制上的经验教训

题注：社会主义国家的政党体制必须坚持共产党的领导，但不必照搬苏联那种"一党制"。本文在分析各社会主义国家政党体制经验教训的基础上，提出"中国共产党领导的多党合作与政治协商制度"是具有鲜明的特色和优势的，我们要坚持和完善这一体制。

20世纪各社会主义国家的政党体制，在形式上虽不尽相同，但大体上有三种类型。一种是多数社会主义国家实行的以苏联为代表的"无产阶级政党的一党制"，第二种是东欧部分国家（保、波、民德等）实行的事实上的"无产阶级政党领导的多党制"，第三种是中国实行的"无产阶级政党领导的多党合作和政治协商制度"。前两种体制，在苏东剧变中被"西方的多党制"冲垮了，迅速演变成了西方资产阶级的多党制，而中国社会主义政党体制的特点和优点更加突现出来，显示出了强大生命力。

实践证明，苏联式的"无产阶级政党的一党制"虽然曾经为保持共产党的领导、坚持社会主义方向起过重要的历史作用，但总的说来是不成功的，更不能将其作为社会主义政党体制的"最好模式"或"唯一模式"；东欧某些国家实行的事实上的"无产阶级政党领导的多党制"，在体制上虽优于苏联式的一党制，但由于指导思想和执行中存在严重问题，其崩溃也不是偶然的。看来，中国实行的"共产党领导的多党合作和政治协商制度"，虽然还需要继续完善和发展，但总体讲来是比较成功的。在世纪之交，认真地总结这方面的经验教训，对于建立和完善社会主义政党体制具有重要的现实意义和理论意义。

一、苏联的"一党制"及其造成的"理论误区"

科学社会主义的基本原理之一，是社会主义必须坚持共产党的领导。没有共产党的领导，就没有社会主义事业。这是经受了实践检验的颠扑不破的真理。但是，坚持共产党的领导（这是坚持社会主义政党制度的根本要求），与如何才能更好地实现这种领导（即社会主义的政党制度应采用什么样的体制和形式），这是既有联系又有区别的两个问题。过去苏联在理论和实践上是把这两个问题混淆了。他们长期认为，要坚持共产党的领导，就只能搞一党制，不能允许其他政党同时存在。这在理论上导致了一个误区，在实践上造成了严重后果。

俄国在十月革命胜利初期曾一度存在过多党合作的局面。十月革命的当天，布尔什维克党就开始与当时在群众中影响很大的左派社会革命党进行谈判，终于在 1917 年 12 月初达成协议，建立起两党联合政府，左派社会革命党的七名领导人参加列宁任主席的人民委员会，担任司法、邮电、农业、内务和不管部的人民委员，在红军中也有许多左派社会革命党人担任重要的领导职务。在新成立的"契卡"中，布尔什维克和左派社会革命党分别推荐人选担任正副主席。在苏维埃中其他党派也有自己的代表。

实际上，苏维埃俄国当时存在实行以无产阶级政党为主导的多党合作的客观条件。第一，苏维埃作为政权组织形式，从 1905 年出现时就是多党联合的组织，在 1917 年二月革命到十月革命期间，苏维埃的权力实际上是在从小资产阶级政党向无产阶级政党和平转移，布尔什维克党依靠争取多数代表的支持，已逐步掌握了领导权，并进而夺得了国家政权。第二，左派社会革命党与农民有密切联系、与布尔什维克一起参加了十月革命，两党的联盟具有工农联盟的性质。俄国是一个小资产阶级在总人口中占多数的国家，同反映这个阶层的要求和愿望的政党联合，对于巩固新生的革命政权具有重要意义。第三，当时布尔什维克党与左派社会革命党之间的分歧和矛盾尚未充分暴露，而当时革命俄罗斯社会的主要矛盾和威胁来自外国武装干涉和国内的白党，左派社会革命党和其他党派也程度不同地反对外国干涉和国内的白党，因而有共同的政治基础。

苏维埃俄国一度存在的多党合作，对扩大布尔什维克党在农村的影响和巩固苏维埃政权起过积极作用。左派社会革命党人加入人民委员会工作后，协助布尔什维克党在巩固地方苏维埃政权方面作出了贡献。布尔什维克党在农村的力量比较弱小，到1918年3月中旬，布尔什维克党在大约40%的县苏维埃中尚未取得稳定的多数。在这种情况下，左派社会革命党人的支持，使无产阶级政党能排除右派社会革命党和孟什维克的干扰，逐步在地方苏维埃中取得稳定的多数。在中央，左派社会革命党和布尔什维克党同心协力解决了立宪议会问题。所以，在十月革命胜利初期布尔什维克党和左派社会革命党的两党合作是必要的，实际成效是好的。

但是，后来从签订布列斯特和约问题开始，左派社会革命党持反对态度，宣布退出政府，两党分歧开始公开激烈化。但左派社会革命党的代表当时仍留在苏维埃中，表示除"和约问题"外仍支持布尔什维克党和苏维埃政权的工作。随着苏维埃政府对国民经济进行改造，特别是为度过饥荒发布粮食专卖法令后，左派社会革命党与布尔什维克党因矛盾激化而关系紧张了，他们谴责布尔什维克党"背叛农民阶级"，并集结近2000名受他们影响的士兵进行叛乱，两党的联合宣告结束。此后布尔什维克党对左派社会革命党采取分化、镇压的政策。1918年9月从左派社会革命党中分化出来的"革命共产主义党"和"民粹派共产主义者"，被俄共吸收入党，因为1920年9月共产国际第二次代表大会决定，"每个国家只能有一个共产党"。从1918年到1922年底，经过艰苦的斗争和较量，俄国各小资产阶级政党先后消失，最终形成了俄共一党独存的局面。

　　当时俄国由多党制转变到一党制，是在国内外形势十分严峻，情况非常复杂的情况下完成的。从当时阶级力量对比看也许有此必要性，对这段历史姑且不去评论。但是，俄共中央 1926 年 7 月召开全会，就总结这段历史作出了一个带普遍性结论的决议是有很大局限性和片面性的。该决议说："必须十分明确地从原则上提出在无产阶级专政条件下（其中包括在采取发扬苏维埃民主的方针的条件下）不能容许两个或几个政党同时并存的问题。几个政党同时并存……不可能是别的，而只能是彻底破坏用很大的代价换来的、正在巩固的无产阶级同农民的结合，这意味着无产阶级专政基础本身的完全瓦解和彻底破坏。政党之间……的斗争是和胜利了的无产阶级专政不能相容的，这种斗争实质上正是资产阶级民主复活的一种表现。"这个决议实际上把无产阶级专政与一党制划了等号，造成了对无产阶级专政和社会主义政党体制的教条式理解，不仅在苏联而且长期来在国际共运中产生了深远的影响。

　　80 年代，匈牙利社会主义工人党第一书记卡达尔·亚诺什对社会主义的政党体制问题有了新的认识。他在该党 1985 年 3 月召开的十三大的报告中说：匈牙利的一党制是历史形成的，并保持下来了，但"一党制对社会主义社会来说并不是原则问题，而是个实践问题。现在在一些社会主义国家中实行一党制，在另一些社会主义国家中有几个政党在进行活动。我看，在世界社会主义体系以后的发展阶段上，后者的数目可能会增加"。

　　总之，坚持共产党的领导，与采取什么样的形式和方式（体制或制度）来实现这一领导，这是两个不同的问题。社会主义必须由共产党统一领导，但不等于社会主义国家的政党体制必须是"一党制"。实践证明，"共产党领导的多党合作制"优于"无产阶级政党的一党制"。必须从苏联"一党制"模式造成的误区中解放出来。

二、东欧国家不同政党体制的实践

　　在剧变前，东欧国家的政党体制大体上有两种情况：一是罗、匈、阿等国无产阶级的一党制，二是波、保、捷、民德等国实质上的无产阶级政党领导的多党制。南斯拉夫的自治民主制，虽有自己的特点，但按其基本特征仍属于一党制。

1. 无产阶级一党制的形成及其原因

采用一党制的罗、匈等国，在反法西斯战争胜利后都经历了一个由原来的多党制到无产阶级一党制的转变过程。二次大战结束后，罗、匈两国参加反法西斯斗争的各个政党曾组成联合政府，后来左、中、右各种政党发生了激烈的斗争，共产党曾一度在斗争中处于劣势，如 1946 年匈牙利大选中，小农党得选票 50%，而匈牙利共产党只得到 17% 的选票。1947—1948 年，在苏联支持下，罗、匈的工人政党先后实行了联合，在国内生活中开始占据领导地位，然后对其他政党，有的实行取缔、解散，有的施加压力和限制，促其自行消亡，最后终于形成了无产阶级的"一党制"。譬如：

——在罗马尼亚，"民族党"、"农民党"都因"从事反国家活动"于 1947 年被解散；"民族自由党"因采取与国家民主发展"公开敌对的政策"，而不得不于 1947 年宣布停止活动；"民族农民党"因执行"反人民、反民主"的方针，1947 年被罗马尼亚政府取缔。

——在匈牙利当时也有几个政党。"匈牙利社会民主党"与"匈牙利共产党"于 1948 年 6 月合并为"匈牙利劳动人民党"（"匈牙利社会主义工人党"的前身），后来成为匈牙利唯一的执政党。匈牙利"小农党"曾参加反法西斯斗争，解放后实行拥护革命政权的政策，本来是可以与其团结合作的。但 1948 年秋匈政府开始采取限制农民党活动的政策，小农党的 13 名国会代表被迫辞职，从此小农党开始消亡，1949 年秋基本解散。

——阿尔巴尼亚情况有所不同。阿尔巴尼亚政党不发达，阿劳动党在领导人民进行反抗德意法西斯的斗争中积蓄壮大了力量，在群众中威信较高，解放后形成的一党制一定程度上是胜利成果的历史延续，基本符合国内政治力量的对比状况。但阿劳动党后来把党的领导极端化，按他们自己的说法，"任何问题，无论是简单的还是复杂的，目前的还是长远的，没有党的领导就不能解决"，党要"处处进行领导"。这种由党包揽一切、不重视发扬社会主义民主的做法，使无产阶级一党制的弊端表现得尤为突出。

看来，上述东欧国家形成的无产阶级的一党制，与照搬苏联模式不无关系。这些国家共产党的领导受"无产阶级专政不允许同时存在几个政党"的教条式理解的影响很深。不能从本国的实际情况出发建立自己的政党体制。当时这些国家的政治力量对比不利于无产阶级政党，各政党间争夺领导权的斗争相当激烈，但如果无产阶级政党有正确的统一战线政策，不是把其他政党不分青红皂白统统扫光，至少可以团结住一部分可以联合的政党，不致于形成无产阶级政党一党独存的局面。如能这样，对改善党的领导，扩大革命政权的社会基础是有益的。如上所述，80年代匈牙利的卡达尔在此问题上已有新的认识。

2. 无产阶级政党领导的多党制的特点和作用

在保、波、捷、民德等国中，除了处于领导地位的无产阶级政党之外，还存在其他友好合作的政党，从而形成了实质上由共产党领导的多党制，这种多党制与剧变后这些国家现在所实行的西方式的多党制有根本性质的不同，其主要特点是：

首先，宪法和党章上明确规定了马列主义政党在国家社会主义事业中的领导地位，而其他政党也明确承认和接受这种领导地位。在保加利亚，宪法规定保共是保社会主义事业的领导力量，"保加利亚农民联盟"的章程规定要在保共领导下积极参加社会主义建设。在波兰，宪法规定波统一工人党在国家中起领导作用，"波兰统一农民党"承认波兰统一工人党的领导，并愿同其合作；"波兰民主党"的纲领规定拥护波兰的社会制度和宪法原则，承认波兰统一工人党的领导。在民德，宪法规定民主德国受"工人阶级及其马列主义政党领导"，"基督教民主联盟"、"德国民主农民党"、"德国国家民主党"、"德国自由民主党"接受统一社会党的领导，并拥护社会主义制度。在捷克，宪法规定了捷共在国内的领导地位，捷克斯洛伐克社会党、人民党、斯洛伐克复兴党、自由党都承认捷共为社会主义的领导力量，表示要在其领导下致力于建设和巩固社会主义制度。

其次，其他非马列主义政党并不是西方那种在野党和反对党，而是愿意与马列主义政党合作的友党和盟党。它们的领导人在各级政府机构中担负一定领导职务，在议会中有的担任议长、副议长或议员，民德人民议会 500 个席位中，4 个非马列主义政党各有 52 席，共计 208 席；保加利亚农民联盟在议会 400 席中有 100 席；波兰 1985 年议会的 460 席中，统一农民党有 106 席，民主党有 35 席，两党的主席分别担任议长和副议长。此外，波、保、民德的所有 7 个民主政党的领导人，都各自担任本国的国务委员会（最高代表机关的常设机构）的副主席职务，民德的 4 个民主政党的领导人都出任部长会议副主席并兼任部长。在波兰政府中，波兰统一农民党的代表任部长会议副主席，另有一人任部长；民主党有 2 人任部长；波 49 个省中，有 7 个省的省长和 7 个省的副省长分别由统一农民党和民主党的党员担任。保加利亚农民联盟的许多党员也担任了从部长会议副主席到州、乡各级的行政领导职务。捷克的 4 个非马列主义政党力量较小，执政党对它们的限制也较多，在国内政治生活中的地位和作用不如其他三国。

无产阶级政党领导的多党制，从体制上讲优于无产阶级的一党制，但东欧国家不仅在总的指导思想上存在严重问题，而且在实行这一体制的过程中既存在"左"的错误，也存在右的教训，因而未能充分发挥这种体制应有的作用。

"左"的倾向主要表现在：不是真诚地抱着与民主政党长期共存合作的方针，而只是当作不得已的权宜之计，竭力限制民主政党的发展，期待其自行消亡。在这方面捷克斯洛伐克的做法最为典型，1948 年 2 月捷克曾发生各政党之间争夺政权的斗争，俗称"二月事件"。事件以捷共胜利，其他政党失败而告终。事件结束后，捷共对与其继续合作的 4 个民主政党仍不放心，通过"协议"的形式，规定捷社会党、捷人民党、斯洛伐克复兴党、斯洛伐克自由党"不能再发展自己的组织"，它们的活动范围也受严格限制，没能发挥它们在国家政治生活中应有的地位和作用。

右的倾向主要表现在：无产阶级政党对民主政党的领导不力，长期放松、放弃对它们的工作。东欧马列党没有专门从事统战工作的机构，对它们当中的一些反社会主义思想采取放任态度，任其蔓延和泛滥，这为其违背宪法脱离党的领导提供了条件。这些国家的议会一般沿袭西方议会制的做法，各个政党都有自己的"议会党团"，在气候适合时易形成与领导党的纷争甚至对抗。此外，有的国家民主政党所掌握的舆论宣传工具也显得过多过滥。譬如波兰农民党有《绿旗报》、《农民报》、《农民周刊》、《文化周报》、《现代农村》等报刊，还有两个出版社。波兰民主党办的《波兰信使报》发行量达到 100 万份。这些政党还有广泛的国外联系，而执政党对其又缺乏有力领导。保加利亚农民联盟有 53 个国外友党，在 1962、1967 和 1971 年主办过三次各国农民党、农民组织的国际会议。1983 年波兰民主党十三大有十多个外国党的代表团参加，并与一些国外政党保持着经常的联系。这些都为西方反共势力插手这些国家的内部事务，实行"和平演变"提供了方便。

3. 南斯拉夫政党体制的情况和问题

南斯拉夫政党体制按其特征可以看作一党制，但按南共联盟的理论，它又不是一党制。战后南斯拉夫也经历了由多党制向一党制的转变。由于南共是领导南人民抗击法西斯侵略的革命政党，战争结束后它已成为国内最强大的政党。1945 年 3 月，南建立了以南共为核心的联合政府。但根据雅尔塔协议，南共同意战时流亡在外的南斯拉夫流亡政府和其他如民主党、独立民主党、克罗地亚农民党等资产阶级民族主义政党代表参加联合政府，然而这些政党试图与南共争夺领导权，因此南共对这些政党采取了限制其活动的方针。到 1948 年这些政党先后消亡，于是只剩下了南共一个政党，形成了共产党的一党制。

1948 年苏南冲突之后，南共改名为南共联盟，并认为无论是社会主义一党制还是资本主义的多党制都不适应南正在建设的自治民主制。南共盟认为，政党制在南已过时，南不实行一党制，也不允许少数人建立新党，南斯拉夫实行的是全国劳动者联盟。南共联盟强调"共盟的非国家化"，共盟不直接领导国家机关，而是通过共盟的思想引导、宣传教育工作，加强与群众的联系，通过群众对国家机关、经济机关施加其决定性的影响。南斯拉夫 1974 年宪法规定："南共盟是人民解放斗争和社会主义革命的发起者和组织者，是工人阶级的愿望和利益的自觉体现者。由于历史发展的必然性,南共盟已成为工人阶级和全体劳动者建设社会主义实现劳动者团结一致和南斯拉夫各民族团结友爱的在思想上和政治上有组织的领导力量。"因此南政党体制仍带有一党制的特征。但南共联盟组织松散,党内地区主义、民族主义、分散主义严重,又不强调共盟对国家政权的集中领导,这为后来国家和民族的分裂及内战埋下了祸根。

4. 剧变中苏东国家政党体制上的共同教训

东欧剧变苏联解体的原因是多方面的,从政党体制的角度来分析,经验教训主要是:

首先,放弃了共产党的领导地位,为社会主义政党体制演变成资本主义政党体制打开了闸门。社会主义与资本主义在政党体制上的根本区别和基本标志,不在于政党数量的多少,而在于无产阶级政党是否处于领导地位。剧变前东欧一些国家虽然存在多个政党,但国家宪法明确规定了共产党的"领导地位",其他政党也承认这一地位,所以其政党体制是社会主义的。在剧变中,无论是一党制国家,还是多党制国家,都先后修改了宪法中的这一条,放弃了共产党的领导地位,从而使这些国家的政党体制发生了质的变化。于是,无产阶级领导的多党制变成了西方式的多党制。没有共产党的领导就没有社会主义,这条科学社会主义的基本原理是必须坚持的。

其次,苏东剧变中的情况说明,无产阶级领导的多党制实行得好与不好,其情况和结果是大不相同的。捷共对其他非马列党的政策比较"左",长期来关系处理得不好,在社会上反共反社会主义势力活跃时,原来与其合作的四个友党,很快就宣布与共产党完全断绝关系,而且成为最激烈的反对共产党的政党。在多党制执行得比较好的一些国家里,与共产党结盟合作的各政党,一般没有带头反对共产党。因为这些政党长期与共产党合作,许多领导人还参加政府联合执政,政府的成就和缺点他们也有份,所以他们开始是同共产党站在一边的,并且一起成了反对派势力的攻击目标。当然他们对执政党也有意见和不满,但起初并不是"制度上的反对派"。后来社会上反对派势力越来越大,共产党对反对派又采取一味退让的方针,加上共产党内部思想混乱、组织分裂，造成党的威信下降，大批党员退党。在这种情况下，原来的盟党才与共产党拉开距离，然后宣布与其解除联盟关系，直到最后走向与共产党对抗的敌对立场。应当说，问题还是出在执政党内部，不能把主要责任推到联盟党身上，也不能完全否定原来共产党领导的多党制本身。譬如：

——波兰带头闹事的是团结工会，执政党决定与团结工会等反对派召开圆桌会议进行谈判时，波兰统一工人党的盟友"统一农民党"和"民主党"仍站在执政党一方。1989 年举行议会选举，波党与两个盟党仍属"执政联盟"一方，团结工会为首的反对派为另一方。但在当时的反共反社会主义大气候下举行选举，结果不仅波党领导人落选，连统一农民党主席马利诺夫斯基、民主党主席龙季维亚克也落选，一边倒的议会选举使统一农民党和民主党感到继续跟波兰统一工人党走没前途，政治态度发生动摇。为求自己的生存，显示自己的独立性，两个盟友党开始与波兰统一工人党拉开距离。在波兰统一工人党一败涂地前途无望的情况下，加上团结工会瓦文萨的拉拢，农民党和民主党才抛弃波兰统一工人党与反对派团结工会联合。

——保加利亚最活跃的反对派组织是"民主力量同盟"。起初保共及其盟党农民联盟一起都是反对派攻击的对象。1990 年初政府与反对派召开的几次圆桌会议，农民联盟仍站在保共一方，与反对派组织"民主力量同盟"为另一方举行谈判。后来反对派势力越来越大，连保加利亚工会也宣布独立脱离保共领导之后，农民联盟才开始与保共拉开距离，于 1990 年 2 月宣布支持保共组成新政府，但自己不参加这个政府。同年 3 月宣布放弃与保共的联盟关系，不再接受保共的领导，结束了两党长达 43 年合作执政的历史。

——民德在 1989 年秋发生大批公民出走，国内游行不断，在党政领导几次更迭的动荡情况下，11 月 18 日各民主党派仍参加了与德国统一社会党以莫德罗为首的"联合政府"。后来动荡局势越演越烈，德统一社会党领导几次换人，又更改党名。在此情况下 1990 年 1 月，民主农民党和国家民主党的代表大会分别发表声明承认对过去政府的错误"负有一定的共同责任"，同时宣布与过去的领导党划清界限，不再与其联合。

以上事实说明，共产党与其他民主政党的联盟与合作是有条件的，其中重要的条件之一就是共产党本身的路线和政策要正确，内部要团结，政治上要有力量，党风要正，永不脱离群众。邓小平同志说，"中国要出问题，还是出在共产党内部。"这也是总结了苏联东欧经验教训后讲的，是千真万确的。

三、朝鲜、越南、老挝、古巴的政党体制

在这几个社会主义国家中，虽然有的国家曾经存在（越南）或至今仍然存在几个政党（朝鲜），但总的说来，其政党体制没有完全突破苏联"一党制"的框架。

1. 朝鲜始终强调朝鲜劳动党是唯一的领导党

虽然国内长期存在着接受朝鲜劳动党领导的两个民主党派，此外还有一个包括这两个党派在内的全国性的统一战线组织，然而朝鲜未规定这些党派有长期参政、议政、民主监督等职能和作用，而这些党派在组织上又只有中央机构，只限于对外具名发表声明、其领导人出席有些群众大会以及参与和平统一祖国的一些会谈等。因此，从制度上讲，朝鲜不属于"多党合作制"的范畴，他们自己也没有这么提。

朝鲜社会民主党，成立于1945年11月3日，其成员主要是小企业家、商人、手工业者、小市民和一部分农民以及基督教徒，指导思想是民族社会民主主义。它作为"祖国战线"的成员，"为在共和国北半部实现社会主义、反对美帝国主义及其走狗永久分裂民族的阴谋活动、争取早日实现祖国的自主和平统一而斗争"。该党原有数万党员，朝鲜战争期间，因不少党员加入反动组织，后开展了整党运动，撤销了一些地方组织，党员减少。1958年解散了郡以下的党组织，1960年解散了道级党组织，现仅剩党的中央组织。该党领导人有时出面参加一些对外活动，如具名发表声明、出席一些群众大会、派代表参加北南红十字会会谈等。该党还派代表团出访过，曾要求与我国民盟建立联系，并申请加入社会党国际，但未获准。

天道教青友党，是由天主教徒创立的民主政党，初建于 1919 年，1938 年解散，1946 年重建，1947 年党代会通过了支持共产党政权的政纲。在朝鲜战争期间，该党首领金达铉等干部支持劳动党，但由于许多党员对人民军和劳动党采取敌对态度，战争结束后进行了整党运动。1958 年金达铉也被清肃，1959 年另换领导人。该党作为"祖国战线"成员、以宗教团体身份参加和平统一祖国工作和一些对外活动。如该党副委员长在 1972 年南北红十字会谈中出任朝鲜顾问委员会委员，还派代表参加宗教代表团出访，以争取国际上对朝鲜更多的同情和支持。

祖国统一民主主义战线，成立于 1946 年 7 月 22 日，由劳动党及友党、社会团体的干部组成。其基本任务是，以工农联盟为中心，不分职业、性别、宗教信仰、政党的差别，把向往祖国的自由和独立的所有爱国民主力量紧密地团结在伟大领袖的周围，积极拥护和宣传他提出的革命路线和国家自主和平统一的方针。

2. 越南坚持共产党的统一领导

虽长期存在两个民主党派，但它们已于 1988 年宣布"中止活动"，目前只有越南共产党一个政党。此外还有一个统一战线组织"越南祖国战线"。

越南长期存在的两个民主党派，一个是越南社会党，一个是越南民主党。前者成立于 1946 年 7 月 22 日，是代表爱国和进步的知识分子的政党。绝大多数党员分布在高等院校、大医院和科研机关。在争取祖国独立、民主和统一的斗争中作出过贡献。后者成立于 1944 年 6 月 30 日，是代表爱国和进步的小资产阶级知识分子和越南民族资产阶级的政党。积极参加过争取祖国独立、民主和统一的斗争。但是，这两个党已分别于 1988 年 10 月 15 日和 10 月 20 日宣布"中止活动"，其原因不详。越南的统一战线组织"越南祖国战线"成立于 1955 年 9 月，为明确其法律地位、更好地发挥其作用，进一步加强国家民主法制建设，最近（1999 年 6 月）越南十届国会第五次会议讨论通过了《越南祖国战线法》。

3. 老挝只有一个政党，即执政的老挝人民革命党

老挝在1975年革命胜利前，曾有几个政党，如：老挝人联合党、老挝民族主义自由民主党、老挝中立党等，但革命胜利后，这些政党已消亡。

4. 古巴的资产阶级政党早已随革命的胜利而消亡，革命胜利初期一度存在的三个革命政党也已合并组成古巴共产党

古巴革命胜利初期有三个革命组织，即："古巴人民社会党"（老的共产党）、"三·一三革命指导委员会"（1957年3月13日以哈瓦那大学生联合会主席安东尼奥·埃切维利亚为首的40多名青年攻打总统府失败后建立的革命组织）以及由菲德尔·卡斯特罗领导的"七·二六运动"。

古巴人民社会党开始不赞成卡斯特罗的武装斗争，但后期支持和配合起义军，在首都发动总罢工，加速了反动政权的崩溃，并承认在武装斗争问题上"犯了错误"。卡斯特罗起初是革命民族民主主义者，然而1961年4月美国组织雇佣军入侵古巴，卡斯特罗当即宣布"古巴革命为社会主义性质的革命"。于是合并的条件和必要性已成熟。1961年7月，上述三个组织合并成立了"古巴革命统一组织"。1962年5月改名为"古巴社会主义革命统一党"，1965年9月改组领导机构，并改党名为"古巴共产党"。几十年来，它一直是古巴的执政党。

四、中国政党制度的特点和优点及其进一步完善和发展

1. 中国共产党领导的多党合作和政治协商制度，是中国的一项基本政治制度，也是有中国特色社会主义的一项政党体制

在几十年革命和建设中，中国共产党和八个民主党派建立了长期共存、互相监督、肝胆相照、荣辱与共的亲密关系。中国共产党是中国社会主义事业的领导核心，是执政党。各民主党派是同中国共产党通力合作、共同致力于社会主义事业的亲密友党，是参政党，不是在野党，更不是反对党。中国的这种政党体制，既不同于西方国家的多党制或两党制，也不同于一些社会主义国家的一党制。这是马克思主

义政党理论和统一战线学说与中国实际相结合的产物，也是中国政治制度、政党体制的一大特点和优点。坚持和完善这一制度和体制，不仅有利于加强中国的民主政治建设，发展安定团结、生动活泼的政治局面，巩固和发展中国的社会主义事业，而且具有重要的国际意义，对科学社会主义的理论和实践也是一大贡献。

2. 理直气壮地抵制西方的多党制和两党制，坚持和完善我国的政党体制

世界各国的政治制度、政党体制不仅具有阶级性，而且同一阶级的政治制度和体制还具有多样性，根本不存在统一适用于一切国家的政治制度和体制。任何国家和政党都无权将自己国家的政党制度和体制视为"样板"，强加于人。我们中国人不信邪、不怕压，从本国的实际情况出发，理直气壮地坚持和完善有中国特色社会主义的政党体制。西方有些人常常攻击中国民主党派拥护社会主义和我国宪法是"缺乏独立性"，"与共产党没有区别"，"你们的多党合作制，实际上还是一党制"。这种攻击既带偏见又缺乏常识，其实任何国家的合法政党都必须在宪法规定的范围内活动，美国等西方国家也不例外。如果因为政治方向上一致地拥护本国现行社会制度就不算独立的政党，那么美国的民主党和共和党也不是两个独立的政党，因为它们一致拥护资本主义制度。实际上美国的民主党和共和党经常"演双簧"，它们之间的合作是主线，分歧对抗是支流和非根本性的。杜鲁门总统曾坦率地把美国两党制称为"两党合作制"，因为在维护美国财团利益和资本主义制度方面，双方是完全一致的，而且有共同的利益。照攻击者的逻辑，美国的"两党制"应看成"一党两派"。长期以来美国人实际上只能在"一党"的"两派"中任选"一派"，任何第三者根本不可能染指美国政坛。美国有什么理由自我炫耀而攻击别人。

3. 同原苏联东欧国家的情况相比，我们坚持和完善自己有中国特色社会主义的政党体制具有不少有利条件

（1）苏联东欧国家的共产党在革命胜利后或反法西斯战争结束之后，都经历了一个同其他政党争夺领导权的斗争过程。东欧不少国家的政党体制不完全是历史自然形成的，带有很大的人为的、主观的因素。经过斗争较量，留下来的政党虽表示接受共产党的领导，但难以心悦诚服，更难肝胆相照。在中国，共产党和各民主党派在民主革命时期就是亲密战友，而共产党领导的长期武装斗争又是这场革命的主要形式、主要战场，共产党的领导地位是历史自然形成的，无可争辩的。举国上下一致承认没有共产党就没有新中国，没有共产党就没有社会主义。

（2）在革命胜利前苏联东欧国家共产党的主要基础在城市工人当中，农村工作普遍薄弱，扩大工人党在农村的影响以及加强工农联盟，往往要借助以农民为主要成分的农民党、小农党等。东欧国家解放后，一些实行"一党制"的国家把这类政党取消了，难免影响到共产党在农村的群众基础。仍留下来的这类政党的力量又相当大，如何处理同这些党的关系，对政局稳定影响很大，譬如波兰统一农民党有近50万成员，其中70%是农民。保加利亚农民联盟有12万成员，民德的民主农民党有10余万成员。中国革命走的是农村包围城市的道路，共产党长期扎根农村，与农民建立了血肉关系，农民把共产党当成自己的政党和"救星"，而他们又占中国人口绝大部分，大大扩大了中国共产党的群众基础。

（3）苏联东欧各国的共产党不同程度地缺乏统一战线的经验和实践，他们对其他政党的方针政策有的过"左"，有的太右。而中国共产党十分重视统一战线工作，将其作为中国革命的"三大法宝"之一，在长期的斗争实践中积累了丰富的统一战线经验，并且早已明确地提出了与各民主党派"长期共存、互相监督、肝胆相照、荣辱与共"的正确方针，为搞好多党合作和政治协商提供了保证。

（4）东欧国家中与共产党合作的其他民主政党，受西方资产阶级和社会民主主义的影响较深。他们在剧变前虽然在政治上表示接受共产党领导、拥护社会主义制度，但党纲党章中仍保留了不少非社会主义的思想意识和资产阶级的价值观念，这些国家的共产党又没有统战部门，不对他们进行必要的思想工作。中国各民主党派有爱国主义传统，重视学习，能随时代步伐前进，与共产党合作得很密切。与东欧国家不同，中国民主党派主要是知识分子政党，学有专长，有不少专家，充分发挥他们的作用，对国家社会主义建设非常有益。基于上述有利条件，我们对坚持中国共产党领导的多党合作和政治协商制度应充满信心。

4. 从苏联东欧国家政党体制上的经验教训来看，要坚持和完善我国社会主义的政党体制和制度，还有许多工作要做

首先，必须把共产党本身建设好。要用邓小平同志建设有中国特色社会主义的理论、"三个代表"重要思想武装全党，把思想路线搞端正，把执政党的党风搞好，克服腐败现象，密切联系群众。

其次，无论在党内生活中还是国家政治生活中，都要更好地贯彻民主集中制原则。邓小平同志说："共产党领导就是我们的优越性"，"民主集中制也是我们的优越性。这种制度更利于团结人民，比西方的民主好得多"。坚持和完善共产党领导的多党合作和政治协商制度，从根本上讲就是如何更好地贯彻和体现民主集中制原则的问题，没有集中不行，没有民主也不行。

第三，要在坚持共产党领导的前提下，花大力气做好"多党合作"这篇文章。我们不搞西方那种多党制，但我们也是一种多党制，即共产党领导的多党合作制，而不是一党制。思想上一定要树立"多党合作"的观念，实际工作中要更切实地发挥各民主党派的作用。充分发挥它们的参政、议政、监督作用，尽可能支持更多的非党优秀人士在各级人代会、政协、司法和政府机构中担负适当的领导职务。也要更多地发挥民主党派在科技、教育、经济等专业领域的作用，为他们对国家建设献计献策、尽心尽力创造更多机会和条件。在外事统一归口的原则下，要更多地吸收民主党派人士参加一定的涉外活动。

我们相信，在以胡锦涛为总书记的党中央领导下，高举邓小平理论的伟大旗帜，全面贯彻"三个代表"重要思想，发扬我党与各民主党派长期亲密合作的优良传统，借鉴国外政党体制的经验教训，中国共产党领导的多党合作和政治协商制度一定会更臻完善。

（原载《求是》杂志《内部文稿》1994年第12期）

中国实行的是独具特色的"多党制"
——以世界视角看中国政党体制的特点

题注： 关于中国与"多党制"的关系，长期存在着混淆和误解。其实，中国不是"一党制"，也不能笼统地反对"多党制"。毛泽东、邓小平都曾明确讲过，我们也是"多党"，而不是"一党"。作者针对2011年有人将吴邦国说的"中国不搞多党轮流执政"简单地说成"中国不搞多党制"而发表此文，明确提出"中国实行的是独具特色的多党制"，其意含就是要强调：中国不同于苏联的"一党制"，而是一种"多党制"；但中国也不是西方那种（轮流执政的）"多党制"，而是一种"独具特色的多党制"。所谓"独具特色的多党制"，就是指"中国共产党领导的多党合作与政治协商制度"。从对世界政党体制进行比较的角度看，这是独具特色和优势的一种政党体制。

日前吴邦国委员长在全国人大会上宣布"中国不搞多党轮流执政"，这不能被简单地解读为"中国不搞多党制"。事实上中国不是一党制，也不搞西方的多党制，而是实行一种独具特色的多党制。从世界范围看，中国的这种政党体制是很有特色和优势的，我们决不能妄自菲薄。

中国的政党体制独具特色

毛泽东早在 1956 年《论十大关系》中就明确提出："究竟是一个党好，还是几个党好？现在看来，恐怕是几个党好。不但过去如此，而且将来也可以如此，就是长期共存，互相监督。""在这一点上，我们和苏联不同。"后来在中国人民政治协商会议的基础上，中国逐渐发展成熟了一种"中国共产党领导的多党合作和政治协商制度"。这就是说，中国既不搞西方多党竞选轮流执政的那种多党制，但也不搞苏联那种由苏共一党单独执政的一党制，而是由中国共产党"领导"与其他各民主党派"合作"，形成和建立起一种独具特色的多党制。这种中国式的多党制与西方的多党制区别何在？除了性质不同，从形式上看，西方是"多党竞选和轮流执政"，而中国是"多党合作和政治协商"。

所谓性质不同，指的是中国的多党制属社会主义性质，因为它坚持由"中国共产党领导"，这是马克思主义基本原理和科学社会主义的要求，舍此就谈不上社会主义。而苏共是将"社会主义要坚持共产党的领导"与"如何才能更好地实现这种领导"这两个既有联系又有区别的问题混淆起来。他们在十月革命后迅速改变了一度存在的"多党并存"的形式，最终形成了"俄共一党独存"的局面，因此后来苏联长期实行的是苏共"一党制"。

中国的情况与苏联不同。在我国内地范围内，除执政党中国共产党之外，还有八个参政党，为民主党派。在新民主主义革命时期，这些民主党派的社会基础是民族资产阶级、城市小资产阶级和同这些阶级相联系的知识分子，以及其他爱国民主人士。进入新世纪新阶段，这些民主党派是各自所联系的一部分社会主义劳动者、社会主义事业建设者和拥护社会主义爱国者的政治联盟，是接受中国共产党领导、同中国共产党通力合作的亲密战友，是进步性与广泛性相统一、致力于中国特色社会主义事业的参政党。

从西方的观点看，多党制必须是多党竞选和轮流执政，否则就不是多党制。我们不能赞成而要超越西方的这种"话语权"。中国的人文精神和求实传统，加上近代革命和现代政治的实践，已历史地铸就了中国不能搞西方那种"多党制"，也不能照抄苏联的"一党制"，而只能是今天这种"独具特色的多党制"。

中国政治民主的特色：选举民主 + 协商民主

中国的人民代表大会制度和政治协商制度，就民主形式而言，是由"选举 + 协商"两种形式构成的。正如 2006 年《中共中央关于加强人民政协工作的意见》所指出，"人民通过选举、投票行使权利和人民内部各方面在重大决策之前进行充分协商，尽可能就共同性问题取得一致意见，是我国社会主义民主的两种重要形式。"这就是说，中国的民主是"选举民主"与"协商民主"相结合的制度。

中国的政治制度很有特色，已吸引了不少国内外学者对其进行研究和讨论，并提出了"纵向民主"（Vertical Democracy）的概念和理论。在这些学者当中，包括了美国当代著名政治思想家、《民主新论》的作者乔万尼·萨利托，以及美国著名的未来学家、《大趋势》的作者约翰·奈斯比特等人。后者在其新作《中国大趋势》一书中提出，美国实行的西方式民主制度是一种"横向民主"，而中国实行的是"纵向的民主制度"。西方人想到一个自由、民主的社会时，脑海中出现的是一个横向结构，由无数个"个人""平等地"选举出自己的领导，这是一种"横向民主"。而"纵向民主的主要优点就在于，能够使政治家们从为了选举的思维中解放出来，以便制定长期的战略计划"。中国与其文化传统和国情相适应，实行一种政府自上而下的指令与人民自下而上的参与相结合所形成的政治模式，这就是与西方"横向民主"不同的"纵向民主"。奈斯比特认为，如果中国建立的是西方式的"横向民主"体系，大量精力会浪费在竞选的争斗之上，大批候选人会提出无数个解决中国问题的方案。这容易导致混乱，是珍视和谐与秩序的中国人不愿看到的。中国没有以民主改革的名义使自己陷入政党争斗的分裂局面，而是在现执政体制内进行了调整，通过倾听自下而上的声音并且保持高层的决策权。奈斯比特认为，这一模式显然是中国 30 年成功的一个重要保障。

另一方面，西方学术界在反思"选举民主"不足的基础上，又提出了"协商民主"（Deliberative Democracy）的概念和理论，以破解选举民主的困境，弥补选举民主的缺陷。1980 年美国克莱蒙特大学政治学教授约瑟夫·毕塞特在《协商民主：共和政府的多数原则》一文中首次提出了"协商民主"的概念。1990 年之后，在美国约翰·罗尔斯、英国安东尼·吉登斯、德国于根·哈贝马斯等著名政治哲学家的支持下，"协商民主"理论异军突起。但总体讲，这一理论在西方还主要是在学术界研究和讨论。然而在中国，"协商民主"已经有半个多世纪的政治实践，这表现在中国有世界上最大的"协商民主"的固定平台——中国人民政治协商会议及其各级人民政协组织。西方学者提出的"协商民主"的概念和理论，虽然是从他们的角度出发的，但这足以证明中国的政治制度具有自己的特点和优势。

现在中国正努力探索如何从中国的实际情况出发，把选举民主和协商民主这两种民主形式有机地结合起来，完善中国特色社会主义的民主政治体制。首先，中国的选举民主将进一步完善和发展，同时政治协商不仅会进一步完善和发展，而且会通过各级政府主动实施的民主恳谈会、听证会等形式进一步向其他领域扩展，使协商民主更加普遍化、制度化和程序化。

中国政治体制既不同于西方，也不同于苏联

中国的政治体制既要同西方的模式划清界限，也要同斯大林模式划清界限。前者涉及不同社会制度问题，后者属于不同体制问题，但都是很重要的问题。

现在西方有人仍将中国列入"斯大林主义"国家之列，国内也有学者从不同角度认为中国仍未摆脱斯大林模式，特别是在政治体制上，有人认为中国仍是"斯大林模式的沿袭"。我们不能赞成这种看法和说法。

第一，我们是将斯大林的一生和"斯大林模式"区别开来的。对斯大林的一生我们没有放弃对他的基本肯定，但对"斯大林模式"，即他搞社会主义的那套办法和体制，尽管其在历史上起过重要作用，但当今条件下应基本否定。

第二，我们不能低估斯大林给社会主义形象造成的损害，即不能轻视斯大林"后遗症"。斯大林在"无产阶级专政"的口号下，严重破坏了社会主义法制，损害了社会主义形象，败坏了无产阶级专政的声誉。邓小平同志就曾指出："斯大林严重破坏社会主义法制，毛泽东同志就说过，这样的事情在英、法、美这样的西方国家不可能发生。"中国改革开放30多年来，是将斯大林模式作为"改革对象"看待的。

第三，中国坚持党的领导和社会主义方向，实行民主集中制，具有集中力量办大事等特点和优势，常被人视为中国仍沿袭"斯大林模式"的"根据"，这是不正确的。经俄国传到中国来的不都是什么"斯大林主义"，不能不分青红皂白地将马克思列宁主义也当成"斯大林主义"。中国体制中的上述特征和优势，不是"斯大林模式"的"沿袭"，而实际上是中国坚持马克思主义，特别是坚持列宁的建党学说和民主集中制原则的"必然结果"。

第四，中国体制中的这些特征和优势，归根结底源于坚持了马克思列宁主义，而不是"斯大林模式"的沿袭，将这二者区别开来，有利于明确政治体制改革的方向。如果将这些优势视作"斯大林模式"的沿袭，现在虽暂时坚持，将来迟早会被"改革掉"。如果是作为"坚持马克思主义"的必然要求来"坚持"，虽然这也需要与时俱进地继续进行"改革"，但总体上是考虑如何更好地坚持和完善的问题。

世界不存在统一适用于各国的"最理想的民主模式"

民主具有普遍性，同时也具有特殊性，它同任何事物一样，是普遍性与特殊性的统一。由于实现民主需要一定的经济、政治、文化条件，而这些条件在不同的国家或同一国家的不同时期可能极不相同，因而世界各国的民主又都必然带有本国本民族的特征。

世界从来就不存在统一适用于各国的什么"最理想的民主模式"，一切民主制度都必然具有本国本民族的特点。美国的民主政体没有照搬英国的，而英国的政体也无法照搬美国的。英国的君主立宪制虽然已显得很不合时代潮流，但英国保留君主自然有其历史原因和民族感情上的因素。日本人虽然在天皇发动的"圣战"中遭受了巨大的牺牲、痛苦和战败的惩罚，但多数日本人目前还需要天皇作为其民族统一的象征。各国的政治体制、民主政治不能不考虑本国特点和本民族的情感，因而不能照搬别国的模式。

国内外著名的民主主义思想家都认为，世界不存在可供各国通用的最好、最理想的民主制度。我国民主革命的先驱孙中山就曾说过，中国几千年以来社会上的民情风土习惯，和欧美的大不相同。中国的社会既然是和欧美的不同，所以管理社会的政治自然也是和欧美不同，"不能完全仿效欧美"①。法国大革命的思想先驱卢梭，在其《社会契约论》一书中就说过：每个民族都应根据自己的情况"确定一种特殊的制度体系，这种制度体系尽管其本身或许并不是最好的，然而对于推行它的国家来说则应该是最好的"。他还转引另一位思想家布拉马奇的话说，"每一种好政府并不是同等地适宜于一切民族。在这一点上，必须顾及各个民族的气质和特点以及国家的大小"。② 19 世纪拉丁美洲民族独立运动的领袖西蒙·玻利瓦尔，在领导拉美国家推翻西班牙的殖民统治之后，曾就建立什么样的政治体制问题指出："永远不要忘记，一个政府的优越性不在于它的理论，不在于它的形式，也不在于它的机构，而在于它适合于所在国家的性质和特点。"③

近几十年来，东南亚一些国家公开抵制西方的说教和政治模式，坚持按本国实际情况行事，保持了社会政治稳定，经济获得了较快发展。而一些非洲国家在西方大国诱压兼施掀起来的"民主化浪潮"冲击下，曾被迫仓促地实行或宣布实行"多党制"，结果造成社会动荡和无政府主义泛滥，甚至引发了种族冲突和内战，搞得许多国家财殚力

---

① 《孙中山选集》，人民出版社 1981 年版，第 763 页。
② 卢梭：《社会契约论》，商务印书馆 1980 年版，第 70、87 页。
③ 《玻利瓦尔文选》，中国社会科学出版社 1983 年版，第 80－89 页。

竭、民不安生。后来非洲一些国家的领导人从实践中认识到，"民主同贫困难以相处"，"饿着肚子不能搞民主"，"没有发展就没有民主"。

正反两方面经验教训说明，中国的政治民主必须考虑中国的人文精神和求实传统，必须考虑中国的民族秉性和情感，必须以中国的历史和基本国情为依据，这是理所当然的事情。

（原载《学习时报》2011 年 5 月 2 日，这里增加了引文注释）

中国依法治国的理论取向与国际方位
——接受上海《党史与党建》的采访

题注： 马克思主义国家学说和无产阶级专政理论是不断发展的理论。在新的历史条件下，对它不只是简单地"坚持"，而是存在着如何"认识、继承和发展"三个方面的问题。新时期人民民主专政理论已有创新发展变化，现在说"坚持人民民主专政"，毫无疑问是指坚持"发展了的人民民主专政"理论和实践。国家治理现代化必须转变执政理念。依法治国有个选择什么样的理论取向和国际方位的问题。中国依法治国在理论取向上是与坚持人民民主专政相一致的，在国际方位的选择上是既不仿效苏联，也不照搬西方。

记者： 肖主任，您好！党的十八届四中全会首次以依法治国为议题，在我们党和国家历史上具有里程碑的重大意义。您能否从马克思主义国家学说的角度，谈谈依法治国的理论意义？

肖枫： 好的。马克思主义国家学说和无产阶级专政理论是不断发展的。人民民主专政理论是中国化的马克思主义国家学说，它在改革开放 30 多年的实践中又获得了新的重大发展。这次党的十八届四中全会通过的《中共中央关于全面推进依法治国若干重大问题的决定》（以下简称《决定》）提出，全面推进依法治国，总目标是建设中国特色社会主义法治体系，建设社会主义法治国家。从一定意义上说，这是中国化马克思主义国家学说——人民民主专政理论的创新发展。

一、坚持人民民主专政与依法治国相统一

记者： 我们知道，马克思主义国家学说，包括无产阶级专政理论和人民民主专政理论，是共产党人的"压舱理论"。在当今新的历史条件下，总体上我们应如何看待和对待马克思主义这个经典理论呢？

肖枫： 在新的历史条件下，对待马克思主义理论，不是简单地"坚持"问题，而是同时存在着如何"认识、继承和发展"这么三个方面的问题。这是邓小平早就提出来了的问题，只是因为宣传得不够，未引起人们的足够重视。

1989年5月邓小平会见戈尔巴乔夫，谈到过去中苏论战时说："双方都讲了许多空话。"他接着说："马克思去世以后100多年，究竟发生了什么变化，在变化的条件下，如何认识和发展马克思主义，没有搞清楚。"并强调："真正的马克思列宁主义者必须根据现在的情况，认识、继承和发展马克思列宁主义。"这意味着，对于忠诚的马克思列宁主义者来说，在新的历史条件下既要坚持不丢"老祖宗"，又要努力讲出"老祖宗"没讲过的新话，与时俱进地发展马克思主义。对整个马克思列宁主义如此，对马克思主义国家学说和无产阶级专政理论也一样。

记者： 有人说，马克思主义认为国家是阶级斗争不可调和的产物，它是阶级统治的工具，因此国家总是意味着暴力、强制和专政。您怎么认识这种观点？

肖枫： 马克思主义认为，国家有两种职能：阶级职能和社会职能，或称政治职能和非政治职能。阶级职能反映不同阶级与利益集团之间的不可调和的矛盾和对立斗争，社会职能则反映不同阶级与利益集团之间的相互依存和相互联系。

马克思主义国家学说还认为，国家的"政治统治"是以执行其"社会职能"为基础和前提的。正如恩格斯所指出的：国家的"政治

统治到处都是以执行某种社会职能为基础，而且政治统治只有在它执行了它的这种社会职能时才能持续下去"。如果只强调国家的"阶级统治"和"政治统治"职能，只强调"暴力专政"这一面，而忽视国家的"社会职能"，这显然是片面的。恩格斯强调，国家"只有在它执行了它的这种社会职能时才能持续下去"，这对于已经执政的共产党来说具有非常重要的现实指导意义，是我们当前要完成"推进国家治理体系和治理能力现代化"目标的重要理论依据，也是我们党在新的历史条件下发展马克思主义的国家和无产阶级专政学说的重要课题。

记者：那么，无产阶级专政的实质是什么？有人说是暴力，或者说主要是暴力。这种说法符合马克思主义的原意吗？

肖枫：任何国家都不能没有强制，国家必须拥有强制的手段和工具，无产阶级专政的国家当然也不例外。但是，如果认为无产阶级专政的实质仅仅是暴力和强制，那完全是一种曲解和误读。列宁曾明确指出："无产阶级专政的实质不在于暴力，而且主要不在于暴力。它的主要实质在于劳动者的先进部队、先锋队、唯一领导者即无产阶级的组织性和纪律性。"这就意味着无产阶级专政必须坚持作为"劳动者的先进部队、先锋队"的共产党的领导，必须讲法制、讲秩序、讲组织纪律、讲公平正义、讲社会稳定，一句话要讲"依法治国"。专政如果脱离了法制，破坏了民主，必将变成"无法无天"的独裁，会引起社会动荡，甚至酿成民族灾难。在这方面，苏联和中国都是有深刻的历史教训的。

记者：有人说，列宁讲过"无产阶级专政是不受任何法律约束的政权"，有人因此就认为"依法治国"与"坚持无产阶级专政"是对立的——要坚持"依法治国"就必须否定"无产阶级专政"，而要坚持"无产阶级专政"（包括人民民主专政）就不可能实现"依法治国"。是这么回事吗？

肖枫：列宁的确说过这种话，而且在几个地方讲过类似的话。列宁说"专政的科学概念无非是不受任何限制的、绝对不受任何法律或规章约束而直接依靠暴力的政权"。1926 年斯大林在《论列宁主义的几个问题》中就引用过这些话。过去，苏联实际上是将列宁这些话当作无产阶级专政的"定义"看待的，影响很深、危害很大。在我国，"文革"中的有些行为，不能说与这一论断的影响毫无关系。今天还有人将"无产阶级专政"与"依法治国"对立起来，这是不奇怪的。因此究竟应如何认识、理解和正确把握列宁的这一论断，是个很重要的理论和现实问题。

我们应当明确，列宁的上述论断是在国内革命战争时期讲的，当时新生的苏维埃政权正面临被扼杀在摇篮里的威胁。列宁在革命时期这么讲，专政"不受任何法律限制"，实际指的是不受"任何资产阶级法律的限制"。因为要革命，不破坏资产阶级的国家机器，不打破资产阶级的法律限制，无产阶级的胜利是不可能的。

至于在无产阶级政权已经稳固的情况下，如果还说无产阶级专政不受法律限制，就意味着无产阶级专政不受无产阶级国家自己的法律限制，这显然是非常错误的。列宁在十月革命胜利后，曾亲自起草并颁布了一系列新的苏维埃法令就是佐证。列宁指出："假使我们拒绝用法令指明道路，那我们就会是社会主义的叛徒。"并强调苏维埃机关人员必须极严格地接受法律的制约。列宁说："极小的违法行为，极小的破坏苏维埃秩序的行为，都是劳动者的敌人立刻可以利用的漏洞。"所以，应当全面地理解和完整地把握列宁关于无产阶级专政与社会主义法制的思想，绝不能将二者割裂开来或对立起来，泛泛地从广义上说无产阶级专政"不受任何法律约束"是不正确的。

事实上，列宁在1919年就强调无产阶级专政"不只是对剥削者使用的暴力，甚至主要的不是暴力"，而是相反地强调要发展经济，要提高劳动生产率，才能战胜资产阶级。列宁还说，"在任何社会主义革命中，当无产阶级夺取政权的任务解决以后，随着剥夺剥夺者及镇压他们反抗的任务大体上和基本上解决，必然要把创造高于资本主义的社会结构的根本任务提到首要地位，这个根本任务就是：提高劳动生产率。"这说明列宁认为，要战胜资产阶级，巩固无产阶级政权，归根结底还要靠发展经济，提高劳动生产率，而绝不仅仅靠用暴力来对付敌对势力。

总之，我们必须科学地对待马克思主义经典作家的具体观点，要从总体上去把握其精神实质。我国宪法中"坚持人民民主专政"的规定，与全面推进"依法治国"并不矛盾，不能将二者对立起来。

二、新时期人民民主专政理论的创新发展变化

记者：人民民主专政理论是毛泽东在领导中国革命时提出和创立的。它与马克思主义国家学说和无产阶级专政理论的关系如何？

肖枫：有人很强调人民民主专政"实质上"是无产阶级专政，但我以为，更值得强调的，还是人民民主专政理论是马克思主义基本原理与中国具体情况相结合的产物，是无产阶级专政理论的继承和发展，是中国化的马克思主义国家学说。

首先，在经济上落后国家不能追求纯而又纯的社会主义，不能急于消灭资本主义。列宁曾指出，"资本主义是祸害，社会主义是幸福，这种议论是不正确的。""在俄国这样的国家里，工人阶级与其说是苦于资本主义，不如说是苦于资本主义发展不够。"毛泽东在党的七大所作的报告和讲话中说："现在的中国是多了一个外国的帝国主义和本国的封建主义，而不是多了一个本国的资本主义，相反地，我们的资本主义是太少了。"进入改革开放新时期以来，我们党已纠正了过去急于求成的"左"的政策和错误，重新恢复和发展了不发达国家"要充分利用资本主义"的思想，并提出了在公有制为主体的基础上"多种经济成分共同发展"的方针政策，使中国经济出现前所未有的繁荣发展新局面，中国特色社会主义也随之迈入了飞跃发展的新阶段，人民民主专政理论也因此获得了新的发展。

其次，在政权建设方面，也必然不同于发达国家。毛泽东早在民主革命时期就没有照抄照搬马克思恩格斯无产阶级专政的思想，而是从中国的实际情况出发，将其发展成"人民民主专政"理论。这一理论虽然从实质上讲"继承"了"无产阶级专政"学说，但它不是"单一的无产阶级"的专政，而是以工人阶级为领导的、以工农联盟为基础的，包括最广泛同盟者的对少数敌人的专政。这种"专政"是包括了既强调对敌人的专政，又强调对人民的民主这样两个方面的；

而"人民"这个概念是根据不同历史时期的情况发展变化的。毛泽东时期是工人阶级、农民阶级、城市小资产阶级和民族资产阶级，而现在则扩大到包括一切赞成祖国统一、拥护社会主义事业的全体中国特色社会主义事业建设者在内的最广泛的联盟。今天的人民民主专政理论，不仅不同于民主革命时期，而且不同于改革开放之前的中国，已经有全面的发展，并已载入我国现行宪法和法律体系。

记者： 改革开放新时期以来，随着我国国情的变化，特别是经济和社会情况的变化，人民民主专政理论是否也发生了很大的变化呢？

肖枫： 是的。人民民主专政，在不同历史时期的内涵和原则是不尽相同的。应当说，我们现在讲要"坚持人民民主专政"，当然指的是改革开放以来的理论和实践、政策和法律所体现出来的、"已经发展了的"人民民主专政的理论和实践。

人民民主专政理论之所以有很大发展，首先是因为党的指导思想和理论已发生了重大变化。以前的一个历史时期是急于求成，追求纯而又纯的社会主义，甚至急于过渡到共产主义，到处"割资本主义尾巴"，现在明确"社会主义初级阶段"还要经历一百年，在现阶段要在公有制为主体的基础上实行多种所有制共同发展。于是新出现了庞大的六个"社会阶层"。这六个新社会阶层是：民营科技企业的创业人员和技术人员、受聘于外资企业的管理技术人员、个体户、私营企业主、中介组织的从业人员、自由职业人员等。党的十六大已将这些阶层定性为"中国特色社会主义建设者"。

应当看到，新的社会阶层中的广大人员，通过诚实劳动、合法经营，为发展社会主义社会的生产力和其他事业作出了重要贡献。其中的一些优秀分子也因此赢得社会的尊重。他们的贡献主要体现在：一是推动了经济发展，增加了国家税收；二是扩大了就业门路，缓解了就业压力；三是为社会公益事业作出贡献，自己富了不忘回报社会。新的社会阶层中的不少人原本是从工人、农民、知识分子、干部和解放军指战员等群体中分化出来的，彼此之间存在着某种天然的联系。他们之间尽管个人财产多寡不同，但并不存在根本的利益冲突。

尽管其中有些阶层在传统的国家学说中甚至可能属于"资产阶

级"范畴，可能是专政的对象；但是在人民民主专政理论中，特别是在改革开放以来党的创新理论中，他们毫无疑义属于"中国特色社会主义建设者"。去年党的十八届三中全会的改革决议中规定，依法保护公有和非公有的财产权，其中就包括了保护他们的财产权。这一切表明，人民民主专政理论与过去相比已有很大发展。

我国现行宪法规定："在我国，剥削阶级作为阶级已经消灭，但是阶级斗争还将在一定范围内长期存在。中国人民对敌视和破坏我国社会主义制度的国内外的敌对势力和敌对分子，必须进行斗争。"这就是说，在今日的中国，已没有作为"阶级"存在的"被压迫阶级"、"被统治阶级"，专政的对象不是对着某个阶级和阶层的，而是对着"蓄意破坏和推翻社会主义制度的敌对势力和敌对分子"，这只是极少数的人；而且对他们的专政也要依法进行，不能再搞群众性阶级斗争运动，应将各种斗争纳入依法治国的轨道。

这一切与传统的无产阶级专政，特别是与苏联那种无产阶级专政的模式是完全不同的，也不同于改革开放前的中国。应当说，人民民主专政是对马克思主义无产阶级专政理论的重大发展，是"中国化的马克思主义国家学说"的伟大创新。

三、国家治理现代化必须转变执政理念

记者： 新民主主义革命胜利之后，党的地位和任务也必然发生相应的变化，也就是说，党的执政理念、执政方式必须转变，并且要着力提高执政能力和执政水平。

肖枫： 是的。新中国建立之后，党由领导人民进行革命的党转变成领导人民进行建设的党，党的地位的变化，要求党的执政能力、执政方式必须适应新的形势和任务，首先必须在思想上由"革命党理念"转变到"执政党理念"。

所谓"执政党理念"，就是要有支持人民当家做主、治国理政、造福民众、主持公平正义、维护社会和谐稳定等观念和思路。要千方百计维持社会稳定、安定有序，让广大人民群众生活幸福。由于社会

还存在阶级和阶级斗争，有时不可避免地要运用专政工具，但那是迫不得已采取的措施。这是共产党执政规律的题中应有之义。

毛泽东曾过分强调阶级斗争，并犯了"以阶级斗争为纲"直到发动"文革"的错误。但是，他在1957年"左"的思想占优势之前，曾经强调要缩小专政范围，让社会"不要恐慌"。他主张要团结一切可以团结的力量，化消极因素为积极因素。1956年毛泽东曾提出，"我们的胜利只有七年。我们的政权专政的职能，即对反革命分子的专政，只剩百分之十了。由于没有这样多的反革命分子，所以专政的范围缩小了。""现在我们的任务是解放生产力。生产力首先需要人。要人们不恐慌，要党内不恐慌，要民主党派不恐慌，要全国人民不恐慌。其次，是保护生产力。"改革开放新时期以来，我们最根本的拨乱反正就是否定了"以阶级斗争为纲"，把工作重心转到经济建设上来了。近年来，习近平同志一系列的重要讲话，以实现中华民族伟大复兴的中国梦为核心，对内提出了实现国家治理体系和治理能力现代化的改革总目标，提出要巩固和完善"万事好商量"的协商民主，在对外战略思维中提出了"命运共同体"的理念，以实施"整体国家安全观"和"亚洲安全观"为推手，努力促进世界持久和平、和谐世界、合作共赢、共同繁荣。这一切都是由"革命党理念"向"执政党理念"转变和发展的生动佐证，是完全正确的，符合历史发展趋势的。

总之，必须从思想理论上明确，不是任何时候强调"斗争"都是正确的，也不是任何"阶级斗争"都是进步的。马克思主义者讲阶级斗争，归根结底要看是否由解放和发展生产力提出的要求，是否有利于解放和发展生产力，是否有利于让人民生活幸福，安居乐业。为实现中华民族伟大复兴的中国梦，我们要把朋友搞得越多越好，把敌人缩得越少越好。当然，因为阶级和阶级斗争是客观存在，"树欲静而风不止"，一定范围内的阶级斗争是难以避免的。因此仍要有敌情观念，居安思危。这就是说，坚持人民民主专政是不可动摇的，但强调得必须适度不可过分。

四、国际方位的选择：不仿效苏联，也不照搬西方

记者：国家治理体系和治理能力要实现现代化，是离不开"依法治国"这条路的。当今世界各国所谓"依法治国"之路是各不相同的，中国必须从本国实际出发走自己独具特色的道路，可以说这也是中国特色社会主义道路的应有之义。

肖枫：同意你的意见。国家治理体系和治理能力现代化，是个很新颖的提法。标志着我们党对中国特色社会主义的探索已由"如何建设社会主义"转向"如何治理社会主义国家"上来了。

谈到"现代化"，这有个方向和道路问题，即什么性质的现代化？在"国家治理体系和治理能力现代化"之前，还有一句"完善和发展中国特色社会主义制度"，这就点明了这个现代化的目标和宗旨。为实现这个现代化而决定要走的"依法治国"之路，也必须有明确的"理论取向"和"国际方位"。"理论取向"问题，我们在前面谈了，现在着重谈谈"国际方位"问题。

随着时代的进步、文明程度的提高和社会的发展，国家治理方式、方法和形式，是需要与时俱进的。国家治理体系和治理能力要实现现代化，就必然离不开"依法治国"，这是不言而喻的。因为在当今世界不走"依法治国"之路，就根本谈不上现代化。当今世界各国的"依法治国"之路是各不相同的。中国"依法治国"要选取的国际方位，应当是既不能仿效苏联那种无产阶级专政的模式，也不能照抄照搬西方"宪政"模式。

苏联共产党执政 74 年，由兴到衰走过了曲折之路。我们要吸取他们放弃共产党领导，走改旗易帜邪路的教训，必须坚持共产党的领导和社会主义方向毫不动摇。另一方面，我们又必须吸取苏联历史上搞阶级斗争扩大化的错误。前面说了这与他们片面简单化地理解和曲解列宁的论断不无关系，与他们长期不重视民主法制，严重破坏社会主义法制也密切相关。这都是我们必须吸取的教训。邓小平说："斯大林严重破坏社会主义法制，毛泽东同志就说过，这样的事件在英、

法、美这样的西方国家不可能发生。"我们现在提出要全面推进依法治国，建设中国特色社会主义法治体系，建设中国特色社会主义法治国家，就是要同苏联模式划清界限。

另一方面，依法治国重在"依宪治国"，宪法是一国法律的"母法"和根本大法，是法之统帅，是整个法律体系获得权威与效力的最终源泉。正如习近平总书记在关于四中全会决定的起草说明中鲜明地指出："宪法是国家的根本法，法治权威能不能树立起来，首先要看宪法有没有权威。"要切实落实《决定》中强调的"坚持依法治国首先要坚持依宪治国，坚持依法执政首先要坚持依宪执政"。要坚持共产党的领导，党的领导和社会主义法治是一致的。社会主义法治必须坚持党的领导，党的领导必须依靠社会主义法治。必须坚持党领导立法、保证执法、支持司法、带头守法。任何组织和个人都必须尊重宪法法律权威，都必须在宪法法律范围内活动。党要坚持依法治国、依法执政，自觉地在宪法法律范围内活动，党员干部要提高法治思维和依法办事能力，不得违法行使权力，更不能以言代法、以权压法、徇私枉法。为了维护宪法权威，必须将宪法从"纸面上的宪法"变成"行动中的宪法"。但是，我们却绝不搞西方那种轮流执政、三权分立的"宪政民主"。

总之，既要同苏联那种无产阶级专政模式划清界限，又不照抄西方那种宪政模式，而是要走中国特色社会主义依法治国之路，这就是中国选择的依法治国的国际方位。

（原载上海《党史与党建》2014 年第 12 期）

要全面认识和发展无产阶级专政理论

　　近来有同志发文，谈及人民民主专政、阶级斗争和无产阶级专政学说问题。我认为，阶级、斗争、专政问题不是不能讲，问题在于怎么讲。马克思主义的国家和无产阶级专政学说不是凝固不变的，而是不断发展的理论。在新的历史条件下，它同整个马克思主义理论一样，存在着如何"认识、继承和发展"的问题。这个问题邓小平同志早在 1989 年会见戈尔巴乔夫时就提出来了，只是因为宣传得不够，至今未引起人们的足够重视。邓小平说，"马克思去世以后 100 多年，究竟发生了什么变化，在变化的条件下，如何认识和发展马克思主义，没有搞清楚。"他强调："真正的马克思列宁主义者必须根据现在的情况，认识、继承和发展马克思列宁主义。"[①] 这就是说，在变化了的情况下，对待马克思列宁主义，存在着"认识、继承和发展"这么三个方面的问题。这就意味着，忠诚的马克思列宁主义者，在新的历史条件下既要坚持不丢"老祖宗"，又要努力讲出"老祖宗"没讲过的新话。

---

　　① 《邓小平文选》第 3 卷，人民出版社 1993 年第 1 版，第 291 页。

一、应当全面认识、理解和解释马克思主义的"国家和专政"学说，不能只强调某一项职能或某一个方面

马克思主义的国家学说，的确认为国家是阶级斗争不可调和的产物，是阶级统治的工具，强调了暴力和专政，但这并不是马克思主义国家学说的全部。马克思主义国家学说同时还认为，国家的"政治统治"是以执行其"社会职能"为基础和前提的。正如恩格斯所指出的：国家的"政治统治到处都是以执行某种社会职能为基础，而且政治统治只有在它执行了它的这种社会职能时才能持续下去"①。如果只强调国家的"阶级统治"和"政治统治"职能，只强调"暴力专政"这一面，而忽视国家的"社会职能"，这显然是片面的。恩格斯强调，国家"只有在它执行了它的这种社会职能时才能持续下去"，这对于已经执政的共产党来说具有非常重要的现实指导意义，是我们当前要完成"推进国家治理体系和治理能力现代化"目标的重要理论依据，也是我们党在新历史条件下发展马克思主义的国家和无产阶级专政学说的重要课题，而这篇文章恰恰只字不提马克思主义国家学说的这一重要方面。

尽人皆知，任何国家都不能没有强制，国家必须拥有强制的手段和工具，无产阶级专政的国家当然也不例外。但是，无产阶级专政的实质是什么？仅仅是暴力和强制吗？这完全是一种曲解和误读。列宁曾明确指出："无产阶级专政的实质不在于暴力，而且主要不在于暴力。它的主要实质在于劳动者的先进部队、先锋队、唯一领导者即无产阶级的组织性和纪律性。"② 这就意味着无产阶级专政必须坚持作为"劳动者的先进部队、先锋队"的共产党的领导，必须讲法制、讲秩序、讲组织纪律、讲社会稳定。专政如果脱离了法制，破坏了民主，必将变成"无法无天"的独裁，会酿成民族灾难。在这方面，苏联和中国都是有深刻的历史教训的。

---

① 《马克思恩格斯选集》第 3 卷，人民出版社 1995 年版，第 523 页。
② 《列宁选集》第 3 卷，人民出版社 1995 年版，第 835 页。

二、要全面完整地阐述无产阶级专政的历史经验，
正反两面的经验教训都要重视

不能一谈到无产阶级专政的历史经验，似乎就只有巴黎公社。1871 年的巴黎公社是无产阶级专政的初次尝试，其历史意义是伟大的。但它只存在了 72 天，可以说是没有执政多久就失败了，实际上没有什么"执政经验"可言。马克思恩格斯当年没有别的实例，所以只能以它为依据，并特别重视和高度评价了它。我们今天的情况与马克思恩格斯时代大不相同了。现在我们有苏联 74 年无产阶级专政的历史经验和教训，又有中国 65 年人民民主专政的丰富实践。这既有成功的经验，也有失败的深刻教训；既有"左"的，也有右的教训；既有斯大林破坏法制搞"大清洗"的历史教训，又有中国十年内乱搞"文革"的全局性错误。对这些正反两面的深刻教训，如能有所总结概括，至少是有所提及、有个说法、有个态度，那对问题的认识就会全面深刻得多。对反面教训不应回避，正如恩格斯所说过的，"伟大的阶级，正如伟大的民族一样，无论从哪方面学习都不如从自己所犯错误的后果中学习来得快。"① 如果正反两面都讲，那就能将教训变成财富。然而文章没能这么写，却只强调"专政"，而完全不讲民主和法制。虽然阶级和阶级斗争是客观存在的社会现象，但现在不能再"以阶级斗争为纲"了，由于从 20 世纪五六十年代过来的人对扩大化的"阶级斗争"有刻骨铭心的政治记忆，如果不代待清楚而笼统地强调"阶级斗争"是很容易产生误解的。应当说，此文在这方面是有严重缺失的。

三、坚持和继承马克思主义国家和专政学说，
重在把握精神实质，而不能拘泥于具体词句

"专政"这个词虽然在许多外国语言中与"独裁"是同一词，

---

① 《马克思恩格斯选集》第 4 卷，人民出版社 1995 年版，第 432 页。

不像"民主"、"自由"这些词那么美妙，那么招人喜欢，但这是不依人们主观意愿为转移的客观现实。世界一切国家都是暴力的象征，不过只有马克思主义公开承认要对资产阶级实行专政而已。有人攻击无产阶级专政是"独裁"，马克思主义者理直气壮地承认"就是独裁"。为何这么理直气壮？因为这是多数被剥削者对少数剥削者的专政，是正义和正当的，没有理亏的地方。对少数敌人的仁慈，就是对广大人民的犯罪。不对少数剥削者专政，多数被剥削者就不能得到解放。这是马克思主义国家学说的核心思想。

但是"无产阶级专政"，从精神实质上讲，完全可以而且应当理解为"无产阶级政权"，即包括了"民主"和"专政"两个方面。这样可以澄清对无产阶级专政的误解，并可应对某些"妖魔化"的攻击。《共产党宣言》提出"工人革命的第一步就是无产阶级上升为统治阶级，争得民主，"[①] 意思就是指无产阶级要取得国家"政权"。1891 和 1894 年恩格斯又说"如果说有什么是毋庸置疑的，那就是，我们的党和工人阶级只有在民主共和国这种形式下才能取得统治"。"共和国是无产阶级将来进行统治的现成的政治形式"。[②] 这表明"无产阶级专政"，实际上与"无产阶级政权"、"无产阶级政府"或"无产阶级国家"是一回事，并是很正常普通的事情，没有什么"可恶"和"可怕"的地方。将"专政"理解为"政权"，也是与我们现在常用的"执政"、"治理"、"治国理政"等用词是相匹配的。

马克思主义经典作家离开我们有近百年或超百年了，世界情况已发生很大变化，对他们的观点需要根据新的情况具体分析，有所取舍，有所调整和发展。譬如，关于"十月革命道路"的评价问题，我们党的《一论》、《再论》（无产阶级专政的历史经验）强调，这是"放之四海而皆准的普遍真理"。虽然这两篇文章发表于多事之秋的1956 年，对当时动荡的国际共运形势起了"定海神针"的作用，大大提高了中国共产党的威望，在国际共运史上有其重要地位，而且《一论》和《再论》中的许多原则仍然是正确的。但是今天看来，对

---

① 《马克思恩格斯选集》第 1 卷，人民出版社 1995 年版，第 293 页。
② 《马克思恩格斯选集》第 4 卷，人民出版社 1995 年版，第 412、734 页。

"十月革命道路"应讲两面，既要坚持又不可僵化。1988年邓小平在会见外宾时就曾提出，"我们怎么搞社会主义和共产主义呢？现在的情况和过去大不一样了。我们走的是十月革命的道路，其他国家再走十月革命的道路就难了，因为条件不一样。"① 这就意味着现在和未来社会主义的发展方式必将呈现"多样化"的趋势，不宜将"十月革命道路"（即资本主义体制外暴力革命的道路）"绝对化"、"唯一化"。这就是说，在马克思主义"国家与专政"学说中，关于"打碎旧的国家机器"的说法，不宜作为"放之四海而皆准的普遍真理"来宣扬。此外，我们更应该看到当今发达资本主义国家的形势确实发生了很大变化。譬如，当年恩格斯曾经说过，法国每次革命以后工人总是武装起来了，"因此，掌握国家大权的资产者的第一个信条就是解除工人的武装"，因为他们害怕工人有武装。② 可是，现在美国枪支泛滥成灾，多次讨论废除公民持枪自由，结果都没能通过。这至少说明美国国家政权并不害怕老百姓"有武装"。当今发达资本主义国家的形势确实不同于马克思恩格斯所处的时代了，必须正视现实，要有新思维、新思路，不能再去照抄照搬当年经典作家说过的话。

在这个问题上，邓小平同志已做出了榜样。譬如欧洲共产主义因提出与十月革命道路不同的主张而遭到批判时，邓小平表示反对这么做。他说："欧洲共产主义是对还是错，也不应该由别人来判断"，"人家根据自己的情况去进行探索，这不能指责。"③ 我们是走十月革命道路过来的，我们要珍惜已取得的革命成果，巩固和发展好来之不易的成果——人民政权，决不能轻易地将其搞丢了，这是毫无疑义的。至于其他国家的革命道路如何走，未来社会主义发展是否还要"打碎旧的国家机器"，我们不宜把话说死，最好还是留给实践去回答比较好。因此不能将马克思恩格斯关于暴力革命的观点做"绝对化"、"唯一化"和"普世化"的宣传，事实上恩格斯晚年非常明确论述了工人阶级用暴力与和平夺取政权的两种可能性。

---

① 《邓小平思想年谱（1975 - 1997）》，中央文献出版社1998年第1版，第415页。
② 《列宁选集》第3卷，人民出版社1995年版，第177页。
③ 《邓小平文选》第2卷，人民出版社1994年第2版，第319页。

四、人民民主专政理论是"中国化的马克思主义国家学说",它是传统无产阶级专政理论的继承和发展,又与苏联那种无产阶级专政模式有原则区别

马克思、恩格斯创立的无产阶级专政理论,是以先进国家的情况为参照系的,经济文化比较落后的国家应有很大不同,无论是革命还是建设都会不同于发达国家。列宁曾指出,"资本主义是祸害,社会主义是幸福,这种议论是不正确的。""在俄国这样的国家里,工人阶级与其说是苦于资本主义,不如说是苦于资本主义发展不够。"① 列宁还说,从资本主义走上接近共产主义的社会需要有"一个漫长而复杂的过渡","资本主义社会愈不发达,所需要的过渡时间愈长"。② 毛泽东在党的七大报告和讲话中说:"现在的中国是多了一个外国的帝国主义和本国的封建主义,而不是多了一个本国的资本主义,相反地,我们的资本主义是太少了。"③ 胡绳同志晚年认为,新中国成立后,毛泽东离开了新民主主义理论中"有必要充分利用资本主义"的思想④。进入改革开放新时期以来,党的创新理论和实践已纠正了过去"左"的政策和做法,重新恢复和发展了不发达国家"要充分利用资本主义"的思想,提出了在公有制为主体的基础上"多种经济成分共同发展"的方针政策,使中国经济出现前所未有的繁荣发展的新局面,中国在社会阶级结构上因而涌现出六个"社会阶层",从而使人民民主专政理论随之获得了新的丰富和发展。

在政治方面,毛泽东早在民主革命时期就没有照抄照搬马克思恩格斯无产阶级专政的思想,而是从中国的实际情况出发,将其发展成"人民民主专政"理论。这一理论虽然从实质上讲"继承"了"无产阶级专政"学说,但它不是"单一的无产阶级"的专政,而是以工

① 《列宁选集》第 1 卷,人民出版社 1995 年版,第 556 页。
② 《列宁全集》第 42 卷,人民出版社 1987 年版,第 183 页。
③ 《毛泽东选集》第 3 卷,人民出版社 1991 年版,第 1060 页。
④ 胡绳:《马克思主义与改革开放》,中国社会科学出版社 2000 年版,第 152 – 155 页。

人阶级为领导的、以工农联盟为基础的，包括最广泛同盟者的对少数敌人的专政；是包括了既强调对敌人的专政，又强调对人民的民主这两个方面的。而"人民"这个概念是根据不同时期的情况发展变化的，毛泽东时期是工人阶级、农民阶级、城市小资产阶级和民族资产阶级，而现在则扩大到包括一切赞成祖国统一、拥护社会主义事业的全体中国特色社会主义事业建设者在内的最广泛的联盟。其中就包括了改革开放以来新出现的庞大的"六个社会阶层"，而其中的一些阶层在传统的国家学说中甚至可能属于"资产阶级"范畴，是专政的对象。但是在中国特色人民民主专政理论中，特别是在改革开放以来党的创新理论中，他们毫无疑义属于"中国特色社会主义建设者"。

中国现行宪法规定："在我国，剥削阶级作为阶级已经消灭，但是阶级斗争还将在一定范围内长期存在。中国人民对敌视和破坏我国社会主义制度的国内外的敌对势力和敌对分子，必须进行斗争。"这就是说，在今日的中国，已没有作为"阶级"存在的"被压迫阶级"、"被统治阶级"，专政的对象不是对着某个阶级和阶层的，而是对着"蓄意破坏和推翻社会主义制度的敌对势力和敌对分子"，这只是极少数的人；而且对他们的专政也要依法进行，不能再搞群众性阶级斗争运动，应将各种斗争纳入依法治国的轨道。这一切与传统的无产阶级专政，特别是与苏联那种无产阶级专政的模式是完全不同的，也不同于改革开放前的中国。这是对马克思主义无产阶级专政理论的重大发展，是"中国化的马克思主义国家学说"。这样以发展的眼光来认识人民民主专政理论才符合客观实际，才能避免引起人们误解。

五、在践行无产阶级专政理论方面，要强调由 "革命党理念"向"执政党理念"的转变

无论哪个阶级或政党，未上台执政前与上台执政后，其理念和思路是很不一样的。无产阶级政党取得政权执政之后，必须自觉地完成由"革命党理念"向"执政党理念"的转变。所谓"执政党理念"，就是要有支持人民当家做主、治国理政、造福民众、维护社会和谐稳

定等观念和思路，这与上台前主张造反，强调斗争是很不一样的。无产阶级执政党要千方百计维持社会稳定、安定有序，让广大人民群众生活幸福。因为社会客观存在阶级和阶级斗争，有时不可避免地要运用专政工具，但那是迫不得已采取的措施。这是共产党执政规律的题中应有之义。

毛泽东曾经过分强调阶级斗争，并犯了"以阶级斗争为纲"直到发动"文化大革命"的错误。但是，他在1957年"左"的思想占优势之前，曾经强调要缩小专政范围，让社会"不要恐慌"。他主张要团结一切可以团结的力量，化消极因素为积极因素。1956年毛泽东曾提出，"我们的胜利只有七年。我们的政权专政的职能，即对反革命分子的专政，只剩百分之十了。由于没有这样多的反革命分子，所以专政的范围缩小了。""现在我们的任务是解放生产力。生产力首先需要人。要人们不恐慌，要党内不恐慌，要民主党派不恐慌，要全国人民不恐慌。其次，是保护生产力。"① 改革开放新时期以来，我们最根本的拨乱反正就是否定了"以阶级斗争为纲"，把工作中心转到经济建设上来了。后来又通过确立"三个代表"重要思想、提出科学发展观，强调构建和谐社会。近年来，习近平同志一系列重要讲话以实现振兴中华的"中国梦"为核心，对内提出了实现国家治理体系和治理能力现代化的改革目标，要巩固和完善"万事好商量"的协商民主，在对外战略思维中提出了"命运共同体"的理念，以实施"整体国家安全观"和"亚洲安全观"为推手，努力促进持久和平、和谐世界、合作共赢、共同繁荣。这一切都是由"革命党理念"向"执政党理念"转变和发展的生动佐证，是完全正确的，符合历史发展趋势的。

总之，从总体上讲，作为执政党不宜将战争革命年代为取得政权而强调暴力革命的那一套重新翻腾出来，不能不顾现实地一概笼统地强调"斗争"，更不能提"以阶级斗争为主线"，必须彻底抛弃"阶级斗争一抓就灵"之类过时的思维和观念，努力构建社会主义和谐社

---

① 《毛泽东传》（上），中央文献出版社2003年版，第539页。

会。必须从思想理论上明确，不是任何时候强调斗争都是正确的，也不是任何阶级斗争都是进步的。马克思主义者讲阶级斗争，归根结底要看是否由解放和发展生产力提出的要求，是否有利于解放和发展生产力，是否有利于让人民生活幸福，安居乐业。为实现中华民族伟大复兴的中国梦，我们要把朋友搞得越多越好，把敌人缩得越少越好。当然因为阶级和阶级斗争是客观存在，"树欲静而风不止"，一定范围内的阶级斗争是难以避免的。因此仍要有敌情观念，居安思危。总体而言，坚持人民民主专政是不可动摇的，但强调必须适度不可过分。

六、如何治理社会主义国家是社会主义发展史上的新课题，必须着眼于解放思想、实事求是、开拓创新

马克思、恩格斯没有遇到全面治理一个社会主义国家的实践，列宁在俄国十月革命后不久就过世了，没来得及深入探索这个问题。我们今天要解决好这个问题，不可能从马克思主义经典作家那里去寻找现成的答案，所以仅仅靠"坚持"和"恢复"，而不强调在继承基础上的"发展创新"是不可能解决这一历史任务的。

国家的"社会职能"采取什么形式和方式是不能凝固不变的。随着时代的进步、文明程度的提高和社会的发展，国家治理的方式方法和形式是需要与时俱进的。正如习近平同志所说的，"推进国家治理体系和治理能力现代化，就是要适应时代变化，既改革不适应实践发展要求的体制机制、法律法规，又不断构建新的体制机制、法律法规，使各方面制度更加科学、更加完善，实现党、国家、社会各项事务治理制度化、规范化、程序化。要更加注重治理能力建设，增强按制度办事、依法办事意识，善于运用制度和法律治理国家，把各方面制度优势转化为管理国家的效能，提高党科学执政、民主执政、依法执政水平。"这个任务是马克思、恩格斯、列宁所没有遇到过的新问题，必须着眼于在继承马克思主义国家学说的基础上，继续解放思想，实事求是，开拓创新。

七、不能渲染今天中国仍处于两个阶级、两个主义、两种制度"生死博弈的时代"

这篇文章说"今天，我们中国特色社会主义国家仍然处于马克思主义经典作家所判定的历史时代，即社会主义与资本主义两个前途、两条道路、两种命运、两大力量生死博弈的时代，这个时代仍贯穿着无产阶级与资产阶级、社会主义与资本主义阶级斗争的主线索"。这种提法理论上难以自圆其说，背离新时期党的规范性提法，不符合当今时代主题已由"战争与革命"转向"和平与发展"的现实，而且太过于"意识形态化"了中国在国际上的地位和作用，对我国对外战略和方针政策的影响是很不利的。

世界矛盾多得很、大得很，不宜仅从两个阶级、两种制度的矛盾和斗争去看问题。世界虽然存在这两个阶级、两个主义的矛盾和斗争，但世界的整个形势不是由它来支配和左右的。第二次世界大战就不是由两种制度的矛盾引起的，战后高涨的民族解放运动主要是解决民族矛盾问题。冷战后世界向政治多元化、经济全球化方向发展，以科技为先导，以增强经济实力、国防实力和民族凝聚力为中心的综合国力的较量日益激烈，这一斗争主要不表现为和取决于两种社会制度之间的斗争。在社会主义阵营分裂之后，特别是在苏联解体、东欧剧变之后，社会主义运动处于低潮，不宜再将世界各种复杂的矛盾和国际斗争，简化为"无产阶级与资产阶级、社会主义与资本主义阶级斗争的主线索"。不要把世界的注意力都引导到、集中到"两种制度"上来，这对中国是不利的。美国确实想整中国，但这不纯粹是出于意识形态上中国坚持社会主义；苏联改旗易帜解体之后，美国照样仍不放过俄罗斯；中国即使放弃社会主义，美国仍然放不过中国；因为国家间的矛盾和斗争，首先是出于国家战略利益，而不仅仅是意识形态。近来美国想插手香港、搞乱香港，这同它搞乱中东北非一样，是其一贯宣扬自己的"人权民主"价值观念、干涉别国内政的霸权主义行径的表现，不宜简单地视为"资本主义与社会主义的斗争"，也不宜单纯从意识形态角度去展开斗争。总之，我们在国内要坚持社会主义制度，坚持马克思主义为指导，但要内外有别，在国际上不要太过分"意识形态化自己（中国）"。

（原载《世界社会主义研究动态》（上海）2014 年第 10 期）

七、社会主义与资本主义

"两个主义"的新变化与
认识上的新高度
——与《当代世界与社会主义》主编季正矩的对话

季正矩：肖先生，十年前您撰写出版的《社会主义·资本主义：两个主义一百年》（人们习惯地简称之为《两个主义一百年》）影响很大，一度成国内的畅销书，而且后来又在曼谷、河内分别被翻译成泰国文和越南文出版发行了。从那本书的出版至今，时光已过去十年了。您今天怎么看待《两个主义一百年》？

肖枫：今天看来，当时在有些问题上思想解放得还不够，譬如对列宁的《帝国主义论》，虽已放弃了许多失效过时的结论，但对有些论断的"解释"仍给人以为其"辩解"的感觉。但是从总体看，该书的基本观点迄今仍然是站得住脚的。譬如：

——针对福山《历史的终结》一书宣扬社会主义"失败"了、21世纪将是资本主义的"一统天下"等观点，该书强调社会主义不会灭亡，资本主义也不会迅速崩溃，因此"一球两制"将是长期存在的现象。

——针对长期存在的对资本主义极"左"观念、有论者甚至将主张"重新认识"资本主义叽之为"爱资病"，该书强调资本主义"通过体制改革缓解了制度危机"，还有很强的"生命力"，社会主义必须重新认识和正确地对待资本主义。

——在时代问题和对外战略上，该书强调时代主题转换了，社会主义与资本主义国家之间不再是过去那种"你死我活、不共戴天"的敌对关系，而应采取"既斗争又合作"以"两手对两手"的政策和策略。

——面对全球化深入发展的形势，该书专设一章阐述《两个主义面临的全球性共同问题与对策》，现在看来是非常必要的。"全球性共同问题"这一概念的提出，意味着社会主义与资本主义之间存在着全球性合作的必要性和历史必然性，存在着"合作共赢"的可能性，这已为近十年的形势发展所证实了。总之，该书基本观点还是站得住脚的，但认识深度看来还需要深化。

季正矩：如果以《两个主义一百年》为参照体，您认为近十年来"两个主义"又有什么新变化、新认识和新问题。从近十年来的形势看，您认为社会主义与资本主义的力量对比有什么新变化？

"两个主义"关系客观形势的新变化

肖枫：我认为总体形势仍然是资强社弱，社会主义运动仍处低潮的形势没有改变，但社会主义的处境与十年前相比，已有很大改变。社会主义不会灭亡，正在逐步复兴。

十年前，社会主义还没有完全从苏联解体、东欧剧变、社会主义遭受严重挫折的阴影下走出来，美国学者弗朗西斯·福山《历史的终结》一书宣扬的社会主义失败了、未来将是资本主义"一统天下"等观点影响还很大，国际媒体唱衰中国的声音还很有市场，总体讲社会主义的处境是比较困难的。但近十年来，中国特色社会主义获得了很大发展，同时国际上发生的两个重大事件——一个是 2001 年美国纽约的"9·11事件"，另一个是 2008 年秋天美国纽约开始爆发国际金融危机，这对社会主义与资本主义的关系产生了重要影响。

如果说苏联解体冷战结束后，美国因原有的战略对手（苏联）消失而减弱了对中国的战略需要，从而引发了中美关系的动荡，那么2001 年的"9·11事件"发生后，美国为反对"恐怖主义"，从而调整了自己的世界战略，包括调整了对中国的战略，从而使中美之间的战略伙伴关系获得较稳定的发展。

2008 年秋天由美国次贷危机引发的国际金融危机，使美国和西方经济遭受沉重打击，陷入了空前严重的衰退，而中国经济却如"定海神针"，"风景这边独好"，令世界刮目相看，纷纷把希望的目光投向中国。由于中国经济迅速崛起，GDP 总量连续超过了西方大国，现已跃居"世界老二"，国际媒体由过去唱衰中国转而开始热捧中国，这不能不影响到我们这里所讨论的社会主义与资本主义的关系。

过去国际媒体是唱衰中国的，甚至不乏为中国"崩溃论"提供市场。然而近年来突然来了个 180 度的大转弯，纷纷拔高和热捧中国。这种推崇和热捧虽然不乏他们的战略需要和陷阱，但首先是因为中国确实已取得了举世瞩目的成就，从而引起不少学者研究中国模式、发展道路的兴趣。最引人注目的，是曾经宣扬人类历史将以"华盛顿共识"为终结的弗朗西斯·福山，他在 2009 年"变调"了，反过来肯定"中国模式"，称中国模式为"负责任的权威体制"，并认为这种模式"也许会超过西方模式"。此外还有不少西方学者从不同角度赞扬"中国模式"。譬如《中国统治世界》一书的作者英国学者马丁·雅克认为，"中国的制度"不会统治世界，但会"坐上世界优秀文明前列的位置"。《大趋势》的作者美国未来学者约翰·奈斯比特，2009年写了一本新书《中国大趋势》，提出中国模式的十大趋势，认为"中国在创造一种崭新的社会、经济和政治体制"，它"将以难以令人置信的力量影响整个世界"。英国发展问题专家库伯·雷默认为，中国模式的总特征是"权威式的管理与市场经济体制的结合"。德国社会学家韦尔策认为，"中国模式甚至有可能成为比西方模式更具魅力的模式"。西方学者对中国模式和发展道路的赞扬，不能不说是中国特色社会主义取得辉煌成就的反映，它说明社会主义的处境与十年前相比是不一样了。

季正矩：2008 年西方金融危机爆发以来，马克思的《资本论》在西方很畅销，因此有的学者说认为，现在是"社会主义大发展的好时机"。对此，您怎么看？

肖枫：与十多年前相比，社会主义的处境的确有很大改善，但我不赞成说什么"社会主义大发展的时机到来了"。虽然金融危机表明，资本主义制度仍面临许多问题，必须进行调整，但这仍然是资本主义体制内的改革。近年来西方政府普遍加大了对经济的干预，采取了一些挽救经济的措施。于是有人说，现在连美国也在搞"社会主义"了，这其实是误解。市场经济不等于资本主义，国家干预也不等于社会主义。社会主义有市场，资本主义也不是完全没有计划，"市场调节"、"国家干预"都是"手段"。美国政府采取措施挽救美国经济，实际上是用纳税人的钱来补贴亏损的私人资本。从世界范围看，资本主义不会崩溃，社会主义也仍处低潮。说什么"现在是社会主义发展的大好时机"，似乎"社会主义高潮"到来了，这是不符合实际情况的。

"两个主义"关系认识上的新高度

季正矩：近十年来随着中国改革开放的深入发展，中国特色社会主义事业在不断前进，我们对"两个主义"关系的认识也在发生变化。您认为近十年来我们在这方面的认识有哪些新变化？

肖枫：如果说十年前我们一方面反对社会主义"失败论"和"消亡论"，另一方面又否定了资本主义迅速"崩溃论"，从而在反对这两种极端思维的基础上坚定地确认"一球两制"将是长期现象，那么近十年来我们对"两个主义"关系的认识又进一步提升到了一个新高度。这主要表现在：

第一，2001年江泽民同志的"七一讲话"，以及十六大报告和很多重要文献都强调，世界是丰富多彩的，不同社会制度和发展道路应当彼此尊重，长期共存，在竞争比较中取长补短，在求同存异中共同发展。这些论述包含了不少新思想。所谓"新"思想，我认为至少有这样两点：一是坦率地承认了资本主义制度还会长期存在下去，与社会主义制度要"长期共存"，这是对资本主义生命力的新判断，是一个很重要的新认识。二是坦率地承认了现实的社会主义制度和资本主义制度"各有自己的长处和短处",因此才有一个互相"取长补短、求同存异共同发展"的可能和必要。这样一些重要认识,同我们过去那种简单化、绝对化的认识——社会主义都是好的,资本主义都是坏的,社会主义和资本主义是根本对立的关系等,是完全不同的。

第二,2005年9月胡锦涛同志在在联合国成立60周年大会上发表了题为《努力建设持久和平、共同繁荣的和谐世界》的讲话,又提出了与世界各国共建"和谐世界"的新理念。"和谐世界"的概念反映了中国人新的"世界观",它具有不少新内涵。所谓"新"内涵,我认为至少有这样两点:

一是这反映了中国将自己的前途和命运与世界的和平发展密切联系在一起的世界观。中国将始终不渝地把自身的发展与人类的共同进步紧密地联系在一起,既充分利用世界和平发展带来的机遇发展自己,又以自身的发展更好地维护世界和平、促进共同发展。这一切不仅反映了中国坚持走和平发展道路的决心和愿望,而且也折射出中国外交在传统"和平外交"的基础上,已呈现出突出强调"和谐外交"理念的新内涵和新特点。

二是这表明了中国对世界各种文明的态度,即实际上主张以"文明和谐论"取代"文明冲突论"。在国际交往当中,面对各种不同文明之间的差异和矛盾,中国不赞成以一方"压倒"或"吃掉"另一方的思维去处理,而主张要在充分承认文明的多样性,承认不同的文明、文化的自主性的基础上来协调矛盾,以求得共同发展。因此可以说,中国主张的是"文明和谐论",而不是"文明冲突论"。

"和谐世界"的思想,是具有中国特色、具有中国文化气质和中国哲学精神的一个观念。中国提出推动建设"和谐世界",表明中国担负起自己的国际责任,这也是中国希望对世界有所作为的反映。这些理念和思想也折射出我们在社会主义与资本主义这两类国家的关系上,是具有"同舟共济、共建和谐世界"的新认识和新理念的。

第三,2007年10月胡锦涛在党的十七大政治报告中,既强调要坚定不移地高举"中国特色社会主义的伟大旗帜",又指出巩固和发展社会主义制度是一个长期曲折的历史过程。他在政治报告中强调

"中国特色社会主义伟大旗帜，是当代中国发展进步的旗帜，是全党全国各族人民团结奋斗的旗帜。全党必须坚定不移地高举中国特色社会主义伟大旗帜。"这是对"只有民主社会主义才能救中国"论调的响亮回应，表明中国坚持科学社会主义的正确方向是决不会动摇的。但同时他又强调："全党同志必须清醒认识到，实现全面建设小康社会的目标还需要继续奋斗十几年，基本实现现代化还需要继续奋斗几十年，巩固和发展社会主义制度则需要几代人、十几代人甚至几十代人坚持不懈地努力奋斗。"这意味着社会主义与资本主义之间的关系是一个"长期共存的历史过程"。

第四，胡锦涛、温家宝同志近年来在不同场合强调人类有"共同的基本价值"。2005 年胡锦涛同志在纪念抗战胜利 60 周年大会的讲话中指出，随着二战的胜利，一些"人类基本价值"日益在全世界扩大了它的影响。他讲到哪些人类基本价值呢？这包括自由、民主、平等、公正、和平等，这样一些人类基本价值日益在全世界扩大它的影响。这就是说，自由、民主、平等、公正都不是资本主义的专利，也不是社会主义的独创，不是马克思主义特有的东西，是全人类的共同的追求。这是在我们党和国家重要文献中第一次讲到"人类共同的基本价值"。2007 年温家宝同志发表的一篇文章，谈我国社会主义初级阶段和对外政策，其中他也讲到，科学、民主、法治、人权都不是资本主义的专利，而是全人类共同的价值追求。2010 年国庆节，温家宝在招待会上说，"我们要大胆学习借鉴人类社会创造的一切文明成果发展自己，同时也要以自己的智慧和创造为人类文明发展做出贡献。"

从胡锦涛、温家宝同志的这些讲话看，我们党的高层并没有完全否定人类存在"共同性"的东西或价值观念。因此泛泛地、笼统地批判"普世价值"，从而彻底否定任何普世性的东西，这是值得商榷的。社会主义应当是令人向往非常可亲的，如果把自由、平等、博爱、公正、人权、民主、法制、和平这些价值追求都否定了，只能把社会主义搞得面目可憎，不得人心。马克思恩格斯当年批判的是资产阶级讲"自由、平等、博爱"的虚伪性，而不是否定这些价值理念本身。我们可以反对将西方维护少数人、少数国家利益的价值观普世化，但在全球化的时代，人类面临大量的共同问题，有许多共同利益和共同追求是不能反对和否定的，对此采取简单化、绝对化的做法是错误和有害的。

谁也不能否认人类社会的发展是有共同规律的。我们党早就提出要深化对"三个规律"的认识（即：不断深化对共产党执政的规律、对社会主义建设的规律、对人类社会发展的规律的认识），这其中就包括了一个"对人类社会发展规律的认识"。这些"人类社会发展的规律"并不是脱离于具体的社会制度而抽象地存在的，在当今世界它主要是借资本主义的政治、经济和社会制度作为"载体"而存在的。如果将资本主义社会中的一切东西都看成是"姓资"的而一概加以否定，怎么有可能认识和发现"人类社会发展"的共同规律呢？我不赞成照抄照搬西方民主制度，但也不赞成笼统地批判"普世价值"，一概地否定任何普世性的东西。

以上各点说明，近十年来我们党对"两个主义"关系的认识显然已提升到了一个新高度。

"两个主义"关系研究中的新难点

季正矩：社会主义与资本主义作为不同的意识形态和理论体系，出现了什么新情况、遇到了什么新问题？

肖枫：作为两种不同的意识形态和理论体系，社会主义与资本主义关系遇到了一系列"新难点"，需要继续解放思想，深入进行研究和探索。下面提出三个问题供讨论。

1. 彼此"趋同"与"区别"依旧，同时并存的问题要正确认识社会主义与资本主义的相互"趋同"问题。我们不能否认社会主义与资本主义之间相似点和共同点在增多，但同时也不能模糊和抹杀二者的本质区别。（这个问题在别处谈了，这里从略）

2. 世界社会主义流派的"多样性"问题。要全面认识当代世界社会主义力量或流派的"多样性"。我们必须坚持科学社会主义，但决不能因此而一概否定其他社会主义力量和流派对推动社会进步的意义和作用。世界社会主义历来没有统一模式，即使就科学社会主义而言，也因国情不同而具有不同的民族特色。在和平与发展成为时代主题的今天，世界社会主义力量更是多采纷呈，呈现出多元化和多样性的特点。共产党人认为必须坚持科学社会主义，这当然是对的、正确的，但决不能因此就否定其他社会主义力量按他们的方式对推动社会进步所起的作用。

季正矩：我注意到 2007 年您发表的文章《谢韬先生〈民主社会主义模式与中国前途〉之我见》，在不同意谢韬观点的同时，也提出要正确评价和参考借鉴民主社会主义的问题。您提出当代社会主义力量，大体上应包括两大股，即"马克思主义的科学社会主义"，与"非马克思主义的各种社会主义"（其中主要是社会民主主义），这两股社会主义力量虽然性质和特征不同，因而不能融合或取代，但可以彼此"互借（鉴）互（推）动"，促进世界社会主义运动朝着多样性的方向发展，共同促进世界的和平与发展，以及人类社会的进步。

肖枫：是的，我与谢韬先生有严重分歧，但也有一些共同点。我是最早公开在杂志上以真名实姓与谢韬展开讨论的学者之一。我的文章经《科学社会主义》发表后，很快就为人民、光明等各大网站全文转载。谢韬先生的文章实际上就中国应举什么旗、走什么路的问题发表自己的看法和主张，这些现实问题与历史上有无"恩格斯遗言"、有什么样的遗言本无关系，但不知为什么谢韬却选择从历史入手，对国际共运历史来了个"大翻个"。说什么"恩格斯是和平长入社会主义的首倡者"、"伯恩斯坦只是重复了恩格斯的话"、"民主社会主义是马克思主义的正统"、列宁、斯大林、毛泽东才是"最大的修正主义者"等等。谢韬先生这些"惊人之语"，的确收到了"轰动效应"，一下子就使他的文章成了街谈巷议无人不晓的热门文章。但谢韬先生这些违背史实、随意性很大地解读和解释马克思、恩格斯的观点，立论不严谨，一些重要论断是很草率的，其文章存在的许多"硬伤"，虽然"蒙骗"了广大非专业人士，但蒙不过专业人士的眼睛而被"戳穿"了。结果是，可以说谢韬先生是因炒作历史问题而"走红"，但最终还是"栽"在了历史问题上。

抛开历史问题不讲，单就如何对待社会民主主义而言，谢韬先生对民主社会主义"顶礼膜拜"的态度是不值得肯定的，他的"只有民主社会主义才能救中国"的名言更是荒唐的。但是在和平与发展的历史条件下，谢韬先生主张对民主社会主义要参考借鉴，他的这一主张我是举双手赞成的。我不赞成说民主社会主义与科学社会主义是"两股道上跑的车"，似乎二者"毫不相干"，对民主社会主义只能讲"批判"，只能讲"划清界限"，而不能讲"参考借鉴"。我是不赞成这种绝对化的极"左"观念的。对资本主义还讲参考借鉴嘛，难道民主社会主义比资本主义还坏？在这方面，我与谢韬先生是有共同点的。但是在这方面，我明确提出三句话，即：对民主社会主义，"参考借鉴很必要，顶礼膜拜不值得，迷信照抄更有害"。中国的前途在哪里？我的回答可以说就是我文章的最后那一小段，这就是："中国的前途不在什么特定的模式，而在于必须从本国的实际出发，广泛借鉴、走自己的路，继续开拓创新。"所谓"走自己的路"，也就是要高举"中国特色社会主义"的伟大旗帜，继续走"中国特色社会主义"之路。值得注意的是，这是发生在党的十七大前夕的争论，其意义是不必多言的。

总之，无论如何，"民主社会主义"还应算作是一种"社会主义流派"。但是苏东剧变后欧洲社会党出现的新情况是值得研究的。受苏联东欧社会主义政权崩溃的牵连，社会党被当成是共产党的"连体双胞胎"而受到攻击，于是欧洲许多长期执政的社会党纷纷被迫下台。与此同时，社会党也陷入了理论和意识形态危机，普遍发生了用"社会民主主义"来取代"民主社会主义"的争论。如果说过去用"民主社会主义"，强调主体是"社会主义"，"民主的"这个形容词，是用来区别于共产党那种"专制的"社会主义的。那么现在用"社会民主主义"，主体是强调"民主主义"，"社会的"是形容词，已不存在过去强调与资本主义存在"制度取代"那种含义了。是否仍像过去将"民主社会主义"看成是一种"社会主义流派"那样，也将"社会民主主义"看成是一种"社会主义流派"呢？但是，如果将其完全等同于一般的资本主义，似乎也不合适。究竟如何看待这种新情况，值得继续观察深入研究。

除了发达国家的"社会民主主义"之外，在发展中国家也有许多社会主义流派是值得我们重视的。譬如，近年来在拉美有委内瑞拉总统查韦斯、厄瓜多尔总统科雷亚提出的"21世纪社会主义"，玻利维亚总统莫拉莱斯的"社群社会主义"、巴西劳工党提出的"劳工社会主义"等。这些名目繁多的"社会主义"，既不同于发达国家的社会民主主义，也不是苏东社会主义或古巴社会主义的翻版，当然也不是中国特色社会主义的克隆。但是它们在变革资本主义、发展社会生产力、改善贫困阶层的生活状况、促进社会公平正义方面，是有许多作为和创新的。卢拉的巴西劳工党，曾明确主张"劳工社会主义"，卢拉执政8年，使巴西成为"金砖四国"之一，并成功地消解了国际金融危机的严重冲击，创造就业岗位1300万个，减少贫困人口一半以上。查韦斯政府每年投入50亿美元进行社区委员会建设，扫除文盲，实行土地改革，关心和改善民生，巩固和扩大了"21世纪社会主义"的社会基础，赢得了人民群众的广泛支持和大批选票。今天拉美已经有多个左翼政党上台执政，其领导人有的原为游击队员，打过游击、坐过牢、读过马列。他们在新的历史条件下以新的方式搞社会主义，难道不值得认真看待和研究？

3. "取代"的必然性与"取代方式"的多样性问题。我们应坚信社会主义"取代"资本主义的必然性，但又必须充分认识其"取代方式"的多样性，包括不应否定资本主义在其体制内通过"在批判－改良中一点一点灭亡掉"这种自我否定的方式。

季正矩：我们过去说社会主义必然"战胜"资本主义，现在早已将"战胜"改为"取代"了，后来又在重申"两个必然"时，加上了不忘"两个决不会"。现在强调社会主义与资本主义应"彼此尊重，长期共存，在竞争比较中取长补短，在求同存异中共同发展"。这与坚定社会主义共产主义"必胜"的信念是什么关系呢？

肖枫：在新的历史条件下，我们既要坚信社会主义必然"取代"资本主义，但同时必须认识其"取代方式"的多样性。社会主义取代资本主义的方式，总体而言不外（资本主义）"体制内改良"和"体制外革命"两种方式。现实社会主义国家"一大四小"（中国加越、朝、老、古）是"战争与革命"年代通过"体制外革命"方式取得的成果。在"和平与发展"成为时代主题的新历史条件下，很难再通过这种方式发展社会主义了。与此相反，通过（资本主义）"体制内"选举、改良、改革的途径，一点点地对资本主义进行改良的方式来否定资本主义这种可能性，也可能是多种方式之一。

（原载《当代世界与社会主义》（双月刊）2011 年第 1 期，原标题为《"两个主义"关系的新变化和新问题》，收入此文选时有所删改）

社会主义与资本主义关系的新趋势

题注：进入新世纪以来，"两个主义"的关系呈现出许多新特点和新趋势。在《北京日报·理论周刊》上发表的这篇文章，对此提出了一些新看法，引发学术界关注，被多处转载。

十年前我撰写出版了《社会主义·资本主义：两个主义一百年》，从那本书的出版至今，时光已过去十年了。从近十年来的形势看，社会主义与资本主义的力量对比有什么新的变化？我认为总体形势仍然是资强社弱，社会主义运动仍处低潮的形势没有改变，但社会主义的处境与十年前相比，已有很大改变。社会主义与资本主义作为不同的意识形态和理论体系，社会主义与资本主义的关系发展出现了新趋势，遇到了一系列"新难点"，需要继续解放思想，进行深入研究和探索。

社会主义与资本主义"趋同"与"区别"同时并存

有论者说，社会主义与资本主义现在是"你中有我，我中有你"、"难舍难分"了。从体制与模式角度看，社会主义和资本主义是在

"趋同"，也有人说两个"主义"在进行"制度对接"。戈尔巴乔夫2010年4月在接受俄罗斯《独立报》采访时认为，"我们的未来是一个趋同性的社会，具有趋同性的价值基础。在这种社会中融合了资本主义的经验，还有很多其他可以利用的东西。"他的意思是，未来不是要在社会主义或资本主义这两种不同性质的社会之间"进行选择"，而是社会本身将朝着"趋同性的社会"发展。对此，我们究竟应如何看待？

我觉得"趋同论"这个词比较含混，容易引起争议，不大赞成这个提法。但不管怎么说，事实上资本主义与社会主义早就在相互作用、斗争和较量中，彼此互相借鉴、学习和吸收对方有用的东西，从而取得了"取长补短、求同存异、共同发展"的实际效果。例如，我们实行社会主义市场经济制度，是向资本主义市场经济学习借鉴的结果；资本主义在市场经济之外增加了"国家干预"这只看得见的手，并实行社会保障和福利制度等，这在很大程度上也借鉴了社会主义的某些做法。资本主义的证券、股市这些东西，我们过去将其看成是资本主义的东西，但其实马克思、恩格斯早就说过，股份制是"对资本主义私人产业的扬弃"。恩格斯在《1891年社会民主党纲领草案批判》中说："由股份公司经营的资本主义生产，已经不再是私人生产，而是为许多结合在一起的人谋利的生产。如果我们从股份公司进而来看那支配着和垄断着整个工业部门的托拉斯，那么，那里不仅私人生产停止了，而且无计划性也没有了。"近十多年来我们在体制改革中，经过多种形式的试验，最终确定采用"股份制"作为公有制的主要实现形式。总体看，应当说两个主义通过相互"借鉴"和"嫁接"，的确已出现了"接近"甚至"趋同"的情况，现在社会主义和资本主义之间相似和相通之处是大大增加了，从这一角度看，说存在"趋同"的趋势，是没必要完全否认的。

然而问题却在于，我们不能因此抹杀和混淆"两个主义"之间的本质区别。社会主义与资本主义的本质区别在哪里？我认为主要是在政治上，是政权性质、国家性质不同。不管怎么"趋同"，社会主义国家与资本主义国家在政治上、在政权性质上的差别是绝不可混淆和抹杀的。相互趋同与区别依旧，这二者并不矛盾，是可以同时并存的。

我们说坚持社会主义，指的是坚持"科学社会主义"，即马克思主义的社会主义。这种社会主义，与一切主张在资本主义"体制内"进行改革改良的社会主义的最大的不同，就在于它是主张要先"推翻资产阶级的统治，由无产阶级夺取政权"才谈得上搞社会主义的。换句话说，搞社会主义是有"政治前提"的。这正如《共产党宣言》所明确指出的，共产党人的最近目的是"使无产阶级形成为阶级，推翻资产阶级的统治，由无产阶级夺取政权"①。虽然取得政权的方式可能因历史条件不同而不同，但要不要"政权"，要不要这个"政治前提"，历来是马克思主义的科学社会主义与其他一切社会主义的最大最本质的区别。

戈尔巴乔夫最近在接受《独立报》采访时，强调他很重视列宁晚年所说的"我们对社会主义的整个看法根本改变了"这一观点，然而他恰恰忽略了列宁说这句话是有"政治前提"的，这就是苏维埃政权已掌握在工人阶级手里。列宁指的是在具备这一政治前提的条件下，对如何搞社会主义的看法与十月革命前相比是"根本改变了"。至于就搞社会主义必须要有政治前提、必须要有"苏维埃政权"这一点，列宁是"没有丝毫改变"的。正是因为戈尔巴乔夫忽视了这一"政治前提"，导致苏共犯了无法挽回的历史错误——"丢了政权"，结果社会主义的一切都谈不上了。这一历史教训是必须记取的。

全面认识当代世界社会主义力量和流派的"多样性"

"社会主义"有广义和狭义之分。狭义的社会主义单指"科学社会主义"，而广义的社会主义应包括各种自称社会主义的流派。所以，在更广泛的意义上看，那种认为只有科学社会主义才是"真"社会主义，而将其他社会主义流派都视为"假"社会主义的观点，是不正确

---

① 《马克思恩格斯选集》第 1 卷，人民出版社 1995 年第 2 版，第 285 页。

的、非常有害的。世界社会主义从来没有统一模式，即使就科学社会主义而言，也因国情不同而具有不同的民族特色。在和平与发展成为时代主题的今天，世界社会主义力量更是多彩纷呈，呈现出多元化和多样性的特点。共产党人认为必须坚持科学社会主义，那当然是对的、正确的，但决不能因此就否定其他社会主义力量按他们的方式对推动社会进步所起的作用。因此，要重新认识和研究社会主义力量的多样性问题。

我个人认为，社会民主主义或民主社会主义是当代世界的社会主义流派之一，是值得我们参考借鉴的。但我认为对民主社会主义参考借鉴很必要，顶礼膜拜不值得，迷信照抄更有害。中国的前途不在什么特定的模式，而在于必须从本国的实际出发，广泛借鉴，走自己的路，继续开拓创新。所谓"走自己的路"，也就是要高举中国特色社会主义的旗帜，继续走中国特色社会主义之路。

除了发达国家的社会民主主义之外，在发展中国家也有许多社会主义流派是值得我们重视的。譬如，近年来在拉美有委内瑞拉总统查韦斯、厄瓜多尔总统科雷亚提出的"21世纪社会主义"，玻利维亚总统莫拉莱斯的"社群社会主义"、巴西劳工党提出的"劳工社会主义"等。这些名目繁多的"社会主义"，既不同于发达国家的社会民主主义，也不是苏东社会主义或古巴社会主义的翻版，当然也不是中国特色社会主义的克隆。但是它们在变革资本主义、发展社会生产力、改善贫困阶层的生活状况、促进社会公平正义方面，是有许多作为和创新的。卢拉的巴西劳工党，曾明确主张"劳工社会主义"，卢拉执政8年，使巴西成为"金砖四国"之一，并成功地消解了国际金融危机的严重冲击，创造就业岗位1300万个，减少贫困人口一半以上。查韦斯政府每年投入50亿美元进行社区委员会建设，扫除文盲，实行土地改革，关心和改善民生，巩固和扩大了"21世纪社会主义"的社会基础，赢得了人民群众的广泛支持和大批选票。今天拉美已经有多个左翼政党上台执政，其领导人有的原为游击队员，打过游击，坐过牢，读过马列。他们在新的历史条件下以新的方式搞社会主义，也是值得认真看待和研究的。

自资本主义诞生以来就有各式各样的社会主义。对此，马克思主义经典作家是采取具体问题具体分析态度的。法国资产阶级政治家乔治·克列孟梭（1841—1929）中年时期曾经一度接受社会主义的某些观点，马克思称之为"半社会主义"。孙中山说他的民生主义（节制资本、平均地权、振兴国家实业）就是社会主义，列宁虽然说他的"防止"资本主义的理论"从学理上讲是反动的"，但并未因此就说是"假社会主义"，而称其为"主观社会主义"。面对今日世界社会主义多样化的现实，建议采取广义社会主义的概念，以更加包容的心态，求同存异，承认有各种社会主义流派，这比只把"一大四小"（中国加越、朝、老、古）看成是"真"社会主义，更能提高人们对社会主义的信念和底气。

社会主义"取代"资本主义的必然性
与"取代方式"的多样性

我们过去说社会主义必然"战胜"资本主义，现在早已将"战胜"改为"取代"了，后来又在重申"两个必然"时，加上了不忘"两个决不会"。现在强调社会主义与资本主义应"彼此尊重，长期共存，在竞争比较中取长补短，在求同存异中共同发展"。这与坚定社会主义、共产主义"必胜"的信念是什么关系呢？

资本主义不是人间天堂，只要还存在资本主义，社会主义就永远有其存在的土壤。在苏联东欧地区社会主义遭受严重挫折之后，近十年来拉丁美洲地区"21世纪社会主义"又纷纷涌现，说明人们不会满足于资本主义，他们追求社会主义的热情是无止境的。但是，作为彻底的唯物主义者，我们对"两个必然"的实现又绝对急不得，因为这是一个长期曲折而复杂的历史过程。在新的历史条件下，我们既要坚信社会主义必然"取代"资本主义，但同时又必须认识其"取代方式"的多样性。

邓小平同志在上世纪，一方面强调社会主义"取代"资本主义的历史总趋势"不可逆转"，但"道路是曲折的"。另一方面，他又强调"我们走的是十月革命的道路,其他国家再走十月革命的道路就难了,因为条件不一样"。^① 这是 1988 年 10 月 17 日他在会见一位外宾时提出的思想。"再走十月革命的道路就难了"——邓小平同志的这一判断含义非常深刻、意义非常重大,它意味着社会主义"取代"资本主义的方式必然会"多样化"。因为"条件不一样"了。

总体而言,社会主义取代资本主义的方式不外乎(资本主义)"体制内改良"和"体制外革命"这样两种方式。现实社会主义国家"一大四小"是"战争与革命"年代通过体制外革命方式取得的成果。在和平与发展成为时代主题的新的历史条件下,很难再通过这种方式发展社会主义了。与此相反,通过(资本主义)"体制内"选举、改良、改革的途径,一点点地对资本主义进行改良的方式来否定资本主义的可能性大大增加了。

历史上,马克思和恩格斯在坚持"暴力革命"的同时,曾指出少数民主制国家存在"和平过渡"的可能性。在他们逝世 100 多年后的今天,世界形势已发生很大变化,通向社会主义的道路、途径和方式,显然是多彩纷呈,越来越具多样性了。

一是社会主义取代资本主义的历史总趋势虽然不可改变,但如何取代,即取代的方式是可以多样化的,而且如上所言这将是历史发展的必然趋势。

二是我们要继续坚持"科学社会主义",决不能葬送或放弃在战争与革命年代所取得的社会主义成果,要把现实社会主义国家搞得更好;但是,我们决不能因此而将其与其他社会主义流派对立起来,不应排斥和否定其他社会主义流派在新的历史条件下对社会进步所起的作用。坚持社会主义"取代"资本主义的必然性,决不等于在新的历史条件下,仍要坚持"取代方式"的"单一性",即只有通过"阶级决战",通过"打碎"和"推翻"旧制度这一种"取代方式"。在和平与发展已成为时代主题的新的历史条件下,现在的资本主义社会,有可能"在批判——改良中一点一点"地扬弃、否定资本主义因素,

---

① 《邓小平思想年谱(1975 – 1997)》,中央文献出版社 1998 年第 1 版,第 415 页。

而逐渐增加和积累社会主义因素，从而客观上推动人类社会逐渐接近更理想的社会。承认资本主义被取代和被否定在方式上的多样性，可以使社会主义实现的前景变得更加宽广和光明，可以大大增强人们对社会主义的信念和底气，加快人类社会前进的步伐。

（原载《北京日报》2011 年 2 月 21 日，原标题为《我看社会主义与资本主义关系的新趋势》，已被多家杂志全文转载）

如何看待金融危机以来
"两个主义"关系的新形势

自 20 世纪 80 年代末东欧剧变、苏联解体、社会主义遭受严重挫折以来，世界社会主义运动一直处于低潮。但 2008 年国际金融危机爆发以来，西方经济陷入衰退，中国经济迅速崛起，有论者说世界正在"向左转"。究竟应如何看待当前社会主义与资本主义的力量对比态势？

社会主义处境有很大改善，但总体仍处低潮的大势没有变

10 年前，社会主义还没有完全从苏联解体、东欧剧变、社会主义遭受严重挫折的阴影下走出来，美国日裔学者弗朗西斯·福山《历史的终结》一书所宣扬的社会主义失败了、未来将是资本主义的"一统天下"等观点还很有影响。国际媒体也不时唱衰中国，什么"中国崩溃论"还很有市场。总体讲，社会主义的处境是相当艰难的。但近十年来，中国特色社会主义获得了很大成就，同时国际上发生的两个重大事件，一个是 2001 年美国纽约的"9·11 事件"，另一个是 2008 年秋天从美国纽约开始爆发国际金融危机，这对世界局势乃至社会主义与资本主义的对比关系均产生了重要影响。

如果说苏联解体冷战结束后，美国因原有的战略对手（苏联）消失而减弱了对中国的战略需要，从而引发了中美关系的动荡，那么2001年的"9·11事件"发生后，美国因恐怖主义的严重威胁而调整了自己的世界战略，从而增强了对中国的战略需要，从而使中美间的战略伙伴关系逐步趋向稳定。

2008年秋天由美国次贷危机引发的国际金融风暴，使美国和西方经济遭受沉重打击，陷入了空前严重的衰退。然而中国的经济却如"定海神针"，凸显其"风景这边独好"，令世界刮目相看，纷纷把希望的目光投向中国。由于中国经济迅速崛起，GDP总量连续上了几个台阶，超过了几个西方大国而跃居"世界老二"。于是国际媒体由唱衰中国转而开始热捧中国，这不能不影响到世界对中国的看法，以及对中国特色社会主义的形象。

国际媒体对中国的拔高和热捧，虽然不乏其战略需要和某些陷阱，但首先应当说，这是中国确实已取得举世瞩目成就的必然反映。这表现在西方不少学者对研究中国模式显示出了浓厚兴趣。最引人注目的，是曾经宣扬人类历史将以"华盛顿共识"为终结的弗朗西斯·福山，他在2009年变调了，反过来肯定中国模式，称中国模式为"负责任的权威体制"，并认为这种模式"也许会超过西方模式"。此外还有不少西方学者从不同角度赞扬中国模式。譬如《中国统治世界》一书的作者英国学者马丁·雅克认为，"中国的制度"不会统治世界，但会"坐上世界优秀文明前列的位置"。《大趋势》的作者美国未来学者约翰·奈斯比特，2009年写了一本新书《中国大趋势》，提出中国模式的十大趋势，认为"中国在创造一种崭新的社会、经济和政治体制"，它"将以难以令人置信的力量影响整个世界"。英国发展问题专家库伯·雷默认为，中国模式的总特征是"权威式的管理与市场经济体制的结合"。德国社会学家韦尔策认为，"中国模式甚至有可能成为比西方模式更具魅力的模式"。西方学者对中国模式和发展道路的赞扬，不能不说是对中国特色社会主义成就的一种肯定，这说明社会主义的处境与十年前相比是大不一样了。

事实胜于雄辩。1988年10月，邓小平在同外宾的谈话中曾提出：

"我们中国要用本世纪末期的二十年，再加上下世纪的前五十年，共七十年的时间，努力向世界证明社会主义优于资本主义。"现在新世纪刚过去头十年，中国特色社会主义所显示的成绩，已赢得了西方学者如此高的赞誉。因此有理由相信，再过40年，到邓小平设想的"七十年"时间届满时，中国一定会是一番完全不同的景象。但现在还仅仅是局部显露出微薄的曙光，我们决不可骄傲自满，掉以轻心。

金融危机重创了资本主义，但它决非"风雨飘摇四面楚歌"

2008年西方金融危机爆发以来，资本主义经济遭受沉重打击，一些国家的财政濒临破产，沉静多年的罢工浪潮也风声又起，有些国家社会矛盾激增，马克思的《资本论》再次畅销。在此情况下，有论者说这次危机属于"资本主义世界体系的全局性、结构性、根本性危机"；"美国人的美国梦破碎了，第三世界人们的美国梦更加瓦砾遍地"；"新自由主义全球化的世界在燃烧"，"世界社会主义运动处在新的交汇点上"。还有论者干脆断言，资本主义是"风雨飘摇四面楚歌"，"社会主义大发展的时机到了"。对此，我们究竟应怎么认识和看待？

这次危机虽然重创了资本主义，但决不能认为资本主义已是"风雨飘摇四面楚歌"。资本主义制度面临的问题虽然很多，但总体而言仍属于资本主义"体制内调整变革"的问题，还不具备资本主义"体制外革命"的形势。现在西方国家的政府和头面人物都很忙，总体看是在忙一件事，这就是重新启动"新一轮的调整变革"，企图尽快挽救经济，走向复苏。从资本主义国家的各类政党和社会势力方面看，他们虽然怀疑新自由主义，对现行制度有许多不满，但总体而言，虽然认为资本主义制度需要调整或改革，但并不想用社会主义制度来替代现行资本主义制度，而是赞成和接受在现行资本主义制度内进行体制调整和变革的。别的不说，就连包括社会党在内的左翼政党，他们也已收起了"民主社会主义"的旗帜，而改用"社会民主主义"的提法，意思是主张民主主义，而非社会主义。从主客观各种情况看，西方国家的日子会不好过，社会可能出现动荡，但社会多数是接受资本主义制度内调整这一事实的，不会有什么"社会主义大发展"的形势。

从历史上看，资本主义制度自确立以来，制度的本质虽未变，但体制一直在不断地调整创新，结果使得今天的资本主义与一二百年前的"血汗资本主义"、"野蛮资本主义"完全不同了。正因为如此，虽然资本主义不断地爆发危机，却又能不断地走出危机。完全可以说，资本主义靠体制改革来缓解制度危机，这次也毫不例外。我们决不可低估了资本主义自我调节的能力。

至于有人认为，西方国家在调整变革中强调国家干预，这是在向社会主义靠近，甚至说什么"连美国奥巴马政府也在搞社会主义"了，这其实是误解。因为市场经济不等于资本主义，国家干预也不等于社会主义。市场调节、国家干预都是手段。美国政府采取措施挽救美国经济，实际上是用纳税人的钱来补贴亏损的私人资本，并不是真正意义上的社会主义。

"两个主义"关系的一种新定位：相互借鉴、取长补短

作为"主义"，社会主义与资本主义既可以指两种不同的意识形态、社会运动，也可以指社会制度和国家政权等不同的形式和形态。如果考察它们几十年、上百年的相互关系，可以发现它们曾经是"你死我活、不共戴天"的敌对关系。但在和平与发展成为时代主题的新历史条件下，虽仍然存在分歧和矛盾，但总体看正在向着改善、接近、合作、相互借鉴，甚至是所谓"趋同"的方向发展。对于"两个主义"如此广泛而复杂的关系，要简单笼统地给其做个总体定位是非常困难的。我这里就"两个主义"在经济方面、在如何处理社会经济问题方面做点考察，从而指出它们之间确实存在相互借鉴取长补短的关系。当然这只是它们间的一种关系和定位，而决非唯一的、更不是全面的关系和定位。

首先必须指出，资本主义自 1929 年大危机之后，特别是二战后，

逐步建立起较完备的现代资本主义体制，是参考借鉴了苏联社会主义计划经济等做法的。在 1929 年大危机爆发之前，社会主义的苏联已于 1928 年开始实行第一个五年计划，这立即引起西方经济学家的密切关注。1929 年美国经济学会主席、新古典经济学派理论家弗弗曼曼泰勒（1855—1932）就发表了《社会主义国家生产指南》一文，提出了"指导性计划"的新概念，强调资本主义国家如果采用"指导性计划"来对市场经济加以宏观调控会大有好处。垄断资本与国家政权相结合之后，国家作为"总资本家"，对整个国家的政治、经济、社会、文化等各个方面全面地进行调控和干预，从而使资本主义的体制发生了很大变化。二战后，西方资本主义国家在工人运动高涨的形势逼迫下，借助经济稳定发展的有利条件，借鉴甚至超越了苏联社会保障的某些做法，普遍进行了较深入的调整和改革，后来不断将这些改革成果法制化、制度化，从而使资本主义形成了一套比较齐全、比较成熟的现代资本主义新体制。这一体制虽然在各国不尽相同，因而形成了什么"莱茵模式"、"盎格鲁撒克逊模式"、"北欧模式"、"日本模式"等各种说法，但它们有些大体相同的特点。如：

第一，扩大了资产阶级国家的社会管理职能，使政府获得"超阶级"的"裁判员"身份。这首先表现为在经济领域，告别了纯粹依靠市场机制自我调节的年代，增加了国家的宏观干预和调控。国家自诞生以来就有两种职能，一是阶级压迫职能，二是社会管理职能。为了完成其阶级压迫或称政治统治的职能，国家需要表现为"一种凌驾于社会之上的力量"，负责把各种利益集团的冲突保持在有"秩序"的范围之内。这正如恩格斯所说的：国家的"政治统治到处都是以执行某种社会职能为基础，而且政治统治只有在它执行了它的这种社会职能时才能持续下去"。在资本主义先前的各阶段，国家只限于维护资本主义生产方式的"共同的外部条件"，不介入经济，扮演"守夜人"的角色，但在大危机之后，虽然不同国家、不同时期的强调面和着力点不尽相同，所采取的具体方式和形式也不尽相同，但总体讲都实行"市场机制与国家调控相结合"的原则。这就是说，在"市场"这只看不见的手之外，又增加了"国家干预"这只看得见的手。也就是说

"现代资本主义"是两只手，不再是过去的一只手。

第二，在社会层面，建立了标准参差不齐但比较完备的社会福利保障体系。国家通过税收等再分配制度，使垄断资本家的相当大的一部分利润脱离了垄断资本家的直接掌握而转到国家手里，从而使政府有条件建立起社会保障体系和福利制度，一定程度上调节了收入分配不公。这虽然没有从根本上消除贫富两极分化，但使贫困线以下者获得基本生活保障，从而缓解了社会阶级矛盾。

西方理论家认为，一个社会要顺利发展，必须有两个机制，一个是"动力机制"，一个是"平衡机制"。没有前一机制，社会缺少活力，不能前进；没有后一机制，社会不能稳定，也不能顺利前进。实行市场机制，解决了社会前进的动力问题；但如果没有平衡机制，不为市场机制条件下的"失败者"和"弱者"提供必要的生活保障，就没有社会的稳定，社会也不能顺利发展。西方资本主义国家利用了战后稳定发展的有利条件，逐步建立起社会保障体系，这对资本主义的稳定发展起了重要作用。当然，有些国家的福利制度做得过头了，也带来了一定负面影响，这是另一层面的问题。

第三，在政治领域，扩大了资产阶级民主，健全了资本主义法律体系。这既满足民众的民主要求，又约束某些过激的、不利于社会的行为；将社会各种利益集团间的冲突和斗争纳入法制轨道，使社会实现所谓"既自由又有序"的状态；资产阶级民主自由，使社会不满在平时有发泄渠道，不至于积攒到矛盾总爆发的程度，实际上起到了政治"减压阀"的作用。还为社会不满提供通畅的发泄渠道，以免酿成"火山"式总爆发的形势。

第四，在文化意识形态层面，其主流是有利于资本主义社会的稳定发展的。如：倡导个人自由、个人奋斗，结果的成败在个人，不至于怨政府和社会；发达的宗教信仰，客观上充当着社会"心理医生"，公民个人的失意从上帝那里求得了精神解脱；"因果报应"的宗教信念，有利于强化道德自律，加上严格的法律惩罚，从软硬两方面净化社会心态、规范社会秩序；倡导民族传统文化，并使其与现代文明结合，从而形成了适应科技进步和时代发展要求的现代企业精神、经营思想和社会理念，创造着适应现代化发展要求的文化要素与精神氛围。

资本主义由于发生了上述变化，从而使当代资本主义不再是文学名著《悲惨世界》所描述的那种状况，而变得比较"文明"、有点"人情味"的现代资本主义。虽然资本主义社会两极分化依然严重，但就多数人来说，已不是"活不下去"的问题，而是活得"好一点差一点"的问题，因此资本主义相当长时间以来已不具备直接革命的形势。

其次，我们必须承认，中国特色社会主义之所以取得如此大的成就，与我们实行对外开放，重视借鉴和学习资本主义一切先进的东西是密不可分的。具体如何学习借鉴的东西多如牛毛，就不必说了。这里只讲实行"社会主义市场经济"这一事关全局的大事。社会主义过去长期实行"计划经济"，因而总离不了"短缺"和"票证"，因为参考借鉴了资本主义"市场经济"的实践经验，才有了现在繁荣的市场。邓小平说，"计划多一点还是市场多一点，不是社会主义与资本主义的本质区别"，"计划和市场都是经济手段"。这正是从近100多年来资本主义几轮大调整的"基本经验"中总结概括出来的。因为从19世纪后期算起的100多年间，资本主义所经历的几轮大的调整和变革，都是把"市场"和"计划"当成"手段"来运用的，都是在"市场调节"多一点，还是"国家干预"多一点之间，调来调去的。看来这对社会主义经济也带有规律性，社会主义国家也会碰到同样的问题。请看资本主义以下历史事实：

第一轮：19世纪后期的那一轮调整，是从反对垄断保护自由竞争为主轴的。资产阶级国家当时已认识到垄断对国家和社会的危害，国家开始运用立法来限制垄断。1890年美国联邦政府通过了第一个反垄断法《谢尔曼法》就是例证。此后垄断与反垄断的斗争并未停止，反垄断法也不断完善。但资本主义的垄断总是与资本主义的竞争并存的。垄断有排除竞争的倾向，但它还有加剧竞争的倾向。因此，到20世纪头一二十年，这一轮的调整变革虽然总体上已使资本主义发展到了垄断阶段，但市场竞争也得到了充分发展，市场这只"看不见的手"可不受国家这个"守夜人"的干扰而充分的发挥着作用。这埋下了 1929 年大危机的根子。

　　第二轮：1929 年大危机之后的那轮调整变革，是以罗斯福"新政"为标志和主要成果的。其最显著的特点是加强政府对经济的干预，政府对经济进行计划调控，从而使资本主义在市场这只"看不见的手"之外，又增加了国家干预这只"看得见的手"。罗斯福政府扩大投资，大规模地兴建医院、学校、图书馆，大规模兴建基础设施，修高速公路、建防洪水坝，以及其他公众设施，总之是运用财政手段刺激经济发展，扩大就业机会。经过罗斯福的这番调整，美国经济果然收到了加速经济复苏的效果。不仅是美国，其他资本主义国家，如德国、英国等也相继采取类似措施。1936 年英国经济学家凯恩斯从理论上总结了资本主义国家"反危机"措施的经验，被称之为凯恩斯主义。

　　第三轮：20 世纪七八十年代开始的那一轮调整变革，应算作是第三轮调整变革。这轮调整变革，首先是从理论上的调整和转变开始的。二战后一直被西方国家奉为现代资本主义的"指导理论"的凯恩斯主义，在 1970 年代的"滞胀"面前却失灵了，从而遭到严厉的批评。取其代之而起的是"新保守主义"、"新自由主义"的各种思潮和学派，转而强调减少国家干预、提倡自由放任、更多地发挥市场机制的作用。与此同时，政府的政策也开始调整和转变。如果说 50 年前，罗斯福攻击"垄断"，颂扬"政府"，寄希望于国家对经济的干预。那么50 年后，当里根总统上台时，却把矛头指向"政府"。他说："在当前的危机中，政府不解决问题，问题就在政府自己。"于是里根政府转而主张放松政府对经济的管制，更多地发挥市场自我调节的作用。1979年上台的英国保守党人撒切尔夫人也提出了大体相同的政策主张。1990年代各式各样的"第三条道路"，大体上也没有超出"新自由主义"的调整变革的方向。

　　第四轮：2008 年开始的新一轮调整变革，看来其特点和调整的方向恰好与上一轮是反向而行的。强调不能放任市场的自发作用，而要适当加强政府对经济的干预。因而引来了"美国也在搞社会主义"的议论。国家干预的作用得到强调，但市场的作用也不可能被否定的，总体而言还是在"市场调节"和"国家干预"之间调来调去的问题。但究竟怎么调整，还值得继续研究观察。

资本主义总是在市场调节与国家干预之间调来调去，始终不放弃任何一手，这是值得社会主义参考借鉴的。什么是"社会主义市场经济"？按江泽民同志当年的解释，那就是同时运用市场与计划这样两手的经济，也可称之为"有计划的市场经济"。他是这么说的："有计划的商品经济也就是有计划的市场经济，社会主义经济从一开始就是有计划的，这在人们的脑子里和认识上一直是很清楚的，不能因为提法中不出现'有计划'三个字，就发生了是不是取消了计划性的问题。"我们现在强调市场经济，但不是不用国家计划这一手。如果说过去完全迷信计划是极端，那么现在反过来，如果完全迷信市场也是一种极端，要不得。我认为，既然当代资本主义的实践也提醒我们，任何时候都不要忘了市场调节与国家干预这么"两手"，那么我们社会主义国家是取资本主义之"长"（市场经济）来补我之"短"（国家计划之弊），就一定会做得更好的。

（原载《学习时报》2011 年 3 月 14 日）

"两个主义"关系的新态势与
中国的战略对策

　　社会主义与资本主义（以下简称"两个主义"）作为"主义"，既可以指不同的意识形态和社会运动，也可指不同性质的社会制度和国家。对于如此广泛而复杂的关系，作任何简单的概括和定位都是困难的。此文针对近年来人们热议的一些话题，结合近年形势中出现的新情况，谈谈个人的一孔之见。

一、如何看待"两个主义"的对比态势

　　冷战后世界社会主义形势，一般提法是"仍处低潮，资强社弱、资攻社守"。这当然没错，但为求全面，对社会主义的形势最好是讲两面，即一方面是苏东地区的政治地震使社会主义遭受了大挫折，但另一方面是中国顶住压力，坚持社会主义不动摇，并加快改革开放步伐，使社会主义出现了"柳暗花明"的新局面。于是，世界社会主义的总体态势，是"大挫折"与"新局面"同时并存的局面。进入新世纪以来，特别是金融危机爆发以来，两个主义对比态势有何新变化。

1. 社会主义处境有很大改善，但仍处低潮的大势没有改变

　　10 年前，国际媒体还在唱衰中国，什么"中国崩溃论"很有市

场的。但2008年爆发国际金融危机以来，国际媒体转而对中国进行"拔高和热捧"。这虽然不乏其战略需要和某种陷阱，但首先应当说，这是中国特色社会主义确实已取得举世瞩目成就的一种反映。

这种情况集中表现在西方不少学者对研究"中国模式"显示出浓厚兴趣。最引人注目的，是曾经宣扬人类历史将以"华盛顿共识"为终结的F. 福山。他在2009年"变调了"，反过来肯定中国模式，称中国模式为"负责任的权威体制"，并认为这种模式"也许会超过西方模式"。此外还有不少西方学者从不同角度赞扬中国模式。譬如《中国统治世界》一书的作者英国学者M. 雅克认为，"中国的制度"不会统治世界，但会"坐上世界优秀文明前列的位置"。《大趋势》的作者美国未来学者J. 奈斯比特，2009年写了一本新书《中国大趋势》，提出中国模式的10大趋势，认为"中国在创造一种崭新的社会、经济和政治体制"，它"将以难以令人置信的力量影响整个世界"。英国发展问题专家J. 雷默认为，中国模式的总特征是"权威式的管理与市场经济体制的结合"。德国社会学家H. 韦尔策认为，"中国模式甚至有可能成为比西方模式更具魅力的模式"。西方学者对中国模式和发展道路的赞扬，不能不说是对中国特色社会主义成就的一种肯定，这从一个侧面说明，社会主义的处境与10年前相比是大不一样了。

2. **金融危机重创了资本主义，但决不能认为它是"风雨飘摇、四面楚歌"**

金融危机使世界经济陷入了第二次世界大战结束以来最严重的衰退，西方国家的日子的确不好过，资本主义面临制度性困境，经济可能陷入长期动荡，社会也可能呈现出不安定。但总体而言，资本主义的困境绝没有达到"风雨飘摇、四面楚歌"的程度。从资本主义国家的各类政党和社会势力方面看，他们虽然怀疑新自由主义，对现行制度有许多不满，认为资本主义制度需要调整或改革，但并不想用社会主义制度来替代现行资本主义制度，而是赞成和接受在现行资本主义制度内进行体制调整和变革。别的不说，就连包括社会党在内的左翼政党，他们也已收起了"民主社会主义"的旗帜，而改用"社会民主主义"的提法，意思是主张民主主义，而非社会主义。西方社会多数人是接受在"资本主义制度内调整"这一事实的,不会出现"体制外革命"的所谓"社会主义大发展"的形势。

3. 中国仍要埋头实干办好自己的事,同时要警惕金融危机给中国带来的损害和威胁

中国不要受某些左翼过激言行的影响,也不要过于看重"占领华尔街"之类事件,仍要冷静地看到社会主义仍处低潮的总态势没有改变。中国除了应对美国重返亚太,加大对我军事牵制,挑拨离间造成我周边不稳定等局势之外,最要紧的事情还是集中精力搞好国内,同时要警惕西方金融危机给中国带来的损害和威胁。一是资本主义金融危机的困境,可能迫使美国采取特殊手段来维护其全球霸权。美国垄断财团在许多投机泡沫破灭的情况下,更加重视将投资方向转向控制自然资源。于是使波斯湾、中亚里海地区、南中国海、尼罗河流域等等,成为美国垄断资本为争夺资源而竭力渗透并控制的地区,从而影响世界局势的和平稳定。二是美国利用新自由主义政策误导各国经济金融改革,策划隐蔽的经济金融战争,打击别国经济和货币体系,以转嫁自己因危机而造成的损失。滥发美元掠夺世界财富,就是这种手段之一。这将使中国借给美国的债务面临缩水风险。美国政府大印纸币,不仅导致中国借给美国的债务缩水,而且逼得中国人民币名升暗贬,购买力下降,加剧国内通货膨胀。结果就是中国不仅损失掉了出口商品那部分财富,连手里的货币财富都在遭受贬值损失。于是造成美国高工资低物价,而中国却是低工资高物价,这对中国社会的稳定是很大威胁。

4. 美国出于"战略焦虑"提出重返亚太的"再平衡"战略,加重了中国周边环境的危险性和不确定性,但中国完全可从容淡定地认真应对

奥巴马刚上台时曾提出"G2"设想,企图拉拢中国合作治理世界,但中国没有接招。2010年中国经济总量超过日本跃居世界第二而美国经济乏力,国内问题突出,在"美国衰落"、"中国将超美"声浪的刺激下,奥巴马高喊美"决不当世界老二",接着美政府提出要"重返亚洲",加强了对中国的"牵制"和"遏制"。近年来,中国周边热点迭出，几乎都有美国的影子。美国这一战略调整，搅乱了中国周边和平安定的环境，加重了中国周边环境的危险性和不确定性，给中国和平发展带来了严峻挑战。表面看来这似乎只是中国东海和南海的一些岛屿归属之争，但实际上这是美国为"重返亚洲"，加强对中国的"牵制"和"遏制"的产物，带有浓重的冷战思维和意识形态色彩，是中国需要认真看待和对待的。

二、如何估价"两个主义"关系的总趋势

1. 近年来，有人认为两个主义出现了"良性互动"，而我以为不能笼统地谈论什么两个主义的"良性互动"

两个主义的关系很广泛，包括思想意识形态、政治经济制度，以及外交军事等各个方面，情况是不尽相同的，需要区别不同情况，有个总体把握。以中美关系为例，每个方面的情况都很不相同，不能一概而论。经济上彼此交流合作、相互借鉴已很广很深，你中有我、我中有你，依存度已是难舍难分了。政治外交上互有需要，并寻求扩大了战略共同利益，已就建立新型大国关系达成共识，但战略思维和具体问题上的分歧仍很明显。意识形态上扩大交流增进了解有所进展，但分歧、斗争、摩擦和龃龉仍然不断，斗争将是长期的。军事上的互信度差，美国实际上视中国为潜在威胁，加大了对中国的遏制力度。因此不能泛泛地讲什么两个主义已形成"良性互动"。经济领域的交流互鉴也许可以这么说，但就两个主义的总体而言，还不能做这样的估计。就总体而言，两个主义仍然是"既斗争又合作"的关系。不过遇到矛盾和问题时，"对话而不对抗"、"磨合而不摊牌"，正逐渐成为趋势和主流。美国提出"重返亚洲"以来，美对华"牵制"和"遏制"的一手在上升，但其"接触"、"合作"、"对话"等其他手段并未放弃。

2. 世界多极化的趋势在深入发展，但美国仍是世界"唯一"超级大国的事实没有改变

近10年来世界最大的变化是，西方美、欧、日三大板块"整体下沉"，金砖国家等发展中国家"群体崛起"，特别是中国"迅速崛

起"影响非常深远。美国仍是世界"唯一"的超级大国，我们要慎言"美国衰落"。但过去的"一超多强"是"一超超强，多强多不强"，现在则在向"一超相对削弱，多强大为增强"的方向发展。但不管怎么说，美国仍是世界"唯一"的超级大国的事实没有改变，所以它常以世界"领导者"自居。但在"迅速崛起"的中国面前，美国感到了"危机"，近年提出重返亚太和"再平衡战略"，主要是为了加强对中国遏制和牵制，这从本质上看是美国"战略焦虑"的一种反映。

美国亚太"再平衡战略"突出的是军事行动。美军舰在东亚来回穿梭，与盟国军演不断，到处炫耀武力。美国原来标榜"公正"，声称在"主权问题上不选边站"，然而近来美国明显地偏向日本、菲律宾和越南，给他们撑腰打气，公开宣布日美安保条约适用于钓鱼岛，在香格里拉会议上美国防长竟然明目张胆地颠倒黑白，指责中国"破坏南海稳定"。这些迹象令人忧虑，美国真的已下决心要与中国全面对抗，这对中美"新型大国关系"将产生什么影响呢？

3. 美国的亚太"再平衡战略"与中美"新型大国关系"

不能简单地看待复杂的中美关系。中美"新型大国关系"是双方国家的"共同利益"决定了的，舍此别无他途，是不可能轻易改变的。事实上，中美关系是谁也离不开谁，有人说中美已好似"连体婴儿"。这种情况就决定了"不发生大的对抗"是双方的战略底线，否则对谁都无好处。这是中美关系重要的一个特点，也是一个稳定器，即只要"共同利益"这一彼此合作共赢的基础仍然存在，中美既合作又竞争的"伙伴"关系就难以完全逆转。对美必须保持高度警惕，这当然是对的。但脱离实际的过分警觉并非总是好事，总喊"狼来了"可能贻误我们难得的发展机遇。中国对此要有忧患意识并积极应对，但也不值得过虑。我们应胸中有数，从容淡定。

但是必须看到，中美"新型大国关系"只是"战略目标"而不是当前的现实，它的全面实现是个不平坦的过程。奥巴马最近傲慢地说"未来100年美仍要领导世界"。这表明美国不可能心甘情愿地与中国建立新型关系，每前进一步都要经历斗争。总体看来，"新型大国关系"是战略目标，而"既斗争又合作"是实现这一目标的必要途径和手段。不经过必要的斗争和合作，"新型大国关系"是建立不起来的。因此确定"新型大国关系"的战略目标，决不意味着没有或者要放弃必要的斗争。总体而言，中美关系仍是"既斗争又合作"的关系，对美仍要坚持"斗而不破"，但该斗时决不能"斗而怕破"。

对于持"冷战思维"的美国鹰派，中国决不能示弱。他们只相信实力，只有当他们认识到无法压服消灭中国的时候，才会反过来愿意同中国交朋友。这就是说同美国交朋友是有"条件"的，没有"实力"也就没有这个"资格"。只有准备战争才能避免战争，因此中国必须增强国防实力。换言之，增强国防实力是中国和平发展所必需付出的"成本"，否则既无"和平"，也无"发展"可言。当然中国必须吸取苏联的教训，决不能与美国搞军备竞赛。中国可实行"不对称战略"，为加强国防实力，集中力量搞几手"杀手锏"，不必同美国搞全面的军备竞赛。

4. 具有创新安全理念的"亚洲安全观"与"以结盟方式谋求自身绝对安全"的旧"冷战思维"

亚洲安全合作要跟上时代，不能身体已进入 21 世纪，而脑袋还停留在冷战思维、零和博弈的旧时代。有人热衷于搞军事结盟，继续打造和强化针对第三方的军事集团，以牺牲别国安全为代价谋求自身的所谓"绝对安全"。近年来，美国推动的"亚太再平衡"、日本意欲"解禁集体自卫权"，便是这种旧的冷战思维的生动体现。这种以军事同盟方式追求自身绝对安全的做法，非但无助于解决亚洲面临的安全问题，反而加剧了亚洲的冲突与动荡。

在这种情况下，习近平主席在亚洲相互协作与信任措施会议第 4 次峰会上提出并倡导共同、综合、合作和可持续的"亚洲安全观"，为亚洲困局找到了破题之路，对加强亚洲国家间的安全合作具有重要现实意义。习近平强调："共同安全"，就是要尊重和保障每一个国家安全。安全应该是普遍的，不能一个国家安全而其他国家不安全，一部分国家安全而另一部分国家不安全，更不能牺牲别国安全谋求自身所谓"绝对安全"。安全应该是平等的，各国都有平等参与地区安全事务的权利，也都有维护地区安全的责任，任何国家都不应该谋求垄断地区安全事务，侵害其他国家正当权益。安全还应该是包容的，强化针对第三方的军事同盟不利于维护地区共同安全。习近平还强调了"综合安全"、"合作安全"和"可持续安全"。他主张发展和安全并重以实现持久安全，发展是安全的基础，安全是发展的条件。对亚洲大多数国家来说，发展就是最大安全，也是解决地区安全问题的"总钥匙"。习近平提出的亚洲安全观，是以创新的安全理念，来搭建地区安全合作新架构，是要努力走出一条"共建、共享、共赢的亚洲安全"之路。这是在顺应亚洲形势需要的基础上，为加强亚洲安全合作而贡献出来的"中国智慧"。

"亚信会议"是亚洲覆盖范围最大、成员数量最多、代表性最广的地区安全论坛。它是哈萨克斯坦纳扎尔巴耶夫总统在 1992 年 10 月的第 47 届联合国代表大会上首次提出倡议成立的。现有包括中国、俄罗斯、印度、巴基斯坦、伊朗、泰国、韩国、孟加拉等在内的 26 个成员国，以及 12 个观察员（国家或国际组织）。2010 年 6 月前，亚信主席国一直由哈萨克斯坦担任，自第 3 次峰会起，土耳其接替哈萨克斯坦担任主席国。亚信第 4 次峰会于今年 5 月在上海世博中心举行，中方正式接任 2014 - 2016 年亚信主席国。习近平在会上的讲话，将会产生深远的国际影响。

总之，种种迹象表明，两个主义之间的借鉴和合作在深入发展，对话而不对抗、磨合而不摊牌正逐渐成为趋势和主流。至少在 2020 年之前，维持总体稳定的中美关系是可以期待的，这就是说中国实现全面建成小康社会仍然是有战略机遇期的。但是，两个主义之间的分歧和矛盾也是难以完全避免的，有时在某些问题上甚至还是很激烈的。总体说来，两个主义的关系仍然是既斗争又合作的关系。

三、如何把握"两个主义"关系在不同领域的不同情况

1. "两个主义"经济体制上的相互借鉴在深入发展，而且不可逆转

有论者说，社会主义与资本主义现在是"你中有我，我中有你"、

"难舍难分"了。从体制与模式角度看，社会主义和资本主义是在"趋同"，也有人说两个"主义"在进行"制度对接"。我觉得"趋同论"这个词比较含混，容易引起争议，不大赞成这个提法。但不管怎么说，事实上资本主义与社会主义早就在相互作用、斗争和较量中，彼此互相借鉴、学习和吸收对方有用的东西，从而取得了"取长补短、求同存异、共同发展"的实际效果。例如，我们实行社会主义市场经济制度，是向资本主义市场经济学习借鉴的结果；资本主义在市场经济之外增加了"国家干预"这只看得见的手，并实行社会保障和福利制度等，这在很大程度上也借鉴了社会主义的某些做法。资本主义的证券、股市这些东西，我们过去将其看成是资本主义的东西，但其实马克思、恩格斯早就说过，股份制是"对资本主义私人产业的扬弃"。恩格斯在《1891 年社会民主党纲领草案批判》中说："由股份公司经营的资本主义生产，已经不再是私人生产，而是为许多结合在一起的人谋利的生产。如果我们从股份公司进而来看那支配着和垄断着整个工业部门的托拉斯，那么，那里不仅私人生产停止了，而且无计划性也没有了。"① 近 10 多年来我们在体制改革中，经过多种形式的试验，最终确定采用"股份制"作为公有制的主要实现形式。总体看，应当说两个主义通过相互"借鉴"和"嫁接"，的确已出现了"接近"甚至"趋同"的情况，现在社会主义和资本主义之间相似和相通之处是大大增加了，从这一角度看，说存在"趋同"的趋势，是没必要完全否认的。

2. "两个主义"政治上的本质区别不可抹杀，应坚持"和而不同"

上述两个主义的相互"借鉴"和"接近"，没有也不能抹杀和混淆"两个主义"之间的本质区别。社会主义与资本主义的本质区别在哪里我认为主要是在政治上，是政权性质、国家性质的不同。不管怎么"趋同"，社会主义国家与资本主义国家在政治上、在政权性质上的差别是绝不可混淆和抹杀的。相互趋同与区别依旧，并不矛盾，是可以同时并存的。

---

① 《马克思恩格斯选集》第 4 卷，人民出版社 1995 年版，第 408 页。

我们说要坚持社会主义，指的是坚持"科学社会主义"，即马克思主义的社会主义。这种社会主义，与一切主张在资本主义"体制内"进行改革改良的社会主义的最大不同，就在于它是主张要先"推翻资产阶级的统治，由无产阶级夺取政权"才谈得上搞社会主义的。换句话说，搞社会主义是有"政治前提"的。这正如《共产党宣言》所明确指出的，共产党人的最近目的是"使无产阶级形成为阶级，推翻资产阶级的统治，由无产阶级夺取政权"。[①] 虽然取得政权的方式可能因历史条件不同而不同，但要不要"政权"，要不要这个"政治前提"，历来是马克思主义的科学社会主义与其他一切社会主义的最大最本质的区别。

戈尔巴乔夫曾强调，他很重视列宁晚年所说的"我们对社会主义的整个看法根本改变了"这一观点，然而他恰恰忽略了列宁说这句话是有"政治前提"的，这就是苏维埃政权已掌握在工人阶级手里。列宁指的是在具备这一政治前提的条件下，对如何搞社会主义的看法与十月革命前相比是"根本改变了"。至于就搞社会主义必须要有政治前提、必须要有"苏维埃政权"这一点，列宁是"没有丝毫改变"的。正是因为戈尔巴乔夫忽视了这一"政治前提"，导致苏共犯了无法挽回的历史错误——"丢了政权"，结果社会主义的一切都谈不上了。这一历史教训是必须记取的。

3. 决不能犯苏共丢失"政权"的"颠覆性错误"，这条底线一定要守住

列宁非常重视"苏维埃政权"这一政治前提，他提出的一系列"苏维埃政权＋X"的公式，如"苏维埃政权＋全国电气化＝共产主义"，"苏维埃政权＋普鲁士的铁路秩序＋美国的技术和托拉斯组织＋美国的国民教育＋……＝总和＝社会主义"，等等。所有这些公式都是以"苏维埃政权"为"主项"和"主体"的。有了"苏维埃政权"对资本主义的许多东西可以采取"拿来主义"，而不必担心"姓资姓社"问题。列宁 1918 年在《苏维埃政权的当前任务》中进一步明确

---

① 《马克思恩格斯选集》第 1 卷，人民出版社 1995 年版，第 285、585 页。

提出："社会主义能否实现，就取决于我们把苏维埃政权和苏维埃管理组织同资本主义最新的进步的东西结合得好坏。"[1] 苏维埃政权在实行"新经济政策"时期曾采用租让制，把外国资本家请到俄国来了，有些人担心说，把资本家请到俄国来不危险吗？这不是意味着发展资本主义吗？列宁回答说："是的，这是意味着发展资本主义，但是这并不危险，因为政权掌握在工农手中，地主和资本家的所有制不会恢复。"可见"政权掌握在工农手中"这一点是非常重要的政治前提。[2]

邓小平 1992 年在"南方谈话"中强调，不要怕"资本主义的东西多了"，要"大胆地闯"。为什么？因为"政权在我们手里"，"错了，纠正，关了就是了"。[3] 20 世纪 80 年代津巴布韦总理穆加贝多次访华，他思想很激进，总是担心中国改革开放走上资本主义道路。邓小平一再解释，他还是扭不过来。1985 年 8 月 28 日那一次会见，据当时的英文翻译张维为回忆说，邓小平把自己的烟蒂在烟缸里掐灭，习惯地用食指点着前方，用浓浓的四川口音说："我们还有强大的国家机器。"他说得很响，然后又说："一旦发生偏离这个、这个社会主义方向的情况，我们的这个国家机器就会出面干预，把它纠正过来。"[4] 可见，政权问题非常重要，是否拥有社会主义政权，是社会主义与资本主义本质区别之所在，是绝对不能麻痹大意的。

4. 对西方模式，既不能顶礼膜拜照抄照搬，又必须理直气壮地学习和借鉴

无论是对资本主义还是社会主义国家，从毛泽东到邓小平都是主张学习借鉴而不能照抄照搬的。1956 年 4 月 25 日，毛泽东在《论十大关系》中提出："我们的方针是，一切民族、一切国家的长处都要学，政治、经济、科学、技术、文学、艺术的一切真正好的东西都要学。但是，必须有分析有批判地学，不能盲目地学，不能一切照抄，机械搬用。"[5] 毛泽东说的"一切民族、一切国家"，当然是既包括社

---

① 《列宁选集》第 3 卷，人民出版社 1995 年版，第 492 页。
② 《列宁全集》第 41 卷，人民出版社 1986 年版，第 238 页。
③ 《邓小平文选》第 3 卷，人民出版社 1993 年版，第 373 页。
④ 张维为：《邓小平如何思考"中国模式"》，载《社会观察》，2012 年第 2 期。
⑤ 《毛泽东文集》第 7 卷，人民出版社 2009 年版，第 41 页。

会主义国家，也包括资本主义国家在内的。邓小平则说得更多了。他说"社会主义要赢得与资本主义相比较的优势，就必须大胆吸收和借鉴人类社会创造的一切文明成果"。这个"人类社会创造的一切文明成果"并不是脱离于具体社会制度的一种抽象存在，在当代它主要是借资本主义的政治、经济和社会制度作为"载体"而存在的。所以要吸收人类社会创造的一切文明成果，就必然要从资本主义这一"载体"中去寻找和认识。除了在经济管理体制上面提到的相互借鉴之外，在社会管理上的社会保障、环境保护，也有不少可以借鉴的。另一方面，邓小平又强调不能"照抄照搬"。1987 年他在同匈牙利卡达尔谈话时强调："我们既不能照搬西方资本主义国家的做法，也不能照搬其他社会主义国家的做法，更不能丢掉我们制度的优越性。"这样一来，在发展模式多样化的世界上，中国特色社会主义的"国际定位"是非常明确和独特的，这就是：既学习借鉴西方资本主义和苏联等社会主义国家的"长处"，又不照抄照搬西方资本主义模式和苏联社会主义模式，而是将东西方模式的长处与中国实际情况相结合。无论是在经济制度上还是在社会政治制度上，在政治体制方面，可以说世界没有统一适用于各国的民主模式，各国的政治制度必须从本国实际出发，与本国实际相结合。自由、民主、人权是人类共同的价值追求，也是人类在长期奋斗中共同创造的文明成果，这是毫无疑义的。但不同的国家，不同的历史发展阶段，自由、民主、人权的实现形式和途径也各不相同，没有统一的模式。提倡"天赋人权"和"自由、平等、博爱"的法国大革命的思想先驱 J. 卢梭，在其《社会契约论》一书中就说过：一切良好的政治制度"在各个国度都应该按照当地的形势以及居民的性格这两者所产生的种种对比关系而加以修改；应该正是根据这种种对比关系来给每个民族都确定一种特殊的制度体系，这种制度体系尽管其本身或许并不是最好的，然而对于推行它的国家来说则应该是最好的"。他还引用另一位思想家 J. 布拉马奇的话明确指出："每一种好政府并不是同等地适用于一切民族。在这一点上，必须顾及各个民族的气质和特征以及国家的大小。"① 既然西方各国之间都不能照抄照搬，一个有 13 亿人口、56 个民族、960 万平方公里、5000 年文明史的超大型国家——社会主义中国，岂能照抄照搬西方国家的那一套政治模式呢？对此，我们应理直气壮地予以抵制和反对。

但另一方面，决不搞"全盘西化"，决不等于我们反对吸收和借鉴西方一切先进的文明成果，而恰恰相反，也要理直气壮地敢于吸收和借鉴。首先是西方的民主形式和程序，有许多是我们可以借鉴的，如西方民主制中的的程序制、选举制、任期制、轮换制、聘任制、罢免制，以及公务员制度等，都是可以借鉴而且已经借鉴了的。其次，除西方民主政治制度的形式之外，西方民主政治在内容上，有些原则和思想也是可以借鉴的。比方说，三权分立的学说强调了对权力的制约，我们可以结合中国的实际来借鉴"权力制约"这个思想和原则，而不必照搬美国三权势均力敌的政治架构。在保持行政主导的同时，也可以借鉴一些国际经验，进一步加强"对权力的监督和制衡"。再次，西方的一些学术思想和概念，具有科学性的做法也是应当借鉴吸收的。譬如"国家治理现代化"这类概念已进入党的中央会议和中央文件。现在中国强调"国家治理"这不是简单的词语变化，而是思想观念在变化。"国家治理体系和治理能力现代化"，就是一种全新的政治理念，表明我们党对社会政治发展规律有了新的认识，是马克思主义国家理论的重要创新，也是中国共产党从革命党转向执政党的重要理论标志。总之，在拒绝照抄照搬西方模式的同时，在吸收西方反映人类社会创造的文明成果方面，还大有文章可做。

（原载《中共宁波市委党校学报》2014 年第 6 期，原题为《世界社会主义与资本主义关系的新态势——兼论中国的当前对策和长远战略》，人大复印资料《世界社会主义运动》2015 年第 1 期全文转载，这里有删节）

---

① J. 卢梭：《社会契约论》，商务印书馆 1980 年版，第 70、87 页。

如何从战略高度看待
"两个主义"的未来

题注：近几十年来我们已改变了社会主义与资本主义"你死我活、不共戴天"的绝对化的老观念，逐步认识到"两个主义"虽有本质区别，虽有矛盾和斗争，但二者的关系已变得"弹性化"和"多样化"了。它们不仅可以而且应当"相互借鉴、取长避短、求同存异、共同发展"。因此，究竟应如何看待"两个主义"的未来很值得关注和研究。

共产党人历来认为，社会主义最终将"取代"资本主义。但现在看来，这种"取代"在时间上具有"长期性"，方式上具有"多样性"，道路上具有"曲折性"。就世界范围来说，资本主义不可能迅速崩溃，社会主义也不可能迅速胜利，"两个主义"将要长期共处。近几十年来我们已改变了社会主义与资本主义"你死我活、不共戴天"的绝对化的旧观念，逐步认识到"两个主义"虽有本质区别，虽有矛盾和斗争，但它们不仅可以而且应当"相互借鉴、取长避短、求同存异、共同发展"。现在据个人的研究和认识，谈谈对"两个主义"未来的一些看法。

一、理论上要坚信"两个必然",又决不能忽视"两个决不会",社会主义"取代"资本主义是长期曲折的历史过程

马克思和恩格斯在《共产党宣言》中曾庄严宣布"资产阶级的灭亡和无产阶级的胜利是同样不可避免的",这就是人们常说的"两个必然"。但马克思又曾明确提出:"无论哪一个社会形态,在它所能容纳的全部生产力发挥出来以前,是决不会灭亡的;而新的更高的生产关系,在它的物质存在条件在旧社会的胎胞里成熟以前,是决不会出现的。"① 这就是人们常说的"两个决不会"。"两个必然"与"两个决不会"思想相统一,构成了科学社会主义的理论核心。这就是说:社会主义取代资本主义的历史总趋势是不可改变的,但其实现的道路和过程将是长期曲折的。正如邓小平所指出的:"社会主义经历一个长过程发展后必然代替资本主义。这是社会历史发展不可逆转的总趋势,但道路是曲折的。""巩固和发展社会主义制度,还需要一个很长的历史阶段,需要我们几代人、十几代人,甚至几十代人坚持不懈地努力奋斗,决不能掉以轻心。"② 因此,世界范围内同时存在资本主义与社会主义两种制度将是一种长期的历史现象。

二、"一球两制"是相当长期的历史现象,社会主义中国必须解决好"两大战略问题"

一是在国内,切实把社会主义建设好,以成功的实例证明社会主义的确优于资本主义。列宁说社会主义是榜样的力量,又说:"劳动生产率,归根到底是使新社会制度取得胜利的最重要最主要的东西。"③ 邓小平明确指出:"社会主义总的来说比资本主义优越,但要靠我们的发展来证明这一点。我们要做的事就是证明社会主义优于资本主义。……这件事不是几年时间就能做到的,看来要用五十年至七

---

① 《马克思恩格斯选集》第 2 卷,人民出版社 1995 年第 2 版,第 33 页。
② 《邓小平文选》第 3 卷,人民出版社 1993 年第 1 版,第 382 - 383、379 - 380 页。
③ 《列宁选集》第 4 卷,人民出版社 1995 年第 3 版,第 16 页。

十年。"① 二是在国际上，要全面认识和正确处理好同资本主义既矛盾斗争又借鉴合作的关系，要善于利用资本主义来建设社会主义。这两大战略问题处理的好坏，直接关系社会主义的兴衰成败。

三、社会主义作为"社会运动"（即通常所说的国际共运或世界社会主义运动），已呈现出与过去完全不同的新特点。社会主义的未来发展不靠"国际联合"，而靠"成功实证"

过去的国际共运或世界社会主义运动，有一个国际组织或不定期地召开国际会议来协调彼此的路线和行动，强调"统一性"、"共同规律"以及"国际联合"，事实上长期实行的是以"一条道路、一种模式、一个中心、一个阶段"为特征的社会主义发展战略。在新的历史条件下，世界上各国共产党都是独立自主、各行其是的，彼此没有统一的联系，都是从本国实际情况出发选择各具"民族特色"的社会主义道路。

世界社会主义究竟如何发展？与过去战争革命年代不同，不能寄希望于社会主义国家"数量"的增加，而主要靠"点"的繁荣和"质"的提高，即现有社会主义国家将自己国家建设好，以成功的实例来证明社会主义的优越性，社会主义才可能有较大发展。正如邓小平所说："我们坚持社会主义，要建设对资本主义具有优越性的社会主义，首先必须摆脱贫困。现在虽说我们也在搞社会主义，但事实上不够格。只有到了下世纪中叶，达到了中等发达国家的水平，才能说真的搞了社会主义，才能理直气壮地说社会主义优于资本主义。""这不但是给世界总人口四分之三的第三世界走出了一条路，更重要的是向人类表明，社会主义是必由之路，社会主义优于资本主义。"② 中国共产党人将中国特色社会主义搞好，这本身就是对世界社会主义最大的贡献，就是最好的国际主义。

---

① 《邓小平思想年谱（1975－1997）》中央文献出版社 1998 年版，第 370 页。
② 《邓小平文选》第 3 卷，人民出版社 1993 年第 1 版，第 225 页。

四、社会主义作为"国家形态"即"社会主义国家",必须随客观情况的变化调整对外战略和政策。中国自改革开放以来在对外战略上成功完成了三大转折发展,现又提出了与冷战思维完全不同的新理念

第一大转折发展发生在 20 世纪 80 年代开始实行改革开放的时候,由支援"世界革命"调整转变到"为国内经济建设服务"。邓小平依据对国际形势的深刻洞察,在回顾和总结"大论战"经验教训的基础上,纠正了"文革"以来所执行的"外交服从革命"、"支左反修"、"打倒帝、修、反"、"支援世界革命"的对外战略偏差,将对外工作转变到为国内建设服务、为国内社会主义现代化建设创造和平的国际环境上来了。1980 年邓小平在《目前形势和任务》的讲话中提出:"我们的对外政策,就本国来说,是要寻求一个和平的环境来实现四个现代化。"[①] 1981 年他会见美国客人时强调要澄清的一个观点,就是有人认为"中国政府信奉的意识形态旨在摧毁类似美国这样的政府"。邓小平郑重指出:"这样的观点至少不是八十年代的观点,也不是七十年代的观点,而是恢复了六十年代以前的观点。"从 2004 年 9 月时任美国副国务卿佐利克在美中关系全国委员会上的一次演讲看,美国人已经认识到"中国不同于过去的苏联"。他说,中国既不谋求传播"激进、反美的意识形态",也不认为自己要跟资本主义展开"殊死搏斗","最重要的是,中国并不认为它的未来取决于推翻国际体系的根本秩序。事实上恰恰相反,中国断定,中国的成就取决于是否跟现代世界建立密切联系。"基于对中国的这一认识,佐利克提出将中国定位为美国的"利益攸关者"。这表明,新时期中国对外战略目标的调整,已被美国人,至少是一部分理性的美国人所认识和承认。

第二大调整发展发生在 20 世纪 90 年代苏东社会主义政权崩溃之后,中国确立了"韬光养晦"的战略方针,并作出了"融入国际体

---

① 《邓小平文选》第 2 卷,人民出版社 1994 年第 2 版,第 241 页。

系"的战略选择。在当时"黑云压城城欲摧"的形势下，邓小平深刻分析纷繁复杂的国际形势，提出了"韬光养晦"、"决不当头"，"谁也不怕、谁也不得罪"，"利用机遇，把中国发展起来"等战略方针和国策，为中国赢得了战略主动和有利的国际环境。随后中国作出了加入世贸组织、汇入经济全球化浪潮、融入当今现存国际体系的重要战略选择。实践证明这一战略方针和战略选择对中国的发展非常重要，是完全正确的。

第三大调整发展发生在进入 21 世纪之后，中国的发展迈入了新阶段，国际形势又出现新变化的时候，中国提出实施"科学发展观"，作出了对内构建"和谐社会"，对外坚持和平发展，倡导建立"和谐世界"的战略抉择。2005 年 9 月胡锦涛同志在联合国成立 60 周年大会上，发表题为《努力建设持久和平、共同繁荣的和谐世界》的历史性讲演中指出："中华文明历来注重社会和谐，强调团结互助。中国人早就提出了和为贵的思想，追求天人和谐，人际和谐，身心和谐，向往人人相亲，人人平等，天下为公的理想社会。"

近年来，习近平同志一系列重要讲话在对外战略思维中提出了"利益共同体"的理念，以实现振兴中华的"中国梦"为核心，以实施"整体国家安全观"和"亚洲安全观"为推手，努力促进持久和平、和谐世界、合作共赢、共同繁荣。在国家安全委员会第一次会议上，习近平同志提出"总体国家安全观"，第一次将"内部安全"和"外部安全"整合起来，实行"对内求发展、求变革、求稳定、建设平安中国，对外求和平、求合作、求共赢、建设和谐世界"的"总体国家安全观"，从而实现了对国家安全的全面认识。这就是内外两面安全不可分割的"两点论"，与强调"内部安全重于外部安全"的"重点论"相结合的一种辩证思维。习近平同志在亚信第四次峰会上提出的"亚洲安全观"，是以创新的安全理念来搭建地区安全合作新架构。这是与"以结盟方式谋求自身绝对安全"的冷战思维完全不同的，一条"共建、共享、共赢的亚洲安全"之路。这是在顺应亚洲形势需要的基础上，为加强亚洲安全合作而贡献的"中国智慧"。

五、社会主义作为"制度体系",与资本主义既存在区别和取代的关系,也存在继承超越和学习借鉴的关系。必须抛弃旧的极端化思维理念,解放思想、实事求是地进行新探索、提出新思路

马克思说:"人们自己创造自己的历史,但是他们并不是随心所欲地创造,并不是在他们自己选定的条件下创造,而是在直接碰到的、既定的、从过去承继下来的条件下创造。"① 列宁也说:"共产主义是从资本主义成长起来的,只有用资本主义遗留下来的东西才能建成共产主义。"② 他强调要"乐于吸收外国好的东西","社会主义能否实现,就取决于我们把苏维埃政权和苏维埃管理组织同资本主义最新的进步的东西结合得好坏。"③

世界自从有现实社会主义制度以来近百年的历史表明,两个主义之间的关系除了存在矛盾斗争的一面,也确实存在着相互借鉴取长补短的一面。资本主义国家自 1929 年大危机之后,特别是"二战"后,逐步建立起较完备的现代资本主义体制,一定程度上是借鉴了苏联等社会主义国家的做法,增加了国家对经济的干预这只"看得见的手",同时还通过税收等再分配制度,建立起社会保障体系和福利制度,调节了收入分配不公,缓解了社会矛盾,从而使资本主义出现了战后的繁荣发展。另一方面,中国 30 多年来实行改革开放,学习借鉴资本主义好的东西,使社会主义出现了"柳暗花明"的新局面。事实表明,虽然两个主义之间还有矛盾和斗争,但它们决不是过去那种"你死我活、不共戴天"的敌对关系,在和平与发展成为时代主题的新历史条件下,二者的关系正在向着改善、接近、合作、相互借鉴,甚至是所谓"趋同"的方向发展。展望未来这种趋势还会继续发展。

在社会主义取代资本主义的方式和道路问题上,过去我们一直强调"十月革命的道路"(即资本主义体制外暴力革命的道路)是放之

① 《马克思恩格斯选集》第 1 卷,1995 年版,第 585 页。
② 《列宁选集》第 4 卷,1995 年版,第 106–107 页。
③ 《列宁选集》第 3 卷,人民出版社 1995 年版,第 492 页。

四海而皆准的，但邓小平在 1988 年会见外宾时提出，"我们走的是十月革命的道路，其他国家再走十月革命的道路就难了，因为条件不一样。"① 邓小平这里说的"再走十月革命的道路就难了"，这意味着社会主义的发展方式必呈"多样化"的趋势。看来，社会主义取代资本主义的方式不外乎（资本主义）"体制内改良"和"体制外革命"这样两种方式。现实社会主义国家（中国、越南、朝鲜、老挝、古巴等"一大四小"）是"战争与革命"年代通过体制外革命方式取得的成果。在和平与发展成为时代主题的新的历史条件下，很难再通过这种方式发展社会主义了。与此相反，通过（资本主义）"体制内"选举、改良、改革的途径，一点点地对资本主义进行改良的方式来否定资本主义的可能性大大增加了。这种资本主义体制内的改良和改革，虽然不可能"一下子"就变资本主义为社会主义，但它可促进社会公平、推动社会进步，促进资本主义社会中的社会主义因素的增长。这可以说就是"社会主义必然取代资本主义"历史总趋势，在新的历史条件下的一种表现形式和必然反映。

六、对世界上主张对资本主义进行改良的各种"社会主义"流派，决不应采取一概否定的态度

面对当今世界现实，我们应采用"泛社会主义"（即广义社会主义）的概念，这就是对除"科学社会主义"之外的其他社会主义流派，采取包容开放的态度，与其发展交流、借鉴和合作，结成"探索社会主义的朋友和伙伴"，将中国的朋友"搞得多多的"。

在对待不同社会主义倾向和流派的问题上，马克思主义经典作家历来主张具体问题具体分析，坚决反对"非真即假"的简单化态度。现在除了发达国家的民主社会主义、生态社会主义之外，在发展中国家还有各种名目的民族社会主义流派，如委内瑞拉总统查韦斯提出的"21 世纪社会主义"，玻利维亚总统莫拉莱斯的"社群社会主义"、巴

---

① 《邓小平思想年谱（1975－1997）》，中央文献出版社 1998 年版，第 415 页。

西劳工党提出的"劳工社会主义"等。甚至对苏联东欧地区放弃社会主义而回归欧洲资本主义的国家，也不能统统贴上"资本主义"的标签而一概加以否定，其中有的仍不乏社会主义的因素和痕迹。因此必须从长远的战略高度来研究如何对待社会主义流派的问题。对各种自称社会主义的流派，无妨承认他们就是自称的那种"社会主义"。以包容开放的态度，支持世界社会主义的多样性发展，这符合我们提倡的党际关系"四项原则"，也顺应了世界社会主义"独立自主"和"民族特色"的总趋势。采用"泛社会主义"概念的好处是，既可扩大探索社会主义的朋友和伙伴的队伍，又可增加人们对社会主义的信心和底气。

最后必须指出，上面集中谈了"两个主义"相互"借鉴"和"接近"的一面，但这决不能抹杀和混淆"两个主义"之间的本质区别，以及它们相互矛盾斗争的一面。笔者认为，两个主义间的本质区别集中表现在政治上，即政权性质、国家性质不同。我们在与资本主义开展相互"借鉴"和"合作"的同时，又要坚持与资本主义在政治制度上的"和而不同"，决不能犯苏共改旗易帜丢失"政权"的"颠覆性错误"，这条底线一定要守住。此外，也不能忽视与资本主义还有矛盾斗争的一面。必须从总体上把握和处理好"两个主义"之间"既斗争又合作"的关系。近年来，美国提出重返亚太的"再平衡"战略，加强了对华"牵制"和"遏制"，但又没有完全放弃对话合作，就充分证明了这一点。

（原载《中国党政干部论坛》2014 年第 9 期）

八、社会主义与马克思主义

"南方谈话"与中国特色
社会主义理论奠基

题注：邓小平"南方谈话"以苏联东欧剧变为背景，以中国怎么办为重点，以如何巩固和发展社会主义为核心，创造性地提出了一系列精辟的论断和光辉的战略思想，从而为中国特色社会主义奠定了理论基础，指明了前进方向。自"南方谈话"以来，中国对"什么是社会主义、如何建设社会主义"这个基本理论问题做出了与"苏联模式"完全不同的创造性的回答，从而开辟出崭新的中国特色社会主义道路。中国的改革，实质上是去"苏联模式"，增"中国特色"，既同苏联"切割"、又不"照抄"西方的过程，也是中国特色社会主义的伟大道路、理论体系和各项制度形成、确立和发展的过程。

邓小平发表"南方谈话"虽已 20 年了，但这次谈话意义重大，是常读常新、值得长期研究的重大历史和现实课题。1992 年春天，邓小平启程南下视察时，苏联解体刚过去 22 天。他沿途发表了一系列具有历史意义的谈话（通称"南方谈话"），为中国社会主义指明了前进的方向，就中国的发展做出了具有里程碑意义的战略抉择。实践证明，邓小平"南方谈话"的抉择是非常正确的。近 20 年来，中国 GDP 由 4241 亿美元，猛增至 6．6 万亿美元，一跃成为世界第二大经济体。如果说苏联东欧的剧变意味着世界社会主义遭受了严重挫折，那么邓小平的"南方谈话"却使社会主义在中国开创了"柳暗花明"的新局面。国际媒体评论说，邓小平是在危难中拯救了世界上"要失事的社会主义大船。"[1] 今天来评价邓小平"南方谈话"的历史意义，我认为，怎么估价都不会过分。限于篇幅，本文仅就"南方谈话"与中国特色社会主义理论的创立，及其与"苏联模式"切割的有关问题谈谈个人的看法。

一、邓小平视察南方的国际国内大背景

邓小平视察南方时国际形势很复杂，中国国内的改革也面临关键时刻。苏联的解体从外面给中国造成强烈冲击，中国的社会主义怎么办、向何处去，自然成了人们议论的热点。此外，国内的改革已进入关键阶段，这引发了不同的议论，产生了种种困惑和诘问，既有右的，也有"左"的。总之，中国究竟向何处去，改革开放往哪里走，面临着严峻的抉择。

从国际上看，东欧社会主义政权由于苏联解体像多米诺骨牌一样倒塌之后，世界上兴起了一股反共反社会主义的浪潮。西方先后抛出了《大失败》、《1999年：不战而胜》、《历史的终结》等反共著作，宣称"社会主义失败了"，"21世纪将是资本主义的一统天下"。从国内看，继1989年政治风波之后，主张照抄照搬西方资本主义模式的右的"自由化"思潮还未绝迹，但另一股怀疑改革开放会走向"资本主义"，而强调要抓"阶级斗争"和反"和平演变"，从而有可能动摇党的基本路线的"左"的思想倾向又迅速兴起，干扰着改革开放向深入发展。在当时国际国内的大背景下，邓小平南下视察并不轻松。总体看，他一方面要顶住反共反社会主义的逆流，坚持社会主义不可动摇，拒绝步苏联的后尘，坚决与西方划清界限；另一方面他又必须花很大精力去对付根深蒂固的"左"的干扰，坚持党的基本路线

---

① 埃菲社1992年12月17日发表的年终专稿。

不动摇，把改革开放推向前进。邓小平正是这样从反对"左"右两种错误倾向中，为中国特色社会主义奠定了理论基础，指明了前进的方向。

首先，邓小平顶住国际上反共反社会主义逆流，坚持社会主义不动摇，同时又强调了社会主义发展的"长期曲折性"和坚持对外开放的"必要性"，这充分体现了邓小平严谨的科学态度。

"南方谈话"从社会历史发展总趋势和当今所处时代的高度，指明了社会主义代替资本主义的不可逆转性及其发展道路的长期曲折性。邓小平说："马克思主义是打不倒的"，"不要认为马克思主义就消失了，没用了，失败了。哪有这回事！""我坚信，世界上赞成马克思主义的人会多起来的，因为马克思主义是科学。"但同时邓小平又明确指出了社会主义发展的"长期曲折性"。① 他在"南方谈话"中用了几个"时间概念"来说明"长期曲折性"，给人留下了极其深刻的印象。一是我们建设有中国特色社会主义的体制改革，要"在各方面形成一整套更加成熟、更加定型的制度"恐怕还要"三十年的时间"；二是"把我国建设成中等水平的发达国家"，如果从建国算起，要"用一百年时间"；三是"一个中心、两个基本点"的"基本路线要管一百年，动摇不得"；② 四是"巩固和发展社会主义制度，还需要一个很长的历史阶段，需要我们几代人、十几代人，甚至几十代人坚持不懈地努力奋斗，决不能掉以轻心。"③这就从根本上解决了我们长期存在的急于求成的"左"的思想根源问题。

邓小平强调社会主义道路的"长期曲折性"，还有另一层更重要的理论意义，这就是进一步说明社会主义实行改革开放是具有客观"必要性"的。因为巩固和发展社会主义既然需要很长时间，那不言而喻，我们就必须要有同资本主义"长期打交道"的思想准备，就必须要有长期"利用资本主义来建设社会主义"的战略思想，因此实行改革开放是必然的和必须的。我们既要抵制资本主义腐朽落后的东

---

① 《邓小平文选》第 3 卷，人民出版社 1993 年版，第 382 – 383 页。
② 《邓小平文选》第 3 卷，人民出版社 1993 年版，第 372、383、370 – 371 页。
③ 《邓小平文选》第 3 卷，人民出版社 1993 年版，第 379 – 380 页。

西，并对其"西化"、"分化"的图谋保持警惕，但又要大胆地学习借鉴其一切先进和进步的东西。所以邓小平在"南方谈话"中强调指出："社会主义要赢得与资本主义相比较的优势，就必须大胆吸收和借鉴人类社会创造的一切文明成果，吸收和借鉴当今世界各国包括资本主义发达国家的一切反映现代社会化生产规律的先进经营方式、管理方法。"①总之，学习和利用资本主义必须大胆，但又不能照抄照搬，更不能搞全盘"西化"。我们必须从战略高度上来处理好同资本主义特别是同发达资本主义，既矛盾斗争又借鉴合作的关系。一句话，中国必须长期坚持对外开放。

其次，邓小平花很大力气来排除"左"的思想干扰，强调"改革开放动摇不得"，"右可以葬送社会主义，'左'也可以葬送社会主义"，坚定不移地主张将国内改革继续深入地推向前进。

苏联东欧剧变的直接原因是戈尔巴乔夫的右，因此当时中国强调要警惕右，这是很自然的事情。但照此趋势发展下去，党的"以经济建设为中心"是很难保证不受干扰和冲击的。所以邓小平反复尖锐地强调：基本路线动摇不得，改革开放必须坚持。当时在经济领域，一股怀疑改革开放会滑向资本主义的"左"的思潮已经兴起。有人认为"和平演变"的主要危险来自经济领域，他们把改革开放说成是"引进和发展资本主义"，因而对改革开放中许多问题提出疑问和诘难：有人担心办经济特区是搞资本主义，多一分外资就多一分资本主义；"三资"企业多了，就是发展资本主义。有的认为允许一部分地区、一部分人先富起来的政策，正在和可能导致两极分化，脱离了社会主义原则。有人提出对"改革"一定要问个是姓"社"还是姓"资"的问题。这一切表明，中国的改革已经走到了十字路口，面临着前进还是后退的问题。中国的改革究竟怎么办、社会主义应向何处去？尖锐地摆在了全党面前。

邓小平就是在这种国内外"大气候"之下开始他的南方视察的。他沿途与各地领导人的谈话，中心是中国改革开放的方向不能动摇。

---

① 《邓小平文选》第 3 卷，人民出版社 1993 年版，第 373 页。

他极其坚定地指出：要坚持党的十一届三中全会以来的路线、方针、政策，关键是要坚持"一个中心、两个基本点"。基本路线要管一百年，动摇不得。中国要警惕右，但主要是防止"左"。①邓小平正是这样既坚持反对右，又坚决地反对"左"，在反右反"左"之间为中国特色社会主义选择了一条正确的战略性走向。1992年邓小平的南方之行，就是这样以开启中国改革开放的新阶段而载入了史册。这是中国近20年来能取得如此巨大成就的一个重要原因。

二、邓小平如何为中国特色社会主义奠定理论基础

邓小平"南方谈话"以苏联东欧剧变为背景，以中国怎么办为重点，以如何巩固和发展社会主义为核心，对"什么是社会主义、如何建设社会主义"这个基本理论问题作出了与"苏联模式"完全不同的创造性回答，从而全面超越和彻底否定了传统社会主义模式，为中国特色社会主义奠定了理论基础。

首先，"南方谈话"完整地提出了"社会主义本质"理论，彻底否定了"斯大林模式"那种脱离生产力发展水平而只凭生产关系来谈论社会主义的传统观念，明确"贫穷不是社会主义"，社会主义中心任务是发展生产力，"发展才是硬道理"。

苏联本是地大物博资源丰富的国家，可是革命胜利几十年了仍解决不了人民的基本生活问题，从而动摇了百姓对社会主义的信念。这其中很重要的一个原因是执政党的工作重心长期放在抓阶级斗争上。50年代以前，除了苏德战争外，苏共工作的重心很大程度上是放在搞"国内阶级斗争"上。斯大林的一句名言是"革命越胜利，阶级斗争越尖锐"。这导致党内斗争和各种政治运动不断。50年代以后，苏共工作的重心则是放在"国际阶级斗争"上，即与美国争夺世界霸权上。如果说在斯大林时期，作为处在世界帝国主义包围中的唯一社会主义国家，增强国防是防御侵略、保卫革命胜利成果之必需，是客观

---

① 《邓小平文选》第3卷，人民出版社1993年版，第375页。

形势逼迫的不得已的事情。那么，到了勃列日涅夫时期，性质便发生了根本性变化。这时的苏联，核弹头由原来只及美国的 1/3 发展到超过美国 50%，在世界设有 40 个军事基地，采取的是进攻性的战略，已变成一个在世界上争夺霸权的国家了。由此造成的苏联产业结构和经济结构失调，让苏联人不得不长期过紧日子。

此外，苏联人民生活长期得不到改善与苏共对"什么是社会主义、如何建设社会主义"的理解有密切关系。长期以来，斯大林实际上是脱离生产力发展水平单以生产关系作为社会主义标准的。在实现农业集体化和工业国有化之后，他于 1936 年就宣布苏联已建成了"社会主义"，于 1939 年就宣布向"共产主义"过渡，搞的实际上是"贫穷社会主义"。

邓小平早在 80 年代就强调"贫穷不是社会主义"，"社会主义的首要任务是发展生产力"。1987 年又说，我们"最根本的一条经验教训，就是要弄清楚什么叫社会主义和共产主义，怎样搞社会主义"。[①] 在"南方谈话"中，邓小平进一步完整地提出了"社会主义本质"论。他说："社会主义的本质，是解放生产力，发展生产力，消灭剥削，消除两极分化，最终达到共同富裕。"[②] 他还强调坚持解放思想、实事求是的思想路线，进一步提出了"三个有利于"的判断是非的标准，使人们的思想从姓"资"与姓"社"的困扰和束缚中解放出来，为扭转长期"左"的思想僵化错误提供了理论依据。他强调"发展是硬道理"，在发展中生产力是根本，科学技术是第一生产力，注重综合国力、两个文明、全面发展。

其次，邓小平在"南方谈话"中抓住了长期阻碍社会主义发展的要害问题——体制和制度问题，并对苏联模式做了"大手术"，即彻底否定了这一模式的核心和基础——"计划经济体制"。

邓小平在"南方谈话"中对"社会主义＝计划经济"这一旧观念作了透彻的分析。当时中国坚持传统思想观念的人还不少，他们仍把计划经济与社会主义等同起来，而把市场经济看成是资本主义的东

---

① 《邓小平文选》第 3 卷，人民出版社 1993 年版，第 223 页。
② 《邓小平文选》第 3 卷，人民出版社 1993 年版，第 223 页。

西，认为"社会主义只能是计划经济"。对此，邓小平明确提出了新的"市场论"，他强调"两个不等于"（计划经济不等于社会主义，市场经济不等于资本主义），为提出"社会主义市场经济论"奠定了理论基础。他说："计划多一点还是市场多一点，不是社会主义与资本主义的本质区别。计划经济不等于社会主义，资本主义也有计划；市场经济不等于资本主义，社会主义也有市场。计划和市场都是经济手段。"①邓小平这些简单明白而富有说服力的语言，终于彻底否定了"苏联模式"的核心和基础——计划经济体制，为中国特色社会主义奠定了"社会主义市场经济论"的理论基石。

在破除"市场经济＝资本主义"、"计划经济＝社会主义"的传统观念之后，邓小平就顺理成章地为中国特色社会主义奠定了一块理论基石——"社会主义市场经济论"。以"社会主义市场经济论"为基础，我国进一步破除了社会主义"单一公有制"的旧观念，实行以公有制为基础的多种经济成分，并且在对外经济关系上，与斯大林的"两个平行市场"论和后来的"大家庭"内部的"国际分工"论不同，实行了全面的对外开放，广泛开展国际经济合作，从而形成了一种完全不同于苏联模式的中国特色社会主义的新体制。从此，中国特色社会主义便焕然一新，呈现出一派朝气蓬勃的新气象。

几十年来苏联东欧的改革，总体上都没有能走出"计划经济"这条死胡同。1955 年匈牙利曾想利用市场和通过市场战胜资本主义因素以建立社会主义的经济，因触及"苏联模式"的要害而被打下去了。苏联赫鲁晓夫时期开始的改革，在计划和市场问题上含混不清，从根本上说，整个改革只是在原有模式的框架内修修补补，并没有认识要改变原有模式。1964 年勃列日涅夫上台后，改革没有前进反而有所倒退。1968 年捷克斯洛伐克"布拉格之春"事件，因"违背了社会主义计划经济原则"，被苏联指责为"助长了资本主义倾向"，不久被苏联镇压了。总之，斯大林逝世之后，苏联东欧国家针对多年积累的矛盾而进行的改革，都是对 30 年代形成的传统模式的修补，没有一

---

① 《邓小平文选》第 3 卷，人民出版社 1993 年版，第 373 页。

家能走出"计划经济"这条死胡同。

回顾这几十年社会主义国家改革的历程，就突显出邓小平在"什么是社会主义"问题上的理论贡献。他首先在思想理论上提出了一个根本性问题："社会主义是什么，马克思主义是什么，过去我们并没有完全搞清楚。"又说，总结历史经验，最重要的一条经验教训，"就是要搞清楚这个问题"。①总之，邓小平"南方谈话"从根本上抓住了"体制和制度"这个长期性、全局性的问题，彻底否定了苏联模式的核心和基础——计划经济，为中国特色社会主义奠定了理论基础。

中国特色社会主义的成功已经证明了这一点。邓小平的"南方谈话"实际上对"斯大林模式"动了大手术，从而使中国特色社会主义从思想理论到制度实践都已彻底突破和超越了以"斯大林模式"为特征的传统社会主义模式。以江泽民同志为核心的党的第三代中央领导集体，在 1992 年 3 月 9 至 10 日及时召开了中央政治局全体会议，根据"南方谈话"的精神讨论了改革发展的若干重大问题，决定抓住机遇加快改革开放，从而使建设有中国特色的社会主义事业呈现出蓬勃发展的新局面。

第三，邓小平认为，中国改革是要解决"从苏联搬过来的"、"长期没解决好"的问题，因此可以说中国 30 年改革的实质，是去"苏联模式"，增"中国特色"，既同苏联"切割"，又不"照抄"西方的一个过程。

"社会主义究竟是个什么样子，苏联搞了很多年，也并没有完全搞清楚。可能列宁的思路比较好，搞了个新经济政策，但是后来苏联的模式僵化了。"②邓小平的论述，充分说明他对苏联搞社会主义的那一套，总体评价并不高，唯一明确肯定的只有列宁的"新经济政策"。在谈到中国过去的体制时，邓小平说，"我们国家的体制，包括机构体制等，基本上是从苏联来的，是一种落后的东西。"③邓小平还强调："目前我们国内正在进行改革。我是主张改革的。不改革就没有

---

① 《邓小平文选》第 3 卷，人民出版社 1993 年版，第 137、116 页。
② 《邓小平文选》第 3 卷，人民出版社 1993 年版，第 139 页。
③ 《邓小平思想年谱（1975-1970）》，中央文献出版社 1998 年版，第 77 页。

出路，旧的那一套经过几十年的实践证明是不成功的。过去我们搬用别国的模式，结果阻碍了生产力的发展，在思想上导致僵化，妨碍人民和基层积极性的发挥。"①由此可见，邓小平认为苏联模式是"落后的"、"不成功的"、"僵化的"，对"苏联模式"基本上是否定的。换句话说，"苏联模式"实际上是中国"改革的对象"。中国改革实质上就是去"苏联模式"、增"中国特色"。这实际上是邓小平对中国改革的"顶层设计"即"总体构想"。

苏联社会主义"基本制度"是科学社会主义在苏联的具体体现，而"苏联模式"则是苏联建设社会主义的实践形式和具体体制。这是苏联人将马克思主义"苏联化"而可能有的多种方案之一。这种模式，在前无古人经验的历史条件下，能搞到那个样子取得那么大成就，应当说很不易了。然而这决不能成为至今仍要坚决捍卫这一模式的理由，更不应将其当成"放之四海而皆准"的社会主义"样板"去推广。因此，中国改革以"苏联模式"为对象而强调"中国特色"是完全正确的。至于社会主义"基本制度"，应该将其与"苏联模式"或"斯大林模式"区别开来，不能借口模式的错误或失败，而否定社会主义的基本制度。苏东社会主义政权的崩溃，只是社会主义一种"实践形式和具体体制"的失败，绝不是整个社会主义基本制度的失败。社会主义的前途仍然是光明的。近年来，国内学术界有人就"苏联模式"与苏联社会主义制度和实践完全"同一化"和"同质化"，是完全错误的，其直接后果是，谁批评和否定斯大林模式，就等于批评否定整个苏联社会主义制度和整个苏联社会主义实践，甚至由于强调中国特色社会主义与"苏联模式"的"一致性和共同性"（而不是二者的"区别和不同"），中国特色社会主义也被其顺手拉入"斯大林模式"的大范畴之中。这就无视 30 多年来中国的改革成果。

其实，邓小平对社会主义"基本制度"与"具体体制"的区别早有深刻论述，并将二者当作不同的范畴对待的。他曾明确指出："我们说的社会主义是具有中国特色的社会主义，而要建设社会主义，

---

① 《邓小平文选》第 3 卷，人民出版社 1993 年版，第 237 页。

没有共产党的领导是不可能的。"① "党的领导是不能动摇的，但要善于领导"、"我们的改革不能离开社会主义道路，不能没有共产党的领导，这两点是相互联系的，是一个问题。"②他还明确对美国前总统卡特说："人们往往把民主同美国联系起来，认为美国的制度是最理想的民主制度。我们不能搬你们的。我相信你会理解这一点。"③邓小平这里说的都是属于"社会主义基本制度"范畴内的问题，这方面虽然也存在改革和完善的问题，但与"具体体制"可彻底推翻重来是不同性质的问题。

对于社会主义"具体体制"，即如何搞社会主义，邓小平认为这属于与基本制度不同范畴的问题。首先，他认为社会主义制度确立后，还存在采取什么样的具体体制更合适的问题。他说："社会主义基本制度确立以后，还要从根本上改变束缚生产力发展的经济体制，建立起充满生机和活力的社会主义经济体制，促进生产力的发展，这是改革，所以改革也是解放生产力。"④邓小平在这里是把"社会主义基本制度"与"经济体制"区别开来的。苏联在社会主义"基本制度"确立后，"体制"上的问题很多，但长期没改，这就是苏联问题之所在。其次，邓小平所说的"苏联模式"实际指的是搞社会主义的"具体体制"，这与社会主义基本制度属于完全不同的范畴，并且邓小平是将"基本制度"排除于"模式"之外的。1988 年邓小平说："世界上的问题不可能都用一个模式解决。""我们过去照搬苏联搞社会主义的模式，带来很多问题。我们很早就发现了，但没有解决好。我们现在要解决好这个问题，我们要建设的是具有中国自己特色的社会主义⑤。"邓小平这里明确使用了"苏联搞社会主义的模式"这个概念，而且他用了"搞"这个字，显然是指"搞社会主义的方法"，即社会主义的"具体体制"。这就是说，邓小平所说的"苏联模式"指的是搞社会主义的"具体体制"或"搞法"，并没有把社会主义"基本制

---

① 《邓小平文选》第 3 卷，人民出版社 1993 年版，第 208 页。
② 《邓小平文选》第 3 卷，人民出版社 1993 年版，第 177、242 页。
③ 《邓小平文选》第 3 卷，人民出版社 1993 年版，第 244 页。
④ 《邓小平文选》第 3 卷，人民出版社 1993 年版，第 370 页。
⑤ 《邓小平文选》第 3 卷，人民出版社 1993 年版，第 261 页。

度"包括在内的。

实践表明，中国近 30 年来成功的秘诀，就在于对"什么是社会主义、如何建设社会主义"这个基本理论问题作出了与"苏联模式"完全不同的创造性的回答，从而全面突破、彻底超越和否定了传统的社会主义模式，终于建立起一种崭新的中国特色社会主义新体制。中国 30 年改革的实质，就是去"苏联模式"、增"中国特色"，既同苏联"切割"、又不"照抄"西方。用邓小平的说法，就是用具有"中国自己特色"的办法，解决"从苏联搬过来的"、"长期没解决好的"问题。

三、"南方谈话"如何发展了"大党建"的新思路

没有党的领导就没有科学社会主义。苏联解体可以说是直接毁于苏共的变质，所以邓小平非常重视党的建设问题。在"南方谈话"中，他就执政党的建设提出了新的思路。

在党的建设问题上，邓小平话语不多，但分量却很重。他强调："中国要出问题，还是出在共产党内部。""说到底，关键是我们共产党内部要搞好。"① 吸取苏东剧变的教训，关键是要把执政党建设好，要全面加强党的建设，提高执政水平，夯实执政基础，增强抗风险的能力。特别是要夯实执政基础，永远不能脱离群众。

就邓小平"南方谈话"的整体看，他的关注点是在经济基础、改革开放、体制改革等这类问题上，似乎没谈党的建设问题，但其实这恰恰正是邓小平谈党建问题的一种新方式。不过他已超出"就党建谈党建"的传统思路，而是从中国共产党作为"执政党"应如何提高自己的执政能力以更好地承担自己的执政责任出发，强调执政党应关注怎样治国理政、如何抓好发展这一执政兴国的第一要务等新的"执政理念"。这是一种"大党建"的思路。

传统的党建思路，认为最关键的是指导思想上要坚持马克思主

---

① 《邓小平文选》第 3 卷，人民出版社 1993 年版，第 380、381 页。

义，这样才能保持党不变质，党的事业才会发展。这种传统的党建思路虽不能笼统地说不对，但却是不够的、存在缺陷的。缺陷就在没有反映出新形势下作为"执政党"的"执政理念"应当加强创新，特别是没有全面反映苏东剧变以来，邓小平在"党建"思路上的创新和发展，以及进入新世纪以来我们党在党建方面的新发展和新论述。现在有些学者在谈论如何从苏联解体悲剧中汲取教训时，一味地只是从意识形态、上层建筑方面去找原因和教训（这当然也是对的），而对经济基础和经济体制方面的问题和原因基本不予过问，甚至对别人重视经济问题的观点采取批评和否定的态度（这显然是不对的），是与邓小平"南方谈话"的精神背道而驰的。

应当说，邓小平既重视党的问题，也重视体制和制度问题。有同志认为，在党和制度"这两个重点中，制度有更重的分量，是重点的重点。党的问题也是在制度设计上有问题"。但这也会招来另一种质问：就算党的问题是由"制度设计"上的问题造成的，那这个"制度设计"又是由谁设计、由谁去执行呢？好的制度设计和"不折不扣"的执行，必定少不了一个好的党。因此，从中国实际出发，我认为党和制度都是重点，角度不同，很难分轻重。

四、"南方谈话"如何从整体上为中国特色社会主义指明了方向

就中国社会主义的战略走向而言，应如何从整体上把握邓小平"南方谈话"的精神实质呢？

对复杂的问题从整体上去把握是非常重要的。从整体讲，苏联解体后，中国应怎么办？这里尤其要强调邓小平在"南方谈话"中尖锐地提出来的这段话，这就是：不坚持社会主义，不改革开放，不发展经济，不改善人民生活，只能是死路一条。邓小平这句简短的名言，实际上指明了社会主义面临着"三条路"——邪路、老路和新路。苏联不坚持社会主义，走的是一条"邪路"，结果亡党亡国了；想坚持社会主义，却不改革开放、不发展经济、不改善人民生活，继续坚持走僵化体制的"老路"，那也是一条死路；只有既坚持社会主义又实

行改革开放，发展经济，改善人民生活，才是社会主义繁荣昌盛的"新路"。如果我们只强调"邪路"走不得，而不强调"老路"也不能走，只能走"新路"，那就显得太缺乏"整体把握"了。

苏共是由长期的"左"发展到后期戈尔巴乔夫的右，是不可否认的客观事实。戈尔巴乔夫的右是我们必须重视、不能重犯的错误。但对苏共长期"左"的错误决不应轻视。邓小平说"右可葬送社会主义，'左'也可葬送社会主义"就是针对这种情况说的。苏共在国内建设指导思想上，长期存在急于求成超越发展阶段的问题。从总体上看，苏联的主要问题与其说是右的修正主义，不如说主要是思想僵化和"左"的教条主义。长期以来，苏共在指导思想上存在看近了共产主义，低估了资本主义，高估了社会主义，忽视了封建主义，从而扭曲和僵化了马克思主义的问题。我们现在汲取苏联解体的历史教训必须从总体上把握。对马克思主义，我们既要强调"坚持"，也必须强调"发展"。我们绝不应忘记邓小平尖锐指出过的另一种性质（僵化）的"亡党亡国"，那就是："一个党，一个国家，一个民族，如果一切从本本出发，思想僵化，迷信盛行，那它就不能前进，它的生机就停止了，就要亡党亡国。"①

7月23日，胡锦涛同志在《沿着中国特色社会主义伟大道路奋勇前进》的讲话中强调，解放思想始终是推动党和人民事业发展的强大思想武器，改革开放始终是推动党和人民事业发展的强大动力，我们必须毫不动摇推进改革开放，永不僵化、永不停滞。这一切表明，中国特色社会主义，既同"苏联模式"划清了界线，又同"西方模式"划清了界线。我们已开辟了中国特色社会主义道路，形成了中国特色社会主义理论体系，确立了中国特色社会主义制度。中国特色社会主义已成为当代中国发展进步的旗帜、全党全国各族人民团结奋斗的旗帜。

（原载《中共中央党校学报》第5期，2012年10月）

---

① 《邓小平文选》第2卷，人民出版社1994年版，第143页

对"民主社会主义"不能望文生义

题注： 上世纪末的最后十年间，"民主社会主义"非常吃香，在苏东剧变的"政治地震"中成为反社会主义势力的重要旗帜。究竟什么是"民主社会主义"？它的基本理论是什么？它与马克思主义是什么关系？回答这类问题的这篇文章，1990 年在《国际内参》首发后，迅速被一些内刊和公开刊物转载。

"民主社会主义"既是一股思潮，又代表一支重要的社会政治力量。它是社会党、社会民主党和工党思想体系的总称。1951 年社会党国际成立时发表了题为《民主社会主义的目标和任务》的宣言，从此"民主社会主义"正式被定为这类政党的纲领口号和理论体系的标志。

什么是"民主社会主义"

有人说："民主的"社会主义有什么不好？难道社会主义不需要"民主"？这是从字面上看问题，而对"民主社会主义"这个专门术语所代表的思想体系缺乏了解的缘故。社会主义当然离不开民主。社会主义本身包含着民主，而且是绝大多数人享有的真正实际的民主。

因此根本不存在什么"民主"的或"不民主"的社会主义。社会党人提出"民主社会主义",意在攻击科学社会主义是"专制的"、"不民主的",以便造成一种假象,似乎他们与科学社会主义的区别和分歧,就在于"要不要民主"。其实根本不是这么回事。只要看看"民主社会主义"的理论体系就一目了然了。

"民主社会主义"的基本理论,大致包括:(一)基本价值原则,即自由、公正和互助。他们认为,社会主义就是要实现这些原则,使所有的人能生活和工作在一个享有充分自由、民主、人权,彼此关心和相互平等的新社会里。这些价值原则体现了"人道主义"精神和基督教伦理观念,实际是以法国大革命时提出的"自由、平等、博爱"口号为渊源的。(二)国家观。否定马克思主义的国家学说,认为在现代社会中,国家的镇压职能在不断减弱,它对各个利益集团的协调作用以及对社会生活的管理职能在不断加强。社会主义不需要通过暴力革命和建立无产阶级专政的途径来实现,可以在多党制、西方议会民主的条件下,和平渐进地"长入社会主义"。因而强调社会主义是"一个永无完结的过程",而不是一种"制度"。(三)第三条道路。既批评垄断资本主义的统治造成社会不公正和各种弊端,又批评现实社会主义推行"僵化的官僚制度"、"极权统治"、实行"一党专政","限制了人的自由发展";标榜要在二者之间寻找"第三条道路"。实质上主张在资本主义范围内进行改良。(四)多元性渊源。强调各个方面、各个层次的多元性。首先是世界观的多元性,其次是理论来源的多元性,还有国家政治制度上的多元化、多党制等。他们认为马克思主义可作为"分析社会的方法",甚至承认马克思主义是其思想体系的"组成部分之一",但不把马克思主义作为"指导思想",并激烈攻击和反对列宁主义。他们从意识形态多元化出发,把马克思主义、人道主义哲学、基督教信仰、工人运动的经验称为其思想的四个主要来源。

"民主"是社会党人的口头禅,他们的纲领中充斥着五花八门的"民主范畴"。他们说,"民主是社会主义的基本价值所在","民主是社会主义的最本质的要求","民主所为社会主义所追求的最高目标永无穷尽"。他们把"民主"定为总的纲领目标，并规定了"民主"在不同领域、不同方面的具体目标，如"政治民主"、"经济民主"、"社会民主"、"国际民主"等。所谓"政治民主"，其核心就是实行多党制，并以此为基础搞西方议会民主。所谓"经济民主"，其核心是限制垄断，实行以私有制为基础的"混合经济"、"共同参与"，通过增加"社会成分"对资本主义经济进行改良。所谓"社会民主"，其核心是实行"公平分配"，推行社会福利和全面的社会保障，搞"福利国家"以缓和劳资关系和社会矛盾。所谓"国际民主"，简单说来就是在世界范围实现自由与和平。

"民主社会主义"实质上是一种反马克思列宁主义的现代改良主义思潮，它与马克思列宁主义的科学社会主义是尖锐对立的。民主社会主义的理论，是以超阶级的民主、自由、人权为核心，宣扬阶级调和的社会改良主义体系。它标榜"第三条道路"，实质上是鼓吹改良的资本主义道路；它宣扬"和平长入社会主义"，反对十月革命道路；它宣扬"意识形态多元化"，反对马克思主义的理论指导；它宣扬"政治多元化"，反对无产阶级政党的领导；它宣扬超阶级的民主、自由、人权的价值观念，反对无产阶级专政；它宣扬以私有制为基础的"混合经济"，反对根本改造私有制；它宣扬"社会福利"、"公平分配"，反对阶级斗争和进行彻底的社会革命。总之，"民主社会主义"与"科学社会主义"是两种根本对立的思想体系，我们赞成社会主义民主，但绝不能搞什么"民主社会主义"。

"民主社会主义"与"社会民主主义"

"民主社会主义"是在上世纪末的"社会民主主义"的基础上发展而来的。由于历史条件的变化，现在的"民主社会主义"在某些方面发展了"社会民主主义"（如在强调"民主"的纲领主张及各项新的国际国内政策上），但二者在思想体系和基础原则上是一脉相承的。因此，尽管自社会党国际成立以来"民主社会主义"已取代了"社会民主主义"，但两个概念有时又相互替代。各国社会党人对此并不忌讳，也不回避历史联系。他们自己为争当国际工人运动的"正统"，甚至宣称社会党国际的历史可追溯到第一国际。

18世纪下半叶，由于一些欧洲国家还在进行反对封建专制争取民主的斗争，工人政党只能参加并领导这一斗争，进而为实现社会主义奋斗，所以当时在欧洲工人运动基础上建立起来的工人阶级政党，大都叫"社会民主党"。对此，恩格斯曾解释说：马克思和我有过一个很好的科学上很确切的党的名称（指"共产党"），可是当时没有一个真正的政党，即群众性的无产阶级政党。现在（19世纪末）真正的政党是有了，可是它的名称在科学上是"不正确的"、"不确切的"。但是，恩格斯"容忍了"使用这个名称。他说：只要党在发展，只要它意识到它的名称在科学上是不确切的，不让这个名称妨碍它朝着正确的方向发展，社会民主党这个名称"也许还可以过得去"。由于当时"社会民主主义"这个名词包含着马克思主义的革命内容，因此实际上被当成"共产主义"、"科学社会主义"的同义语看待。列宁当时说："一般说来，俄国共产主义者，马克思主义信徒，比其他任何国家的共产主义者都更应把自己称为社会民主主义者。"

恩格斯逝世之后，随着第二国际修正主义的发展，"社会民主主义"的革命内容被篡改了，它逐渐成了"修正主义"的代名词。当时伯恩斯坦发表了一系列反马克思主义的文章和著作，攻击"教条式的"马克思主义，全面推行修正主义。他在自己的著作中宣扬庸俗的"进化论"，反对革命的辩证法；宣扬"阶级调和"和"和平长入社会主义"，反对暴力革命；攻击"阶级专政"是"隔世遗传"（意即封建专制的复活），胡说无产阶级专政"过时了"；反对夺取政权的目标，提出"运动就是一切，最终目的是微不足道的"。为了同社会民主党的修正主义划清界限，列宁在十月革命胜利后提出将党名改为"共产党"，并以此作为加入第三国际（即共产国际）的条件。而社会民主党的右翼和"中派"先后成立了"伯尔尼国际"（1919年）和"维也纳国际"（1921年），1923年二者又合并成立了"社会主义工人国际"（即现在的社会党国际的前身）。从此，社会民主主义与共产主义或科学社会主义从思想体系到组织形式都分道扬镳而公开对立起来了。其后，除了在二次大战时期二者在反法西斯斗争中有过联合外，社会党人长期来不遗余力地攻击共产主义，排斥和打击本国共产党。敌视和攻击社会主义国家。70 年代以来，社会党与共产党的关系逐渐松动和改善，但是其反马克思主义科学社会主义的立场从未动摇。总之，不管是"社会民主主义"还是"民主社会主义"，在反对马克思主义科学社会主义的问题上，始终是一致的。

（原载《国际内参》1990 年第 16 期，标题为《关于"民主社会主义"的几个问题》，署名"宗连言"。社科院《学术动态》1990 年 4 月 2 日转载，辽宁《党政干部学刊》1992 年 1 月转发）

不要忽视"民主社会主义"
的历史演变
——评《只有民主社会主义才能救中国》

题注："民主社会主义"在上世纪末的"政治地震"中备受青睐，但它也经历了先喜后忧的尴尬。苏东剧变后它就被作为共产主义的"连体双胞胎"而受到攻击。于是许多在欧洲长期执政的社会党纷纷下台，与此同时社会党内部思想意识形态上也出现了以"社会民主主义"取代"民主社会主义"的讨论。

谢韬先生的《只有民主社会主义才能救中国》涉及的问题很多。首先需要说的是，标题中的"民主社会主义"概念本身，现在已是个问题了。它原本是社会党人的意识形态标识，可是苏东剧变后，连社会党人自己都不用"民主社会主义"这个概念了，而重新改用"社会民主主义"，其主词是"民主主义"，不过在前面加了"社会的"形容词。这种变化意味着什么？什么是"民主社会主义"？它是如何演进的？谢先生说的"救中国"的"民主社会主义"指的是哪一种？还是从这些问题谈起吧。

"民主社会主义"不能简单地照字面理解，将其视为"民主＋社会主义"或"民主的社会主义"。它作为社会党、工党和社会民主党人的意识形态标识，是有专指的特定含义的，而且已有百余年漫长的演进过程。

在 19 世纪国际共运没分裂之前，"社会民主主义"与"社会主义"（即科学社会主义）是同义词。第二国际分裂后，"社会民主主义"才成为社会党的意识形态标志，而与共产党的"共产主义"相区别。1951 年社会党国际恢复时发表《法兰克福宣言》，正式将"民主社会主义"定为自己的历史任务，以取代"社会民主主义"，从而使"民主社会主义"成为社会党人的意识形态标识。

社会党人在 20 世纪 50 年代之后为什么要大力宣传"民主社会主义"的口号？这主要是因为战后资本主义威信扫地，而社会主义蒸蒸日上，不仅欧亚有一批人民民主国家选择了社会主义道路，而且亚非拉一些新独立国家也自称搞"社会主义"。在这种形势下与"社会主义"拉近距离，对扩大社会党的影响是有利的。另一方面，社会党人出于自身意识形态上反对"无产阶级专政"的需要，为表明其与以苏联为代表的社会主义国家的区别，又特别突出地强调"民主"，于是就采用并大力宣传"民主社会主义"。在当时，"社会主义"这个概念的含义，仍多少带有一定"制度替代"的意味。他们虽然强调对资本主义是进行"改良"，而不是要彻底"推翻"它，但多少仍有要以新的制度来替代资本主义的意思。甚至到 80 年代，德国社会民主党内还有领导人和理论家强调，社会民主党的改良主义是"变革制度的"改良，而不是"维护制度的改良"。当时多数社会党都主张实行生产资料公有制（主要是国有化），认为这是社会主义题中应有之义，一些执政的社会民主主义政党还曾努力推行国有化政策。

苏联东欧剧变后，社会党人的意识形态标识进一步发生了变化。剧变后社会党人陷入了先喜后忧的尴尬境地，社会党自身的政治影响受损。因"民主社会主义"打的也是"社会主义"的旗号，右翼势力在借机掀起的反共、反社会主义浪潮中，故意把民主社会主义同共产主义绊在一起，当作"连体双胞胎"一起进行攻击，从而影响到选民对它的态度。所以苏联东欧剧变并没有为民主社会主义创造复兴和发展的机遇，反而使其处境更加艰难。到 90 年代中期，英、法、德、意四大国没有一个是社会民主主义政党执政，这样的情况是 60 年代以来不曾有过的。除了执政危机外，社会民主党的困境还表现为党员人数急剧减少，福利主义的经济社会政策失去效力，形成了所谓"福利国家危机"。布莱尔的"第三条道路"曾炒得沸沸扬扬，但现在的气势已不如前。总之，20世纪末以来社会党的力量虽然有所发展，但也面临许多新的挑战和问题，不要只说其如何美妙，那不是事实！

从90年代初开始，社会党内部出现一场关于"民主社会主义"还是"社会民主主义"的名称和概念之争。主张放弃民主社会主义的人尽管表面上的理由是要与苏东"现实社会主义"划清界限，但实际的目的是要对社会民主主义在新的历史条件下面临的转型压力作出理论上的回应。具体地讲，就是要对从社会主义工人运动的历史传统中继承下来的目标和理念进行一番彻底的清理，抛弃一切使人可能会联想到整体性的"制度替代"的东西，甚至包括"社会主义"这个词本身。所以欧洲社会党都不再使用"民主社会主义"而改用"社会民主主义"了。

据我国著名的研究社会党问题的德语老专家殷叙彝先生说，"民主社会主义"在德文中是两个词即"Demokratischer Sozialismus"，其中的"民主"为形容词，因此这个用语的主体是"社会主义"，这说明社会党用这个词仍含有以"用社会主义代替资本主义"，即"制度替代"的意思。目前德国社会民主党主张使用"社会民主主义"来取代"民主社会主义"，而他们使用的"社会民主主义"一词，与历史上使用的"Sozialdemokratie"这个词不同，而是由两个词构成的，即"Soziale Demokratie"，其中"社会"一词是形容词，"民主主义"或"民主制"是主体，和旧的"社会民主主义"相比，这一用语译成"社会的民主主义"也许更为贴切。这就是说他们现在用"社会民主主义"这个旧概念，已赋予了新的内容，即"民主主义"是主词，"社会民主主义"就是要赋予当前的这种"民主主义"制度以"社会的"内容，而不再是企求用作为"制度的社会主义"来取代（资本主义的）民主主义或（民主主义的）资本主义了。

由此可见，社会党人现在提出用"社会民主主义"代替"民主社会主义"，除为了避免"社会主义"一词与"现实社会主义"的牵连之外，还包括他们对社会主义目标的理解和解释已发生了实质性的变化。谢韬先生说的"只有民主社会主义才能救中国"，其中的"民主社会主义"概念，究竟是哪一种含义？是20世纪50年代的，还是90年代的？抑或就是指现在的"社会民主主义"？

　　无论是革命还是改良，都不能脱离具体的历史条件去作抽象的价值评估，对民主社会主义也是一样。所谓民主社会主义在不同历史时空中的作用是很不相同的。在20世纪上半叶"战争与革命"的年代，社会党奉行的"和平改良"路线，实际上是一种"不作为"的路线，结果是社会党被"边缘化"，在资本主义社会政治生活中没起什么大作用，是不值得多加肯定的。它在革命形势高涨的时候仍然鼓吹改良，其实际作用甚至是反动的。从20世纪初八国联军攻进北京城，到1949年新中国成立的半个世纪里，中国的民族矛盾和阶级矛盾十分尖锐，中华民族处在生死存亡的关头，劳苦大众连起码的生存都没有保障，所以不得不一再地起来革命。中国共产党人搞武装斗争，也是国民党的屠刀政策逼出来的。请问当时的"民主社会主义"能够救得了中国吗？

　　社会党力量的增长并取得成就，主要是20世纪下半叶"和平与发展"取代"战争与革命"成为时代主题的新历史条件下的事情。在新的历史条件下，民主社会主义的作用与历史上大不相同了，他们有许多长处和经验很值得共产党人放下"一贯正确"的架子去虚心借鉴和学习的。这一点也不假。但尽管如此，也没必要美化和崇拜社会党人。

　　中国自20世纪70年代末实行改革开放以来所形成的中国特色社会主义，既是科学社会主义的新发展，又吸收借鉴了民主社会主义有益的成分；既不是传统的科学社会主义，也不是西方社会的民主社会主义；这种中国化的马克思主义、中国化的科学社会主义已被实践证明是成功的，为什么还非要给它戴上一顶"民主社会主义"的洋帽子不可呢？说什么现在"中国走上了民主社会主义道路"？这不是好比身着长袍马褂却头带博士帽一样令人可笑吗？

　　中国的社会主义事业在邓小平理论指引下，通过近30年改革开放的实践，已经找到了一条自救之路——"中国特色社会主义"。初步的实践表明，这是一条振兴中华、振兴社会主义的繁荣昌盛之路。尽管目前在前进的道路上遇到了不少问题和困难，并且需要继续学习借鉴国外一切成功的经验，包括要学习借鉴社会党人的经验教训在内，但是决不需要到国外去找什么"救星"。谢先生的文章在对社会党人的问题上进行了拨乱反正式的清理，着重于批评"左"的思想和观念，我是完全赞成的。中国多的是封建、缺的是民主，谢先生想借用"民主社会主义"这个提法来呼唤政治体制改革要加快进度、增大力度，人们也是可以理解和赞成的；但"民主社会主义"这个社会党人专用的标识和口号，用起来绝不是其字面意义那么简单和美妙的。

总之，我决不赞成"只有民主社会主义才能救中国"这一核心结论，以及对其过于溢美的态度。对民主社会主义，"参考借鉴"有必要，但"顶礼膜拜"不值得，迷信照抄更有害。中国的前途不在某种特定的"模式"，而在于必须从本国的实际出发，广泛借鉴，走自己的路，继续开拓创新，即继续走中国特色社会主义之路。

（曾署名"霜叶"作为评谢韬的文章发表于《中国选举与治理网》，2007 年 1 月 21 日）

谢韬先生《民主社会主义模式与中国前途》之我见

题注：这是最早与谢韬文章公开讨论的文章。谢文所谈民主社会主义与中国模式这类现实问题，本来与有无"恩格斯遗言"之类历史问题是毫无关系的，但为追求"轰动效应"，谢文却从对共运历史"大翻个"入手。说什么"恩格斯是和平长入社会主义的首倡者"、"伯恩斯坦只是重复了恩格斯的话"、"民主社会主义是马克思主义的正统"、列宁、斯大林、毛泽东才是"最大的修正主义者"。这些"惊人之语"确实很能蒙骗广大非专业人士，对共产党起着所谓"挖祖坟"的效果，一举使谢文成街谈巷议无人不晓之热文。但这些违背史实、随意编造马恩遗言的"硬伤"，被专业人士"戳穿"了。结果，谢文因炒作历史问题而"走红"，却最终还是"栽"在了历史问题上。至于抛开历史问题单就如何对待社会民主主义问题而言，谢韬对社会民主主义"顶礼膜拜"的态度不值得肯定，其"只有民主社会主义才能救中国"的名言更是荒唐。此文虽然与谢韬一样是主张"借鉴民主社会主义"的，但其全面的提法有三句："参考借鉴很必要，顶礼膜拜不值得，迷信照抄更有害"。中国的前途在哪里？此文以最后一小段作答："中国的前途不在什么特定的模式，而在于必须从本国的实际出发，广泛借鉴、走自己的路，继续开拓创新"。所谓

"走自己的路"，也就是要高举"中国特色社会主义"的旗帜，继续走"中国特色社会主义"之路。值得注意的是，这是发生在中共十七大前夕之事，其意义就不必多言了。

读了谢韬先生在 2007 年第 2 期《炎黄春秋》上发表的《民主社会主义模式与中国前途》（简称"谢文"），第一印象是，这位革命老同志思想解放，他拥护党的改革开放，迫切希望发展社会主义民主、根治腐败、开拓创新，其爱党爱国和为党为国之心溢于言表。我虽不认识他，但对他这种为党和国家前途而殚精竭虑的精神，深表尊敬和感佩。然而令人遗憾的是，他在批评"左"的东西的同时却走到了另一极端右，因此其文章的客观效果就难免有违于自己的主观愿望。抛开左右不论，任何讲真理、追求真理的文章，其基本要义应是尊重历史、尊重事实，然而谢先生的文章在这方面却有明显的硬伤。由于他对国外民主社会主义的复杂情况并不太了解，一些论断不符合事实；由于他引用和解释马克思和恩格斯的著作和观点时随意性太大，其暴露出来问题令人咋舌；特别是他依据对恩格斯晚年思想的误读而提出的所谓马克思主义的"新正统说"，更是有违于历史事实，会造成不必要的思想混乱。因此，笔者认为有必要就其文中涉及的几个原则性问题，表达自己不同的意见。

一、恩格斯晚年放弃了"共产主义"最高理想？

谢韬先生的文章是为辛子陵之作作序，他说："辛子陵这部书稿以令人信服的历史考证说明，恩格斯晚年放弃了所谓'共产主义'的最高理想。书稿《导言》里指出：没有什么'共产主义'大目标，这是一个被马克思主义创始人早年提出来晚年抛弃了的命题。1847 年10 月恩格斯写了《共产主义原理》一文，勾画了这位 27 岁的青年对未来理想社会的憧憬。1893 年 5 月 11 日恩格斯 73 岁时对法国《费加罗报》记者发表谈话，否定了年轻时设计的未来社会模式。"

谢先生还借一篇回忆录透露勃列日涅夫曾说"什么共产主义，这都是哄哄老百姓听的空话"，话中有话地评论道："前苏联领导人的错误不在于放弃共产主义目标——一旦发现这是不能实现的空想自然应该放弃——而在于拿自己不再相信的理论继续作为官方意识形态欺骗人民。一个带领人民前进的政党必须像恩格斯那样与时俱进地对自己的奋斗目标作出调整，并郑重地告诉人民。"

是什么样证据确凿的"历史考证"，值得谢先生这样坚定地相信恩格斯晚年放弃了"共产主义"最高理想的说法，而要如此郑重地大发议论呢？其实并没有什么惊人的"发现"和"考证"，唯一的证据就是人们早已熟知的恩格斯与法国《费加罗报》记者的那次谈话。在这次谈话中，恩格斯是这样说的：

"我们没有最终目标。我们是不断发展论者，我们不打算把什么最终规律强加给人类。关于未来社会组织方面的详细情况的预定看法吗？您在我们这里连它们的影子也找不到。当我们把生产资料转交到整个社会的手里时，我们就会心满意足了，但我们也清楚地知道，在目前的君主联邦制政府的统治下，这是不可能的。"①（需要说明的是，为求意思的完整性，我这里比谢文多引了一句，即最后一句是谢文中所没有引的。）

谢文将恩格斯这里说的"我们没有最终目标"，解释和理解成他放弃了"共产主义"的最高理想。究竟应如何理解和解读恩格斯的这番谈话？我认为，不应当拆开孤立起来理解和解释，而应当依据上下文的意思和语言环境，将恩格斯的这些话还原为一个整体来理解和解读。

恩格斯与《费加罗报》记者的这次谈话，所谈内容是关于德国局势的看法，特别是对德国即将举行的选举形势的看法，包括德国社会党人成功的可能性，甚至包括是否在所有选区都提出候选人这样的细节问题。这完全是时局性的，而非宏观理论的谈话。在接近结束时，记者"急转弯"式地问恩格斯："你们德国社会党人给自己提出什么样的最终目标呢？"这究竟是指与这次选举有关的"最终目标"，如德国社会党人对选举的期盼、选举后的打算等目标呢，还是泛指社会

---

① 《马克思恩格斯全集》第 22 卷，人民出版社 1965 年版，第 628－629 页。

党人一般所称的"最终目标"？看来，恩格斯听后有所"琢磨"，他"看了一下"记者，然后作出了上述回答。

从恩格斯这一回答的整体意思看，他直截了当地说"我们没有最终目标"，但接着所说的三句话，都是对为什么说没有"最终目标"的解释：

第一句，"我们是不断发展论者，我们不打算把什么最终规律强加给人类"。这是恩格斯否定"最终"目标的"哲学原则"。恩格斯曾无情地批判过杜林的"最后的、终极的真理"，并提出"社会主义是不断改革的社会"。至于理想中的"共产主义社会"，也只能看作是人类社会发展过程中的一个阶段，不是什么"最高"、"最后"的阶段，绝不是人类发展的"终点"，因为历史仍要继续向前发展的。恩格斯这里说"我们是不断发展论者，我们不打算把什么最终规律强加给人类"，就是从坚持这一"哲学原则"出发的。值得注意的是，在"我们是不断发展论者"这句话当中，"不断发展论者"这几个字是以"黑体字"标出来的，这显然是为了"强调"，是对"没有最终目标"这句话的注解——对于"不断发展论者"来说，当然不会有"终点"，因而是"没有最终目标"的。

第二句，"关于未来社会组织方面的详细情况的预定看法吗？您在我们这里连它们的影子也找不到"。恩格斯在说完"我们没有最终目标"之后，接着这么说，等于解释了他所说的"最终目标"所指的是关于未来"社会组织方面的详细情况"。从这个角度来说，当然不可能有"预定看法"，也就不可能有"最终目标"。

马克思和恩格斯历来是不愿对未来社会作任何具体的预言的。1881 年 1 月，纽文胡斯写信问马克思社会主义革命胜利后，在政治和经济方面应当首先采取哪些立法措施时，马克思 2 月 22 日在回信中明确指出，这个问题"提得不正确。在将来某个特定的时刻应该做些什么，应该马上做些什么，这当然完全取决于人们将不得不在其中活动的那个既定的历史环境。但是，现在提出这个问题是不着边际的，

因而实际上是一个幻想的问题"。①	在恩格斯看来，离开社会主义社会
的实践来谈论其具体蓝图，只能重蹈空想社会主义的覆辙，这种蓝图
"越是制定得详尽周密，就越是要陷入纯粹的幻想"。这是马克思和恩
格斯一贯的思想，也是他们与空想社会主义者和杜林等根本不同之处。

第三句，"当我们把生产资料转交到整个社会的手里时，我们就
会心满意足了，但我们也清楚地知道，在目前的君主联邦制政府的统
治下，这是不可能的"。恩格斯的这句回答是比较贴近访谈的主题的。
从他的这一回答中，更不能得出他放弃了"共产主义"的最高理想的
结论。因为当时在恩格斯看来，是否赞成"把全部生产资料转归社会
所有"这是判断是否是"共产主义者"的标准。既然他在这次谈话
中明确地提到这个问题，并在随后的谈话中又分析了德国社会党在军
队中的影响，说"整个军队会有一半站到我们这边"，还谈到世纪末
"我们党能担负起掌握国家管理的使命"，"我们明天必须掌握政权"②
等问题。后来的事态发展表明，恩格斯当时对德国形势的分析仍然是
"过于乐观"了。能说一位正在如此乐观地估计形势的革命导师，已
放弃了"共产主义"的最高理想，这能令人相信吗？

总之，如果将恩格斯的回答作为整体而完整地加以解读，可以清
楚地看出，恩格斯决没有放弃他为之奋斗了一生的"共产主义"理
想。至于说未来社会的详细情况我们的确不知道也不可能说清楚，但
不能因此而根本不要任何理想。不能因为未来的共产主义社会，还不
是人类社会的"终点"，就不需要共产主义目标。不能因为我们不知
道共产主义理想社会的细节，就根本不要任何理想。马克思主义认
为，未来社会一定会比现在的资本主义社会更好、更理想，这是肯定
无疑的。因此，决不可据恩格斯的上述回答而说他已放弃了"共产主
义"理想。我想，随着研究的深入，一定会有更多的资料和事实，来
证明这种"令人震惊"的说法是站不住脚的。

---

① 《马克思恩格斯选集》第 4 卷，人民出版社 1995 年第 2 版，第 643 页。
② 《马克思恩格斯全集》第 22 卷，人民出版社 1965 年版，第 629 - 630 页。

二、恩格斯的"最后遗言"是"放弃革命"?

谢先生的文章说,恩格斯在1895年3月6日写的《〈法兰西阶级斗争〉导言》(以下简称《导言》)中,期待通过工人阶级的合法斗争取得政权,保留资本主义生产方式,和平过渡到社会主义。他说这是恩格斯对欧洲各国社会主义运动的"最后遗言",是对《共产党宣言》以暴力革命夺取政权"旧策略"的重要修改。事实究竟是怎样的呢?

1. 恩格斯立过普通的"遗嘱",但绝没有"政治遗嘱"

恩格斯在逝世前两年(1893年7月29日)曾立过一个"遗嘱",次年又有所补充,但那是有关个人财产、手稿和身后事务安排的普通遗嘱。除此之外,恩格斯在逝世前没有任何政治性"遗嘱"。最早将恩格斯1895年的这篇《导言》称为"政治遗嘱"的人,是德国人爱德华·伯恩施坦①,后来是欧洲一些学者进行炒作,现在就是我们今天见到的谢文的"最后遗言"的说法。谢文将《导言》说成是"最后遗言",显然是想强调由他概括出来的所谓"遗言"的内容——放弃暴力革命搞和平改良——是恩格斯"盖棺论定"了的,"不可改变的"。但恩格斯当年围绕《导言》的发表有些书信,而这些书信写于《导言》之后,从而使《导言》成了"非"最后的遗言。因此,要全面把握恩格斯在《导言》中的思想就要研究这些书信。所以这些书信应更值得人们关注。而恩格斯在这些书信中所表达的"最后遗言",却不是什么要放弃"暴力革命",而是一再告诫不能"绝对放弃暴力"和"绝对守法",这与谢先生所概括出来的"最后遗言"是南辕北辙的。

2. 围绕《导言》的发表,恩格斯反复阐明他的原则立场

《导言》是恩格斯于1895年2月14日和3月6日之间写成的。《导言》完成后,德国社民党执委会要求恩格斯把这部著作中他们认为是"过分革命的调子"冲淡些。恩格斯接受他们意见做了修改,但有些地方坚持不改,并对他们的要求表示"不能理解"。在同年3月

---

① 爱德华·伯恩施坦:《社会主义的前提和社会民主党的任务》,三联书店1965年版,第74页。

8日致《前进报》出版社经理理查·费舍的信中，恩格斯尖锐指出："我不能容忍你们立誓忠于绝对守法，任何情况下都守法，甚至对那些已被其编制者违法的法律也要守法，简言之，即忠于右脸挨了耳光再把左脸送过去的政策。"恩格斯似乎预见到在他生后会有人歪曲其《导言》中的思想，因此又明确地声明："我认为，如果你们宣扬绝对放弃暴力行为，是决捞不到一点好处的。没有人会相信这一点，也没有一个国家的任何一个政党会走得这么远，竟然放弃拿起武器对抗不法行为这一权利。"①

恩格斯在这些书信中还强调了斗争策略和方式是有条件的。当时恩格斯虽然强调要利用普选权这一"新武器"，但同时又明确反对将这一斗争策略和方式绝对化。当时德国社民党领导人要求恩格斯将谈到策略问题时所使用的"现在"这个限定词删去，恩格斯坚决不同意，并明确指出："你们想去掉'现在'一词，也就是把暂时的变成永久的，把相对的变成具有绝对意义的策略。我不会这样做，也不能这样做，以免使自己永世蒙受耻辱。""守法——目前暂时在一定程度上对我们还是适用的，但绝不是不惜任何代价的守法，即使是口头上也罢！"②

恩格斯对党中央机关报《前进报》的一篇社论，未经他同意就断章取义地摘引了他《导言》中的话，造成恩格斯主张"无论如何要守法"的印象，非常愤怒，并提出抗议。恩格斯指出：李卜克内西"摘引了所有能为他的、无论如何是和平的和反暴力的策略进行辩护的东西"。"但我谈的这个策略仅仅是针对今天的德国，而且还有重大的附带条件。对法国、比利时、意大利、奥地利来说，这个策略就不能整个采用。就是对德国，明天它也可能就不适用了。"③ 这表明，恩格斯坚持认为斗争策略和方式随时随地都要以具体的历史条件为转移。

3. 《导言》本身并未否定"暴力革命"

就算《导言》是恩格斯的"最后遗言"，它虽然论述了采取和平

---

① 《马克思恩格斯全集》第39卷，人民出版社1974年版，第401页。
② 《马克思恩格斯全集》第39卷，人民出版社1974年版，第402、403页。
③ 《马克思恩格斯全集》第39卷，人民出版社1974年版，第436页。

合法的新斗争方式的重要意义，但作为唯物辩证法大师的恩格斯并未因此而否定暴力革命。这表现在：一是恩格斯在《导言》中肯定了"危机"与"革命"的因果关系，强调"新的革命，只有在新的危机之后才可能发生。但它正如新的危机一样肯定会来临"。① 二是恩格斯在《导言》中指出"巷战"这种斗争方式变得越来越不利于民间战士而更有利于政府军，因而明确提出"巷战"这一方式"过时"了，但是对这一"特定的"武装斗争方式的否定，并不意味着对"一切暴力"斗争方式的否定，甚至连"巷战"这一斗争方式恩格斯也没有绝对否定。当时恩格斯就指出：如果将来的巷战"有其他的因素来抵消这种不利的情况"的时候，"巷战"仍然能起作用。② 这后来已被 1917 年俄国十月革命中彼得堡城市起义的巷战验证过了。三是恩格斯在《导言》中肯定"革命权"是"现代国家—无例外都以它为基础建立起来的""唯一权利"，他一方面肯定德国社会民主党在当时要利用和平合法斗争手段，但同时又明确肯定了"外国同志们"的选择——"没有放弃自己的革命权"。③ 四是恩格斯在《导言》中表示"暴力革命"思想的词语，如"前哨战"、"决战"和"决定性的搏战"等，因德国社民党领导人一再要求而删节了。④ 至于《导言》中更明显地表示将来还可能进行"暴力革命"的语句——"如果你们（指德国统治者方面——引者注）破坏帝国宪法，那么社会民主党也就会不再受自己承担的义务的约束，而能随便对付你们了。但是它那时究竟会怎样做，——这点它今天未必会告诉你们。"⑤ 更是不可能保留而删除了。如果将以上所述都考虑进去，决不能说恩格斯在《导言》中已放弃了"暴力革命"思想。

由此可见，恩格斯当时的思想是非常明确的：既不是 1848 年时期那样将"暴力革命"视为"唯一的"斗争策略，但也没有像社会民主党内的机会主义者所宣扬和主张的那样，完全否定暴力革命而一味追求

---

① 《马克思恩格斯全集》第 39 卷，人民出版社 1974 年版，第 436 页。
② 《马克思恩格斯选集》第 4 卷，人民出版社 1995 年版，第 520 页。
③ 《马克思恩格斯选集》第 4 卷，人民出版社 1995 年版，第 522 页。
④ 《马克思恩格斯全集》第 22 卷，人民出版社 1965 年版，第 609 页。
⑤ 《马克思恩格斯全集》第 22 卷，人民出版社 1965 年版，第 611 页。

和平改良。换言之，马克思主义所主张的是"暴力与和平"两手，而机会主义者只有"和平改良"这一手，二者的原则区别是很明显的。

三、恩格斯是"'和平长入社会主义'的首倡者"?

谢先生文章还给恩格斯戴了一顶"'和平长入社会主义'的首倡者"的帽子，但客观事实表明，恩格斯不仅不是"和平长入社会主义"的首倡者，而且恰恰是它的批判者。

首先，恩格斯晚年根据资本主义的新发展，指出资本主义的经济发展出现了"有利于社会主义的因素"①，但恩格斯和马克思一样，仍然认为这一切还只是标志着"在资本主义生产方式本身范围内的扬弃"②，是资本主义开始向着新的生产方式的过渡点，并不认为这就是社会主义生产方式了。恩格斯和马克思一样，从唯物史观出发，认为资本主义作为一种"社会经济形态"，其发展是"自然历史的过程"，③ 是自发的、不以人们的意志为转移的。马克思恩格斯强调的是社会经济形态发展过程的客观必然性。因此，不能将作为"社会经济形态"的"自然历史过程"的"自发性"，与作为"社会形态"（它必须包括上层建筑在内）的改变需要经过"革命"（即"分娩"的阵痛），这样两个不同性质的问题混淆起来。决不能说什么"《资本论》第三卷推翻了《资本论》第一卷"，资本主义可以不需要革命而"和平长入"社会主义。至于"社会形态"如何改变的问题，今天的人们可能有新的观点和看法，那是另外的问题，但当年恩格斯和马克思的思想如上所述是很明确的。他们有关资本主义生产方式中生长着新生产方式的因素的论述，是为了从经济上来论证"革命的客观必然性"，而绝不是为了论证"取消革命"、"和平长入社会主义"的正确性。

其次，恩格斯在《1891年社会民主党纲领草案批判》中，曾批评党内有人在"散布机会主义"，说这些人"想要党承认在德国的现

① 《马克思恩格斯全集》第22卷，人民出版社1965年版，第270页。
② 《马克思恩格斯全集》第25卷，人民出版社1974年版，第493页。
③ 《资本论》第1卷，人民出版社2004年第2版，第8—10页。

行法律秩序下，可以通过和平方式实现党的一切要求。他们力图使自己和党相信'现代的社会正在长入社会主义'"。恩格斯明确指出："这样的政策归根到底只能把党引入迷途。""为了眼前暂时的利益而忘记根本大计，只图一时的成就而不顾后果，为了运动的现在而牺牲运动的未来，这种做法可能也是出于'真诚的'动机。但这是机会主义，始终是机会主义，而且'真诚的'机会主义也许比其他一切机会主义更危险。"①

再次，恩格斯在另一篇《导言》，即1891年3月18日为马克思《法兰西内战》写的《导言》中，明确强调"打碎旧的国家政权而以新的真正民主的国家政权来代替"的必要性。他尖锐地指出："近来，社会民主党的庸人又是一听到无产阶级专政这个词就吓出一身冷汗。好吧，先生们，你们想知道无产阶级专政是什么样子吗？请看巴黎公社。这就是无产阶级专政。"② 恩格斯这里说的"一听到无产阶级专政这个词就吓出一身冷汗"，不正是伯恩施坦等人的"形象"吗？恩格斯这里所说的"社会民主党的庸人"不就是指这些人吗？怎么能说被恩格斯所严厉批判过的这些社会党人的思想来自于恩格斯呢？

四、伯恩施坦"只是重复了恩格斯的话"？

谢先生文章说，伯恩施坦不是修正主义，应为其"正名"，因为他"只是重复了恩格斯的话"。据我国著名的社会党问题专家、老翻译家殷叙彝先生的研究，早在1957年西德的克里斯蒂安·格诺伊斯就认为，"伯恩施坦对马克思主义的批判的萌芽，在晚年的恩格斯那里已经看得出来了"，换句话说，"伯恩施坦的话来自于恩格斯"。后来西方一些学者不顾客观历史事实，进一步炒作这一观点。谢先生这里所说的"伯恩施坦只是重复恩格斯的话"，看来就是从这些西方学

---

① 《马克思恩格斯全集》第22卷，人民出版社1965年版，第273、274页。
② 《马克思恩格斯选集》第3卷，人民出版社1995年第2版，第13－14页。

者那里移植过来的。①

历史事实究竟是怎么样的呢？只要翻翻伯恩施坦 1899 年写的《社会主义的前提和社会民主党的任务》一书，就会发现事实完全不是谢文所说的那样。

首先，伯恩施坦明确承认他"在许多要点上违背马克思恩格斯的理论主张"。他在《社会主义的前提和社会民主党的任务》中说，"我完全知道，本书在许多要点上违背了马克思和恩格斯的理论所主张的见解。"他过去一直尽可能避免"把自己的背离的观点以对马克思恩格斯学说的批评的形式表述出来"，但是现在的情况不同了。"今后我必须同那些像我一样出身于马克思和恩格斯学派的社会主义者进行论战。如果要我捍卫我的见解，我就必须对他们指出，我认为马克思和恩格斯的学说在哪些点上大体是错误的或者自相矛盾的。"② 于是，伯恩施坦公开明确地开始了对马克思恩格斯学说的"清算"、"批判"和"修正"。

其次，伯恩施坦对马克思恩格斯学说的批判可以说是全方位的，但火力最集中的问题是"暴力革命论"，他公然将马克思主义污蔑为"布朗基主义"。伯恩施坦说，共产主义同盟时期的马克思和恩格斯著作，"除了摈斥暴动以外，这些著作归根到底还是反复地散发着布朗基主义的或者巴贝夫主义的精神"。"《共产党宣言》的革命的行动纲领是彻头彻尾布朗基主义的。""马克思主义只是从一个方面——在方法上——克服了布朗基主义。但是在另一方面，即在过高估计革命暴力对于现代社会的社会主义改造的创造力这一点上，它从来没有完全摆脱布朗基主义的见解。"所以他认为，"对于布朗基主义的批判将变成马克思主义的自我批判——不仅是对某些外部表现的自我批判，而是对它的学说体系的及其本质的组成部分的自我批判。"于是，伯恩

① 殷叙彝：关于恩格斯的《卡尔·马克思〈1848 年至 1850 年的法兰西阶级斗争〉》一书导言，载《马列主义研究资料》1983 年第 3 辑·总第 27 辑。
② 爱德华·伯恩施坦：《社会主义的前提和社会民主党的任务》，三联书店 1965 年版，第 7 页。

施坦实际上对整个马克思主义学说体系采取了全面批判的立场。①

再次，伯恩施坦不仅鼓吹和平改良，而且要求改变党的性质。他说"无产阶级专政"这一词句"今天已经如此过时，以致只有把专政一词的实际意义去掉并且赋予它随便什么削弱了的意义，才能使这一词句和现实相一致"。他强调"民主已证明自己是社会进步的强有力的杠杆"，并进一步提出，"如果社会民主党有勇气从实际上已经过时的一套惯用语中解放出来，并且愿意表现为它今天实际上的那个样子，即一个民主的社会主义的改良政党，那它的影响将比今天更加大得多。"② 马克思主义是不断发展的理论。从 1848 年《共产党宣言》的发表到 1895 年恩格斯逝世的近半个世纪的时间里，当时的资本主义和世界形势发生了很大变化，恩格斯据此已对自己和马克思所创立的学说中的许多重要观点进行了"修正"，进一步发展了这一理论。从科学理论的品质上讲，我们不能设想恩格斯逝世之后，对马克思主义理论的"修正"和发展就全部完成了，不需要、也不能由后人去继续"修正"和发展了。伯恩施坦在恩格斯逝世后提出要对马克思主义进行"修正"，要继续发展马克思主义。从表述上讲并无错误，甚至是正确的。问题在于对此必须进行具体的分析。但是伯恩施坦将马克思主义攻击为"布朗基主义"，完全否定"暴力革命"等，很显然是违背马克思主义基本原则和革命精神的，至少在当年那个"战争与革命"的年代这是完全错误的，是属于应当否定和必须批判的"修正主义"之例。这个问题，涉及如何评价当年那场与伯恩施坦的争论问题，我们将在后面再谈。但无论如何是不能得出这个结论："伯恩施坦只是重复恩格斯的话"。

五、如何评价当年对伯恩施坦的那场批判？

我们在上面已经讲过，关于恩格斯晚年放弃了"最高理想"、放弃

---

① 爱德华·伯恩施坦：《社会主义的前提和社会民主党的任务》，三联书店 1965 年版，第 79、81、86 页。

② 爱德华·伯恩施坦：《社会主义的前提和社会民主党的任务》，三联书店 1965 年版，第 195、192、239 页。

了"暴力革命"、提倡"和平长入社会主义"等说法都是不符合事实的；说伯恩施坦"只是重复恩格斯的话"也是不符合事实的。那就是说，恩格斯与伯恩施坦的思想是有原则区别的，不能认为伯恩施坦所宣扬的那种社会民主主义是"马克思主义的正统"，因此当年伯恩施坦遭到批判是必然的。就是从今天看来，这个"案"也是翻不了的。

伯恩施坦当年所遭受的批判，首先来自于德国社民党内部，是蔡特金、卢森堡、倍倍尔等左派人士最先发起了对他的批判，其中包括欧洲其他国家的一些左派人士。虽然列宁对他的批判影响最大，但那是后来的事情。不宜将那场争论"单纯"说成是"布尔什维主义与社会民主主义"之争，因为这容易造成错觉，似乎是"东西方"两股马克思主义力量之间的争论。

现在学术界提出了一种"分岔说"。意思是从 19 世纪末开始马克思主义就分岔了，分成了东西两派或两股力量，即西方国家的"社会民主主义"，东方国家的"布尔什维主义"（即列宁主义）。这两支同源的马克思主义力量，无所谓正统非正统之分，因为它们分别适合于各自地域的情况，因而都是正确的。这种说法有三个问题值得商榷：

一是从马克思和恩格斯在当时历史条件下的思想看，他们都仍然主张"暴力革命"，这也是伯恩施坦攻击马克思主义是"布朗基主义"的主要原因。这印证了马克思和恩格斯的思想与社会民主主义的主张是有原则区别的，不能将今天的社会民主主义放弃暴力革命而奉行和平改良的路线，视为对"马克思主义正统"的继承。因为在当时历史条件下马克思和恩格斯并没有主张放弃暴力革命。决不能按今天的时代背景和思维形式去"裁剪"100 多年前恩格斯当年的思维内容。这就等于硬要身处"战争与革命"大环境中的恩格斯，作出"绝对放弃暴力"、"绝对守法"的策略思维。正如恩格斯所说过的："我们只能在我们时代的条件下进行认识，而且这些条件达到什么程度，我们便认识到什么程度。"[1]

二是随后半个世纪的世界历史的发展表明，资本主义不仅连续爆

---

① 《马克思恩格斯全集》第 20 卷，人民出版社 1971 年版，第 585 页。

发了两次世界大战，而且还发生了一次世界性的经济大危机（1929年）。在这种历史条件下，不仅东方国家（俄国、中国等）取得了暴力革命的胜利，西方某些国家也曾不同程度地出现过革命形势，美国近邻的古巴在1959年也取得了革命胜利，说马克思主义暴力革命思想只适合东方而不适合西方国家，这显然不符合当时的客观实际。

三是社会民主主义早已不将马克思主义当作自己的指导思想，而只是将马克思主义作为分析社会的一种方法。虽然说从历史渊源上讲它们仍承认自己来自于马克思主义，但它们现在绝不承认自己属于马克思主义。苏联东欧剧变后，它们更进一步将"民主社会主义"改为"社会民主主义"，并表示要与"社会主义"完全脱离关系。在这种情况下，将它们当作马克思主义的一股力量是否有一相情愿之嫌。

基于以上分析，我认为与其说"马克思主义分岔了"，不如说世界"社会主义分岔了"，但时间是在"和平与发展"取代"战争与革命"成为时代主题的新历史条件形成之后。这是因为在"和平与发展"取代"战争与革命"成为时代主题的新历史条件下，社会民主主义（或民主社会主义）也是一种社会主义流派，即一种"非马克思主义的社会主义流派"，它与"马克思主义的社会主义"（即科学社会主义）一起，组成了当代世界的两大社会主义力量。虽然这两股社会主义力量的性质和特征不同，因而不可能融合或取代，但可以彼此应"互借（鉴）互（推）动"，促进世界社会主义运动朝着多样性的方向发展，共同促进世界的和平与发展。

至于说到19世纪末与伯恩施坦的那场争论，既不能看成是马克思主义的"分岔"，更不能说成是马克思主义"正统的颠倒"。我认为对那场争论不宜简单地做绝对肯定或绝对否定的结论，而必须以事实为依据，实事求是地进行具体分析。

首先，基于以上分析我认为从性质上看，反对伯恩施坦的斗争，属于维护马克思主义基本原则和革命精神的性质，这是不能否定的、不能翻案的。伯恩施坦攻击马克思主义是"布朗基主义"是错误的，谢文说列宁主义是"布朗基主义"，斯大林"等人"是从"左"边修正马克思主义的"最大的修正主义"，同样也是错误的。事实上列宁能够领导十月革命并取得胜利是因为他贯彻了"纠右防'左'"的方针，既纠正了不敢革命、取消革命的右倾错误，又坚持周密组织、选择时机，顶住了党内急于发动武装起义的"左"倾"布朗基主义"的要求。列宁强调，"起义要获得胜利，就不应当靠密谋，也不是靠一个党，而是靠先进的阶级。此其一。起义应当依靠人民的革命高潮。此其二。起义应当依靠革命发展进程中的转折点，即人民先进队伍中的积极性表现得最高，敌人队伍中以及软弱的、三心二意的、不坚定的革命朋友队伍中的动摇表现得最厉害的时机。此其三。在这三个条件下提出起义问题，正是马克思主义和布朗基主义不同的地方。"① 由此可见列宁反对"布朗基主义"的立场和态度是非常明确的，不能说列宁主义是"布朗基主义"。

与此相联系，必须肯定十月革命、中国革命等不是"布朗基主义"的产物，而是在马克思主义的正确思想指导下取得胜利的，因而不能否定这些革命的合理性即合规律性与合目的性的统一。世界历史发展证明，在 20 世纪，正是由于共产党人坚持了"暴力革命"的马克思主义正确路线，才有俄国十月革命、中国革命的胜利，以及其他一系列革命运动的发展。20 世纪才不是资本主义的一统天下，世界的面貌才发生了如此天翻地覆的变化。社会党人才有机会从社会主义国家的实践中获得启发和借鉴，资本主义国家才能提得出像谢先生文章所引用过的 1965 年《资本家宣言》那样诚恳地向社会主义国家学习的警句——"借鉴社会主义人民当家做主的经验，实现股份制的人民资本主义；借鉴社会主义福利制度的经验，实行从生到死包下来的福利资本主义；借鉴社会主义计划经济的经验，实行国家干预的计划资本主义"。如果压根就没有发生这些革命，压根就没有这些社会主义国家，哪来谢先生所说的今日之"新资本主义"？从这个意义上说，社会主义国家的出现是历史的必然。

我们不否认被扣上"暴力社会主义"帽子的社会主义国家，的确存在很多问题，而且错误很严重，并且有些国家已经不复存在。其中

---

① 《列宁全集》第 32 卷，人民出版社 1985 年第 2 版，第 235－236 页。

自有严重的教训需要总结，但这是另一方面即建设层面的问题。用《圣经》中"原罪"的逻辑来推论这些国家，难免有张冠李戴之嫌。因此，绝对不能否定一切，决不能搞历史虚无主义。一个不尊重历史、不尊重先烈的民族，是没有希望的民族！一个对历史采取虚无主义态度的民族，是没有前途的民族！这样的民族，什么"主义"也救不了它！

其次是对那场争论需要进行反思。伯恩施坦对马克思主义所提出的"修正"，并不全是"修正主义"。今天回过头来看那场争论，我认为伯恩施坦的主张中也有其正确的成分，这表现在他认为根据新的历史条件来继承和发挥恩格斯晚年的某些新思想，以便进一步发展马克思主义。譬如，伯恩施坦重视恩格斯对 1848 年资本主义发展潜力估计不足的教训的总结，转而重新评估形势，他的思路大体是正确的。他强调"资本主义不再会遇到过去那种经济危机了"，"资本主义'崩溃论'站不住了，社会主义者寄希望于资本主义因爆发危机而引起革命，一举推翻资产阶级统治而取得政权的'冥想'已不可能实现了"。这些思想虽然在 19 世纪末显得有些超前和有绝对化的地方，但总体而言，他强调资本主义还有发展潜力，不会"崩溃"是正确的；他强调要在正确估计资本主义形势的基础上提出党的战略策略，这是正确的。他据此而提出，如果等不来"资本主义崩溃"的形势，社会主义如何实现？他认为应当从现有条件出发，"一部分一部分的"推进其实现。① 在不具备革命条件和形势的情况下，伯恩施坦这种和平改良思想，对促进社会进步是有积极意义的，因此对伯恩施坦的所有主张不能采取绝对否定的态度。彻底的唯物主义者是实事求是的。

另一方面，共产党人也不都是正确的，也有深刻的教训需要总结。当时欧洲的共产党人受"左"的教条主义的危害，不能与时俱进地发展马克思主义，恩格斯在《导言》中承认，在 1848 年就想以一次简单的突然袭击来推翻资本主义，"历史表明我们错了"，我们当时的观点"只是一个幻想"。后来的共产党人对恩格斯的这一思想理解得不深，重视得不够，造成长期对资本主义发展潜力估计不足，总是

---

① 爱德华·伯恩施坦：《社会主义的前提和社会民主党的任务》，三联书店 1965 年版，第 194 – 195 页。

过于乐观地估计形势、急于求成，因而常犯"左"的错误。列宁领导俄国十月革命并取得了胜利，开辟了社会主义发展的新纪元，这是必须肯定的。但是他领导和成立第三国际（共产国际），企图推进世界革命，历史已经证明是不可能的，后来不得不于 1943 年宣布解散。斯大林的"资本主义总危机"理论，毛泽东 20 世纪 60 年代就提出世界帝国主义在 50 年内外走向全面崩溃的判断，也是对世界资本主义发展潜力估计不足的反映。可以说，从列宁、斯大林到毛泽东都不同程度地存在这个问题。只有到了邓小平，才比较彻底地解决了这个问题。1992 年邓小平在"南方谈话"中强调："巩固和发展社会主义制度，还需要一个很长的历史阶段，需要我们几代人、十几代人，甚至几十代人坚持不懈地努力奋斗，决不能掉以轻心。"① 这就是说，在相当长时间内，资本主义与社会主义将长期共存于世界。

六、如何对待"民主社会主义"？

谢先生由于对世界社会党的复杂情况并不太了解，因此文章在这方面也存在硬伤。首先标题中的"民主社会主义"这个概念，现在就是个问题。因为虽然自 1951 年社会党国际恢复时起就用"民主社会主义"作为社会党人的意识形态标识和口号，但苏东剧变后，社会党人自己不再用"民主社会主义"这个概念，而重新改用"社会民主主义"了。因此谢先生的"民主社会主义"这个概念的内涵是不清楚的。此外，谢先生说西方发达国家"不同程度地民主社会主义化了"，连美国也被"赤化"了，似乎所有发达国家都已是"民主社会主义国家"。可是，有几个西方国家自己同意谢先生的这种说法呢？包括谢先生最推崇的民主社会主义样板瑞典在内，多数人还是认为自己是"资本主义国家"。在这种情况下，说中国走上了"民主社会主义道路"，只能理解为在谢先生看来中国已走上了"资本主义道路"。客观地说，这种观点已越来越没有市场了。

---

① 《邓小平文选》第 3 卷，人民出版社 1993 年版，第 379－380 页。

我们姑且不去深究这些问题，而将谢先生所说的"民主社会主义"当成就是"社会民主主义"，即社会党人的意识形态标识，我们应如何对待它呢？

首先，对社会民主主义（或民主社会主义）不能脱离具体的历史条件作抽象的价值评估。不能笼统地说社会民主主义所提倡和实践的东西，是好、是坏，是对、是错，一定要看是在什么样的历史条件、什么情况下，其客观社会效果如何。谢先生的文章肯定民主社会主义，在当前和平与发展的历史条件下，对推动资本主义改良、促进人类文明进步，包括促进资本主义国家中社会主义因素的增长等诸多方面起了积极作用，虽有夸张溢美之成分，但应当说大体上是正确的。但是要由此去追溯历史，进而肯定社会民主主义在"战争与革命"年代的作用，并否定共产党人当年的革命路线，则是错误的。客观历史事实是，在 20 世纪上半叶"战争与革命"的年代，社会党奉行的"和平改良"路线，实际上是一种"不作为"的路线，其结果是使社会党"边缘化"，在资本主义社会政治生活中起不了多大作用，对此没有必要加以拔高。特别是在革命形势高涨的情况下，社会党人仍鼓吹改良，客观效果只能是逆历史潮流而动。拿中国来说，从 20 世纪初八国联军攻进北京城，到 1949 年新中国成立的半个世纪里，中国的民族矛盾和阶级矛盾十分尖锐，中华民族处于生死存亡的关头，劳苦大众连起码的生存都没有保障，所以不得不一再起来革命。中国共产党人搞武装斗争，也是国民党反动派用屠刀政策逼出来的。请问在这样的历史条件下，不靠马克思列宁主义，不靠中国化的马克思主义——毛泽东思想，而按照社会党人"和平改良"那一套，能救得了中国吗？

其次，民主社会主义作为一种"社会模式"，参考借鉴很必要，顶礼膜拜要不得。过去将社会党扣上"叛徒"、"工贼"之类帽子，现在还有人不将民主社会主义视为一种社会主义流派，这种观念也值得商榷。谢文对"瑞典模式"赞不绝口，说"山不在高，有仙则名。水不在深，有龙则灵"。瑞典的经验"具有普世价值"，为中国改革"提供了成功的范例"，也是值得辨析的。谢文的意思如果是说，中国要"参考借鉴"瑞典的经验，则是无可非议的。事实上中国改革广泛借鉴了国外各种成功的经验，其中就包括了瑞典的经验。中国特色社会主义，既是科学社会主义的新发展，又吸收借鉴了民主社会主义的有益成分；既不是苏联模式的社会主义，也不是西方社会的民主社会主义，而是中国化的、创新了的马克思主义，是扎根于当代中国的科学社会主义。谢文的意思如果是说，中国要以瑞典为蓝本，照抄照搬瑞典那一套，那就削足适履了。中国的国情、历史传统和文化因素，与瑞典很不相同，首先必须考虑值不值得照搬、学不学得了。瑞典领域面积相当于四个半江苏省那么大，而人口只有 900 万，还没有我国一个大城市的人口多。它地处欧洲大陆边缘，几乎没有遭受过战火破坏。连欧洲一些大国（包括德国在内）都自叹不如，说学不了瑞典。一个人口 13 亿、资源很有限的中国，如何学瑞典？而且在经济全球化的冲击下，瑞典国际竞争力下降，国内受"福利国家危机"困扰。我们不能只看到其好的一面而看不到它的问题。任何社会模式，即使在某个国家十分成功，也不能照搬于世界，更不应对其顶礼膜拜，只能够结合本国实际情况参考借鉴。

再次，民主社会主义作为一种"政治民主"模式，借鉴参考很必要，照抄照搬更有害。现在有人很赞赏"民主社会主义"，主要是欣赏其政治民主制度。谢先生强调没有"民主"就没有社会主义，这是正确的。他期望加快政治体制改革来解决严重腐败等各种问题，也是正确的、反映民意的。他要求吸收借鉴国外政治民主方面的成功经验，包括社会党人的成果，也是值得肯定的。过去"左"的观念认为，西方民主全是假的、骗人的，不值一提，这是片面的。西方政治民主，包括社会党人的宪政民主，是包含着人类政治文明发展的成果的，是值得社会主义国家借鉴的。譬如西方政治民主制度当中的程序制、选举制、任期制、轮换制、聘任制、罢免制、权力制衡与监督制，以及公务员制度和各种有科学性的行政管理制度等，实际上是反映人类政治文明发展的成果，很值得社会主义国家借鉴。事实上改革开放以来，我们已借鉴吸收了不少有益的成果。

但是，世界上根本就不存在什么"统一的民主模式"，也无所谓脱离具体国情的"最理想的民主模式"，一切国家的民主制度都必然具有本国本民族的特点。法国大革命的思想先驱卢梭说过，各个国度都应确定一种特殊的制度体系，"这种制度体系尽管其本身或许并不是最好的，然而对于推行它的国家来说则应该是最好的"。他还引用另一位思想家布拉马奇的话明确指出："每一种好政府并不是同等地适用于一切民族。在这一点上，必须顾及各个民族的气质和特征以及国家的大小。"我更欣赏中国古人说过的话：橘生淮南则为橘，生于淮北则为枳。为何不一样，水土异也！

因此对中国来讲，凡是包含着、代表着人类政治文明发展成果的东西，而且又适合中国国情的，我们应毫不犹豫地借鉴吸收，但这决不意味着要照抄照搬别国的民主模式。"广泛借鉴、走自己的路"，这是中国改革的基本方针。我们在经济体制改革上，采取这一方针，实践证明是成功的；在政治体制改革上也要采取同样的方针，才能探索出一条具有中国特色的政治民主之路，否则对中国来说可能要贻误战略机遇期。现在紧迫的问题是，腐败问题比较严重，迫切需要在政治体制改革和扩大党内民主方面有新的举措，切实从制度上遏制腐败，而不能任其越演越烈。如果不解决这个问题，其后果不堪设想。

基于以上分析，我认为，"民主社会主义"作为社会党人专用的意识形态口号，决没有其字面意义所表示的"民主＋社会主义"那么美妙和简单。如果将"民主社会主义"作为中国的旗帜和口号，不但无助于中国的发展，而且会产生适得其反的后果。因此总体而言，对社会民主主义（或民主社会主义）应当采取的态度是：参考借鉴有必要，顶礼膜拜不值得，迷信照抄更有害。

结束语：广泛借鉴，走自己的路，继续开拓创新

当前社会主义怎么搞与恩格斯有无最后"遗言"、有什么样的"遗言"等历史问题本无直接关系。但谢先生为给自己找根据，将逝世了一百多年的恩格斯请出来"帮忙"，而他请来的这个恩格斯，是经他改头换面过了的。为尊重历史、尊重事实，还恩格斯本来面貌，此文很大篇幅在围着历史转。这只是因为我们不赞成为当前之实用而

随意解说历史，而决不意味着我们是教条主义者，要把一百多年前恩格斯的话当成金科玉律。恩格斯逝世一百多年来，世界形势已发生很大变化，现在社会主义究竟怎么搞，应当从当前的实际出发，与时俱进，开拓创新。这正如列宁在十月革命胜利后所一再强调的："现在一切都在于实践，现在已经到了这样一个历史关头：理论在变为实践，理论由实践赋予活力，由实践来修正，由实践来检验。"中国的前途在哪里？不在某种特定的"模式"，而在于必须从本国的实际出发，"广泛借鉴、走自己的路"，继续开拓创新。

（原载《科学社会主义》（双月刊）2007 年第 2 期，人民、光明等各大网站迅速全文转载）

"国际联合"还是"成功实证"?
——论世界社会主义运动的前途

题注：近年来有人强调无产阶级的国际联合，提出"世界社会主义的未来取决于国际无产阶级的有效联合"，并主张重建"第三国际"。此文就这种观点而严肃地提出，世界社会主义运动的前途，是靠"国际联合"还是"成功实证"？

近来有论者强调"国际主义"原则，主张中国共产党应"更多地帮助和支持"各国共产党，并要"建立广泛的国际统一战线"。还有论者早在半年多前撰文突出强调"全世界无产者联合起来"的口号，一口气提出了 6 个以上的"联合"方案，其中包括要重新成立新的"共产国际"。一家著名的官方网站以《世界社会主义的未来取决于国际无产阶级的有效联合》的通栏标题转载此文，影响很大很广。这些论述和举动向世人提出了一个非常严肃的理论和实践问题——世界社会主义未来取决于什么？中国究竟应当怎么办？这关乎中国的战略策略和前途命运，笔者对此不仅不敢苟同，简直有些震惊，不得不以此文来陈述个人一孔之见。究竟应如何看待和对待当今世界的社会主义运动呢？

一、思想理论上要慎用"国际共运"的传统观念

"当今世界社会主义运动",严格说来算不上有统一组织的"运动"。它不过是彼此独立自主、各行其是、没有统一联系的各种名目的社会主义力量、社会主义流派或社会主义模式的一个"大汇总"。它们一般不满资本主义、批判新自由主义、自称要搞社会主义,实则是一个庞杂的"大左翼"。我这是从广义宽泛的意义上来谈社会主义运动的,如果按这些论者狭义的定义,只承认共产党所搞的"科学社会主义"才算"真社会主义",而将其他一切自称"社会主义"的流派统统排除在外的话,那社会主义运动的范围和力量就更小更有限了。

总起来看,中国以外的世界社会主义力量除在"三南"(南亚、南非、南美)有些发展外,别的地区都没什么起色。其中有些已变成了宗派组织,缺乏群众基础。有些陷于内部纷争,毫无社会影响。有些因循守旧,站在极"左"立场指责中国在"搞资本主义"。世界社会主义运动能迅速发展,当然好;国际无产阶级能联合起来,当然好。但面对世界社会主义这样的现状,是不应该太过乐观的。不仅如此,甚至连现在的所谓"一大四小"的社会主义国家,也不是"铁板一块"的,而应有"应变"之思想准备。进入新世纪,特别是金融危机爆发以来,社会主义处境虽然有很大改善,但"资强社弱、资攻社守"、社会主义仍处低潮的对比态势没有改变。资本主义因金融危机受重创,但决不能认为它已是"风雨飘摇四面楚歌"。西方社会多数人接受在"资本主义制度内调整",而不会出现"体制外革命"的形势,不能误认为是什么"社会主义大发展的时机到了"。20世纪90年代初苏东发生剧变时邓小平曾强调:"要冷静、冷静、再冷静,埋头实干,做好一件事,我们自己的事。""只要中国社会主义红旗不倒,社会主义在世界上将始终站得住。""我们要利用机遇,把中国发展起来,少管别人的事","只要历史证明中国社会主义制度的优越性

就够了，别国的社会制度如何我们管不了。"① 现在看起来，邓小平的这些重要战略判断仍然是正确的和完全有效的。

在这里，除了强调要尊重邓小平这些战略判断之外，还特别需要反映出，当今这个世界社会主义运动与过去的"国际共运"是完全不同的。我们必须从思想理论上挣脱所谓"国际共运"的传统观念，不再简单机械地沿用"国际主义"和"全世界无产者联合起来"之类传统观念和口号去思考问题。

早在 1979 年，时任中联部副部长的李一氓同志在中央党校作报告，就很有理论勇气地提出"国际共运"已不存在了。他解释说，"我以为国际共运应该有一个共同的组织，共同的纲领，共同的目的，共同的行动，如像从前第三国际时代，或者后来以苏联为首的社会主义阵营时代。那是可以这样讲。现在两者都没有了。现在提国际共运，只能是个因袭下来的提法，真正说起来，这个国际共运是不存在的。"当时中联部有个内部刊物叫《国际共运》，他将其改题为《世界共运》。他说，国际共运是有各方面内部联系的，现在这个联系没有了，用"世界共运"这个名词可能好一点。李一氓同志的这一观点，敏锐地抓住了世界社会主义运动发生的带全局性的大变化，真是落地有声，发聋振聩，影响很大，后来实际上成了我们党在调整对外工作时考虑问题的一个重要出发点。党的十一届三中全会以来，强调要解放思想、实事求是，一切从实际出发，这不就是党的对外工作的"最大实际"吗？

当然，这涉及如何认识和对待"国际主义"的问题。究竟什么是"国际主义"？马克思主义历来认为，国际主义与各党独立自主并不是相互排斥和对立的。马克思和恩格斯在《共产党宣言》中就曾说过，无产阶级反对资产阶级的斗争，"首先是一国范围内的斗争，每一个国家的无产阶级当然首先应该打倒本国的资产阶级"②。因此，他们认为"真正的国际主义无疑应当以独立的民族组织为基础"③。"国际合

---

① 《邓小平文选》第 3 卷，人民出版社 1993 年版，第 321、346、358、360 页。
② 《马克思恩格斯选集》第 1 卷，人民出版社 1995 年版，第 283–284 页。
③ 《马克思恩格斯全集》第 18 卷，人民出版社 1964 年版，第 87 页。

作只有在平等者之间才有可能。"① "自主和独立也就包括在国际主义这一概念本身之中。"②

长期以来，共产党人对社会主义事业的"国际性"是有曲解和误解的。其突出表现是，片面强调社会主义事业的国际性、共同性和统一性，而忽视了各国社会主义事业的独立性、民族性和差异性。这是不正确的，妨碍了世界社会主义的发展。加上苏共领导人附加到"国际主义"名下许多错误的解释和做法，更是严重损害了世界社会主义运动的发展，更需要清除。此外，即使是正确的国际主义思想精神也必须与时俱进地调整发展，不可凝固不变。

列宁在实践中对国际主义的认识也有个发展变化的过程。十月革命胜利后，列宁曾乐观地认为"资本主义崩溃的客观条件已经成熟了"③，"国际苏维埃共和国的建立已经为期不远了"④，"世界范围内的胜利已近在咫尺，伸手可得"⑤，于是在 1919 年成立"共产国际"，以此来推动"世界革命"的发展。但后来形势的发展证明，世界革命并未如期到来，特别是吸取了 1920 年苏维埃以武力推动波兰革命失败的教训，列宁改变了思路，明确提出："即使全世界的社会主义革命推迟爆发，无产阶级政权和苏维埃共和国也能够存在下去。"⑥ 他随即调整了苏维埃的对外政策。一是强调不能"强行推动"革命；二是主张"我们在国际政策上要尽可能地机动灵活"⑦，对外援助应"量力而定"⑧；三是提出"希望同各国人民和平共处，把自己的全部力量用来进行国内建设"⑨。于是列宁创造性地提出了和平外交原则，致力于与资本主义国家和平共处，建立平等的经济贸易关系，并且开始实行"新经济政策"。这再次说明马克思主义不是教条，它是不断发

---

① 《马克思恩格斯全集》第 35 卷，人民出版社 1971 年版，第 261 页。
② 《马克思恩格斯全集》第 39 卷，人民出版社 1974 年版，第 84 页。
③ 《列宁全集》第 26 卷，人民出版社 1988 年版，第 121 页。
④ 《列宁全集》第 35 卷，人民出版社 1985 年版，第 503 页。
⑤ 《列宁全集》第 37 卷，人民出版社 1986 年版，第 181 页。
⑥ 《列宁全集》第 40 卷，人民出版社 1986 年版，第 22 页。
⑦ 《列宁全集》第 38 卷，人民出版社 1986 年版，第 277 页。
⑧ 《列宁全集》第 33 卷，人民出版社 1985 年版，第 420 页。
⑨ 《列宁全集》第 37 卷，人民出版社 1986 年版，第 354 页。

展的理论，与时俱进是它的理论品格。

我们党对"国际主义"和支持"世界革命"的认识，也经历了一个发展变化的过程。直到 1975 年毛泽东还同泰国人讲，共产党哪有不支持共产党的；1977 年 8 月召开的党的十一大，仍然强调要实行无产阶级国际主义支援世界革命，没有放弃"打倒帝、修、反"的口号和"外交服从革命"的提法。当时全党都认为实行国际主义、支持"世界革命"是天经地义的事情。改革开放以来党的对外工作的最大变化，就是总的指导思想，由支援世界革命转到为国内经济建设服务，为国家建设争取一个和平有利的国际环境上来了。这一转变当然是必要的、正确的，符合马克思主义和时代要求的。试想想，如果我们简单教条地对待毛泽东"共产党哪有不支持共产党的"的那句话，不具体分析应在什么情况下，以什么方式、怎么支持、支持其干什么、会取得什么结果、将产生什么影响等一系列问题，这既违反了马克思主义"革命不能输出"的原则，而且会严重影响我与相关国家的关系。历史新时期这一"历史遗留问题"得到了妥善解决，这是邓小平既坚持原则，又具有灵活性创造性，实事求是与时俱进地发展马克思主义的体现，否则就不会有今天这样大好的形势和局面。

历史上苏共斯大林、勃列日涅夫对国际主义加以歪曲、偷梁换柱地夹售私货，严重损害了国际主义的声誉和国际共运的发展。我们党的对外援助工作也有些教训很值得总结，限于篇幅就不一一去说了。总之，国际主义中即使是正确的思想精神，也是需要与时俱进地调整发展的，不可凝固不变。决不应将"国际主义"神圣化、凝固化和绝对化，视为天经地义不可变动的"铁律"。国际共运实践表明，任何一国的社会主义事业，虽然离不开国际同情、支持和帮助，但它首先是在一国范围内进行的，其胜利和成功归根结底要靠自己国家的党和人民。理论是灰色的，生活之树常青。在这个问题上，有许多陈旧的观念是需要清理澄清的。

二、一定要从当今世界社会主义运动的现实出发

当今世界社会主义运动最突出的特点是，从过去强调"国际性"

和"统一性"的束缚中跳出来，转向强调"独立自主"和"民族特色"了。现在各种力量都是独立自主的，它们从本国实际出发"自行其是"，成功或失败都由自己负责，任何党无权干涉别党的内部事务。

首先应当看到这是件大好事。这是世界社会主义运动的历史进步，是时代发展的客观要求。过去世界社会主义运动，实际上是以"一条道路、一种模式、一个中心、一个阶段"为特征的。所谓"一条道路"就是暴力革命武装夺取政权的道路，"一种模式"就是建设社会主义的苏联模式或斯大林模式，"一个中心"就是认为社会主义似乎总要有个"头"，或至少在思想上和政治上要有条共同的"国际总路线"，"一个阶段"就是忽视社会主义在不同国家发展的不同的阶段性，似乎各国都处在同一发展阶段上，都要实行大体相同的政策和措施，采取大体一致的搞法。这虽然并不是马克思主义的本意，但在长期实践中，各国共产党人大体上都是这么理解和这么做的。这条传统战略是强调"国际性"和"统一性"造成的结果，它使各国千篇一律，严重阻碍了世界社会主义的发展。如果仍继续沿袭这样的发展思路走下去，丰富多彩生机勃勃的"多样性"就没有了，中国特色社会主义的新局面也就没有了，世界社会主义是没有希望的。

其次，必须从世界社会主义的现实出发，考虑如何处理彼此之间的关系问题。由于各种力量和流派，都声称要搞社会主义，因此在"社会主义"这个大主题上，是存在一定"共同点"的，存在着在平等自愿的条件下进行交流，相互借鉴的需要和可能。但是对"什么是社会主义、如何建设社会主义"这个基本理论问题，各自认识和理解的差别是很大的。因此又需要有包容的心态、求同存异的精神，不能强求一致。这就是说，交流借鉴有必要，但追求"联合"、"统一"、"一致"既无必要，也不可能，而且可能妨碍社会主义"多样性"发展，不利于形成各自不同的丰富多彩的"民族特色"。

在如何处理彼此关系的问题上，我们党提出的独立自主、完全平等、互相尊重、互不干涉内部事务等党际关系"四项原则"，总体而言也是适用于处理同其他社会主义力量的关系的。我们是四项原则的倡导者，当然会带头遵守维护它的严肃性。值得一提的是，在苏联东欧剧变期间我们党在"互不干涉内部事务"这一原则问题上经受了一场考验。

20 世纪 90 年代初,戈尔巴乔夫推行所谓"新思维"及其错误路线,不仅葬送了苏联东欧的社会主义成果,而且对我国造成了严重冲击。听任不管,会直接影响和威胁中国。若要管,却又管不了,因为如何改革这是苏联的内政问题。当时国内有同志出于义愤和对社会主义前途的担忧,主张公开批判戈尔巴乔夫,要肯定《九评》,并组织撰写《九评》式的文章,公开批判戈尔巴乔夫。但邓小平没有同意,他说"不管苏联怎么变化,我们都要同它在和平共处五项原则的基础上从容地发展关系,包括政治关系,不搞意识形态的争论"。[①] 同时邓小平又强调,中国要坚持社会主义不动摇,"只要中国社会主义不倒,社会主义在世界将始终站得住"。[②]

邓小平的这些思想主张,实质上是将"对外方针与对内方针区别开来"。对外吸取过去"大论战"的历史教训,决不再搞意识形态争论,这就维护了国家关系和平共处"五项原则"和党际关系"四项原则"的尊严,没有干涉苏联的"内部事务"。对内强调坚持社会主义不动摇,并教育党员和群众与戈尔巴乔夫错误路线划清思想界线,抵制和反对戈尔巴乔夫的错误做法,防止其影响我国稳定,冲击我国改革开放和经济建设这个中心,这是我们的"内政",是维护我"独立自主"原则的要求。前者(对外不开展对戈尔巴乔夫的批判)避免了 20 世纪 60 年代"大论战"的重演,后者(在国内同戈尔巴乔夫错误路线划清思想界线)又避免了苏联东欧的悲剧在中国重演。这样既维护了"不干涉内政"原则,又维护了我"独立自主"原则,是符合马克思主义的,也符合世界社会主义的根本利益。正是由于有邓小平的这些战略抉择,在苏东剧变使世界社会主义遭受严重挫折的情况下,中国坚持社会主义推进改革开放,又使社会主义出现了"柳暗花明"的新局面,于是呈现出"大挫折"与"新局面"同时并存的态势。国际媒体普遍评论说,邓小平"挽救了要失事的社会主义大

---

① 《邓小平文选》第 3 卷,人民出版社 1993 年版,第 353 页。
② 《邓小平文选》第 3 卷,人民出版社 1993 年版,第 346 页。

船"。

最后，从理论上讲无产阶级是没有根本利害冲突的，它们应联合起来，但现实情况并不是那么简单的、符合我们的愿望和理想的。共运历史与世界现实均表明，各国的无产阶级和共产党，都有自己不同情况、不同的国家民族利益，弄得不好，不必说联合，甚至还可能发生冲突和战争，这已被实践所证明了的。现在，美国劳联产联等工会组织，因怕低价中国商品竞争而成了美国最反华的力量之一。近年来，在中国南海和朝鲜核问题上，中越和中朝关系因利益交错也变得复杂起来了。原来的兄弟可能成为敌人和对手，这种可能性不能完全排除。这一切说明，理论与实践、主观愿望与客观现实常常是很不一致的。

对"全世界无产者联合起来"这个传统口号，应历史科学地加以理解和发展，不可简单机械、狭隘僵化地予以对待。列宁根据他所处的历史时代，曾将"全世界无产者联合起来"扩大为"全世界无产者和被压迫民族联合起来"。20 世纪 60 年代欧洲共产党人曾提出以"新国际主义"代替"无产阶级国际主义"的概念，除了不满苏共借"无产阶级国际主义"之名行干涉控制之实外，一个很重要的原因是因为阶级结构的变化，随着"无产者"的比例下降，仍提"无产阶级国际主义"，不利于团结更多的社会阶层。在今天和平与发展成为时代主题的新历史条件下，在经济全球化迅猛发展、信息通讯和交通技术使"地球村"变得越来越小，各国联系越来越密切的情况下，仿照北京天安门城楼前的标语，强调"全世界人民大团结"似乎更能体现马克思主义传统口号之精髓。至于今天谈论马克思主义和左翼力量的共同统一的"战略和策略问题"，以及建立世界社会主义的"国际统一战线"问题，甚至主张重新成立新"共产国际"等问题，都是需要慎之又慎的问题。

三、要服从服务于国家基本战略和总体外交的大局

中国对世界社会主义运动的立场和态度，并不是一个孤立的问

题，它本质上是中国的一个"对外窗口"问题，因此必须服从服务于党和国家的基本路线和总体外交战略的全局。只能配合，不能抵触，只能帮忙，不能添乱，这应是一个总原则。

中国的对外战略早已是明确和既定的。邓小平早就说了我们要"韬光养晦"、"决不扛旗"、"决不当头"，这就包括了不扛世界社会主义这面大旗，不当世界社会主义运动这个头。邓小平语重心长地说："我们千万不要当头，这是一个根本国策。这个头我们当不起，自己力量也不够。当了绝无好处，许多主动都失掉了。"① 进入 21 世纪以来，中国特色社会主义又有新发展，这集中表现在对内推动科学发展、促进社会和谐；对外实行"和谐外交"、促进世界共同发展。2001 年，在庆祝中国共产党成立 80 周年大会上江泽民同志提出："世界各种文明和社会制度，应长期共存，在竞争比较中取长补短，在求同存异中共同发展。我们将继续同各国人民一道，为建设一个持久和平与普遍繁荣的世界而努力。"② 2005 年 9 月在联合国成立 60 周年大会上，胡锦涛发表了题为《努力建设持久和平、共同繁荣的和谐世界》的讲演。胡锦涛说："中华文明历来注重社会和谐，强调团结互助。中国人早就提出了'和为贵'的思想，追求天人和谐、人际和谐、身心和谐，向往'人人相亲，人人平等，天下为公'的理想社会。"③ 在考虑对当今世界社会主义运动的方针政策时，上述思想和战略抉择也是必须考虑在内的。

经过 30 多年来的调整和努力，美国等西方国家对中国的印象正在发生改变，即认为"中国不同于过去的苏联"的人数在增加。2005年 9 月时任美国副国务卿的佐利克在美中关系全国委员会上的演讲强调，将中国"与苏联相提并论是错误的"，中国既不谋求传播"激进、反美的意识形态"，也不认为自己要跟资本主义展开"殊死搏斗"。他说："最重要的是，中国并不认为它的未来取决于推翻国际体系的根本秩序。事实上恰恰相反，中国断定，中国的成就取决于是否

---

① 《邓小平文选》第 3 卷，人民出版社 1993 年版，第 363 页。
② 《江泽民文选》第 3 卷，人民出版社 2006 年版，第 298 页。
③ 《十六大以来重要文献选编》（下），中央文献出版社 2008 年版，第 429 页。

跟现代世界建立密切联系。"基于对中国的这一认识，佐利克提出将中国定位为是美国的"利益攸关者"。这些情况说明，新时期中国对外战略目标的调整，已被美国人，至少是一部分理性的美国人所认识、所承认，这对我们争取一个和平的国际环境是有益的。当然美国还存在对中国抱冷战思维的敌对力量，我们不能丧失警惕，并要有所准备。我们的对外政策和举动，应着眼于争取前一种理性的力量，而不要为后一种敌对力量提供借口，提供丑化妖魔化中国的把柄。

总体而言，要把对世界社会主义运动的方针政策作为中国一个"对外窗口"来做好，既要积极又要把握好分寸。考虑到世界社会主义运动成分的复杂多样性，必须采取区别对待的方针。对越、老、朝、古等四个社会主义国家，要重点处理好，要争取好的关系，又要有所警惕，不要过于强调特殊，不要期望值过高，甚至要有"应变的准备"。对于声言搞社会主义的某些拉美左翼政权，可抓住机遇，广泛开展合作。对于非法的左翼组织要特别谨慎，不要被人利用，破坏我国对外关系。对论坛式的学术集会，可积极参与，增进了解，获取信息，加深友谊，甚至还可借机宣传自己，回应西方对我国的无端攻击。至于主张建立"社会主义国际统一战线"，甚至要成立什么新的"共产国际"，这是很不现实的。我们与"大左翼"交往，目标不在追求组织上的什么"联合"、"统一"和思想上"一致"，而应本着求同存异的精神和包容的态度，重在交流情况，相互借鉴，加深了解，增进友谊，"把中国特色社会主义的朋友搞得多多的"。

四、要以开放的态度支持世界社会主义的"多样性"发展

中国在如何对待世界社会主义运动的问题上并不是"无所作为"的，但关键是必须进一步解放思想，排除"左"和右的干扰。右的干扰主要表现为不顾国情地迷恋西方体制。现在对西方资本主义的态度在舆论环境上与30年前是完全不同了：30年前流行"恐资病"，生怕沾资本主义的边；而现在"西方的月亮比中国圆"，对西方资本主义的顶礼膜拜在某些人那里已经到了狂热的程度。对此必须旗帜鲜明

地予以驳斥和反对。然而如果采取违反常识常理的反法，是反不倒这股势力的，说不定会越反越乱。

在如何对待社会主义流派的问题上，"左"的倾向集中表现为"唯我独真"，即认为只有"科学社会主义"才是"真社会主义"，而将其他社会主义流派统统斥之为"假"社会主义，不屑一顾。这种"非真即假"的简单化态度，是不科学的、非常有害的。马克思主义经典作家历来采取具体问题具体分析的态度。法国资产阶级政治家乔治·克列孟梭（1841—1929）中年时期曾经一度接受社会主义的某些观点，马克思称之为"半社会主义"。孙中山说他的民生主义（节制资本、平均地权、振兴国家实业）就是社会主义，列宁虽然说他的"防止"资本主义的理论"从学理上讲是反动的"，但并未因此就说是"假社会主义"，而称其为"主观社会主义"。对现今科学社会主义之外的许多社会主义流派，何尝不可以承认他们是自称的那种社会主义，而采取开放包容交流合作的态度呢？共产党人应当继续坚持科学社会主义，但决不能因此就否定其他社会主义力量按他们的方式对推动社会进步所起的作用。对资本主义国家的某些社会主义因素和代表人类文明进步的成果，也应取开放和借鉴态度。以包容的心态，求同存异的精神，承认有各种社会主义流派，这比只把"一大四小"（中国加越、朝、老、古）看成"真"社会主义，更能提高人们对社会主义的信念和底气。

在世界社会主义流派多彩纷呈的今天，应采取广义社会主义的概念，承认社会主义的多样性。现在社会主义这个"大左翼"，既包括各种名目的社会主义力量、社会主义流派，也包括各种社会主义模式。除了发达国家的社会民主主义、各种所谓民主社会主义之外，在发展中国家也有许多社会主义流派，如在拉美有委内瑞拉已故总统查韦斯、厄瓜多尔总统科雷亚提出的"21世纪社会主义"，玻利维亚总统莫拉莱斯倡导的"社群社会主义"、巴西劳工党提出的"劳工社会主义"等。此外，对苏联东欧剧变后放弃社会主义转向资本主义的国家，也不能简单地统统贴上"资本主义"的标签而完全加以否定，其中有的仍不乏社会主义的力量和因素。对世界上某些影响力较大的社会主义流派,可考虑作为探索社会主义的"朋友和伙伴"对待,有重点地扩大与它们的交流和合作,既为中国特色社会主义提供有益的参考借鉴,又可结交更多有影响的左翼朋友。

总体而言,我们要以开放包容的态度,支持世界社会主义"多样性"发展。中国特色社会主义是马克思主义中国化的产物,是社会主义突破"国际性"和"统一性"的束缚,向着"独立自主"、"民族特色"方向发展的必然结果。世界社会主义的"多样性"发展是一种历史进步,是时代发展的客观要求,也是社会主义的希望之所在。中国要支持世界社会主义"多样性"发展,决不扛旗、决不当头,也决不谋求向世界推广自己的发展模式。世界最终向什么方向发展,要由世界历史的发展和世界人民的选择来决定。

五、世界社会主义的未来不取决于"国际联合"而要靠"成功实证"

世界社会主义的未来并不取决于什么"国际无产阶级的联合行动"。共运历史表明,任何一国的社会主义事业,虽然离不开国际同情、支持和帮助,但它首先是在一国范围内进行的,其胜利和成功归根结底要靠自己国家的党和人民。苏东剧变的教训,最重要的一条,就是社会主义在同资本主义的长期竞争中没有形成让人民群众满意的比较优势。邓小平一再强调世界社会主义的未来,归根结底,要靠社会主义成功的实践来证明其优越于资本主义,以赢得人心民心。

邓小平一再强调说:"社会主义总的来说比资本主义优越,但要靠我们的发展来证明这一点。我们要做的事就是证明社会主义优于资本主义。……我们要做这件事,但不是几年时间就能做到的,看来要用五十至七十年。"①(这是 1986 年 12 月讲的)"我们要用发展生产力和科学技术的实践,用精神文明、物质文明建设的实践,证明社会主义制度优于资本主义制度,让发达的资本主义国家的人民认识到,

---

① 《邓小平思想年谱(1975－1997)》,中央文献出版社 1998 年版,第 370 页。

社会主义确实比资本主义好。"① 苏共消亡苏联解体之后，邓小平在南方谈话中一再强调"发展才是硬道理"。"人民，是看实践。人民一看，还是社会主义好，还是改革开放好，我们的事业就会万古长青！"②

邓小平的这些思想已为中国30多年来的实践发展所初步证明。10年前，西方媒体还在唱衰中国，中国"崩溃论"很有市场。但2008年西方爆发金融危机以来，中国经济一直保持增长，并已发展成全球第二大经济体，于是西方媒体迅速转向"拔高和热捧"中国。这虽然不乏其战略需要和某种陷阱，但首先应当说，这是中国特色社会主义确实已取得举世瞩目成就的一种反映。

这种情况集中表现在西方不少学者对研究"中国模式"显示出浓厚兴趣。最引人注目的，是曾经宣扬人类历史将以"华盛顿共识"为终结的弗朗西斯·福山。他在2009年"变调了"，反过来肯定中国模式，称中国模式为"负责任的权威体制"，并认为这种模式"也许会超过西方模式"。此外还有不少西方学者从不同角度赞扬中国模式。譬如《中国统治世界》一书的作者英国学者马丁·雅克认为，"中国的制度"不会统治世界，但会"坐上世界优秀文明前列的位置"。《大趋势》的作者、美国未来学者约翰·奈斯比特，2009年写了一本新书《中国大趋势》，提出中国模式的十大趋势，认为"中国在创造一种崭新的社会、经济和政治体制"，它"将以难以令人置信的力量影响整个世界"。英国发展问题专家库伯·雷默认为，中国模式的总特征是"权威式的管理与市场经济体制的结合"。德国社会学家韦尔策认为，"中国模式甚至有可能成为比西方模式更具魅力的模式"。西方学者对中国模式和发展道路的赞扬，不能不说是对中国特色社会主义成就的一种肯定。

20世纪80年代邓小平曾说过："到下个世纪中叶，我们可以达到中等发达国家的水平。这不但是给占世界总人口四分之三的第三世界走出了一条路，更重要的是向人类表明，社会主义是必由之路，社会

---

① 《邓小平思想年谱（1975－1997）》，中央文献出版社1998年版，第416页。
② 《邓小平文选》第3卷，人民出版社1993年版，第381页。

主义优于资本主义。"① 到那时，必将进一步证明社会主义优越于资本主义，必将进一步证明世界社会主义的未来并不是取决于"国际无产阶级的联合行动"，而是靠社会主义搞成功的实践来赢得人民的拥护。

（原载《当代世界社会主义问题》2013 年第 3 期，2014 年 5 月于洪君主编《当代世界的社会主义与资本主义》收入了此文）

---

① 《邓小平思想年谱（1975－1997）》，中央文献出版社 1998 年版，第 384 页。

论中国特色社会主义与
共产主义理想信念

——坚持和发展中国特色社会主义就是脚踏实地
迈向共产主义

题注: "共产主义" 具有广义和狭义两重含义。狭义的共产主义是指未来理想的社会制度,而广义的共产主义是指整个无产阶级的思想体系和共产主义的理想信念。这二者既不可混淆,也不可割裂或对立。我们现阶段的实际任务是建设中国特色社会主义,而绝不是就要立即实行共产主义 "社会制度",这个界限是必须划清楚和把握住的,否则就要犯超越阶段的 "左" 的错误。但共产主义的理想信念是决不可动摇的,中国共产党自成立以来的一切实际斗争和运动,尽管不同时期具体任务的性质各不相同(抗日时期是打日本,民主革命时期是推翻 "三座大山",今天是建设中国特色社会主义),但毫无疑义都是中国共产党人整个共产主义事业的组成部分。今天建设中国特色社会主义的实际任务,无论如何也就是共产主义运动在今天的任务,与整个共产主义事业是不可分割的。从这个意义上讲,今天坚持和发展中国特色社会主义就是在脚踏实地迈向共产主义。这篇接受上海《党史与党建》特约记者的专访,已在该刊 2015 年 12 月号上刊发。这里,在原稿基础上内容有增补,引文加了注,还增添了一个正标题。

记者: 党的十八大以来,习近平总书记一再强调党员干部必须坚

定理想信念。指出："理想信念就是共产党人精神上的'钙'"，"对
马克思主义的信仰，对社会主义和共产主义的信念，是共产党人的政
治灵魂，是共产党人经受住任何考验的精神支柱"。我们注意到，最
近"共产主义"成了一个备受关注的热词，引起网上的热烈讨论。您
对这场讨论是怎么看的？

　　记者：党的十八大以来，习近平总书记一再强调党员干部必须坚
定理想信念。指出："理想信念就是共产党人精神上的'钙'"，"对
马克思主义的信仰，对社会主义和共产主义的信念，是共产党人的政
治灵魂，是共产党人经受住任何考验的精神支柱"。我们注意到近来
"共产主义"成了一个备受关注的热词。请问您对此如何看？

一、"共产主义"具有广义和狭义两重含义

　　肖枫：习近平总书记高度重视并强调党员干部要坚定理想信念，
这是具有重大现实意义和深远历史意义的大事。中国共产党作为马克
思主义政党，历来很重视共产主义的理想信念。理想信念如果倒了，
党心必散，党心一散民心必散，党和国家就会分崩离析。但是，究竟
什么是共产主义，如何才能实现共产主义，并不是人人都完全搞清
楚、弄明白的事情。近来围绕"共产主义"发生的这场争论，原因虽
然是多方面的，但从认识根源上讲，与没搞清楚"共产主义"的广义
和狭义的含义有密切关系。毛泽东1940年在《新民主主义论》中曾
指出，"共产主义是无产阶级的整个思想体系，同时又是一种新的社
会制度"①。这实际上明确指出"共产主义"是有两重含义的：一是
作为"无产阶级的整个思想体系"，即广义的共产主义，是一种宇宙
观、方法论和指导思想，是我们现在必须坚持和践行的。二是作为
"一种新的社会制度"，即狭义的共产主义，虽是我们的伟大理想，但
现在还不应也不可能实行的，否则就会犯超越阶段的"左"的错误。
在近来的这场争论中，实际上是将这二者对立或混淆起来，从而使本

---

　　① 《毛泽东选集》第2卷，人民出版社1991年第2版，第686页。

不是问题的问题成为了问题。

关于共产主义，马克思和恩格斯在《德意志意识形态》中曾指出："共产主义对我们来说不是应当确立的状态，不是现实应当与之相适应的理想。我们称之为共产主义的是那种消灭现存状态的现实的运动。"① 这就是说，共产主义除了指未来理想的共产主义社会制度之外，从广义上讲，它又泛指马克思主义、共产主义、科学社会主义等整个无产阶级的思想体系，以及为实现这种思想体系而进行的社会实践，即共产主义运动。

我们党之所以叫共产党，就是因为我们奋斗的最终目标是实现共产主义社会，从事的就是共产主义事业，干的就是共产主义运动，而共产主义运动是一个很长很长的历史过程。中国共产党自成立以来的一切实际斗争和运动，尽管不同时期具体任务的性质是各不相同的，譬如抗日时期反对日本帝国主义，民主革命时期推翻"三座大山"，新中国成立后搞社会主义革命和建设，但毫无疑义都是中国共产党人为之奋斗的共产主义事业的组成部分。当然，我们今天的实际任务仍然是建设中国特色社会主义，而绝不是马上就要实行共产主义社会制度，这个界限必须划清、不能有任何混淆。但无论如何，这也就是共产主义运动在今天的任务，是与整个共产主义事业密不可分的。从这个意义上讲，我们今天所从事的事业就是共产主义事业，我们每天的生活里面实际上都少不了共产主义因素，我们坚持和发展中国特色社会主义就是在脚踏实地地迈向共产主义。

二、马克思恩格斯是如何使用"共产主义"概念的

记者：社会主义由空想发展成科学理论，是由马克思和恩格斯创立和完成的，其标志就是 1848 年《共产党宣言》的发表。自那时以来，他们是如何使用"共产主义"概念的？

肖枫：马恩对"共产主义"一词的使用是很讲科学性和辩证法

---

① 《马克思恩格斯选集》第 1 卷，人民出版社 1995 年版，第 87 页。

的。可以从这几个方面来认识：

其一，马恩坚定地选择了"共产主义"作为旗帜，并且从未想要抛弃它。《共产党宣言》是马恩受托为"共产主义者同盟"起草的党纲。当时为什么没有将这个"宣言"叫做"社会主义宣言"呢？恩格斯后来追忆性的解释说："当时，社会主义，至少在大陆上，是'上流社会'的，而共产主义却恰恰相反。既然我们自始就认定'工人阶级的解放应当是工人阶级自己的事情'，那么，在这两个名称中间我们应当选择哪一个，就是毫无疑义的了。而且后来我们也从没有想到要把这个名称抛弃。"① 但是在 19 世纪下半叶，由于一些欧洲国家还在进行反对封建专制争取民主的斗争，工人政党只能参加并领导这一斗争，进而为实现社会主义奋斗，所以当时在欧洲工人运动基础上建立起来的工人阶级政党，大都叫"社会民主党"。对此，恩格斯曾解释说：马克思和我有过一个很好的科学上很确切的党的名称（指"共产党"），可是当时没有一个真正的政党，即群众性的无产阶级政党。现在（19 世纪末）真正的政党是有了，可是它的名称在科学上是"不正确的"、"不确切的"。但是，恩格斯"容忍了"使用这个名称。他说：只要党在发展，只要它意识到它的名称在科学上是不确切的，不让这个名称妨碍它朝着正确的方向发展，社会民主党这个名称"也许还可以过得去"。② 另一方面，在不需要使用"共产主义"这个概念的地方，恩格斯又是不赞成使用的。考茨基曾于 1894 年 2 月 7 日给恩格斯写信，就他和伯恩施坦准备出版一本论"社会主义史"的丛书写信向恩格斯征求意见，恩格斯于 1894 年 2 月 13 日给考茨基回信说："'共产主义'一词我认为当前不宜普遍使用，最好留到必须更确切的表达时才用它。即使到那时也需要加以注释，因为实际上它已三十年不曾使用了。"③ 这说明恩格斯始终坚持共产主义信念，但对"共产主义"这个概念的使用是很注重科学性的。

其二，马恩将共产主义作为理想的目标，是从历史唯物主义出发

---

① 《马克思恩格斯选集》第 1 卷，人民出版社 1995 年第 2 版，第 256 – 257 页。
② 《马克思恩格斯全集》22 卷，人民出版社 1965 年第 1 版，第 490 页。
③ 《马克思恩格斯全集》第 39 卷，人民出版社 1974 年第 1 版，第 203 页。

的，始终坚持了"主题论"、"条件论"和"过程论"，并反对一切形式的唯心论。什么是共产主义？恩格斯在《共产主义原理》中的著名回答是"共产主义是关于无产阶级解放的条件的学说"①。因为无产阶级只有解放全人类，才能最终解放无产阶级自己，所以，共产主义也是关于"人类解放条件的科学"或"人的解放的学说"，用中国人的说法是"世界大同"，用国际歌上的说法是"英特耐雄纳尔"。这就是共产主义的目标或"主题论"。至于如何实现这一"主题"，马恩既是"条件论"者，也是"过程论"者。

就"条件论"而言，马恩坚持认为，只有消灭私有制、消灭阶级和阶级对立，"公共权力失去政治性质"，"国家自行消亡"了，最终才会实现《共产党宣言》中说的"自由人联合体"，即"每个人的自由发展是一切人自由发展的条件"②。这实际是共产主义的政治目标或政治纲领，也就是共产主义者的"国家观"，即"国家消亡观"。但马恩认为，私有制和阶级的存在，既是生产力发展的结果，又是生产力发展不够的结果。要消灭私有制和阶级划分，实现国家消亡，即实现"自由人联合体"这一政治目标，需要以生产力的高度发展为条件。离开了这些条件，一切都是空谈。这就是说，除政治纲领还必须有相应的经济纲领，这正如马克思1875年在《哥达纲领批判》中按唯物史观对此做出的深刻论述。马克思在这里指出，在资本主义社会和共产主义社会之间有一个"革命转变时期"，"同这个时期相适应的有一个政治上的过渡时期，这个时期的国家只能是无产阶级的革命专政。"（请注意，这里根本谈不上"自由人联合体"）。此外，未来社会在经济上有发展程度不同的两个阶段。在那"刚刚从资本主义社会脱胎出来的共产主义社会的第一阶段"（后来列宁称之为"社会主义"阶段），没有商品和货币，每一个生产者"从社会领得一张凭证，证明他提供了多少劳动"，在做了相关的扣除后，"从社会储存中领得一份耗费同等劳动量的消费资料"（这就是现在所说的"按劳分配"）。在这里，事实上"不公平"的弊病还是"不可避免的"。只有

---

① 《马克思恩格斯选集》第 1 卷，人民出版社 1995 年第 2 版，第 230 页。
② 《马克思恩格斯选集》第 1 卷，人民出版社 1995 年第 2 版，第 293、294 页。

到了共产主义社会的高级阶段，"集体财富的一切源泉都充分涌流之后"，劳动"从谋生手段成为了生活的第一需要"，社会在自己的旗帜上才能写上"各尽所能，按需分配"①。

就"过程论"而言，马克思在"两个必然"的基础上又提出了"两个决不会"的思想："无论哪一个社会形态，在它所能容纳的全部生产力发挥出来以前，是决不会灭亡的；而新的更高的生产关系，在它的物质存在条件在旧社会的胎胞里成熟以前，是决不会出现的。"②经过40多年的实践之后，1895年恩格斯在《〈法兰西阶级斗争〉导言》中作了反思性的承认：在共产党宣言发表的1848年那个年代，"欧洲大陆经济发展的状况还远没有成熟到可以铲除资本主义生产的程度"，"历史表明，我们以及所有和我们有同样想法的人，都是不对的"。"在1848年要以一次简单的突然袭击来实现社会改造，是多么不可能的事情。"③ 可见，共产主义必然是一个要经历长期发展的历史过程。恩格斯晚年还指出，资本主义在发展中有许多新的进步，他早年在《英国工人阶级状况》那本书里"所描写的那些最令人触目惊心的恶劣现象，现在或者已经被消除，或者已经不那么明显"，他强调工人运动对资本主义的认识和斗争策略要有新变化。这表明资本主义本身也会出现新的特点，共产主义的实现是长期曲折的历史过程。

其三，马恩对未来新社会的"详细情况"，历来不愿表示"预定看法"，而强调他们"没有一劳永逸的现成方案"、"没有最终目标"，"是不断发展论者"。恩格斯在1893年对法国"费加罗报"记者说："我们没有最终目标。我们是不断发展论者，我们不打算把什么最终规律强加给人类。关于未来社会组织方面的详细情况的预定看法吗？您在我们这里连它们的影子也找不到。"④ 他还说："我所在的党并没有任何一劳永逸的现成方案。我们对未来非资本主义社会区别于现代

---

① 《马克思恩格斯选集》第3卷，人民出版社1995年第2版，第314、304－306页。
② 《马克思恩格斯选集》第2卷，人民出版社1995年第2版，第33页。
③ 《马克思恩格斯选集》第4卷，人民出版社1995年第2版，第512－513页。
④ 《马克思恩格斯全集》第22卷，人民出版社1965年第1版，第628－629页。

社会的特征的看法，是从历史事实和发展过程中得出的确切结论；不结合这些事实和过程去加以阐明，就没有任何理论价值和实际价值。"① 并强调："所谓'社会主义社会'不是一种一成不变的东西，而应当和任何其他社会制度一样，把它看成是经常变化和改革的社会。"② 这就是说，共产主义是在实践中不断发展的过程，是逐步实现的改变现实的运动。我们当前坚持和发展中国特色社会主义，就是在脚踏实地迈向共产主义。

三、列宁从"战时共产主义"实践中全面总结经验教训

记者：在马克思和恩格斯之后，列宁是如何丰富和发展"共产主义"的相关理论的，他对"共产主义"有哪些具体认识？

肖枫：列宁是第一个将科学社会主义从理论变成现实的无产阶级领袖。他根据自己领导苏维埃社会主义建设短暂的实践，丰富和发展了马克思和恩格斯的相关理论，为无产阶级后续的革命和建设提供了宝贵的实践经验和理论财富。

十月革命胜利后，苏维埃政权于1918年实行"战时共产主义"政策。这一政策将工业全面实行"国有化"，取消商品贸易和货币流通，对粮食和日用工业品实行配给制，并推行劳动义务制。这里的中心问题是从农民手里获得粮食的"特殊方式"，——按列宁的说法，不是"买"（不是通过贸易交换），而是"拿来"的，"从农民手里拿来了全部余粮，甚至有时不仅是余粮，而是农民的一部分必要的粮食"③，以便供给军队和养活工人。通过这些政策和措施，虽然保障了苏维埃政权军事上的胜利，但因损害了农民利益，违背了经济发展的客观规律，引发了严重的经济政治危机。结果粮食产量不及战前的一半，日用物品严重缺乏，人民生活困苦引发群众严重不满。1921年春天不少城市爆发了工人罢工和抗议游行，农民频繁暴动，甚至连一向

---

① 《马克思恩格斯选集》第4卷，人民出版社1995年第2版，第676页。
② 《马克思恩格斯全集》第37卷，人民出版社1965年第1版，第443页。
③ 《列宁全集》第41卷，人民出版社1986年第2版，第208页。

支持布尔什维克党的水兵也发生了反政府的兵变。事件虽然平息下去了，但苏维埃政权面临的生存威胁，逼迫苏维埃政权必须改变政策。1921年3月俄共（布）十大不得不决定结束"战时共产主义"政策，转而采取新经济政策。

记者：那么，列宁从"战时共产主义"的实践中对如何搞社会主义获得了什么新认识呢？

肖枫：列宁很重视从"战时共产主义"政策中吸取教训。这就是必须将"共产主义"的广义和狭义两重含义严格区别开来。1923年1月，列宁强调应向农村传播"共产主义"思想。但是为避免产生误解，他赶快做了"声明"："说了'共产主义'这几个字，我要赶快声明一下，以免引起误会或过于机械的理解。决不能把这话理解为我们应当马上把纯粹的和狭义的共产主义思想带到农村去。在我们农村中奠定共产主义的物质基础之前，这样做对共产主义可以说是有害的，可以说是致命的。"他接着强调："不能这样做。应当从建立城乡间的交往开始，决不给自己提出向农村推行共产主义这种事先定下的目标。这种目标现在是达不到的。这种目标是不合时宜的。提出这种目标不但无益，反而有害。"①

列宁从"战时共产主义"政策中吸取的更全面而深刻的教训是，"我们对社会主义的整个看法根本改变了"。② 这种改变，归纳起来主要表现在：

一是，在国内建设实践中，列宁"发现"并强调了"物质利益原则"，从而改变了先前否定物质利益原则、否定商品货币和市场的传统观念，并相应采取了一些新的政策和措施。承认"个人利益"原则，并实行"同个人利益相结合"，实际上是新经济政策与战时共产主义的根本区别之所在，是反映列宁晚年对社会主义认识发生根本改变的极重要的方面。在战时共产主义时期，苏维埃政权是完全否定这一原则的，产品的生产和分配按共产主义原则靠"国家直接下命令"的办法来实行。列宁明确表示这么做是"我们错了"。从1921年开始

---

① 《列宁全集》第43卷，人民出版社1987年第2版，第359页。
② 《列宁全集》第43卷，人民出版社1987年第2版，第367页。

实行的新经济政策，对工业企业重新实行非国有化，承认商品货币作用，大力发展商业，实行租让制，同资本主义国家开展经济交往，等等。这些政策措施之所以迅速有效，就在于它反映了不依人们意志为转移的客观规律的要求，即社会主义不能完全否定个人利益，必须承认它，实行"同个人利益相结合"的原则，并把握好"私人利益服从共同利益的合适程度"。① 列宁对"物质利益原则"（或"同个人利益相结合"原则）的"发现"具有非常重要的理论和实际意义。他说，"由于不善于实行这个原则，我们每走一步都吃到苦头"，这是"许许多多社会主义者碰到的绊脚石"。列宁逝世之后的几十年来社会主义国家建设的实践，一再证明了这一原则所体现的客观规律性和不可抗拒性。

二是，在建设指导思想上，列宁认识到落后国家搞社会主义的艰巨性和长期性，改变了"共产主义很快会到来"的估计，强调必须正确对待资本主义，利用资本主义来建设社会主义。十月革命胜利后，列宁对资本主义的灭亡和共产主义的胜利，曾经做了过于乐观的估计，他曾多次强调共产主义即将到来。1920 年他甚至预言现在 15 岁的这一代人，"再过 10—20 年就会生活在共产主义社会里"②。实行新经济政策后，列宁强调新经济政策不是"权宜之计"，而是"必须认真和长期地实行的政策"，在经济建设这条战线上，"我们应当慢慢地、逐步地——图快是不行的"③。列宁指出，"资本主义是祸害，社会主义是幸福，这种议论是不正确的"④。列宁还说，从资本主义走上接近共产主义的社会需要有"一个漫长而复杂的过渡"，"资本主义社会愈不发达，所需要的过渡时间愈长"⑤。

三是，在对外政策方面，列宁调整了"唤起世界革命"的战略，提出了与资本主义国家"和平共处"的思想，以及"与世界相联系"的思路，为苏维埃俄国的一国建设社会主义创造了最起码的国际条

---

① 《列宁全集》第 42 卷，人民出版社 1987 年第 2 版，第 176、190、191 页。
② 《列宁全集》第 39 卷，人民出版社 1986 年第 2 版，第 311 页。
③ 《列宁全集》第 41 卷，人民出版社 1986 年第 2 版，第 335、336 页。
④ 《列宁全集》第 41 卷，人民出版社 1986 年第 2 版，第 217 页。
⑤ 《列宁全集》第 42 卷，人民出版社 1987 年第 2 版，第 183 页。

件。十月革命胜利初期，列宁坚持将俄国革命的命运与世界革命的发展联系在一起，然而实际情况是世界革命高潮并未如期到来，在这种情况下，列宁提出了与资本主义世界"和平共处"的思想，并论证了这一思想的客观基础是"世界共同的经济关系"，强调"和平共处"也是社会主义国家生存的需要，"社会主义共和国不同世界发生联系是不能生存下去的，在目前情况下应当把自己的生存同资本主义的关系联系起来。"[①] 他调整对外政策，虽然主要是为了解决处于资本主义包围中的社会主义的生存问题，但也包含了要利用资本主义国家的资金、技术和一切进步的东西来为社会主义服务的思想。他还强调说："社会主义能否实现，就取决于我们把苏维埃政权和苏维埃管理组织同资本主义最新的进步的东西结合得好坏。"[②]

四、斯大林急于向"共产主义"过渡的教训极为深刻

记者：斯大林也是谈论"共产主义"绕不开的一个人物，他对"共产主义"有哪些认识？

肖枫：1924 年列宁逝世后，斯大林在领导苏联社会主义建设中形成了一套高度集中的经济政治体制，通称之为"斯大林模式"。这种在资本主义包围、时刻面临战争威胁的环境中，建立起来的一种排斥市场、实行统一计划、由国家直接管理、高度集中的经济政治体制，是从"应急性思路"出发提出的"战时动员型模式"，可以说，是迫于形势和任务急需的一种选择。虽然发生过不少严重问题和错误，但苏联只用了不到三个"五年计划"的时间，走完了欧美国家通常需要几十年、甚至上百年才能走完的工业化路程，为战胜法西斯打下了物质基础，发挥了不可否定的历史作用。但是这一体制后来失去活力，变成了束缚和阻碍生产力发展的桎梏。此外，苏共指导思想上长期急于求成、脱离实际、超越发展阶段，是苏联社会主义建设中极为深刻的历史教训。斯大林 1936 年宣布已"建成了社会主义"，1939 年提出

---

① 《列宁全集》第 41 卷，人民出版社 1986 年第 2 版，第 167 页。
② 《列宁全集》第 34 卷，人民出版社 1985 年第 2 版，第 170－171 页。

"向共产主义过渡"。第二次世界大战中断了这一过渡，战后的1952年又恢复了"向共产主义过渡"的口号。1959年赫鲁晓夫宣布苏联进入"全面开展共产主义建设时期"，1961年他又提出要在20年内"基本建成共产主义"，人均产值要超过美国。勃列日涅夫修改了赫鲁晓夫的估计，但仍认为已处于"发达社会主义"阶段。安德罗波夫时期又改为苏联处于"发达社会主义阶段的起点"。这说明苏共思想上长期受"左"的影响。

苏共长期思想僵化，将对马克思主义教条化的理解当成社会主义的"固有规律"和"本质特征"来固守，并将一些思想理论观点绝对化和神圣化。特别是在后来时代发展科技革命的新情况下，苏联仍不思改革，并走上了与美国争夺世界霸权的道路，同美国大搞军备竞赛，超出了国防安全需要和国家可承受的能力，使本已畸形僵化的模式变成了严重的体制障碍。结果如邓小平所说，"社会主义究竟是什么样子，苏联搞了很多年，也并没有完全搞清楚"。加上后期戈尔巴乔夫放弃马克思主义、放弃社会主义而实行改旗易帜的右，终于酿成了苏联亡党亡国的悲剧，苏联模式也随之彻底退出了历史舞台。

五、中国特色社会主义离"共产主义"远了还是近了？

记者：在一百多年的国际共产主义运动中，共产党人事实上有过对实现共产主义的时间估计不足的问题，存在着想尽快过渡到共产主义的问题。邓小平曾说过："搞革命的人最容易犯急性病。我们的用心是好的，想早一点进入共产主义。这往往使我们不能冷静地分析主客观方面的情况，从而违反客观世界发展的规律。"很显然，革命的"急性病"是要不得的，但共产主义理想信念是决不可动摇的。如何看待和处理好这二者的关系呢？

肖枫：邓小平曾高屋建瓴地指出：我们的经验教训有许多条，"最根本的一条经验教训，就是要弄清什么叫社会主义和共产主义，怎样搞社会主义。"① 过去长期没完全搞清楚这个基本理论问题，从指导思想上来说，就是急于求成，总想早些过渡到共产主义。为了从根本上彻底克服这种急性病，邓小平甚至用了这样极致性的语言："巩固和发展社会主义制度，还需要一个很长的历史阶段，需要我们几代人、十几代人，甚至几十代人坚持不懈地努力奋斗，决不可掉以轻心。"② 邓小平这里强调的是"决不可掉以轻心"，要有子子孙孙接力奋斗的愚公移山精神。他在别的场合又强调共产主义理想是我们的精神支柱，决不能动摇。1985 年邓小平会见非洲客人时强调，"马克思主义的另一个名我们词就是共产主义。我们多年奋斗就是为了共产主义，我们的信念理想就是要搞共产主义。在我们最困难的时期，共产主义的理想是我们的精神支柱，多少人牺牲就是为了实现这个理想。"他还明确论述了完成当前社会主义的任务，就是为实现共产主义创造物质基础。他说，"共产主义是没有人剥削人的制度，产品极大丰富，各尽所能，按需分配。按需分配，没有极大丰富的物质条件是不可能的。要实现共产主义，一定要完成社会主义阶段的任务。社会主义的任务很多，但根本一条就是发展生产力，在发展生产力的基础上体现出优于资本主义，为实现共产主义创造物质基础。"③ 这就是说，正确认识社会主义的长期曲折性，与坚持共产主义理想信念，以及完成当前社会主义阶段的任务，这三者不是矛盾的，而是完全一致的。

记者：但是有人还是觉得现在的中国特色社会主义似乎离共产主义更远了。你认为是远了还是近了？

肖枫：我们离共产主义是远了还是近了，实现共产主义的进程是快了还是慢了，这不是由人们的主观愿望决定的，而是要看是否符合客观规律、符合客观实际。因为共产主义是科学的理想和信念，它是一定要实事求是、符合客观实际才能实现的。

共产主义实现进程的快慢，虽然不取决于人们的主观愿望，但人们对社会主义的认识是否符合客观实际，是会直接影响社会主义、共

---

① 《邓小平文选》第 3 卷，人民出版社 1993 年版，第 223 页。
② 《邓小平文选》第 3 卷，人民出版社 1993 年版，第 379－380 页。
③ 《邓小平文选》第 3 卷，人民出版社 1993 年版，第 137 页。

产主义事业的发展的。过去社会主义国家发展得不快，或者遭受束缚和阻碍，就是因为我们对社会主义的认识脱离了实际。譬如中国改革初期有的农村规定养三只鸭子是社会主义，四只鸭子就是资本主义；雇工不超过 20 人是社会主义，否则就是资本主义。这类关于"社会主义"的观念，现在是当作笑话来讲了，但在当年却如同孙悟空头上的"紧箍咒"束缚着人们的思想。所以邓小平很强调要搞清楚"什么是社会主义、如何建设社会主义"这个基本理论问题。

胡乔木 1990 年谈到一百多年来共产党人"对社会主义认识上的进步"，相当概括和深刻。他说，关于社会主义这个概念，在一百多年时间特别是近十多年间已经发生了重大的变化。科学社会主义理论，或者说社会主义基本原理，绝不是也不可能是一次完成的，现在也没有完成，只是"已有很大进步"。他所说的"进步"是什么？他认为，斯大林、毛泽东、赫鲁晓夫等人当年都曾将"向共产主义过渡"作为"当前必须解决至少必须和可能立即准备解决的任务"来对待的。而现在已认识到社会主义要经历很长的时间，由社会主义过渡到共产主义的时间"由短变长"了，达到共产主义目标的时间"由近变远"了，对社会主义成熟程度的要求"由高变低"了（由不承认商品经济到承认社会主义市场经济、由追求单一公有制到承认多种所有制共同发展），对"按劳分配"的认识也一再发生变化（由批其是"资产阶级法权"转到承认其是"社会主义"分配原则，再到同时承认"非按劳分配"仍有存在的需要）。① 这些看起来是"倒退"的事情，其实是认识上的"进步"。现在对社会主义、共产主义的认识，在思想认识上更实事求是、更接近实际了，这对搞好社会主义、将来实现共产主义是必须的、有利的。这样，看起来共产主义离我们更远了，但实际上是更近了。事实也证明，中国近三十年的发展变化，使中国人民摆脱贫困过上温饱的日子，生活更幸福了。这些举世瞩目的事实，证明中国离共产主义是更近而绝不是更远了。

---

① 《胡乔木文集》第 2 卷，人民出版社 1993 年第 1 版，第 665 - 666 页。

六、中国特色社会主义的理论渊源与历史方位

记者：苏联解体后，中国坚持社会主义不动摇，并加快改革开放，使社会主义出现了"柳暗花明"的新局面。一个不同于传统社会主义模式的"中国特色社会主义"新体制已经形成。那么，如何认识中国特色社会主义与"共产主义"的历史和理论渊源呢？

肖枫：习近平总书记强调，科学社会主义的基本原则不能丢，丢了就会丧失根本。但这些原则的实际运用，正如马克思恩格斯所说的"随时随地都要以当时的历史条件为转移"。由于"时空条件"的不同，中国特色社会主义是中国化马克思主义的最新成果，是科学社会主义发展的新阶段，它源于但已不同于传统的社会主义，这是扎根于中国大地并具时代特征的社会主义，本质上是"落后国家建设社会主义的理论"，而且相当长时间内（至少一百年内）是"初级阶段的社会主义"，不是别的什么社会主义。

今天中国的这种社会主义，一个最突出的特点就表现在"如何对待资本主义"的问题上。由于中国特色社会主义理论，有"社会主义初级阶段"理论，明确了在现阶段不是要彻底消灭资本主义，而是要利用资本主义来建设社会主义，所以它与一切传统的社会主义——无论是马克思恩格斯论述的"经典的社会主义"，还是苏联那种"正宗的社会主义"——都是很不相同的。另一方面，因为中国特色社会主义坚持了科学社会主义基本原则，它是社会主义，而绝不是资本主义。

"初级阶段的社会主义"意味着什么？这就是说，它现在不仅不是共产主义，而且还不是发达成熟的社会主义，这就从根本上解决了犯超越发展阶段，急于向共产主义过渡的错误。当前中国既定的基本经济制度是——既不搞单一的公有制，又不搞私有化，而是实行公有制为主体，多种所有制共同发展的混合经济制度。这与传统社会主义是很不相同的。这是由中国的具体国情和当今时代特征决定的，是经过正反两方面历史经验教训检验的结果。一句话，是具有历史必然性

和正当性的，是任何势力、任何力量休想改变得了的。

但是，有些人对此不放心，也总有些人喜欢在"共产"上做文章。其实稍有历史经验和理论常识的人都会明白这种说法是没有道理没有根据的。《共产党宣言》虽然明确宣布"共产党人可以把自己的理论概括为一句话：消灭私有制"，但这是最终目标，并且是有条件的。正如恩格斯在《共产主义原理》中所指出的，"不能一下子就废除私有制"，"正像不能一下子就把现有的生产力扩大到为实行财产公有所必要的程度一样"，"只能逐步改造现社会"①。后来恩格斯在《流亡者文献》、《反杜林论》等著作中，进一步阐述了"废除私有制"、"消灭阶级差别"、"由社会占有全部生产资料"，"只有在实现它的物质条件已经具备的时候，才能成为可能，才能成为历史的必然性"②。只有在"生产力高度发达"的条件下，"阶级差别的消除"才能成为"真正的进步，使得这种消除可以持续下去，并且不致在社会的生产方式中引起停滞或甚至倒退。"③这就是说，废除私有制、消灭阶级，绝不是以人们的主观愿望为转移的。苏联和中国历史上曾经犯过的不顾生产力发展水平而一味追求生产关系"一大二公"的"左"的教训，严重束缚和破坏了生产力的发展的教训，从反面证明了恩格斯这一思想的正确性。现在的中国特色社会主义，就是从这些正反历史经验教训中总结得出的结论，是历史发展的必然，是任何人、任何力量都难以改变的。我们党的决议中明确规定，依法保护公有和非公有的财产权，其中就包括了保护各种私有的财产权。这一切表明，坚持共产主义远大理想与我们当前践行中国特色社会主义是完全一致的，决不会允许出现过去那种追求纯而又纯的社会主义、急于过渡到共产主义的极"左"错误。

中国已将非公有制经济成分看成是社会主义经济的组成部分，并

---

① 《马克思恩格斯选集》第 1 卷，人民出版社 1995 年第 2 版，第 239 页。
② 《马克思恩格斯选集》第 3 卷，人民出版社 1995 年第 2 版，第 631 页
③ 《马克思恩格斯选集》第 3 卷，人民出版社 1995 年第 2 版，第 273 页。

将新涌现的"六个社会阶层"定性为"中国特色社会主义的建设者"①。在国际上，中国改变了与资本主义"不共戴天"的旧观念，树立起了与不同社会制度和发展道路国家"彼此尊重，长期共存，在竞争比较中取长补短，在求同存异中共同发展"的新观念。中国已融入世界经济体系，正在形成"你中有我，我中有你"的命运共同体，中国要善于正确处理好同资本主义的关系，利用资本主义来建设社会主义。近年来，习近平总书记多次强调：道路决定命运。改革开放 37 年来，中国已发展为全球第二大经济体，中国用几十年时间走完了发达国家几百年走过的发展历程。这充分说明，中国人民正走在正确的道路上。没有任何理由，也没有任何力量能改变中国人所走的道路。我们对此一定要有自信，要理直气壮地坚持中国特色社会主义道路，这本身就是在脚踏实地迈向共产主义。

需要强调的是，实现共产主义远大理想，也绝不是"土豆烧牛肉"那么简单，不可能唾手可得、一蹴而就。正如习近平同志所指出的，"想一下子、两下子就进入共产主义，那是不切实际的。必须认识到，我们现在的努力以及将来多少代人的持续努力，都是朝着最终实现共产主义这个大目标前进的"。实现共产主义是我们共产党人的最高理想，而这个最高理想是需要一代又一代人接力奋斗的。他还强调"我们现在坚持和发展中国特色社会主义，就是向着最高理想所进行的实实在在努力"。这就是说，坚持共产主义远大理想与我们当前搞好中国特色社会主义是完全一致的。我们要矢志不移地贯彻执行党在社会主义初级阶段的基本路线和基本纲领，做好当前每一项工作。

---

① 2002 年党的十六大政治报告指出："在社会变革中出现的民营科技企业的创业人员和技术人员、受聘于外资企业的管理技术人员、个体户、私营企业主、中介组织的从业人员、自由职业人员等社会阶层，都是中国特色社会主义事业的建设者。"这就是通常所说的新出现的"六个社会阶层"。

回忆与思考：新时期中联部的转折与创新

中联部去"神秘化"
开"新局面"

　　"中联部"全称是中国共产党中央对外联络部，它是中国共产党中央设立的从事与国外联络交往的一个职能部门，也可以说是中国共产党的"外交部"。但是在 1971 年公开挂牌之前，它是很神秘的。人们不仅不知道它是干什么的，甚至连名称、地址都是不公开的。它对外叫"复兴大路十八号机关"，你要找这个机关，连警察都未必能找得到。媒体公开报道其领导人的活动时，都说是"中共中央有关部门负责人"。

　　中联部的公开和转变，一般认为是从 1971 年耿飚担任中联部部长之后开始的。当年 3 月的一次外事活动，首次报道其"中共中央对外联络部部长"的身份，9 月 25 日即国庆之前中联部大门外正式挂出了机关名称的牌子。事情的发展的确如此，然而这绝不是耿飚个人可以决定得了的事情。应当说，这归根结底是贯彻中央和周恩来总理的意图。何以这么看呢？一是，耿飚中联部部长的身份实际是周总理决定公开的，而不在于耿飚本人。1971 年 3 月 9 日《人民日报》报道周恩来率中国党政代表团访问越南的新闻中说，代表团成员中有"中共中央对外联络部部长耿飚"。这是首次公开了"中共中央对外联络部"的名称及耿飚的中联部部长身份。另一个事实是，这是周总理决定打破中联部只同共产党交往的传统，扩大中联部工作对象的范围的客观要求。

1971 年 3 月 9 日《人民日报》报道了周总理率领的中国党政代表团访问越南后回国的消息，其中首次公开了"中共中央对外联络部"的名称及其部长耿飚的身份

1973 年 6 月周恩来会见来访的阿根廷正义党领袖庇隆夫人伊莎贝尔时，指定中联部部长耿飚参加会见，并向客人介绍了耿飚的中联部部长的身份和中联部的工作情况。阿根廷正义党并不是共产党，并不是中联部工作的范围，按过去的惯例是不需要请耿飚参加的。周总理的这一新举动，显示了他的新意图，是要进一步扩大中联部的工作对象和交往的范围。这与公开中联部的名称联系起来看，中央和周总理的意图就很清楚了。由此可见，中联部由"神秘封闭"走向"改革开放"，这是大势所趋，是形势发展的必然。

1976 年粉碎"四人帮"之后，特别是 1978 年党的十一届三中全会之后，党的对外工作发生了一系列重大的变化。简而言之，就是由过去"战争与革命"年代那种"支持世界革命"的神秘的"党的对外工作"，转变发展成中国特色"政党外交"了，成为国家"总体外交"的重要组成部分。党的对外工作之所以会发生这么大的转变，首先是起因于指导思想的转变。随着党的对外工作总指导思想、根本任务、工作宗旨的转变，党的对外工作各个方面发生了一系列重要的转变和突破。简而言之，三十多年来实现了"四个历史性转变与突破"：一是在指导思想上，实现了从"支援世界革命"到以国家利益为最高准则、服务于国家总体外交的历史性转变与突破。二是党的对外交往原则，实现了从"以我划线"到党际关系四项原则的历史性转变与突破。三是，在交往对象上，实现了过去只同共产党交往，到超越意识形态差异，同世界各类主流政党全方位交往的历史性转变与突破。四是，在交往内容和形式上，实现了过去以意识形态为主、参与部门较少，到广泛交流、党的各级组织有序参与的历史性转变与突破。

新时期中国共产党每一次党的代表大会，几乎都会在党的对外工作领域提出新的要求或方针原则。1982 年中共十二大首次提出了党际交往的"四项原则"，即"独立自主、完全平等、相互尊重、互不干涉内部事务"，在此基础上发展与"外国共产党和工人政党"的关系。当时的提法还有个前提，即"在马克思主义基础上"，并且还仅限于"共产党和工人政党"。到了 1987 年中共十三大，这个问题上的提法发生了新变化。这就是，将党际关系"四项原则"扩大到适用于"其他政党"（不仅限于"共产党和工人政党"），而且删除了"在马克思主义基础上"的意识形态前提。1992 年中共十四大，在党际关系上提出"本着求同存异的精神"同"各国政党建立和发展友好关系，增进相互了解和合作"，这里除增加了"本着求同存异精神"之外，明确提出"同各国政党建立和发展友好关系"。1997 年中共十五大进一步提出同"一切愿与我党交往的各国政党""发展新型党际关系，促进国家关系的发展"。这充分说明，党的对外交往工作是逐步转变和不断发展的。

理论源于实践，并要接受实践的检验。在党的对外交往实践不断发展的基础上，党的对外交往理论也获得了充实和发展，并已逐步形成了体系。据个人的研究和体会，现在党际交往的理论体系已逐渐形成，这个理论体系绝不仅仅限于党际关系"四项原则"，而是包括了以下四个方面的内容。这就是：以党际交往的"四项原则"为交往准则，以"求同存异"增进了解和合作为交往方针，以互利共赢寻求和扩大共同利益为交往宗旨，以灵活多样的交流合作为交往形式，以期全面推进中国共产党与世界各类政党关系的发展。与此同时，中联部的主体业务的范围也全面扩大了，这集中表现为"四抓"。一是突出优势特色"抓政党交往"，努力推动国家关系长期稳定发展，为国家关系在"政府渠道"之外增辟了"第二管道"；这意味着同中国发展关系，只有政府间的"外交关系"而没有与中国的执政党——中国共产党的"政党交往"关系，其与中国的关系还是"不完全的"。二是紧贴中央关切"抓调查研究"，发挥参谋助手作用，为中央把握国内国外"两个大局"当耳目出主意。三是坚持数量和质量并重"抓人脉交朋友"，重在思想沟通增进友谊，不断积累知华友华力量，这是在国家关系上抓长远、抓稳定、抓未来的举措。四是围绕软实力建设"抓形象讲故事"，促进世界了解中国、了解中国共产党，推动中国进一步走向世界。以上这些理解和解释，个人色彩很重，决不能代表官方的标准解释，仅供读者参考。

总之，在这些重大问题突破创新的基础上，原来党的对外工作已转变成新型的党际关系，转变成"中国特色政党外交"了，中联部也已成为"中国共产党的外交部"。所谓"中国特色政党外交"，简而言之，就是以党的创新理论为指导思想、以国家利益为最高准则、以服务于国家总体外交为直接目标、并以为国内社会主义建设争取和平有利的国际环境为长期战略任务的一种新型的党际交往关系。这种去神秘化的"中国特色政党外交"已经取得了显著成效，是符合政党政治时代的国际潮流的，是国家总体外交的重要组成部分，并已产生了深远的国内外影响。

现在国际上普遍认为，同中国发展关系，如果只有政府间的外交关系，而没有同中国的执政党——中国共产党保持和发展关系，同中国的关系就是"不完全的"。因此，世界各国在与中国保持和发展政府间外交关系的同时，普遍愿意同时与中国共产党保持和发展政党之间的关系。现在包括美国的民主党和共和党都与中国共产党有联系，于是中国共产党在世界上已经同160多个国家和地区的600多个政党和政治组织保持着不同形式的交往和联系。中国共产党的政党外交已经形成了以各国执政党、参政党、合法在野党和政党国际组织为主要交往对象的全方位、多渠道、宽领域、深层次的新格局。一种既符合我国总体外交发展需要，又顺应当今世界政党政治发展大势的中国特色政党外交的新格局已经形成。

回顾耿飚部长率中联部同志
在粉碎"四人帮"斗争中的作用
——为纪念中联部建部 60 周年而作

耿飚部长 1971 年来中联部，1979 年离中联部进入中央，在中联部足足干了 8 个年头。他在中联部这 8 年里，正是党和国家最危难的时期。他光明磊落、浩然正气、坚持原则、巧于周旋，机智果断地干了许多大事。但是影响最大、最令人难忘的，要数在 1976 年我们党与"四人帮"的斗争进入尖锐化的关键时刻，直接参与了粉碎"四人帮"的伟大斗争，率中联部同志在粉碎"四人帮"那场斗争中发挥了作用。我在那场斗争中，被抽调到他身边工作，后又随他到中央宣传口工作了一年有余。20 世纪 90 年代他写回忆录时，再次把我找去，协助他整理进驻广播事业局、控制电台与电视台的那场斗争。这样，我在他身边工作的时间虽只有一年多，但断断续续的"时间跨度"竟达十余年。在耿飚同志诞辰百周年之际，我曾发表过一篇追忆他的文章，现在中联部成立 60 周年的日子即将来临，我想再追忆他率中联部同志在粉碎"四人帮"斗争中所发挥的作用，这对于了解和研究中联部那段历史，乃至是党史和国史都会是件有意义的事情。

拿着华国锋"手令"，掌控电台、电视台

关于这一事件，耿飚在自己的回忆录中已有较完整的回忆。这里，仅就人们关心的几个问题，将我所知道和记得的事情，作简要回忆和记述，并就有些问题谈谈个人的认识和看法。

1. 耿飚为什么在90年代特别重视回忆和整理这段历史？这首先是因为这是我们党和国家历史上具有重大历史意义的事件，也是耿飚个人历史上很值得记载的光彩一笔。据我所知，1989年4月18日他将办公室从全国人大搬到家里，开始了离休生活，有时间和条件来回忆整理过去的事情了。所以20世纪90年代初，他把我找去，开始做这项工作。决定做这件事情时，他还在自己景山前街的寓所搞了个小型"座谈会"，除了我和他当时的秘书蔡华同外，还请了有关的当事人来参加，我记得至少有张香山、邱巍高等同志。耿飚说，如果不抓紧，时间久了，许多事情就忘记了。此外，他想尽快将这段历史的"正版"弄出来，是因为他对各种报章杂志和书籍中有关"耿飚占领电台"之类的文字很不满意。他说，许多东西是胡编瞎说的，严重违背了历史事实。譬如有文章讲，耿飚"带了"一个营的兵力去占领电台，哪有这回事？守卫电台、电视台的警备部队有很高的政治觉悟，根本不需要我带部队去进行军事占领，也不必用别的部队去替换原来的部队。守护电台、电视台还是原班人马，只是加强了领导，派去了北京卫戍区的副司令员邱巍高、警备一师的副师长王甫。如果是从外面"带"兵进去，不必说一个营，就是一个排、一个班也会察觉出异常来了。再说，所谓"占领"也是不妥当的误传。当时广播事业局虽然和其他新闻单位一样被"四人帮"所控制，但是广大干部群众是听从党的领导和不满意"四人帮"的。我们进驻后，广大干部群众很配合、很高兴，就很能说明问题。当然，"四人帮"在宣传舆论阵地经营了十多年，会不会有他们的余党、死党、亡命之徒要狗急跳墙呢？这是不能不防的。电台、电视台的传播速度那么快、传播范围那么广，影响非常之大。一旦出了事，就会打乱党中央的战略部署，所以

必须高度警惕，加强控制，包括要采取一些特殊的军事措施和手段，这是情理之中的事。但是无论如何，这同战争年代打仗是很不一样的，这是一场特殊的战斗。

2. 华国锋与耿飚是怎样相知相交、相互信任的？有人说是叶剑英向华国锋推荐了耿飚，如果所谓"推荐"是指叶剑英向华国锋讲述过耿飚"可信任"之类好话，那是可能可信的。因为在1946年北平军调处工作时期耿飚就曾是叶剑英的部下，叶对他很了解。28年后，在1974年的所谓"批林批孔"运动中，他们俩又同是"四人帮"的攻击目标。1974年农历正月初二的"1·24"军队"批林批孔"动员大会是整叶剑英的；正月初三的"1·25"中直机关和国家机关的"批林批孔"动员大会，通过中联部一个造反派的发言又整了耿飚。这使他们的关系更亲近更紧密了。1976年1月周恩来总理逝世后，叶帅被靠边站，到西山去"养病"了，4月耿飚夫妇到西山去看望了叶剑英，这表明他们是心心相印、志同道合的。

但是，如果说华国锋对耿飚的了解，完全是凭叶剑英的推荐，甚至说是"叶帅点的将"，那就未必符合实际情况了。华国锋本人对耿飚早有了解，知道耿飚与"四人帮"不是"一路的"。记得耿飚曾对我说过，周总理曾就他1974年主持"1·25"大会时让造反派发言攻击耿飚"表示歉意"，而耿飚的回答是："这件事和你无关，不过这倒对我还有好处"。周总理听耿飚这么说就惊奇地笑问"有何好处？"耿

1997年，华国锋到驻地看望88岁高龄的耿飚

飚解释说："整他"就是"帮他"同"四人帮"划清了界线。"过去有些老战友对我有误解，不理睬我，以为我跟'四人帮'是一伙的，那次大会后明白了真相，反而同我更亲近了"。我认为，"四人帮"整耿

飚，也"帮助"了华国锋认识和了解耿飚。2007年3月6日华国锋看过《耿飚将军》画册之后，曾给耿飚夫人赵兰香"题词"，"题词"说："根据我平时的了解我已内定在将'四人帮'隔离审查后，拟派耿飚同志立即进驻新闻舆论宣传各单位"。这里，华国锋亲笔书写出"根据我平时的了解我已内定"这么明确肯定之语，足见华国锋对耿飚的充分信任。这说明，在粉碎"四人帮"的斗争中，让耿飚担负进驻广播事业局、接管控制电台电视台等任务，是华国锋"自主内定"的。要说"点将"，也是华国锋自己"点的将"。

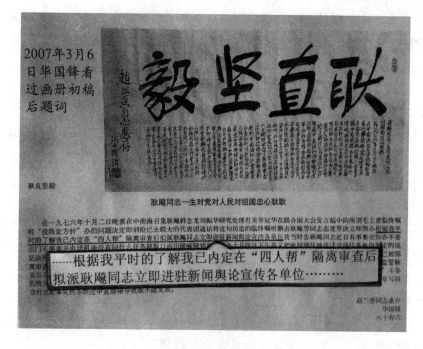

2007年3月6日，华国锋看过耿飚画册初稿后的题词《耿直坚毅》的手迹。这是耿飚与华国锋及粉碎"四人帮"斗争关系的权威性证据

3. 华国锋与耿飚首次深谈：为什么必须删除"按既定方针办"。1976年国庆节过后的10月2日晚上，耿飚突然接到华国锋打来的电话，要他去国务院会议厅东厢房会议室商量事情。耿飚到那里时，外交部的韩念龙、刘振华两位副部长已经先到了。

华国锋让他们坐下来，开门见山地说："你们都来了，好！想和你们商量解决一个问题。乔冠华（外长）在联合国大会的发言稿上，提到了'毛主席的临终嘱咐'、'按既定方针办'。我昨天见到这个送审稿时，在稿子上批了几句话。我说发言稿中引用毛主席的话，经我查对，与毛主席亲笔写的错了三个字。毛主席写的和我在政治局传达的都是'照过去方针办'，为了避免再错传下去，我把它删去了。但是，乔冠华9月30日已去联合国，10月4日要发言，他带去的稿子上并未删去那句话，你们看用什么办法把他的发言稿中'按既定方针办'那句话去掉，时间还来不来得及？"耿飚说："因为时差的关系，纽约比北京晚12小时，所以离发言还有两天时间，完全来得及。"研究的结果是由韩念龙、刘振华回外交部去打电话，通知乔冠华在发言稿中删去这句话。

韩、刘两位走后，耿飚就问华国锋，从字面上看，"照过去方针办"和"按既定方针办"差别并不大，为什么要去掉这句话？

华国锋说："毛主席没有什么'临终嘱咐'，不应该这么说。1976年4月30日晚，毛主席会见外宾，等外宾走后，我向他汇报了各省的情况。当时毛主席讲话时发音已不太清楚，他怕我听不清，就用铅笔写了几张字条给我看，其中有一张写的是'照过去方针办'。这根本不是什么临终时的嘱咐，而是针对我汇报的具体问题，对我个人的指示。现在他们把六个字改了三个，把4月底对我讲的变成了'毛主席的临终嘱咐'。他们可以利用这句抽象的'临终嘱咐'随心所欲，呼风唤雨，进可以击人，退可以护己，永远立于不败之地。这样，他们就可以把他们干的许多毛主席不同意的事情，都说成是按毛主席的既定方针办了。他们就有了政治资本了嘛！"

耿飚听了这番解释，明白了"四人帮"的险恶用心：是想在广大干部和群众中造成一个印象，似乎毛主席对他们有"临终嘱咐"，这样，他们既可以捞到政治资本，又可以把所谓"按既定方针办"当成尚方宝剑，今后他们不论搞什么阴谋诡计，都可说成是按毛主席的既定方针办的；如果有谁反对他们胡作非为，阻挠他们实施阴谋，他们还可以用这把"上方宝剑"来打击之，反诬别人反对毛主席的既定方针。这样，就给他们篡党夺权开了方便之门。可见，当时"四人帮"

所控制的舆论工具大张旗鼓地宣传所谓"毛主席的临终嘱咐""按既定方针办"是居心叵测，用心险恶的。临走时，华国锋对耿飚说："近日有事要找你，你在家里等着。"

4. 华国锋派车接耿飚到他的住所继续深谈，相互交心交底，信任有加。10 月 4 日下午华国锋派车接耿飚到他东交民巷的临时住所，接着 10 月 2 日的话题谈下去。华国锋拿出毛主席 4 月 30 日会见外宾后就他谈到国内问题时所作的指示，因怕他听不清而写给他的那些字条，"国内问题要注意"、"慢慢来，不要招（着）急"、"你办事，我放心"、"照过去方针办"等，一张张地给耿飚看，并相应作些解释。接着，他们交换对形势的看法，分析"四人帮"近来的动向。总的看法是"他们要动手了"，在上海、在北京都有行动迹象。一闹起来，就会有单位、有人跟着他们走。于是华国锋问耿飚："你们中联部怎么样？"耿飚说："中联部不沾边。有人想整我，但中联部还是我说了算。"华国锋听了耿飚的回答欣慰地笑了。接着华国锋郑重地说："中央决定有一项任务要交给你去完成！"耿飚出于军人出身的习惯，不由自主地突然站了起来，立正回答："保证完成任务！"华国锋笑着拉耿飚坐下，然后说："别着急嘛！你知道是什么任务？我还没有说咧！"耿飚说："我已感觉到了，什么任务都不怕。"后来华国锋说："具体任务以后会向你交代。最近这些天你就待在家里，哪里也不要去。要我亲自打电话才算数。"耿飚说："我懂了！"

耿飚被接到华国锋家里进行的这次交谈，是相互交心、交底的一次深谈。这次谈话之后，双方信任有加。华国锋拿出那些字条给耿飚看，进一步向耿飚证明自己是毛主席所信任所指定的"合法接班人"，耿飚更支持华国锋。华国锋向耿飚打听中联部的情况，耿飚简短的回答"不沾边"、"还是我说了算"，也让华国锋更放心地将任务交给耿飚去执行。

5. 耿飚怀仁堂领命，驱车去广播事业局进行一场特殊的战斗。10 月 6 日晚上 20 时左右，耿飚家的红机电话铃突然响了。他立即接起来，听得很真切，是华国锋的声音，让他坐自己的车，迅速赶到中南海怀仁堂。

耿飚坐的红旗轿车直奔中南海西门。一到院里感到气氛很紧张，岗哨不少，他直奔怀仁堂。到怀仁堂后，他见叶剑英与吴忠（当时的北京卫戍区司令员）、华国锋和邱巍高在谈话。邱巍高比耿飚早到了一会儿，看样子是在等耿飚。

耿飚到后，华国锋和叶剑英立即向耿飚交代了具体任务。华国锋说："你和邱巍高到广播事业局去，要迅速控制住广播电台和电视台，不能出任何差错，否则后果不堪设想。"叶剑英郑重嘱咐耿飚："要防止发生混乱，防止泄密，注意安全。"

华国锋问耿飚："你要不要带支手枪？"耿飚说："手枪不必带了，但是须要有你的手令。"华国锋说："好！"当即提笔在一张白纸上给当时的广播事业局局长邓岗写了一道手令：

> 邓岗同志，为了加强对广播、电视的领导，中央决定，
> 派耿飚、邱巍高同志去，请你们接受他俩的领导，有事直接
> 向他们请示。
>
> 华国锋十月六日

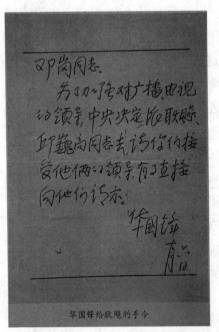

华国锋给耿飚的手令

耿飚想，广播电台和电视台驻扎着北京卫戍区警备一师的两个连一个营部。邱巍高作为北京卫戍区副司令员去，中间还隔着好几层。于是他提出从警备一师再找个领导人，这样又将一师副师长王甫也找了来。

耿飚领受完任务已经快21点了，然后直奔广播事业局。他让邱巍高坐他的车子一起走。到广播大楼已近22点了。进了大楼就直奔邓岗的办公室。他们带了10名战士站在门外，然后叫邓岗开门。当时邓岗像是要准备睡一会

儿的样子，因为他来开门时衣服扣子都没扣好。他看这么晚了，又来了这些"不速之客"，显得有些紧张。为说明来意，耿飚把华国锋的手令掏出来给他看。邓岗看完手令不说话，一直思索犹豫。耿飚就对他说："你要给姚文元打电话请示，也可以。"他似乎明白了耿飚话中之意，连忙说："没必要了。"耿飚接着说："那好，请你把领导班子的人统统找到你办公室来，就说有事要商量。"

在邓岗打电话召集领导班子人员的同时，耿飚请邱巍高和王甫带着另外10名战士去掌握电台的播音室。他们立即在直播室和机房门前加强了岗哨。邓岗召集来的广播事业局核心小组成员有11位，在这个会议上，耿飚把华国锋手令念了一遍，要求大家遵照党中央的指示，把工作做好。23点40分，邓岗又召集各部门领导的紧急会议，传达了中央的指示。

接着，耿飚给华国锋打电话报告："已经控制住了，领导人都在我这里，你放心。"话机里传来了华国锋喜悦的声音"好！干得漂亮！"

电台要害部门控制住之后，还必须一刻不停地按新要求正常运转才行呀！想到此，耿飚就对邱巍高、王甫说："光靠我们三人是不行的，还必须加人！"邱巍高接着说："要找人，我们只有武的，没有文的，还是从中联部找人吧！"于是，耿飚立即打电话到中联部，把张香山和冯铉两位副部长立即请来，后来又找来了一些其他同志。这些进驻的同志，按耿飚的布置，主要任务是与电台的同志们一道，审查播出前的节目胶带。最要紧的是，播出内容中决不能泄露有关粉碎"四人帮"的消息，这是第一位的；其次是今后节目中不能再出现"按既定方针办"之类提法等。

10月6日晚上的事，第二天在电台内部一传十、十传百，很快就全知道了。由于"四人帮"太不得人心，电台的广大干部和群众对粉碎"四人帮"的行动是衷心拥护。个别人思想很紧张，但表面上是正常的。因此控制电台和电视台、接管"四人帮"在这一领域的领导权，总的说来比较顺利，没有出现大的问题。粉碎"四人帮"大决战中的这场重要战役，就这样悄悄地取得了胜利。

中央决定成立"中央宣传口"，由耿飚统管
全国的宣传舆论工作

在"四人帮"被逮捕的第三天，当时我还在河北固安中联部五七干校劳动，部里派去一辆车，直接将我接到人民大会堂。耿飚见我二话没说，就直接向我布置任务。他说：已经将那四个家伙逮起来了，你在这里的工作要特别注意。首先是防止有关"四人帮"的消息泄密出去造成混乱。送来审查的东西，原来的口号和提法一概不要动，要采取处理"林彪事件"的办法：内部实际已发生了变化，但外面不要让人察觉出异常来。二是如果还有"毛主席的临终嘱咐"、"按既定方针办"等字样和提法的，一律删除。那几天耿飚行迹不定，我和他的机要秘书高春明，吃住都在人民大会堂里，这里是耿飚当时的工作"据点"。我们的心情和工作都较紧张，一听到电话铃声，就急忙接听。这样一直工作到10月14日公开宣布粉碎"四人帮"的消息，说明党已完全控制住了全国的局势，粉碎"四人帮"的"特殊时期"已经结束了，我们高兴得跳起来。

粉碎"四人帮"10天后，中央政治局召开重要会议，决定成立"中央宣传口"，以便统管全国的宣传舆论工作。这次政治局会议耿飚出席了。据他回来说，会议确定中央宣传口由他负总责，人员编制由他挑选决定。他还向我俩交代了"搬家"的任务。他说，看来人员还要增加，还要有几个懂行的领导来，这样，我们的工作"据点"得由人民大会堂搬到钓鱼台去。接着，我与耿飚的秘书高春明就迅速地由人民大会堂搬到钓鱼台17号楼办公。

17号楼是钓鱼台比较大的一座楼。我们进驻前，是江青看电影、打乒乓球、看戏、开会等活动的地方。除卧室、办公室，还有大小会议室、放映室等。我们进驻时，江青用过的有些东西还在。跟她的放映员聊天，会讲到许多江青看电影与别人不同的一些苛刻要求的"故事"。譬如说，江青看电影和别人不同，看到她喜欢的地方，她叫停，就得停下来，要倒过去再看一遍，就得倒过去。有时看了一半，说累

了，要休息一下，又得停下来。讲到江青，总不断有人叹息说：真难伺候！

不久，又增加了几位宣传口的新领导来此办公。他们是朱穆之、华楠、王殊等同志，据说是耿飚提议中央决定的。中央办公厅副主任李鑫也是宣传口的主要领导人之一，但他不来宣传口办公。宣传口除增加这几位领导同志外，还调来一些懂宣传业务的同志，我记得有王揖（《人民日报》原副总编辑，他为宣传组负责人）、沈容（曾任珠江电影制片厂厂长、北京人民广播电台台长）和从国防大学调来的李开轮、郭集耀（他们是长期搞理论宣传和教育工作的师级干部）。中联部除了我和高春明早就跟耿飚从人民大会堂搬过来的之外，后又增调何凤栖来这里工作。此外还有其他一些同志，因时间长记不清名字了。

我记得中央宣传口成立不久，就把群众看厌了的样板戏停演了，同时解放了几部老的电影，如《东方红》、《洪湖赤卫队》、《海霞》等，结束了八亿人口看八部样板戏的历史。那"洪湖水浪打浪"的优美歌曲迅速在群众中重新传唱起来，给1976年这个大灾之年带来了大灾之后的大欢乐。又过了一段时间，又解放了一批电影，其中《甲午风云》这部片子，在社会上引起一点猜测和轰动。这种效应，与其说主要是剧中主人公邓世昌爱国爱民的凛然正气深深地打动了群众，不如说剧中"邓大人！邓大人！"的亲切崇敬的称谓，使人联想到"邓小平同志"，这在某种程度上反映了人们期盼邓小平出来工作的情感。那年的冬天气温并不比往年温暖，但党粉碎"四人帮"是顺乎党心民心的，人们在劫难之后看到了希望，心里感到特别温暖。神州大地，到处是一派"冬天里的春天"的充满希望、欣欣向荣的景象，这是多年来未曾有过的。

但美中不足的是，报纸上仍然在宣传"继续批邓反击右倾翻案风"。这又令人对党和国家的前途及其今后的走向抱观望态度。10多年后，我协助耿飚整理回忆录时，他写给我的一张纸条勾起了我对当年的回忆。20世纪90年代初我帮耿飚整理一段回忆录时，他有时想加点什么东西，就写到纸条上寄给我。其中有一张纸条是他记录当年群众关于1976年各个月份特点的一段顺口溜："悲痛的一月，壮丽的四月，恐怖的五月，灾难的七月，忧虑的九月，狂喜的十月，观望的腊月。"这说明耿飚很重视当年这些反映群众心声的语言。另一方面，也说明他特别注意到群众说的"观望的腊月"的涵义，那就是群众在"观望盼望"着邓小平什么时候能复出！这也反映出耿飚当时对邓小平的态度和心情。

关于耿飚在宣传口的工作，我认为有两件事是关系重大、非常重要的，而我对它们的印象也特别深。

一是关于当时的宣传方针上仍提"批邓反击右倾翻案风"的问题。宣传口在揭批"四人帮"方面做了不少工作。当时宣传上强调"抓纲治国"，"抓纲"就是抓阶级斗争，具体来说就是批"四人帮"。"治国"嘛，因为被"文化大革命"折腾了十年，到处很乱，国家是需要"治一治"。当时人们是同意这一口号的。但是对同时还提要"批邓反击右倾翻案风"有些不太理解、想不通。我曾向耿飚私下反映过，我说，现在人们的心思是希望邓小平早点出来，"停止批邓，人心大顺"。看《甲午风云》人们爱听叫主人公邓世昌为"邓大人"，其实是联想到邓小平，盼着"邓大人"早出来工作。"批邓"这个口号如果继续喊下去，邓小平怎么能出得来呢？我建议在宣传上是否要考虑逐步减少直到最终停止这个口号。耿飚听后对我说："你还年轻，宣传上不能急，我们中国是只大船，船大了转弯要慢，快了会翻船。其实我也很希望小平同志早出来的，但有些工作还必须先做好。"近见《耿飚将军（1909—2000 年）》画册中的《日记摘录》有这样的记载："1977 年 3 月 13 日星期日，晚回家换衣服后回宾馆，与陈云、王震、王铮、肖劲光等谈大局。两天后，即 3 月 15 日星期二，21:00 访叶帅建议邓早日出仕，对四人帮早作结论，重大问题将外地人员召回一起决议。"这说明，耿部长当年对我说的"有些工作还必须先做好"，也许就是指这些工作吧，这证明他当年确实在忙于做这类工作。1977 年 7 月党的十届三中全会决定恢复邓小平原来的一切职务，这是大快人心之事，也是包括耿飚在内许多同志努力的结果。

二是关于"两个凡是"和"真理标准"的讨论问题。1977 年 2 月 7 日两报一刊社论《学好文件抓住纲》中首次提出"两个凡是"。

在钓鱼台办公的几位中央宣传口的领导耿飚、朱穆之、王殊等，事前根本不知道这篇社论的事。是上面组织人写好，经汪东兴审定，通知中央宣传口安排发表的。当时中央宣传口归汪东兴管，耿飚他们能不发吗？据查证，在《耿飚回忆录》（下集）中说到此事时，他承认当时认识上有局限，按组织原则，布置新闻单位发表了这篇社论，并承担了责任。这说明耿飚敢作敢当，没有推卸责任为自己辩护。但是实际情况是，耿飚是不同意"两个凡是"的。我这么说，绝没有要为耿飚等辩护的意思，只想据实说说公道话。我清楚记得，耿飚曾对我说：毛主席曾说过"我们要一边倒，倒向苏联"，这句话也属于"凡是"之例？今天也要坚决执行吗？显然不能这么搞嘛！他让我找一些毛主席的相关思想或语录给他，他要在宣传口每周的碰头会上说一说。后来他确实在碰头会上说了，许多同志都可以作证的。至于对上面要求进一步宣传"两个凡是"的问题，耿飚"传达"下去了，但既无具体要求，更无检查，总的看是不积极的，有些无可奈何的样子。

最近看到了一些史料，说明耿飚是反对"两个凡是"、支持"真理标准"问题的讨论的。《耿飚将军》画册中的《日记摘录》记载有关"两个凡是"："1977年2月7日星期一，奉命登'两个凡是'社论，我很不赞成（成员会议上表示）。1977年2月11日星期五，王震、姚依林来访。质问为什么登两个凡是，我告实情并说明反对。"2000年6月耿飚逝世时的《耿飚同志生平》中也明确指出："他支持关于真理标准问题的讨论。他呼吁尽快让邓小平、陈云等一大批老同志重新出来工作。"我认为这都是符合事实的。

1977年10月中央宣传部恢复，中央调湖南省委第一书记张平化任中宣部部长。于是中央宣传口完成了自己的历史任务而宣告解散，而耿飚也不再管宣传舆论工作了。此前的几个月我已估计到这一趋向，曾主动向耿飚提出想回中联部的愿望，他考虑之后同意了我的要求。后来耿飚离开中联部，先后担任国务院副总理、中央军委秘书长、国防部部长等职。虽然90年代耿飚又找我帮他写回忆录，但我对他的认识和了解仍基本"定格"在中联部、"定格"在粉碎"四人帮"前后。在去年纪念耿飚诞辰100周年时，作为他的老部下，作为在粉碎"四人帮"的斗争中曾在他身边工作过的人员,我曾在《百年潮》杂志上发表过一篇追忆文章,以表达对他的崇敬和怀念之情。

中联部在粉碎"四人帮"斗争中发挥了重要作用,这既是部长耿飚同志的功绩,也是"中联部人"的光荣!

在中联部建部 60 周年、建党 90 周年即将到来之际,除回顾跟随耿部长在粉碎"四人帮"的那些难忘的日夜之外,我觉得还必须对中联部在那场关系党和国家前途命运的伟大斗争中的作用,谈谈我个人的看法。

1976 年 10 月 14 日,中联部领导耿飚、李一氓、冯铉、申健等带领中联部干部职工上街游行庆祝粉碎"四人帮"

我认为,中联部在粉碎"四人帮"的斗争中发挥了很重要的作用。如果说耿部长是在"前线",那么整个中联部是他可靠的"后方"、"据点"和"基地"。耿部长根据斗争需要,随时可得心应手地从中联部调动"人马",直接有效地参与了 1976 年我们党粉碎"四人帮"的伟大斗争。这既是部长耿飚同志的功绩,也是"中联部人"的光荣。

从我的上述回忆中不难看出,粉碎"四人帮"的那场惊心动魄的斗争,至少有两处与中联部的形势有直接的关联:

一处是 10 月 4 日华国锋派车接耿飚到他的住所密谈时。他们两人分析当时的国内政治形势,认为"四人帮"就要动手了,在上海、在北京都有行动迹象。一闹起来,就会有单位、有人跟着他们走。于是华国锋问耿飚："你们中联部怎么样？"耿飚说："中联部不沾边。有人想整我，但中联部还是我说了算。"华国锋听了耿飚的回答欣慰地笑了。一是中联部与"四人帮""不沾边"，二是中联部还是耿飚"说了算"。这两句话显然坚定了华国锋将任务交给耿飚的决心和信心。于是他郑重地说："中央决定有一项任务要交给你去完成！"试想想，如果中联部不是耿飚回答的这种情况，那会怎样呢？

另一处是在电台要害部门控制住之后。耿飚对邱巍高、王甫说，"光靠我们三人是不行的，还要加人。"邱巍高就说："要找人，我们只有武的，没有文的，还是从中联部找人吧！"耿飚立即打电话到中联部，把张香山和冯铉两位副部长请来，还找了一些其他同志，如乔石、朱达成等同志。此外，还调去了一批一般工作人员，包括一些司机等后勤人员。他们一直工作到 12 月上旬，除留下张香山同志担任广播事业局局长外，中联部其他同志才陆续撤回中联部。

此外，还调了一些同志去耿部长分管的中央宣传口工作。我是"四人帮"被抓之后的第二天（10 月 7 日），被部里的一个紧急电话从固安中联部五七干校调回的。部里派车将我接到家里放下行李，就奔人民大会堂找耿部长的秘书高春明。见到高之后才知道"四人帮"已被抓起来了。高春明随即领我到耿部长面前领受任务。耿部长当即交待了几句就匆匆去赴会了。我的工作，开始是负责审查《人民日报》、新华社等新闻单位报来的稿件，有时还要完成耿部长交办的文字工作和联络任务。后来决定成立"中央宣传口"，又从部里调来了何凤栖，以及国防大学等单位的一些同志，办公地点也从人民大会堂迁到了钓鱼台。我在宣传口干了大约一年后，得知耿部长要调中央军委、"宣传口"要改为"宣传部"，我征得耿部长同意就回中联部了。随后何凤栖同志，以及做其他工作的几位同志也陆续回部里了。

总之，中联部当时是耿部长的"后方"和"基地"，许多同志直接或间接地参与了那场斗争，中联部在那场斗争中发挥了重要作用，这既是时任中联部部长耿飚同志的功绩，也是"中联部人"的光荣。

（原载《当代世界》2010 年第 12 期，这里有增补）

李一氓同志的理论勇气和重大创见

提起李一氓，很多人并不陌生，他是新四军的将领之一、外交家，其实，很多人不知道，他还是一位"学者式的革命家"，他提出的很多观点在今天看来仍很有启迪价值。

30 年前党的十一届三中全会，以重新确立解放思想、实事求是的思想路线而开启了改革开放的新时代。

但全党的思想并非在这次会议闭幕后就立刻彻底解放了。解放思想、拨乱反正，是一个很艰难的过程。在全会结束后的改革开放初期，各条战线上拨乱反正的任务很艰巨。时任中联部副部长并实际主持中联部日常

中联部原部长朱良同志在座谈会上与作者合影（2015.9.8），此文已收入《李一氓纪念文集》

工作的李一氓同志，以极大的理论勇气，就国际形势和对外政策提出了三个很有理论创见的观点。回顾他当年提出这些观点的情形，对于我们今天继续坚持解放思想开拓创新，具有重要的启迪意义。

"国际共运是因袭下来的提法，真正说起来，这个国际共运是不存在的"

1979 年秋天，李一氓应邀到中央党校作报告，他在《关于国际共运问题的讨论意见》的报告中谈了许多新思想。其中给我印象最深的，是他在报告一开头就提出的一个重要观点："现在提国际共运，只能是个因袭下来的提法，真正说起来，这个国际共运是不存在的。"此言敏锐地抓住了世界社会主义运动发生的带全局性的大变化，真是落地有声。

一氓同志是如何提出这一观点的？下面是他当时的阐述：

关于国际共运一个总的看法。1962 年以前，就是 60 年代初期，中苏关于国际共运总路线的大论战，特别是关于苏联问题的大论战以前，有这么一个国际共运。但是 60 年代大论战以后，再加上 60 年代后期中国"文化大革命"，这个形势就变了。现在还提国际共运，这就很难说了。我以为国际共运应该有一个共同的组织，共同的纲领，共同的目的，共同的行动，如像从前第三国际时代，或者后来以苏联为首的社会主义阵营时代，那是可以这样讲。现在两者都没有了。现在提国际共运，只能是个因袭下来的提法，真正说起来，这个国际共运是不存在的。

中联部有一个关于这个问题的小的报道刊物，原来题《国际共运》，现改题《世界共运》。国际共运是有各方面内部联系的，现在这个联系没有了，用世界共运这个名词可能好一点。为了照顾习惯，我今天还是用因袭下来的"国际共运"这个词。

如何理解李一氓同志说的"这个国际共运是不存在的"？依我的理解，一氓同志说"真正说起来，这个国际共运是不存在的"，实际上包含了两层意思。一是作为"运动"还是存在的，不过已不是原来那个样子了，所以他主张改称"世界共运"。二是这个运动曾经表现出来的那种"国际性"（有一个共同的组织，共同的纲领，共同的目的，共同的行动，如像从前第三国际时代，或者后来以苏联为首的社会主义阵营时代），是不存在了。

至于这第二层意思，初看起来似乎是完全否定了共运的"国际性"，但实际上只否定了国际性曾经表现出来的那种"形式"，而非彻底否定国际性"本身"。因为在新的历史条件下，共产主义运动不再具有原来那种"国际性"，也不搞原来那种"国际联合"，但社会主义的发展是离不开世界的，它必须实行对外开放，广泛地开展国际交流和合作，需要广泛的国际同情和支持，从而使社会主义获得更大的国际舞台，具有更深远的国际意义。总的说来，100 多年来的国际共产主义运动，虽然现在与过去的强调点不同，以前强调"国际联合"和"共同规律"，而现在强调"独立自主"和"民族特色"，但仍是民族性与国际性相统一的运动。

我赞成一氓同志的思想和观点，但为避免误解，主张明确地提为："国际共运原来意义上的国际性已不复存在了"，在"国际性"前面加上"原来意义上的"几个限定词。1989 年 5 月，我在《国际内参》上发表的《对国际共运形势的几点看法》，对此做过说明。随后我将此文送一氓同志征求意见。一个月后，正在病中的一氓同志口授并签名给了我一封回信。他在信中说，"虽然隔多少年了，我那些论点还是站得住脚的。"这说明他仍坚持原来的观点，但对我说的"国际共运原来意义上的'国际性'已不复存在了"，也没表示不赞成。

值得注意的是，一氓同志的这一观点是在报告一开头作为对国际共运"总的看法"提出来的。他这么做的用意是很清楚的，即绝不只是想简单地改动一下提法（将"国际共运"改为"世界共运"），而实际上是要人们由此出发，对国际共运有一个"总的看法"。换句话说，他实际是提出了一个"如何认识国际共运的形势、如何认识当代世界社会主义运动"的大问题。在他看来，原来存在过的"国际共运"已不存在了，当代"世界共运"已不同于历史上的"国际共运"。这是一个很大的带全局性的变化，他称之为"总的看法"。

一氓同志的这一观点，可以说是对我们党对外工作环境的一种新认识、新概括。所谓从实际出发，对党的对外交往工作来说，就必须从这一新实际出发。因此，这一理论创见对调整我们党的对外交往工作是具有重要现实指导意义的。

"我们的国际战略不能拘泥于'三个世界'的划分，对这个'理论'，要重新研究"

1978 年底十一届三中全会后，全国工作的重点已转移到经济建设，但对国际形势的估量却基本上还是老看法、老提法。不必说 1977 年 8 月召开的党的十一大对国际形势和对外政策的提法仍基本沿袭"文革"时期的提法，就是到 1980 年代初，我们党对国际格局的认识所依据的仍是毛泽东的"三个世界"划分"理论"，在"战与和"的问题上仍强调"战争不可避免"。

这就是说，到 1980 年，我们对国际形势的分析和判断，以及我们当时的外交政策，都已经到了必须进行较大调整的时候了。就是在这个时候，李一氓同志在中联部组织了对"大论战"问题的清理，以及对"三个世界"划分"理论"、对"战争与和平"等问题的研究，分别写出了一批《讨论稿》上报中央。

当时我被调去参与对"三个世界"划分"理论"问题的重新研究，知道的情况更直接、更具体一些。那时我们国内各部门还很强调毛泽东同志 1974 年提出的"三个世界划分理论"，而一氓同志却对此已有不少想法和看法。他在向我们交代意图时说，首先，将这一划分称为"理论"看来不甚恰当。列宁、斯大林不同时期对世界政治力量都做过不同的划分，但他们本人和别人都没将其称之为"理论"。我党十一大的文件，甚至说"三个世界"划分的"理论"是"国际无产阶级的世界战略"、"无产阶级在国际斗争中的阶级路线"，就更值得研究了。现在我们党主张各国党要独立自主，可又把自己提出的这种"划分"称为"国际无产阶级的世界战略"，似乎别人都要照此办事，岂不矛盾？岂不让人产生误解？其次，偌大的世界，粗略地划一下，似乎还像，战略上也有此必要。但是细划起来，问题不少。三个世界，谁第一、谁第二、谁第三，特别是哪些国家属第二世界，很难划得清。不宜将复杂的世界简单地划成几块，实际斗争要比这复杂得多。再者，也是最主要的，就是当前国际形势的发展，已突破了三个世界划分的框架，我们的国际战略思想不能拘泥于"三个世界"的划分，应改变从"三个世界划分"出发所形成的，针对苏联霸权主义威胁而采取的"一条线"、"一大片"的战略。我们现在应强调"独立自主"，反对霸权主义、维护世界和平的外交政策。

后来中央听取和讨论中联部这些《讨论稿》时，李一氓同志参加了。记得他回来传达过中央讨论后的意见，大意是中央当时接受了我们关于"三个世界"划分不要称之为"理论"的意见，决定中央文件和中央领导同志的正式讲话，今后不再提"三个世界"划分的"理论"，但也不正式向下传达，学术界仍可继续讨论。

"世界大战在相当长时间内打不起来"

"战与和"的问题，是当时李一氓同志组织研究的另一重要问题。我因没直接参与这个专题，所知情况不多，只记得李一氓同志当时与众不同的一点是，他很强调世界大战"打不起来"这一面。

最近从网上读到一篇何方同志谈《李一氓和宦乡建言外交政策》的回忆文章，其中较具体地谈到一氓同志当年组织中联部同志研究"战与和"等问题的情况，特引来作为对这个问题的补充。

何方同志回忆说："1980 年前后，李一氓在中联部组织专门班子研究有关当时国际形势和对外关系中的六个重大问题，写成《讨论稿》报送中央。由于他同我的关系和了解我在这方面多少懂得一点，单独找我同他议论和改稿。"关于战争与和平问题，邓小平对外谈话常说，战争只能推迟不可避免，我们希望推迟 20 年或更长一点时间，就可以使我们在经济建设和国防建设上打下一个很好的基础。李一氓主持写的报告则提出，国际形势已经发生了根本变化，战争不但有可能避免，而且在今后相当长的时间内都打不起来。据李一氓转告，政治局专门讨论了中联部上报的《讨论稿》，并请他列席。在谈到战与和问题时，大家还一时转不过弯来。邓小平就说，你这个李一氓啊，帝国主义还存在，战争怎么能避免？但是这个问题终究引起了领导上的重视和思考。到1982年，胡耀邦在十二大报告中就已经提出"世界和平是有可能维护的"。1985年邓小平更进一步提出"和平和发展是当代世界的两大问题"。

邓小平1985年在军委扩大会议上曾以"总结"式的口吻强调：十一届三中全会以后，我们对国际形势的判断有变化，对外政策也有变化，"这是两个重要的转变"。他所说的"第一个转变"，指的是改变了过去一直认为战争不可避免，而且迫在眉睫，这就可以使我们能"放胆地一心一意地好好地搞我们的四个现代化建设"了。邓小平所说的"第二个转变"，指的是我们的对外政策，改变了过去一段时间针对苏联霸权主义搞"一条线"的战略，转变到"奉行独立自主的正确的外交路线和对外政策"，谁搞霸权就反对谁，谁搞战争就反对谁。看来，李一氓同志在上世纪80年代初提出对"三个世界"划分的"理论"要重新研究，世界战争在相当长时间内"打不起来"等观点，在邓小平所说的我们党的上述"两大转变"中显然是起了积极作用的。

（原载《北京日报·理论周刊》2008年11月20日，原标题为《李一氓同志的理论勇气和他提出的三个观点》）

时代主题的转换与党的
对外工作的转变

改革开放 30 年来，中国共产党的对外工作发生了历史性的转折和变化。这种转折和变化，集中到一点，就是过去那种从无产阶级"世界革命"的传统战略出发、以"支援世界革命"为己任的"党的对外工作"，在"和平与发展"取代"战争与革命"成为时代主题的新历史条件下，已转变发展成"新时期的党的对外工作"了，即：以党的创新理论为总指导思想、以国家利益为最高准则、以服务于国家总体外交为直接目标、以为国内社会主义建设争取和平有利的国际环境为长期战略任务的"中国特色政党外交"了。促成这一历史性转变的原因和条件是多层次、多方面的，然而其中最主要、最带根本性的是时代主题转换了，客观历史条件变化了。

党的对外工作的历史性转折

1976 年粉碎"四人帮"之后，党和国家得救了，政治方向被扭转了，然而对外方针和政策仍沿袭"文革"时期的那套提法，这只要看看 1977 年 8 月召开的党的十一大的《政治报告》就清楚了。华国锋同志当时所作的这个报告，强调"国家要独立，民族要解放，人民要革命，是国际形势的主流，是任何力量也阻挡不了的"。"只要帝国主义和社会帝国主义这个社会制度不改变，战争不可避免，不是相互之间的战争，就是人民起来革命，绝不会有什么持久的和平"。"毛主席历来教导我们，已经获得革命胜利的人民，应该援助正在争取解放的人民的斗争。我们支持世界各国的共产党，但是不支持修正主义。我们是共产党，当然要支持各国共产党的革命斗争"。"我们要高举毛主席的伟大旗帜，坚持无产阶级国际主义，继续贯彻执行毛主席的革命外交路线"。请注意，这里在"外交路线"前面还特别加上了"革命"二字，隐含"文革"时期所强调的"外交必须服从革命"的原则。这次代表大会所通过的《党章》，继续重申"两反对"和"三打倒"的对外战略目标，即"反对苏美两个超级大国的霸权主义"，"打倒帝国主义、现代修正主义和各国反动派"。

30年前的这个报告所表述的那种对外方针和政策，对于今天的中国来说，已完全成为历史了。现在中国共产党的对外工作，已与时俱进地发展成"中国特色政党外交"了，它与30年前那种党的对外工作相比，是完全不同的。现在党的对外工作，按上世纪末江泽民同志在党的十五大《政治报告》中的表述，是这样的："中国共产党坚持在独立自主、完全平等、互相尊重、互不干涉内部事务原则的基础上，同一切愿与我党交往的各国政党发展新型的党际交流和合作关系，促进国家关系的发展。"这意味着中国共产党的对外工作，无论是交往的对象和范围、交往的内容和形式，还是交往的原则与方针、交往的目标与宗旨，都已发生了历史性的转折和带根本性的变化。

为什么这么说？只要将党的对外工作的今昔做一对比就清楚了。就"目标"而言，以前是支援"世界革命"、"支左反修"、强调"外交服从革命"，而现在是落脚到"促进国家关系的发展"，即为国家改革开放和现代化建设争取和平有利的国际环境；就"原则"而言，以前强调"在马克思列宁主义基础上实行无产阶级国际主义"，而现是在独立自主、完全平等、相互尊重、互不干涉内部事务的党际关系"四项原则"的基础上发展关系；从"对象"看，以前只限于同共产党交往，而且不是所有共产党，只同我们认为是"马克思列宁主义的共产党"

发展关系，所谓"修正主义"的党不行，社会党和其他资产阶级政党更不行，而现在是"一切愿与我党交往的各国政党"都可以交往；就交往的"内容"而言，以前党的关系是很特别、很神秘的"兄弟关系"，强调思想上的一致，路线上协调配合，行动上互相联合、相互支援，而现在党与党之间的关系是一种"交流与合作"的关系，彼此都是独立自主的，思想上还可求同存异，完全是一种"新型的党际关系"。

总之，过去党际交往中那种神秘的封闭性、党派的排他性和强烈的意识形态性已彻底扫除，取而代之的是世界现代政党交往中普遍通行的一些规范，如公开透明性、包容开放性，以及超越（意识形态、社会制度、文明文化）差异、谋求交流合作、达到互利共赢等"阳光性"的目的和宗旨。这样，过去那种"党的对外工作"的旧貌完全不见了，取而代之的是中国特色"政党外交"的崭新面貌。

现在中国共产党同世界 160 多个国家和地区 600 多个政党和组织建立和保持着不同形式的关系，形成了以各国执政党、参政党、合法在野党以及政党国际组织等为交往对象的政党交往新格局，党的对外交往呈现出"知交尽四海、亲朋遍五洲"的崭新局面。

"传统战略"不调整改革没有出路

党的十一大《政治报告》所表述的那种党的对外战略思想和政策，虽然与我们党现行的党的对外工作是完全不同的，但是它的确是与国际共运的传统战略相吻合的。

什么是国际共运的传统战略？所谓国际共运的传统战略，有两个基本特点：一是强调社会主义革命的国际性、重视国际联合和相互支援，主张先胜利的国家应支持和援助其他国家的革命运动；二是实行"危机和战争引起革命"的发展思路，认为在资本主义制度下危机和战争是不可避免的，所以"新的革命正如新的危机一样肯定会来临"。

在 20 世纪上半叶帝国主义和无产阶级革命的时代，这种战略思路曾得到了实践的检验。在那几十年间，世界上发生了两次世界大战和两次社会大革命（俄国革命与中国革命）。二战之后，东亚和东欧地区建立了一批人民民主国家，使世界上的社会主义国家由一国发展到多国，形成了领土面积占世界陆地面积1/4、人口约占世界总人口1/3的社会主义阵营。与此同时，亚非拉地区的民族解放运动如火如荼，世界殖民体系在60年代相继崩溃，随之"第三世界"迅速崛起。当时的世界，的确是以"战争与革命"为显著特征的，而国际共运的传统战略也就是这种"战争与革命"年代的发展战略。

毛泽东继承并发展了"危机和战争引起革命"的发展思路。在50—70年代前后他提出了"不是战争引起革命，就是革命制止战争"的著名论断。1957年他提出，"第一次世界大战以后出了一个苏联，两亿人口；第二次世界大战以后，出了个社会主义阵营，一共九亿人口；如果帝国主义者一定要发动第三次世界大战，可以断定，其结果必定又要有多少亿人口转到社会主义方面，帝国主义剩下的地盘就不多了，也有可能整个帝国主义制度全部崩溃。"如果世界仍然是帝国主义"战争与革命"年代那样的形势，毛泽东所预见的那种革命形势不是不可能出现的。

然而问题的关键却在于，后来的世界形势和历史条件发生了很大变化。客观世界的形势，绝不是我们"文革"时期所描绘的那样，是什么"世界三分之二的人口生活在水深火热之中"，正等待我们帮助"解放"；而是恰恰相反，如果我们自己不能从这种严重脱离客观实际的"左"的"革命梦幻"中猛醒过来，没有人能够救得了我们。因为20世纪后半期，特别是六七十年代之后，世界发生了很大变化。一是60年代殖民体系崩溃之后，新独立国家第一位的任务是发展民族经济；二是70年代美国从越南败退，后来亚非拉急风暴雨式的斗争转入"沉寂"阶段；三是发达资本主义国家由于通过"体制改革"缓解了"制度危机"，社会阶级矛盾有所缓和，已不具革命形势；四是社会主义国家要改变落后于发达资本主义国家的状况，急需发展经济，增强综合国力。这些因素综合起来，使"和平与发展"成了世界潮流。这正如后来邓小平高屋建瓴地深刻指出的："现在世界上真正大的问题，带全球性的战略问题，一个是和平问题，一个是经济问题或者说发展问题。"

马克思主义是不断发展的理论，与时俱进是它的理论品质。在

"和平与发展"取代"战争与革命"成为当今时代主题的新历史条件下，如果继续实行过去那种传统战略，继续强调已取得胜利的国家对"世界革命"的支援，这不仅不能发展世界社会主义，而且连已经取得的成果也会被葬送。邓小平正是在这样的历史条件下，调整了传统战略和社会主义的发展思路，提出了新的发展战略。

党的对外工作"指导思想"的根本转变

早在 1977 年邓小平就强调："国际形势变化很大，许多老的概念、老的公式已不能反映现实，过去老的战略规定也不符合现实了。"从而提出了进行全面调整改革的任务。

20 世纪 80 年代，邓小平根据世界的新情况和新变化，改变了世界战争不可避免而且迫在眉睫的看法，为我们党把工作中心转移到社会主义经济建设上来，提供了带全局性的战略判断。与此同时，他进一步提出"和平与发展"是当前世界"带全球性的两大战略问题"，为扭转传统的"战争与革命"的传统观念，认识和及时把握"和平与发展"的新主题，提供了理论依据。

邓小平的这些论断，不仅高屋建瓴地分析了党的对外交往的"国际大环境"，而且为新时期党的对外工作的调整指明了正确的方向。十一届三中全会之后，党的对外工作的指导思想，逐渐由"支援世界革命"转变到以国家利益为最高准则、以服务于国家总体外交为直接目标、以为国内建设争取和平有利的国际环境为长期战略任务的轨道上来了。

1978 年 10 月邓小平访问新加坡之后，着手调整同东南亚国家一些共产党的关系，妥善地解决了某些历史遗留问题。1979 年 1 月邓小平访问美国时提出："我们两国社会制度不同，意识形态不同，但是两国政府都意识到，两国人民的利益和世界和平的利益要求我们从国际形势的全局、用长远的战略观点来看待两国关系。"1981 年邓小平在会见来访的美国客人时，又强调要澄清一个观点，就是有人认为"中国政府信奉的意识形态旨在摧毁类似美国这样的政府"。邓小平郑重地指出："这样的观点至少不是八十年代的观点，也不是七十年代

的观点，而是恢复了六十年代以前的观点。"并强调这是"中国政府
的正式立场"，这就意味着正式宣布中国放弃了过去的"支援世界革
命"的战略。1989 年 10 月邓小平在会见美国前总统尼克松时又提出：
"考虑国与国之间的关系主要应该从国家自身的战略利益出发。着眼
于自身长远的战略利益，同时也尊重对方的利益，而不去计较历史的
恩怨，不去计较社会制度和意识形态的差别。"

2001 年江泽民同志在庆祝中国共产党成立 80 周年大会上的讲话
中，提出"世界各种文明和社会制度，应长期共存，在竞争比较中取
长补短，在求同存异中共同发展"。这表明我们已跳出了社会主义与
资本主义"不共戴天"的传统思想的束缚，明确提出了"世界各种
文明和社会制度"（当然也包括了社会主义和资本主义这两种不同的
社会制度）"应长期共存"，"在竞争比较中取长补短，在求同存异中
共同发展"的新思路。

2005 年 9 月胡锦涛同志在联合国成立 60 周年大会上发表题为
《努力建设持久和平、共同繁荣的和谐世界》的讲话，又提出了与世
界各国共建"和谐世界"的理念。这表明，中国将始终不渝地把自身
的发展与人类的共同进步紧密地联系在一起，既充分利用世界和平发
展带来的机遇发展自己，又以自身的发展更好地维护世界和平、促进
共同发展。这一切不仅反映了中国坚持走和平发展道路的决心和愿
望，而且也折射出中国外交在传统"和平外交"的基础上，已呈现出
突出强调"和谐外交"理念的新内涵和新特点。这些理念和思想也是
党的对外工作指导思想与时俱进的体现。

由此可见，30 年来我们党在对外工作的指导思想上，已逐渐调整
了"战争与革命"年代推行的"支援世界革命"的旧战略方针，而
实行以国家利益为最高准则、为国内建设争取和创造有利的和平国际
环境为宗旨的新战略方针。

从 2005 年 9 月美国副国务卿佐利克在美中关系全国委员会上的
演讲看，美国人已经认识到"中国不同于过去的苏联"，将中国"与
苏联相提并论是错误的"，中国既不谋求传播"激进、反美的意识形
态"，也不认为自己要跟资本主义展开"殊死搏斗"。他说："最重要

的是，中国并不认为它的未来取决于推翻国际体系的根本秩序。事实上恰恰相反，中国断定，中国的成就取决于是否跟现代世界建立密切联系。"基于对中国的这一认识，佐利克提出将中国定位为是美国的"利益攸关者"。这些情况说明，新时期中国对外战略目标的调整，已被美国人，至少是一部分理性的美国人所认识、所承认，这对我们争取一个和平的国际环境是有益的。在最近的美国大选辩论中，两党候选人都避谈中国话题，有时还承认中美间有"共同利益"，这都是一种"进步"，对中国不是坏事。

中国特色"政党外交"必将在开拓创新中继续发展

当代世界，盛行政党政治。在世界大多数国家都实行政党政治的情况下，政党之间的国际交往空前频繁和活跃。"政党外交"，特别是执政党之间的交往，是国家对外交往的重要方面。无论是发达国家还是发展中国家都不乏这种情况。

中国共产党作为中国社会主义事业的领导核心，它既是国家政权的领导者，也是国家战略、策略、方针政策的制定者。在中国的政治体制中，中国共产党在国家政治生活中的这种核心和领导地位是具有长期稳定性的。因此，许多外国政党很重视、很珍惜同中国共产党建立和发展关系。不少国家认为，只与中国政府有外交关系，而不与中国的执政党——中国共产党发展关系，国家关系是不完整、不完全的。正因为如此，近 30 年来我们党对外交往的范围迅速扩大。

在这种情况下，中共中央对外联络部实际上是"中国共产党的外交部"，党的对外交往（即"政党外交"），已成为国家"总体外交"的一个重要方面，它与政府外交、议会外交、民间外交等相辅相成，共同组成了中国的"大外交"，共同担负着为我国争取和平有利的国际环境，为国内改革开放和社会主义现代化建设服务的战略任务。中国特色政党外交必将在开拓创新中继续发展。

（原载《当代世界》2008 年第 12 期）

新时期中联部是如何
转变和发展的？

党的十一届三中全会以重新确立解放思想、实事求是的思想路线
而开启了改革开放的新时期。在这一新的历史时期，中国共产党的对
外工作发生了历史性的转变。总体说来，自那时以来的三十多年间，
党的对外工作审时度势，大胆实践，勇于创新，实现了指导思想、交
往原则、交往对象、交往的内容和形式等四个方面的历史性转折和突
破。这就是：在指导思想上——实现了从"支援世界革命"到以国家
利益为最高准则、服务于国家总体外交的历史性转变与突破。对外交
往原则——实现了从"以我划线"到党际关系四项原则的历史性转变
与突破。在交往对象上——实现了过去只同共产党交往，到超越意识
形态差异，同世界各类主流政党全方位交往的历史性转变与突破。在
交往内容和形式上——实现了过去以意识形态为主、参与部门较少，
到广泛交流、党的各级组织有序参与的历史性转变与突破。这种转
变，集中到一点，就是过去那种"战争与革命"年代的传统的"党
的对外工作"，已转变发展成公开透明的"政党外交"了。现在中国
共产党同世界 160 多个国家和地区的 600 多个政党和组织建立和保持
着不同形式的关系，形成了以各国执政党、参政党、合法在野党以及
政党国际组织等为交往对象的政党交往新格局，党的对外交往呈现出

619

"知交尽四海、亲朋遍五洲"的崭新局面。中共中央对外联络部实际上是"中国共产党外交部",党的对外工作既是党的事业和党的历史的重要组成部分,也是国家总体外交的一条重要战线,还是党的形象和国家软实力建设的重要平台。人们现在的问题是,党的对外工作为什么会发生这种历史性的转变? 30 多年来这种转变是如何为何发生的? 中联部是如何走过来的?

一、粉碎"四人帮"之后的初步调整

改革开放历史新时期,就全国范围而言,是从 1978 年召开的党的十一届三中全会开启的。但是对中联部、对党的对外交往工作来说,它的调整和改革是在 1976 年粉碎"四人帮"后就已经开始了,这就是说,它要比全国范围内的改革开放的进程"快半拍"。

这是为什么? 因为在 1976 年粉碎"四人帮"之后,思想上虽然还受"两个凡是"的束缚,但中联部的工作通过"举毛泽东思想旗帜以纠正'四人帮'极左路线"的方式,在一些方面已取得了一些重大的突破和进展。

当时党的对外工作因"文革"而遭受了极大的损害。"文革"结束时,党的对外工作走进了死胡同,原来与中共有联系的 80 个共产党中只有 10 个党还与中共保持来往;两三年之后(上世纪 70 年代末期),中共又与其中的阿尔巴尼亚劳动党、越南共产党和老挝人民革命党中断了关系。而在国际共运大论战和"文革"影响下出现的"左派"组织和"左派"党,多数没有在群众中站住脚,原有的共产党仍是共运队伍中的主要力量,当时中国共产党急需扩大党的对外工作的范围。但当时指导思想还没有发生根本转变,更多的还是从扩大国际反霸统一战线的角度提出这个问题的。总体说来,这是举毛泽东的旗帜,按照毛泽东"三个世界"划分理论,落实其建立国际反霸统一战线的战略部署进行的,是举毛泽东旗帜以谋求突破。

这一时期,与华国锋有直接关系的有"两大突破"。当时华国锋作为党中央主席,与党的对外工作的调整是密不可分的。在他的直接推动下，党的对外工作取得了两件突破性很强、影响力很大的事情。

一是，1977 年 8 月邀请南斯拉夫铁托访华，并决定尽快恢复中南两党关系，次年 8 月华国锋回访南斯拉夫。铁托是有一百多个国家参加的不结盟运动的领导人，在国际上很有影响。在国际共运中长期反对苏联的控制和干涉，毛泽东 1975 年曾赞扬铁托是"铁"，不怕苏联压迫，并表示"欢迎他们没有任何限制的到中国来"。邀请铁托访华是具有重要意义的大事。对此，华国锋不仅支持而且亲自参与实现了这一重大的转变，实践证明这对后来国内的改革开放是起了重要启迪和推动作用的。由于批判南斯拉夫"修正主义"是 1958 年毛泽东亲自决定和发动的，"反修防修"当时在国内很"深入人心"，而毛主席生前赞扬铁托主张改善恢复中南关系的意图还未被党内广泛知晓，所以在粉碎"四人帮"之后就大幅调整对南斯拉夫的关系，当时的阻力是很大的。在讨论是否邀请铁托访华并恢复中南两党关系时，有的部门意见很尖锐，他们说，"批南修是毛主席生前亲自发动和领导的，承认南共联盟是兄弟党，实际上承认过去我们错了，势必模糊马列主义与修正主义的原则界线，损害毛主席的伟大旗帜，在国际共运中引起混乱"。所以当时要邀请铁托访华并恢复两党关系之事，思想阻力不小，要拐的弯子是很大的。但因与南改善关系、邀请铁托访华，总体而言是毛泽东生前就多次表达过的意思，所以华国锋不仅支持而且亲自参与实现了这一重大的转变。

二是，根据华国锋的提议，经中联部、外交部研究后报中央决定的与非洲民族主义政党发展党的关系的问题。1977 年 9 月 15 日华国锋会见莫桑比克政府代表团之后，向中方陪同人员（外交部副部长何英同志）提出：对方不断称我们为"同志"，提出要与中国共产党建立关系，而我们不同他们发展党的关系，这"到底好不好"？"怎样做对同苏修斗争有利"？希望中联部、外交部调查研究一下。11 月 16 日中联部、外交部根据华国锋的这一提议，联合向中央提出了关于同黑非洲一些民族主义政党建立和发展"党的关系"的请示。12 月 20 日华国锋在中央政治局讨论之后批准了中联部、外交部的这份报告，从而结束了我们党只同马列主义共产党发展关系的历史，扩大了我们党对外交往对象的范围。

上述这两项工作都是具有突破性意义的，调整了我党在国际共运大论战和"文革"中实行的"支左反修"方针，扩大了我党国际交往的范围，是具有重要意义的，而这是发生在十一届三中全会之前的事情。

二、拨乱反正澄清重大路线是非问题

1978 年党的十一届三中全会确定解放思想实事求是的思想路线之后，国内从为天安门事件平反开始，开展了平反冤假错案的工作。中联部为澄清重大路线是非，为王稼祥的所谓"三和一少"问题进行平反。所谓"三和一少"（后升级为"三降一灭"）问题，是起因于中联部、但影响扩及整个外事战线乃至全党的一起重大的冤假错案。事情虽是由毛泽东的批评肇起的，但在"文革"中被康生、"四人帮"利用来打击迫害正确的思想路线，并借机推行他们的极左路线。因此，不彻底纠正这一冤假错案，就谈不上党的对外工作和整个外事战线的拨乱反正。1979 年 2 月中央批准中联部《建议为所谓"三和一少"、"三降一灭"问题平反的请示》，解决了外事战线上这起重大的路线是非问题。这是整个外事战线的一次大解放。

"三和一少"问题究竟是怎么回事？20 世纪 60 年代初，中苏两党论战导致国家关系恶化；美国顽固坚持敌视中国的立场，发动侵略越南的战争并把战火烧到中国的南大门；政策上的失误再加上自然灾害，中国国内经济遇到严重困难。面对国际国内两方面的压力，1962 年 1 月，中共中央在北京举行了扩大的工作会议，统一了全党思想。会议之后，国内各个方面对前几年的工作进行了反思，整个工作朝着好的方向发展。在这种情况下，作为中央书记处书记、中联部部长的王稼祥，从国内国外两个大局考虑，准备就党的对外工作方针提出一些建议。他认为，三年来中国经济发展遇到的困难不是一时能够克服的，而且在对外方面强调斗争较多，不太讲究策略，给人一种四面树敌的感觉。他认为，需要根据毛泽东一贯主张的"争取多数，孤立少数、利用矛盾、各个击破"的原则，缓和同美苏有关方面的斗争，以便争取时间，集中精力改善国内的经济情况。为此，他先是同中联部副部长和正副秘书长谈了他的意见，并要大家议一议，但不要向外讲，用他的话说是"关起门来谈一谈"。经过几次讨论，取得大家同意后，写成了一个《党内通讯》的信件，于 1962 年 2 月呈递给周恩来、邓小平、陈毅。

该信主要谈到三个问题。一是，请考虑是否有必要用政府的名义发表一个全面性的外交政策的声明或报告。针对赫鲁晓夫争夺和平旗帜，并对我和平政策造谣、污蔑的伎俩，建议予以彻底揭露，进而树立自己的和平形象。二是，关于印度支那问题，考虑到苏联为了从印度支那脱身，有可能把担子完全转嫁到中国身上，为避免使中国陷入困难境地，建议：我们必须力争防止朝鲜式的战争，防止美国在老挝直接参战，避免北越拖进南越的战争中去，避免战火蔓延到北越的领土上去，避免把支持老挝和南越的担子全部放在我们自己的身上，避免把美帝国主义的锋芒全部集中吸引在中国身上。建议中央对越、对老政策作适当调整，在老挝问题和南越问题上，我们不宜突出，不宜打头阵。三是，关于中印边界问题。为了打破尼赫鲁的反华阴谋，争取印度广大人民发展中印友谊，消除世界人民对我们的误解，我们需要考虑采取新的措施，打开目前的僵局。要高举中印友好的旗帜，高举和平共处五项原则的旗帜，高举通过和平谈判解决中印争端的旗帜。

同时，在王稼祥的主持下，还草拟了《关于我国人民团体在国际会议上对某些国际问题的公开提法》，讨论研究了关于对外援助如何实事求是、"量力而行"的问题。意思是，鉴于当时对外援助数额越来越大，与中国当时经济困难的实际情况不相称的状况，建议对外援助要根据中国的实际能力"量力而行"。在王稼祥的主持下，内部又讨论了几个问题，主要是围绕"缓和"和"量力而行"而谈的，都没有形成正式文件。这些想法和建议，后来被概括为"三和一少"，即所谓"对帝、修、反要和，对亚非拉人民斗争的援助要少"。

王稼祥按正常程序提出的这些重要建议，后来被毛泽东批评为

"三和一少"的"修正主义"。1962年7月，毛泽东同志先是在一次中央政治局常委会上，批评了出席莫斯科争取裁军与和平世界大会的中国代表团"对苏斗争不够有力"，而这个批评意见在北戴河中央工作会议上作了传达。1962年8月，在中共八届十中全会预备会议西北组会议上，王稼祥联系毛泽东对中国代表团的批评，主动承担责任，并作了简短检讨。9月初，国务院外办专门召开会议，总结出席莫斯科争取裁军与和平世界大会代表团工作，没有让王稼祥出席，并指名批评了他。王稼祥感到问题严重，当面向毛泽东表示要在中央全会上作一次检讨，毛泽东认为这个问题在中联部领导内部谈一谈即可。1962年9月，中共八届十中全会认为，中国所面临的主要危险来自苏联，而国内要特别防止出现修正主义。1963年2—3月，在不长的时间内，中苏针锋相对的公开论战就展开了。在这种形势下，王稼祥提出的关于对苏采取缓和的方针政策建议不仅没被采纳，而且联系出席争取裁军与和平世界大会的问题，反而受到了升级式的批评。

1963年5月，毛泽东在会见新西兰共产党总书记威尔科克斯时，强调对苏斗争必须采取针锋相对、寸步不让的方针，这是一条国际斗争的经验。他说我们党内有些人主张"三和一少"：对帝国主义和气一点，对反动派（尼赫鲁）和气一点，对修正主义和气一点，对亚非拉人民斗争的援助少一些。这实质上就是修正主义的思想。他强调说：我们的方针应该是"三斗一多"，就是对帝国主义要斗，对修正主义要斗，对各国反动派要斗，要多援助反对帝国主义的、革命的和马列主义的政党与马列主义的派别。后来，毛泽东在同外宾谈话时又多次提到"三和一少"，并点了王稼祥的名。他还把"三和一少"同"三自一包"联系起来进行批评，说成是党内修正主义主张在对外对内两个方面的表现。

1964年全国人大一次会议的《政府工作报告》和有的代表发言，对"三和一少"进行了批判。随着对"三和一少"的公开批判，王稼祥的工作境遇艰难。1964年以后，中央没有让他继续主持中联部工作，一段时间基本是在家养病和读书，回忆和思考一些问题。

"文革"中康生等人进一步将"三和一少"升级为"三降一灭"，

造成了更恶劣的影响 。1967 年 6 月，康生在同外宾的谈话中说，过去刘少奇、邓小平、王稼祥的国际政策的一套叫做"三和一少"，这个说法还不够，应该称之为"三降一灭"。"三降"，即向帝国主义投降，向修正主义投降，向各国反动派投降；"一灭"，即扑灭各国人民的革命运动。从此，"三和一少"升级为"三降一灭"，在"文化大革命"的冲击下，王稼祥多次受批判和被迫作出书面检查。

与康生将王稼祥往死里整不同，毛泽东对王稼祥还是很关心的。1966 年 8 月，毛泽东通过周恩来对伍修权讲：稼祥同志在党的历史上是有功劳的，你对此是清楚的，你应该替他讲讲话。第二天，伍修权便在中联部十七级以上干部会议上传达了这个精神。1972 年，周恩来在一次会议上传达了毛泽东对王稼祥的一段很长的评价：王稼祥写了一份报告给我，这样的老干部只讲过，不讲功，很难得，应该很快让他出来工作。他是有功的人，他是教条主义中第一个站出来支持我的。遵义会议上他投了关键的一票。1973 年党的十大王稼祥被选为中央委员，从政治上被恢复了名誉。但是 1974 年"批林批孔"时，报上的文章仍然批"三和一少"是"反革命修正主义路线"。这就是说，"三和一少"所涉及的路线是非问题仍然没有澄清。

粉碎"四人帮"后，中央批准为"三和一少"案平反。1978 年底中央工作会议期间，中央政治局作出了为天安门事件平反的决定，解决了一批重大的历史遗留问题。1979 年初，中联部党的核心小组扩大会议，研究了工作着重点转移的问题，讨论了"文化大革命"期间被林彪、康生、"四人帮"搞乱了的中联部工作中的路线是非问题，初步清理了"文化大革命"对中联部工作造成的种种危害，一致认为，强加给中联部和外事战线的所谓"三和一少"、"三降一灭"修正主义路线的罪名，完全是诬陷不实之词。1979 年 2 月，中联部报请中央《建议为所谓"三和一少"、"三降一灭"问题平反的请示》得到了批准。3 月 9 日，《请示》以《中央联络文件》的方式向各省、市、自治区和中央党、政、军各部门作了通报。

《请示》肯定了 1962 年王稼祥向中央提出的方针性建议从组织原则上没有错，"总的精神是正确的"，指出"建国 20 多年来在党和国家的对外工作中，根本不存在所谓'三和一少'、'三降一灭'修正主义路线，中联部的工作和其他外事部门一样，执行的是中央的路线"，"成绩是主要的，中联部的干部和群众是好的"。同时否定了林彪、康生、"四人帮"在对外工作中煽动极左思潮、"三斗一多"四面出击，破坏中国同一些国家的外交关系和正常来往的行为，认为"强加在王稼祥同志和其他同志身上的一切诬陷之词，应该推翻"。

为"三和一少"、"三降一灭"案平反，解决了外事战线上一个重大的路线是非问题，也澄清了中联部最主要的路线是非问题。对"三和一少"、"三降一灭"的批判，助长了对外工作"左"的错误倾向的泛滥，造成了严重后果和危害。主要是导致我们党对国际形势、革命形势的估计越来越脱离客观实际；对外工作不讲策略和方式，似乎斗得越多越凶就越"革命"；对外援助似乎不应量力而行，似乎不应顾及实际困难，否则就是"背叛无产阶级国际主义"。这种"左"的、错误的批判，严重颠倒了路线是非，结果是，越批我们党的思想路线就越"左"，越批我们党的朋友越少，越批我们党内"宁左勿右"思想越严重。

1979年中央批准肯定王稼祥提出的方针性建议"总的精神是正确的"，这不仅对清除康生、"四人帮"的极左路线，而且对纠正毛泽东同志本人的不实事求是、脱离实际的一些"左"的思想和做法，都具有重要的现实意义。路线是非的澄清和认识上的变化，在中联部工作上立即收到了积极的效果。譬如中联部在对外国党的判断和认识上从此发生了变化，即原来的所谓"左"派党不一定就是马列主义政党，曾一度附和苏共指责中共并在国内进行探索的党也不能一概视为"修党"，从而发生了将"修党"改称"老党"、将"左派党"（马列党）改称"新党"这种提法上的重要变化。总之，给"三和一少"、"三降一灭"平反，为党的对外工作的拨乱反正、为开创党的对外工作新局面，从政治上、思想路线上扫除了重大的思想障碍。

三、实事求是地解决"历史遗留问题"

所谓"历史遗留问题"指的是"文革"遗留下来的我党支持东

南亚国家共产党开展反对本国政府的武装斗争的问题。这个问题能否妥善解决，既是我党对外工作是否完成转变的重要标志，也是我党对外工作指导思想是否由"支援世界革命"转向"为国内社会主义现代化服务"的关键。这也是传统的党的对外工作转向"中国特色政党外交"的一个核心问题。如果仍然以"支援世界革命"为指导思想，谈何"中国特色政党外交"？

1. "历史遗留问题"的由来

东南亚国家的共产党，主要是缅共、泰共、马共、菲共、印尼共等大多从事武装斗争的共产党。它们历史上同我党的关系既特殊又密切。这些国家有人数众多的华人，而在这些共产党的领导层中华人也不少。新中国成立后它们视我党为"榜样"和"靠山"，我党从无产阶级国际主义原则出发，"用一切可能的办法"援助它们。但在50年代我党对它们的支持重在政治和道义上，对有些必要和有限的物质援助，也是讲究策略、不事张扬的。此外，为打破外交孤立，我大力倡导不同意识形态和社会制度的国家"和平共处"的五项原则，所以对这些党的支持并未成为突出的问题。

然而自60年代我党开展"反修"斗争、特别是开展"文化大革命"之后，由于我对国际形势、革命形势的估计越来越"左"，越来越脱离实际，对这些国家共产党武装斗争的支持竟发展到公开张扬而毫不隐晦的程度。林彪、康生等人宣扬"现在是帝国主义走向全面崩溃，社会主义走向全世界胜利的时代"，将中国"农村包围城市"的武装斗争道路绝对化，鼓吹"井冈山道路通天下"。毛泽东同志从1957年就开始的"左"的倾向也有进一步的发展。他在1962年1月召开的扩大的中央工作会议上，曾做过这样的估计："从现在起，五十年内外到一百年内外，是世界上社会制度彻底变化的伟大时代，是一个翻天覆地的时代，是过去任何一个历史时代都不能比拟的。"后来他还提出了"世界大战无非是两种可能，一种是战争引起革命，一种是革命制止战争"，但"当前的主要倾向是革命"的论断。在这些"左"的思想倾向的影响下，再加上当时通过对所谓"三和一少"、"三降一灭"的批判，党内宁"左"勿右倾向盛行，极左思潮大肆泛滥，导致对外援助越来越不自量力，越来越不顾后果，从而发展到"公开支持"东南亚国家共产党开展反政府的武装斗争。

1966 年之后，在"支左反修，支援世界革命"的极左思想影响下，我加大了支持他们搞武装斗争的力度，采取了提供更多物质援助、人员援助以及培训军事干部的方式，并允许他们以我国为基地进行反对本国政府的活动。从 1966 年到 1971 年，我先后允许泰共、马共和缅共在我国境内建立广播电台，抨击他们本国的政府，向其国内人民发出号召。印尼共有 400 万党员、2000 万成员的群众团体，在 1965 年"9·30 事件"中被一网打尽，流亡国外的印尼共 200 多人后来到中国，并组建中央代表团常驻中国。我随后允许泰共、缅共、菲共、马共在华设立常驻代表机构，甚至允许马共中央领导机构设在我国。大批东南亚共产党干部在华工作，他们以党宾的身份受到高规格的接待，还允许印尼共和缅共中央代表团在华进行公开活动。当时中国的媒体还公开报道他们的武装斗争消息，邀请其领导人登天安门城楼观礼和出席我国庆招待会的情况也曾公开予以报道。于是，我支持这些党反本国政府的事情，成了世人皆知的"公开秘密"，从而严重损害了我与相关国家关系的发展。

由于我大力支持和援助的是相关国家政府视为"非法"的共产党，加上这些国家的社会制度和意识形态与我不同，而且各国拥有人数众多、凝聚力很强的华人华侨，因此东南亚各国政府对中国的恐惧心理和敌对态度有增无减，从而影响了我国与东南亚各国的国家关系。新中国成立后，泰国、马来西亚、菲律宾、新加坡等国长期不与我交往；前三国虽然到 1974、1975 年已同我建交了，但关系上仍因存在这个"疙瘩"而不顺畅；新加坡则直到 1991 年才与我建交。缅甸和印度尼西亚虽然在 20 世纪 50 年代初期就与我建交了，但在"文革"期间与我关系严重恶化，缅甸断绝与我往来，印尼于 1967 年与我断交，直到 1990 年才恢复。总之，我与东南亚各国的双边关系长期因我支持这些国家共产党（搞武装斗争），而处于僵持甚至是敌对的状态。

2. "两个关系"原则及其遇到的问题

客观情况表明，支持东南亚国家的共产党（搞武装斗争），与我国同这些国家发展国家关系，是明显存在着矛盾的，而且越来越尖锐。毛泽东同志在世时，这二者间的矛盾就已经很突出了，但他以"国家是国家关系，党是党的关系"这么一种主张将二者"区别开来"的原则，来处理这两种关系，意在既不放弃"共产党应支持共产党"的原则，但又希望发展同这些国家之间的国家关系。1975 年 7 月毛泽东主席在会见来访的泰国总理克立时的这番谈话，最能反映他的这一原则和思想，是常被人引用的：

"我们支持世界各国的共产党，但是不支持修正主义。我很赞成你在香港讲的那一篇话，国家是国家关系，党是党的关系。""拉扎克（马来西亚总理）要求我，不要跟他们国家的共产党往来。我说不行呢，因为我也是共产党。哪里有共产党不支持共产党革命的?!""至于你们怎么对付共产党，我们不干涉。无非是一骂，二打，三杀。我们不管，管不了啊！不能干涉别国的内政。"

毛泽东的这种解释和说法，后来被简称为"两个关系"原则，即"党是党的关系，国家是国家关系"，二者应区别开来，不要因党与党的关系而影响国家关系的发展。随后我党和国家领导人都按照这一原则，对相关国家政府做工作。但是相关国家对我关于"两个关系"原则的解释，反应和接受程度是不一样的。有的公开表示理解（如泰国），有的勉强表示接受（如缅甸），有的则明确表示难以接受，有的则公开反对。

泰国是最早公开表示理解的。早在 1975 年 7 月毛泽东会见泰国总理克立时，克立就曾表示："我极为欣赏主席所说的关于我们国家共产党问题的话。我们完全理解你们的观点，所以我没有要求，也永远不会要求主席不支持泰国共产党。"泰国之所以采取这种态度，看来是因为他们有信心自己解决本国共产党问题。克立当时说："我们现在的想法是，我们最终是想帮助我们的人民生存，改善他们的生活，改善他们的工作条件，使他们不相信共产党。这是我们的真正目标。共产党的主义，对我们来说不是大问题，不妨碍我们表示善意。"

1978 年 3 月，邓小平在北京会见来访的泰国总理江萨，继续按"党是党的关系，国家是国家关系"的原则做工作。邓小平强调，"这是历史形成的问题。历史形成的问题，不可能在一夜之间就找到一种灵丹妙药来处理这种问题"。邓小平还实事求是地承认"国家是国家关系，党是党的关系，这两个关系是有矛盾的"，并表示"我们希望共产党的问题不影响我们之间的关系。至于你们如何解决与你们共产党的关系，这是你们的事情，我们不干涉你们内政"。对此，泰方没有提出新问题，看来双方在此问题上已达成谅解。同年 11 月，邓小平以副总理的身份访问泰国，双方就泰共问题达成谅解，签订了中泰和平友好条约。

缅甸在 50 年代就同我建交了，关系还不错，但 60 年代因我支持缅共搞武装斗争而恶化了。缅甸奈温总统曾多次访华，就此做过商谈。按邓小平与缅共领导人的说法，我们"横直是一个原则，国家是国家关系，党是党的关系，公公开开，明明白白，毫不含糊"，与此同时我们又多次劝奈温他们与缅共"和谈"，"自己解决问题"。缅政府方面与缅共曾多次接触商谈过，但双方谈不拢，没有结果。后来奈温总统向我党和国家领导人表示："为维护缅中友谊，缅政府不再纠缠缅共问题"，算是勉强接受了"党是党的关系，国家是国家关系"的"两个关系"原则。

新加坡对我支持马共一直有意见，曾一再向我领导人提出来，直到 1991 年才与中国建交。新加坡总理李光耀曾于 1976 年 5 月首次访华，在会谈中涉及此问题时华国锋曾运用毛泽东"两个关系"原则进行解释，但李光耀感到很"失望"。他在回忆录中说：华国锋的"陈词滥调让人觉得刺耳"。"他口口声声说解放必须来自内部，中国却在物质和宣传上支持马共以武力解放新加坡"。他对"政府与政府和党与党之间的区别的说法"完全是"狡辩"。"这种理论（指'两个关系'原则）与中国实际行动上出现的根本矛盾，他始终不愿意承认。"后来李光耀与中国领导人见面时，又多次提出这个问题。

总的说来，对我提出的"两个关系"的原则和说法，除泰国最早公开表示"可以理解"、缅甸奈温总统勉强表示理解之外，其他国家实际都是不接受的。菲律宾当局对此持有异议，但未公开提出，仅在媒体上影射我国。马来西亚、印尼则公开表示反对。时任马来西亚外长加扎利在 1981 年 9 月公开反对我"两个关系"原则，声称"中国是东南亚的主要威胁"。印尼军方《武装部队报》于 1984 年 4 月发表文章要求中国完全断绝同印尼共的一切关系。1989 年 3 月，印尼国防学会会长苏比雅克将军对外宣称"中国是东盟潜在的威胁"。情况表明，完全按"两个关系"原则难以顺利地解决问题。

为什么东南亚多数国家不接受"两个关系"的原则和解释，少数接受的国家也显得勉强呢？我们应采取什么样的对策和办法才能妥善地解决这个历史遗留问题呢？

按邓小平同志的说法，历史遗留问题"对我们来说是一个尴尬的问题"。邓小平同志之所以说是令我们"尴尬"的问题，是因为我们有些方面不占理。表面上看"共产党应支持共产党"，这似乎是天经地义的事情，但严格说来，是不能笼统地这么说的，还应当看怎么支持、支持其干什么、支持到什么程度，并不是（对共产党的）"任何支持"都是合适的、都是正确的、都是应当的。如果我们只是从道义上、政治上支持这些共产党，也不会引发这么严重的问题。问题出在"文革"期间我们对东南亚这些共产党的支持，做得过火、过分，而且公开张扬宣传而不顾后果，等于公开宣布支持邻国的共产党利用我国的领土从事推翻邻国政府的活动。这是违反国际法、违反和平共处原则的事情。这样的支持同马克思主义反对的"输出革命"是没什么区别的。人家证据在握，我们是理亏的。岂不令人"尴尬"！

另一方面，历史遗留问题又是非常棘手很难处理的问题。一是，既然是历史遗留下来的，就非一夜之间就能找到灵验的解决办法的。我们与被支持的共产党之间也是平等的，需要商量、等待、做工作，不能靠我们的意志下命令。所以处理这个问题"要有点时间"，急不得。二是，这不是一个地区性问题，是关系国际共运、反"苏霸"全局的问题。正如 1978 年邓小平对泰国总理江萨所说的："我们反对苏联，其中最重要的问题，是它背叛了马列主义，我们不能背叛马列主义。不支持（革命）是不可能的。这个问题极大。如果我们改变了这个原则，就等于在苏联社会帝国主义面前放下了武器，连在意识形态上反对苏联社会帝国主义的资格都没有了，会受到全世界人民的谴责。"

面对这一尴尬而两难的问题，我们应怎么办？回顾我党处理这一问题的历史，可以看出当时我们采取的原则是：既继续坚持"两个关系"的原则，但又不是一味地靠重复"两个关系"原则来解决问题：一方面，我们对于相关国家要我们"公开声明"不支持共产党的"要求"，我们坚决不答应，邓小平明确表示，"坦率地说真话，要我们不支持共产党是不行的。"但另一方面，对于我们在支持共产党的问题上做错的地方，过火的地方，则毫不含糊，坚决纠正，真正按和平共处五项原则的要求，妥善地进行调整和处理，不再搞"输出革命"。总之，解决老问题需要有新思路、新办法。

3. 面对李光耀的要求邓小平说"给我点时间（考虑）"

1978 年 11 月邓小平以副总理身份访问新加坡，李光耀坦率地提出中国向东南亚"输出革命"的问题。李光耀建议他关闭马共、印尼共等设在中国境内的电台，"停止那些电台广播，停止发出号召"。邓小平当即表示："给我点时间（考虑）"，从此加快了我们党解决这一历史遗留问题的步伐。

邓小平那次率领中国政府代表团访问泰国、马来西亚和新加坡三个国家。那次访问的战略目标之一，是想劝说这些国家警惕苏联和越南的扩张图谋，以建立和扩大反对苏霸的国际统一战线。因为一年多前召开的党的十一大，强调了"三个世界"划分的对外战略。随后又以《人民日报》编辑部名义发表了《毛主席关于三个世界划分的理论是对马克思列宁主义的重大贡献》的文章。该文贯彻毛泽东反两霸集中打击苏霸的所谓"一条线"的国际战略，强调要建立国际反霸统一战线。《人民日报》的这篇文章发表后，中国加快了落实建立国际反霸统一战线的战略部署。邓小平的这次出访，就是在这样的背景下进行的。

但是邓小平抵达新加坡之后，与此行的战略意图相反，李光耀却反过来对邓小平说，"要亚细安国家对您的建议做出积极的回应，组成统一战线来对付苏联和越南，这个可能性微乎其微。"为什么呢？李光耀解释说，这一地区的马来西亚人、印尼人都对华人一直心怀猜忌和敌意，因为中国不断地在向东南亚输出革命。李光耀说，"他们希望新加坡能够跟他们站在同一阵线上，不为抵抗苏联，而是同中国对抗。"他接着说，"这些国家的共产党在中国境内设的电台，直接向这些国家的华人广播发出号召，在亚细安各国政府看来，这是一种非常危险的颠覆行为。"因此，李光耀建议，就如何解决这个问题交换意见。李光耀在回忆录中这样写道：

随后我稍微停顿一下。邓小平的表情和身势语言都显出他的错愕，他知道我所说句句属实。他突然问道："你要我怎么做？"我吃了一惊。我从未遇见过任何一位共产党领袖，在现实面前会愿意放弃一己之见，甚至还问我要他怎么做。我本来以为邓小平的态度多半跟1976年华国锋在北京同我会谈时没两样，不理会我的看法。当时我追问华国锋，中国怎么如此自相矛盾，支持马共在新加坡而非马来西亚搞革命。华国锋气势汹汹地回答说："详情我不清楚，但是共产党无论在什么地方进行斗争，都必胜无疑。"邓小平却不是这样。他知道要孤立越南，就不能不正视这个问题。要告诉这位身经百战，久经风霜的革命老将他应该怎么做吗？我不免心存犹豫。不过他既然问了，我也就直说："停止那些电台广播，停止发出号召。中国必须停止马来西亚共产党和印尼共产党在华南所进行的电台广播。"邓小平听后当即表示，"给我点时间（考虑）"。①

李光耀在此问题上真有点不达目的决不罢休的劲头。1980年11月李光耀第二次访华再次向中国方面提出了此问题。他那次访华，与时任总理赵紫阳会面商谈。他在回忆录中这样写道：

我在当天晚宴上的演讲稿预先送到他（赵紫阳——引者注）的礼宾处，他们要我把其中一段删掉，这一段针对中国对马来亚共产党的政策以及中国对外所进行的电台广播提出了批评。讲稿中是这么写的："这些年来，中国煽动并支持泰国、马来亚和印尼游击队的叛乱

---

① 新加坡《联合早报》出版：《李光耀回忆录》，2000年9月16日初版，第669—670页。

行动。很多亚细安领袖早已把这些不愉快的事情抛诸脑后，遗憾的是，中国过去政策留下来的后遗症，却继续困扰着中国同亚细安之间的关系。"

当天下午我们恢复会谈，我提起这一点。礼宾官员说，这个段落不能接受，演讲稿要发表，这一段必须删除，否则就不要演讲。这是很不寻常的。我已把演讲稿发给了新加坡的新闻界，相信他们也已经发给了外国的通讯员，不太可能再删减任何段落了。赵紫阳回答说，我这篇演讲稿如果向外发表，而他又没能针对我所说的一些要点做出回应，中国人民将不会原谅他。他不希望为我而设的一场"隆重友好的晚宴"，变成一个针锋相对的场合，以致在国际上引起不良的影响。他的意思并不是要告诉我晚宴上不该说什么，只是建议不如双方都取消演讲。万一我的看法还是无可避免地公之于世，他能够谅解。我同意不发表任何演讲。

赵紫阳向我保证中国将努力消除马来西亚和印尼对中国的猜疑和恐惧。党对党的关系，这是个全球性的历史问题，中国正煞费苦心地确保这个历史症结不致于影响同亚细安国家的关系，但是解决问题需要时间。他愿意正式向我保证，中国会解决问题，却不可能在一夜之间解决。[①]

李光耀的顽强促使中国领导人对此问题的重视，后来的事实表明，从邓小平向李光耀承诺"给我点时间（考虑）"之后，我们党解决这一历史遗留问题的步伐确实是大为加速了。

4. 解决老问题需要新思路新办法

从邓小平 1978 年访问新加坡回来后，我党加速了调整同东南亚共产党关系的步伐。1980 年 1 月，中国共产党开始全面调整同东南亚国家共产党的关系。总的精神是，我们同东南亚地区共产党的关系，要放在整个战略全局中来考虑。要适应形势的发展、变化，采取新的政策和策略。

1980 年 9 月，为直接做缅甸领导人的工作，李一氓作为邓小平的

---

① 新加坡《联合早报》出版：《李光耀回忆录》，2000 年 9 月 16 日初版，第 673 - 674 页。

特使专程访问了缅甸，向吴奈温转达了邓小平希望缅甸各政党团结建国的真诚愿望。对此，我领导人邓小平、亲自出面做工作。胡耀邦、李先念等中央领导人多次做东南亚共产党领导人的工作，说明各国革命必须依靠人民独立自主、自力更生地进行，社会主义国家如果口头上说奉行和平共处五项原则，而在行动上输出革命，不仅社会主义的形象受到损害，党的形象也会受到损害。邓小平在同他们谈话时指出，党与党之间的关系有两条原则要坚持，一是平等的关系，不是父子党的关系，二是任何国家的事情只能由那个国家的党和人民去判断。邓小平还说，有一点最重要，就是任何大党、中党、小党，都要相互尊重对方的选择和经验，对别的党、别的国家的事情不应该指手画脚。对执政党是这样，对没有执政的党也应该是这样。

1981年7月，时任总理赵紫阳率政府代表团访问菲律宾、马来西亚和新加坡三国，继续做三国政府的工作。三国均提出共产党问题，我方相应地做了大量增信释疑的工作。

在与各党商谈政策调整问题时，中联部领导及有关业务局的同志，区别不同情况，采取单独的、一对一的方式分别与各党领导人接触交谈，进行了大量耐心细致的说服解释工作，并给予对方充分地适应和过渡的时间。

中央解决历史遗留问题的指导思想和基本方针是什么呢？我认为，回顾这段历史可以做这样的概括：

一是，不放弃"两个关系"原则，但必须实事求是地做出调整。一方面继续坚持"党是党的关系，国家是国家关系"，决不因为要发展国家关系而公开声明"不再支持共产党"，但是另一方面对过去在"支持共产党"名义之下所做的那些违反国家关系原则的极左做法，则决心尽快纠正和解决。因此，对有些国家要我"公开声明"不支持共产党的要求，邓小平明确表示"这是不行的"，"我不能作出中国共产党不支持共产党的承诺。如果我那样说，是对国际共运的背叛，我们在国际共运中就无立足之地了"。但是对于要求中国方面关闭设在我境内的电台、停止广播之类事情，邓小平却认真听取，承诺解决。

　　二是奉行"劝和"方针，劝双方（政府与共产党）"和谈"，"自己解决自己的问题"。邓小平对缅甸总统奈温说"我们希望你们和谈，但谈不成，我们也没有办法。我们希望你们自己解决，希望让时间来解决这个问题"。邓小平对泰国总理炳·廷素拉暖也说过，"我们真实的态度是希望你们和"，"我们也希望马来西亚政府同马共讲和。当然讲和总得合情合理"。邓小平1980年会见李光耀，谈到东南亚一些共产党问题时，也强调"一句话，我们衷心希望他们（政府与共产党）能够找出一个和的道路"。从东南亚国家的形势看，虽然各国情况不尽一致，但总的说来，社会政治稳定，经济有所发展，新加坡等国还增长得很快，不存在直接革命形势，因此这些国家的共产党也已开始考虑转变策略。在这种形势下，我们奉行"劝和"方针是正确的，符合客观情况和人民要求的。

　　三是中国的现代化需要和平，需要与街坊邻居相安无事。在党与党、国家与国家这"两个关系"当中，我们已有所"侧重"，即强调最重要的是"发展两国之间的关系，两国人民的友谊"。1985年5月邓小平同来访的缅甸总统吴奈温举行会谈，最后邓小平总结性地提出："对于你们和缅共的和谈问题，我们再也不会介入了，我们已经两次建议你们和谈了。如果说要再加一句话，那就是最重要的是发展我们两国之间的关系，两国人民的友谊。中国的现代化需要和平，需要与街坊邻居相安无事。"

　　按上述调整方针和原则，经过几年工作，我们党调整了同东南亚共产党的关系，纠正了"文革"中的极左做法。经过细致的工作，东南亚各国共产党最终接受了现实，陆续与中共达成了有关协议，为发展国家关系扫除了障碍。调整之后，我们党已不再公开邀请各党领导人上天安门、上主席台、参加国宴等，不再播发各国共产党文稿和报导其武装斗争的消息。经做工作后，缅共于1978年先后将缅共中央机关、广播电台和子弟学校迁出我境。泰共于1979年，停止设在我境内的"泰国人民之声广播电台"的广播。马共于1981年也停止了设在我境内的电台的广播。同时对撤销这些党在华机构之后的人员，经过商谈和耐心细致的工作，也妥善地做出了安排，或是回国，或是转到第三国。如愿留在中国的可以留下，但不再按党宾对待，年老体弱的可在中国养老，但都要遵守中国法律，不从事反对其本国政府的活动。由于经过了我方耐心细致的工作，并采取循序渐进的调整，没有造成这些党大的震动。

据报道，在新的历史条件下，东南亚各国共产党由于主客观两方面的原因，在20世纪90年代初苏东剧变前后，有的已削弱消亡，有的与政府达成了和平协议，有的还在与政府和谈之中。马来亚共产党已与马、泰政府于1989年12月2日签署了和平协议，实现了马共总书记陈平所说的"有尊严的和平"。陈平的回忆录《我方的历史》对此有详细记述，国内外媒体对他们的情况也有不少报道。譬如泰国给愿意留在马共根据地泰南勿洞乡的前人民军成员进行了安置，那里现在已经成了旅游胜地，景点包括挂有马、恩、列、斯、毛画像的当年的党校课堂，当年的军事指挥部，等等。2009年12月初，为纪念《合艾和平协议》20周年，在当地隆重地举行了纪念活动，马共总书记陈平，以及前马共人民军的成员都出席了。陈平在发言时，又一次以老迈的身躯独自缓缓站起，特意"为在冲突中无辜死去的人默哀一分钟"。

马来亚共产党总书记陈平，于2013年9月16日在泰国曼谷去世，享年89岁。关于他，马来西亚媒体和网络上有不同的评论。此照片是网络上的一张截图，它反映了其中的一种看法。陈平自己在他2003年出版的自传《我方的历史》中写道："我自认是这个地区最后一个老革命领袖"，"在阴影中领导（运动）、远离聚光灯，这是我的选择"。"我不会为寻求推翻这个可憎的体制而

道歉。殖民主义剥削，不论是雇主、日本人还是英国人，都道义错误"，《合艾和平协议》实现了"有尊严的和平"。

四、"指导思想"的转变是根本性转变

党的对外工作的转变，首先是指导思想的转变。在"共运论战"中，我们党强调马克思主义同修正主义者的根本分歧就在于要不要革命、要不要反帝。在这种传统思想指导下，"共产党必须实行无产阶级国际主义"、"必须支援世界革命"的原则，当时对中国共产党人来说，是天经地义、理所当然、毫无疑义的事情。虽然历史条件和客观形势已发生了很大变化，但这些思想和原则，在粉碎"四人帮"之后的初期仍然没有变化。

1. 初期对外战略思想和提法仍延续"文革"时期

在 1976 年粉碎"四人帮"之后，党的对外路线和提法仍然是"文革"时期的延续。1977 年 8 月中旬在北京召开的中国共产党十一大的政治报告，强调"毛主席历来教导我们，已经获得革命胜利的人民，应该援助正在争取解放的人民的斗争。我们支持世界各国的共产党，但是不支持修正主义。我们是共产党，当然要支持各国共产党的革命斗争"，"我们要高举毛主席的伟大旗帜，坚持无产阶级国际主义，继续贯彻执行毛主席的革命外交路线"。值得注意的是，这里在"外交路线"前面仍然加了"革命"二字，隐含"文革"时期所强调的"外交必须服从革命"的原则仍然不变。这次代表大会所通过的《党章》，仍继续重申"两个反对"和"三个打倒"的对外战略目标，即"反对苏美两个超级大国的霸权主义"，"打倒帝国主义、现代修正主义和各国反动派"，并强调了"三个世界"划分的理论是我们对外战略的理论依据，是"国际无产阶级的世界战略"，是"无产阶级在国际斗争中的阶级路线"。这表明了当时我们党的对外路线仍然是"文革"时期的延续。

1978 年党的十一届三中全会，重新确立了解放思想、实事求是的思想路线，为全党的思想解放吹响了号角。但思想解放是一个艰难的

过程，并不是全会一闭幕，全党的思想就立即解放了的。在党的对外工作领域，总的指导思想的转变进程，一直延续到 1980 年之后，经历了一个艰难的转变过程。

中联部在党的十一届三中全会闭幕之后，给中央的《关于我党对外联络工作中几个问题的请示报告》，虽然本着"解放思想、实事求是"的精神，提出了许多扩大党的对外工作新局面的举措，但总体而言，指导思想上仍然没有跳出原来的对外战略思路的框架，仍然是以"三支"、"一扩"、"一促"为出发点的。这就是："支持国际共运中坚持马克思主义、主张独立自主的力量，支持世界工人运动和民族解放运动中的进步势力，支持各国人民的革命斗争。团结一切可以团结的力量，以扩大反对苏联霸权主义的国际统一战线和促进世界革命运动向前发展"，只是到最后才提到"并为我国社会主义现代化建设创造有利的国际条件"。

中联部的工作，或党的对外工作，其"出发点"究竟应当是什么？是党的领袖或领导人的讲话、指示和战略思路？是马克思主义的基本原理？是无产阶级国际主义原则或其他什么神圣的原则？是党的既定的路线和战略？等等。很显然，这一切都是党的对外工作不能不考虑的问题，而且过去一向都是这么做的。上述请示报告之所以从"三支"、"一扩"、"一促"为依据和出发点，是与当时我党对马克思主义基本原则的理解，以及当时党的既定路线和战略等党的对外工作的总指导思想是息息相关、密切不可分割的。

然而问题却在于，这些理论、原则和战略决策并不是最后、最终的依据，它们归根到底，也要接受实践的检验，要以是否符合客观实际情况为取舍。前述《请示》中所提到的思想和措施是否正确，严格说来，最终要以是否符合国际共运、世界革命的现实情况，以及是否符合世情、国情和党情为依据，如果这些情况已经改变了，不是我们过去所认识的那种情况，那么原来据以制定的战略决策也就因过时了而必须随之加以改变。这正是党的十一届三中全会重新确立了"解放思想、实事求是"的思想路线以来，我们党所一再强调的要坚持"一切从实际出发"的原则所要求的。

639

1980年10月27日中央书记处第59次会议专门讨论中联部的工作，并指出党的对外工作要以苏联的变化、世界革命形势的变化和我党的变化这"三大变化"为研究问题和作出决策的出发点。这一高屋建瓴的指导意见，体现了"解放思想、实事求是"的真谛，从"出发点"的高度，为党的对外工作的转变指明了转变方向，对党的对外工作的转变具有关键性指导意义。回顾和研究党的对外工作转变的历史，必须对此给予特别的关注和重视。

关于当前党的对外工作，这次书记处会议首先提出了中联部工作的"出发点"问题。认为：我们现在研究问题和作出决策时，要把以下三大变化作为出发点：第一是苏联的变化；第二是世界革命形势的变化；第三是我党的变化（十一届三中全会以后，我党发生了很大变化）。上述三个变化，影响和决定着我党同外国党的关系。

此外，会议还提出：我们应实事求是地看待外国党，具体问题作具体分析。那种认为谁反对苏修，谁就是马列主义的党，谁不反对苏修谁就是修正主义的党的划线办法，是错误的。同美国在反对苏联霸权主义问题上搞统一战线，不等于是向美国一边倒。有些拉丁美洲的革命组织高举民族主义旗帜，但同苏联、古巴有密切关系，我们也应该支持它们维护民族利益的立场。书记处的这些意见，实际上指明了"以苏划线"是错误的，对"一条线"的反苏霸统一战线也不能持简单僵化的态度。这在当时是切中时弊的，对转变党的对外工作指导思想具有重要的指导意义。这次书记处会议，对中联部、对党的对外工作指导思想的转变，具有关键性和方向性的指导意义。

2. 对国际形势的判断和对外政策上的"两大转变"

对世界形势的认识和判断，是我们制定对外和对内政策的基础和前提。如果我们一直认定大战不可避免而且迫在眉睫，那就不能放心大胆地埋头于经济建设。如果世界根本就没有革命形势，而我们却仍然按过去"战争与革命"年代那种估计去大谈什么"支持"革命运动那一套，岂不等于痴人说梦！所以对国际形势、共运形势和革命形势做出正确的、科学的、实事求是的分析和判断，是衡量现行的对内和对外路线和战略是否正确，以及如何制定新的战略和政策的基础和前提。

邓小平在粉碎"四人帮"之后的头两三年时间内，很强调毛泽东关于"三个世界"划分的理论，他强调战争不可避免，认为中国的主要威胁来自苏联，并于1977年让胡乔木同志抓总写出了《毛主席关于三个世界划分的理论是对马克思列宁主义的重大贡献》的文章。此文以人民日报编辑部的名义在该报1977年11月1日用六个版面的篇幅发表，影响很大。从客观形势看，进入80年代前后，世界发生了一系列重要事件，其中最突出的是1979年苏军大规模入侵阿富汗，与此同时越南采取亲苏、反华、排华政策和武装入侵柬埔寨的行动。这种形势使"两霸争夺、苏攻美守"、中国的主要威胁来自北方、来自"苏联社会帝国主义"等观点成为当时我们党内占主导、占主流的观点，从而强化了"三个世界"划分的理念和"一条线"（集中反苏霸）的战略思路。邓小平在1980年1月16日的《目前的形势和任务》的报告中，强调"八十年代是个危险的年代。反对霸权主义这个任务，每天都摆在我们的议事日程上"。这一时期受苏联入侵阿富汗等形势的影响，我们仍然认为八十年代是一个"非常动荡、充满危机的年代"。经过1982年9月的党的十二大，到1983年3月2日邓小平从华东地区巡视回京，在与胡耀邦等中央领导同志谈话时才明确提出："大战打不起来，不要怕，不存在什么冒险的问题。以前总是担心打仗，现在看，担心过分了。"

他主张许多建设项目"要注意争取时间，该上的要上"。①1985 年 6 月
4 日邓小平在军委扩大会议上又以"总结"式的口吻强调：十一届三
中全会以后，我们对国际形势的判断有变化，对外政策也有变化，
"这是两个重要的转变"。他所说的"第一个转变"，指的是改变了过
去一直认为战争不可避免，而且迫在眉睫的看法，这就可以使我们能
"放胆地一心一意地好好地搞我们的四个现代化建设"了。邓小平所
说的"第二个转变"，指的是我们的对外政策，改变了过去一段时间
针对苏联霸权主义搞了"一条线"的战略，转变到"奉行独立自主
的正确的外交路线和对外政策"，谁搞霸权就反对谁，谁搞战争就反
对谁。②由此可见，这"两大转变"成为我们党的主流意识是经历了
好几年的艰难的认识过程的。

在这个问题上，我们不能不指出，党的十一届三中全会以来，在
"解放思想、实事求是"思想路线指引下，大致在 1980 年前后，党内
有些同志围绕国际形势中的战争与和平问题、苏联社会帝国主义的本
质和根源问题，以及"三个世界"划分问题等战略策略问题，展开了
重新研究、重新认识的运动，对推动全党认识的转变是起了积极作用
的。可以说指导思想的转变，是全党集体智慧的结晶，是许多同志不
断贡献、日积月累的结果。这里，我们不能不提及一些重要领导同志
先后所提出的观点。

在关于苏联社会帝国主义的本质和根源的问题上，胡耀邦同志较
早地提出了与主流观点不同的意见。当时占主流的观点是，"两霸相
争必有一战，战争危险主要来自苏联"、"我们的主要威胁来自北
方"，而作为中共中央秘书长的胡耀邦同志，于 1979 年 7 月 17 日在
我国第五次驻外使节会议上曾提出："过去我们说苏联变成了资本主
义，社会制度变了，现在回过头来看，可能我们那个时候研究得不成
熟，提出的理由不充分。这个说法必须重新考虑。我们必须把苏联统
治集团奉行的政策同它的社会制度区别开来。不然我们在外交政策方
面和理论方面就站不住脚。"他还认为，"苏联统治集团反华，二十年

① 《邓小平年谱（1975 – 1997）》（下）中央文献出版社 2004 年第 1 版，第 892 页。
② 《邓小平文选》第 3 卷，人民出版社 1993 年版，第 126 – 128 页。

来亡我之心不死，但不等于他要搞亡我之战。他要搞对华战争，进行亡华之战，我觉得这不容易。他的决心不容易下。同时，苏联人民以及相当多一部分干部，对我友好之心未灭，希望同我们友好。单看领导集团亡我之心不死是不全面的。"可惜他的这些意见在当时的中央领导中响应的不多。这次驻外使节会议的总结报告仍然强调：战争的因素在继续增长，我们要立足于早打，立足于大打；对中国的威胁来自于苏联，来自于社会帝国主义，我们要采取"一条线"的国际反霸统一战线战略。

关于"三个世界"划分的理论问题，李一氓同志在 1980 年春天组织中联部同志清理若干重大理论时就提出：我们的国际战略不能拘泥于'三个世界'的划分，对这个'理论'，要重新研究。他认为：首先是，将这一划分称为"理论"看来不甚恰当。列宁、斯大林不同时期对世界政治力量都做过不同的划分，但他们本人和别人都没将其称之为"理论"。1977 年我党十一大的文件，甚至说"三个世界"划分的"理论"是"国际无产阶级的世界战略"、"无产阶级在国际斗争中的阶级路线"，就更值得研究了。现在我们党主张各国党要独立自主，可又把自己提出的这种"划分"称为"国际无产阶级的世界战略"，似乎别人都要照此办事，岂不矛盾？岂不让人产生误解？其次，偌大的世界，粗略地划一下，似乎还像，战略上也有此必要。但是细划起来，问题不少。三个世界，谁第一、谁第二、谁第三，特别是哪些国家属第二世界，很难划得清。不宜将复杂的世界简单地划成几块，实际斗争要比这复杂得多。再者，也是最主要的，就是当前国际形势的发展，已突破了三个世界划分的框架，我们的国际战略思想不能拘泥于"三个世界"的划分，应改变从"三个世界划分"出发所形成的、针对苏联霸权主义威胁而采取的"一条线"、"一大片"的战略。我们应强调"独立自主"，反对霸权主义、维护世界和平的外交政策。李一氓同志参与了《讨论稿》的讨论，记得他回来传达中央讨论的大意是，决定中央文件和中央领导同志的正式讲话，今后不再提"三个世界"划分的"理论"，但也不正式向下传达，学术界仍可继续讨论。

关于"独立自主"的和平外交政策问题。从过去实行的"一条线"、"一大片"的战略转变到强调奉行"独立自主"的和平外交政策，也经历了一个认识过程。1981 年 3 月，作为总书记的胡耀邦在中央书记处会议讨论对外工作时提出，我们对外政策应该奉行"完全独立自主的方针"，为此"任何时候不依附于任何外国的外交政策。也就是说，我们不跟着任何一个国家的外交指挥棒转"。从 1981 年 3 月起，政治局常委李先念（1983 年起任国家主席）担任了 6 年中央外事工作领导小组的组长。他主持的第一次会议，就讨论加强第三世界工作问题，并强调我们坚决支持发展中国家捍卫民族独立和发展民族经济的斗争，不能以它们对苏联的关系好坏来划线，不能只反对苏联霸权主义而丢掉反对美国霸权主义的旗帜。他还多次强调，外交上一定要坚持独立自主，不要强调中美有"战略关系"；"一条线"的提法不要再讲了，"一边倒"对中国在世界上的形象也不好。李先念为新时期对外政策的调整做了很多工作。徐向前元帅在 1982 年 7 月，再次表示不同意"一条线"的战略和苏联"社会帝国主义"的提法。1982 年 8 月 10 日，外交部苏欧司司长奉命启程去莫斯科，向苏联提出：改善两国关系要从消除三大障碍入手。

1982 年党的十二大关于这些问题的新提法是这一时期认识转折的重要标志。9 月 1 日邓小平在中共十二大开幕词中说："独立自主、自力更生，无论过去、现在和将来，都是我们的立足点。""任何外国不要指望中国会做他们的附庸，不要指望中国会吞下损害我国利益的苦果。"胡耀邦在十二大的报告的第五部分，以"坚持独立自主的对外政策"为题，强调我们坚持执行独立自主的对外政策，"中国决不依附于任何大国或者国家集团，决不屈服于任何大国的压力"。

回头看还必须指出，上世纪 80 年代前后中美在建交后围绕"售台武器"问题的谈判陷入僵局时，苏联勃列日涅夫于 1982 年 3 月 24 日的"塔什干讲话"却施放出了改善苏中关系的"新意"。这表明所谓"一条线"、"一大片"的国际战略需要调整，实行独立自主的外交政策、谁搞霸权主义就反对谁，这对中国是最为有利的。

当时的情况是：1978 年中美间已开始关系正常化谈判，中方一直坚持美同台湾必须断交、撤军、废约，在双方基本达成协议定于 1979 年 1 月建交时，美方又冒出了一个"对台售武问题"来"澄清"。1979年 1 月 1 日中美关系刚实现了正常化，美国国会于 3 月 26 日通过了《与台湾关系法》，4 月10 日卡特总统签署了该法案。这个法案本质上不承认"只有一个中国"，严重违背了中美建交公报，侵犯我国主权，干

1982 年 3 月 24 日勃列日涅夫发表
"塔什干讲话"施放改善苏中关系"新意"

涉我国内政。该法强调"美国将向台湾提供保持自卫能力所需数量的防御武器和防御服务"，使中美关系围绕对台售武问题随后经历了一场危机。正当中美间就美售台武器问题谈判处于僵局时，苏联对华施放出改善苏中关系的"新意"。1982 年 3 月 24 日勃列日涅夫在中亚塔什干发表讲话，说苏不否定"中国存在社会主义制度"，强调"中国对台湾拥有主权"，并提出了改善苏中关系的建议。邓小平立即注意到勃列日涅夫讲话所传达的信息，3 月 26 日我外交部发言人即发表声明，表示"我们重视的是苏联的实际行动"。随后中苏双方又有些往来和接触。7 月 15 日，邓小平同其他中央领导同志讨论美售台武器问题时，将其与中苏关系问题联系起来，并决定向苏联传达口信，表示愿意改善中苏关系，但苏联必须消除"三大障碍"。苏中关系方面的这些动向，不能不对中美关系的谈判僵局产生影响。一个月后，中美双方经过讨论和相互妥协，终于在 1982 年 8 月 15 日达成《联合公报》协议，8 月 17 日生效，后来称之为《八一七公报》。于是，中美间一年多来由美国售台武器引发的危机告一段落。

1982 年邓小平会见乔治·布什，中美于 8 月
15 日达成协议，8 月 17 日发表"八一七公报"

中美"八一七公报"，重申了《上海公报》和《中美建交公报》所确立的指导中美关系的根本原则，即"互相尊重主权和领土完整、互不干涉内政"。在《联合公报》中，美国方面作出了三点承诺：一是它向台湾出售的武器在性能和数量上将不超过美中建交后近几年的水平，二是它准备逐步减少对台湾的武器出售，三是经过一段时间使这个问题得到最后解决。美国政府声明："它不寻求执行一项长期向台湾出售武器的政策"，"承认中国关于彻底解决这一问题的一贯立场。"

事实说明"苏中关系因素"对"美中关系"并非没有影响。客观事实是，中、美、苏之间的"大三角关系"是不依人们是否意识和注意到它而客观地存在着，及时调整所谓"一条线"、"一大片"的国际战略，实行独立自主的外交政策，谁搞霸权主义就反对谁，这对中国是最为有利的。1991 年苏联解体崩溃后，美认为对中国的战略需要似乎下降了，于是中美关系出现了"坐过山车"式的不稳定。2001年"9·11 事件"后，美感受到了"恐怖主义"的严重威胁，才逐渐改善对中国的战略关系。这一切说明，世界格局的"三角"、"多极"，要比"两极对立"来得安全稳定。

3. 由"支援世界革命"转向"为国内经济建设服务"

如果考虑到这一时期党的对外工作，也发生了由"支持世界革命"转向"为国内现代化经济建设服务"的转变，那么在邓小平 1985 年所说的上述"两大转变"之外，还应加上这一重大的转变，这样，实际上就发生了"三大转变"，即：一是改变了世界战争不可避免而且迫在眉睫的判断；二是改变了过去一段时间针对苏联霸权主义搞"一条线"的战略，转到奉行"独立自主的外交政策"；三是党的对外工作，发生了由"支援世界革命"向"为国内经济建设服务"的转变。

党的对外工作之所以会发生这一重大的转变，当然是由多重因素决定的，其中很重要一点，是对国际形势、革命形势有了新的认识。在"文化大革命"期间，我们曾经把"革命制止战争"看作是一种现实的可能性，作出过"当前世界的主要倾向是革命"的判断，并采取了一些"支持革命"的政策和举措。直到 1975 年 7 月，毛泽东同志还公开对外宾讲："我们支持世界各国的共产党"，"哪里有共产党不支持共产党革命的?!"

但客观实际情况是，20 世纪 60 年代以来，不仅欧洲，而且亚洲的许多国家经济持续发展，人民生活有了改善，国际形势已发生了很大变化，绝大多数国家并不存在无产阶级直接夺取政权的革命形势。在这种情况下，越来越多的共产党开始注意独立思考，不同程度地质疑和摆脱"领导党"、"领导中心"和统一行动的"共运模式"，力求把马克思主义基本原理同本国实际结合起来，探索适合本国情况的发展道路。如果说过去强调"国际联合"和"共同规律"，而现在强调的是"独立自主"和"民族特色"，从而调整了自己对内对外的关系和政策。于是，在党与党的关系上，谋求建立独立平等、自愿往来的新型的党与党关系已成为历史发展的必然。

在这种情况下，邓小平以"回头看"的方式，在总结国际共运历史经验的基础上，就如何处理兄弟党关系问题提出了一些重要原则，从党的十一届三中全会之后，特别是从进入 80 年代前后的那一时期开始，党的对外工作的指导思想已开始发生了历史性转变。这表现在：

1978 年 11 月邓小平访问新加坡时，已向李光耀承诺历史遗留问题（支持东南亚共产党搞武装斗争）"给我点时间（考虑）"。于是加快了调整同东南亚国家共产党关系的步伐。

1978 年 12 月 25 日，即党的十一届三中全会闭幕后的第三天，中联部上报中央的《关于我党对外联络工作中几个问题的请示报告》，首次提出扩大党的对外交往的出发点之一，是"为我国社会主义现代化建设创造有利的国际条件"，这是一个跳出旧思路的新提法，然而就总体而言，指导思想还没有完全摆脱原来"支持世界革命"的思路。

1980年1月16日邓小平在《目前的形势和任务》中提出："我们的对外政策，就本国来说，是要寻求一个和平的环境来实现四个现代化。这不是假话，是真话。这不仅是符合中国人民的利益，也是符合世界人民利益的一件大事。"[①]

一年之后，即1981年1月4日，邓小平在会见美国客人时，又强调要澄清一个观点，这就是有人认为"中国政府信奉的意识形态旨在摧毁类似美国这样的政府"。邓小平郑重地指出："这样的观点至少不是八十年代的观点，也不是七十年代的观点，而是恢复了六十年代以前的观点。"[②] 邓小平的这段话，明确地指出中国所采取的国际战略，在80年代之后是与过去大不相同了，即中国对外战略的目标不再是"奉行旨在摧毁类似美国这样的政府"的战略了。这就是说，从80年代初开始，我们的对外战略已开始由"文革"时期的"打倒帝、修、反"、"支援世界革命"，转向为国内四个现代化建设"寻求一个和平的国际环境"了。

1982年9月，中共十二大强调"革命决不能输出"。胡耀邦在这次大会的政治报告说："革命决不能输出，它只能是各国人民自己选择的结果。正是基于这样的认识，我们始终坚持和平共处五项原则。"这是我们党在党代会上第一次这样确认"不输出革命"的原则。十二大公开提出"革命决不能输出"之后，我们加快了调整支持东南亚国家共产党武装斗争的政策。党的对外工作的指导思想，从理论到实践，都发生了由"支持世界革命"向"为国内经济建设服务"的转变。这一历史性转变总的说来始于80年代初，但整个转变的过程延续到80年代中期之后，是一个艰难的认识和解放思想的过程。

---

① 《邓小平文选》第2卷，人民出版社1993年版，第241页。
② 《邓小平文选》第2卷，人民出版社1993年版，第378页。

1984 年中央书记处和国务院在听取中联部汇报后提出，"中联部外事工作的总方针是为我国的社会主义现代化建设服务"。这标志着党的对外工作的指导思想已正式明确地由"支援世界革命"转向"为国内经济建设服务"了。事情是这样的：1984 年整党期间，中联部在充分讨论研究的基础上，提出了业务指导思想拨乱反正，打开新局面的具体意见，并由中联部部长钱李仁向中央书记处和国务院作了汇报。听取汇报的胡耀邦等中央领导同志肯定了中联部的工作，并当即明确指出："中联部外事工作的总方针是为我国的社会主义现代化建设服务。"

1989 年 10 月邓小平在会见美国前总统尼克松时又提出"考虑国与国之间的关系主要应该从国家自身的战略利益出发。着眼于自身长远的战略利益，同时也尊重对方的利益，而不去计较历史的恩怨，不去计较社会制度和意识形态的差别"。这意味着党的对外交往也必须以国家利益为最高准则。

五、党的对外交往的全面转变和发展

随着党的对外工作指导思想的转变，从 20 世纪 70 年代后期开始，党的对外交往开始了全面的转变和发展。这一时期每次党的代表大会，在党的对外工作领域都会有些新的提法。1982 年中共十二大提出在党际交往"四项原则"基础上发展与"外国共产党和工人政党"的关系，当时还有个前提是"在马克思主义基础上"，并且只限于"共产党和工人政党"。1987 年中共十三大谈到此问题时，将"四项原则"扩大到适用于"其他政党"，并且删除"在马克思主义基础上"的意识形态前提。1992 年中共十四大提出"本着求同存异的精神"同"各国政党建立和发展友好关系，增进相互了解和合作"，这里除增加了"本着求同存异精神"之外，明确是"同各国政党建立和发展友好关系"。1997 年中共十五大进一步提出同"一切愿与我党交往的各国政党""发展新型党际关系，促进国家关系的发展"。总之，党的对外交往工作是逐步转变发展和不断扩大的。

1. 突破惯例，同民族民主政党发展党际关系

从 1978 年开始，中共开始与亚非拉地区执政的民族民主政党发展党际交流合作关系。从 1978 年起，对黑非洲国家执政党的工作全面展开。最早与中共建立关系的是索马里革命社会主义党。此后不到一年的时间，中共又同坦桑尼亚革命党、几内亚民主党等建立了联系。接着，中共不断扩大接触面，凡对中共友好、愿意来往的政党，都根据主客观条件有步骤地同它们建立关系。

同拉丁美洲民族民主政党的关系始于 20 世纪 70 年代。1973 年 6 月周恩来在会见来访的阿根廷正义党领袖庇隆夫人时，曾指定中联部部长耿飚参加，并向客人介绍了耿飚的身份和中联部的工作情况。这是中联部与拉美民族主义政党最早的一次接触。到 2007 年 9 月，中共与拉美 27 个国家的 89 个政党建立了党际关系，与 18 个国家的 32 个政党保持接触，其中 19 个国家的执政党与中共建立了关系。拉美先后有 17 位总统当选前作为党宾访华，他们执政后均积极发展对华友好关系。

中共同南亚、东南亚国家民族民主政党的关系相对起步较晚。20 世纪 80 年代中期，中共与南亚国家民族主义政党的关系有了突破。1985 年 1 月，同印度国大党（英）开展友好往来，12 月中共代表访印参加了印度国大党（英）建党 100 周年活动。同年，中共又与斯里兰卡统一国民党建立关系。此后几年间，先后与孟加拉国民党、斯里兰卡自由党、巴基斯坦穆斯林联盟、巴基斯坦人民党和全印前进同盟等建立了关系。这一期间，中共与东南亚各国民族民主政党关系也有突破。1985 年，开启了同泰国政党的交往联系，随后几年，中国国际交流协会又同泰国党和人民党有了接触。1987 年，中联部与缅甸纲领党开始接触。进入新世纪中共与该地区大多数主要政党都建立了关系，2004 年还主办了"第三届亚洲政党国际会议"。

2. 不纠缠历史旧账向前看，与"老（共产）党"恢复和发展关系

从 1980 年邀请意共贝林格访华开始，本着"不纠缠历史旧账向前看"的原则，逐步恢复与"老（共产）党"的关系。1980 年 11 月，卡里略率西班牙共产党代表团访华，两党关系实现了正常化。

1982 年 10 月，马歇率法共中央代表团访华，两党实现了关系正常化。从 1982 年到 1988 年，中共在党际关系四项原则的基础上陆续同荷兰共产党、比利时共产党、瑞士劳动党、奥地利共产党、英国共产党、挪威共产党、丹麦共产党、瑞典左翼党、希腊共产党、卢森堡共产党、芬兰共产党、加拿大共产党和美国共产党等，实现了关系正常化。从 20 世纪 70 年代后期，我们党开始调整同东南亚国家共产党的关系，主要是解决"历史遗留问题"，同时与亚非拉地区中断关系的一些"老（共产）党"，也陆续恢复关系。

3. 超越意识形态差异谋求理解合作，与社会党发展关系

从 1981 年开始本着求同存异、超越分歧和差异、寻求理解与合作的精神同社会党发展关系。从 1981 年邀请法国社会党密特朗访华开始，同欧洲国家的社会党、社民党、工党发展关系。中国共产党对法国社会党密特朗第一次派出的高级别代表团给予了应有的礼遇。后来法国社会党领导人在见到中国共产党领导人时，不止一次地感谢中共对密特朗这次访华的邀请和接待。三个月后，这位串过北京的小胡同的密特朗在大选中获胜，当选为法国总统。

1984 年德国社民党主席勃兰特访华，是西欧社会党同中共发展关系的一个重要里程碑。勃兰特同胡耀邦总书记进行了深入的会谈，并邀请胡耀邦次年回访德国。访问最后由中共中央政治局常委、中央顾问委员会主任邓小平会见并宴请了勃兰特一行，使勃兰特甚为兴奋，称这是给他的荣誉，表示要从邓小平的智慧中吸取一些精华。当邓小平谈到中国不打别国的牌，也不让别人打中国的牌时，勃兰特说中国的分量远比一张牌重。勃兰特的首次访华获得了圆满成功，他对此表示"十分满意"，他说亲眼看到了今天的中国到处生机盎然，会谈既明确了双方存在的许多共同点，各自表达了合作的愿望，又就今后的联系与合作达成了协议，收获之多"超出预料"。

在随后的几年中，中共与意大利社会党、奥地利社会党、比利时社会党、西班牙工人社会党、葡萄牙社会党、英国工党、泛希腊社会主义运动和荷兰工党等欧洲地区的社会党建立了各种形式的交往与联系。

中共在同社会党的交往中，奉行"超越意识形态的差异，谋求相互了解和合作"的方针，认为在意识形态，社会制度和发展道路等方面的分歧和差异，不应当成为谋求相互了解和合作的障碍，双方可以在一些共同点或相似点上进行接触、对话、交流和合作。到 20 世纪 80 年代末，中共以各种形式联系的社会党达到 40 多个。

4. 与中断关系的社会主义国家执政党陆续恢复关系

国际共运"大论战"中，中共认为苏联"社会主义大家庭"已变质成"修正主义"集团，不是"社会主义"国家，从而与其大多数成员都中断了关系。粉碎"四人帮"后，中共实行将东欧五国与苏共区别对待，先行接触并实现关系正常化的方针。1986 年下半年，东欧五国党在发展与中共关系方面采取了一些新的主动步骤。1987 年 6 月，中共中央代理总书记、国务院总理赵紫阳访问东欧五国，至此，与东欧五党实现了关系正常化。随着中共与东欧五党和苏共关系正常化，1989 年 7 月，中共与蒙古人民革命党也正式恢复关系。

中苏两党关系经历持久的论战、冲突，裂痕甚深。1982 年 3 月，苏联领导人勃列日涅夫发表讲话，传递了改善对华关系的信息，说苏联不否认中国存在社会主义制度。中国方面随后提出要苏方在消除"三大障碍"方面采取实际行动（从中苏边境地区和蒙古撤军；从阿富汗撤军；劝说越南从柬埔寨撤军）。戈尔巴乔夫继任苏共中央总书记后，中苏关系的改善速度加快。1985 年 10 月，邓小平向苏联领导人带口信，提出了中苏举行高级会晤的设想，但前提是苏联必须消除"三大障碍"。1987 年 10 月苏共中央向中共十三大发来贺电。双方经过反复磋商和准备，1988 年 12 月之后中苏外长实现了互访，开始了两国两党关系正常化的进程。1989 年 5 月，戈尔巴乔夫访华，邓小平为这次会晤确立的主题是"结束过去，开创未来"，两国两党关系实现了正常化。

1990 年 9 月 3—4 日，应越方要求，江泽民、李鹏同阮文灵、杜梅、范文同（中央顾问）在成都举行内部会晤，签署了《关于政治解决柬埔寨问题和两国关系正常化问题的会谈纪要》。双方达成 8 点共识，包括明确表明要"随着柬埔寨问题的全面政治解决，逐步改善中越两党、两国关系，进而实现正常化"。成都会晤对改善中越关系、推动柬埔寨问题的解决具有重要意义，是中越关系的转折点。1991 年 10 月，巴黎会议签署政治解决柬埔寨问题的和平协议，实现中越关系正常化的障碍完全消除。中央决定邀请越共总书记杜梅和部长会议主席武文杰于 1991 年 11 月上旬率高级代表团访华，双方发表了联合公报，声明两国在和平共处五项原则基础上发展睦邻友好关系，两党在党际关系四项原则基础上恢复关系。

1978 年，中共与老挝人民革命党关系曾经中断。1985 年以后，老党通过各种方式不断表示同中共关系正常化的愿望。1989 年 8 月，中老两党中联部在北京就恢复党的关系问题取得一致意见。同年 10 月，老党总书记、部长会议主席凯山访华，中老两党、两国实现了关系正常化。

1988 年 1 月，中国与古巴两党商定，作为恢复关系的第一步，两党外事部门率先互访。8 月，中联部秘书长李北海率中联部代表团访问古巴，古共领导人重申了两党关系"向前看"的主张。9 月，古共回访中国。两党关系正式恢复。之后，两党高层领导频繁互访，交往领域和内容日益扩大，把两党和两国关系推向了一个新阶段。

5. 从 90 年代开始同发达国家传统政党发展关系

在欧洲，社会党和右翼各大党是欧洲政党政治中的支柱力量，主导欧洲政坛。20 世纪 80 年代初，中共与这些政党逐步建立了不同形式的联系，经历了 90 年代初的沉寂后，随着中国国际地位的提高和中欧国家关系的改善，中共与其交往趋于活跃。截至 2007 年 9 月，中共与发达国家的 80 多个政党和组织建立和保持着不同形式的联系，其中包括了共产党、社民党、自由党、保守党、绿党等不同性质党。与这些政党的关系，已成为中国与发达国家之间交流合作的重要渠道。随着欧洲社会党力量上升，中共加强了对这些左翼和中左翼政党的交往。进入新世纪以来，中共与德国社民党、泛希腊社会主义运动、法国社会党、意大利左民党、芬兰社民党、挪威工党、奥地利社民党、西班牙工人社会党、葡萄牙社会党等左翼和中左翼政党交往频繁。中联部还多次邀请西欧多国政党领导人、政治家、学者专家来华参加国际研讨会，在党建理论等方面进行交流与探讨，活跃了党际关系。

与此同时，中共积极拓展与发达国家中右翼政党交往。1999年，中国与法国共和与公民运动正式建立关系。法国保卫共和联盟多次应中共邀请派团访华。中共还与西班牙人民党、希腊新民主党、英国保守党、爱尔兰共和党、比利时自由党、奥地利人民党、意大利力量党、冰岛自由党、马耳他国民党等，保持良好的交往关系。

第一届中美政党高层对话 2010 年 3 月在北京举行

在美国，同民主、共和两大党关系取得突破。2010年3月30日至4月2日，应中共中央对外联络部邀请，由美国前国务卿奥尔布赖特和前助理国务卿威廉姆森率领的美国民主、共和两党代表团访华，参加"第一届中美政党高层对话"。这是美国两大主流政党首次联合派团访华，标志着中国共产党与美国两党机制化交往的正式开启，为增进中美两国政党和政治家之间的相互了解和战略互信、推进中美关系健康稳定发展搭建了一个新的平台，具有重要的历史和现实意义。这次对话是初步的，但已取得了成效。奥尔布赖特在中美政党高层对话上说，自己对此次中美政党对话期待已久，中美建立政党联系，就各自政党情况、政策立场和其他共同关心的国际和地区问题进行了坦诚对话，加深了彼此认识和了解。在两国外交渠道之外，增加了一条新的对话渠道，这是美中两国政党机制化交往的良好开端。在谈到过去几十年中美政党交往都处于空白运转时，奥尔布赖特深有感触地说，"我们来得确实晚了些"。

2010 年 12 月，又在华盛顿成功举行了第二届中美政党高层对话，标志着中国共产党与美国民主党、共和党两党的机制化交往正式启动，开启了中美两国关系的新领域，也开启了中美政党交往的新篇章，为增进中美两国政党和政治家之间的相互了解和战略互信、推进中美关系健康、稳定发展搭建了一个新的平台，为中美建设 21 世纪积极、合作、全面关系增添了新的重要途径，具有重要的历史和现实意义。

6. 进入新世纪积极参与并主办政党多边活动

进入新世纪，随着经济全球化加速和全球性问题不断涌现，各国政党更加重视交流治国理政经验，共同探讨解决全球及地区问题的途径。在此背景下，国际政党组织有新的发展，成为国际社会一股不可忽视的政治因素，同时各国政党要求开展国际交流的愿望增强，这就为开展政党多边国际活动提供了机会。

为适应这一发展趋势，中共加强了与政党国际和地区性组织的交流，积极参与政党多边活动，先后与社会党国际恢复关系；与基督教民主党和人民党国际、国际民主联盟（保守党国际）、自由党国际等政党国际建立了多种关系；与欧洲议会、美洲基民组织、中美洲议会、社会党国际拉美和加勒比委员会、拉美政党常设大会以及圣保罗论坛、墨西哥劳动党主办的社会主义论坛等地区性政党组织及论坛建立了不同形式的交往。特别是积极参与并承办了第三届亚洲政党国际会议。

2000 年 9 月，由菲律宾基督教穆斯林民主力量党发起，创办了亚洲政党国际会议。中共先后派代表参加了 2000 年 9 月和 2002 年 11 月召开的第一、二届会议。在第二届曼谷会议上，许多政党和亚洲政党国际会议常委会建议由中国共产党主办第三届会议。2003 年 1 月，亚洲政党国际会议常委会主席、菲律宾众议长德贝内西亚访华时再次提出希望中共举办第三届会议。2004 年 9 月 3—5 日，第三届亚洲政党国际会议在北京举行。包括中国在内的 35 个国家 81 个政党、组织的领导人和代表 350 多人以及 2 个国家 4 个政党和组织的观察员参加了会议。中国 8 个民主党派的主要负责人，分别以全国人大、政协领导人身份参加会议的主要活动。

第三届亚洲政党国际会议 2004 年 9 月在北京举行

会议成功举办，使各国政党对中国共产党的执政理念和内外政策，对中国改革开放的情况有了更多更深的了解与认识。他们一致表示愿与中国共产党深化友好交往，重申坚持一个中国的原则。与会期间，7 个国家的政党同中国共产党建立了关系，不少代表团在会议前后访华，还有一些党同中共签署了两党关系备忘录。

2010 年 5 月中国共产党倡议并主办了首届中欧政党高层论坛。来自欧洲 22 个国家、35 个政党及 2 个欧洲地区性政党、3 个欧洲议会党团的高层领导人出席了论坛，这几乎包括了欧洲政治光谱中的所有主流政党，开创了中欧政党交流史上新的纪录。论坛期间，中国共产党与来自欧洲的政党领导人就如何应对全球挑战和促进中欧合作展开了坦诚讨论，为中欧政党交流与合作开启了新的航程。

这次论坛以"全球性挑战与中欧合作"为主题，围绕"金融危机后国际经济金融体制改革与全球治理"、"气候变化及环保问题"、"中欧关系及中欧政党合作在中欧关系中的作用"三个议题展开，旨在通过中欧政党高层的直接对话与交流，增进双方之间的了解、互信与共识，推动中欧双边及战略合作。

对于此次论坛取得的积极成果，与会的欧洲政党领导人纷纷表示赞赏，认为本次论坛是中欧政党交流中的一次"创新性的尝试"，"书写了中欧党际关系史上重要一页"，为中欧政党深化交流、增进了解、扩大共识提供了"重要平台"，在国家和政府机构间对话之外，

"开辟了一条不同价值观、不同政治体系之间坦诚对话的新路径"。

此外，与会的欧洲政党领导人还一致期待着欧中政党之间这种富有成果的对话能够继续开展下去。欧洲议会社会党党团副主席塞维林表示，参加这次论坛使欧洲政党领导人受益颇多，"我希望这次论

中欧政党高层论坛 2010 年 5 月在北京举行

坛将不是最后一次论坛，希望今后这种活动能够更多地举行，我也会向欧洲议会社会党党团提出建议，考虑是否可能由布鲁塞尔和北京轮流举行这种政党论坛。"

通过日益活跃、富有成效的政党交流，欧洲对中国和中国共产党的认识和了解也在逐步深化。

中共所展现的开明开放的鲜活形象替代了封闭保守的刻板印象，而这种转变也得到了国际社会的认可。此次中欧政党高层论坛的举办，使中欧政党深入交流、务实合作又站在了新的起点。

此外，中国共产党与外国政党建立了各种形式的机制化的交流方式，中越、中日、中俄、中印、中欧、中英、中美政党对话机制先后展开；同英国、德国、法国的政党也签署了有关政党交流协议。

中俄执政党对话机制第五次会议 2015 年 12 月在北京举行

657

中国共产党同拉丁美洲和加勒比地区的政党交往稳步发展，目前已与其三十多个国家的近 90 个政党保持较密切的往来。2011 年底，拉美

和加勒比国家共同体（简称拉共体）宣告成立。2014 年 7 月，习近平主席访问拉美，同拉方领导人在巴西利亚举行历史性会晤，承诺共建平等互利、共同发展的中拉全面合作伙伴关

中拉政党论坛首次会议 2015 年 12 月在北京举行

系，并宣布成立中国—拉共体论坛。2015 年中方与拉共体轮值主席国厄瓜多尔执政党厄主权祖国联盟运动经过沟通磋商，"中拉政党论坛首次会议"于 2015 年 12 月 7—9 日在北京隆重召开，中共和 26 个拉共体成员国执政党的代表齐聚一堂，在热烈的气氛中深入进行了交流。

总之，中国共产党通过这一系列举措和步骤，同一切愿意同我发展友好关系的政党，发展了"新型党际关系"，终于将过去那种党的对外工作转变发展成为"中国特色政党外交"，并逐步形成了全方位、多渠道、宽领域、深层次的中国特色政党外交新格局。

现在中国共产党同世界 160 多个国家和地区的 600 多个政党和组织建立和保持着不同形式的关系，形成了以各国执政党、参政党、合法在野党以及政党国际组织等为交往对象的政党交往新格局，党的对外交往呈现出"知交尽四海、亲朋遍五洲"的崭新局面。党的对外工作既是党的事业和党的历史的重要组成部分，也是国家总体外交的一条重要战线，还是党的形象和国家软实力建设的重要平台，中共中央对外联络部实际上是"中国共产党外交部"。

（收入文选时在 2008 年为纪念改革开放 30 周年以及后来纪念中联部建部 60 周年征文的基础上进行了重要修改）

附录：主要著作的序言、题词和评论

《社会主义向何处去》序

戴秉国

《社会主义向何处去——冷战后世界社会主义运动大扫描》一书问世了。我作为本书的最早读者之一，对这本书的出版表示衷心的祝贺。我相信，中国和世界上一切关心社会主义前途和命运的人们也都欢迎它的出版。

世界世会主义、共产主义运动自《共产党宣言》发表以来整整过去 150 年了。其间，既取得了辉煌成就，也经历了大大小小的挫折。共产主义从在欧洲大陆游荡的"幽灵"，变成了世界上一种现实的社会制度。本世纪以来，社会主义由一国实践发展到多国实践，极大地改变了世界的

原国务委员、时任
中联部部长

面貌，然而到 80 年代末 90 年代初因苏联东欧社会主义国家发生剧变又遭受了空前严重的挫折。一时间，西方媒体宣传社会主义失败了，共产主义将彻底崩溃和消亡；而在信奉社会主义、共产主义的人们当中，也不免有人对社会主义的前途产生种种困惑或忧虑。社会主义的

前途到底怎样？它将向何处去？这成了人们关心的历史性重大问题。

应该怎样认识社会主义出现的严重曲折和社会主义的前途，邓小平同志有过精辟的论述。他在苏联东欧剧变后深刻地指出，巩固和发展社会主义制度，"需要我们几代人、十几代人，甚至几十代人坚持不懈地努力奋斗"，但社会主义代替资本主义的历史大趋势"不可逆转"，"不要认为马克思主义就消失了，没用了，失败了。哪有这回事！"他还说，资本主义代替封建主义的几百年间，发生过多少次王朝复辟？所以，从一定意义上说，某种暂时复辟也是难以完全避免的规律性现象。一些国家出现严重曲折，社会主义好像被削弱了，但人们经受锻炼，从中吸取教训，将促使社会主义向着更加健康的方向发展。

《社会主义向何处去》一书就是一部力求以马克思主义、邓小平理论为指导，回答人们关心的社会主义前途、命运等问题的最新著作。它是肖枫同志和几十位饱含对社会主义的坚定信念，并且长期从事社会主义、共产主义运动研究的专家学者们辛勤奋斗多年的结晶。几年前，肖枫同志负责的课题组把这个课题作为国家社会科学九五规划的重点项目承担了下来，课题组是由肖枫同志负责独立运作开展研究的，其成果是他们的学术观点。只要你读一读此书，你会觉得该书提出了一些新的有价值的见解和看法，而且据以论证其观点和看法的材料也比较新、比较全，作者力求从理论与大量新鲜材料的结合上来回答人们关心的问题，具有较强的说服力。诚然，该书并非十全十美，例如，其中的一些观点、看法就带有探讨性质，是完全可以讨论的，而且随着客观情况的发展变化，某些观点也必然要完善、修正和发展；书中介绍外国政党的一些情况是尽可能客观的，但也难免不带上作者个人色彩，其叙述和评论恐难完全避免偏颇之处；由于资料汇集较多，致使篇幅显得冗长。尽管如此，我以为，这部著作仍然是这一领域的一部力作，它对深化我们对世界社会主义运动的研究，正确认识社会主义的过去、现在和将来，深刻地理解邓小平理论之伟大和正确，坚定我们对社会主义必胜的信念，自觉贯彻执行党的对内对外方针政策，都有一定帮助和参考价值，是很值得各类读者一阅的。

　　我想要补充的是，李淑铮同志是本书的顾问之一，又由我来写序，希望不要因此而产生一种误解，似乎中联部还像过去一样是专门研究世界社会主义、共产主义运动，并且只同外国共产党打交道的机构。其实早已完全不是这种情况了。

　　党的十一届三中全会以来，我们党实现了工作重心的历史性转变，开辟了改革开放和社会主义现代化建设的新时期。为了适应新的国际国内形势的发展和新时期党的任务的需要，党的对外工作早已进行了一系列重大调整：党的对外工作的目标，转到为我国社会主义现代化建设争取有利的国际环境，促使我国同各国国家关系的发展，为世界和平与发展作贡献；党的对外交往不以意识形态的异同为前提，在党际交往中不以意识形态论亲疏，而遵循求同存异的原则；党的交往对象，从只同共产党联系转向同世界各国各类政党普遍交往；与外国发展关系，均以"独立自主、完全平等、互相尊重和互不干涉内部事务"的党际关系四项原则为基础；党际交往与合作注入了经济技术合作与交流的内容。我们坚定不移地走建设有中国特色社会主义的道路，我们也坚定不移地遵循上述原则和方针，致力于长期、稳定、深入地发展同世界各国各类政党的新型党际关系，谋求各国的共同繁荣和发展。

　　特别令人高兴的是，《社会主义向何处去》一书能在世界社会主义、共产主义运动的光辉文献《共产党宣言》发表 150 周年和我们党的十一届三中全会召开 20 周年时与读者见面，借以表达我们对《共产党宣言》和十一届三中全会的隆重纪念之情。让我们在《共产党宣言》的不朽光辉的照耀下，遵循党的十一届三中全会确定的解放思想、实事求是的思想路线，坚定不移地执行党在新时期的基本路线，在以江泽民同志为核心的党中央领导下，高举邓小平理论的伟大旗帜，把建设有中国特色的社会主义事业全面推向 21 世纪，将中国的事情办得更好，从而为人类的和平、发展和进步事业作出新的更大贡献。

戴秉国（签字）

一九九八年国庆

冷战后的世界社会主义运动
——光明日报国家社科规划项目成果评介

中共中央对外联络部肖枫研究员主持的国家社会科学规划项目的最终成果是80余万字的专著《社会主义向何处去——冷战后世界社会主义运动大扫描》（已由当代世界出版社出版）。中共中央对外联络部部长戴秉国同志为该书作序。现将该项成果的主要观点介绍如下：

一、由苏东剧变引发的"震荡期"已基本结束，世界共运将转入在困难中探索前进谋求发展的阶段

苏东剧变是多种因素综合作用的结果。西方"和平演变"得手和苏东国家的"改革"变成"改向"是两个直接原因，执政党陷入深刻危机和经济长期没有搞好是两个深层根源，背离和抛弃马克思主义是一个根本的教训。苏东剧变虽曾给世界共运带来巨大震荡，但世界共运没有消亡，也绝不会消亡，近年来已出现了一些积极而重要的变化。当前世界社会主义、共产主义运动总体态势是：由苏东剧变所引发的"震荡期"已基本结束，世界共运将进入在困难中探索前进谋求发展的阶段，与剧变时期比较，这一阶段的特点是：全面低潮中有局

部复兴，大挫折中有小的发展，外延缩小的同时有内涵的深化和质量上的提高。世界社会主义、共产主义运动的复兴是必然的，但它将是一个长期曲折的过程。

二、之所以说世界社会主义有希望，一个重要原因是现有社会主义国家对社会主义的认识已不同程度地发生了五个方面的转变

总的看来，多数社会主义国家社会主义的认识已发生了如下重大转变：一是社会主义、共产主义在实现的时间上"由近变远"、"由短变长"了；二是对社会主义发展阶段的认识更符合实际，"由高变低"、"由虚变实"了；三是指导思想和发展模式上摆脱了"统一模式"，而强调从本国实际出发，探索适合本国特色的社会主义道路；四是对社会主义本质的认识深化了，懂得贫穷不是社会主义，必须以经济建设为中心，大力发展经济，提高综合国力；五是摆脱了资本主义和社会主义"两个平行市场"的束缚，懂得了社会主义不能"关门"搞建设，在"一球两制"将长期存在的情况下，要科学认识汉代资本主义，妥善处理同外部世界、特别是同发达资本主义国家的关系，既要对内改革，又要对外开放。

三、未来世界社会主义、共产主义运动的发展将呈现出与过去年代不完全相同的五个特点

1. 未来社会主义的发展不会是过去那种"一条道路、一种模式、一个中心、一个阶段"的发展，而将进一步多样化、各具特色、丰富多彩的具有本国特色的发展道路。2. 未来世界社会主义、共产主义运动的发展，至少在相当时期内难以出现过去那种轰轰烈烈的革命运动。3. 未来世界社会主义、共产主义运动的发展，在相当时期内主要不表现在社会主义国家数量的增加，而主要表现在"点"的繁荣和"质"的提高，即中国等现存的社会主义国家把自己的事情办好，用自己成功的实例来证明社会主义优于资本主义，以推动社会主义在世

界范围的复兴。4. 共产党和社会党这两大类政党有可能结束过去的"长期对抗"的情况，从各自需要出发，求同存异，谋求合作，实行"大左翼"不拘形式的联合。当然不排除曲折和反复。5. 冷战结束后，资本主义国家，主要是西方发达资本主义国家与社会主义国家的关系，由过去"不共戴天"进入一个既有矛盾和斗争，又可以相互借鉴和合作的新阶段。

四、社会主义国家应正确看待和处理同资本主义国家的关系

1. "一球两制"是相当长的历史阶段，可能要经历若干世纪。社会主义"速胜论"与资本主义的全面"崩溃论"都是缺乏根据的。因此，社会主义国家如何看待和处理同资本主义国家的关系，特别是同西方发达国家的关系，就是一个长期的战略性问题，其处理的好坏，直接关系社会主义的兴衰成败、生死存亡。

2. 世界格局进一步向"多极化"方向发展，社会主义与资本主义之间的矛盾虽仍然是世界上一对基本矛盾，但它不是主要矛盾，整个世界形势的发展变化不是由它来支配和左右的。世界矛盾多得很、大得很，不大可能出现西方联合一致对付社会主义中国的局面。

3. 西方"西化"、"分化"社会主义国家的战略目标是不会改变、不会放弃的。但是，搞不搞"和平演变"在西方，变与不变在社会主义国家自己，在社会主义国家内部。国内"反演变"需要加强意识形态工作，加强思想教育；而在对外工作中则不能突出强调意识形态差异，不能以意识形态、社会制度论亲疏，否则就正中国际上坚持冷战思维者之下怀。我们在国际交往中应主张"社会制度和意识形态的差别，不应成为发展国家关系的障碍"，"考虑国与国之间的关系主要应该从国家自身的战略利益出发，不去计较社会制度和意识形态的差别"。一定要把"反演变"与国际交往这两个不同性质的问题区别开来，分别对待。

4. 社会主义国家与资本主义国家除了矛盾的一面，也还有相互借鉴与合作的一面。社会主义对资本主义既有否定也有借鉴和利用，因

此离不开同资本主义国家的合作。为了巩固、完善和发展社会主义制度，社会主义国家必须全面地认识和处理好同资本主义国家特别是同发达资本主义国家既矛盾斗争，又彼此借鉴合作的关系，二者不可偏废。

这项成果最后指出：20 世纪世界社会主义运动有四件大事。基本发生在上半世纪的有两件，即俄国十月革命和中国革命的胜利，下半叶的两件，即苏东剧变造成的"大挫折"和中国等国实行改革开放出现的"新局面"。苏东剧变造成的"大挫折"使人们对世界社会主义的前途命运产生某种困惑和忧虑，而中国特色社会主义事业在 1992 年邓小平南方谈话后进入了新阶段，开创了局面，给社会主义带来了新希望。站在世纪之交来观察世界社会主义运动，可以说苏东剧变造成的"大挫折"已永远地留在了 20 世纪，中国等国开创的"新局面"将会在 21 世纪变成繁花似锦的春天。

（原载《光明日报》1999 年 4 月 2 日）

《两个主义一百年》在越南
由初版到再版

阮荣光

苏联和东欧社会主义国家解体是国际工人运动和共产主义运动，以及全世界民族解放运动的巨大损失，严重影响了广大越共党员和越南人民对社会主义前途的信心。越共七大（1991年）和越共八大（1996年）重申了越南坚持社会主义道路的坚定决心，明确不管有多少困难都将继续坚持越南共产党和越南人民所选择的社会主义道路。然而，依靠发动宣传教育来巩固全党全民的信念，在其时已成为一项艰难的任务。

随着社会主义陷入低潮，马列主义面临着历史的严峻考验。西方资本

越共中央对外部中国东北亚司
司长、《两个主义一百年》
越文版译者

主义政治家、思想家相继抛出各种理论意图抛弃马列主义，宣扬"共产主义的灭亡"。不仅马列主义的敌人，甚至一些曾被视为马列主义的追随者，现在也出现了动摇，开始攻击马列主义，认为马列主义学

说已经过时。

我读了很多党的宣传材料，但仍有不少疑惑。我认为，如果只是大力宣传摒弃错误论调，不足以让众人信服而恢复信念，找到一个有说服力的解释来捍卫马列主义才是所有共产党人的职责所在。我注意到，在国际工人运动和共产主义运动陷入低潮的背景下，中国，一个社会主义大国，却取得了比以往任何时候都更为快速而强劲的发展。于是，我开始寻找并研读中国的最新理论作品。这时候，我的一位朋友，中共中央对外联络部下属的当代世界出版社社长朱锐送给我一本肖枫教授的《社会主义资本主义：两个主义一百年》。我仅通读了一遍就为其内容所吸引，于是决定将其翻译成越南文。

我的译作最初只是供政府总理办公厅研究小组作内部参考之用。该小组成员多是著名的学者和科研人员，他们对此书高度评价并建议出版发行。我随后便将文稿递给了越南共产党的权威出版社——越南国家政治出版社。经研究审定，出版社社长批准了《两个主义一百年》越南文版的出版发行。那年是2004年。

此书一经问世便赢得了广大读者的欢迎。我记得有一次去胡志明市出差，期间受邀到胡志明市师范大学越语系作关于中国形势的报告。我介绍了中国共产党的一些理论观点，提到了《两个主义一百年》这本书。系里随即就派人去书店购买用于参考，但没有买到，最后只好把我手里唯一的一本借去复印。

2005年春节，我陪同时任中国驻越南大使齐建国去给原中央总书记杜梅同志拜年。总书记给我们讲，他刚读完《两个主义一百年》这本书，因为被书中内容所吸引，甚至读了个通宵。他还讲了很多，大概意思就是这本书让他对中国的理论有了很高的评价。他相信，凭借这样具有说服力的理论，一定能树立坚定的信念，社会主义建设一定会成功。送走齐大使后，杜梅总书记把我留了下来，让我再给他讲讲中国的情况。当得知我就是这本书的译者后，他十分高兴，同我讲话也更热情了。他对此书的作者肖枫同志大为赞誉，认为他是下工夫深入研究后才写成了这样一部作品。我本人也很荣幸地受到了杜梅总书记的夸奖，说我不仅中文水平高，理论功底也很扎实，所以越南文翻译得很好。总书记还告诉我，他读完后又让出版社给他送去了 20 本，他亲自分发给其他高级领导同志，让他们认真研读。

今年（2015 年），在越南国家政治出版社纪念成立 70 周年之际，《两个主义一百年》被评选为最具价值图书之一。随后，在当代世界出版社的支持与配合下，越南国家政治出版社决定再版《两个主义一百年》。

我本人，作为一名具有责任感的共产党人，能为搭建越中两党理论交流的桥梁尽一份绵薄之力而感到自豪。

2015 年 12 月 1 日于河内

《两个主义一百年》泰文版
"译者的话"

林耀华

　　2002 年初，我接到一位德高望重的老战友送来《两个主义一百年》这部著作，他说这本名著本应由一位老翻译去译，由于其年迈又身体欠佳，故转交让我代劳，向广大读者奉上。

　　当我接到这本书之后，未曾想把它翻译出来，其理由是：此书篇幅太大，大概不能找出这么多时间来完成这么重的任务。可是翻阅大题目和粗略地读了全书之后，其内容引起了我极大的兴趣。因为它能解答人们长期以来得不到答案的一些问题，尤其是东欧一些社会主义国家发生惊天动地的变化之后的许多问题。20 世纪后期苏联"解体"这场"国际政治大地震"，使整个国际社会感到震惊，产生了许多迷惑和疑虑，期望能得到答案，能找到解开这些疑团大门的金钥匙。令我惊喜的是，我发现这部著作恰好能够回答人们的很多问题，于是我下定决心要把它翻译出来，传播出去。即便这部著作对我的能力是很大的挑战，我仍决心要以最优异的翻译水准把它译出来。

　　《两个主义一百年》对错综复杂、动荡不定的国际社会状况做了精辟的分析，是研究学习 20 世纪这 100 年社会变化的重大成果。第一次世界大战后社会主义国家的诞生，第二次世界大战结束后社会主义国家的扩展，资本主义与社会主义国家同时并存，又相互斗争，这一切在书中都做了论述。作者回顾了前几个世纪世界资本主义的诞生和发展经过，以历史事实为依据，透彻分析了两个主义在100年里的斗争和变化，回答了人们所关心的很多问题。若问作者书中所论述的观点、意见和判断，是否就是最后的结论和答案？正如作者自己留下的有回旋余地说法，这只是"一家之言"，欢迎"九十九家批评"，共同争鸣使之得到更好的结论。但无论如何，我认为此书是很值得一读的，它提出了正确的立场、观点和方法，对于研究时局和回答当今世界上所发生的各种问题是很有帮助的。

对两个主义谁胜谁负的斗争，作者回顾了几个世纪之前的资本主义的诞生和发展的历史，深入分析两个主义100年来以牙还牙的斗争，并依据大量的证据和事实，以一个学者的观点回答人们心中之疑云。资本主义已经历了500年的历史进程，具有深厚的社会基础；而社会主义则诞生的时间并不长，尤其是因为诞生在经济文化较落后的国家，因此与发达的资本主义社会是无法比拟的。社会主义毕竟还只有100年的时间，如同刚学步行的小童，脚步不稳，跌跤是常有的事。社会主义的这种经历，资本主义在历史上也经历过，英、法等国的资本主义社会就曾多次发生过封建王朝复辟的事情，经过漫长的几个世纪才得以巩固发展。

"沉舟侧畔千帆过，病树前头万木春"，作者在书中很恰当地用这首诗来比喻当今社会主义的发展前途和未来。现在一些社会主义国家虽然崩溃、消失了，但另一些社会主义国家依然存在，尽管数量少，但其质量高，并开辟了新的局面。其前途美好仿佛航行在大海上，一些船遇险沉没了，这并不意味着所有的船都要在惊涛骇浪中沉没。相反，成千上万的航船则力拼恶浪，战胜暗礁险滩乘风破浪而平安到达航程港湾。至于资本主义已颠簸500年了，如同一棵腐朽的老树，即使它枝繁叶茂，遮盖阳光，与生存在大树旁的小树苗争夺阳光、养分，但它毕竟是腐朽之树，总有一天因其根基已腐烂而要慢慢枯死。而生长在它旁边的小树苗将得到阳光，雨露滋润，苗壮成长，最终取代老树。

对于曾经历过为社会的进步、正义而努力奋斗的部分人来说，那些没有在"国际政治大地震"中站稳的人们，将从书中得到很多答案。为什么事情会是这样，它到底发生了什么，他们曾拥有的理想怎么会成为泡影？过去所做的一切都是徒劳的？一些人仍未走出迷谷。但另一些人虽然还晕头晕脑，但他们还坚信自己的信念，还想继续斗争，但要寻找一种适应当今社会形势发展需要的办法，还在黑暗中寻找光明；另一部分人则毫无信心，在这个进程中打退堂鼓了，对自己曾经坚信和敬仰的，不想再做什么了。他们认为就这么回事，我曾为信仰、理想付出很多，现在应为自己着想了，一些人已站到他们原有理想的对立面，否定自己过去的所为，认为过去是上当受骗，是一种愚蠢的做法，再不应浪费时间了。无论你属于上述何种读者，读完此佳作后，你将受益不浅。

阿伦·罗乍纳讪迪（中文名：林耀华）

2002 年 10 月 1 日

2003 年 4 月 7 日，泰国《星暹日报》报道，曼谷举办国际图书展，诗琳通公主赐揭幕。健心出版社举行新书《两个主义一百年》发布会，该书译者林耀华在会上向大家作新书介绍。图为当日报纸的报道。

《社会主义：转折与创新》序言

赵　曜

　　我与肖枫同志在 1989 年为纪念党的十一届三中全会 10 周年而召开的理论研讨会上相识，至今已有 10 多年了。后来经常在一起参加学术活动，又同在一个学会，接触了解的机会就多了。通过学术活动，我发现肖枫同志既很强调解放思想、实事求是，又很注意戒"左"戒右，既力求观点要有新意和突破，又力求全面辩证地看问题。六年前，他主编《社会主义向何处去》时，邀请我作该书的顾问之一，彼此间联系切磋就更多了。最近，欣闻他的新作《社会主义：转折和创新》即将出

中共中央党校原科社教研部主任、中国科学社会主义学会会长、荣誉会长

版，我对他的勤奋多产甚为高兴，然而他恳请我为其作序，却让我颇感为难了。因为一是很多问题我缺乏研究，还没大搞清楚，二是肖枫同志在社会主义研究方面硕果累累，学术上已很有名气和影响，由我作序自己觉得不妥。但他态度很诚恳，从朋友的角度看又不好回拒，只好写下几段文字，就权当是我为其写的序好了。

自 1848 年《共产党宣言》问世以来的 150 多年间，科学社会主义运动或共产主义运动由在欧洲游荡的一个"幽灵"，到 20 世纪中叶发展成波涛汹涌的洪流，后来又遭受严重挫折，其中有许多的理论问题和实际问题是需要深入研究的。恩格斯在 1874 年就曾指出："社会主义自从成为科学以来，就要求人们把它当作科学看待，就是说，要求人们去研究它。"可以说，社会主义是一门大学问，需要人们坚持不懈地进行研究。尤其是在时代特征和历史条件发生重大变化，社会主义面临转折与创新的情况下，新情况、新问题层出不穷，更需要我们花大力气和下苦功夫去研究。

肖枫同志的新力作《社会主义：转折和创新》，抓住了"转折和创新"这个带全局性的大问题，放眼世界、追溯历史、反思经验、进行理论探索，是很有理论意义和现实意义的。该书涉及的问题相当广泛，有不少是学术界的前沿问题和难点问题，有些观点很有时代气息。这既是学术界所需要的，也是社会各界有志之士所关心的。我认为，本书的出版是值得祝贺的。

该书认为，世界社会主义运动已发生了历史性转折。世界社会主义运动由过去强调"国际联合"，转向各党"独立自主"；由过去强调必须遵循"共同规律"，从而形成单一的社会主义模式，转向强调从本国实际出发，把马克思主义基本原理同本国实际相结合，从而形成各具民族特色的发展道路；由过去强调国际援助、"支援世界革命"，转向立足国内各自把本国的事情办好，以此来体现社会主义的优越性，增加社会主义在世界人民中的吸引力；由过去实行计划经济，转向社会主义市场经济；由过去封闭半封闭转向对全世界的开放；由过去强调社会主义不同于资本主义的特殊性，转向同时还要重视不能回避和跳越的人类社会发展的一般性规律，等等。对这些问题，作者依据实践经验和历史事实，从实践和理论的结合上做了阐述，说明了为什么会发生这些转折，搞社会主义为什么要像今天这样搞，而且只能这么搞。因此从一定意义上讲，本书能起到解疑释惑，回答人们思想上的一些疑点和难点的作用。

历史是在曲折中前进的，社会主义的发展也不是一帆风顺的。

100 多年来的社会主义、共产主义运动，真正大发展是在 20 世纪。在这个世纪里，社会主义作为多少个世纪人们梦寐以求的理想，在一些国家变成活生生的现实。后来社会主义从一国实践发展到多国实践，在坎坷和曲折中不断前进，开创了人类社会最伟大的变革历程。20 世纪社会主义的产生和发展对人类进步和世界文明作出了贡献。它开辟了社会主义新时代，战胜了穷凶极恶的法西斯主义，推动了民族解放运动的发展，并有利地维护了世界和平。但是，20 世纪的社会主义运动波澜壮阔、大起大落，又经历了两次从高潮到低潮的曲折变化。这就是，以俄国十月革命为起点而形成的 1917 年—1923 年的革命高潮，到 20 世纪中期欧洲一些国家无产阶级革命的失败；第二次世界大战后，以中国革命胜利为主要标志，发展到世界社会主义体系的形成，到 80 年代末和 90 年代初的苏东剧变，社会主义又遭致前所未有的大挫折。与苏东剧变相对照，中国巍然屹立，顶住了这股逆流，在已经开拓的中国特色社会主义道路上，取得了举世瞩目的历史性贡献，出现了社会主义大发展的新局面。从总体上看，冷战结束后世界的基本态势是资（本主义）强社（会主义）弱，社会主义和资本主义的力量对比严重失衡。但是社会主义在总体低潮中已出现了局部复兴。中国特色社会主义事业蒸蒸日上，世界的目光注视着中国、看好中国。

进入新世纪，国际形势风云变幻更加复杂多变。美国作为当今世界的唯一超级大国，更加有恃无恐地推行霸权主义和强权政治，它咄咄逼人，搅得世界很不太平很不安宁。但是，世界不可能由一个国家说了算。总体看，世界多极化在曲折中发展，经济全球化加速推进，科技革命突飞猛进，社会主义既面临严重挑战，又有难得的历史机遇。在这样的大背景下，社会主义的形势和任务变化了，战略思路也需要转折创新，很多新情况和新问题需要我们以解放思想、实事求是、与时俱进的精神去深入地进行研究，而这是需要学术界同仁长期共同努力的。

肖枫同志别的方面就不提了，在社会主义研究方面已先后出版了两本很有分量的专著。一本是为纪念十一届三中全会 20 周年主持编写的《社会主义向何处去？》，另一本是为配合研究"四个如何认识"

个人撰写的专著《两个主义一百年》。这两本书不仅在国内获得读者好评，广为流传，而且已译成外文，在国外产生影响。他新近完成的这本《社会主义：转折和创新》又与时俱进地提出了许多有价值的新观点，虽然不能说这本书写得天衣无缝、尽善尽美，但很多观点和提法是很有启发和借鉴意义的。我相信，这本书的出版，一定会引起学术界的重视，并在读者中产生良好的社会效应。

2003 年 7 月 29 日于中央党校

读《从李一氓同志的
一个重要观点谈起》

——《社会主义：转折与创新》代序

龚育之

肖枫同志：

我很有兴趣地读了你这部著作的目录和前言，尤其是前言的第一节《从李一氓同志的一个重要观点谈起》。李老提出对"三个世界"划分的"理论"要重新研究，"国际共运"的提法只是历史的沿袭，现在怎么提，也要重新研究，这是很有理论勇气，也是很有理论创见的。

这使我回想起拨乱反正、改革开放之初，我们党内理论思想活跃的生动景象。李老那时是在党中央一个部门主持工作的负责同志，可以说是一位"高官"吧，他研究这两个问题（不只这两个问题），可以说是"官方研究"吧，他的理论思考所形成的观点，

著名马克思主义理论家、中共中央党校原副校长、中共中央党史研究室原常务副主任

如果得到中央领导的、全党的同意，可以说就成了"官方观点"吧。可见，"官方研究"、"官方

观点"可以也应该是学术上很有价值、理论上很有创新的。十一届三中全会以来我们党在理论上的许多重要的开拓和创新，充分说明了这一点。只有拒绝独立思考，拒绝理论创新，一味重复已有的结论，翻来覆去净讲套话，才是没有价值、没有意义的，不论它出自官方，还是出自非官方。"官方研究"、"官方观点"，断然不应该是这样。如果变成这样，那就可悲了。

"官方研究"既然应该是创造性的，就一定要允许不同意见的争论。没有争论，创新也就没有了。你对李老关于"国际共运"的提法，既表示赞同又提出自己有所不同的意见，李老给你的回信，既坚持自己的意见又尊重你的意见。这个事例说明，在"官方研究"中也是可以和应该有良好的学术空气的。只有保持这种良好的学风，"官方研究"才能保持生气。

对于我们党已经做出的重大决策，有一个理论阐释和宣传的问题。"官方"的研究者（即在党和政府的机构中工作的研究者）有这个责任，"非官方"的研究者也有这个责任。如果党的这些决策有重大的理论上和实践上的创新意义，那么，对这些决策的阐释和宣传，对它们形成背景的历史分析，对它们丰富内涵的逻辑展开，对它们现实意义的评论和估价，对围绕它们的各种疑义的解剖和辩驳，这些都可以和应该是有创新意义的。当然，有许多阐释和宣传只是通俗性的，可以有也可以不要求有创新性，但是，研究性的阐释和宣传，则可以也应该要求它有创新性。

对于党的决策的宣传和阐释，还有一个问题，那就是：已经写入党和政府的文件中的，可以认为是"官方观点"和"官方"阐释，而研究者们（包括在党和政府的机构中工作的研究者）对这些"官方观点"的阐释，如果没有写进党和政府的文件，就并不要求也不应该被视为"官方阐释"。它是而且只是研究者的个人观点。对"官方观点"作个人阐释，在角度、深度、广度、丰度上可以也应该允许有所不同。对这种个人阐释，可以也应该允许提出批评。这是对党的决策的研究能够保持生动活泼、保持创造精神的必要条件。

再有一个问题，那就是对党的决策实施的得失成败，根据实践的结果，进行批判性的反思，对现有决策的坚持和发展，根据变化了的形势，进行讨论性的探索。这样的研究，不但"非官方"可以进行，就是"官方"也是应该进行的。不然，谈什么研究新情况、解决新问题、总结新经验，谈什么决策的调整和创新呢？只是这种研究，有些可以在公开的出版物上进行，有些则先不宜公开，只能在限定的范围内探讨、酝酿，到适当的时候，才能公开。这是"官方"宣传所应该遵守的纪律。而到党中央做出新的决策，又需要进行新的宣传和阐释了。

你曾在中联部研究室工作，你对我们党在对外关系方面的一些重大决策的转折和创新的研究，会不会被视为"官方研究"呢？我想，应该说，又是又不是。说是，是因为你在"官方"的环境里做研究，对"官方"观点、对它们的形成和演变比较熟悉、比较了解，你也尊重党对这些问题的结论，把它们当作你的研究的指南。为什么又说不是呢？因为你的论述，只是你对党的这些结论的由来、根据、内涵、意义的个人理解和个人阐释，党的文件里并没有也不可能这样多方面、多角度、多层次地展开，有许多也没有涉及；你的论述，比写入党和政府文件中的有更丰富的内容，有许多属于自己的见解；你的论述，也有属于批判性的反思和讨论性的探索的内容，还不是党的决策和定论。总之，你的论述，别人可以提出批评，提出疑问，提出补充，提出纠正。

我是这样看待你的这部著作的。我想，你也希望别人这样看待你的这部著作吧。

以上，是我读你的著作的目录和前言所产生的一些感想。这个前言，应该说是你的全书的总纲或提要，但我没有可能读你的全书，所以没有条件为你的著作作序。如果你仍需要我作序，并同意我这封信里的感想式的意见，就把这封信作为代序。一切由你定夺。

祝贺你的新著出版。此致

敬礼！

龚育之

七月十四日

注：龚育之同志收到《社会主义：转折与创新》的样书之后，又将此信改为"党史札记之六十九"，发表在 2003 年 11 月 17 日的《学习时报》上。

只有纠"左"防右，
国际共运才能转折创新
——《社会主义：转折与创新》序论

高　放

肖枫同志长期在中共中央对外联络部从事国际问题的调研工作。他能及时了解中央精神，又有机会接触大量第一手资料，更难能可贵的是他不限于为中央的决策单纯地进行诠释和注解，而是敏于思考，敢于发表自己的见解，又勤于笔耕，所以多年来已发表了不少成果，而且很有新意、很受欢迎。最近他的一本很有特色的专著《社会主义：转折和创新》，又要由当代世界出

中国人民大学荣誉一级教授

版社出版问世了。这是值得庆贺的事。作为他的老朋友和同行的理论工作者衷心地感到高兴。

　　我与肖枫同志也算是中国人民大学的老校友了。我从 1950 年中国人民大学创办时起就一直在这里教国际共产主义运动史这门课程，而他 1957 年进中国人民大学经济系学习，1961 年毕业离校。在校时虽不在同一个系，但他进中联部工作后却与我是同行，都是搞国际共

运和世界社会主义研究的。他同我交往时总是尊称我为"高老师"，甚至在2000年10月一同参加中央党校举办的关于"四个如何认识"的高级研讨班上，他在大庭广众之下，当着胡锦涛同志和众多学者的面一再称呼"高老师"，我都感到有点不安了。后来劝他别这么叫了，可他坚持说，论年龄我大他10岁，论知识他望尘莫及，论学问也不如我，无论哪一方面我都是他当之无愧、名副其实的老师。我们俩在大的方面是相当一致的，许多观点不约而同。我们都强调要解放思想、实事求是、开拓创新，特别是对"左"的危害感受很深，主张要纠"左"防右。但我们的观点也不总是完全相同的，然而我们彼此相互尊重，切磋求真。六年前，他主编《社会主义向何处去》一书聘我为顾问之一，并邀请我与他合作撰写"总论：回顾和前瞻"，我写前面两部分，他写后面三部分。这个总论已于2000年3月由泰国曼谷的健心出版社译成了泰文本，取名《社会主义的过去、现在和未来》（与我80年代初出版的一本专著恰好同名）。他说，这虽是件小事，但表明我们"师生合作"的成果已在国外产生了影响，今后还应当合作。他的这部新作出版在即，专程登门诚恳地请我为其作序。尽管我双眼患老年黄斑变性，天气又这么酷热，前来求序者甚众，但他的盛情实在难却，最终我还是欣然同意了。

一、对共运三个"七十年"、两次大转折创新的概括很有新意

通读肖枫同志40万字的书稿，首先感到新颖之处是作者对全部国际共产主义运动的进程作出三个"七十年"的新概括，并且以此来界定在共产党领导下的世界社会主义运动发生的两次大转折和创新，这是全书的立题之基、划题之界。作者早在1987年的一篇文稿中就提出：回顾共运的历史，从《共产党宣言》发表至今的140年之中，已完成了两个飞跃：以十月革命为界，前七十年社会主义从理论到现实运动并取得了十月革命胜利；后七十年社会主义从一国到多国、进一步扩大了社会主义阵地；今后世界资本主还有相当的发展余地，因此要像第二个七十年内那样出现大批社会主义国家是不可能的，共运

的历史任务和发展战略要由"外延扩大"转向"内涵深化",即社会主义要从量的增长(增加更多社会主义国家)转向质的提高(提供社会主义成功的榜样),只有到 21 世纪中叶中国达到中等发达国家的水平,才能说社会主义优于资本主义,对中国来说这大体还需要七十年,这是国际共运第三个七十年内的任务,这表明国际共运处于新的历史性转折时期。在 1987 年作者就能依据当时的现实情况,做出这样宏观长远的分析和估计,提出世界共运将发生历史性大转折,即从量的增长转向质的提高,应该说这是相当清醒的新见解。

中国人对"七十年"这个历史界限似乎特别有自己的体会和见地。孔夫子在《论语》中总结自己一生成长经验时说:"七十而从心所欲、不逾矩"。杜甫在《曲江二首》中留下名句:"人生七十古来稀"。这里所讲的"七十",都是个人生命历程的一个具有转折意义的高限。推而广之,我们发现人类社会历史发展有时"七十年"恰好也是一个转折的限度。因为"七十年"大体上是个人一生创造力的时限,又是两代人交接班的时限。在这个时限内,由于世事与人事的变化与更替,社会历史不免发生重大转折。列宁早就指出过:"世界历史是以数十年为单位来衡量的。"然而人生难有第二个"七十年",而社会历史的发展却可能有第二个、第三个以至更多个"七十年"的轮回转折。如果七十年大转折体现了共运发展的周期律,那蔚为历史辩证法的奇观。

据我所知,我国理论界更早把科学社会主义的发展划分为三个"七十年"的有童大林同志(前中共中央宣传部秘书长,后任国家科委副主任、国务院经济体制改革委员会副主任)。他于 1984 年 11 月间撰写《中国经济体制改革与科学社会主义新的历史命运》一文,着重阐发了同年 10 月中共十二届三中全会通过的关于经济体制改革决定的意义。他认为,"历史年代的更替划分,往往有惊人的相似之处。"并提出:邓小平关于中国社会主义经济发展的七十年构想对全世界科学社会主义的新的历史命运,有着直接的密不可分的关系。这标志着"科学社会主义面临的第三个七十年到来了"。第一个七十年,从《共产党宣言》奠定了无产阶级革命的理论开始,造成了全球性的无产阶级革命运动。第二个七十年，从俄国十月革命开始，使崭新的社会主义制度在地球上一系列国家中确立起来了。第三个七十年，是从中国和一些社会主义国家进行经济体制改革开始，探索如何充分发挥社会主义制度优越性，极大地发展社会生产力。在国际经济舞台上，将由历史来证明，社会主义制度比资本主义制度优越无比。后来童大林同志把包括此文在内的三十篇文稿汇编成书，书名就称《第三个七十年》，于 1986 年 2 月由中国展望出版社出版。作为经济学家，童大林同志主要是从经济体制改革和发展社会生产力的角度来展望第三个七十年的。他说："中国经济体制改革的全面展开，正是科学社会主义发展史上第三个七十年的开始。"他说的"三个七十年"带有科学社会主义发展史上"三个七十年"的意味，后来理论界又有"三次飞跃论"的说法。

无独有偶。肖枫同志于 1987 年纪念十月革命七十周年之际也独自提出世界共运的发展有三个"七十年"。从世界共产主义运动这个更广阔的视角来看第三个"七十年"，这是很新的见解。在本书中，作者对第三个"七十年"与前两个"七十年"的区别作了更充实、更深刻的论述。他指出：第三个"七十年"的转折和创新是在 20 世纪 80 年代前后"和平与发展"成为时代主题以来国际共运在发展战略上的重大变化，主要表现在三个方面：第一，共运由过去强调"国际领导中心"，后来又强调国际统一行动，转向各党独立自主地发展；第二，由过去强调必须遵循"共同规律"，从而形成单一的社会主义模式，转向把马克思主义基本原理同本国具体实际相结合，形成各具民族特色的、多样化的社会主义革命和建设的道路；第三，由过去强调国际援助、"支援世界革命"，转向立足国内各自首先把本国的事情办好，以此来体现社会主义的优越性，增加社会主义在世界人民中的吸引力。我以为以上这三点概括是符合实际的，有新意的，有利于人们提高对当前国际共运面临的历史性大转折大创新的认识。

二、对共运三个"七十年"、两次大转折创新的续貂

对世界共运三个"七十年"两次大转折创新问题，我在这里还想

讲点补充意见，权充续貂。

把第一个"七十年"表述为社会主义从理论到现实运动的七十年，把第二个"七十年"表述为从一国到多国实践的"七十年"，固然有一定的道理，但是未必只能作这样一种概括，也许还可以从另外一个角度来概括。第一个"七十年"并非只是创立和发展科学社会主义理论，而缺少实际运动；第二个"七十年"也并非只有从一国到多国的社会主义实践，而缺少理论创新和指导。

如果从理论与实践统一的角度来看，国际共运的第一个"七十年"应该是从1847年创立世界上第一个共产党——共产主义者同盟（1848年发表的《共产党宣言》正是该同盟的纲领）到1917年十月革命胜利之前，这样正好是整整七十年。这个阶段是在马克思主义理论指导之下开展社会主义实际运动，主要致力于在西欧北美一批发达资本主义国家争取几乎同时取得社会主义革命的胜利。这个阶段国际共运的战略目标虽然没有实现，毕竟取得了建立一批社会主义共产主义政党、建立第一国际和第二国际，尤其是建立第一个工人阶级国家政权巴黎公社的宝贵经验。

国际共运的第二个"七十年"，是从1917年俄国十月革命胜利到1987年中共十三大之前，这样正好也是整整七十年。这个阶段是在马克思主义获得新发展的列宁主义理论指导之下开展社会主义实际运动，主要致力于在东欧东亚一批欠发达、不发达国家争取从一国首先实现进而扩展到多国共同实现社会主义。这个阶段国际共运真正从欧美扩展到全球五大洲，建立过第三国际，在世界绝大多数国家都建立了共产党，开展了社会主义运动。这个阶段国际共运的战略目标，按照列宁主义的原先设想，本来是要在第三国际领导下，以苏维埃俄国第一个社会主义国家为中心，推进世界革命，使社会主义在全世界取得胜利。可是由于1924年列宁过早逝世（才54岁）以及随后世界形势的大变化，由第三国际来完成世界革命的战略目标也未能实现。然而后来，在斯大林主义指引下世界社会主义毕竟从俄国一国扩展到欧亚十几国，尤其是在马列主义与中国实际相结合的毛泽东思想指引下，中国这个文明古国和经济政治文化落后的东方大国终于也走上了社会主义大道。这是国际共运在第二个"七十年"的最重大成就。

到 20 世纪七八十年代，在以信息化为标志的新科技革命推动下，世界局势发生了重大变化，和平与发展取代了战争与革命成为世界主题与时代主题，世界资本主义获得了新的生命力和在第三世界发展中国家扩展的新空间，无产阶级世界革命形势难以形成，资本主义世界各国无产阶级难以利用战争推进革命，社会主义世界各国必须实行改革开放，改变对待资本主义世界的传统战略方针——从冷战对峙转向和平共处、协作、竞争与斗争。总之，国际共运的发展又面临新的重大转折。正是在这个转折关头，邓小平于 1977 年复出主持中共中央的工作。他审时度势，重新总结国际共运历史经验，拨乱反正，正本清源，纠"左"防右，开拓创新，提出了一系列新思想、新方针，集中到一点就是创立"建设有中国特色社会主义"理论，后来被称为邓小平理论。1987 年 10 月中共十三大文件第一次对邓小平理论的要点进行总结性概括，这标志着以邓小平理论为旗帜的国际共运第三个"七十年"以此为开端。十三大文件把建设有中国特色社会主义理论概括为十二个要点，其中有两点直接是关于国际共运和国际形势问题，一点是按照独立自主、完全平等、互相尊重、互不干涉内部事务的原则，发展同外国共产党和其他政党的关系，另一点是认定和平与发展是当代世界的主题。改革开放以来，我们党正是围绕和平与发展两大主题，调整外交格局和党的对外关系，发展了独立自主、反对霸权主义、维护世界和平的对外政策，并且遵循上述党与党关系的四项原则，恢复、改善了同许多共产党的联系，完全扭转了国际共运的局势，开拓了国际共运的新局面。1992 年党的十四大重申和平与发展是当代世界两大主题；为促进世界的和平与发展，我们党还主张为建立和平、稳定、公正、合理的国际新秩序而坚持不懈地长期努力，同各国政党建立和发展友好关系，本着求同存异的精神，增进相互了解和合作。1997 年党的十五大在邓小平过世半年之后正式确立邓小平理论作为党的指导思想，强调邓小平理论坚持用马克思主义的宽阔眼界观察世界，对当今时代特征和总体国际形势，对世界上其他社会主义国家的成败，发展中国家谋求发展的得失，发达国家的态势和矛盾，进行正确分析，作出了新的科学论断。

邓小平理论对国际共运的最大贡献，依我体会就是在总结历史经验和分析当今形势的基础上，从 80 年代初开始改变自 50 年代以来的传统作法，并且于 1986 年 11 月 9 日旗帜鲜明地对外宾宣称："我们认为国际共产主义运动没有中心，不可能有中心。我们也不赞成搞什么'大家庭'，独立自主才真正体现了马克思主义。"这就根本改变了自马克思、恩格斯以来一直认为国际共运必然会要有某个国家充当领导中心的思想。20 世纪初以来国际共运中心从西欧转向俄国，苏联领导国际共运半个多世纪，犯了严重大国主义、大党主义错误，实践证明很不成功。可是我国 1967 年 11 月 6 日发表的"两报一刊"编辑部文章公然宣告："18 世纪末，革命中心在法国，19 世纪中叶转到了德国，无产阶级走上了政治舞台，产生了马克思主义。20 世纪初期，革命中心转移到了俄国，产生了列宁主义。随后，世界革命中心又逐步转向中国，产生了毛泽东思想。经过伟大的无产阶级"文化大革命"，中国这个世界革命中心，变得更巩固，更加强大了。"实践证明中国充当国际共运中心同样很不成功。邓小平理论在这个问题上改变传统观念，强调国际共运没有中心，这是对马列主义、毛泽东思想的重大新发展。我们不充当国际共运中心，如释重负，从此可以集中全力建设中国特色社会主义，尽力为世界人民提供社会主义成功的范例，这是对各国人民最有说服力的国际主义援助。各国党摆脱了国际共运中心的控制和束缚之后，可以充分独立自主地发挥自己的创造力，探索符合本国国情的具有本国特色的通往社会主义之路。失去领导中心之后，某些国家和地区一时难免因群龙无首而出现疲软、涣散、低迷状态，但是从长远来看激发了独立自主精神、彻底纠"左"防右之后，一定会涌龙腾虎跃的新局面。我们深信：中国不当国际共运中心之后，中国会发展更快、更好，邓小平理论还会继续向前发展，2002 年中共十六大文件写明的"三个代表"重要思想就是邓小平理论在新时期的继续和发展；各国摆脱国际共运中心之后，卓有成就的共产党还会形成新的理论，使国际共运朝着以提高质地为主、兼有数量增长的方向推进。到 2057 年或其前后，也许会有另一个重大事件，标志着国际共运第三次转折，转向数与质并重共进的第四个"七十年"。在新科技革命大力推进和世界共产党人共同努力下，国际共运的大趋势一定是呈螺旋式逐步上升。

三、杰出人物和理论创新在兴起和实现 共运转折中的关键作用

国际共运的兴起和转折，这是现代世界历史发展客观规律的反映，不以任何人意志为转移的。然而我们也要看到，杰出领袖人物和创新科学理论在兴起和实现国际共运转折中确实起着关键性的推进作用。充分肯定个人及其思想在历史发展中的进步或反动作用，这完全符合历史唯物论，否定机械论和宿命论。

正是马克思、恩格斯于 19 世纪 40 年代在总结欧洲工人运动实践经验的基础上，吸取了人类先进文明成果，经过深入科学研究，批判各种错误社会思潮，创立了马克思主义理论，并且使之与工人运动相结合，才兴起了国际共运，并且在他们亲自参与和指导下在 19 世纪下半叶取得了重大成就。但是马克思、恩格斯也犯过急于求成的"左"的错误。他们一生为英、法、德诸国共同胜利而奋斗，始终未能如愿。恩格斯于 1895 年临终前坦承："我们当时的看法只是一个幻想。"

20 世纪初，国际共运中心从英、法、德三国逐步东移到俄国。到第一次世界大战期间，由于第二国际右派倒向各国资产阶级政府一边，社会沙文主义甚嚣尘上，右倾修正主义使第二国际在政治思想上破产。在这国际共运面临第一次大转折关头，列宁于 1915—1916 年间所著《帝国主义是资本主义的最高阶段》、《论欧洲联邦口号》、《无产阶级革命的军事纲领》等，提出"帝国主义是无产阶级社会革命的前夜"，社会主义可能在一个国家内首先获得胜利、不可能在所有国家内同时获得胜利。这些新观点表明列宁主义已成为国际共运第一次大转折的理论创新。到 1917 年间俄国取得二月革命胜利、推翻了沙皇专制制度之后，列宁进而主张俄国要带头进行社会主义革命。

这时第二国际和俄国党内许多领导人又犯右倾教条主义，把马克思、恩格斯在 19 世纪认为社会主义要首先在西欧发达国家同时胜利的观点当作教条，反对在资本主义不发达的俄国一国首先实现社会主义。列宁纠右防"左"，向全党提出要抓住千载难逢的机遇，领导人民进行武装起义去夺取政权。可是当时党中央还有人认为急于发动武装起义是"左"倾布朗基主义。列宁清醒地指出：起义不应依靠密谋和政党，而应依靠先进阶级，依靠人民的革命高潮，依靠革命发展进程上的转折点。"在这三个条件下提出起义问题，正是马克思主义和布朗主义不同的地方。"当时俄国已具备这三个条件，所以"等待会丧失一切"，"拖延发动就等于自取灭亡"。可以说如果没有列宁主义理论的指引，没有列宁及时的英明领导，就没有十月革命的胜利和社会主义国家制度的第一次创立，就没有国际共运的第一次大转折大创新。

如果取得十月革命的胜利是靠纠右防"左"，那么巩固并发展十月革命的成果从理论创新进而达到社会制度创新则要靠纠"左"防右。十月革命胜利后，列宁自己也犯过"左"的急于求成的错误。他对内急于一步登天，要从临时性的"军事共产主义"政策直接过渡到共产主义制度；对外急于把俄国革命的烈火延烧到欧亚众多国家去，想很快建立世界苏维埃社会主义共和国联盟，实现世界大同。在1918—1920 年的三年实践中遇到严重挫折后，1921 年列宁诚心承认错误，果断纠"左"防右。对内转向实行新经济政策，允许多种经济成分并存，探索一条不发达国迂回通往社会主义社会之路；对外转向与资本主义各国实行和平共处，善于吸取西方资本主义各种文明成果，在一国坚持逐步建设社会主义社会制度。后来在斯大林领导下，世界社会主义虽然从一国扩展到十几国，取得了很大成就，但是长期又重犯"左"的急于求成的错误，而且形成过度集权的政治体制，到70—80 年代国际共运又面临第二次大转折。在这次大转折中，幸好有邓小平理论应运而生。在其指引下，着力纠"左"防右，使国际共运峰回路转，真好比是柳暗花明，又开拓了新天地。

由上述可见，只有纠右防"左"和纠"左"防右，才能使国际共运顺利实现转折创新，少走弯路。比较而言，纠"左"比纠右更为常见、更为艰巨，因为革命家最容易犯急于求成的"左"的错误。连马克思、恩格斯、列宁这样伟大的领袖都犯过"左"的错误，这还不值得我们深思吗？可以预期，国际共运在第三个"七十年"究竟能取得多大进展，在很大程度上取决于纠"左"防右工作做得有多大成效。因为在第二个"七十年"之中给我们留下的根深蒂固的"左"的顽症和过度集权的领导体制是要服多剂苦口良药、彻底进行改革才能逐步化淤排毒，得到根治的。

四、世界共运历史分期还有两个阶段说、三个阶段说和四个阶段说

学者们时常把世界共运的历史按特定的标准划分为若干阶段，考察各个阶段的发展态势和特点，再互相联结起来加以比较，进而探究共运发展的规律。遵循这种历史辩证法，写出研究成果，供资政育人参考，这是我们学者应尽的职责。

按照三个"七十年"把共运历史划分为三个阶段，其根据和好处已如上所述。然而我们应该看到，这并非是唯一的划分法，也未必是最恰当的划分法。据我所知，按照其他标准，也还有两个阶段说、三个阶段说和四个阶段说。

先看两阶段说。80 年代以前的国际共运史一般都以 1917 年为界限，划分为两大阶段：从马克思主义诞生到俄国十月社会主义革命胜利；社会主义从一国发展到多国。1985 年北京师范大学出版社约请我主编《国际共产主义运动通史教程》时，我本着厚今略昔的原则，又以第二次世界大战胜利为界限，划分为两大阶段：从西欧工人运动崛起、科学共产主义理论形成到世界人民反法西斯战争胜利；战后国际共产主义运动的曲折发展。还有唯一按照两个"七十年"划分阶段的一本共运史教材。书中这样说："140 年来国际共产主义运动大体可以分为以下两个阶段，即前七十年和后七十年。第一阶段，从 1847 年到 1917 年，社会主义从空想变为科学，从理论变为现实；共产主义运动从西欧一隅发展为规模巨大的国际性运动。""第二阶段，从 1917 年到

20 世纪 80 年代。这一阶段的国际共运呈现纷繁复杂的局面，是比上一个七十年更为重要更加丰富多彩的七十年。在这一阶段中，社会主义理论变成了现实，从一国发展到多国，但社会主义国家在发展中经历种种曲折，在曲折中前进；资本主义国家和第三世界国家的共产主义运动也有进展和变化。"

至于三阶段说，也有好几种划分法。1987 年我在《从世界社会主义的发展看有中国特色的社会主义的探索》一文中把世界社会主义的发展除了空想社会主义之外，划分为三个阶段，即科学社会主义阶段，科学社会主义在一国实现阶段，以及 40 年代末以来科学社会主义在欧亚十几国胜利阶段。我们中国人民大学国际政治系教师集体编著的三卷本国际共产主义运动史教本分为这样三个阶段：从马克思主义诞生至十月社会主义革命胜利，从十月社会主义革命胜利到社会主义阵营形成，20 世纪 50 年代以来的当代国际共产主义运动。王兴斌主编《1847—1985 国际共产主义的实践与理论》，分为这样三个阶段：科学共产主义的创立，共产主义运动在西欧兴起（19 世纪 40 年代至 19 世纪末）；社会主义制度在一国创立，共产主义运动向全世界扩展（20 世纪初至 20 世纪中叶）。战后世界共运在曲折中前进，社会主义从一国、单一模式到多国、多种模式发展（20 世纪中叶以来）；徐耀新、文晓明主编《新编国际共运史（1847—1987）》又另有三个阶段的划分法，即从第一个共产党到第一个社会主义国家（1847—1920 年）；社会主义从一国胜利到多国实现（1921—1949 年）；从一个中心、一种模式到多元化和多模式（1950—1987 年）。汤润千主编《国际共产主义运动史》把共运史也分为三个阶段：第一阶段从 19 世纪 40 年代共运在欧洲兴起至十月革命，整整七十年；第二阶段为十月革命胜利以后，"大体上经历了七十多年；今天它正步入发展的第三个历史阶段"。

还有四阶段说，这更有几种不同的划分法。1984 年教育部政治思想教育局组织编写的、由我负责主编的《国际共产主义运动史教学大纲（修订本）》以及依据这个大纲由我主编的《国际共产主义运动史教本》，是分为以下四个阶段：第一，从 19 世纪 40 年代国际共运开端到 1871 年建立无产阶级政权的第一次尝试；第二，从 1871 年第一个无产阶级政权的失败到 1917 年第一个社会主义国家的诞生；第三，从 1917 年后共产主义运动在全世界的扩展到 30 年代末社会主义制度在一国确立；第四，40 年代末以来社会主义从一国到多国的发展。周尚文、匡萃坚主编《新编国际共产主义运动史读本》对四个阶段又有新的划法和表述：第一，1847—1871 年，国际共运的幼年阶段；第二，1871—1917 年，国际社会主义大军形成和分化阶段；第三，社会主义从一国发展到多国、共运愈益成为广泛的国际性运动的阶段；第四，1949 年以后，国际共运在曲折中发展阶段。周作翰、梁亚栋主编《国际共产主义运动史》分为这样四个阶段：1847—1871 年，1871—1917 年，1917—1945 年，1945 年至今。赵曜在《社会主义的历史命运》一文中则是以社会主义发展出现的两次高潮和两次低潮为标准，把国际共运分为这样四个阶段：第一次高潮 1847—1871 年，第一次低潮 1872—1904 年，第二次高潮 1905—1959 年（古巴革命胜利），第二次低潮（60 年代以来）。他是以此来说明社会主义是在曲折中前进的，低潮中孕育着高潮。我还收藏一本现任湖南省委副书记文选德著《国际共产主义运动史简读》。这是我所见到的我国作者独自一个人写成的唯一一本国际共运史。书中按照两个世纪上下叶的时间顺序把国际共运历史划分为四个阶段：19 世纪上半叶，国际共运在西欧兴起；19 世纪下半叶，德国成为国际共运中心；20 世纪初，国际共运中心东移俄国，20 世纪下半叶，中国成为国际共运中心。

从两阶段说、三阶段说、四阶段说的各种观点中可以看出，对国际共运的历史分期，我国学者是众说纷纭，各有千秋的。其是非曲直，我在这里无须妄加论断，留待读者方家细加评析。

此处应该点评的是，肖枫同志此书的分期法与以上各家都有所不同，具有四个特点：第一，不是只从顺向的演进着眼，而是顺向与逆向相结合，指出共运的转折，转折不等于挫折、曲折，含有转机、转好之意。第二，不单标出转折，而且突出创新，含有理论创新、运动（实践）创新、制度创新三重新意。第三，各阶段所含时间整齐划一，都是七十年。这并非人为主观设计，而是客观历史发展的偶然巧合。

第四，这样划分阶段主要是涵盖了历史，其中还兼有预测未来。这并非人为主观想象未来，而是从历史经验、历史规律来展望未来。从这四个特点可以看出，用三个"七十年"、两次大转折创新来概括共运历史，这是作者精心构思出来的。

以上谨就肖枫同志专著的中心主题及其相关论述作些评价和补充。专著中的其他众多问题，作者都有自己的独立见解，读者阅览定会很有收获，当然也可能会有不同看法。这样就能促进对社会主义问题的深入探究和争鸣。我认为社会主义学的研究是关系到社会主义国家社会主义建设兴衰成败的一门首要科学，中国特色社会主义能否全面建设成功又是关系到今后半个世纪世界共运兴衰顺挫的世界性的头等重要大型系统工程。应该由专业学者与广大社会主义建设者来共同研究社会主义学，催其繁荣昌盛，以唤起民众，提高共识，推进改革，共襄盛举，实乃社会主义伟业之大幸。

受约命笔，不敢懈怠，沉思遐想，认真对待；旁征博引，反复考虑，精耕细作，勤写长序；意犹未尽，只好搁笔，纰缪之处，尚祈挑剔。

2003 年 7 月 27 日至 8 月 2 日
于中国人民大学寓所顶斋

古巴驻华大使阿鲁菲为
《古巴社会主义》题词

　　这虽是只言片语，但我想以此表达我对肖枫和王志先两位作者以及人民出版社的最崇高的敬意。正是他们付出的辛劳，《古巴社会主义》这本独特而又适时的著作，才得以问世。

　　此书除了丰富的内容和长期艰辛的调研工作所体现的内在价值之外，其重要性还在于，它能够极大地促进古中两国之间的相互了解，加深我们两国人民之间的友谊。

　　谨向参与此项工作的所有人员表示衷心的祝贺。祝此书圆满地完成其崇高的使命。

阿尔韦托·罗德里格斯·阿鲁菲（签字）

古巴驻华大使阿鲁菲、人民出版社社长陈有和及作者肖枫合影

王家瑞为《苏联解体我的解读》题词

　　肖枫同志曾长期在中联部工作，一直从事政党对外交往实践和相关国际问题的理论研究，人虽然已离开现职，但手中的笔却没有放下，最近又完成了以苏联解体为题材的新书，我谨对肖枫同志这种勤奋耕耘的精神表达深深的敬意！

王家瑞

2011 年 11 月 21 日

　　（王家瑞　中共中央委员、全国政协副主席、时任中共中央对外联络部部长）

《苏联解体我的解读》序言

赵　曜

提要： 肖枫同志坚持解放思想，实事求是，独立思考，反"左"戒右，勇于创新，见解独到。正因为如此，他的研究成果具有较高的学术价值，并为许多读者接受。肖枫同志在恩格斯论述的基础上，结合苏联实际，提出要把"合力论"和"重点论"相统一。他认为，"重点论"有两个，一个是党，一个是制度。这个观点是很有见地的。

20 世纪有两件震惊世界并改变世界格局的事件，都发生在苏联。一件是世纪初的俄国十月革命，它打破了资本主义的一统天下，在世界 1/6 的土地上推翻了资本主义旧世界，建立了社会主义新世界，开辟了十月革命道路，即经济文化落后国家先于西方发达资本主义国家走上社会主义道路，并对以后世界各国的无产阶级革命和民族解放革命产生深远的影响，从而改变了世界历史的方向，开创了人类历史的新纪元。毛泽东指出："中国革命是十月革命的继续。"中国革命就是走的十月革命道路。以十月革命为起点，世界历史进入从资本主义向社会主义逐步过渡的新时代。在 20 世纪，令人眼花缭乱、惊心动魄的历史事件、社会革命层出不穷，但是，真正够得上"新世纪"标志的，无疑只能是美国著名记者约翰·里德所说的"震撼世界十日"的俄国十月革命。这是历史的巨大进步。另一件是世纪末的苏联剧变。苏联剧变有三重涵义：共产党丧失执政地位；联盟解体；社会制度由社会主义演变为资本主义。苏联剧变有两个后果。一个是社会主义遭致前所未有的重大挫折，不仅苏联而包括它的卫星国、周边一大批社会主义国家都演变和消失了，社会主义国家由原来的 15 家减少为 5 家，土地面积损失 70%，人口损失 22%，世界各国共产党由原来的 180 家左右减少为 130 家左右，党员人数由原来的 9100 万左右减少为 6600 万左右（其中当时中国有 5600 万）。另一个是以美苏对峙为标志的雅尔塔体系彻底崩溃，冷战时代的结束是以苏联的失败和消失为代价和前提，东西方力量对比失衡，美国成为世界上唯一的超级大国，有恃无恐地推行霸权主义和强权政治，世界更不安宁。这是历史的悲剧和大倒退。一个经过三次革命（1905 年革命、1917 年二月革命和十月革命）的锻炼和两次战争（国内战争和卫国战争）的考验，拥有 90 多年党史、70 多年国史、2.8 亿人口的社会主义苏联，一个和美国平起平坐的超级大国，既无外敌入侵，又无内部人民揭竿造反，顷刻间坍塌解体，许多人百思不得其解，成为 20 世纪的一个"历史之谜"。

苏联剧变以后，世界上许多国家的政界和学界都对这一历史事件进行研究，发表了不少学术专著和文章，尤其是前苏共一些领导人也著书立说，阐述亲历这一事件的过程和对这一事件的看法，提供了很多有价值的第一手资料。今年是苏共亡党、苏联解体 20 周年。我国有关学术团体和单位，相继召开了深入探讨苏联亡党亡国的研讨会。其目的无非从中吸取教训，避免这些悲剧在我国重演。肖枫同志出于对社会主义前途命运的关心，准备把他多年来对这一问题的研究成果汇集为一本书，并邀我为这本书作序。我虽已入"黄昏"之年，耳聋眼花，力不从心，但还是答应了。肖枫同志长期在中联部从事国际问题和国际共运的研究工作。我和他是在 1989 年中宣部召开的纪念党的十一届三中全会十周年的研讨会上相识的。我们虽然不在一个单位工作，但研究方向大体相同，算是同行，又有 20 多年的交往，可以说是老朋友了。肖枫同志的知识面很宽，研究领域广泛，是一位多产学者。远的不说，仅从 1999 年以后就先后撰写和出版了《社会主义向何处去》、《两个主义一百年》、《社会主义转折与创新》三本大作，阐述和回答了当代社会主义一系列前沿问题，提出了不少能给人以启发的新观点、新认识。肖枫同志研究社会主义问题有两大优势：一是能够及时了解中央的有关精神，二是掌握许多鲜为人知的第一手资料。这是许多人所不具备的。就他个人来说也有两个长处：一是极为勤奋，潜心执着研究问题；二是坚持解放思想，实事求是，独立思考，反"左"戒右，勇于创新，见解独到。正因为如此，他的研究成果具有较高的学术价值，并为许多读者接受。恩格斯指出，社会主义自从成为科学以来，就要求把它当做科学对待，就是说，要求人们去研究它。肖枫同志在社会主义研究方面是作出应有贡献的。

我国学术界在研究苏联剧变问题上，提出了各种各样的见解，有这种那种"说"，都有一定道理。把各种"说"综合起来，就是恩格斯所说的，历史上任何一个重大事变的发生，都是"一个总的平均数，一个总的合力"的结果。后人将其称为"历史合力论"。肖枫同志在恩格斯论述的基础上，结合苏联实际，提出要把"合力论"和"重点论"相统一。他认为，"重点论"有两个，一个是党，一个是制度。这个观点是很有见地的。顺着他的思路，从外因和内因、远因和近因，谈谈我对这个问题的认识。先说外因和内因。任何事物发生质变都有它的外因和内因。苏联剧变的外因，就是西方敌对势力，对苏联的颠覆活动，先是使用"扼杀"战略，从外部强攻，如 1918 年 14 个帝国主义强盗进攻苏联，1941 年德国法西斯军队对苏联的突然袭击，但都没有成功；强攻不成就转而从堡垒内部攻破，这就是上个世纪 50 年代初杜勒斯所说的"和平演变"战略。其重要手段之一，就是腐蚀和收买党政高官，戈尔巴乔夫、叶利钦、雅可夫列夫等就是被西方看中和做了工作的重点人物。外因是事物变化的条件，内因是事物变化的根据，外因通过内因才能促成事物的改变。内因就是苏共的蜕化和变质。苏共蜕化变质有个长期过程，即从量变到质变的过程，因而又可以分为远因和近因。苏联从建国到解体，就领导人来说共八代，前七代即从列宁到契尔年科时期所犯的重大错误，造成的不良后果，对后来的剧变产生了一定影响，这是远因，或称历史原因，是量变过程。主要是三大错误。一是斯大林时期的肃反扩大化。斯大林是列宁的战友和学生，是伟大的无产阶级革命家和马克思主义理论家，他在夺取政权和巩固政权、建设社会主义和卫国战争中立下了不朽功勋，苏联的社会主义基础是他那个时期打下的，苏联成为世界强国也是在这个时期实现的。但是，他也犯了许多错误。最严重的就是1934年基洛夫被刺后，在特殊的国内外形势下，肃反运动的严重扩大化。据吴恩远在《苏联"三十年代大清洗"人数考》中所提供的可靠证据，1937—1938年被判刑的大约在130～150万人左右，这些人被戴上"人民敌人"的帽子，或处决，或投入监狱，或流放。此举，严重地破坏了社会主义民主和法制，制造了大量冤假错案，消灭了党政军一大批领导骨干，影响了社会主义的形象，动摇了人们对社会主义的信念和对党的信任，在群众中出现恐怖气氛，人人自危，后果极坏，后遗症很大。二是赫鲁晓夫时期的全盘否定斯大林。斯大林去世以后，苏共几代领导人都比较平庸，没有一个够得上马克思主义理论家的。马林科夫担任部长会议主席不久，就被比他精明和鲁莽的赫鲁晓夫赶下台并取而代之。1956年2月25日，赫鲁晓夫以苏共中央第一书记的身份在苏共20大上作了长达4小时题为《关于个人崇拜及其后果》的"秘密报告"，严厉谴责斯大林的个人崇拜。没过多久，这份"秘密报告"就在美国《纽约时报》上全文发表，流传到全世界。这份报告采用抽象肯定、具体否定的方法全盘否定斯大林，其中有些内容是捏造的，如说斯大林用地球仪指导卫国战争，还使用了"凶手"、"强盗"、"赌棍"、"暴君"、"白痴"等不堪入耳的语言。毛泽东看了这个报告后说，赫鲁晓夫"揭了盖子"、"捅了娄子"。所谓"揭了盖子"，是说报告揭开了斯大林的个人迷信和苏联模式的弊端，苏联不是什么都好，起了解放思想作用。所谓"捅了娄子"，是说报告很不慎重，把责任都推到斯大林一个人身上，没有涉及制度，经不起推敲，将会产生不良后果和惹出乱子。果然不出所料，报告不久，在社会主义国家，引发了波匈事件；在资本主义国家，社会主义形象被败坏，一些共产党员退党，西方借机掀起反苏反共浪潮；在苏联国内，广大党员和群众不能明辨是非，不知什么是对的什么是错的，意识形态出现混乱和危机。全盘否定斯大林，无疑是给斯大林当政 29 年的苏联历史抹黑，开启了自我否定、自我毁灭的历史虚无主义先河。30 年以后，在苏联解体前，苏共有些人曾说，当初我们要有个中共那样的《历史决议》就好了，意识形态就不会出现现在这种混乱局面。三是勃列日涅夫时期的霸权主义和军备竞赛。勃列日涅夫时期苏联国力最强，他把苏联的大国主义发展为霸权主义，同美国争夺世界霸权，同时不从实际出发，量力而行，同美国进行马拉松式的军备竞赛，尤其是核军备竞赛，最后被综合国力更强的美国把苏联的国民经济拖垮，国力耗尽。由于苏联军事工业发达，民用生产落后，不能满足人们的生活需求，引起群众对党和政府的不满。这几个严重错误，使苏联的社会主义事业遭致重大挫折，为后来的剧变埋下了"伏笔"。这几个重大失误又都同苏联模式和体制的权力过分集中有关。所以，问题不能只归结个人，更重要的是体制问题。近因就是从 1985 年戈尔巴乔夫登上苏共中央总书记宝座到 1991 年 12 月苏联解体这六年多苏共所犯的一系列重大错误。这是苏联剧变的近因即现实原因，是直接原因，是质变过程。这一届苏共中央政治局成员，绝大部分都是在战后和平年代成长和一步步高升的。在这个班子中，虽然有一些马克思主义者，敢于坚持原则，但由于戈氏身居总书记的最高职位，逐步在政治局中形成了以他为核心的右翼势力集团，他们主导了政治局。戈氏上台时，虽然苏联已积累了许多矛盾，内外交困，孕育着一切经济、政治、民族的全面危机，但并没有任何垮台和死亡的迹象。在这个重要历史时刻，如果戈氏等能够坚持马克思主义的立场，创造性地和本国实践相结合，大刀阔斧地坚持社会主义方向的改革，作为一个高明大夫，对症下药，苏联这个病人是会康复，化解各方面的矛盾和停滞状态，快速向前发展的。问题是戈氏等是一个庸医，开错了药方，把病人治死，苏联在他任内仅六年多时间就剧变和解体，在地球上消失了。那么，戈氏开的是什么药方呢？有两个。一个是改旗易帜，从科学社会主义转变为民主社会主义。苏共党内有民主社会主义的影响和传统，孟什维克派就是党内的民主社会主义者。戈氏从 1987

年9月应美国一个出版商的约请抛出的《新思维》到1988年6月苏共第19次党代表会议提出"人道的、民主的社会主义",完成了从科学社会主义到民主社会主义的彻底转变。人道的、民主的社会主义是西方国家民主社会主义在苏联的翻版。二战后,民主社会主义在西方国家经过几次自由主义化的演变,已经同新自由主义趋同化,成为维护现代资本主义制度的一种重要意识形态和社会支柱。我们说苏共蜕化变质,有其特定含义。一是改旗易帜,从科学社会主义转变为民主社会主义。指导思想和党的性质发生根本变化。二是党内出现一个特权阶层,他们饱食终日,养尊处优,高高在上,脱离群众,对广大群众的疾苦视而不见,关心的只是维护既得利益,以权谋私,中饱私囊,相当于列宁所说的西方国家的工人贵族。特权阶层的形成,标志着资本主义复辟已有了社会政治基础。二是把改革变成改向。苏联当时社会问题成堆,急需改革,问题是怎么改革。戈氏坚持以人道的、民主的社会主义作为改革的指导思想,通过"多元化",把改革变成改向。经济领域的多元化,就是用私有制代替公有制,用自由市场经济代替计划经济;政治领域的多元化,就是取消共产党的领导和人民政权,代之以总统制、议会制、多党制,并通过民主化、公开性,把反社会主义势力和民族分裂主义势力释放出来,把苏联政局搞乱,最后反对派在乱中夺权;意识形态领域的多元化,就是放弃马克思主义的指导地位,让资产阶级和各种反社会主义思潮占领这块阵地。这样,苏联的经济基础和上层建筑就彻底演变。正如美国卡特时期的国家安全助理布热津斯基所指出:戈氏的人道的民主的社会主义架起了一座从社会主义转变为资本主义的桥梁。戈氏一伙右翼集团所以能够在很短的时间内把苏联葬送,这和苏联模式权力过分集中的弊端有关。在这种体制下,总书记具有无限权力,广大党员无能为力。曾任戈尔巴乔夫秘书、后任苏共中央书记的博尔金在《戈尔巴乔夫沉浮录》中指出:"无论是世界大战、革命,还是两大阵营的军事、经济对抗,都没能摧毁和肢解这个伟大的国家。苏联是被人从内部攻破的,是被一小撮有影响的党和国家领导人葬送的,是被反对派搞垮的。"

苏联剧变以后，世界社会主义跌入谷底，西方敌对势力欢呼雀跃、利令智昏、弹冠相庆，竭力鼓吹马克思主义"过时论""陈旧论"，资本主义"再生论""永恒论"，社会主义"失败论""终结论"，高奏贝多芬的"欢乐颂"交响曲，把它看成是史诗般的、始料未及的"解放"和"胜利"。但是，乐极生悲，苏联剧变后的 20 年，世界格局发生重大变化，这种变化不是向着有利于资本主义而是向着不利于资本主义的方向发展。世界格局的变化主要表现在下面三个方面：

一是世界资本主义遭受重创。重创来自于两个事件。第一件是 2001 年发生的"9·11 事件"。美国标志性的建筑物"世贸大楼"和"国防部"遭到恐怖主义袭击。这件事震动了美国和整个资本主义世界。之后，小布什政府借"9·11"，于 2001 年和 2003 年，先后发动了阿富汗战争和伊拉克战争，两场战争打了近十年。美国在这两场战争中虽然推翻了塔利班政权和萨达姆政权，但牺牲士兵达 6000 人左右，花掉军费近 3 万亿美元，导致国力下降，从顶峰中跌落下来。第二件就是 2008 年 9 月，以美国华尔街第四大投资银行雷曼公司破产倒闭为标志，由次贷危机引发的全美和全球的金融海啸，虚拟经济又影响实体经济，出现全球的金融危机和经济危机。这是继 1929—1933 年的经济大危机之后最严重的金融和经济危机，全球股市又一次遭遇"黑色星期一"。这几年美国和各主要资本主义国家的经济呈现零增长和负增长。美债危机余波未了，另一波又起，接着又发生欧债危机，希腊、爱尔兰、西班牙、意大利等国负债累累，急需"输血"和救助，欧元区面临土崩瓦解的危险。在危机期间，出现了几个引人注目的现象。一个是沉寂已久的群众运动和工人运动再次在欧洲各国兴起，示威游行、大罢工此起彼伏、从未间断，唯美国例外。今年 9 月，美国"例外论"被打破了，纽约群众走上街头，发起"占领华尔街"运动，此后"占领"浪潮迅速蔓延到 1000 多个大中小城市，波及近百所大学，矛头直接对准金融寡头和高管阶层，其实质是 99% 对 1%，反对分配不公的资本主义制度。另一个是马克思热。苏东剧变后，西方国家把马克思"扫地出门"，这次危机，西方"重新发现马克思""马克思又回来了",《资本论》成为畅销书,西方国家的一些政要包括法国总统萨克奇、德国财政部长都在阅读《资本论》,马克思仍旧"人气最高",再次掀起学习和研究马克思主义热潮。再一个是动摇了人们对资本主义的信心。在这次危机中,人们认识到资本主义危机是一种制度危机,除德国模式表现稍好外,其余各种模式都一落千丈。这一条对未来资本主义的变革具有根本性意义。

二是新兴国家异军突起。资本主义是靠对内残酷剥削工人阶级和劳动群众、对外无偿掠夺落后国家人民的财富的基础上发展起来的。有资本主义就必然有殖民主义;殖民主义是资本主义的派生物,是资本主义生产方式的一部分。到了垄断资本主义时期,资本主义已把世界瓜分完毕,世界分成两大营垒,即一端是欧美等宗主国,另一端是亚非拉殖民地和半殖民地。资本主义世界体系从一开始就是世界范围的两极分化图像,即强大富裕的一极和贫穷落后一极并存。资产阶级学者把这种现象概括为资本主义世界的"中心—外缘"结构。所谓"中心",即美欧日等发达资本主义国家;"外缘",即亚非拉广大发展中国家。"中心—外缘"体系的构建和运作,以"中心"的利益为最高原则,"外缘"则服从和服务于"中心",完全处于从属和附庸地位。第二次世界大战以后,在世界社会主义国家和运动的支持和影响下,民族解放运动风起云涌,亚非拉三大洲人民通过各种不同方式的斗争,有100多个国家宣布了民族独立,经营了几个世纪的资本主义殖民主义体系彻底崩溃了。这是改变20世纪面貌的一个重大历史事件。但是,以美国为首的20几个发达资本主义国家,利用它们所主导和控制的经济全球化和国际经济旧秩序,通过不合理的生产分工、不平等的对外贸易、跨国公司的经济控制、跨国银行的重利盘剥、技术转让的高额勒索等手段,推行新殖民主义,加强对发展中国家的剥削,南北差距进一步扩大。但是,最近20年来,一些发展中国家的大国时来运转,否极泰来,利用起点低、资源丰富、人口众多、劳动力廉价等优势,通过吸收外资和引进先进技术,迅速发展起来,成为新兴国家。新世纪伊始,2001年美国人保尔森在高盛集团公司发表的题为《全球需要更好的经济之砖》一文中,第一次把巴西、俄罗斯、印度、中国称为"金砖四国"，此后，"金砖四国"的说法不胫而走。这四国的领土占世界的 26%，人口占世界的 42%，GDP 占世界的 14.6%，潜力大，发展势头很猛。两年后该公司又发文展望这四个国家将于 2050 年"引领世界经济风骚"。据高盛公司预测，中国将在 2041 年超过美国，印度将在 2033 年超过日本，俄罗斯将于 2028 年超过德国，巴西将于 2031 年超过法国。这样，到本世纪中叶，世界经济格局将会重新洗牌，全球六大经济体的顺序将是中国、美国、印度、日本、俄罗斯、巴西。为响应国际社会的称谓，巴西、俄罗斯、印度、中国于 2009 年 6 月在俄罗斯的叶卡捷琳堡首次召开"金砖四国"峰会，2010 年 4 月又在巴西召开第二次峰会，交流经验，协调立场，提高发展中国家在国际事务中的话语权，力促全球变革。2010 年，应南非的要求，四国同意它加入，现已变成"金砖五国"。新兴国家的出现，将极大地深刻地改变世界格局和国际经济形势。

三是社会主义的回升和中国的崛起。苏联剧变后的 20 年，社会主义已走出谷底，虽然仍处于低潮，但缓缓有所回升。就共产党执政的五个社会主义国家来说，都稳住了阵脚，在 20 年中有很大发展。就世界各国共产党来说，已从 6600 万发展到近一亿。社会主义国家的共产党，中国 8000 万，朝鲜 400 万，越南 300 万，古巴 100 万，老挝 10 多万，加在一起近 9000 万。资本主义国家有 120 多个共产党，总计近 800 万党员。社会主义运动在"三南"的形势最好。一是"南亚"，印度有四个共产党，即印共、印共（马）、印共（马列）、印共（毛），其中印共（马）有 100 万党员，是议会第三大党，曾在西孟加拉邦执政 30 年，在喀拉拉邦也执政多年，目前虽遇到挑战，但总的形势是好的。印共也有 50 多万党员。二是"南非"，南非共产党发展很快，已从 4 万人发展到近 10 万人，在国内政治生活中有一定影响。三是"南美"。在拉美，古巴是社会主义的旗帜，委内瑞拉最为瞩目。查韦斯 1999 年通过选举就任委内瑞拉总统以来，高举"21 世纪社会主义"的大旗，积极探索委内瑞拉的社会主义道路。他于 2008 年当选委统一社会主义党主席，该党现有党员 700 多万，占全国总人口 2900 万的 1/4 左右。他崇拜马克思、列宁、毛泽东，把古巴最高领导人菲德尔·卡斯特罗视为自己的精神导师,在国际事务中积极支持拉美各国的左翼力量,敢于向美国叫板和与美国作对。在他执政时期,在拉美33个国家中,左翼力量在13个国家通过选举执政,其人口和面积分别占拉美的70%和80%,极大地壮大了拉美地区的左翼力量,推动了拉美地区的社会主义运动,形势一片大好。在这20年中,世界上发生最大变化和最引人瞩目的是中国的崛起。1979年党的十一届三中全会以后,中国实行改革开放,进行了一场世界上规模最大的经济革命,走上快车道,经济持续快速发展,年均增长9.8%,居世界第一位。经济总量从改革开放前的世界第11位,到2000年上升到第7位,2004年超过法国,2005年超过英国,2007年超过德国,2010年超过日本,成为世界上第二大经济体。现在年总产值已达6万亿美元。但是,我们在取得巨大成绩的同时,必须认识到,中国是世界上第一人口大国,按人均国内生产总值现在也只有4000多美元,排在世界100位左右。中国现在的定位,仍是一个发展中国家,仍处在社会主义初级阶段。中国的崛起,极大地提高了中国的国际地位和扩大了中国在国际事务中的影响。总起来说,中国建国60年、改革开放30年所取得的成绩,堪于和工业革命时期的英国和19世纪美国的崛起相媲美。

总括上述,苏联剧变后20年的现实是:资本主义遭致重创,新兴国家异军突起,社会主义回升和中国崛起,说明世界格局发生深刻变化,正在从单极走向多极,尽管霸权主义仍在世界各地制造麻烦和动乱,但是它改变不了历史发展的大趋势,世界形势是向不利于资本主义和有利于社会主义的方向发展。正如邓小平于1992年所指出:"社会主义经历一个长过程发展后必然代替资本主义。这是社会历史发展不可逆转的总趋势。"苏联剧变只是历史发展中的一个插曲,它并没有改变历史发展的"总趋势"。我相信,肖枫同志《苏联解体我的解读》,会帮助人们认识和把握社会历史发展的大趋势,坚定人们对共产主义的信念、中国特色社会主义的信心和对共产党的信任,在读者和社会上产生良好效应。

2011年11月

《苏联解体我的解读》序

李君如

提要：关于苏联解体的原因问题，肖枫先生有个观点很有道理，这就是要坚持"合力论"与"重点论"相统一。苏共是先"左"后右，是长期的"左"发展到后期的右。对苏共变质过程的分析，不能以1956年苏共二十大为"界标"。苏联的整个政治经济体制，形成于斯大林，死亡于戈尔巴乔夫。西湖边的雷峰塔突然倒了下来，挖掉支撑它的最后一块砖肯定是直接原因，但此前日积月累地腐蚀着这座塔基的诸多历史因素也是不可忽视的。苏联这座大厦顷刻之际就倒塌，也是这样的直接原因和长期深层根源双重作用的结果。我比较同意肖枫先生的意见。

全国政协常委、中共中央
党校原副校长、教授

10月12日上午，我收到肖枫先生来电，由于多年未联系，有点意外。他告诉我，计划写一本15万字的书，题目是《苏联解体我的解读》，简洁明快地回答有关苏联解体的一些基本问题。

他还说:"习近平同志最近号召'领导干部要学点历史',如何看待苏联解体,将是我们学习历史的一个重要而长期性课题,需要有一批相应的著作才行。尽管我已 74 岁,身体不如过去了,但还是想为此尽份力,于是想到写这本书。"一位老学者的赤诚之心,可见一斑。

我是在 2000 年和肖枫先生认识的。那时,我正在主持"三个代表"重要思想一些课题的研究,为了研究当代资本主义和社会主义的变化,特别是苏联解体的经验教训,我们邀请他参加了当年 10 月中央党校举办的"四个如何认识"高级研讨班,因为此前我知道他主编过《社会主义向何处去》,并刚撰写了《两个主义一百年》。当时胡锦涛同志亲自参加了两天的研讨会。肖枫先生曾多次在会上发言,给我留下深刻印象。后来,他陆陆续续发表的一些文章和著作,我都十分关注,有的他还寄给我看过,我们党校的有些活动也请他来参加。真是有缘,这次他希望我为这本书写个序言,我毫不犹豫就一口答应了。

苏联解体,是世界社会主义运动的大悲剧。今年正值这场悲剧发生 20 周年,国内外许多学者对这场悲剧的经验教训,发表了各种不同的看法。在我看来,对于这么大的一件事,讨论中有不同看法是正常的。大凡重大历史事件和重要历史人物,要形成统一看法是很难的。

肖枫先生是什么看法呢?这是我很关注的。关于苏联解体原因问题,他有个观点很有道理,这就是要坚持"合力论"与"重点论"相统一。这次在《苏联解体我的解读》中,他进一步阐述了这个观点。

肖枫先生说,重大历史事变必是一种"合力"的结果。正如恩格斯所说:"有无数互相交错的力量,有无数个力的平行四边形,由此就产生出一个合力,即历史结果。"像苏联解体这么重大而复杂的事变,必是多重因素综合作用的结果。因此对苏联解体的研究应从整体上把握,统筹考虑各方面的因素,尽量避免瞎子摸象。他说,人们不否认苏联解体原因的多重性,甚至可举出十几种、几十种原因。诸如

"戈氏葬送说"、"和平演变说"、"民族矛盾说"、"体制僵化说"、"党内危机说"、"腐败层自我政变说"、"群众抛弃说"、"背叛马列说"、"僵化教条说"等等。从"合力论"的观点看，上述每一"说"都可能是苏联解体的原因之一，它们不是相互排斥的。其实，邓小平说的"四不"即"不坚持社会主义，不改革开放，不发展经济，不改善人民生活，只能是死路一条"。讲的就是导致"死路"的"合力论"。

同时，肖枫先生说，坚持"合力论"当然不是眉毛胡子一把抓，而是应区分主次。就"外因"、"内因"而言，内因为主，苏联是自毁长城。在纷繁复杂的各种内因当中，也应区分主次。他说："现在这方面的分歧不小。我认为，执政党自身的问题，体制制度问题都是带有根本性的问题。"一是党的原因。肖枫先生说，共产党是社会主义国家的领导力量，执政党出问题，是全局性致命性的。党是一切问题的总根源。苏联解体的进程表明，直接的原因是戈尔巴乔夫将"改革"变成"改向"，使苏共陷入了全面而深刻的危机，丧失了解决自身问题的能力，最终遭民众抛弃。这样的党没法不亡。汲取苏共教训，邓小平强调"中国要出问题，还是出在共产党内部"，"关键是我们共产党内部要搞好"。二是制度原因。肖枫先生说，制度体制问题也是全局性根本性的。按邓小平的说法，制度问题"更带有根本性、全局性、稳定性和长期性"。从苏共和苏联历史看，74年间领导人换了好几茬，新的领导人也有意解决前人的问题，但问题却越来越严重，这说明执政党本身的问题，归根到底也要从体制和制度上去找原因，而且执政党的问题本身也是整个体制问题的重要组成部分，不能只强调党的问题而否定体制问题的根本性。

讲到体制问题，势必要涉及对斯大林模式的看法。肖枫先生的观点是，苏共变质，经历了从量变到质变、从部分质变到整体质变的长期而复杂的过程。总体看，是先"左"后右，是长期的"左"发展到后期的右，最终导致苏共变质和苏联解体。苏共在国内建设上，长期存在的主要问题，与其说是右的修正主义，不如说主要是思想僵化和"左"的教条主义。总体看还是指导思想上看近了共产主义，低估了资本主义，高估了社会主义，忽视了封建主义，从而扭曲和僵化了马克思主义。他还说，对苏共变质过程的分析，不能以 1956 年苏共二十大为"界标"，似乎此前苏共都是正确的、没有蜕变问题，而此后苏共就突然变质了。虽然苏共二十大之后的问题很多很严重，但从历史根源上讲，许多问题是不能不追溯到斯大林时期去的，历史是不可人为地割断的。事实上苏联的整个政治经济体制，形成于斯大林，死亡于戈尔巴乔夫。

西湖边的雷峰塔突然倒了下来，挖掉支撑它的最后一块砖肯定是直接原因，但此前日积月累地腐蚀着这座塔基的诸多历史因素也是不可忽视的。苏联这座大厦顷刻之际就倒塌，也是这样的直接原因和长期深层根源双重作用的结果。

在主持编写《科学社会主义概论》的过程中，我也多次讲过类似的意见。最后，我们课题组的意见是这样表述的："苏联东欧剧变，是 20 世纪下半叶震撼世界的重大事件。苏东剧变有历史原因，也有现实原因。从历史原因来说，苏东国家在思想理论、体制制度上长期处于僵化状态，使社会主义逐渐失去了应有的活力；从现实原因来说，苏东国家从摆脱僵化又走向了自由化，思想理论的混乱导致政治上混乱，从而失去了社会发展基本准则和方向。深入研究苏东剧变的教训，对于巩固和发展社会主义意义重大而又深远。""苏东剧变以后，许多国家的共产党都进行了深刻的反思，并对实现、建设和发展社会主义提出了一些新思考。苏东剧变给我们留下的教训是多方面的，其中最为重要的有两点：一是社会主义必须在改革中发展和完善，但改革不能偏离社会主义方向。不改革会葬送社会主义；改革偏离社会主义方向也会葬送社会主义。二是建设和发展社会主义要始终不渝地坚持共产党的领导，加强党的自身建设。党的自身建设跟不上人民和时代的要求，党会被历史潮流所淘汰；放弃共产党的领导，党和党所领导的社会主义事业就会走向自我毁灭。"我们的看法是，"制度"和"党"是两个关键问题，"僵化"和"自由化"都会葬送社会主义、毁灭党。因此，我比较同意肖枫先生的意见。

肖枫先生在这部著作中，还有许多这样经过长期思考、深入研究、反复斟酌的观点，值得我们大家重视。这就是我为什么愿意为他作序的原因。

最后，我希望读者也能够喜欢这部著作。

李君如
2011 年 10 月 20 日晚于昆玉河畔

（此序以《肖枫对苏联解体的解读》为题发表于 2012 年 1 月 10 日《学习时报》）

研究苏联解体要有理论高度和学理深度
——读肖枫同志的《苏联解体我的解读》一书有感

严书翰

摘要： 苏联显然不是败在硬实力，而是败自软实力。现在看得很清楚：由于党员和国民的思想"乱了套"，于是凝聚力丧失，组织瘫痪，政府失去了动员力、号召力和组织力等。苏联解体的历史表明，软实力是国家综合国力的重要基础，当国家软实力丧失即呈负数时，无论其硬实力有多大，两者相加其综合国力相当于零。

中共中央党校科社部原主任、马克思主义理论研究和建设工程课题组首席专家

苏联解体迄今已经20年了。由于苏联解体是20世纪最重大的历史事件之一，因此对它的研究从未停止，而且观点多样。其中有一种观点认为，研究苏联解体这样的重大复杂的历史事件，20年时间还太短，要在50年后才能做结论，才能统一人们的看法。这种看法不是没有一点道理，但是有些绝对化了。事实上只要真正坚持运用马克思主义立场观点和方法，我们是可以对重大历史事件做出全面评析和得

出正确结论的。在这方面马克思恩格斯为我们树立了光辉的榜样。

在卷帙浩繁的马克思恩格斯著作中有两部评析法国近代史上发生的重大历史事件的经典著作。一部是《路易·波拿巴的雾月18日》，另一部是《法兰西内战》。这两部著作都是马克思在重大历史事件结束后不久就写成的。恩格斯称《路易·波拿巴的雾月18日》"这是一部天才的著作"。列宁认为，马克思在《法兰西内战》中对巴黎公社经验的总结是19世纪科学社会主义的最高成果。从今天的眼光看，马克思在这两部著作中对历史事件的评析具有全面性，得出的结论具有真理性。评析历史事件只有做到了全面才能说服人。研究历史所得出的结论能被称之为具有真理性，是因为这些结论经受住了历史和实践的检验。而要做到这两点则有赖于作者评析历史事件的理论高度和学理深度。马克思在这两部著作中所体现出来的理论高度和学理深度，可以说是令人叹为观止的。马克思在《十八世纪外交史内幕》中有句名言："要了解一个限定的历史时期，必须跳出它的局限，把它与其他历史时期相比较。"① 讲到马克思的学术素养和学理深度更是令我钦佩。《路易·波拿巴的雾月18日》开宗明义有句话"黑格尔在某个地方说过，一切伟大的世界历史事变和人物，可以说都出现两次"。② 笔者曾经想查查黑格尔究竟在那个地方说过这句话，但没能查到，足见自己才疏学浅。

最近读了肖枫同志写的《苏联解体我的解读》（简称《解读》）一书，又引发了我对研究历史尤其是研究苏联解体的联想。肖枫同志在《解读》一书中努力运用马克思主义立场观点和方法来分析20年前苏联发生解体的种种原因。书中提出的一些观点和结论既有新意，又能说服人。比如，作者在《解读》一书中遵循以下思路来分析苏联解体的原因：坚持"合力论"与"重点论"相统一，外因、内因、远因、近因相结合，突出了对前苏联的"党和体制"这两个根本点的研究，从而全面分析了苏联解体的原因。读罢此书使人有耳目一新的感觉，尤其书中以理服人的解析给我留下了深刻印象。

---

① 《马克思恩格斯全集》第44卷，人民出版社1982年版，第287页。
② 《马克思恩格斯选集》第1卷，人民出版社1995年版，第584页。

《解读》一书读后能产生这样效果，是与作者所站的理论高度有密切联系的。作者指出，研究历史尤其是研究苏联解体既要反对历史虚无主义，又要反对历史实用主义。我认为这是非常正确的研究历史的重要指导思想。历史虚无主义是极其错误和有害的思潮。现在已遭到了严厉的批驳，但仍要警惕它今后还会抬头。而历史实用主义也是片面的，产生的后果也是很负面的。我们也要理直气壮地加以反对。正如作者在书中指出的，不能搞历史实用主义，不能把历史当面团，随心所欲地根据自己的立场、观点的需要来揉搓裁剪。这样做是不应该的，也是会影响说服力的。

《解读》一书指出，研究苏联解体，主要是为了从中吸取教训，变他人之教训为我之财富，以解决中国自己"怎么办"的问题。这个研究苏联解体的着眼点也是有理论高度的。作者认为，站在这个理论高度可以合乎逻辑地引出这样的结论：苏联解体的教训表明摆在社会主义国家面前有"三条路"——邪路、老路和新路。苏联不坚持社会主义，走的是一条"邪路"，结果亡党亡国了；想坚持社会主义，却不改革开放、不发展经济、不改善人民生活，继续坚持走僵化体制的"老路"，那也是一条死路；中国自 1978 年中国共产党的十一届三中全会以来，既坚持社会主义又实行改革开放，发展经济，改善人民生活。走的是富强民主文明和谐的社会主义"新路"。作者的这些论述都是很有理论高度的。

《解读》一书的学理深度是从几个方面尤其是从批驳错误观点中体现出来。众所周知，批驳一种错误观点并不难。但是要让读者感到这种批驳是有理有据，而且使人信服，这就不容易了。作者在书中对"原罪论"的批驳是很有说服力的。《解读》一书指出，近年来，有人把苏联解体崩溃的原因往列宁和十月革命身上推，说什么十月革命根本就不该搞，苏联社会主义是"先天不足的早产儿"，命里注定就该死。这种观点不仅否定苏共和苏联社会主义建设，而且要否定十月革命、否定整个当代社会主义的历史必然性。有人说，十月革命是"政变"，还有人说这是"人类文明的歧路"，简直把十月革命说成一无是处。作者认为，苏联解体绝对影响不了人们对十月革命本身所具有的历史必然性及其伟大意义的认识。因为"从世界历史的全局来看，十月革命才是全球近代史的终结和现代史的开端。有人将苏联建设中的所有问题，统统归到十月革命的头上，这是徒劳的。革命是革命，建设归建设。革命胜利后出现的一系列严重问题，主要是建设没搞好"。我认为作者的这些分析是有学理深度的，因而是有说服力的。正如邓小平在1980年就指出的，"苏联搞社会主义，从一九一七年十月革命算起，已经六十三年了，但是怎么搞社会主义，它也吹不起牛皮。"[1] 后来邓小平还说过，"社会主义究竟是个什么样子，苏联搞了很多年，也并没有完全搞清楚。可能列宁的思路比较好，搞了个新经济政策，但是后来苏联的模式僵化了。"[2]

《解读》一书提出了一个很有学理深度的观点：研究历史要重视新的资料和细节，但更要重视对历史发展趋势和必然性的研究。这是笔者非常赞同的。当前研究历史特别是研究苏联解体中存在这么一种值得注意的倾向。有的研究热衷于挖掘历史"细节"，甚至热衷于挖掘历史人物的"艳史"，而忽视对规律性现象和历史发展趋势的研究。这种倾向若不加以纠正是很有害的。我们说研究历史要坚持马克思主义立场观点和方法，最重要的就是坚持历史唯物主义的观点。在这方面需要重温并坚持马克思恩格斯研究历史的两个重要观点。一是"应该通过发现现实的联系来清除这种臆造的人为的联系；这一任务，归根结底，就是要发现那些作为支配规律在人类社会的历史上起作用的一般运动规律"。二是"历史事件似乎总的说来同样是由偶然性支配着的。但是，在表面上是偶然性在起作用的地方，这种偶然性始终是受内部的隐蔽着的规律支配的，而问题只是在于发现这些规律"。[3]

《解读》一书还提出了这个颇有学理深度的重要观点，即"苏联这个'庞然大物'的崩溃，可以说不是败在硬实力上，而是败在软实力上"。笔者认为这虽然是事实，但并不是所有人都看到这一点：1991年苏联解体时，苏联军事力量仍可与美国相媲美。从军事力量上

---

① 《邓小平文选》第2卷，人民出版社1994年版，第250页。
② 《邓小平文选》第3卷，人民出版社1993年版，第139页。
③ 《马克思恩格斯选集》第4卷，人民出版社1995年版，第247页。

看，当时谁也不可能战胜苏联。经济实力也大于多数发达国家，国内是存在民族矛盾，但也不足以分裂、分崩苏维埃政权，因为当时苏联还有强大的军队。即使个别地区失控，造成自治或独立，也不致于整个国家顷刻间土崩瓦解。但是，苏联这个超级大国还是崩溃了。怎么解释其中的原因呢？《解读》一书认为，当时苏联内外动员能力全部丧失，最后国家解体了。可以说是由苏共自己发动的一场导致改向的"改革"，从内部自己摧毁的。苏联显然不是败在硬实力，而是败自软实力。现在看得很清楚：由于党员和国民的思想"乱了套"，于是凝聚力丧失，组织瘫痪，政府失去了动员力、号召力和组织力等。苏联解体的历史表明，软实力是国家综合国力的重要基础，当国家软实力丧失即呈负数时，无论其硬实力有多大，两者相加其综合国力相当于零。上述这些解析应该说是很有见地的。

笔者认为，一个国家的软实力对于这个国家生存、发展以及最终崛起都是至关重要的。我们党的十七届六中全会作出了关于推动社会主义文化大发展大繁荣的《决定》。文化大发展大繁荣也就是软实力的不断增强。前事不忘，后事之师。总结苏联垮台是垮在软实力上的教训，我们会倍感我们党把社会主义核心价值体系建设摆在如此重要地位是何等正确，何等英明。因为社会主义核心价值体系是兴国之魂，是社会主义先进文化的精髓，决定中国特色社会主义发展方向的。

当然，此书由于篇幅所限有些精彩的论点未加以展开，难免会使读者感到惋惜。比如，《解读》一书提出，中国 30 多年来的体制改革，实质上是去"苏联模式"，增"中国特色"。现在中国特色社会主义全面突破和彻底超越了苏联模式，这是中国成功的秘诀。我们既要与西方模式划清界限，也要与苏联模式划清界限，这是搞中国特色的一个基本原则。希望作者在今后此书再版时对此要加以展开和完善。

（原载《中国特色社会主义研究》杂志 2012 年第 3 期）

对《苏联解体我的解读》的解读

王长江

我得到了肖枫先生馈赠的新作《苏联解体我的解读》。读过汗牛充栋的各种大小文章之后再看肖先生的这部倾力之作，真的有一种眼前一亮、不吐不快的感觉。这大约是因为肖先生的许多观点我颇认同的缘故。

全国政协委员，中共中央党校党建教研部主任、博士生导师

用什么研究方法

肖先生的著作，突出之处在于它强调研究这个问题的方法。这是切中要害的。研究方法确实重要。使用的方法不同，得出的结论可能就大不相同。当然，从理论上说，方法就是方法，无所谓好坏优劣。之所以会得出不同的结论，往往因为使用的方法有异。若是得出的结论不能令人信服，十有八九是因为方法使用不当。对于分析苏联解体这样一个有着巨大而深远影响的事件，方法就显得更为重要了，因为它实

在是一个通过独特的方式实现经济、政治、社会全面转型的典例。

肖先生有一个给我留下深刻印象的观点。他强调，苏联解体问题虽然政治性强，但它首先是"史论"而绝不是"政论"。这个观点，我非常赞同。这是两个不同的出发点。这里的所谓"政论"，就是先确定自己的立场、观点，再根据需要，"像'搓面团'似地对历史进行改编或裁剪"。而与之相对的"史论"，则是按历史的本来面目解释历史，论从史出。我们没有必要讨论"史论"和"政论"孰是孰非，但具体到苏联解体，恐怕真的有个孰先孰后、孰主孰次的问题。因为苏联解体不是一种想法、一个概念，也不是一个像地震、火山爆发那样的孤立事件，而是一个重大的历史事件，是一段鲜活的历史。

"政论"的取向用到这里，简略地讲，就是以意识形态划线的取向。抽去了历史运动的意识形态，有时只是一种标签。先标上标签，再根据标签来论是非，很像是巫师的做法：给稻草人贴上符咒，尔后一厢情愿地把它当做真人来收拾。不能说这里面一点道理都没有。相反，许多事实证明，心理暗示对人的行为确有很大影响。但是，我们却不能这样对待历史。遗憾的是，在对苏联解体问题的研究中，我们掺杂了太多这种意识形态的东西。更遗憾的是，我们还常常以为这便是立场坚定的表现，并引以为荣。我们在苏联身上有太多的情感寄托：它是第一个把马克思主义付诸实践的社会主义国家，它是我国和美国为首的帝国主义国家对抗时对我们施以援手的国家，它代表着人类最进步的事业，等等。它被抬高成一种标志和象征：社会主义，共产党领导。于是，它的垮掉，便是社会主义的失败，便是推翻共产党的领导，便是资本主义复辟、红旗落地。其实，这种论断，形式的意义大于实质的意义。因为，如果真的把苏联的实践当做货真价实的社会主义，如果那个领导国家的党真的是代表未来的党，它如何会既拼不过帝国主义，也拼不过民主社会主义，党和本国民众的关系竟连西方资产阶级政党也不如？在这里，我当然不想简单化地把苏联的社会主义说成是假社会主义，苏共是假共产党。毕竟，就整个民族而言，探索是真诚的，付出是巨大的，党本身也没有非脱离群众不可的主观故意。但有一条可以肯定：这种社会主义的实践并不成功，这个党和它在意识形态领域里所显示的形象，也落差巨大，而且恐怕相差不是一星半点儿的距离。

强调它的历史性，就应该从发展的角度看问题，把握它的发展脉络和逻辑，讲究前因后果、左右联系，而不是割裂开来、孤立看待。苏联解体作为一个过程，有许多"拐点"，每个拐点都有它自己的逻辑，都和环境有着千丝万缕的互动关系。离开这些逻辑和环境去思考，认识往往会出现片面性。

所以，把每种原因都摆在应有的地位，恰当地评估它们的作用，才能对问题有比较客观的认识，得到比较贴近历史本身的看法。肖先生用"齐白石画虾"来生动地描述他对方法论的思考。我很赞赏其中试图表达的一些思想：一方面，应当把握住大的历史脉络，而不被细枝末节所纠缠；另一方面，对大大小小、林林总总的原因进行梳理，摆好它们的位置，既不能对重大的深层次的问题视而不见，满足于追究历史细节，也不能反过来无限夸大其中的一些细枝末节，喧宾夺主。这样的研究方法和研究倾向，正是我们今天所应取的。社会科学中一个再简单的问题都应该用复合的方法来研究，这是稍许有点研究基础的人都知道的常识。遗憾的是，在我国，这个常识，居然连一些跻身思想库的学者也忘记了。

"合力论"还是"重点论"

研究苏联解体，人们往往会因关注点不同而侧重不同。有人强调其错综复杂性，强调苏联解体是各种因素相互影响、相互较量形成的结果；有人特别关注某些因素在其中发挥的独特作用，突出强调这些因素比之其他因素有更具决定性的意义。前者可称为"合力论"，后者可称为"重点论"。到底应该强调合力，还是应该强调重点，尤其是该强调哪个重点，研究者们基本是互不相让，各唱各的调，各吹各的号。

对重点的关注，本来就不应与合力论相矛盾。合力论强调的是多原因，但绝非把这众多原因同等排列，而是要探究它们之间的有机联系。各种原因所起的作用不相同，才构成了问题的复杂性。在这一点上，合力论和重点论是完全可以打通的。因为只要有重点，那就肯定有次重点、非重点。承认这个前提，就需要说明重点为什么重，次重点为什么次，非重点为什么不是重点。因此，把各种因素分成重点、次重点、非重点，这本身就已经是在分析各种原因之间的关系，也即分析合力了。区别只是对这些轻重的看法上存在差异。这种区别，一方面和研究者的研究方法和角度有关，例如研究经济的人肯定特别强调经济没有搞好是苏联解体的最重要原因，研究民族问题的人肯定特别强调苏联民族矛盾的爆发是促成苏联解体的重要原因，研究制度的人肯定特别强调苏联模式是苏联解体的主要原因，等等。另一方面，它和人们对现实中存在问题的解读有着密切的关联。而现实中的问题如何排列，又和人们的认识程度紧密联系着。

不过需要强调的是，不同研究者强调的重点相互之间之所以会有矛盾，甚至显得难以调和，有时恐怕不是因为研究者用一个重点来否定其他人的重点，而是所谓重点是不是真的重点。并非所有重点都有道理。在我看来，从实际出发、通过对实际的研判找到的重点，和从书本出发、通过概念推导造出来的"重点"，是两种完全不同的重点。两者之间不是孰轻孰重之争，而实在是真假重点之争。这两种"重点"之间，是无法统一的。

譬如，当有人说，苏共领导人的错误改革思路导致了苏联解体、苏共垮台，因而认定它是一种叛变行为，客观上出卖了苏共，我们可以认为这是对重要性的判断不同，可以作为一种"重点论"来对待。但是如果有人说，苏共失败是一小撮人有预谋、有计划的叛变，听起来好像是说，戈尔巴乔夫等人还没改革前就憋了一股劲，一门心思要把苏共搞垮，其中一个预期目标就是自己的总书记当不成了，总统被废了，宁肯失去这些，也要把苏共搞垮，似乎这些人还有牺牲自己的利益、名誉、地位换来复辟事业成功的高贵品质。这听起来不像是在贬低，倒实实在在是在颂扬，怎么琢磨也像是天方夜谭。

其实，这样看待这类"重点"，并非我的发明。早在160多年前，就有一个伟人这样说："当你问到反革命成功的原因时，你却到处听到一种现成的回答：因为某甲或某乙'出卖了'人民。从具体情况看，这种回答也许正确，也许错误，但在任何情况下，它都不能解释半点东西，甚至不能说明，'人民'怎么会让别人出卖自己。"所以，"这些原因不应该从几个领袖的偶然动机、优点、缺点、错误或变节中寻找，而应该从每个经历了震动的国家的总的社会状况和生活条件中寻找。""如果一个政党的全部本钱就只是知道某某人不可靠这一件事，它的前途就太可悲了。"这个伟人，名叫恩格斯。

苏式失败是党的问题抑或是制度的问题

把内因作为主要原因，这在大多数思维正常的人，已是无疑的了。

我的重点：同意把党和制度作为重点。还要加一个看法：在这两个重点中，制度有更重的分量，是重点的重点。党的问题也是在制度设计上有问题。

一个党，一个制度，这样的区分，还是存在一些问题。首先，它们不是一对范畴。把"党"作为政治体制中的一个元素，与之对应的就应该是国家、社会；把它作为组织来看，与之对应的就是社会组织。这样来看，把它和制度放在一起，语焉不详。

其实，改革本身就可以成为一个独立的学问。任何社会都有转型的问题，而且任何社会转型都有成功的和不成功的案例。从专制制度转向君主立宪制，英国成功，法国、中国不成功；由分裂转向统一，德国、中国成功，等等。中间有大量的因素在起作用，意识形态只是其中之一。

（原载《学习时报》2012 年 5 月 2 日）

解读苏联解体的一个公式
——评肖枫力作《苏联解体我的解读》

刘建飞

摘要： 中国共产党面临着四个"长期的、复杂的、严峻的"考验（执政考验、改革开放考验、市场经济考验、外部环境考验）和"更加尖锐"的四个危险（精神懈怠的危险、能力不足的危险、脱离群众的危险、消极腐败的危险）。这些考验和危险，基本都是当年苏共所面对的。只是当年苏共在这些考验和危险面前，没有经得住考验而铸下了历史悲剧。

中共中央党校国际战略
研究院副院长

著名国际问题专家肖枫先生的新著《苏联解体我的解读》，堪称目前国内对苏联解体研究富有新意的力作。与一般的论文汇编性的著作不同，该书是由作者一支笔从头写到尾的，所以风格统一、系统性强、逻辑严谨。加上作者长期从事国际社会主义研究的功底，使该书视野开阔，并具有相当理论深度和学术高度等优点。

这部著作既揭示了苏联体制及其弊端的形成过程，又梳理了从演变到突变的发展脉络

解读历史，首先要尊重历史，实事求是。这是最起码的唯物主义态度。如果对历史采取实用主义的态度，根据自己的需要随意裁剪、糅合，那么这样"解读"出来的东西肯定是没有说服力的。在这部著作中，作者用一半多的篇幅来叙述、剖析苏联解体的事实与真相，既揭示了苏联体制及其弊端的形成过程，又梳理了从演变到突变的发展脉络，给读者展示了一幅清晰的图景。

作者提出："苏联这个'庞然大物'的崩溃，可以说不是败在硬实力上，而是败在软实力的丧失上。"这是一个很有新意的观点。1991 年苏联解体时，苏联军事力量仍可与美国相媲美，经济实力也大于多数发达国家，然而，由于其政府的内外动员能力全部丧失，所以，国家解体了。苏联这个超级大国的崩溃，是由执政党自己发动的一场"改革"从内部摧毁的。问题显然不是因为硬实力，而是出自软实力，首先是党员和国民的思想"乱套了"，于是凝聚力丧失，组织瘫痪，政府失去了动员力、号召力和组织力，甚至军队也不听指挥了。苏联解体的历史表明，软实力是国家综合国力的基础，当一国软实力丧失时，无论其硬实力有多大，其综合国力都相当于零。由此可见，国家生存、发展以及崛起都离不开软实力的支撑。作者的这一分析视角，既有新意，又遵循了历史唯物主义基本原则。

作者用"合力论 + 重点论 = 内外远近因 + 党与体制问题"这个公式来解读苏联解体，更让人信服

该书第二篇"本质与根源：如何看苏共变质苏联解体"，可谓是全书的核心部分，作者探本求源，对苏联解体做了令人信服的解读。对同一个历史事件，不同的人有不同的解读，除立场、观点、利益不同外，很多时候是由错误的思想方法造成的。作者在本篇一开头就提

出"如何看：先要把思想方法搞对头"。他所提出的四条：坚持"合力论"与"重点论"相统一；一切从事实出发，坚持论从史出；坚持实践是检验真理的唯一标准；实践没有完结，认识永无止境，都是辩证唯物论和历史唯物论的思想方法所要求的。

作者运用上述方法，在深入分析苏联解体客观情况的基础上，认为苏联的解体和崩溃"直接毁于"其执政党苏共的变质和危机，而苏共的蜕变虽有"长期性"，但其整体质变却具有"快捷性"，最关键的几步都发生在戈氏后期，垮起来快得很。苏联的崩溃虽然看似一朝一夕的事情，但实际上却是长期积累的结果。从历史根源看，问题不在这个或那个具体问题上，而在总的指导思想上，这就是："看近了共产主义，长期存在超越发展阶段倾向；高估了社会主义，不自觉地重新陷入乌托邦；低估了资本主义，总的指导思想上急于求成；忽视了封建主义，使社会主义发生严重曲折。"正是这种长期"左"的指导思想，使苏联的整个政治经济体制长期僵化而得不到改革，导致斯大林时期形成的体制，直到戈尔巴乔夫时期仍基本没有大的改变。这是苏联崩溃的制度上的根源。所以作者认为，"党"和"制度"是造成苏联解体的相互联系而又不可分割的两大问题。

在上述分析的基础上，作者主张坚持"合力论"与"重点论"相统一，外因、内因、远因、近因相结合，紧紧抓住"党与体制"这个根本点，最后得出"合力论 + 重点论 = 内外远近因 + 党与体制问题"这个解读公式。用这个公式来解读苏联解体，更让人信服。

作者着眼于中国自身，从苏联解体中发掘出十笔"财富"

中国关注苏联兴亡史，除了在地缘政治上苏联曾是中国北方的最重要邻居、国际政治舞台上的重要力量的原因外，更主要的原因在于苏联是第一个社会主义国家，在道路和制度上曾经是中国的"老大哥"和学习样板。解读苏联解体，主要在于吸取苏共变质的沉痛教训，即"变人之教训为我之财富"。作者专门用一篇"警惕与借鉴：中国怎么办"来总结教训，从苏联解体中理出了十笔"财富"：一是

"丢了政权"为最大教训，搞社会主义不能不要"政治前提"；二是必须把握改革的"主导权"，处理好改革、发展和稳定之间的辩证关系；三是应坚持以人为本，民生为大，决不可违背客观经济规律；四是苏共对外教训：走样的"国际主义"与地道的"霸权主义"；五是民主自由要发扬，但集中和权威绝不可全盘否定；六是资本主义不可不借鉴，但顶礼膜拜要不得；七是人类优秀政治文明成果要借鉴，但照搬西方体制不是出路；八是对西方的西化、分化和演变要高度警惕，但从本质看这是国家软实力竞争问题；九是党离不开人民，归根结底"最终选择权"在人民；十是搞"中国特色"就要去"苏联特色"，既同苏联"切割"，又不"照抄"西方，这就是中国自己选择道路。

同苏联相比，中国恰恰是因为有了这些"财富"，不仅社会主义旗帜未倒，而且还不断创造辉煌成果，国家崛起进程让世人刮目相看，中国模式也受到越来越多人的关注和认知。当然，中国特色社会主义事业能否继续再创辉煌，还要看这十笔"财富"是否守得住，并且是否继续升值，是否根据新的形势继续发展和创新。胡锦涛同志在2011年"七·一"讲话中指出：中国共产党面临着四个"长期的、复杂的、严峻的"考验（执政考验、改革开放考验、市场经济考验、外部环境考验）和"更加尖锐"的四个危险（精神懈怠的危险、能力不足的危险、脱离群众的危险、消极腐败的危险）。这些考验和危险，基本都是当年苏共所面对的。只是当年苏共在这些考验和危险面前，没有经得住考验而铸下了历史悲剧。

（原载《北京日报》2012年3月12日）

视角新颖见解独到

——读肖枫教授新著《苏联解体我的解读》

孔根红

当代世界研究中心研究员肖枫教授的新著《苏联解体我的解读——一个大国的崩溃》，最近已由中央党校出版社隆重推出。中联部部长王家瑞题词，中央党校著名社会主义问题专家赵曜教授，全国政协常委、中央党校前副校长李君如教授分别作序。笔者读了此书后，对以下问题印象很深，认为值得向读者推荐此书。

首先引人注目的是该书的书名。

有关苏联解体的论著很多，但没见用"我的解读"的。作者的用意何在？值得

当代世界研究中心原副主任

探究。笔者记得多年前肖枫教授在他的《两个主义一百年》那本书中说过一席相关的话。当时他在那本书的《自序》中说，因为"在许多问题上脱开了老话套话，可能引发争议"，于是他坦诚地声明"本书只是一家之言，欢迎九十九家批评"。当再读到他的这本新作时，不由得联想到"我的解读"就是"个人的一种解读"之意，这岂不是当年"一家之言，欢迎九十九家批评"之意的再现？这么说来，作

者是借此有意倡导百家争鸣、学术民主，而不赞成互扣帽子、乱打棒子。从该书的实际做法看，它不回避不同意见的分歧，然而态度非常平和、摆事实讲道理，既没给任何人扣帽子，也不愿被人扣帽子。笔者认为这种态度对问题的深入研究是有益的，是值得提倡的。

有关苏联解体的著作很多，该书的特点在哪？此书不是多人撰写的论文汇编，而是由作者一支笔一贯到底、风格统一、整体布局的著作。该书最显著的特点至少有三条。一是结构严谨，二是有理论深度，三是学术价值较高。

从结构上看，该书如其副标题的"三段论"所显示的，是按"事实与真相——本质与根源——警惕与借鉴"的三层递进的思路来安排的。先是以较大篇幅说明苏联是怎样崩溃的，在搞清历史事实和真相的基础上，本着"论从史出"的原则，再发展到论述"如何看"（苏共变质苏联解体），最后落脚到（中国应）"怎么办"。这样的思路和视角既新颖独特，也是科学的。

其次，该书有相当理论深度。

书中对许多问题都不是一般的叙述事件的经过了事，而是从整体上加以概括，从宏观做出分析，从理论上加以阐述。在如何吸取苏联解体教训的问题上，又提出了"十议怎么办"，更有新意、更有针对性。对马克思主义既强调"坚持"，更强调"发展"。认为苏共的教训是长期的"左"、后期的右，苏共蜕变具有"长期性"，但整体质变具有"快捷性"，垮起来快得很。吸取苏共的教训，就整体而言，既不能走邪路，也不能走老路，而要走新路。

第三，该书具有较高的学术价值。

该书对当前国内学术界的不同争论并不回避。譬如，对当前在苏联解体"根本原因"问题上的两种观点（一种强调"党的问题"，另一种强调"体制问题"）进行具体分析，并提出了自己独到的见解。作者认为，"党"的问题和"体制"问题，都是具有"根本性"和"全局性"的，然而无论哪一个都不能作为"唯一"的问题孤立地存在，没必要将其根本对立起来，承认一个就必须否定另一个。在一个复杂的系统中，"根本性"问题未必只能有一个，不同角度和层面，可有不同的"根本性"问题。这就是说"根本原因"具有相对性，不宜将其绝对化。此外，该书还主张坚持"合力论"与"重点论"相统一，外因、内因、远因、近因结合，紧紧抓住"党和体制"这两个根本点，最后得出"合力论＋重点论＝内外远近因＋党与体制问题"的解读公式。这都是很有新意和见地的观点。

专家们是如何点评这本新著的呢？此书刚出版不久，目前还未见更多的评论，但作序的两位专家是很有权威性的。赵曜教授认为：肖枫同志坚持解放思想，实事求是，独立思考，反"左"戒右，勇于创新，见解独到。正因为如此，他的研究成果具有较高的学术价值，并为许多读者接受。肖枫同志对苏联解体的问题，在恩格斯论述的基础上，结合苏联实际，提出要把"合力论"和"重点论"相统一。他认为，"重点论"有两个，一个是党，一个是制度。这个观点是很有见地的。李君如教授认为：肖枫先生坚持"合力论"与"重点论"相统一"很有道理"。苏共变质，经历了从量变到质变、从部分质变到整体质变的长期而复杂的过程。总体看，是先"左"后右，是长期的"左"发展到后期的右，最终导致苏共变质和苏联解体。对苏共变质过程的分析，不能以1956年苏共二十大为"界标"。苏联的整个政治经济体制，形成于斯大林，死亡于戈尔巴乔夫。苏联这座大厦顷刻之际就倒塌，是直接原因和长期深层根源双重作用的结果。他表示比较同意肖枫先生的意见。

苏联解体已过去20年了，但这个大国是如何崩溃的、苏共是如何垮台的，中国应从中吸取什么教训？这些问题是永不过时、常读常新的重要历史课题。为搞清这些问题，笔者认为读读此书是很有裨益的。

（原载《当代世界》杂志2012年第3期）

后　记

　　本选集能这么快地与读者见面，与中联部现任部长宋涛同志等各位部领导的关心和重视是密不可分的。主管的部领导陈凤翔、郭业洲同志，以及研究室的同志们更给予了特别的关注和支持，谨表示衷心的感谢。

　　此时此刻更难以忘怀曾经给过我鼓励和帮助现已退休了的老领导李淑铮、李北海同志，其中的不少文章当年是在他们的支持下完成的。至于我原来工作过的拉美局和研究室，周围的许多同志都曾给过我宝贵的支持和帮助，在此一并致谢。

　　这里要特别感谢我很敬佩的老部领导戴秉国同志。文选中的有些题目是他点的题，许多成果是他当中联部长期间提出"调研兴部"的成果。关于"调研兴部"，我还有这么一段记忆。那是在1997年12月，戴部长（他非常平易近人，我们平时叫他"老戴"）把我找了去，让我看他刚收到的一位在国务院新闻办公室工作的朋友的来信。那位同志看了中联部出的一批关于各国共产党和世界社会主义问题的研究文章后很是感慨。他说，"好长一段时间没有看到这样有材料、有观点，能剖析、说明、回答当前纷繁世界的文章了。现在就事论事，旧调重弹的东西太多了。大家总是在同一水平简单地重复，开卷之后得益不多"。但读了中联部的这些文章和材料"极为欣慰"。戴部长接着对我肯定和鼓励了一番，然后又给我出了一些新题目。记得有"如何认识社会主义的发展进程"、"如何认识资本主义的发展变化"等问题。我后来陆续写成了《两个主义一百年》一书，他欣然接受我邀请而题写了书名。戴部长当时还谈了他的一个重要想法，这就是新华社在各地有记者，外交部在各国有使馆，他们的信息比中联部既多又快。中联部的调研要扬长避短，多在"深度"上下工夫，要回答上下都关心的"如何看、怎么办"，总之中联部要靠"调研兴部"。他还认为，新看法、新观点往往是由个人先提出来的，在开始时可能并不为人看好，甚至还会有人反对或不赞成，如果硬要按"领导意图"去打磨光滑后以集体名义发出，那么许多好想法、好观点就可能被"打磨"得没有了。因此，他主张开辟"调研咨询小组论坛"，鼓励发表个人的看法和意见。他的这些想法和措施，对推动中联部调研工作是起了重要作用的，给我印象极深。此外，后来继任的王家瑞部长，十多年来对我也给予了多方面的鼓励和支持，曾在我写的文稿上有过多次批示和鼓励，包括还为我的著作题词。总之，我一向认为，我的许多研究成果，不管其发表在哪里，是在部内还是部外，我都视其为中联部"调研兴部"的成果，是整个中联部调研成果的一部分，当然如有问题和错误则是应由我本人负责的。借文选出版之机，我想再次感谢老领导，感谢中联部。

这里还要特别感谢另一位老部领导朱良同志。文选的"回忆与思考"部分，讲的是新时期中联部如何转变和发展的问题，而其中有些问题是没有公开发表过的内部文稿，很想请熟悉情况的老领导帮助把关。朱良同志在1981年至1993年任中联部副部长和部长，这12年恰恰是我回忆与思考部分所写的一个重要时期。他现在虽已92岁高龄，但才思敏捷，记忆力很好，很希望能请到他帮助我审读把关。令我高兴的是，在我诚恳的邀请下他欣然接受了。近一个多月来，他不仅认真审读了有关书稿，还提供了一些资料和他的研究成果供我参考，对提高有关问题表述的准确度很有帮助。为此，谨向朱良同志致以衷心的感谢。

最后，感谢责任编辑王泽军同志的辛劳，以及当代世界出版社高铁英等同志为出好此书所做出的努力。

肖枫
2016年春节于北京寓所